Asien- und Afrika-Studien der Humboldt-Universität zu Berlin

Band 57

2022

Harrassowitz Verlag · Wiesbaden

Epische Erzählungen der Hezhe (Golden, Nanai) am unteren Sungari
松花江下游的赫哲族

Gesammelt von
Ling Chunsheng (Johnson Ling) 凌純聲

Aus dem Chinesischen übersetzt von
Bruno J. Richtsfeld

Bearbeitet und herausgegeben von
Hartmut Walravens

2022
Harrassowitz Verlag · Wiesbaden

Gedruckt mit freundlicher Unterstützung der Geschwister Boehringer Ingelheim Stiftung für Geisteswissenschaften in Ingelheim am Rhein.

Transkription des chinesischen Titels: *Songhua jiang xiayou de Hezhe zu.*

Bibliografische Information der Deutschen Nationalbibliothek
Die Deutsche Nationalbibliothek verzeichnet diese Publikation in der Deutschen Nationalbibliografie; detaillierte bibliografische Daten sind im Internet über https://dnb.de abrufbar.

Bibliographic information published by the Deutsche Nationalbibliothek
The Deutsche Nationalbibliothek lists this publication in the Deutsche Nationalbibliografie; detailed bibliographic data are available in the internet at https://dnb.de.

Informationen zum Verlagsprogramm finden Sie unter
https://www.harrassowitz-verlag.de

Druck und Verarbeitung: Memminger MedienCentrum AG
Printed in Germany
ISSN 0948-9789   eISSN 2750-1388
ISBN 978-3-447-11867-5   eISBN 978-3-447-39291-4

In memoriam

László Vajda und Hans-Joachim Paproth

Inhalt[1]

---

1 Übersetzungen von Nr. 1 und 18 sind an anderer Stelle publiziert und deshalb hier nicht abgedruckt. Lings ursprüngliche Numerierung ist jedoch beibehalten worden. Die Seitenangaben in Klammern sind die des chinesischen Originaltextes.

Vorwort

Die Hezhe (Hezhe: Nanai, chinesisch: Hezhe 赫哲, mandschurisch: Heje, russisch: Нанайцы, Гольды [Nanai, Golden]) leben sowohl in Russland (dort vorwiegend in der Region Chabarovsk) und in China in der Provinz Heilongjiang – nach dem Stand von 2010 war demnach die Gesamtbevölkerung etwa 17000; davon sprachen in China, wo die Hezhe als eine der kleinsten offiziellen Minoritäten anerkannt sind, nur noch 50 Personen ihre Muttersprache, in Russland, wo es an einigen Schulen Unterricht in Hezhe gibt, über 3000 die Sprache. Das Hezhe gehört zum südlichen Zweig der tungusischen Sprachfamilie und ist dem Mandschu nahe verwandt. Es ist keine traditionelle Schriftsprache – erst in Rußland wurde es verschriftet, wo auch Vokabulare und auch Wörterbücher erstellt wurden, zuerst im 19. Jahrhundert von P. Protodiakonov.[1]

In der westlichen Literatur werden die Hezhe von Wu Zhenchen 吳桭臣 (geb. 1644) in seinem *Ningguta jilüe* 寧古塔紀略 etwa 1722 genannt（übersetzt von V. P. Vasil'ev als Zapiski o Ningutě[2]) sowie von den Missionaren nach einem chinesischen Exonym unter dem Namen Fischhaut-Tataren (*Yupi Dazi* 魚皮韃子) erwähnt (etwa in Duhalde 1735), jedoch ohne Einzelheiten.

Eine kurze Charakterisierung gibt das kaiserliche Bilderwerk über die Tributvölker aus der Qianlong-Zeit, *Huang Qing zhigong tu* 皇清職貢圖[3], das die damals in China bekannten Ethnien in farbigen Darstellungen (je ein Mann und eine Frau) mit knappem Text in chinesischer und mandschurischer Sprache vorstellt:

---

1 Vgl. die von H. Walravens herausgegebenen Goldischen Texte. Zur Qualität von Protodiakonovs Arbeiten s. Grube 1900, S. VI–VII.

2 *Zapiski Imperatorskogo Russkogo Geografičeskogo obščestva* 12.1857, 79–109.

3 Über das Werk, das in Form von Bildrollen (in den Palastmuseen), als Album (Bibliothèque nationale de France) und als Blockdruckausgaben (mit Umrißzeichnungen) erhalten ist, vgl. H. Walravens: «Tribute-bearers in Manchu and Chinese.» A unique 18th-century source for East and Central Asian History. *Acta Orientalia Hungarica* 49.1996, 395–405; Das Huang Ch'ing chih-kung t'u [皇清職貢圖] als Werk der mandjurischen Literatur. *Tumen jalafun jecen akû*. Manchu studies in honour of Giovanni Stary. Ed. by Alessandra Pozzi, Juha Anero Janhunen and Michael Weiers. Wiesbaden: Harrassowitz 2006 (Tunguso-Sibirica 20), 267–308; Christine Bell, H. Walravens: An imperial treasure: The Zhigongtu as a source of 18th century social history. *Historical and philological studies of China's Western Regions* 西域歷史 語言研究集刊 6. Beijing: Science Press 2013, 65–78. – Das Werk wurde 1751 vom Kaiser in Auftrag gegeben und 1761 durch ein kaiserliches Gedicht abgeschlossen. Die Druckausgabe (möglicherweise sind zwei erschienen, eine in 8 und eine in 9 juan [Büchern]) wird 1805 datiert.

„Der Wohnort der Heje grenzt an Ujala hongkô der Sieben Familien [die Nadan Hala werden vorher in einer eigenen Notiz beschrieben!]. Von Natur sind sie hart und gewalttätig und glauben an Dämonen und Kobolde.

Die Männer machen Mützen aus Birkenrinde, im Winter tragen sie Zobelmützen und Fuchsfellkleidung. Die Mützen der Frauen sind Helmen ähnlich; was die Kleider anlangt, macht man sie aus Fischhaut und füttert sie mit farbigem Tuch. Am Saum hängen viele Messingglöckchen, und sie ähneln Panzerhemden.

Zum Lebensunterhalt fangen sie Fische und jagen Tiere. Im Sommer fahren sie mit großen Booten, im Winter wenn das Eis fest gefroren ist, fahren sie in Hundeschlitten. Ihre heimatliche Sprache nennt man die Heje-Sprache. Jedes Jahr erbeuten sie Zobelfelle."

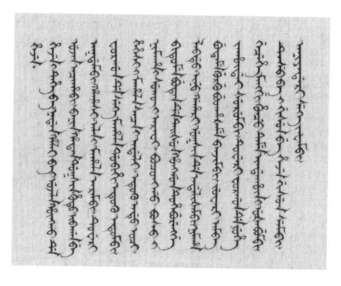

Der Mandschutext der Beschreibung im *Huang Qing zhigong tu*

[III,7:] Heje

Heje-i tehe ba. nadan halai ba-i ujala hôngko de ujan acahabi. banin hatan doksin hutu ibagan be akdambi. hahasi ala-i mahala arambi. tuweri forgon de seke mahala dobihi etuku etumbi. hehesi-i mahala saca-i adali etuku adu oci. nimaha-i sukô-i arafi boconggon boso-i bitume. buten de teiśun honggon tuheburengge labdu. inu gahari uksin de adaliśambi. nimaha butame gurgu bothaśame banjimbi. juwari forgon de amba jahôdai śurumbi. tuweri forgon de juhe gecehe manggi. huncu teme indahôn-i uśabumbi. ceni tesu ba-i gisun be Heje-i gisun sembi. aniyadari seke jafambi.

Die (mündliche) Literatur der Hezhe erregte erst Ende des 19. Jahrhunderts allmählich die Aufmerksamkeit von Forschern, insbesondere von I. A. Lopatin[4], der den Hezhe eingehende Forschungen widmete. Sein stattliches Buch „Die Golden" (1922) klammert aber die Literatur weitgehend aus – vielleicht hatte er einen zweiten Band geplant. Einige Erzählungen erschienen gesondert, weitere Erzählungen dann erst 1933, nach seiner Umsiedlung in die USA.

In der Zwischenzeit begab sich 1930 Ling Chunsheng auf eine Forschungs-reise zu den am Unterlauf des Sungari lebenden Heje, wo er neben linguistischen Forschungen vor allem Erzählungen aufnahm. Die Publikation seiner Materialien erregten Aufsehen – nicht so sehr, weil plötzlich die Heje in Mode gekommen wären, sondern weil es sich um eine vorzügliche ethnologische Arbeit, handelte, die speziell einer Ethnie gewidmet war.

---

4   Ivan Alekseevič Lopatin (Stanica Sločinskaja 2.1.1888–6.3.1970 Los Angeles), Ethnologe, der sich besonders mit den tungusischen Ethnien am Amur beschäftigt hat. 1925 emigrierte er in die Mandschurei, von dort nach Kanada, wo er sein Magisterexamen ablegte, dann nach Seattle und schließlich nach Kalifornien, wo er als Professor wirkte. Vgl. H. Walravens: *Ivan Alekseevič Lopatin. Erforscher der tungusischen Amurstämme.* Hamburg: Bell 1982. 14 Bl.

Die beiden Abbildungen sind dem kaiserlichen Album *Huang Qing zhigong tu*
entnommen, das wahrscheinlich im Gefolge der Plünderung des Pekinger
Sommerpalastes nach Paris gelangt ist (Bibliothèque nationale de France,
Signatur: Réserve B-7)

Ling Chunsheng 凌純聲 wurde am 8.3.1901 in Wujin 武進縣 (heute Changzhou 常州) in der Provinz Jiangsu geboren. 1923 schloss er sein Studium an der Dongnan Universität ab und ging dann nach Paris, um sein Studium bei Mauss[5] fortzusetzen. Seine Arbeit war erfolgreich und er wurde von Paul Rivet[6] empfohlen, sodass Cai Yuanpei[7] ihn einlud, in die Abteilung Ethnologie der Academia Sinica als wissenschaftlicher Mitarbeiter einzutreten. Auf Anregung von Cai und von Tao Menghe[8] vom Institut für Sozialwissenschaften ging er dann in den Nordosten, um bei den Hezhe Erhebungen durchzuführen, die als

---

5 Marcel Mauss (1872–1950), Soziologe und Ethnologe, 1931 Professor für Soziologie am Collège de France. Vgl. Stephan Moebius: *Marcel Mauss*. Konstanz: UVK-Verlags-Gesellschaft 2006. (Klassiker der Wissenssoziologie. Bd. 2).

6 Paul Rivet (1876–1958), Ethnologe und Arzt, Mitarbeiter am Muséum d'histoire naturelle, dann Direktor des Musée de l'Homme in Paris.

7 Cai Yuanpei 蔡元培 (1868–1940), Pädagoge und Ethnologe, wurde 1917 Rektor der Universität Peking und 1928 erster Präsident der Academia Sinica. Vgl. Cai Jianguo: *Cai Yuanpei. Gelehrter und Mittler zwischen Ost und West*. Deutsch von Hans Christian Stichler. Münster: Lit 1998. 398 S.

8 Tao Menghe 陶孟和 (1887–1960), Soziologe und Pädagoge, studierte in Tokyo und London, wurde Direktor des Instituts für Sozialwissenschaften der Academia Sinica. Ab 1949 war er Vizepräsident der Chinesischen Akademie der Wissenschaften.

die erste wissenschaftliche ethnographische Feldforschung in China gilt. Damit begründete Ling die Tradition der Feldforschung in der Ethnologie an der Academia Sinica. In der Folge galt Lings Monographie über die Hezhe als Modell für die chinesischen Ethnologen. Allerdings gab es auch Kritik – die verwendete Methodik stelle zu sehr das chinesische Selbstverständnis in den Mittelpunkt; doch wurde anerkannt, daß Ling die vorhandene historische Literatur ausgiebig benutzt habe. In der Folge war Ling Direktor für mongolische und tibetische Bildung des Bildungsministeriums der Nationalregierung, Direktor des Frontier Education Department, Kurator des National Frontier Education Center und des Department of Frontier Political Science und Professor an der National Central University. 1949 setzte Ling seine Tätigkeit in Taiwan fort, wobei sich der Schwerpunkt seiner Arbeit verlagerte. Im Rahmen des Instituts für Ethnologie der Academia Sinica führte er ein grossangelegtes Projekt zur Erforschung der Paiwan im Kreis Pingdong 屏東 durch. Er widmete sich dem pazifischen Raum und bemühte sich dabei zu belegen, daß die Völker dieses Gebietes chinesischen Ursprungs seien. „Herrn Lings Ansatz, die existierenden indigenen Kulturen als lebende historische Quellen der ‚alten Geschichte' zu behandeln und letztlich zu versuchen, die historische Entwicklung und das Verständnis der alten Gesellschaften herauszufinden, stützt sich auf die Berichte einiger weniger Reporter und die Untersuchung historischer Dokumente und hat einen starken kommunikationstheoretischen Einschlag, hinter dem eine starke ‚nationalistische Ideologie' steht."[9] Am 21.7.1978 ist Ling verstorben.

Zu den Erzählungen

Details der folgenden Epen (*imakan*, „Heldenepen") und Geschichten entsprechen nicht dem Bild der Fischer und Jäger, wie sie zu Zeiten von Ling Chunsheng an den Flußläufen lebten. Hier scheinen zeitgenössische Entwicklungen die Ausgestaltung der Erzählungen beeinflußt zu haben, so wenn ummauerte Städte, große Schiffe, Rinderhaltung, Raddampfer (Yaregou), Sänfte und Wagen (Yaregou 11) genannt werden. In einem Fall ist sogar von schriftlichen Aufzeichnungen militärischer Erfolge die Rede (Gemenzhu Abschnitt 17; Original-Seite 570, letzter Satz 2. Absatz); allerdings wird dort auf das Jurčen-Reich Nordchinas als Vorläufer Bezug genommen.

---

9   Zitat nach *https://baike.baidu.hk/item/*凌純聲*/2866412* [Aufruf 5.10.2021].

Ling Chunsheng (Quelle: *Taiwan minsu wenwu cidian*)

Es entspricht eher der Vergangenheit, wenn es z.B. in Erzählung Nr. 14, Abschnitt 5 heißt: „Da die Hezhe bereits von Kindesbeinen an ans Reiten und Schießen gewöhnt waren und sich auch sehr gut auf den Umgang mit Speer und Lanze verstanden, führte jeder Dorfschulze seine jeweiligen Dorfbewohner ins freie Feld hinaus und begann mit ihnen zu üben."

Der Begriff *buluo* 部落, „Stamm", der in etlichen Erzählungen auftaucht, bedeutet hier nicht Stamm im heute umstrittenen und diskutierten ethnologischen Sinne als abgegrenzte Gesellschaftsgruppen mit einer gemeinsamen fiktiven oder tatsächlichen Abstammungslinie, sondern die Angehörigen eines Kleinreiches unter einem gemeinsamen Herrscher, vgl. z.B. den Beginn von Turugao. Die Zugehörigkeit zu der gemeinsamen Gruppe bestimmt sich lediglich nach dem Herrscher. Unterliegt er im Kampf, werden die Untertanen umgesiedelt und Teil eines anderen Reiches, „Stammes". Eine adäquatere Übersetzung von *buluo* wäre daher eigentlich „Bevölkerung", „Untertanen".

Neu eroberte Gebiete werden nicht besetzt und annektiert, sondern entvölkert, indem man die gesamte Bevölkerung des Territoriums der/des Besiegten in das eigene eng umgrenzte Kernreich führt. Die entvölkerten Regionen haben keine Bedeutung und dienen eventuell als eine Art Glacis.

Emotionale oder ethnische Beziehungen zwischen Herrscher und Untertanen bestehen nicht: Der Herrscher ist dazu da, die Untertanen zu schützen; ist er dazu nicht in der Lage, huldigt das Volk dem Sieger, d.h. dem neuen Herrscher. Die Angehörigen des alten Herrn werden von neuem versklavt oder hingerichtet (s. V, 12). Die Einwohner der Städte haben nichts zu melden und sind im Abstand weniger Jahrzehnte ständig durch Umsiedlungen auf Wanderschaft (s. z.B. X, Xiregou, Abschnitt 7).

Zeiten sind unbestimmt und gehen durcheinander, werden nicht genau genommen: vgl. z.B. Epos X, Xiregou, Abschnitt 7: Als der Han fällt, ist sein ältester Sohn zirka 14/15 Jahre alt. Er heiratet mit 18 und bittet dann den Aufseher, die Leiche seines Vaters zu suchen, um sie einzusargen und zu bestatten.

Auffallend ist das soziale und militärische Bande schmiedende und Bündnisse bestärkende ständige **Essen und Trinken**. Bei jeder Gelegenheit wird mit üppiger Bewirtung gefeiert – bei den häufigen Siegen und bei den noch häufigeren Eheschließungen. Der Held wird oft von seinen Frauen ermuntert, die hübsche Tochter eines besiegten Feindes zu ehelichen – zum einen weil ein großer Harem ein Statussymbol ist, aber auch, um Allianzen zu bekräftigen und Nachwuchs zu garantieren. Für romantische Intermezzi bleibt allerdings keine Zeit. Häufig muß der Held bereits am Tag nach der Hochzeit gegen den nächsten Feind ziehen.

Typen der Erzählungen

Heldenepen
Häufig ist der Held anfangs ein Wunderkind. Er hat „übermenschliche oder auch übernatürliche Helfer, die während seines Kampfes zu ihm geflogen kommen, sprechen, ihm Rat geben und ihm schließlich das Ergenie [die Seele] seines Feindes bringen. Die Hauptabsicht des Helden ist, seines Vaters Tod und die Versklavung seiner Mutter zu rächen." Auf Grund chinesischen Einflusses ist der Ahnenkult entwickelt, „und die zwingendste Verbindlichkeit des Sohnes war die Blutrache für seinen Vater, deren Durchführung seine höchsten Sohnestugenden bewies und ihn mit glänzendem Ruhm belohnte."[10] Der Held wächst oft als Waisenkind auf, wird dann auf geheimnisvolle Weise über seine Herkunft informiert und mit übernatürlichen Hilfsmitteln (Magie, schamanistische Praktiken) versehen, um den Mörder des Vaters (oder den Mächtigen, der seine Eltern

---

10 Vgl. Lopatin 1968, 14.

versklavte) zur Verantwortung zu ziehen. Das gelingt nach langen Reisen und vielen Abenteuern wie auch der Überwindung von Hindernissen in einem langen Kampf, der letztlich mit übernatürlichem weiblichem Beistand Erfolg hat. Anschließend nimmt der Held Besitz von allem, was seinem Gegner gehörte, vor allem dem Harem und den Sklaven. Gewöhnlich werden alle Untertanen des Feindes mit allen Besitztümern in das Herrschaftsgebiet des Helden umgesiedelt, weshalb die Schiffahrt in den meisten Erzählungen eine große Rolle spielt. Regelmäßig ehelicht der Held die Frau(en), die ihm durch ihren Beistand zum Sieg verholfen haben. Der Recke hat möglichst bald für männlichen Nachwuchs zu sorgen, damit er im Alter erwachsene Söhne hat, die für ihn das Kämpfen besorgen und das Herrschaftsgebiet vor Angriffen sichern. Andernfalls wird er als alter Mann im Kampf von einem jüngeren Recken geschlagen und versklavt, sein Nachwuchs aber getötet. Gelingt es, den Nachwuchs zu verstecken und überlebt dieser, hat er die Pflicht, die Eltern zu rächen. Bisweilen gelingt es dem Geschlagenen zu fliehen (s. z.B. Kap. X, Xiregou). Kämpfe sind Box- und Ringkämpfe, selten mit Waffen geführte Auseinandersetzungen, siehe aber z.B. die fliegenden Schwerter (Erzählung: Yaregou). Die Frauen führen ihre Kämpfe in Gestalt von Kuoli, Geisteradlern, durch. In Epos XIII, Abschnitt 15 kämpfen sie jedoch gerüstet auf Pferden mit Waffen, um dem Gatten beizustehen. Dies ist eher dem mongolischen Heldenepos und dem japanischen Rittertum verwandt, wo der einzelne Held vor die Reihen tritt und den gegnerischen Helden fordert, als dem Geist der chinesischen Massenheere. Tritt jemand mit mehreren Recken auf, um den Helden zu bekämpfen, kämpft dieser in der Regel sich der Reihe nach durch die Gegner; seine Gegner greifen nicht alle gemeinsam an, sondern lösen sich u.a. ab. Nur in Epos X, Xiregou, Abschnitt 5 ist davon die Rede, dass die Helden mit Truppen kommen. Zwar werden in verschiedenen Epen auch Heere erwähnt (z.B. Epos XIII, Abschnitt 13; Nr. XIV, Abschnitt 5/6), dennoch spielen sie keine Rolle: Nur die Kämpfe der Helden mit den gegnerischen Anführern und Häuptlingen werden erwähnt, die Kämpfe der Krieger sind nicht erwähnt, diese spielen nur eine Statistenrolle; gewinnt der Held, so ist der Kampf gewonnen, nicht wenn das Herr gewinnt, was gar nicht beschrieben wird.

Die Kämpfe haben verschiedentlich den Charakter von Schamanenkämpfen, vgl. Nr. 6, Abschnitt 2.[11]

---

11 Vgl. Nentwig 1993.

Historische Epen

Zwar steht auch hier die Gestalt eines Helden im Zentrum, sie ist aber eingebettet in eine Art historisches Geschehen, z.T. „datiert". Daher ist die Handlung weniger magisch ausgerichtet, Frauen kämpfen mit ihren Männern „ganz normal", Truppen spielen eine Rolle. Auch hier besteht die Pflicht zur Rache.

So ist die Geschichte von Gemenzhu in den Zug der Jin-Dynastie gegen die Song-Dynastie eingebettet. Magische Fähigkeiten der Gemenzhu spielen nur für ihren Selbstschutz eine Rolle, für das Geschehen insgesamt aber haben sie keine Bedeutung.

In Epos XII (Mandou) verwandelt sich die Frau nicht in einen Kuoli, sondern kämpft mit einem Schwert vom Pferderücken, ebenso wie ihr Gemahl, und bietet eine wirklichkeitsorientiertere Schilderung des Themas (u.a. Abschnitt 7).

Frauen

Geschichte XI (Motu *Gege*) ist von anderem Charakter, zentral ist ein Wiederfindungsmotiv: Ein Jüngling behandelt die ihm zugedachte, vordergründig hässliche Braut schlecht, und als sie ihm nach einer Demütigung entschwindet, muss er feststellen, dass sie in Wahrheit eine Schönheit ist. Auf der Suche nach ihr findet er durch seine Schwiegermutter und seine Schwägerin heraus, dass sie sich in den Himmel zurückgezogen hat. Mithilfe eines Hilfsgeistes gelangt er dorthin und muss drei Freiersprüfungen bestehen, was ihm infolge der Hilfe seiner Schwägerin gelingt. Erst zum Schluss mündet diese Geschichte in das übliche Schema des Helden ein, der andere Städte erobert. Allerdings nicht aus Eroberungswillen, sondern weil der Feind seine Frau begehrt und ihn dadurch herausfordert. Die Gemahlinnen kämpfen nicht als Kuoli mit, lediglich die Frau des Gegners des Helden reitet schwertschwingend auf ihn zu, wird überwältigt und mit dem Bruder des Helden verheiratet.

Erzählung Nr. XVI (Dananbu) ist die Geschichte einer abenteuerlichen Brautwerbung.
In Epos X (Xiregou, Abschnitt 11, 12) erweist der Held seinem Freund Muduri bei der Brautwerbung einen wichtigen Dienst (er gewinnt den Wettbewerb unter Muduris Namen), der indes nicht ganz uneigennützig ist.

Der Brauch, dass eine Frau beim Tode ihres Mannes mitbegraben wurde, ist in Nr. XIV (Gemenzhu, Abschnitt 20) angesprochen. Allerdings wird beim Tode des Han Duo'rkan seine Frau nicht mit ihm bestattet vgl. (Abschnitt 21, seine Frau Taqila).

Kulturelle Einflüsse

– Fuchs: In zwei Erzählungen spielen Füchse eine wichtige Rolle, in Nr. XIV (Gemenzhu) und in Nr. XVI (Dananbu). In beiden Geschichten sind die Charaktere vollständig positiv belegt und entsprechen nicht dem sonst bei den Hezhe verbreiteten pauschalen Darstellungen als diebisch und schlau. Dies ist zweifellos dem chinesischen Einfluß geschuldet.

– Bibel: Ab Mitte des Abschnitts 4 der Erzählung 19 „Naweng Ba'rjun" entspricht die Geschichte der Söhne des Schamanen Kemutuhan und des Naweng Ba'rjun in vereinfachter Form der Geschichte von Josef und seinen Brüdern des Alten Testaments (*Gen.* 37, 1-36; 39, 1-21; 39, 22 – 50, 26). Naweng Ba'rjun ist Josef.

Inkonsequente Handlungsführung

In Erzählung Nr. VIII (Shariqiwu) ist ein Bruch zu verzeichnen. Shariqiwu nimmt zuerst Rache für seinen ermordeten älteren Bruder und verzeiht in Abschnitt 14 den verräterischen Schwägern, danach taucht aber in (15) völlig unvermittelt ein Feind Zhuoluo Han auf, gegen den er nun kämpfen will.

Praktische Hinweise

Die Pinyin-Umschrift für das Zeichen „er" 尔 wurde zu „'r" verändert. Um unnötige Wiederholungen zu vermeiden und Platz zu sparen, wurden die chinesischen Zeichen der Namen und Spezialausdrücke in einem Glossar am Ende der Übersetzungen aufgelistet.

Die von Ling verwendete Lautschrift wurde beibehalten; allerdings konnten die Nasale bei mehreren Zeichen, so $\tilde{o}$ und $\tilde{\varepsilon}$, nicht in Unicode dargestellt werden, und so wurden die Diacritica notgedrungen ausgelassen.

Das Literaturverzeichnis enthält nicht nur unmittelbar zitierte, sondern auch weitere Arbeiten, die im vorliegenden Kontext von Interesse sein können. Dabei ist zu bedenken, daß es im Heje zwei Dialekte gibt, das Kile (im Wesentlichen von den in Rußland lebenden Heje [Nanai, Golden] gesprochen) und das Hezhe (von den in China lebenden gesprochen). Die nicht unbedeutenden Unterschiede lassen sich schon bei einem flüchtigen Vergleich von Grube 1900 mit dem Sprachmaterial von Ling erkennen. Erst recht bemerkbar sind sie im Wörterbuch von Onenko 1980.

Auffällig sind auch die unterschiedlichen Themenschwerpunkte bei den veröffentlichten Erzählungen, die freilich auch auf Zufälligkeiten (Repertoire der Erzähler, Einflüsse der benachbarten Kulturen) beruhen können.

Es sei noch darauf hingewiesen, dass die in den Anmerkungen erwähnte Provinzeinteilung der Sicht von 1934 entspricht.

Auf ein Register wurde verzichtet, da die jeweiligen Namen in den einzelnen Stücken gehäuft auftreten; wenn sie in mehreren Erzählungen erscheinen, handelt es sich indes um unterschiedliche Personen. Eine gewisse Registerfunktion haben die beigegebenen Glossare von Namen wie von Hezhe-Wörtern, die allerdings nur auf die Erzählungen, *nicht* auf Seitenzahlen verweisen.

Abkürzung

OA: Originalanmerkung; Anmerkungen im chinesischen Text.

Die Erzählungen der Hezhe

1. Muzhulin [Moculin]

Übersetzt von J. Hefter in *Sinica* 1939.

2. Shi'rdaru

(1) Einst lebte am Südufer des Sungari der berühmte Xikou *Mohan*[1]. Er wurde von den feindlichen dreihundertsechzig Huo'rjitu *Hanen*[2] angegriffen und geschlagen und zusammen mit seiner Gemahlin als Kriegsgefangener in ihr Heim verschleppt. Sie befahlen ihm und seiner Frau azurblaue (*qing*) Kleider zu tragen und ihnen Branntwein einzuschenken und trieben ihre Späße mit ihnen. Man kann sich denken, welche Schmach Xikou Mohan damals ertragen musste.

Als Xikou Mohan verschleppt wurde, führten die Gegner auch alle Einwohner der Stadt mit sich fort; lediglich Sohn und Tochter des Xikou Mohan blieben zurück. Die Tochter, mit Namen Shikeni *Dedou*[3] war damals gerade fünfzehn Jahre, der Sohn, der auf den Namen Shi'rdaru hörte, zwölf Jahre alt. Ihre Mutter hatte sie versteckt und so war ihnen kein Leid geschehen. Da ihre Eltern verschleppt worden waren, beschloss die *Dedou*, den Bruder großzuziehen, damit er eines Tages Vater und Mutter rächen sollte.

Einige Jahre waren vergangen, als eines Abends, es war wohl in der ersten Dekade des fünften Monats, ein Mädchen in ihrer beider Heim trat. Erstaunt fragte Shikeni *Dedou* das Mädchen nach dem Woher? Das Mädchen antwortete ihr: „Ich heiße Wenjin *Dedou* und bin gekommen, weil ich euch etwas Wichtiges mitzuteilen habe: Am Nordmeer lebt ein Schamane, der sich in einen Oger verwandelt hat! Ihr müsst sofort fliehen, denn sonst wird es euch schlecht ergehen!" Als Shikeni dies hörte, fuhr ihr der Schreck in alle Glieder und sie wsste weder aus noch ein. Wenjin sprach zu ihr: „Hier am Ufer des Flusses liegt ein

---

1 *Mo* und *Han* haben beide die Bedeutung von „Herrscher, König" (*wang*); kombiniert verwendet, sind sie ein Ausdruck des Respekts. So wird bisweilen der Vater *Han* und der Sohn *Mohan* genannt, auch kommt es vor, dass der ältere Bruder *Han* und der jüngere Bruder *Mohan* genannt wird (S. 321, Anm.; S. 328, Anm. 3) (OA).

2 *Han* bezeichnet einen Stadtherrn oder den Herrscher eines Reiches (S. 294, Anm. 9; S. 328, Anm. 4) (OA).

3 Hezhe: *tɔtu* (S. 693): Fräulein; ehrenvoller Ausdruck für Frauen. Von Fall zu Fall kann das Wort auch mit „Prinzessin" übersetzt werden (S. 297, Anm. 2; S. 329, Anm. 1).

Wumi Richen[4], das drei Personen fasst. Lasst es uns sofort flott machen!" Shikeni führte ihren Bruder mit sich und sie stiegen mit Wenjin in das Boot und fuhren dann in Windeseile den Fluss hinauf. Schon bald erreichten sie die Gegend der Shalihuoni *Dedou*. Shikeni erzählte ihr von dem menschenfressenden Schamanen und bat sie, ihnen ihren Beistand zu gewähren. Shalihuoni antwortete ihr: „Ich fürchte, dass ich für ihn kein Gegner bin! Ich bin nicht in der Lage, gegen ihn anzutreten. Aber ich habe eine Schwurschwester namens Suwanni *Dedou*, die über außergewöhnliche Fähigkeiten verfügt und in der Zauberkunst (*fashu*) gründlich bewandert ist. Sie dürfte wohl in der Lage sein, den Schamanen zu bezwingen!"

Gemeinsam stiegen sie wieder ins Boot und fuhren weiter zu Suwanni *Dedou*. Als sie dort ankamen, kam ihnen Suwanni zur Begrüßung entgegen. Sie gingen ins Haus und setzten sich. Shalihuoni stellte sie einander vor, erzählte dann, dass ein Schamanenungeheuer Shi'rdaru und seine Schwester Shikeni verfolge, und bat sie inständig um ihren Schutz. Suwanni sagte ohne zu zaudern zu. Während sie noch miteinander redeten, hörten sie, wie das Schamanenungeheuer zum Tor kam: Dreimal trat es vor, dreimal zog es sich wieder zurück und forderte unbedingt Shi'rdaru. Alle bestürmten Suwanni, so dass ihr keine andere Wahl blieb, als zuzustimmen. Sie kleidete sich ein und legte die Rüstung[5] an, trat vor die Türe und stellte sich dem Gegner. Bevor sie ging, erklärte sie den anderen *Dedou*: „Fertigt die Figur eines Menschen und eines Dämons an und backt sie im Feuer. Dann ist es euch möglich, im Voraus zu wissen, wer siegt und wer verliert! Falls die Figur des Menschen rotes Blut vergießt, so müsst ihr auf der Stelle fliehen; blutet aber die Figur des Dämons, so werft sie sofort ins Feuer und verbrennt sie. So wird sich Unheil in Glück verwandeln!" Mit diesen Worten ging Suwanni zur Türe hinaus.

(2) Nachdem Suwanni den Raum verlassen hatte, wagten sich die drei *Dedou* und der Mo'rgen nicht vor die Tür, sondern harrten im Hause aus. Sie formten je eine Figur eines Menschen und eines Dämons (*gui*) und buken sie am Feuer. Am 9. Tag tropfte plötzlich Blut aus der menschlichen Figur, gleich darauf aber verschwand es und nun floss unentwegt Blut über die Figur des Dämons. Da warfen sie die Figur ins Feuer und verbrannten sie, und während sie jubelten, trat Suwanni ein. Sie war völlig erschöpft von dem erbitterten Kampf gegen das Ungeheuer und erzählte ihnen: „Ich habe mit dem Dämon in über dreihundert Runden fünfzehn Tage lang gekämpft, aber es stand noch immer unentschieden.

---

4   Hezhe: *umi əʃ'ən* (S. 679). Aus Birkenrinde hergestelltes, schnelles und wendiges Boot. Die größeren Arten fassen vier bis fünf Personen (S. 299, Anm. 1; S. 329, Anm. 3) OA

5   Die Schamanentracht wird oft als „Rüstung" bezeichnet.

Dann aber konnte ich den Schamanen durch Zauberkunst (*shenfa*) zurückge-
schlagen. Alle seine Hilfsgeister (*shengui*) haben sich zurückgezogen, ihr braucht
euch keine Sorgen mehr zu machen." Mit diesen Worten nahm sie Platz, worauf
sie sich ebenfalls setzten und fröhlich feierten und tranken.

Shi'rdaru war nun fünfzehn oder sechzehn Jahre alt. Ihm fiel auf, wie hübsch
Suwanni *Dedou* war: sie hatte feine Gesichtszüge und ausdrucksvolle Augen, war
außergewöhnlich liebreizend und trug einen über und über mit wunderschönen
Ornamenten bestickten *Akama*[6]. Sie weckte in ihm ein verzehrendes Verlangen.
Er dankte Suwanni und sprach: „Wir danken der *Dedou*, dass du uns gerettet hast.
Dank dieser Gnade wurde uns ein zweites Leben geschenkt. Wir werden diese
große Güte niemals vergessen!" Als die *Dedou* vernahm, wie gewandt er sprach,
und sah, dass er eine stattliche Erscheinung war, fasste auch sie in ihrem Herzen
große Zuneigung zu ihm und wünschte, sich mit ihm zu vermählen. Sobald der
Vorschlag gemacht war, stimmten beide Seiten zu und beschlossen, noch am
selben Tage Hochzeit zu feiern. Auch Shalihuoni und Wenjin vermählten sich
mit Shi'rdaru. Da auch sie Waisen waren, mussten sie sich selber einen Gatten
suchen. Bei Einbruch der Dunkelheit führten die Dienstmädchen die Neuver-
mählten ins Brautgemach. Am folgenden Tage wurde ein fröhliches Fest gefeiert
und nachdem sie tüchtig gefeiert hatten, beendeten sie das Fest.

Sie lebten drei oder vier Jahre an diesem Ort und Shi'rdaru lernte die unbe-
grenzten magischen Fähigkeiten der Suwanni kennen: Sie konnte alle Arten von
Verwandlungen annehmen, sich in die Lüfte erheben und auf den Wolken reiten,
ja, es gab nichts, was ihr nicht möglich gewesen wäre. Eines Tages führte sie von
irgendwoher ein mächtiges und edles Ross herbei, das gezäumt und gesattelt war,
und wies ihren Gemahl an, mit diesem nach Westen zu reiten. Dem Pferde aber
befahl sie: „Führe deinen Herrn gen Westen, und säume nicht, ihm treu zu
dienen!" Das Tier nickte zustimmend mit dem Kopfe. Shi'rdaru trat vors Tor
und saß auf, um dann an der Spitze einer Gefolgschaft nach Westen aufzubrechen. Nach einem oder zwei Tagen[7] erreichte er den Zirijimi *Bila*[8], einen Fluss
mit rotem Wasser. Am Ufer angekommen, blieb das Pferd stehen und rührte sich
nicht mehr vom Fleck. Shi'rdaru wurde darüber sehr wütend und schlug es mit
der Peitsche, das Pferd aber war nicht bereit, den Fluss zu überqueren. Er zog,
aber es rührte sich nicht, er schlug es, aber es rührte sich trotzdem nicht.

---

6   Hezhe: *ak'ama* (S. 687): Frauenmantel aus Fischhaut (S. 330, Anm. 2) (OA).
7   Zu dieser „unpräzisen" Ausdrucksweise im Chinesischen – evtl. auch in der Hezhe-Sprache –
    vgl. Eberhard 1987: 19.
8   Hezhe: *pila* [Mandschu: bira]: Fluss (S. 330, Anm. 3) (OA).

Gerade als Shi'rdaru nicht mehr weiter wusste, vernahm er plötzlich vom Flussufer her das Weinen eines kleinen Kindes. Das Kind plärrte immer lauter und sprach dabei: „Ich warte hier nun schon drei Jahre lang auf Shi'rdaru. Aber alles Warten hat ein Ende. Er ist ein Recke und hat Suwanni *Dedou* geheiratet. Ich habe ihn nicht eingeholt! Hätte ich ihn aber einige Tage früher eingeholt, hätte vielleicht ich Suwanni *Dedou* heiraten können!" Shi'rdaru erblickte eine Wiege, in der Kind saß, das ein oder zwei Jahre alt war und heftig plärrte. Er saß ab, hob die Wiege aus dem Wasser und schaukelte sie zwei- oder dreimal hin und her, worauf das Kind nur noch ärgerlicher plärrte und dabei hervorstieß: „Ich wollte Suwanni *Dedou* heiraten, aber du hast sie mir schließlich weggeschnappt! Wie ärgerlich! Wie ärgerlich! Ich will unbedingt mit dir kämpfen!"

(3) Während Shi'rdaru die Wiege vier- oder fünfmal hin und her schaukelte, plärrte das Kind so sehr, dass sein Gesicht tiefrot wurde. Shi'rdaru wurde das zu dumm und er schleuderte die Wiege auf einen Baum, das Kind aber wurde plötzlich um mehr als einen Fuß (*chi*) größer. Als er die Wiege erneut warf, wuchs das Kind nochmals um zwei Fuß und schließlich war es größer als ein Mensch. Shi'rdaru war völlig verblüfft. Das Kind erhob sich, stieg aus der Wiege und forderte Shi'rdaru zum Kampfe. Dieser sprach: „Ich kämpfe nicht gegen jemand, dessen Namen ich nicht kenne. Sag mir deinen Namen, dann können wir kämpfen!"[9] Das Kind gab ihm zur Antwort: „Ich lebe am Zirijimi *Bila* und heiße Zenggou." Nach diesen Worten kämpften sie miteinander, aber nach über hundert Runden war noch immer nichts entschieden. Als sie sich gerade prügelten, so dass man nicht unterscheiden konnte, wer oben und wer unten war, hörten sie plötzlich aus den Lüften herab jemand rufen: „Shi'rdaru, ich bin deine Frau Wenjin *Dedou*. Ich habe mich in einen *Kuoli*[10] verwandelt und werde dir helfen, Zenggou zu besiegen."

Als der *Kuoli* noch etwa einen Klafter von ihnen entfernt war, kam plötzlich unter den Füßen des Zenggou aus dem Erdboden ebenfalls ein *Kuoli* hervor und stürzte sich auf die in einen *Kuoli* verwandelte Wenjin. Wenjin wurde von ihm entzweigerissen und starb eines gewaltsamen Todes. Der *Kuoli* schraubte sich immer höher in die Lüfte hinauf und rief: „Mein Söhnchen Zenggou und du, Shi'rdaru, hört auf die Worte einer alten Frau: Ich, eine betagte Frau, habe einen Augenblick lang nicht aufgepasst und deshalb musste Wenjin *Dedou* eines gewalt-

---

9 Eine in vielen Epen, wie z.B. auch in der Ilias anzutreffendes Motiv: Durch die Nennung des Namens und des Stammbaumes wurde von den Kontrahenten geklärt, dass sie nicht als Verwandte gegeneinander antraten.

10 Hezhe: *kɔri*; Geisteradler [od.: Habicht, Falke](*shenying*). Während der Kämpfe können sich Frauen oft in *Kuoli* verwandeln, die in den Lüften gegeneinander kämpfen. Bei Männern kommen derartige Verwandlungen selten vor (S. 307, Anm. 1; S. 331, Anm. 1) (OA).

samen Todes sterben. Ich fühle mich gegenüber Shi'rdaru aufrichtig schuldig. Falls du einen Ersatz für sie forderst, gebe ich dir mein Töchterchen Cenggeni *Dedou* zur Frau. Ihr zwei aber dürft nicht länger miteinander kämpfen, sondern müsst Schwurbrüderschaft schließen!" Nach diesen Worten war der *Kuoli* verschwunden, die beiden aber kämpften verbissen weiter. Plötzlich tauchte Cenggeni auf, die auf sie zukam und sie trennte. Als die Beiden erneut aufeinander losgingen, gab Cenggeni jedem von ihnen einen Klaps mit der Handfläche und erreichte damit, dass sie voneinander abließen. Gemäß den Anweisungen der *Dedou* rissen sie Gräser aus, verwendeten diese als Räucherwerk und schlossen Schwurbrüderschaft[11].

Miteinander plaudernd gingen die Beiden zum Anwesen des Zenggou. Das Gebäude war sehr schön und bestand aus mehreren Dutzend Räumen. Sie betraten den Empfangsraum und ruhten sich dort aus. Bald darauf kamen die Mutter des Zenggou, Zenggou *Mama*, sowie Cenggeni, Suwanni und Shalihuoni ins Haus; sie begrüßten einander feierlich, setzten sich und begannen fröhlich zu bechern: Es war fürwahr ein schöner Moment. Als Shi'rdaru sah, dass Cenggeni nicht weniger schön als Suwanni war, entbrannte er in Liebe zu ihr. Als sie so miteinander tranken, sprach Zenggou *Mama*: „Mein Sohn und Shi'rdaru sind jetzt Schwurbrüder. Da ihr beide *Gege*[12] habt, wäre es das Beste, wenn ihr euch auch noch verschwägert!" Suwanni klatschte in die Hände und pflichtete ihr bei, und bestimmte, dass an dem folgenden Tage geheiratet werden sollte. Am nächsten Tage legte Suwanni, nachdem sie sich gewaschen und gekämmt hatte, die Hochzeitsgeschenke zurecht. Zur Mittagsstunde vermählte sich Shi'rdaru mit Cenggeni, wobei die Zenggou *Mama* die Feier leitete. So verschwägerte man sich miteinander. Nach Abschluss dieser Zeremonie tranken und feierten sie. Im Verlaufe der Feier wandte sich Shi'rdaru an Zenggou: „Du bist ein ungewöhnlich guter Kämpfer und hast das Zeug zu einem großen Heerführer. Ich habe gehört, dass die Stämme am Südmeer recht toll ihr Unwesen treiben sollen. Du aber kannst sie mir unterwerfen. Wenn du sie befriedet hast und zurückkommst, werde ich dich reich belohnen." Zenggou antwortete: „Wenn mein älterer Bruder überzeugt ist, dass meine Fähigkeiten dafür ausreichen, wage ich nicht, deine Weisung, eine Strafexpedition zu unternehmen, zu mißachten!" Nach langer Beratung ordneten sie ihre Ausrüstung und bereiteten ihren Abmarsch vor: Zenggou zog gegen den Süden und Shi'rdaru gegen den Westen. Sie nahmen voneinander Abschied und machten sich auf den Weg.

---

11 Vgl. Kräftemessen der Recken mit anschließendem Bruderbund in Heissig 1991:51.

12 Hezhe: *kəkə* (S. 689) [Mandschu: gege]: „Ältere Schwester". Gleichzeitig eine gängige Bezeichnung für noch nicht verheiratete Mädchen (S. 295, Anm. 1; S. 332, Anm. 2) (OA).

(4) Shi'rdaru saß auf und ritt gen Westen. Nach sieben oder acht Tagen erreichte er das Nordmeer und folgte dessen Ufer. Er kam zu einer Meeresbucht und wollte Wasser trinken, hatte aber keinen Becher. Plötzlich bemerkte er auf dem Wasser einen Napf und zog ihn mit einem Ast zu sich heran. Zu seiner Verwunderung aber sah er, dass dies gar kein Napf war, sondern das Schädeldach eines Menschen! Er füllte es wie einen Napf mit Wasser und trank daraus. Das Wasser schmeckte ausgezeichnet und auch als er reichlich davon trank, änderte sich der Geschmack nicht, so dass er immer wieder nachfüllte. Shi'rdaru sagte zu dem Knochen: „Ich weiß nicht, ob du, Schädelknochen, Glück oder Unglück bringst, aber du bist schon ein sonderbares Ding. Falls du Glück bringst, drehe drei Runden über meinem Kopf, bringst du aber Unglück, so schlage mich." Mit diesen Worten warf er den Schädelknochen mehr als einen Klafter hoch in die Luft, wo dieser drei Kreise drehte und dann zu Shi'rdaru sprach: „Ich heiße Ku'rru Schädelknochen (Ku'rru *Mi'ata*[13]). Als ich einst gegen die Stadtherren von Shulubukun *Huotong*[14] Krieg führte, nahmen mich diese gefangen, steckten mich in eine eiserne Truhe und versenkten mich vor nunmehr dreihundertsechzig Jahren im Meer. Nach meinem Tod verflüchtigte sich meine Lebenskraft[15] nicht, sondern nahm ihren Sitz in meiner Schädeldecke. Wir zwei haben wahrlich ein Glück, wie man es nur einmal in drei Leben hat, wenn es mir jetzt überraschenderweise gelungen ist, aus der Eisenkiste zu entkommen und auf dem Wasser zu treiben, so dass wir uns treffen konnten!" Nachdem die beiden Schwurbrüderschaft geschlossen hatten, entfernte sich der Schädelknochen in nördlicher Richtung.

Shi'rdaru war nach diesem Ereignis frohen Mutes, stieg wieder zu Pferde und ritt weiter nach Westen. Vier oder fünf Tage lang traf er auf keine Menschenseele. Schließlich kam er zu einer Bergschlucht und da ihm die Gegend gefiel, band er sein Pferd an einen Baum, breitete sein Schlafzeug aus und legte sich schlafen. Nachdem er drei bis vier Tage geschlafen hatte, bekam er Hunger. Er stand auf und aß etwas, schlief erneut einen oder zwei Tage, hörte dann aber im Schlafe jemanden klagen. Als er die Augen aufschlug und um sich blickte, sah er Zenggou *Mama*, die in Gestalt eines *Kuoli* auf einer Zypresse (*baishu*) saß. Shi'rdaru aber erkannte in dem *Kuoli* seine Schwiegermutter.

(5) Zenggou *Mama* sprach zu Shi'rdaru: „Nachdem wir uns getrennt haben, hat der Mann deiner älteren Schwester einen Feldzug nach Süden unternommen und

---

13 *Mi'ata*, Hezhe *miat'a* (S. 682): Schädeldachknochen (S. 332, Anm. 3) (OA).

14 *Huotong*, Hezhe: *hɔt'ɔ̃* (S. 693) [Mandschu: hoton, hecen]: Stadt (S. 294, Anm. 8; S. 332, Anm. 4) (OA).

15 *Lingqi*: „reingeistiges Fluidum".

war dabei vom Glück begünstigt. Er hat fünf oder sechs *Huotong* eingenommen und sich mit sieben Frauen verheiratet. Gegenwärtig aber steht er vor einer *Huotong*, über die vier *Hane* herrschen: Cikexiu, Cikeniu, Zhuobugou und Zhuo'axiu, vier Brüder, die sehr gefährlich sind. Die sieben Ehefrauen sind bereits allesamt gefallen, lediglich deine ältere Schwester, dein Schwager und ich sind noch übrig geblieben. Zenggou wird nicht durchhalten können! Du solltest der Lage deines Schwagers eingedenk sein und ihm so schnell wie möglich zu Hilfe eilen. Kommst du nicht, so ist zu befürchten, dass wir alle durch die Hand der Gegner fallen werden! Du musst dich sofort auf den Weg machen!" Mit diesen Worten flog sie davon. Shi'rdaru war jedoch von diesem Bericht der Zenggou *Mama* über den Südfeldzug des Zenggou nicht im Geringsten beunruhigt und legte sich wieder schlafen. Zur Mittagszeit des folgenden Tages hörte er aufs Neue jemanden von dem Baum herab weinen und klagen. Als er die Augen öffnete und sich umsah, saß dort seine ältere Schwester Shikeni, die zu ihm sprach: „Lieber Bruder! Lieber Bruder! Warum kommst du uns nicht zu Hilfe? Verwandte stehen einander in Not und Leid bei. Wenn du nicht kommst, so werden sie vielleicht ihren Töchtern befehlen, dass diese vorrücken und ihnen helfen!" Doch Shi'rdaru regte sich noch immer nicht, worauf die Schwester erzürnt fort flog. Eine Weile danach erschien seine dritte Frau Cenggeni und sprach: „Mein jüngerer Bruder, meine Mutter und meines Bruders Frau werden alle durch fremde Hand umkommen. Ich werde ihnen unter allen Umständen zu Hilfe eilen, selbst wenn du nicht kommen willst!" Nach diesen Worten flog sie in großer Eile fort. Nun begann Shi'rdaru sich doch Sorgen zu machen: Er stand auf, wandte sich nach Norden und rezitierte einen Zauberspruch, worauf binnen kurzem ein Dröhnen zu hören war und näher kam: Dies war sein jüngerer Schwurbruder Ku'rru Schädelknochen. Nachdem dieser unter großem Getöse drei Runden gedreht hatte, entfernte er sich in südlicher Richtung, aber schon bald kam dieses Dröhnen wieder zurück und Ku'rru Schädelknochen berichtete: „Die jüngeren Brüder von Zenggou und Cikexiu haben im Osten der Stadt Lager bezogen und kämpfen gegeneinander. Es steht zu befürchten, dass der Bruder von Zenggou nicht durchhalten kann. Ich habe auch in der Stadt Erkundigungen eingeholt und gesehen, dass Cikexiu *Mo'rgen* mit seinen drei Brüdern zechte und feierte, sie waren in bester Stimmung. Da sie keine Vorsichtsmaßnahmen getroffen hatten, konnte ich sie einzeln angreifen und beträchtlich verwunden. Darüber waren sie recht bestürzt, zumal keiner von ihnen wusste, was sie denn da eigentlich aus dem Verborgenen heraus verwundete: Sie hörten lediglich ein Dröhnen, konnten mich aber nicht sehen." Mit diesen Worten entfernte er sich mit Getöse. Shi'rdaru überlegte: „Die Stadt ist dreitausend Meilen [*li*] von hier entfernt; gehe ich zu Fuß, dann bin ich über ein halbes Jahr unterwegs. Suwanni

muss einen Tag lang fliegen, die übrigen *Dedou* benötigen für diese Strecke drei
Tage. Ku'rru Schädelknochen aber war in kürzester Zeit wieder zurück: Dieser
Mo'rgen ist wirklich etwas ganz besonderes! So einen *Mo'rgen* habe ich noch bei
keinem der Stämme am Nordmeer angetroffen!"

(6) Ku'rru Schädelknochen ließ sich vor Shi'rdaru herab und drehte mehrere
Runden. Von seiner Seite hing etwas herab, auf das sich Shi'rdaru stellte und
unter Getöse erhoben sie sich in die Lüfte. In Shi'rdarus Ohren brauste der Wind
und schon nach kurzer Zeit hielten sie an und ließen sich herab. Shi'rdaru wusste,
dass sie angekommen waren und als er seine Augen öffnete und sich umsah,
bemerkte er Zenggou, den Mann seiner Schwester, der gerade mit einem *Mo'rgen*
kämpfte. Der Schädelknochen erhob sich sogleich in die Lüfte und entfernte sich,
während Shi'rdaru zu Zenggou trat und zu ihm sprach: „Lass mich seinem Leben
ein Ende setzen!" Zenggou freute sich sehr, als er Shi'rdaru, den jüngeren Bruder
seiner Frau erblickte und trat beiseite. Shi'rdaru kämpfte lange Zeit mit seinem
Gegner, konnte aber nicht die Oberhand gewinnen; sie kämpften miteinander
und keiner ließ vom anderen ab. Bevor Shi'rdaru in den Kampf eingegriffen hatte,
hatten die feindlichen vier Brüder gegen Zenggou gekämpft, sich nach der Rota-
tionstaktik (*lunzhanfa*) im Kampf mit ihm abgewechselt und diesen in Bedrängnis
gebracht. Nun aber stand ihm nur Cikexiu gegenüber, während die übrigen
Gegner von Ku'rru Schädelknochen beschäftigt wurden und nicht eingreifen
konnten. Die beiden Brüder Shi'rdaru und Zenggou aber kämpften nun abwechselnd: während der eine verschnaufte, trat der andere zum Kampfe an. Beizeiten
wurden die Fackeln für den Nachtkampf entzündet. So ging es vierzehn bis
fünfzehn Tage lang, dann tauchte mitten im Kampfgetümmel ein *Kuoli* am Himmel auf, der eine Verwandlungsform der Qi'aketeni *Dedou* war, der Frau des
Cikexiu. Sie sprach zu Cikexiu: „Unsere *Dedou* und *Fujin*[16] wurden samt und
sonders von Suwanni, der Gemahlin des Shi'rdaru, getötet; lediglich meine
jüngere Schwester und ich sind noch übrig! Deine drei Brüder haben gegen ein
donnernd angreifendes Geräusch gekämpft. Sie konnten dabei nichts anderes tun,
als die krachenden Schläge zu empfangen, waren aber nicht in der Lage, in
irgendeiner Form zurückzuschlagen, weshalb sie alle am Ufer des Südmeeres ums
Leben kamen. Lass doch mal von Shi'rdaru ab und mich mit ihm kämpfen!" Cikexiu trat beiseite. Qi'aketeni stieß auf Shi'rdaru herab und war nur mehr
um weniges von seinem Kopf entfernt, als unter seinen Füßen ein *Kuoli* aus dem
Erdboden hervorkam, in den sich Cenggeni verwandelt hatte, um Qi'aketeni in

---

16 Hezhe: *fuǰin* (S. 692) [Mandschu: fujin]: Frau eines Prinzen (S. 317, Anm. 3; S. 334, Anm. 1)
    (OA).

die Schranken zu verweisen. Die beiden *Kuoli* kämpften in den Lüften gegeneinander und entfernten sich dabei in nördlicher Richtung.

(7) Während Shi'rdaru weiter verbissen mit seinem Gegner kämpfte, vernahm er plötzlich das Getöse, welches das Nahen von Ku'rru Schädelknochen ankündigte. Dieser rammte sich in die Herzgrube des Cikexiu, so dass der *Mo'rgen* in den Beinen einknickte, Blut spuckend zu Boden stürzte und sein Leben aushauchte. Shi'rdaru und Zenggou gingen gemeinsam in die Stadt, die ihre Tore weit geöffnet hatte. Die Bewohner empfingen sie auf Bauch und Knien liegend. Die Stadt hatte einen Umfang von vierzig chinesischen Meilen, ihre Gebäude und Paläste waren prachtvoll. Shi'rdaru begab sich in die Empfangshalle des Cikexiu und erließ den Befehl, dass Schweine und Schafe geschlachtet werden und die Einwohner der Stadt drei Tage lang feiern sollten. Außerdem befahl er, dass die *Gashen Da*[17] ihm die Zahl der Bewohner ihrer Siedlungen zu melden hätten, und nachdem diese ihre Meldung gemacht hatten, entließ er sie. Suwanni *Dedou* hatte Cikeni *Dedou*, die jüngere Schwester von Cikexiu, gefangen genommen und brachte sie mit Stricken gebunden in die Haupthalle, wo sie diese den Dienerinnen zur Bewachung übergab. Anschließend ging sie zu ihrem Ehemann und während sie ein Weilchen miteinander plauderten, brachte auch Cenggeni die Qi'aketeni herbei. Sie ließ sie ebenfalls von den Dienerinnen bewachen, begab sich ins Innere der Residenz, erwies dort ihrem Gatten ihre Reverenz und berichtete ihm.

Bald danach traf auch Zenggou *Mama* ein und begrüßte den Schwiegersohn sowie ihren Sohn Zenggou. Sie feierten und empfingen dabei zugleich ihre Verwandten, gedachten der *Dedou*, die im Kampfe ihr Leben gelassen hatten und gedachten ihrer mit Wehmut. Während des Banketts redete Zenggou *Mama* allen *Dedou*, die gefangengenommen worden waren, zu, sich zu unterwerfen und Treue zu geloben, danach könnten sie sich nach Belieben verheiraten. Halb drängten die Anwesenden die in Gefangenschaft geratenen *Dedou*, halb schüchterten sie diese ein, bis sie schließlich einwilligten. An dem Tage machte Shi'rdaru Cikeni zu seiner vierten Gattin und Zenggou nahm Qi'aketeni zu seiner zweiten Frau, wozu die beiden *Dedou* gerne ihre Einwilligung gaben. Nachdem sie drei oder vier Tage lang in dieser Stadt geblieben waren, nahmen Shi'rdaru und Zenggou voneinander Abschied und gingen wieder ihrer Wege.

Shi'rdaru ritt dorthin zurück, von wo er gekommen war und zog dann weiter nach Westen. Nach etwa einem halben Jahr entdeckte er eines Mittags in der Ferne ein recht stattliches Dorf. Etwa drei Meilen vor demselben kamen ihm

---

17 Hezhe: *gaʃɛ ta* (S. 691) [Mandschu: gaśan-i da]: Dorfschulze, Dorfvorsteher (S. 321, Anm. 2; S. 335, Anm. 1) (OA).

zwei Personen entgegen und sprachen ihn an: „Wir sind Brüder und heißen Jiegederu und Taiyilaru. Wir sind für dieses Dorf (*Gashen*) zuständig und bitten den älteren Bruder, in unserer bescheidenen Hütte einige Tage auszuruhen." Die drei *Mo'rgen* begaben sich in das Dorf, und als sie in den Empfangsraum traten und sich setzten, war in dem Hauptzimmer eine Maid von berückender Schönheit zu sehen. Bei diesem bezaubernden Anblick kam Shi'rdaru der Gedanke, sich mit diesen Brüdern zu verschwägern. Daher machte er ihnen den Vorschlag, ihre jüngere Schwester zu heiraten. Jiegederu antwortete darauf: „Der ältere Bruder möge sich zuerst mit uns im Kampfe messen; besiegt er uns, so soll er die jüngere Schwester erhalten, andernfalls aber wagen wir nicht, seinem Wunsche nachzukommen."

(8) Shi'rdaru fragte nach dem Ort, wo sie sich messen sollten, und Jiegederu erklärte, dass sie ihre Geschicklichkeit auf dem Kampfplatz messen würden: Könne er ihn zu Boden werfen, so sei er der Sieger. Er befahl seiner Frau und der seines Bruders, Wasser auf den Kampfplatz zu schütten, so dass dieser in kurzer Zeit zu einer spiegelglatten Eisfläche gefror. Die beiden Kämpen stellten sich auf dem Platze auf und nach drei Runden wäre Shi'rdaru beinahe gestürzt. Er spürte, dass sich etwas um seine Füße schlang und stampfte ärgerlich und heftig mit beiden Beinen auf, worauf eine mehr als einen Klafter lange Schlange (長蟲) abfiel, die bereits in mehrere Stücke zerrissen war. Diese Schlange aber war niemand anderer als Haohanni *Dedou*, die Gemahlin des Taiyilaru, die sich unter Anwendung magischer Künste verwandelt hatte. Weiter rangen Shi'rdaru und Taiyilaru miteinander und nachdem ihn Shi'rdaru zum dritten Mal geworfen hatte, zerbrach dessen Körper in zwei Teile, die sich aber wieder zusammenfügten. Taiyilaru erhob sich und beschimpfte Shi'rdaru wüst; keiner der beiden war gewillt nachzugeben und so begannen sie erneut miteinander zu ringen. Beide Kämpfer schlugen mit all ihrer Kraft aufeinander ein, sie prügelten so sehr aufeinander ein, dass Himmel und Erde sich verfinsterten. Da erschien Suwanni und redete auf ihren Gatten ein: „Du hast eine ganze Reihe von Ehefrauen; wenn du dich nun schon wieder verheiraten willst, so ist dies fürwahr Lüsternheit! Meiner Ansicht nach wäre es viel besser, wenn du dich nicht vermählst und darauf wartest, dass sie ihre eigene Schwester zur Frau nehmen." Jierezini *Dedou*, die Frau des Jiegederu, und Haohanni *Dedou* erschienen und schmähten sie, worauf sie miteinander zu kämpfen begannen. Die Kämpferinnen prügelten sich so sehr, dass das Unterste zuoberst gekehrt wurde. Shi'rdaru schlug sich mit den beiden Brüdern, und der Kampf wogte hin und her. Als Jiegederu und Taiyilaru nicht mehr standzuhalten vermochten, mussten sie notgedrungen um Gnade bitten, aber Shi'rdaru dachte nicht im geringsten daran, sie zu schonen, sondern erschlug sie. Auch ihre *Dedou Fujin* büßten mit ihrem Leben. Shi'rdaru begab sich

in die im Osten und im Westen liegenden Weiler und forderte das Volk auf, sich zu unterwerfen. Zudem ordnete er an, dass dreihundertsechzig Segelschiffe zu bauen seien, mit denen sich alles Volk in die Heimat seines nunmehrigen *Han* (*ben han*) zu begeben habe, um dort eine Stadt mit Wall und Graben, Terrassen und Palästen zu bauen. Nach seiner triumphalen Heimkehr werde der *Han* seine Untertanen auf alle Fälle reich belohnen! Er begab sich in die Haupthalle und ruhte sich drei oder vier Tage lang aus. Anschließend befahl er, dass das Volk samt und sonders mit den Schiffen abfahren solle. Er selbst aber zog weiter nach Westen.

(9) Der Schamane Tuoqiwu regierte die Stadt Jiakun (Jiakun *Huotong*). Er hatte nur eine Tochter, die Tuobutuni *Dedou* hieß. Wie die Beiden nun vernahmen, dass Shi'rdaru ausgezogen war, die Gegenden des Westens zu unterwerfen und nicht mehr fern war, beratschlagten Vater und Tochter, wie sie Shi'rdaru töten konnten. Nachdem sie sich einen Plan zurechtgelegt hatten, ging Tuobutuni dem Shi'rdaru entgegen, um ihn zu begrüßen, und erwartete ihn [in einem Haus]. Shi'rdaru kam tatsächlich, nachdem sie einen oder zwei Tage gewartet hatte, und als er in das Haus trat und lediglich ein sechzehn- oder siebzehnjähriges, ungewöhnlich schönes Mädchen vorfand, das sogar noch schöner war als seine Frau Suwanni, verspürte er in seinem Herzen mächtiges Verlangen und blieb wie angewurzelt stehen. Das Mädchen stieg bei seinem Eintreten vom *Kang* und forderte ihn auf, sich zu setzen, worauf es ihm eine Pfeife stopfte, Tee einschenkte und ihn zuvorkommend bewirtete. In ihre Unterhaltung flossen zärtliche Worte ein, die dazu angetan waren, ihn zu betören. Die *Dedou* bereitete ihm eigenhändig ein köstliches Mahl zu, tischte ihm auf und stellte eine Flasche Branntwein dazu, in welchen sie giftige Kräuter gemischt hatte.

Als Shi'rdaru ihr Anträge zu machen begann, stimmte sie zwar bereitwillig zu, doch forderte sie von ihm: „Wenn du mich freien willst, musst du zuerst diesen Becher leeren, erst dann wirst du meine Einwilligung erhalten! Denn wisse, dieser Branntwein wurde eigens für meinen zukünftigen Verlobten vorbereitet. Trinkst du ihn nicht, so kannst du mich auch nicht zur Frau bekommen!" Mit diesen Worten schenkte sie ihm den Becher voll und Shi'rdaru nahm ihn und leerte ihn hastig. Der Branntwein aber brannte ungewöhnlich heftig in der Kehle. Als etwas davon auf den Boden tropfte, begannen die Tropfen zu brennen, so dass die *Dedou* das Feuer austreten musste. Dennoch trank Shi'rdaru, von ihrer Schönheit verführt, den ganzen Becher leer. Kaum aber hatte er ihn geleert, als ihm die Sinne schwanden; er torkelte, vor seinen Augen drehte sich alles und er wurde ohnmächtig. Als er wieder etwas zu Bewusstsein kam, sah er, dass Tuobutuni und auch das Haus verschwunden waren. Vor Schmerzen wälzte er sich heftig auf dem Boden.

Cikeni kam herbei und sprach: „Hätte man dir geraten, den Branntwein nicht zu trinken, du hättest es dann erst recht getan! Wie kannst du nur so lüstern sein! Lass mich mal sehen, ob ich den vergifteten Branntwein entfernen kann." Sie flog in die Lüfte empor und stieß herab, aber nachdem sie ihn gerammt hatte, zeigte dies keine Wirkung. Darüber ergrimmte sie im Innersten und entfernte sich, aber schon bald kam Suwanni *Dedou* herbei. Sie verwandelte sich in einen *Kuoli* und stieß gleichfalls auf den Kopf ihres Gatten herab, so dass Shi'rdaru ohnmächtig wurde und erst nach langer Zeit wieder zu sich kam. Das Gift des Branntweines war bereits entfernt, aber sein ganzer Körper schmerzte in kaum erträglicher Weise. Als er die Augen öffnete und um sich blickte, fand er sich von seinen Frauen Suwanni, Shalihuoni, Cenggeni und Cikeni umgeben in einem Haus wieder; er war zum Erbarmen abgemagert und nicht in der Lage, sich zu bewegen.

Suwanni *Dedou* sagte zu ihrem Gemahl: „Solltest du noch immer die Tuobutuni *Dedou* begehren, so muss ich dich dagegen fragen, ob du lieber leben oder sterben willst?" Und als Shi'rdaru antwortete, dass er leben wolle, sprach seine Frau zu ihm: „Ich habe dein Leben gerettet, du aber sammle nun deine geistigen Kräfte !" Mit diesen Worten entfernten sich die Frauen mit lautem Gelächter. Shi'rdaru erholte sich von seiner Krankheit und wartete darauf, dass es ihm wieder besser ging und er seinen Weg fortsetzen konnte. Einen halben Monat später war er wieder völlig hergestellt. Eines Tages stand er frühmorgens auf, schwang sich aufs Pferd und ritt nach der Stadt des Schamanen Tuoqiwu, die er nach eineinhalb Tagen erreichte. Ihre Tore waren fest verschlossen. Nachdem er einmal die Stadt umkreist und festgestellt hatte, dass alle anderen Tore ebenso verschlossen waren und sich keine Möglichkeit für einen Angriff bot, kehrte er zurück zu jenem Tor, das genau nach Süden zeigte. Es war noch nicht versperrt, weshalb er einmal mit der Faust dagegen schlug. Von drinnen wurde gefragt, wer denn da gegen die Türe poche und viel Lärm um nichts mache. Ein Mann sprang heraus und es war niemand anderer als der Schamane Tuoqiwu. Er trug seine vollständige Schamanentracht, wie er sie für seine Schamanenseancen benötigte. Sobald er begriff, dass Shi'rdaru gekommen war, um ihn zum Kampf zu fordern, stampfte er vor Wut so hart auf, dass es dröhnte.

(10) Der Schamane Tuoqiwu beschimpfte Shi'rdaru: „Wer bist du, du kurzborstige Raupe, dass du hierher kommst und so viel Lärm um nichts machst?" Vor Wut lief Shi'rdaru übers ganze Gesicht rot an und gab zurück: „Wer ist denn der, der mir entgegen tritt? Sag mir sofort deinen Namen!" Der Schamane antwortete: „Wenn du meinen Namen hörst, wirst du vor Schrecken bleich das Weite suchen!" Da zerrte Shi'rdaru den Schamanen am Gewand und begann, auf ihn einzuschlagen. Die beiden kämpften über einhundert Runden verbissen gegeneinander. Es dauerte aber nicht lange bis Shi'rdaru, dessen Körper durch das Gift gründlich geschwächt worden war, nicht mehr standhalten konnte und ihm das Blut aus den Nase rann. Er sprach daher zum Schamanen: „Ich will einige Zaubersprüche (*zhouyu*) rezitieren. Du aber lass so lange ab von mir, du kannst mich dann immer noch töten!" Der Schamane ließ von ihm ab, worauf Shi'rdaru ein bis zwei Schritte beiseite trat und einige Worte murmelte. Kaum hatte er diese ausgesprochen, da war auch schon ein heftiges Dröhnen zu hören, das anzeigte, dass Ku'rru Schädelknochen im Anmarsch war. Der Schamane war noch bester Laune, aber Ku'rru Schädelknochen donnerte und der Schamane erhielt einen Schlag, wie von einer flachen Hand, mitten ins Gesicht. Hastig erhob er sich wieder und bekam neuerlich einen derartigen Schlag, dass er ihn rücklings zu Boden schleuderte; er blieb mit dem Gesicht nach oben liegen und wagte nicht wieder aufzustehen, sondern fragte: „Was bist du für ein Ding, dass du derart Schrecken erregend bist? Bevor du mich umbringst, zeige mir noch deine wahre Gestalt!" Er blieb weiter auf dem Boden liegen und getraute sich nicht aufzustehen. Aber ganz gleich, ob Ku'rru Schädelknochen in Wasser oder in den Erdboden eintauchen musste, nichts war ihm unmöglich! Als der Schamane es nicht wagte aufzustehen, griff er zu der Kunst des Erdtauchens (*tudunfa*) und krachte steil nach oben aus dem Boden heraus. Dieser Schlag verursachte dem Schamanen noch fürchterlichere Schmerzen als die früheren Schläge, weshalb er sich hinkniete und flehte: „Gnädiger Gebieter, habt Mitleid! Schont mein Leben! Ich will Euch meine Stadt übergeben und Euch und den Euren die *Dedous* überlassen!" Shi'rdaru antwortete ihm: „Waren wir beide etwa Feinde? Warum hast du mir deine Tochter entgegen geschickt, damit sie mich zum Schein begrüße und dann mit vergiftetem Branntwein umbringe? Du findest keine Gnade!" Wieder kam Ku'rru Schädelknochen mit entsetzlichem Getöse auf ihn zu und nach einigen Donnerschlägen war es um den Schamanen geschehen!

Shi'rdaru zog in die Stadt ein und nachdem er dem Volk gut zugeredet hatte, begab er sich ins Haus des Schamanen Tuoqiwu, wo er sich ausruhte, ein Fest gab und mit allen Gemahlinnen Branntwein trank. Nach kurzer Zeit hatte Suwanni die Tuobutuni gefangen genommen und übergab sie ihrem Gemahl, der die *Dedou* aufforderte, sofort seine Frau zu werden und keine Ausflüchte zu machen. Die *Dedou* aber heulte und jammerte und beruhigte sich erst, als die übrigen *Dedou* sie einluden, sich zu ihnen zu setzen und an dem Fest teilzunehmen. Suwanni redete ihr zu und sprach: „Vorgestern (*qian tian* [!]) hast du unserem Gemahl großes Leid zugefügt, beinahe hätte er dadurch sein Leben verloren. Du solltest ihn heiraten, um auf diese Weise dein früheres Vergehen zu sühnen!" Die übrigen *Dedou* klatschten in die Hände und pflichteten ihr bei. Die *Dedou* überlegte sich die Sache und besann sich schließlich eines Besseren, indem sie einwilligte,

Shi'rdaru zu heiraten. Während des Gelages befahl Shi'rdaru dem Volk, 360 Segelschiffe zu bauen und sich auf ihnen in die Heimat des neuen *Han* zu begeben, um sich dort anzusiedeln. Die Einwohner der Stadt gelobten, diesem Befehl Folge zu leisten. Nachdem er alle Maßnahmen getroffen hatte, zog Shi'rdaru weiter nach Westen und kam nach mehr als 300 Meilen erneut zu einer Stadt, die am Südufer eines mächtigen Flusses lag und Toushen *Huotong* hieß. Ihre Stadtherrn waren die vierzig Mayinchu.

(11) Als Shi'rdaru die Stadt Toushen erreichte, waren die vier Tore der Stadt fest verschlossen; es war nicht einfach sie anzugreifen, da auch nicht ein Spalt zu finden war, der genutzt werden konnte. Shi'rdaru kehrte wie schon beim letzten Male zu dem Tore zurück, das genau nach Süden zeigte, aber auch hier war nichts zu machen und so blieb ihm nichts anderes übrig, als an das Tor zu pochen. Er schlug einige Zeit mit der Faust gegen das Tor, worauf dieses geöffnet wurde, und ein Mayinchu heraustrat, der ihn anblaffte: „Alle, die von Süden kamen und nach Norden zogen, die im Osten aufgebrochen waren und nach Westen zurückkehrten, haben an den Stadttoren Räucherwerk entzündet und gebetet, um ihren Weg fortsetzen zu dürfen. Aber noch niemand hat es bisher gewagt, an unser Tor zu pochen! Wer bist du, dass du es wagst, hierher zu kommen und ans Tor zu pochen?" Shi'rdaru antwortete ihm: „Ich bin an vielen *Huotong* vorüber gekommen und alle hatten die Tore geschlossen und wollten sie nicht öffnen. Alle habe ich sie aufgestoßen und dabei keinen wahren Recken unter meinen Gegnern getroffen! Wer bist du denn, dass du's wagst, solch große Worte zu spucken?" Als der Mayinchu vernahm, wie voll Shi'rdaru den Mund nahm, trat er auf ihn zu, packte ihn mit einer Hand, als gelte es, ein kleines Kind in den Arm zu nehmen, hob ihn hoch, und trug ihn zu einem tausend Pfund schweren Häckselmesser am Stadttor, unter dem er ihn festklemmte. Shi'rdaru konnte von Glück reden, dass er von dem Messer nicht zerstückelt wurde; seine Lage bereitete ihm große Sorgen und erfüllte ihn mit Ungemach und Reue.

Nachdem Shi'rdaru mehrere Tage unter dem Häckselmesser eingezwängt war, trafen seine zweite, seine dritte, seine vierte und seine fünfte Gattin ein, um das Messer entzwei zu sprengen, was ihnen jedoch nicht gelang. Als sie sich keinen Rat mehr wussten, näherte sich von Norden her eine *Dedou* – es war Suwanni. Sie machte große Augen als sie Shi'rdaru unter dem Häckselmesser von tausend Pfund eingeklemmt sah, denn der Druck des Messers war so stark, dass niemand ihn zu retten vermochte. Suwanni rollte sich auf dem Boden und verwandelte sich: Sie verwandelte sich in einen *Kuoli*, der sich in die Lüfte erhob, mit all seiner Kraft herabstieß und das tausend Pfund schwere Messer fünf oder sechs Schritte weit fortschleuderte. Shi'rdaru begann sich unter Lebensgefahr herauszuwinden und stand auf. Suwanni fragte ihren Mann: „Warum rufst du jetzt nicht deinen

Bruder Ku'rru Schädelknochen herbei, damit er dir beim Kampf beisteht? Auf was wartest du denn?"

Shi'rdaru wandte sich nach Norden und murmelte einige Worte. Währenddessen kamen die 40 Mayinchu mit eisernen Hämmern und anderem Gerät in Händen aus der Stadt heraus, und umstellten Shi'rdaru in der Absicht, handgreiflich zu werden. Plötzlich aber ertönte ein Krachen und Donnern, welches Shi'rdaru anzeigte, dass Ku'rru Schädelknochen zu Hilfe eilte. Mit gewaltigem Getöse schlug dieser eine Reihe von Mayinchu nieder, worauf die 40 Mayinchu in heillosem Durcheinander nach Norden flohen. Nur Foluoru Mayinchu blieb zurück; er hatte schon früher lange mit Ku'rru Schädelknochen gekämpft, ihn aber nicht besiegen können und so war ihm keine andere Wahl geblieben, als aufzugeben, da er eine Fortsetzung des Kampfes nicht gewagt hatte. Nun trafen die beiden neuerlich aufeinander und verlangten danach, einen Sieger zu ermitteln. Der Kampf tobte hin und her bis sie zu einer Stelle treibender Flöße kamen und dieser Ort war für einen Menschen nicht standsicher: Selbst wenn eine Schwanenfeder herab gefallen wäre, wäre sie auf den Grund gesunken.[18] Foluoru Mayinchu hatte ganz einfach keine Möglichkeit zu siegen. Er trat daher auf Ku'rru Schädelknochen zu, kniete nieder und sagte: „Auf der ganzen Welt findet sich niemand, der Ku'rru Schädelknochen besiegen könnte. Wir vierzig Mann möchten uns unterwerfen und wir werden uns bestimmt nicht unbotmäßig verhalten!" Ku'rru Schädelknochen klärte ihn darüber auf, dass er zuerst mit Shi'rdaru Bruderschaft schließen müsse, weil er selbst bereits mit diesem Schwurbrüderschaft[19] geschlossen habe: Auf diese Weise könnten sie allesamt Brüder werden!

(12) Foluoru Mayinchu folgte Ku'rru Schädelknochens Hinweis und sie schlossen Brüderschaft. Dann sprach Foluoru Mayinchu: „Wir wurden alle verstreut und sind nicht in der Lage, uns zu orientieren. Auch ich fühle mich sehr matt. Es wäre am besten, wenn Shi'rdaru in unserem Hause Schafe und Schweine schlachtet und gen Norden gerichtet ein Opfer darbringt, damit wir 40 Mayinchu innerhalb von drei Tagen wieder nach Hause zurückkommen können." Nach zwei bis drei Tagen traf ein Mayinchu nach dem anderen wieder zu Hause ein. Nachdem die vierzig Mayinchu erneut Shi'rdaru und Ku'rru Schädelknochen auf das höflichste begrüßt hatten, schlossen die zweiundvierzig Recken Brüderschaft. Aber keine der Gemahlinnen des Shi'rdaru war gekommen. Shi'rdaru speiste und trank mit den Mayinchu und verweilte drei oder vier Tage. Eines Morgens beschloss er wieder aufzubrechen und die Mayinchu geleiteten ihn bis vor die Stadt

---

18 ... ... 戰來戰去,到一處漂筏,這地方不能站人,連鵝毛洛下也要沉底。

19 Wörtlich: „... eine Bruderschaft auf Leben und Tod (... ... 結成生死兄弟 ... ...)"

und sprachen zum Abschied zu ihm: „Wenn du es mit einem gefährlichen Gegner zu tun hast, so rufe, dass die Mayinchu so schnell wie möglich kommen sollen: Wir Vierzig werden deinem Ruf auf der Stelle Folge leisten!" Shi'rdaru schüttelte zum Abschied die Hände und setzte seinen Weg nach Westen fort. Nachdem er einen halben Tag lang geritten war, sah er vor sich am Wegesrand eine Frau und erkannte in ihr bei näherem Zusehen Suwanni. Als sie ihren Mann erblickte, sprach sie zu ihm: „Westlich von hier gibt es eine Stadt, die Taqire *Huotong* heißt und von drei Mauern umgeben ist. Die Stadtherren sind die sieben Bukong, die außergewöhnlich groß und kräftig sind: Sie sind einen Klafter zwei Fuß groß [= ca. 4 m]. Die sieben Brüder sehen einander ähnlich. Sie haben eine Schwester von außergewöhnlicher Schönheit mit Namen Narihuoni *Dedou*. Du kannst ihnen vorschlagen, sie zu heiraten, falls sie damit nicht einverstanden sind, so bitte sie kniefällig darum. Merke dir das genau und vergiss es ja nicht!"

(13) Nachdem Suwanni auf diese Weise zu Shi'rdaru gesprochen hatte, verabschiedeten und trennten sie sich; Shi'rdaru schwang sich wieder aufs Pferd und ritt zu der Stadt. Er war noch ungefähr eine Meile von ihr entfernt, als er vier Personen bemerkte, die ihm von der Stadt her mit einer für vier Träger bestimmten Sänfte entgegenkamen. Sie setzten vor ihm die Sänfte ab und meldeten höflich, dass der älteste Bruder ihnen befohlen habe, Shi'rdaru zu empfangen. Sie baten ihn, die Sänfte zu besteigen. Shi'rdaru lehnte einmal bescheiden ab und kam dann der Bitte nach, worauf die vier Brüder ihn zu der Stadt trugen. Als sie am Stadttor ankamen, wurden sie dort schon seit einiger Zeit von den Bukong erwartet. Shi'rdaru stieg aus der Sänfte und grüßte sie ehrerbietig. In der Empfangshalle ihrer Residenz angekommen setzte man sich unter Austausch von Höflichkeiten. Shi'rdaru lenkte das Gespräch nach und nach darauf, dass er sich mit ihnen verschwägern wollte. Der Älteste der Bukong gab seine Zustimmung zu erkennen, verlangte aber, dass vor einer Entscheidung Shi'rdaru mit seinem jüngsten Bruder kämpfen solle: Gelang es ihm, diesen zu besiegen, so stand einer Heirat nichts im Wege. Shi'rdaru kämpfte mit dem jüngsten Bukong im Hof und warf ihn in drei Runden dreimal zu Boden. Der Bukong stürzte, sobald er ihn schleuderte: Es war schon recht seltsam, dass dieser angesichts seines mächtigen Körperbaus so einfach zu werfen war! Aber während sie kämpften, hatte sich Suwanni mittels Zauberkraft (*shenshu*) unsichtbar gemacht und half ihrem Gemahl, den jungen Bukong niederzuwerfen, weshalb es ihm gelang, diesen überzeugenden Sieg zu erringen. Die beiden *Mo'rgen* kehrten Hand in Hand in den Empfangsraum zurück und setzten sich, worauf der älteste Bukong den Dienern befahl, Schafe und Schweine zu schlachten und alles für die Hochzeit der *Dedou* vorzubereiten. Nachdem die Diener die Vorbereitungen abgeschlossen hatten, wurde die Hochzeit auf den folgenden Tag festgelegt.

Am folgenden Morgen übertrugen Braut und Bräutigam ihre Betreuung der Suwanni, da es in der Familie der Braut keine weitere Frau gab. Keiner der sieben Bukong war verheiratet, und so gab es keine Frau, die diese Aufgabe hätte übernehmen können. Suwanni *Dedou* arrangierte alles Nötige für sie. Nach kurzer Zeit setzten Trommelschläge und Musik ein und Braut und Bräutigam verbeugten sich vor Himmel und Erde. Shi'rdaru hatte Narihuoni bis zu diesem Zeitpunkt noch nicht zu Gesicht bekommen; als sie sich nun verbeugten, sah er, dass die Braut gut aussah und wirklich eine unübertroffene Schönheit war. Auch der Braut fiel auf, wie ungewöhnlich stattlich und gut aussehend Shi'rdaru war und so empfanden beide tiefe Zuneigung füreinander. Nach Abschluss der Zeremonie tranken die sieben Bukong zusammen mit Shi'rdaru am selben Tisch Branntwein und unterhielten sich angeregt mit ihm. Die *Dedou* Shalihuoni, Zenggeni, Cikeni, Tuobutuni und Narihuoni tischten unter Suwannis Anleitung ebenfalls im Hauptraum ein Festessen auf und tranken dazu Branntwein. Erst als die rote Abendsonne im Westen unterging, ging man recht fröhlich auseinander. Suwanni geleitete Braut und Bräutigam ins Brautgemach und kehrte nach einem kurzen Schwätzchen mit den übrigen *Dedou* ins Hauptzimmer zurück, wo sie sich schlafen legten.

Shi'rdaru verweilte bereits sieben oder acht Tage bei den Bukong und wann immer Suwanni ihn fragte, wann er denn aufbrechen wolle, antwortete er stets „Morgen"! Und wenn's dann soweit war, geschah nichts. So ging es dreimal. Suwanni wusste, dass er sich nicht von seiner neuen Gattin trennen wollte. Eines Abends, als er bei Suwanni weilte, redete sie ihm mit deutlichen Worten ins Gewissen: Die Zukunft des Reiches müsse allem anderen vorangehen, er dürfe nicht so sehr an seiner Familie hängen. Bei ihren Worten errötete Shi'rdaru, stand mit hängendem Kopf da und erklärte sich bereit, auf sie zu hören. Suwanni teilte ihm dann mit, dass sie im siebenten oder achten Monat schwanger sei und nach Hause zurückkehren müsse, um zu entbinden. Hastig fragte Shi'rdaru, wann sie denn wieder zurückkommen werde, worauf sie antwortete, dass sie wahrscheinlich erst in zwei bis drei Jahren zurückkehren könne. Bei dieser Nachricht begann er unwillkürlich zu weinen, und auch die anderen gaben zu erkennen, dass es ihnen nicht leicht fiel, sich von ihr zu trennen. Suwanni dagegen bat die *Dedou* Cenggeni, Cikeni, Narihuoni und Tuobutuni mit eindringlichen, mahnenden Worten, dem Gatten treu zur Seite zu stehen; auf gar keinen Fall dürfe zwischen ihnen Streit ausbrechen oder es zu Missverständnissen kommen! Außerdem gab sie zu bedenken, dass es in der Welt viele Helden gebe: Aber wenn es zum Kampfe komme, müssten sie sich gegenseitig unterstützen und dürften keine Fehler machen. Nach diesen Worten begaben sich alle in ihren Quartieren zur Ruhe. Shi'rdaru weilte bei seiner ersten Gattin und beide machten die ganze

Nacht hindurch kein Auge zu: Suwanni belehrte ihn umsichtig und freundlich, sie ermahnte ihn, sich unermüdlich der wichtigen Sache des Reiches zu widmen und den Feldzug nach Westen weiter voranzutreiben.

(14) Am folgenden Tag nahmen Shi'rdaru und Suwanni voneinander Abschied, aber Shi'rdaru war unentschlossen und erst nachdem er lange Zeit gezögert und gezaudert hatte, schwang er sich endlich aufs Pferd und preschte in westlicher Richtung davon. Nachdem Suwanni ihren Mann auf den Weg geschickt hatte, kehrte sie ins Haus zurück, bereitete ihre Abreise vor und verabschiedete sich dann einzeln von jeder *Dedou*. Sie gingen auseinander und Suwanni kehrte in ihre Heimat zurück. Nachdem sie eine Reihe von Tagen von früh bis spät unterwegs gewesen war, kam sie schließlich unweit der ehemaligen Stadt an und sah, dass hier das unterworfene Volk eine umwallte Stadt im Umfang von vierzig Meilen erbaut hatte, deren Gebäude und Paläste hoch aufragten und ungewöhnlich schön waren. Am Stadtor, durch das sie die Stadt betreten wollte, wurde sie von dem am Wegrand knienden Volk empfangen, welches erfahren hatte, dass die *Fujin* zurückgekehre. Suwanni fühlte sich sehr geehrt. Die Hofdamen beauftragten Mädchen, sie mit einer Sänfte in den Palast zu tragen. Dort begab sie sich in die Haupthalle, um zu ruhen. Sie war von der langen und beschwerlichen Reise sehr ermüdet und schlief tief und fest. Am nächsten Morgen entband sie und gebar ein Mädchen und einen Jungen. Die Mutter und ihre beiden Kinder waren wohlauf und gesund und Suwanni war außer sich vor Glück.

(15) Im Verlauf seines Zuges gen Westen kam Shi'rdaru zu einer ausgedehnten Siedlung, wo er am Ufer eines Flusses unzählige Schiffe liegen und längs des Ufers unzählige Zelte stehen sah. Ohne viel Umstände zu machen, trat er in ein großes Haus ein und setzte sich: Er befand sich in dem Haus des Dorfvorstandes, des Schamanen Sakaxiu [Saqiaxiu], wo er auf seine Erkundigungen hin erfuhr, dass ein Wettkampf um die Hand der Tochter des Dorfschulzen stattfinden sollte. Der Schamane verkündete, dass die Wettkämpfer ein Wildschwein, dann zwei Schwäne und zuletzt einen Hirschen mit gemustertem Fell (*hualu*) lebend fangen mussten. Wem dies gelinge, der sollte seine geliebte Tochter zur Frau bekommen. Die Freier zogen aus, das Wildschwein zu fangen und auch Shi'rdaru stieg zu diesem Zweck in die Berge im Norden. Als das Wildschwein ihn bemerkte, reckte es seine Hauer, die so scharf wie Dolche waren, schnaubte kurz und stürmte auf ihn los. Er dachte daran, dass er es bei den Ohren packen musste, aber das Wildschwein riss das Maul auf, passte den richtigen Moment ab und riss ihn in zwei Teile. Diesen beiden Teilen, oben und unten, gelang es nicht sich an einer Stelle zu vereinen und sie wälzten sich vor Schmerz heftig am Boden. Plötzlich rief jemand von oben: „Ich bin deine fünfte Gattin Narihuoni *Dedou* und komme dir zu Hilfe!"

Ein Schlag kam aus der Luft herab und Shi'rdaru wurde ohnmächtig. Als er bald darauf wieder zu sich kam, war sein Körper wieder ganz. Seine fünfte Gattin sprach zu ihm: „Das Mädchen hatte von dem Körper des Wildschweins Besitz ergriffen und wollte dich zerbeißen. Kehre du zurück und ergreife den Schamanen, ich werde seine Tochter verfolgen und fangen." Shi'rdaru stand auf und eilte zum Anwesen des Schamanen zurück. Am Haupttor angekommen, begann er zu schimpfen und schimpfend betrat er das Anwesen. Sobald er den Schamanen Sakaxiu zu Gesicht bekam, begann er mit ihm zu kämpfen. Nach ein- bis zweitägigem Kampf kam Cikeni [hier Lakeni geschrieben] *Dedou* aus nördlicher Richtung herbei und sprach: „Wenn es zu einem Kampf kommt, versteckt der Schamane Sakaxiu seine Seele (*hunling*), weil sie sich hin und her bewegt (pulsiert), sorgsam im Bauch einer Meeresschildkröte, die er ins Wasser schickt." Als Narihuoni dies hörte, sprang sie ins Wasser, worauf das Meereswasser sich teilte und die große Meeresschildkröte erschien. Sie schnitt deren Bauch auf, holte die Seele heraus und überbrachte sie ihrem Gemahl Shi'rdaru. Der Schamane aber, der seine Seele in den Händen des Gegners sah, kniete vor Shi'rdaru nieder und bat um Schonung. Shi'rdaru lehnte ab und schmetterte die Seele auf den Boden, worauf der Schamane starb. Shi'rdaru ging in die Ansiedlung und befahl den Einwohnern dreihundertsechzig Segelschiffe zu bauen und mit diesen zu den südlichen Ufern des Sungari zu fahren. Dort sollten sie Häuser errichten und warten, bis ihr *Han* siegreich zurückkehren und sie reich belohnen werde. Das Volk jubelte und war bereit, dem Befehl seines neuen *Han* zu folgen. Die Tochter des Schamanen aber wurde von Narihuoni getötet.

Zu der Zeit als Shi'rdaru den Wildschweingeist fing, lebten in jener Gegend zwei Brüder: Der ältere Bruder hieß Taibuwu *Han*, der jüngere Mulou *Han*. Sie hassten den Schamanen Sakaxiu, weil er mit Hilfe des Wildschweingeistes anderen Schaden zugefügt hatte. Die Brüder eilten herbei und sagten zu Shi'rdaru: „Diesen Schamanen musste man hassen, da er viel Leid über die Menschen gebracht hat. Er darf nicht entkommen, erst wenn seine Leiche in zehntausend Stücke zerteilt worden ist, kann man sich [des Sieges] freuen! Wir leben westlich von hier und hoffen, dass der *Mo'rgen* auf ein Schwätzchen in unser bescheidenes Heim kommt. Es ist wahrhaftig ein Glück, welches für drei Leben reicht, dass wir uns hier getroffen haben!" Nach diesen Worten verbeugten und verabschiedeten sie sich. Shi'rdaru befahl, dass das Volk mit den Schiffen aufzubrechen habe, schwang sich aufs Pferd und ritt weiter nach Westen, worauf nach ein oder zwei Tagen im Westen eine Stadt vor ihm auftauchte.

Sein Pferd eilte vorwärts und schon bald stand er vor der Stadt des Taibuwu, der ihm zusammen mit seinem Bruder zur Begrüßung bis vor die Stadt entgegengekommen war. Als sie das Haus des Taibuwu *Han* erreichten, traten sie in das Empfangszimmer, wo sie sich auf die für Gast und Gastgeber bestimmten Plätze setzten. Shi'rdaru wurde mit einem Festmahl bewirtet und während sie tranken, sprach Taibuwu *Han* zu Shi'rdaru: „Schon lange kennen wir deinen ruhmreichen Namen. Wir schätzen uns glücklich und fühlen uns sehr geehrt, dass du nicht verschmäht hast, uns in unserem bescheidenen Heim zu besuchen. Nun haben wir vor einigen Tagen gehört, dass der ehrenwerte ältere Bruder die jüngere Schwester des Bukong, die *Dedou* Narihuoni, geheiratet hat. Ich habe eine jüngere Schwester namens Tangjini, die mit Narihuoni von klein auf zusammen war und mit ihr die Kampfkünste erlernt hat. Die Beiden sind zudem Schwurschwestern, weshalb ihnen eine Trennung schwer fallen würde. Ich möchte gerne dem älteren Bruder meine Schwester zur Frau geben, damit die beiden Schwestern stets vereint sind. Ich weiß jedoch nicht, wie der ehrenwerte ältere Bruder darüber denkt!" Da Shi'rdaru von Natur aus Frauen sehr zugetan war, lehnte er natürlich nicht ab und erklärte sich einverstanden, sie zur Nebenfrau zu nehmen. Nach zwei oder drei Tagen nahm er von den Brüdern Abschied und ritt weiter.

(16) Der Schamane Sakaxiu besaß einen Neffen [Sohn der Schwester], der fünfzig oder sechzig Meilen weiter westlich wohnte und Muchekong *Mohan* hieß. Diesem kam zu Ohren, dass Shi'rdaru seinen Onkel mütterlicherseits getötet, von den Bewohnern und allen Berufsständen des Dorfes[20] Besitz ergriffen und sie auf Schiffen in seine Heimat verfrachtet hatte. Als er das hörte, wurde Muchekong *Mohan* von abgrundtiefem Hass erfüllt. Und so stand er an dem Tag [, an dem Shi'rdaru kommen sollte] frühmorgens auf und ging mit Pfeil und Bogen in einen Pappelwald, um an abgelegener Stelle auf Shi'rdaru zu warten. Lange Zeit war nichts von Shi'rdaru zu sehen. Endlich näherte sich am Nachmittag von Osten her ein Reiter, der nach Westen ritt und von dem anzunehmen war, dass es sich bei ihm um Shi'rdaru handelte. Als der Reiter nach kurzer Zeit nahe genug herangekommen war, zog Muchekong *Mohan* einen Pfeil, legte ihn auf die Sehne und schoss. Shi'rdaru vernahm hinter sich das sausende Geräusch eines Pfeiles und wusste, dass ihm Gefahr drohte; er wich zur Seite und der Pfeil flog unter seiner Achsel hindurch ins Leere. Als er sich umdrehte, kam schon der nächste Pfeil geflogen. Er rief Muchekong *Mohan* zu: „Zwischen uns beiden besteht weder Hass noch Feindschaft, warum schießt du auf mich?" „Mein Onkel wurde von dir getötet!", antwortete Muchekong *Mohan*. „Wie kannst du daher behaupten, dass wir nicht verfeindet sind!" Er schoss erneut drei Pfeile auf Shi'rdaru ab, die aber beim Aufprall auf dessen Körper zerbrachen und ihn nicht verwundeten. Sogleich nahm Shi'rdaru seinen vergifteten Wurfspeer zur Hand und sprach: „Wenn dieser Speer das Herz des Muchekong trifft, soll dieser davon verrückt

---

20   ... ... 合屯人民全行 ... ... 。

werden. Muchekong soll zu den *Ezhen*[21] der einzelnen Stämme laufen und ihnen melden, dass ich, Shi'rdaru *Mo'rgen*, gekommen bin, die Stämme zu unterwerfen. Wenn sie es dann mit der Angst zu tun bekommen, so sollen diejenigen, durch deren Gebiet ich noch nicht gekommen bin, Räucherwerk entzünden und mir zur Begrüßung entgegenkommen. Denn nur so werden sie ihr Leben retten!" Mit diesen Worten schleuderte er den vergifteten Spieß und traf Muchekong an der richtigen Stelle, der daraufhin wirr im Kopf wurde, nach Westen lief und von der Ankunft des Shi'rdaru erzählte. Shi'rdaru ritt zum Anwesen des Muchekong, aber als er den Eingang des Dorfes erreichte, kam ihm das Volk in Scharen zur Begrüßung entgegen und kniete am Wegesrand nieder. Er beruhigte es, ruhte sich einen Tag lang aus und ritt dann weiter.

(17) Shi'rdaru eilte weiter nach Westen und kam schon bald in eine Gegend, wo auf dem Süd- und Nordufer eines Flusses sich zwei befestigte und hoch aufragende Städte gegenüberlagen. Die Stadtberge waren durch eine eiserne Brücke verbunden, auf der ein ständiges Kommen und Gehen war. Zwei Meilen vor dieser Stadt wurde Shi'rdaru von zahlreichem Volk mit einer großen Sänfte für acht Träger empfangen. Man meldete ihm, dass die *Großhane* den Befehl erteilt hätten, Shi'rdaru mit einer Sänfte für acht Träger willkommen zu heißen, und lud ihn ein, in dieser Sänfte in die Stadt zu kommen. Die Stadtherren aber waren die Huo'rjitu *Hane*, die vormals Xikou *Mohan*, den Vater des Shi'rdaru, besiegt hatten. Shi'rdaru ahnte nichts davon, dass diese ihm eine Falle stellten und setzte sich in die Sänfte. Die Träger hoben sofort die Sänfte hoch und eilten vorwärts. Sie erreichten schon bald das Südtor der Stadt, wo sie die Sänfte absetzten und den *Großhanen* Meldung machten. Diese eilten zu der eisernen Sänfte am Südtor, verschlossen deren Türen mit Schlössern und warfen die Sänfte mitten in den großen Fluss, wo sie auf den Grund hinab sank. Zum Glück konnte kein Wasser ins Innere der Sänfte dringen, so dass Shi'rdaru wenigstens noch atmen konnte. Gerade als er hoffte, [von seinen Frauen] aus dem Wasser gefischt zu werden, waren diese schon zur Stelle und griffen [die Sänfte] an. Nachdem es aber keiner gelingen wollte, ihn zu befreien, wussten sie nicht mehr weiter und begannen zu weinen und zu klagen. Plötzlich hörte er über sich jemanden klagen und erkannte die Stimme von Suwanni: „Wenn sie da ist," so überlegte er, „werde ich bestimmt gerettet werden!" Suwanni war gemeinsam mit ihrem Sohn Shirigao und ihrer Tochter Su'enfani zu diesem Ort gekommen und als sie ihren Gatten in einer eisernen Sänfte eingeschlossen fand, stieß sie unter Aufbietung all ihrer Kraft ins

---

21 *Ezhen*, Hezhe: ɛʤən, ŋəʤən (S. 693) [Mandschu: ejen]: Herr, Gebieter. Titel der Stammesoberhäupter der Hezhe (S. 300, Anm. 1; S. 344, Anm. 1) (OA). Vgl. Hucker 1985, S. 358, Nr. 4352.

Wasser hinein und schleuderte die eiserne Sänfte mehr als drei Klafter in die Höhe, aber gleich darauf lag diese wieder an ihrem ursprünglichen Platz.

Da es Suwanni nicht gelingen wollte, die eiserne Sänfte aus dem Wasser zu holen, ließ sie laut klagend davon ab und befahl Su'enfani, es zu versuchen. Bei der Nachricht, dass ihr Vater im Fluss versenkt worden war, füllte sich ihr Herz mit Hass und Zorn. Sie stieß in das Wasser hinein und schleuderte die Sänfte mit solcher Wucht aus dem Wasser, dass sie am Ufer des Flusses niederfiel. Mit einem lauten Knall wurde die Sänfte entzweigeschlagen. Shi'rdaru war bereits ohnmächtig und als er nach langer Zeit wieder zu sich kam, die Augen aufschlug und um sich blickte, sah er, dass er am Ufer des Flusses lag. Er stand auf und wollte in [die Stadt] gehen, aber die Huo'rjitu, die bemerkt hatten, dass er entkommen war, stürmten herbei und begannen mit ihm zu kämpfen.

Nachdem er sich lange mit ihnen geschlagen hatte, erkannte Shi'rdaru, dass er sich in großer Gefahr befand und er seine Gegner nicht besiegen konnte. Er musste sie daher bitten, eine Pause einzulegen, trat zwei oder drei Schritte zur Seite und sprach gen Norden gewandt einige Worte. Noch bevor er zu Ende gesprochen hatte, war ein ohrenbetäubendes Gedröhn zu hören, das ihm das Kommen seines Schwurbruders verriet. Dröhnend kreiste dieser in der Luft und nach einem einzigen Knall lagen vier Huo'rjitu auf dem Rücken. Ununterbrochen knallte es mehr als zehn Mal. Die Huo'rjitu fragten sich, was dies wohl sein mochte: Was für ein unsichtbares Etwas schlug sie aus dem Verborgenen heraus nieder? Shi'rdaru kämpfte daneben mit einem Huo'rjitu. Die Prinzessin [Tochter des Shi'rdaru] hatte inzwischen eine weitere eiserne Kiste bemerkt und zerschlug sie. Ihr entstieg ein Mann, der ihr Großvater Xikou *Mohan* war. Auch er begann mit den Huo'rjitu zu kämpfen. Nachdem Ku'rru Schädelknochen den Kampf gegen die über dreihundert Huo'rjitu aufgenommen hatte, gesellte sich der von seiner Strafexpedition gegen die Stämme im Süden zurückgekehrte Zenggou zu ihnen und schlug sich mit den Huo'rjitu. Vater und Sohn, Schwiegervater und Schwiegersohn trafen aufeinander und erkannten sich nicht, weshalb sie heftig miteinander kämpften. Von den Huo'rjitu waren nur noch an die hundert Mann übrig geblieben. Shi'rdaru hörte, wie Suwanni *Dedou* ihn aufforderte, seine Schwurbrüder zur Unterstützung herbeizurufen, worauf er sich der Bukong, der Mayinchu und all der anderen Brüder erinnerte. Er sprach Zauberformeln und schon nach kurzer Zeit schlüpften die Bukong und die übrigen Schwurbrüder nacheinander aus dem Erdboden heraus und begannen mit den Huo'rjitu zu kämpfen.

Während Shi'rdaru kämpfte, bemerkte er einen über achtzig Jahre alten Mann mit schlohweißem Haar und Bart, der ein großer Kämpfer war: Beim Anblick der Huo'rjitu knirschte er mit den Zähnen, schimpfte lauthals und stürzte sich auf sie. Shi'rdaru überlegte, erkannte aber den alten Mann nicht und verstand auch nicht, warum dieser sich derart ins Zeug legte. Auch ein sechzehn- bis siebzehnjähriger Junge fiel ihm auf, der ebenfalls auf seiner Seite kämpfte. Er war ein ausgezeichneter Kämpfer und schlug viele Huo'rjitu zu Boden. Die Hälfte der Huo'rjitu war zu diesem Zeitpunkt bereits erschlagen worden. Der alte Mann tötete zwei oder drei Huo'rjitu, der Junge erschlug acht oder neun und Zenggou erschlug fünf oder sechs von ihnen. Shi'rdaru kämpfte noch immer erbittert mit einem Huo'rjitu, aber keiner der beiden Kämpen hatte den Kampf für sich entscheiden können. Als Shi'rdaru neben dem alten Mann zu stehen kam, fragte er ihn: „Ehrenwerter Herr, wer seid Ihr? Warum setzt ihr Euch derart für mich ein?" „Ich bin Xikou *Mohan*," antwortete der alte Mann. „Ich bin sehr besorgt darüber, dass ich nicht weiß, wo sich mein Sohn Shi'rdaru und meine Tochter Shikeni aufhalten; ich habe sie bis auf den heutigen Tag nicht mehr gesehen. Heute wurde ich aus der eisernen Truhe befreit und kämpfe daher gegen meine Feinde!" Als Shi'rdaru hörte, dass er seinem Vater gegenüberstand, und sah, wie rüstig und kräftig dieser war, sprach er: „Vater! Ich bin dein Sohn! Bitte verzeihe, dass ich dich hier auf dem Schlachtfeld nicht angemessen begrüßen kann!" Der alte Mann freute sich sehr, als er erfuhr, dass dies sein Sohn war. Der Junge aber war Shirigao; er hatte ihr Gespräch mitgehört und zu seiner großen Freude vernommen, dass diese beiden Männer sein Vater und sein Großvater waren. Es waren nun noch an die 30 Gegner am Leben und Shi'rdaru bat den Ku'rru Schädelknochen, mit ihnen weiterzukämpfen. Er selbst begab sich mit seinem Vater in die Stadt, um dort ein Fest vorzubereiten.

(18) Nach Unterwerfung der Stämme des Südens war Zenggou zur Südseite von Huo'rjitu *Huotong* geeilt und hatte dort sein Lager aufgeschlagen. Dort wartete er die Ankunft des Shi'rdaru ab und stieß dann zu ihm, um ihm im Kampfe beizustehen. Als er sah, dass Ku'rru Schädelknochen die Huo'rjitu in die Flucht geschlagen hatte, begab er sich ebenfalls in die Stadt. Shi'rdaru ging mit seinem Vater in den Palast der Huo'rjitu *Hane*, wo er vor dem Vater Kotau machte. Sein Vater war sehr glücklich. Während sie sich angeregt unterhielten, kam auch Zenggou, grüßte sie und machte ebenfalls vor dem Schwiegervater Kotau. Auch der Junge trat ein, und antwortete auf die Frage des Shi'rdaru, wer er sei, dass er Shirigao *Mo'rgen*, der Sohn des Shi'rdaru war und begrüßte Vater und Großvater. Suwanni *Dedou* und die übrigen Gattinnen des Shi'rdaru gesellten sich nach feierlicher Begrüßung zu ihnen, worauf bald danach die Mutter des Zenggou mit Shikeni *Dedou* und den übrigen Gattinnen des Zenggou ankam und vor der großen Palasthalle ihren Gruß entbot. Alle freuten sich sehr darüber, dass die Verwandten wieder vereint waren. Shi'rdaru befahl dem Volk innerhalb und außerhalb der Stadt Schweine und Schafe zu schlachten und drei Tage lang zu

feiern. Einen halben Monat lang durfte jegliche Arbeit ruhen, dann aber mussten eintausendachthundert Segelschiffe gebaut und bereitgehalten werden, damit auf ihnen die Truppen in die Heimat zurückgebracht werden konnten. Alle Schreiner und Berufsgruppen der Umgebung wurden aufgefordert, zu kommen und Schiffe zu bauen.

Shi'rdaru veranstaltete ein großes Fest, auf dem Suwanni, Zenggeni, Cikeni (Lakeni?) und die übrigen [Frauen des Shi'rdaru] der dazu eingeladenen Zenggou *Mama*, der ehrenwerten Mutter des Zenggou, sowie dessen Gattinnen Shikeni und Qi'aketeni Gesellschaft leisteten. Die männlichen Gäste – die sieben Brüder Bukong, die vierzig Mayinchu, Taibuwu *Han*, die zwei Brüder Mulou sowie Zenggou – wurden von Shi'rdaru eingeladen, an dem Bankett teilzunehmen. Xikou *Mohan* nahm den Ehrenplatz ein, die Reihenfolge der Plätze der übrigen Teilnehmer richtete sich nach ihrem Alter. Shi'rdaru bewirtete seine Gäste und trank nach Herzenslust. Es war wirklich ein großartiges Fest. Bald schon stieß auch Ku'rru Schädelknochen unter großem Getöse zu ihnen und alle, die ihn noch nicht kannten, waren recht verwundert. Er ließ sich auf dem Tisch nieder, an dem Shi'rdaru saß. Immer wenn Shi'rdaru Branntwein trank, goss er auch auf den Schädelknochen etwas Branntwein und wollte sich kein bisschen von ihm trennen. Wailani *Dedou*, die Ku'rru Schädelknochen im Norden geheiratet hatte, traf ebenfalls ein und wurde von Suwanni, die ihr entgegenging, begrüßt. Sie wies ihr den Sitz neben Zenggou *Mama* zu, die den Ehrenplatz innehatte, und Wailani setzte sich, nachdem sie einmal bescheiden abgelehnt hatte. Es wurde getrunken, erzählt und gelacht und nachdem sie den ganzen Tag lang Branntwein getrunken hatten, ging man am Abend recht fröhlich auseinander. Die Nacht verbrachten sie im *Han*-Palast, worauf sich am folgenden Tage die Bukong und die Mayinchu verabschiedeten und nach Hause zurückkehrten.

Shi'rdaru ließ Schiffe bauen, und als diese nach mehr als einem Monat fertig waren, befahl er allen Stadtbewohnern, sich innerhalb einer Frist von drei Tagen mit all ihrem Hab und Gut und ihrem Vieh auf die Schiffe zu begeben und dort die Abfahrt abzuwarten. Für Shi'rdaru wurde ein schnelles Schiff mit Drachenkopf und Phönixschwanz gebaut, über das sich der Groß*han* sehr freute. Er trieb das Volk an, sich auf die Schiffe zu begeben, damit abgelegt werden konnte. Er selbst richtete sich zusammen mit Zenggou, Ku'rru Schädelknochen und seinem Vater auf dem Drachenschiff ein. Auch die *Mama*, die *Dedou* und *Gege* bestiegen das Schiff. Insgesamt waren es tausendachthundert Schiffe, die zur gleichen Zeit ablegten und flussabwärts fuhren. Huo'rjitu *Huotong* blieb völlig verwaist zurück, ja nicht einmal Hühner oder Hunde waren zurückgeblieben. Die Fahrt dauerte über einen Monat und in dieser Zeit feierte und trank Shi'rdaru mit seinen Schwurbrüdern auf seinem Schiff.

Als auf dem Schiff gefeiert und getrunken wurde, sprach Ku'rru Schädelknochen zu Suwanni: „Ich habe im voraus die *Dedou* Wailani zur Frau genommen,
wenn ich wieder zu Hause bin, wird Hochzeit gehalten. Bedauerlicherweise kann
ich aus eigener Kraft nicht menschliche Gestalt annehmen, weshalb ich die
Schwägerinnen bitten möchte, dazu Mittel und Wege zu ersinnen." Suwanni antwortete ihm: „Wir wollen unbedingt deine wahre Gestalt sehen!" Die *Dedou*
Zenggeni, Cikeni, Tuobutu, Narihuoni und Tangjini verwandelten sich in *Kuoli*
und attackierten Tag für Tag den Schädelknochen, aber der wollte einfach nicht
zerbrechen. Schließlich stieg Suwanni in die Lüfte auf, stieß auf Ku'rru Schädelknochen herab und schlug den Knochen in einer Länge von etwa einem Fuß auf,
aber der Riss schloss sich sofort wieder. Die *Dedou* Su'enfani verfügte über noch
viel größere magische Fähigkeiten als ihre Mutter und beherrschte sämtliche
Kampftechniken. Sie schlug den Schädelknochen in zwei Teile, ein Teil lag im
Osten, der andere im Westen, und nun kam Ku'rrus menschliche Gestalt zum
Vorschein. Su'enfani *Dedou* übergab die Schädelknochen ihrer Mutter Suwanni
Dedou zur Aufbewahrung. Ku'rru konnte nun keine andere Gestalt mehr annehmen und musste seine Schwägerinnen begrüßen, mit Shi'rdaru Hände schütteln
und sich unterhalten. Shi'rdaru und Ku'rru waren einander wie Brüder zugetan.
Den Schädelknochen hatte die Nichte fortgetragen, und als er ihn mehrmals
zurückforderte, kam sie seiner Bitte nicht nach.

Ku'rru ließ Becher und Platten bringen, um Branntwein zu trinken und alle
feierten ausgelassen. Nach mehreren Monaten näherte man sich dem Stammsitz.
Shi'rdaru befahl deshalb, dass das Volk sich auf dem Ufer ansiedeln und eine
befestigte Stadt im Umfang von 40 Meilen bauen solle. Östlich davon errichtete
Shi'rdaru für Ku'rru und seine Frau eine Stadt und ließ sie dort wohnen. Auch
für Zenggou und seine Frau ließ er eine eigene Stadt bauen. Shi'rdaru bestieg den
Thron des *Han* und belehnte großzügig alle diejenigen Untertanen, die sich
Verdienste erworben hatten.

3. A'rqiwu

(1) In der Zeit zwischen der Tang- und Song-Dynastie stand auf dem Südufer des Sungari im Gebiet von Jilin eine kleine Stadt namens Futing *Huotong*[1]. In dieser Stadt lebten nur fünfzig oder sechzig Familien, der Stadtherr hieß Tuqiu *Mo'rgen*. Jimi'ani *Dedou*, seine Frau, hatte ihm ein Mädchen und einen Jungen geboren. Das Mädchen hieß Ailuni und war zwölf Jahre alt, der Junge hieß Aidewu und war sieben Jahre alt. Seit Tuqiu *Mo'rgen* diese Stadt vor vielen Jahren in Besitz genommen hatte, hatte er seine Tage ruhig und sorgenfrei verbracht.

In jenen Tagen stand am Oberlauf des Sahalin[2] auf dem nördlichen Ufer die Stadt Jiahao *Huotong*, deren Stadtherr Jiahaomu *Han* hieß. Seine Frau Mu'rkeni *Dedou* hatte ihm vier Söhne und eine Tochter geboren. Der älteste Sohn hieß Fo'rjiwu, der zweite Foqiwu, der dritte Foriwu und der vierte Ma'rtawu. Das Mädchen hieß Folani *Dedou* und war das jüngste Kind. Ihre vier Brüder waren bereits erwachsen. Eines Tages sprach Jiahaomu *Han* zu seinen vier Söhnen: „In jungen Jahren habe ich mir beide Ufer des Sahalin unterworfen: Nach Osten zu habe ich alle Städte und Weiler bis an die Meeresküste unterworfen, und erst nachdem ich mehr als 30 Jahre darauf verwendet hatte, war das Volk aus allen Gegenden umgesiedelt und diese mächtige Stadt errichtet. Da ihr vier Brüder nun erwachsen seid, solltet ihr danach streben, in alle vier Himmelsrichtungen zu ziehen und so manche Städte und Weiler zu unterwerfen, deren Einwohner ihr in unsere Stadt umsiedelt. So wird sich zum einen euer Ruf im ganzen Land verbreiten, zum anderen entscheidet sich dabei möglicherweise die wichtige Frage eurer Vermählung!" Kaum hatte er seine Rede beendet, antwortete auch schon sein vierter Sohn Ma'rtawu: „Die Stämme des Nordens[3] hat bereits der Vater unterworfen, es bleiben daher für uns noch die Stämme der Mitte[4] und des Südens[5] übrig. Ich will mich von hier aus aufmachen, die Stämme der Mitte zu unterwerfen, mein zweitältester Bruder soll ausziehen, die Stämme des Südens zu unterwerfen und mit dem umzusiedelnden Volk zurückkehren. Wenn wir uns jetzt aufmachen, dann ist es gut möglich, dass wir einige Dutzend Jahre fort sein werden. Da unsere Eltern schon über siebzig Jahre alt sind, könnten wir alle beruhigt sein, wenn der älteste und der dritte Bruder zu Hause blieben, sich um sie kümmerten und die Stadt

---

1   Etwa zehn Meilen westlich der Kreisstadt Fujin 富錦 in Jilin befindet sich ein kleiner Erdwall, der die Stelle markiert, wo einstmals die Stadt Futing 富廷 stand (S. 348, Anm. 2) (OA).
2   Amur (S. 294, Anm. 4; S. 348, Anm. 5) (OA).
3   Dieses verweist auf die Gegend am Amur (S. 349, Anm. 1) (OA).
4   Das Gebiet des Sungari (S. 349, Anm. 2) (OA).
5   Das Gebiet des Ussuri (S. 349; Anm. 3) (OA).

beschützten!" Jiahaomu *Han* stimmte dem begeistert zu. Am folgenden Tage rüsteten sich Ma'rtawu und Foqiwu, verabschiedeten sich von den Eltern und den Brüdern und ritten in verschiedenen Richtungen fort.

Nachdem Ma'rtawu mehrere Tage genau nach Süden geritten war, kam er ins Flussgebiet des Sungari, folgte dem Fluss nach Osten und begann seinen Eroberungszug. Er unterwarf nacheinander mehrere bedeutende und befestigte Städte und tötete deren Stadtherren. Der unterworfenen Bevölkerung jeder Stadt befahl er, so schnell wie möglich mehr als einhundert Segelschiffe (*da fengchuan*) zu bauen, sich auf diese zu begeben und mit ihm nach Osten zu fahren. Längs des Sungari gab es Stadtherren und Dorfschulzen, die sich schon bei Nennung seines Namens unterwarfen, und solche, die Widerstand leisteten und getötet wurden. Seit seinem Aufbruch folgte ihm seine Schwester Folani *Dedou* im Verborgenen, beschützte ihn und stand ihm im Kampf bei. Bis zu jenem Zeitpunkt hatte Ma'ertawu einen Teil des Feldzugs hinter sich gebracht und vier oder fünf Frauen geehelicht und dabei hatte sich sein Ruf überall am Sungari verbreitet.

Nun kam dem Stadtherrn von Futing, Tuqiu *Mo'rgen*, zu Ohren, dass Ma'ertawu die Stämme der Mitte befriedete und überall Siege errang, niemand ihm widerstehen konnte und er auch bald vor seiner Stadt stehen werde. Er dachte daran, dass er und seine Frau bereits über 50 Jahre alt waren, während ihr Sohn und ihre Tochter noch jung waren: Wie hätten sie daher gleichwertige Gegner abgeben sollen?! Ergaben sie sich aber, würde man sie sicherlich verspotten und verhöhnen. So sehr er auch darüber grübelte, er fand keinen Ausweg! Er beriet sich mit seiner Gemahlin, aber auch sie wusste keinen Rat. Als er weder aus noch ein wusste, kam der ihm treu ergebene alte Diener La'rhong'a, entbot ihm ehrerbietig seinen Gruß und sprach: „*Ezhen Age*[6], der alte Sklave weiß einen Rat; er weiß aber nicht, ob der *Ezhen* ihn billigen wird." Tuqiu und seine Gemahlin fragten ihn nach seinem Plan. „Immer wenn ich in den Südbergen Brennholz sammeln ging," antwortete La'rhong'a, „kam ich dort zu einer Felsenhöhle. Ich ging oft hinein, um sie zu erkunden. Sie ist weit und geräumig. Mein Vorschlag wäre, die jungen Gebieter, Euren Sohn und seine ältere Schwester, heimlich zu dieser Grotte zu bringen. Sie sollen viel Proviant mitnehmen und sich dort einige Tage verstecken, der alte Sklave wird am Höhleneingang Wache halten. Wenn Ma'rtawu hierher kommt und der *Ezhen* ihn im Kampf besiegt, werde ich die jungen Gebieter zurückbringen. Wird der *Ezhen* hingegen besiegt, so ist Euer Schicksal ungewiss; in diesem Falle aber werde ich in der Berghöhle alles daransetzen, um die jungen Gebieter großzuziehen und wenn sie dann erwachsen sind,

---

6   *Ezhen*: Hezhe: ɛʧǝn, ŋǝʧǝn (S. 693): bedeutet „Herr, Gebieter", *Age*, Hezhe: akɜ (S.687) [Mandschu: age] „älterer Bruder, verehrter Freund" (S. 350, Anm. 1) (OA).

werden sie meinen Gebieter rächen!" Tuqiu und seine Frau fanden, dass sein
Vorschlag Hand und Fuß hatte, und befahlen ihm sogleich, mit ausreichenden
Vorräten und den beiden jungen Gebietern in der Felsenhöhle in den Südbergen
Zuflucht zu suchen.

(2) Ma'rtawu fuhr mit über hundert großen Segelschiffen auf dem Fluss nach
Osten. Bereits nach wenigen Tagen erreichte er die Stadt Futing und erkannte
vom Schiff aus schon von weitem, dass diese Stadt sorgfältig instand gesetzt und
in ordentlichem Zustand war. Er befahl daher, dass die Schiffe am Ufer anlegen
sollten. Ma'rtawu aber wartete nicht ab, bis es soweit war, sondern sprang schon
zuvor aufs Ufer. Er eilte zu der Stadt und als er deren Tore fest verschlossen fand,
rief er mit lauter Stimme: „Wenn ihr wissen würdet, wie furchtbar und grimmig
ich bin, würdet ihr sofort die Tore öffnen und die Stadt übergeben! Ansonsten
braucht ihr nicht auf Gnade hoffen, wenn ich die Stadt einnehme!" Seit jenem
Tag, an dem Tuqiu dem alten Diener befohlen hatte, die Kinder in der Höhle in
den Südbergen in Sicherheit zu bringen, war ihm plötzlich ganz schwarz vor
Augen geworden: Er fand keine Ruhe mehr und wurde darüber krank. Als er nun
die Dienstboten des Öfteren kommen und melden hörte, dass die Schiffe des
Ma'rtawu in Kürze die Stadt erreichen würden, war er so besorgt, dass er
ohnmächtig wurde. Seine Gemahlin Jimi'ani *Dedou* rief beständig seinen Namen,
aber erst nach langem Rufen kam Tuqiu allmählich wieder zu sich.[7] Nachdem er
mehrfach den blauen Himmel angerufen hatte, brach er unwillkürlich in Tränen
aus und sprach: „Dies ist der Wille des Himmels; wie könnte der Mensch sich
gegen diesen stemmen?" Bei diesen Worten schloss er die Augen, biss die Zähne
zusammen und verstarb völlig unerwartet.

Während Jimi'ani *Dedou* den Leichnam bitterlich beweinte, traten die
Dienstboten wiederum in großer Hast ein und meldeten, dass Ma'rtawu die Stadt
angriff. Bei dieser Nachricht trocknete sie die Tränen und ging in den Hof, wo
sie sich im Handumdrehen in einen *Kuoli* verwandelte. Sie flog vor die Stadt und
sah dort den Ma'rtawu herumlärmen, worauf sie auf seinen Kopf herabstieß.
Ma'rtawu bemerkte, dass der *Kuoli* in äußerst gefährlicher Weise herabstieß. er
dem nichts entgegenzusetzen hatte und er sich auch nirgends verstecken konnte.
Als er so in arge Bedrängnis kam, flog plötzlich hinter seinem Rücken ein *Kuoli*
auf und begann mit Jimi'ani *Dedou* in den Lüften zu kämpfen.

Die Hauptfrau und die Nebenfrauen des Ma'rtawu waren, nachdem die
Schiffe angelegt hatten, nach allen Richtungen hin spazieren gegangen, einzig seine jüngere leibliche Schwester Folani *Dedou* war auf dem Schiff zurückgeblieben,
um sich auszuruhen. Da sie bemerkte, dass ihr älterer Bruder von Jimi'ani *Dedou*

---

7   Möglicherweise handelt es sich hierbei um eine Form des „Zurückrufens der Seele".

angegriffen wurde, eilte sie ihm zu Hilfe, verwandelte sich in einen *Kuoli* und begann mit Jimi'ani *Dedou* zu kämpfen. Und als die Frauen des Ma'rtawu davon erfuhren, eilten sie herbei, schlossen einen Kreis um Jimi'ani *Dedou* und griffen an. Binnen kurzem war sie überwältigt, da sie gegen die Übermacht der Gegnerinnen nicht ankam. Sie wurde von ihnen in einen Sack aus Eisendrähten gesteckt und auf das Schiff gebracht.

Als der *Zhushen Da*[8] sah, dass sein Gebieter an einer Krankheit verstorben und die Herrin überwältigt worden war, begrüßte er mit dem Volk zu Seiten der Hauptstraße kniend den neuen Herrn. Als Ma'rtawu sah, dass die Einwohner sich unterwarfen, befahl er dem *Zhushen Da*, so schnell wie möglich Schiffe zu bauen, damit das Volk fortgebracht werden konnte. Er ging in die Stadt, um sich darin umzusehen und kehrte dann wieder auf sein Schiff zurück. Seine Frauen begrüßten ihn und erzählten ihm, dass sie Jimi'ani *Dedou* lebend gefangen genommen hätten. Ma'rtamu befahl den Anführern seiner Schiffe: „Geht in die Stadt, schlachtet Schweine und Schafe und verteilt sie unter das Volk, damit es esse und trinke. Dann sollen alle den Bewohnern der Stadt helfen, damit so schnell wie möglich mit dem Bau der Schiffe begonnen wird!" Die Anführer gingen, die Befehle auszuführen, worauf Ma'rtawu sich mit seinen Frauen auf dem Schiff beim Branntwein vergnügte. Erst nach mehr als einem halben Monat waren 16 große Segelschiffe fertig gestellt. Der Stadtbevölkerung wurde daraufhin befohlen, sich mit ihrem häuslichen Gut auf die Schiffe zu begeben, damit am folgenden Tage abgelegt werden konnte.

Am folgenden Morgen befahl Ma'rtawu den Aufbruch und fuhr wie zuvor auf dem Fluss weiter nach Osten. Jimi'ani *Dedou* ließ er in eine rückwärtige Schiffskabine schaffen, wo sie mit den übrigen sechs oder sieben Ehefrauen [des Tuqiu] eingesperrt wurde. Ma'rtawu fuhr mit seinen einhundertsechzig bis einhundertsiebzig großen Segelschiffen bis zu dem Mündungsgebiet von Sungari und Sahalin[9], wo er mit seinem zweitältesten Bruder Foqiwu zusammentraf, der das Gebiet am Ussuri unterworfen und unter Mitnahme der unterworfenen Bevölkerung ebenfalls mit seinen Schiffen hier angekommen war. Die Beiden freuten sich unbändig über ihr Wiedersehen, kehrten mit ihren über dreihundert großen Segelschiffen im Triumph in die Heimat zurück und boten dabei einen würdigen und imposanten Anblick.

---

8 Hezhe: *tsuʃɛ da* (S. 683): *Zhushen* bedeutet „leiten, den Oberbefehl haben", *Da* bedeutet „Vorsteher". *Zhushen Da* bezeichnet somit einen Beamten, der den Oberbefehl über eine Stadt oder einen Stamm innehat (S. 296, Anm. 1; S. 351 Anm. 2) (OA).

9 Entspricht Sanjiangkou 三江口 [„Dreiflüssemündung"] im Gebiet des heutigen Kreises Tongjiang 同江 (S. 351, Anm. 3) (OA).

Der alte Sklave La'rhong'a aber hatte die beiden Kinder des Tuqiu *Mo'rgen* zu der Höhle in den Südbergen geführt. Nachdem er sich zuerst gründlich in der Grotte umgesehen hatte, führte er die Geschwister hinein. Von da an kümmerte er sich mit größter Sorgfalt um seine beiden jungen Gebieter. Nachdem sie sich mehr als zwanzig Tage versteckt gehalten hatten, sprach La'rhong'a eines Tages: „Wir sind hier nun über zwanzig Tage, ohne zu wissen, wie's um die Stadt steht. Ich will heute in die Stadt zurückkehren und mich umhören, ihr aber dürft auf gar keinen Fall die Höhle verlassen, denn draußen gibt es viele wilde Tiere!" Nachdem er sie auf diese Weise eindringlich gewarnt und ermahnt hatte, trat er vor die Höhle, verschloss den Eingang mit einem mächtigen Stein, und machte sich auf den Weg. Zuerst wollte er sich außerhalb der Stadt umhören, aber er traf keine Menschenseele. Als er zur Stadt kam, fand er die Häuser verlassen vor, ja nicht einmal mehr Hühner oder Hunde waren zurückgeblieben. Als er das sah, begann er unwillkürlich zu weinen. Er seufzte einige Zeit und kehrte dann wieder in die Berge zurück, wo er in der Höhle den beiden Geschwistern alles erzählte, was er gesehen hatte. Obgleich diese noch sehr jung und unwissend waren, begannen sie bei der Nachricht vom Tod ihrer Eltern lauthals zu weinen. Erst nachdem ihnen der alte Sklave lange Zeit gut zugeredet hatte, hörten sie auf zu klagen. Einige Tage verbrachten sie noch in der Höhle, aber schließlich gingen ihre Vorräte zur Neige.

(3) Der alte Sklave machte sich große Sorgen, weil die Vorräte nur noch für wenige Tage reichten. Er überlegte lange, aber obwohl er wusste, dass seine Gebieter eine große Zahl von nahen Verwandten hatten, war es dennoch nicht möglich, bei diesen Zuflucht zu suchen, da der Weg zu ihnen sehr weit war. Als Ailuni *Dedou* dies hörte, erinnerte sie sich, dass ihre Mutter immer wieder erwähnt hatte, dass am Unterlauf des Flusses ihr älterer Bruder Dekexiu *Mo'rgen* in der Stadt Bakuli lebte. „Es wäre nicht so schwierig, wenn wir bei unserem Onkel Zuflucht suchten," sagte sie zu dem alten Diener. „Ich habe Mutter oft davon sprechen hören, dass unser Onkel am Unterlauf des Sungari wohnt." „Ein alter Mensch ist wirklich wirr im Kopf," meinte dazu La'rhong'a, „selbst an den Wasserweg des Sungari habe ich nicht mehr gedacht!" Mit diesen Worten nahm er Aidewu huckepack und ging mit Ailuni zuerst in die Stadt und dann schnurstracks zum Fluss. Nach langem Suchen fand er schließlich ein beschädigtes *Wumi Richen*[10], für dessen Instandsetzung er einen halben Tag benötigte. Inzwischen war es dunkel geworden. La'rhong'a ging in die Stadt zurück, wo er so lange

---

10 Hezhe: *umi ərʃ'ən* (S. 679): Aus Birkenrinde hergestelltes Boot, das leicht und wendig ist. Große Boote können zirka vier bis fünf Personen befördern (S. 299, Anm. 1; S. 352, Anm. 1; vgl. S. 81) (OA).

suchte, bis er eine halbe Pinte (*sheng*) getrocknetes Hirschfleisch fand. Er brachte es den Geschwistern, damit sie es im Brustteil ihres Gewandes als Proviant für die lange Reise aufbewahrten. Dann ließ er das Boot zu Wasser, hob zuerst seine beiden jungen Gebieter hinein und befahl ihnen, sich in den vorderen Teil zu setzen. Er selbst setzte sich in den hinteren Teil des Bootes und handhabte mit beiden Händen das Paddel. So folgten sie dem Sungari nach Osten.

Gerade zu dieser Zeit streifte Folani *Dedou*, die leibliche jüngere Schwester des Ma'rtawu, die nach der Rückkehr ihres Bruders von seinem Eroberungszug im Sungari-Gebiet nichts zu tun hatte, müßig umher. An jenem Tag kam sie zum Oberlauf des Ussuri, wo sie sich auf die Spitze eines bis in die Wolken ragenden Felsens herabließ. Während sie verschnaufte, zuckten plötzlich unbeherrscht ihre Augen, was ihr anzeigte, dass etwas geschehen war. Sie befragte deshalb ihren *Eqihe*[11]. Dieser teilte ihr bestürzt mit: „Dein vierter Bruder Ma'rtawu ist heute in den Nordbergen auf die Jagd gegangen und dabei einem dämonischen Tier (*guai-shou*) begegnet. Obwohl er nacheinander drei Pfeile auf dieses Ungeheuer abgeschossen hat, gelang es ihm nicht, es zu töten. Mehrere deiner Schwägerinnen haben sich in *Kuoli* verwandelt und kamen ihm zu Hilfe, aber sie waren nicht in der Lage, das Ungeheuer zu töten, sondern wurden selber tot gebissen. Falls du jetzt nicht sofort zu Hilfe eilst, wird dein vierter Bruder sich womöglich um sein Leben sorgen müssen!" Als Folani *Dedou* hörte, dass ihr älterer Bruder und ihre Schwägerinnen in Bedrängnis geraten waren, schwang sie sich sogleich von dem Felsen in die Lüfte empor und flog zu dem mächtigen Gebirge nördlich des Sahalin-Oberlaufs. Als sie dabei den Sungari kreuzte, traf sie auf La'rhong'a und seine beiden jungen Gebieter, die in ihrem Boot nach Osten fuhren. Folani *Dedou* erkannte, dass diese die Kinder des Feindes waren, und dachte daran, sie sofort zu töten. Andererseits aber fürchtete sie, zu spät zu kommen, und so verursachte sie im Vorüberfliegen mittels ihrer Schamanenkräfte (*saman shenfa*) einen heftigen Windstoß, der das Boot zum Kentern brachte. Als sie die Drei im Wasser versinken sah, flog sie beruhigt in nördlicher Richtung weiter.

La'rhong'a ertrank, nachdem Folani *Dedou* das Boot mit Hilfe des Zauberwindes (*shenfeng*) zum Kentern gebracht hatte. Die beiden Geschwister Aidewu und Ailuni aber wurden glücklicherweise nicht von dem kleinen Boot getrennt und trieben, als der Wind sich legte, zu einer großen Sandbank. Ailuni schob ihren Bruder auf die Sandbank, zog ihre Kleider aus, um sie in der Sonne

---

11 Hezhe: ʒɪʃʼihʒ (S. 693): Ein Geist, dem die Hezhe opfern. Vor allem wenn man auf Reisen ist, eilt er voraus und hält Ausschau, ob Glück oder Unglück bevorstehen, zudem vermag er Befehle seines Eigentümers entgegennehmen und alle möglichen Angelegenheiten erledigen. *Eqihe* bedeutet „den Gebieter leiten" (*lingdao zhuren*) (S. 298, Anm. 1; S. 353, Anm. 1) (OA). – Vgl. Richtsfeld 1996: 58–59.

trocknen zu lassen, worauf sie diese wieder anzogen. Ihr kleiner Bruder hielt es vor Hunger nicht mehr aus und begann lauthals zu plärren. Und da Ailuni ein kleines Mädchen von 12 Jahren war, wusste sie auch nicht mehr weiter und begann ebenfalls zu weinen.

(4) Auf dem Südufer des Sungari stand ein Weiler[12] dessen Vorsteher Yingde'r-zhen *Mo'rgen* hieß und mit Luyeni *Dedou* verheiratet war. Beide waren bereits über fünfzig Jahre alt und hatten nur eine einzige Tochter namens Xiuleni *Dedou*. Obwohl diese erst elf Jahre alt war, hatte sie bereits auf das trefflichste die Schamanenkünste (*saman shenyi*) erlernt; zudem war sie hübsch. Ihre Eltern liebten sie gleich einer schimmernden Perle auf der Handfläche; sie hatten ihr im Hof ein mehrgeschossiges Häuschen (*xiao lou*) errichtet. Eines Tages, als Yingde'rzhen nichts zu tun hatte, überkam ihn das heftige Verlangen, im Fluss Fische zu stechen. Er befahl deshalb den Hausklaven (*jianu*) ihm ein kleines Boot, die Harpune und andere notwendige Dinge vorzubereiten. Er setzte sich in das *Wumi Richen* und fuhr den weiten Strom hinab, wo er an den Sandbänken nach Kaluga-Hausen suchte. Er hatte bereits mehrere Sandbänke aufgesucht, aber noch keinen Hausen entdeckt. Als er sich dem Ostufer einer großen Sandbank näherte, hörte er jemanden weinen. Er lauschte angestrengt und zu seinem Erstaunen war ihm, als würde er Kinder weinen hören. Er folgte der Richtung aus der das Weinen kam und entdeckte zwei kleine Kinder, die einander auf der Sandbank gegenüber saßen und heulten.

Beide Kinder weinten so sehr, dass sie ihn erst bemerkten, als er bereits nahe herangekommen war. Sie verstummten und blickten starr auf ihn. Hurtig sprang Yingde'rzhen auf die Sandbank, ging zu ihnen und sah, dass es sich bei den beiden kleinen Kindern um einen Jungen und ein Mädchen handelte. „Aus welcher Familie welchen Ortes kommt ihr?" fragte er. „Wieso seid ihr hier und weint?" Wie nun Ailuni den alten Mann so freundlich sprechen hörte, nahm sie hastig ihren Bruder, kniete mit ihm nieder und antwortete: „Wir sind leibliche Geschwister und stammen aus einer Familie der Stadt Futing. Unser Vater hieß Tuqiu *Mo'rgen*, unsere Mutter Jimi'ani *Dedou*. Wir haben bisher in Ruhe und Frieden gelebt. Als aber unsere Eltern hörten, dass Ma'rtawu kommen und unsere Stadt angreifen werde, beauftragten sie einen alten Sklaven uns zwei Geschwister zu einer Felshöhle in den Südbergen zu bringen und uns dort zu verstecken. Wir Drei, Gebieter und Diener, haben uns einen Monat lang in dieser Höhle aufgehalten. Dann kehrten wir zur Stadt zurück, um nachzusehen, und erfuhren nun erst, dass diese zerstört war und unsere Eltern wahrscheinlich umgekommen sind. Da wir nichts mehr zu essen hatten, wollte unser alter Sklave

---

12 Dieser Weiler liegt im Gebiet des heutigen Kreises Tongjiang (OA).

mit uns zu Verwandten fliehen, aber als wir hier vorüber kamen, kam plötzlich heftiger Wind auf und warf unser Boot um. Unser alter Sklave ertrank, während wir beide nach dem Sturm zu dieser Sandbank trieben. Jetzt wissen wir vor Hunger nicht mehr aus noch ein und deshalb weinen wir." Nach diesen Worten begannen sie erneut zu heulen.

Yingde'rzhen bemerkte, dass die Kinder einander sehr ähnlich sahen. Er hob sie in sein Boot, stieg hinterher und ruderte eilends nach Hause zurück. Als er mit zwei Kindern ins Haus kam, betrachtete seine Frau diese genauer. Sie kannte sie nicht, und so erkundigte sie sich nach deren Herkunft. Yingde'rzhen sagte: „Hat uns nicht der Himmel diese beiden Kinder geschickt?" Und er erzählte, was er über sie wusste. Als Ailuni hörte, dass er so mit seiner Frau sprach, nahm sie den Bruder, kniete mit ihm vor der Frau nieder und machte Kotau. Luyeni *Dedou* erhob sich hastig von ihrem Sitz und zog mit je einer Hand die Kinder hoch, drückte sie an ihre Brust und küsste sie heftig. Dann befal sie den Dienern (*jiaren*) sofort Essen zuzubereiten und ließ die Kinder sich satt essen. Zu dieser Zeit weilte Xiuleni *Dedou* in ihrem mehrstöckigen Gemach im Hof und als ihr zu Ohren kam, dass ihr Vater zwei Kinder im Fluss gerettet und sie nach Hause gebracht hatte, verließ sie ihr Gemach und kam zum Haupthaus, um sie zu sehen. Ihre Mutter erzählte ihr deren Geschichte, worauf den beiden ihre volle Zuneigung sicher war. Von da an wohnte Ailuni mit Xiuleni in deren Haus und sie waren einander zugetan wie leibliche Schwestern, während Aidewu im Haupthaus lebte; Yingde'rzhen und seine Frau aber liebten die beiden als wären sie ihre eigenen Kinder.

Was nun Jimi'ani *Dedou* betrifft, so war sie von Ma'rtawu als Kriegsgefangene nach der Stadt Jiahao am Oberlauf des Sahalin gebracht und zusammen mit etwa zehn weiteren verschleppten Frauen in ein leeres Haus gesperrt worden, vor das man Wachen gestellt hatte. Tag für Tag musste sie Tierfelle klopfen[13] und aus diesen Kaftane (*Yichang*), *Wula*[14] u.a. nähen. Zum Zeitpunkt ihrer Gefangennahme war Jimi'ani *Dedou* hochschwanger und nachdem ein Monat in der Gefangenschaft verstrichen war, verspürte sie Schmerzen im Bauch und wusste, dass es soweit war. Nachdem die zweite Doppelstunde der Nacht[15] verstrichen war, gebar sie einen Jungen mit weißem Fleisch und dickem Körperchen, viereckigem Gesicht und großen Ohren. Jimi'ani *Dedou* drückte ihn an sich, herzte ihn und gab ihm die Brust. Dann überlegte sie: Falls Ma'rtawu von dem Kind erfuhr,

---

13 Die Tierfelle sind anfänglich sehr steif; erst durch kräftiges Klopfen werden sie weich (S. 355, Anm. 1) (OA). Vgl. Bd. I, S.97f.

14 Hezhe: ula (S. 689). Schuhe aus dem Fell des Wildschweins (S. 355, Anm. 2) (OA).

15 Die Nacht war in fünf Doppelstunden eingeteilt.

würde er es bestimmt töten. Es war besser, es beizeiten in den Fluss zu werfen, als mit anzusehen, wie es andere umbrachten! Bei diesem Gedanken begann sie bitterlich zu weinen. Sie legte das Kindchen in einen Lederbeutel und flehte den Wachhabenden an, es zum Fluss zu bringen und hineinzuwerfen.

(5) Der alte Sklave, der Wache stand, erklärte sich einverstanden und ging mit dem Kindchen auf dem Arm zum Fluss. Unterwegs bemerkte er das ungewöhnliche Aussehen des Kleinen und dachte daran, das junge Leben zu retten. Andererseits aber fürchtete er, dass sein Herr und Gebieter eines Tages davon erfahren könnte und er dann auch seines Lebens nicht mehr sicher wäre. Lange überlegte er, fand aber keinen Ausweg, wie er das Kind retten konnte. Schließlich bemerkte er am Flussufer ein großes Segelschiff, in dem sich ein *Zuokechun*[16] befand. Er legte das Kindchen in das *Zuokechun* und schob es sanft in den Fluss hinaus, worauf es auf den Wellen schaukelnd mit der Strömung forttrieb.

Der leibliche ältere Bruder von Jimi'ani *Dedou* hieß Dekexiu *Mo'rgen*; in seiner Jugend hatte er die Stämme zu beiden Seiten des Ussuri befriedet und die Stadt Bakuli erbaut, in die er die Angehörigen all dieser Stämme umsiedelt hatte. In jungen Jahren hatte er Sha'r'eni *Dedou* geheiratet, aber sie hatten keine Kinder bekommen. Als er fünfzig Jahre alt war, wurde ihm eine Tochter geboren, die von den Eltern wie eine Perle auf der Handfläche geliebt wurde. Ihr Name war Kekuni *Dedou*. Sie wuchs zu einem hübschen Mädchen heran, das einer Fee (*xiannü*) glich.

Auf dem Nordufer des Flusses ragte der Stadt Bakuli gegenüber ein mächtiger Berg auf. Dort lebte in einer Grotte die Patronin (*zushi*) der Schamanengeister, die Mianmi'rjin *Mama*[17]. Vor langer, langer Zeit war sie eine Frau gewesen, die an Schamanen geglaubt hatte; später hatte sie die Vollendung erlangt und war eine Unsterbliche geworden (*de dao cheng xian*). Sie führte nun schon seit über tausend Jahren in jener Höhle einen reinen Lebenswandel und vervollkommnete sich selbst (*xiuzhen yangxing*). Eines Tages saß sie mit geschlossenen Augen in Versenkung, um sich in Selbstvervollkommnung (*yangxing*) zu üben, als plötzlich ihre Augen zuckten und sie glühende Ohren bekam. Sie zählte mit ihren Fingern und stellte fest, dass zwischen ihr und Kekuni *Dedou* eine Schicksalsfügung von Lehrer zu Schüler bestand. Kekuni *Dedou* war damals fünf Jahre alt geworden und es war Zeit, dass sie bei der Schamanin lernen sollte. Die *Mama* befahl daher

---

16 Hezhe: *tsuk'ɔʃ'ɔ* (S. 685). Ein Gefäß aus Birkenrinde in Form einer Schüssel. Da die Hezhe in früheren Zeiten nicht über Schüsseln aus Porzellan verfügten, verwendeten sie diese für das Waschwasser. Es gab große und kleine, die großen wurden zum Waschen der Kleider benutzt (S. 355, Anm. 3) (OA).

17 Mianmi'rjin *Mama* bedeutet „heilige Mutter", „Göttin" (*shengmu*) (S. 356, Anm. 1) (OA).

einem *Zile Salaka*[18], sich nach Bakuli zu begeben und die Kekuni *Dedou* huckepack in die altehrwürdige Grotte zu bringen, damit sie bei der *Mama* die Zauberkünste (*shenshu*) erlernte. Nach dem plötzlichen Verschwinden der Tochter
befahlen Dekexiu und seine Frau, die außer sich vor Sorge waren, ihren Sklaven
und Mägden, bei allen Familien innerhalb und außerhalb der Stadt zu suchen.
Aber nach mehr als zehn Tagen hatte man noch immer nicht die geringste Spur
von ihr gefunden. Verzweifelt weinten die beiden Eheleute Tag und Nacht.

Eines Tages kamen nach dem Frühstück einige Diener und meldeten: „Als
wir heute am Fluss fischten, trieb die Strömung ein *Zuokechun* an, in dem wir ein
kleines Kind fanden. Wir haben es mitgebracht." Dekexiu und seine Frau befahlen den Dienstboten, das Kindchen sofort hereinzubringen. Dekexiu nahm es
und erkannte auf den ersten Blick, dass dieses Kind erst vor kurzem geboren
worden war: vermutlich war es erst drei Tage alt. Er wusste aber nicht, warum
die Eltern ihr eigenes Kind im Fluss ausgesetzt hatten. Er bemerkte außerdem,
dass es ein eckiges Gesicht mit großen Ohren hatte und die fünf Sinnesorgane[19]
die korrekte Stellung (*duanzheng*) einnahmen. Er wandte sich an seine Frau: „Wir
haben nur eine Tochter, die spurlos verschwunden ist. Sicherlich hat sich der
erhabene Himmel erbarmt und uns dieses Kind gesandt!" Freudig dankte er mit
seiner Frau dem Himmel. Sie befahlen den Haussklaven Schweine und Schafe zu
schlachten und luden die Stadtbewohner sowie die Verwandten und Bekannten
ein, drei Tage lang mit ihnen zu feiern, und diese gratulierten ihnen zu dem freu-
digen Ereignis, einen Sohn erhalten zu haben. Von da an bemühten sie sich von
ganzem Herzen, dieses Kind großzuziehen, das sie A'rqiwu nannten. Die Zeit
verging wie im Fluge und ehe man sich's versah, war A'rqiwu schon sechs Jahre
alt geworden. Eines Morgens befahl Mianmi'rjin *Mama* dem *Zile Salaka*, sich nach
der Stadt Bakuli zu begeben und A'rqiwu auf seinem Rücken auf den Berg zu
tragen.

(6) Der *Zile Salaka* kam wie befohlen nach Bakuli, wo er A'rqiwu im Hofe in
Begleitung von zwei Dienerinnen beim Spielen antraf. Er entfesselte einen gewaltigen Sturmwind, der von Ferne heranbrauste und A'rqiwu in die Lüfte entführte.
Er brachte ihn in die Grotte, wo er ihn in Erfüllung seines Befehls der Patronin
übergab.

Mianmi'rjin *Mama* rief Kekuni zu sich und trug ihr auf, den A'rqiwu anzuleiten;
sie sollten gemeinsam die Schamanenkünste (*shenshu*) erlernen und dabei keine

---

18 Im Text wird irrtümlicherweise *Zile Salabian* geschrieben. – Hezhe: *səlɜ sarɜk'a* (S. 691). *Zile*
    bedeutet Eisen [Mandschu: sele], *Salaka* ist eine von den Hezhe verehrte Geisterart (S. 356,
    Anm. 2) (OA).

19 *wu guan*: Ohr, Auge, Mund, Nase und Herz.

Zeit vertrödeln. Sie wusste aber auch, wie sehr Dekexiu und seine Frau sich wegen des Verschwindens von A'rqiwu grämen würden und da sie fürchtete, dass die beiden Eheleute darüber krank werden könnten, trat sie vor die Grotte, verschloss deren Eingang mittels ihrer magischen Künste (*shenshu*) und ritt auf einer Glück verheißenden Wolke fort. In der Zeit, die man braucht, um einmal mit den Augen zu zwinkern, war sie auch schon in Bakuli angelangt, wo sie die Wolke anhielt und hinabblickte. Tatsächlich weinten dort Dekexiu und seine Frau so sehr, dass sie darob mehr tot als lebendig waren und man sich wirklich ihrer erbarmen musste. Ihre Bediensteten suchten überall innerhalb und außerhalb der Stadt und versetzten Himmel und Erde in Aufruhr. Mianmi'rjin *Mama* beobachtete dieses Treiben eine Weile aus den Lüften, zog dann aus dem Brustteil ihres Gewandes eine winzige menschliche Figur aus Papier hervor, die sie auf ihre Handfläche legte. Sie rezitierte einen Schamanen-Zauberspruch (*saman shenzhou*) und blies auf das Papier, worauf die Papierfigur in den Hof des Dekexiu hinabschwebte und sich am Boden in ein kleines Kind verwandelte, das aufs Haar dem A'rqiwu glich. Ein Dienstbote sah ihn und schrie aus Leibeskräften: „Der kleine Gebieter ist zurückgekommen!" Auf sein Schreien hin kam Dekexiu aus dem Haus und als er sah, dass das Kind tatsächlich heimgekehrt war, lief er eilends zu ihm, nahm es in seine Arme und kehrte freudestrahlend mit ihm ins Haus zurück. Mianmi'rjin *Mama* aber kehrte auf ihrer Wolke zur Grotte zurück, um dort ihre beiden Schüler zu unterrichten.

In Windeseile waren seit jenem Jahr, in dem Yingde'rzhen das Geschwisterpaar Ailuni und Aidewu gerettet und in sein Haus aufgenommen hatte, fünf oder sechs Jahre vergangen. Aidewu war nun schon zwölf bis dreizehn Jahre, Ailuni sechzehn oder siebzehn Jahre alt. Wenn sie alleine waren, sprachen sie häufig über das, was einst in ihrer Heimat geschehen war, und wenn sie der traurigen Ereignisse gedachten, weinten sie insgeheim bitterlich und schworen unversöhnliche Rache. Als Yingde'rzhen sah, dass Aidewu herangewachsen war, sprach er zu seiner Frau: „Unsere Tochter ist nun schon sechzehn oder siebzehn Jahre alt geworden, und wir haben ihr noch keinen Ehemann gesucht. Wir sind bereits alt und gleichen dem Reif auf den Dachschindeln, für den es einen Morgen, aber keinen Abend gibt. Es wäre gut, wenn wir ihr bei Lebzeiten einen fähigen Mann suchen, damit wir auch nach unserem Tod beruhigt sein können!" Seine Frau fügte hinzu: „Meiner Ansicht nach wäre es besser, unsere Tochter mit Aidewu zu verheiraten. Wenn wir zwei Alten eines Tages nach Westen zurückkehren werden, so haben wir zwar keinen leiblichen Sohn, der die Nachfolge übernimmt, aber die beiden Eheleute werden die Ahnenopfer fortführen und sich um unser Dorf kümmern, so dass wir bei unserem Tode keine Reue empfinden müssen. Was hältst du davon?" Als Yingde'rzhen sie so sprechen hörte, antwortete er: „Dies entspricht genau meinen Absichten!" Er befahl den Dienern, Ailuni und ihren Bruder ins Haupthaus zu rufen und teilte ihnen ihre Absicht mit. Als die Geschwister merkten, dass dies beschlossene Sache war, dankten sie mit Kotau.

Nachdem die Geschwister der Hochzeit zugestimmt hatten, befahl Ying-de'rzhen sogleich einer Dienerin, Xiuleni aus ihrem nördlichen Gemach zu holen, damit sie ihrem Verlobten die Pfeife stopfte und Tee einschenkte[20]. Wie befohlen begab sich die Dienerin zu dem nördlichen Gemach und informierte Xiuleni, die auf diese Weise erfuhr, dass die Eltern sie dem Aidewu versprochen hatten. Nachdem sie sich gekämmt, herausgeputzt und eingekleidet hatte, befahl sie der Dienerin ihr voranzugehen und begab sich ins Haupthaus. Dort hatten Dienerinnen bereits eine lange Tabakspfeife bereitgelegt, die Xiuleni dem Aidewu reichte. Dieser nahm die Pfeife entgegen und rauchte sie. Nachdem ihm Xiuleni Tee eingeschenkt hatte, kehrte sie in ihr nördliches Gemach zurück.

Mianmi'rjin *Mama* unterrichtete in ihrer Grotte ihre beiden Schüler Kekuni und A'rqiwu; diese waren einander so zugetan, als wären sie leibliche Geschwister. Kekuni lernte in der Höhle insgesamt zehn Jahre lang, bei A'rqiwu waren es sechs oder sieben Jahre. In den Schamanen- (*saman shenfa*) und Verwandlungskünsten konnte sich niemand mit ihnen vergleichen. Als eines Tages der Himmel klar und das Wetter heiter war, als die Winde lau wehten und die Sonne warm schien, rief Mianmi'rjin *Mama* die Beiden zu sich und sprach zu ihnen: „Ihr Zwei solltet nunmehr den Berg verlassen und heimkehren. Aber es gibt da etwas, das ihr niemals erfahren werdet, falls ich es euch jetzt nicht sage!" Nun teilte sie ihnen in allen Einzelheiten mit, woher sie stammten. Auch Kekuni wusste von all dem nichts, da sie noch sehr jung gewesen war, als sie in die Höhle kam. Erst jetzt erfuhr sie durch die Patronin, woher sie stammte. Außerdem sagte Mianmi'rjin *Mama*: „Auch wenn ihr als Kinder von Bruder und Schwester sehr eng miteinander verwandt seid, so seid ihr doch von Wumuxi *Mama*[21] als Mann und Frau füreinander bestimmt worden; dem dürft ihr euch nicht widersetzen!" Kekuni wurde bei diesen Worten vor Verlegenheit bis über beide Ohren rot. Nachdem die Patronin ihnen all dies mitgeteilt hatte, machten die Beiden Kotau und verabschiedeten sich.

Vor der Höhle verwandelte sich Kekuni im Nu in einen *Kuoli* und schwang sich in die Lüfte empor, dasselbe tat A'rqiwu. Die beiden *Kuoli* flogen direkt nach

---

20 Eine alte Sitte der Hezhe: Vor der Hochzeit muss die Braut ihrem Verlobten eine Pfeife stopfen und ihm Tee einschenken, erst dann heiraten sie. Diese Zeremonie wird schon seit über 100 Jahren nicht mehr praktiziert (S. 357, Anm. 1) (OA).

21 Hezhe: *wuməʃi mama* [Mandschu: Omosi Mama, „Enkel-Großmutter"] (S. 685): Für die Heiratsverbindungen zuständige Göttin (S. 358, Anm. 1) (OA).

Südwesten und kamen schon bald vor der Stadt Bakuli an. Sie ließen sich zur Erde herab und nahmen wieder ihre eigentliche Gestalt an. Am Stadttor trafen sie auf einen Torwächter. Kekuni sagte ihm: „Eile zum Stadtherrn und mache ihm Meldung: Teile ihm mit, dass seine Tochter Kekuni mit ihrem Bruder A'rqiwu zurückgekehrt ist." Als der Wachmann dies hörte, wagte er nicht zu zaudern; er eilte in die Stadt und erstattete dem Stadtherrn Bericht. Dekexiu und seine Frau wunderten sich sehr, als sie vernahmen, dass ihre Tochter mit ihrem Bruder zurückgekehrt sei. Ihre Tochter Kekuni war doch vor zehn Jahren verschwunden, wie konnte sie nun zurückkehren? A'rqiwu dagegen war überhaupt nicht weg gewesen! Was hatte das also zu bedeuten, dass Bruder und Schwester gemeinsam zurückgekehrt waren? Sie konnten sich keinen Reim darauf machen, weshalb sie dem Überbringer der Nachricht befahlen, die Beiden sogleich zu ihnen zu führen.

(7) Dekexiu und seine Frau waren recht befremdet, als sie hörten, ihre vor mehr als zehn Jahren spurlos verschwundene Tochter Kekuni *Dedou* sei zurückgekehrt. Nun trat ein fünfzehn oder sechzehn Jahre altes Mädchen mit einem elf bis zwölf Jahre alten Jungen vor sie hin, sie knieten nieder und machten Kotau. Kekuni *Dedou* erzählte, wie sie mit ihrem Bruder in der Grotte die Schamanenkunst (*saman shenyi*) erlernt habe, sie erzählte von der Herkunft des jüngeren Vetters A'rqiwu *Mo'rgen* und wie er von der Patronin durch eine Papierfigur ersetzt worden war. Erst als die Tochter ihnen dies alles mitteilte, wussten Dekexiu und seine Frau Bescheid. Nun mischte sich bei ihnen Trauer mit Freude: Trauer über das Schicksal des Tuqiu *Mo'rgen*, des Ehemanns der jüngeren Schwester, und das seiner Frau, mit der Freude darüber, dass die Ahnenopfer für Tuqiu weitergeführt werden konnten. A'rqiwu wiederum vollzog erneut die Begrüßungszeremonien für Onkel und Tante [Bruder der Mutter und dessen Frau]. Dekexiu befahl den Dienern Schweine und Schafe zu schlachten. Die Bewohner der Stadt kamen auf die Nachricht hin, dass Kekuni, die Tochter des Stadtherrn, in der alten Grotte die Schamanenkünste erlernt hatte und wiedergekehrt war, herbei und gratulierten. Dekexiu befahl, dass alles Volk innerhalb und außerhalb der Stadt, gleichgültig ob Mann oder Frau, Alt oder Jung, kommen und drei Tage lang essen und trinken sollte.

Nachdem A'rqiwu über ein Jahr lang im Hause des Onkels verbracht hatte, erinnerte er sich plötzlich wieder des Auftrags der Mianmi'rjin *Mama* und sprach daher zu seinem Onkel: „Als die ältere Kusine und ich in der alten Grotte zu schamanisieren lernten, teilte uns unsere Patronin Mianmi'rjin *Mama* mit, dass das Schicksal uns beiden bestimmt hat, Mann und Frau zu werden und wir dies nicht missachten dürften! Da mir dieses nun wieder eingefallen ist, will ich es dem Onkel und der Tante melden und sehe Eurer Entscheidung entgegen." Als

Dekexiu seines Neffen Worte vernahm, antwortete er: „Auch wir waren in dieser Angelegenheit bereits dieser Meinung. Wenn nun die Mianmi'rjin *Mama* eine solche Entscheidung getroffen hat, darf man auf keinen Fall den Gehorsam versagen!" A'erqiwu kniete nieder und machte Kotau, wobei er unter Tränen sprach: „Wenn ihr Verehrungswürdigen (*daren*) die Heirat genehmigt, so bitte ich darum, dass diese so schnell wie möglich durchgeführt wird. Vater und Mutter sind noch nicht gerächt. Wenn ich alleine vorgehe, werde ich in Schwierigkeiten kommen. Nach der Hochzeit aber werde ich die Hilfe der älteren Kusine erhalten und mit Leichtigkeit weit mehr erreichen!" „Wenn mein Neffe diesen Entschluss gefasst hat," antwortete Dekexiu, „so soll morgen die Hochzeit ausgerichtet werden."

Nach dem Frühstück am folgenden Morgen befahl Dekexiu den Dienern, Schweine und Schafe zu schlachten und bereitete das Fest vor. Dann ließ er die jungen Brautleute einander grüßen und sich vermählen. Alle Bewohner der Stadt kamen zum Hochzeitsschmaus und feierten drei Tage lang. Nach der Hochzeit teilte A'rqiwu seiner Frau mit, dass er Rache üben wolle. Weiter sagte er zu ihr: „Zuvor hegte ich Bedenken, weil niemand mir bei meiner Rache helfen würde. Da wir nun aber Mann und Frau geworden sind, werden wir unsere Kräfte vereinen. Wenn ich Vater und Mutter räche, zähle ich fest auf deine Hilfe!" Kekuni antwortete ihm: „Was soll diese förmliche Redeweise zwischen uns zwei Eheleuten? Meine Eltern haben mich mit dir verheiratet und so werden wir im Leben zusammen wohnen und im Tod dasselbe Grab teilen! Wird unser beider Ruf als Mann und Frau sich nicht erst recht verbreiten, wenn wir Rache für deine Eltern nehmen?" Sie vereinbarten, am folgenden Tage aufzubrechen. Am Morgen schnitt Kekuni *Dedou* nach dem Frühstück ein Pferd aus Papier aus und blies dieses durch das Fenster. Sobald das Papierpferd durch die Fensteröffnung hindurch war, verwandelte es sich in ein Pferd aus Fleisch und Blut. A'rqiwu, der sah, dass seine Frau ein Pferd besorgt hatte, begab sich ins Haupthaus und verabschiedete sich von seinem Onkel und seiner Tante. Dekexiu und seine Frau gaben ihrem Neffen zum Abschied Ratschläge mit auf den Weg. A'rqiwu prägte sich ihre Worte ein und verabschiedete sich von den beiden alten Leuten. Dann schwang er sich aufs Pferd und brach auf. Dekexiu und seine Frau begleiteten ihn bis vor die Stadt und kehrten dann um. A'rqiwu folgte dem Südufer des Flusses in genau westlicher Richtung.

Nachdem Yingde'rzhen seine Tochter dem Aidewu zur Frau versprochen hatte, arrangierte er einige Tage später ihre Hochzeit. Die Diener mussten Schweine und Schafe schlachten, alle Einwohner der Stadt kamen, tranken, sie beglückwünschten sie und feierten mehrere Tage lang. Nach dem Fest beratschlagten Aidewu und seine Frau Xiuleni, wie Rache genommen werden sollte.

Zur selben Zeit wie A'rqiwu beschlossen sie aufzubrechen. Xiuleni schuf mittels ihrer Schamanenkünste (*saman shenshu*) ein Drachenschiff, das sie und ihr Mann mit ihrem Gefolge bestiegen, nachdem sie sich von den Eltern bzw. Schwiegereltern und Ailuni *Gege* verabschiedet hatten, und fuhren in Richtung der Mündung des Sungari in den Sahalin. Innerhalb weniger Tage erreichten sie die Stelle und legten am Südufer an, um hier zu rasten.

Zur selben Zeit kam auch A'rqiwu in diese Gegend und entdeckte am Südufer ein prachtvoll beschnitztes Drachenschiff. Er ritt zu dem Schiff und sah aus der Kajüte eine Person kommen, die etwa 20 Jahre alt sein mochte und ein ehrliches und hübsches Gesicht hatte. Dies war Aidewu. Als dieser auf dem Flussufer A'rqiwu auf seinem Pferd erblickte, sprang er hurtig ans Ufer, trat vor ihn hin und fragte: „*Mo'rgen Age*, darf ich fragen, wie weit es noch bis zu der Stadt Bakuli ist?" A'rqiwu erwiderte ihm hoch vom Ross herab: „Es sind noch fünf- bis sechshundert Meilen bis dorthin. Aus welchem Grunde fragst du nach der Stadt Bakuli?" Aidewu sprach: „Der Stadtherr von Bakuli, Dekexiu, ist mein Onkel mütterlicherseits." Als A'rqiwu das Wort „Onkel mütterlicherseits" vernahm, sprang er hastig vom Pferd und fragte verblüfft: „Wo befindet sich dein Elternhaus? Wer ist dein Vater?" Als Aidewu ihn so erregt sah, war ihm klar, dass dies einen Grund haben musste, und er erzählte ihm ausführlich seine Geschichte. Auch A'rqiwu teilte ihm nun sein Schicksal mit und so erfuhren beide, dass sie leibliche Brüder waren. Sie fielen sich in die Arme und weinten lange Zeit bitterlich. Dann stiegen sie gemeinsam aufs Schiff, wo A'rqiwu seiner Schwägerin seine Aufwartung machte. Sie setzten sich und jeder erzählte von seinen Leiden, und als sie dieser leidvollen Erfahrungen gedachten, konnten sie die Tränen nicht zurückhalten. Xiuleni bereitete eigenhändig das Essen zu, worauf sich alle Drei um den gleichen Tisch setzten, aßen und Branntwein tranken. Dabei besprachen sie, wie sie vorgehen wollten, um Rache zu üben, und unterhielten sich dann noch lange Zeit. Erst zu später Stunde legten sie sich in der Kajüte schlafen.

(8) Gerade als A'rqiwu sich mit seinem Bruder und seiner Schwägerin zur Ruhe begeben wollte, hörten sie plötzlich jemanden aufs Schiff kommen. Obwohl A'rqiwu sich in der Kabine befand, wusste er sofort, dass seine Frau Kekuni *Dedou* angekommen war. Er sprach daher lächelnd zu seiner Schwägerin: „Bestimmt ist deine Schwägerin [Frau des jüngeren Bruders] gekommen!" Xiuleni *Dedou* trat eilends zur Begrüßung vor die Kajüte und bat sie einzutreten. A'rqiwu forderte sie auf, seinen älteren Bruder und dessen Frau zu begrüßen, worauf sie sich abermals setzten und sich noch eine Weile unterhielten, bevor sie schlafen gingen. Am folgenden Morgen verwandelte Kekuni mittels Zauberkunst (*fashu*) das Pferd wieder zurück in eine Papierfigur und Aidewu befahl seinen Gefolgsleuten abzulegen und den Sahalin aufwärts zu fahren.

Mehrere Tage lang fuhren sie von früh bis spät. Eines Tages sah A'rqiwu, der gerade Ausschau hielt, in weiter Ferne zwei befestigte Städte, die sich auf den beiden Ufern des Flusses gegenüberlagen. Sie waren groß und weit und ragten hoch empor. Dies war die Doppelstadt Ba'rkesu, die von zwei Brüdern beherrscht wurde: Der ältere Bruder hieß Maqiu *Han*, der jüngere nannte sich Faqiu *Han*. Sie waren Neffen des Jiahaomu *Han*, zudem war Folani *Dedou*, die Tochter des Jiahaomu *Han*, mit Faqiu *Han* verheiratet. Folani *Dedou* wusste, dass A'rqiwu und sein Bruder kommen würden, um sich an ihnen zu rächen. Sie hatte daher einige Tage zuvor mit ihrem Gemahl den Beschluss gefasst, dass sie sich an diesem Orte verteidigen würden. Sie wollten die beiden Brüder vernichten, um künftiges Unheil zu vermeiden. Als sie jetzt das Drachenschiff des A'rqiwu und seines Bruders entdeckte, das eindrucksvoll und majestätisch näher kam, verwandelte sie sich mittels ihrer Schamanenkünste (*saman fashu*) in einen *Xiong-mulu*[22] und erwartete sie unter Wasser. Xiuleni *Dedou* hatte aber bereits dank ihrer schamanischen Zauberkunst (*saman de fashu*) am Bug des Schiffes Vorkehrungen getroffen. Als das Schiff noch etwa eine Meile von der Stadt entfernt war, teilte sich plötzlich das Flusswasser und der Einhorndrache tauchte auf. Er stürmte genau auf den Bug des Schiffes zu. Aber wider Erwarten prallte er vom Bug des Schiffes drei bis vier Klafter weit zurück. Sobald der Drache merkte, dass er das Schiff nicht zertrümmern konnte, verwandelte er sich in einen *Kuoli* und schwang sich in die Lüfte empor. Da verwandelten sich Xiuleni und Kekuni, die beiden Schwippschwägerinnen, gleichfalls in *Kuoli* und begannen in der Luft mit Folani zu kämpfen. Aus der Stadt im Norden und im Süden des Flusses flogen ein Dutzend *Kuoli* auf und kamen Folani zu Hilfe.

A'rqiwu und sein Bruder legten am Südufer an und wurden dort von zwei Hünen empfangen. „Wer seid ihr?", fragte A'rqiwu, „warum versperrt ihr uns den Weg?" Er hatte noch nicht ausgesprochen, als die beiden am Ufer stehenden Recken zu schimpfen begannen: „Da ihr nach unseren Namen fragt: Wir sind leibliche Brüder, der ältere von uns heißt Maqiu *Han*, der jüngere Faqiu *Han*. Wir sind hier, um über die Stadt Ba'rkesu zu herrschen! Wir sind nahe Verwandte eures Feindes[23] Ma'rtawu. Da ihr erfahren habt, welche Recken wir sind, so kniet auf der Stelle nieder und lasst euch binden. Andernfalls werden wir unsere Arme schwingen und eurem hündischen Leben ein Ende setzen!" A'rqiwu und sein Bruder zogen ihre Gürtel enger, als sie hörten, dass enge Verwandte ihres Feindes vor ihnen standen, und sprangen gemeinsam ans Ufer. A'rqiwu kämpfte mit

---

22 Hezhe: *Jiōmulu* (S. 692): Einhorndrache (S. 361, Anm. 1) (OA).

23 Wörtlich: Wir sind durch das Verwandtschaftsverhältnis zwischen Kindern von Bruder und Schwester eng mit ihm verwandt.

Faqiu *Han*, Aidewu kämpfte mit Maqiu *Han*; die Vier kämpften ununterbrochen über zehn Tage lang miteinander. Dann aber fühlte Faqiu *Han*, dass er am Ende seiner Kräfte war und ihm das Blut aus Mund und Nase floss; ihm war klar, dass er in großer Gefahr war und flehte daher A'rqiwu an: „Ich bitte den *Mo'rgen Age* um die Erlaubnis, meinen Freunden einige Worte des Abschieds zu sagen!" A'rqiwu ließ von ihm ab, um zu sehen, mit wem er wohl sprechen werde. Während er darüber nachdachte, kniete Faqiu *Han* nach Norden gewandt nieder, machte Kotau und betete: „Wuruguli *Mafa*, Höhlenherr in der alten Grotte am hochragenden Felsen im Nordgebirge, du bist der ältere Schüler des Meisters. Ich flehe dich an, komm herbei und rette mich! Zögerst du, so ist's um mich geschehen!" Als A'rqiwu hörte, dass er um Beistand im Kampfe flehte, trat er mit dem Fuß zu und die Beiden begannen erneut zu kämpfen. Nach mehr als zwanzig Gängen, bemerkte A'rqiwu vor ihnen einen mächtigen Steinblock: Er packte Faqiu *Han* an den Schultern und schleuderte ihn mit solcher Wucht gegen diesen Stein, dass er starb.

A'rqiwu wollte sich nun der Stadt zuwenden, sah aber von Norden her ein Wesen mit Menschengestalt und neun Köpfen kommen. Während es näher kam, zeigte es auf A'rqiwu und drohte: „Du hast meinen jüngeren Mitschüler ohne Grund getötet; ich bin gekommen, ihn zu rächen." Mit diesen Worten ging der Unhold auf ihn los; nach fünfzig oder sechzig Runden stand der Kampf noch immer unentschieden. Nun setzte A'rqiwu seine Schamanenkunst (*saman shenfa*) ein und verwandelte sich in einen reißenden Tiger, worauf Wuruguli *Mafa* ein schwarzer Bär wurde. Tiger und Bär kämpften miteinander und kämpften dabei so verbissen, dass Himmel und Erde sich verfinsterten. Als sich noch immer keine Entscheidung abzeichnete, tauchte in den Lüften plötzlich ein *Kuoli* auf und rief: „Mein Mann, tritt beiseite und halte dich zurück, bis ich ihn getötet habe!" A'rqiwu erkannte die Stimme seiner Frau und sprang zur Seite. Der *Kuoli* aber stieß aus der Luft herab und spaltete den Bären in zwei Teile. Aidewu hatte mittlerweile den Maqiu *Han* erschlagen und auch Folani *Dedou*, die Gemahlin des Faqiu *Han*, wurde mit ihrem Dutzend Schwippschwägerinnen von Kekuni *Dedou* und Xiuleni *Dedou* getötet. Daraufhin kehrten die Sieger auf das Schiff zurück und erholten sich.

Als die *Zhushen Da* sahen, dass die Stadtherren und alle *Dedou* erschlagen worden waren, empfingen sie mit all ihrem Volk kniend die neuen Herren. A'rqiwu befahl den beiden *Zhushen Da* Schweine und Schafe zu schlachten und ließ das Volk drei Tage lang feiern. Während die beiden Brüder in der Stadt über ihr weiteres Vorgehen berieten, sprach die dabei stehende Kekuni *Dedou*. „Meiner Meinung nach sollten unser älterer Bruder und seine Frau zuerst die Einwohner dieser beiden Städte in unsere Heimat führen, damit diese dort Häuser errichten und eine befestigte Stadt gründen. Inzwischen werden wir zwei, mein Mann und ich, den Feldzug fortsetzen! Was halten der ältere Bruder und die Schwägerin davon?" A'rqiwu pflichtete seiner Frau vorbehaltlos bei, weshalb auch Aidewu und seine Frau zustimmen mussten. Am Morgen des folgenden Tages schnitt Kekuni wiederum Papier zu und verwandelte es mittels ihrer Schamanenkraft (*saman shenfa*) in ein Pferd. A'rqiwu verabschiedete sich von seinem Bruder und seiner Schwägerin und machte sich hoch zu Ross auf den Weg. Aidewu aber befahl den *Zhushen Da* der Stadt, mit ihrem Volk große Segelschiffe zu bauen. Nach einem Monat standen mehr als hundert große Schiffe bereit, worauf sich das Volk mit all seinem häuslichen Gut an Bord begeben musste. Aidewu richtete sich mit seiner Frau auf dem Drachenschiff ein, wählte einen günstigen Tag und kehrte im Triumph in die Heimat zurück.

A'rqiwu aber eilte auf seinem Pferde zum Oberlauf des Sahalin. Nach einigen Tagen tauchte in weiter Ferne auf dem Nordufer eine Stadt auf. Als er ans Ufer kam, sah er, dass er ohne Boot über den Fluss setzen konnte, weshalb er sein Pferd antrieb und den Fluss durchquerte. In der Mitte des Flusses angelangt, vernahm er plötzlich das Brummen einer Bogensehne, ein Pfeil schwirrte auf ihn zu und traf seine Brust. A'rqiwu wäre beinahe vom Pferd gestürzt, glücklicherweise aber war die Pfeilspitze an seinem Körper zerbrochen und hatte ihn nicht verletzt. So geschah es bei jedem der drei Pfeile, die auf ihn abgeschossen wurden. A'rqiwu sprang behende ans Ufer, wo ein Mann mit wutverzerrtem Gesicht stand. A'rqiwu fragte ihn: „Wie heißt du? Zwischen uns beiden bestehen weder Feindschaft noch Hass, warum willst du mich also umbringen? Ich will kein *Mo'rgen* sein, wenn ich dich jetzt nicht dafür töte!" Der Mann aber schimpfte zurück: „Ich heiße Ningtewu *Mo'rgen* und bin Herr dieser Stadt, der Stadt Zhuolu. Vorgestern habe ich davon gehört, dass du Maqiu *Han* und Faqiu *Han*, die beiden Neffen meiner Frau, erschlagen hast. Es kommt mir gerade recht, dass ich dich jetzt hier treffe, um sie an dir zu rächen. Wenn du gehört hast, welch ein Recke ich bin, so steig vom Pferd und lass' dich binden." Als A'rqiwu ihn so reden hörte, schwang er sich sogleich vom Pferd und begann mit ihm zu kämpfen.

Die vier Gemahlinnen des Ningtewu waren mit allen Wassern gewaschene Schamaninnen, die sich in *Kuoli* verwandelten und in der Luft mit Kekuni *Dedou* kämpften. Kekuni kämpfte allein gegen die Vier. Einem zuckenden Blitz gleich benötigte sie noch nicht einmal ein Dutzend Runden, um zwei der *Kuoli* zu erschlagen. Ihr war aber auch bekannt, dass die beiden Söhne des Ningtewu in den Bergen die Schamanenkunst (*saman shenshu*) erlernten und über außergewöhnliche Fähigkeiten verfügten. Sobald sie erfahren würden, dass ihr Vater gegen jemanden kämpfte, würden sie bestimmt kommen und ihm beistehen. Sie war im Zweifel, ob ihr Mann gegen diese Übermacht ankommen könnte und griff daher zu einer List. Sie riss sich zwei Federn aus, rezitierte einen Schamanenzauberspruch (*saman shenzhou*) und ließ die Federn los, worauf diese sich in zwei *Kuoli* verwandelten und mit den Feindinnen weiterkämpften. Kekuni aber flog zur Wallstatt ihres Mannes und musste feststellen, dass Ningtewu wirklich mit seinen Söhnen gegen ihren Gatten angetreten war. Da stieß Kekuni *Dedou* aus der Luft herab und erschlug binnen kurzem die Drei, den Vater und seine Söhne. Dann kehrte sie zurück, sammelte ihre beiden Federn ein und trat wieder selbst gegen die beiden *Kuoli* an. Nach weniger als einem Dutzend Runden hatte sie auch die beiden verbliebenen *Kuoli* getötet. Sie traf sich mit ihrem Mann und begab sich mit ihm in die Stadt, deren *Zhushen Da* ihnen mit den Einwohnern entgegenkam und A'rqiwu als neuen *Han* bejubelte. Dieser nahm sofort eine Zählung der Hauswesen vor, ließ den *Zhushen Da* Schweine und Schafe schlachten und befahl den Einwohnern drei Tage lang zu feiern. Er selbst und seine Gattin opferten ihren Schamanengeistern (*saman zhushen*) zusätzlich Schweine und Schafe.

(9) Nachdem A'rqiwu sich mehrere Tage in der Stadt aufgehalten und alle Angelegenheiten geregelt hatte, befahl er dem *Zhushen Da*: „Nach unserem Aufbruch unterstehen dir die Einwohner der Stadt; sie sollen unter deiner Aufsicht hundert Segelschiffe bauen. Wahrscheinlich werde ich in zwei Monaten wieder zurück sein!" Mit diesen Worten schwang er sich aufs Pferd und folgte dem Fluss weiter nach Westen. Nach einigen Tagen tauchte vor ihm ein mächtiger Baum auf, auf dem ein *Kuoli* saß. Als er näher gekommen war, erkannte er seine Frau Kekuni *Dedou*. Sie sprach zu ihm: „Heute nachmittag wirst du zu einem *Gashen*[24] kommen, dessen Dorfschulzen Baketewu *Han* und seine Frau Cenggeni *Dedou* heißen. Beide sind schon an die sechzig Jahre alt. Sie haben nur eine Tochter, die Ba'rzhenni *Dedou* heißt und jetzt sechzehn Jahre alt ist. Sie ist sehr hübsch: Ja, sie ist wahrhaftig eine Schönheit, mit der sich kaum eine andere messen kann. Zudem verfügt sie als Schamanin über ungewöhnliche Fähigkeiten. Wenn du ins Dorf kommst, musst du als erstes in der Residenz des Baketewu *Han* vorsprechen, ihm kniefällig deinen Gruß entbieten und ihn um die Hand seiner Tochter bitten. Denn sobald du diese zur Frau bekommen hast, wirst du eine weitere Verbündete haben! Nicht nur, dass dir dann dein Vorhaben, dich zu rächen, leicht fallen wird, sondern auch die Stämme in allen Himmelsrichtungen werden daraufhin bei Erwähnung deines Namens vor Furcht zittern! Du darfst dir diese Gelegenheit auf keinen Fall entgehen lassen!"

Als A'rqiwu dies vernahm, nickte er zustimmend, trieb sein Pferd mit der Peitsche an und eilte weiter. Nach vierzig bis fünfzig Meilen tauchte vor ihm

---

24 Hezhe: *gaʃɛ* (S. 364) [Mandschu: gaśan]: Dorf, Weiler (S. 335, Anm 2; S. 364, Anm. 1) (OA).

tatsächlich ein großes Dorf auf, das sich aus etwa dreihundert Hauswesen zusammensetzte. In der Mitte des Dorfes befand sich ein großes Anwesen. Im Näherkommen sah A'rqiwu vor dessen Haupttor Wachen stehen. Er saß ab, band sein Pferd an einen Pfosten neben dem Tor und wandte sich an einen der Wachhabenden: „Bitte melde deinem Herrn, dass ich, ein Angehöriger der Stämme der Mitte bin (*zhong buluo ren*) und A'rqiwu heiße. Ich bin nur deshalb hierher gekommen, um ihm meine Aufwartung zu machen." Der Wachhabende eilte fort und meldete dies, worauf Baketewu *Han* dem A'rqiwu entgegenkam, ihn willkommen hieß und ins Haus bat. Nachdem A'rqiwu das Haus betreten hatte, machte er vor Baketewu *Han* und seiner Gattin Kotau, dann setzte er sich und plauderte mit ihnen. Baketewu befahl den Dienern Schnaps und Speisen aufzutragen. Diese wurden schon nach kurzer Zeit gebracht, worauf Baketewu *Han* den A'rqiwu auf den Ehrenplatz komplimentierte. Die Beiden griffen zu, unterhielten sich dabei und trennten sich erst bei Sonnenuntergang. Baketewu *Han* geleitete den Gast in den Ostflügel des Anwesens, wo dieser übernachtete.

Als A'rqiwu alleine im Ostgebäude saß, dachte er plötzlich an die Worte seiner Frau. Er verwandelte sich mittels seiner Schamanenkräfte (*saman shenfa*) sogleich in eine große Dolchwespe (*tufeng*) und flog durch das Fenster in den Hof. Dort sah er sich nach allen Seiten um, hörte aber nicht das geringste Geräusch. Aus einem kleinen zweistöckigen Gebäude im Nordwesten des Hofes drang Licht, weshalb er dorthin flog und sich behutsam auf dem Fensterbrett niederließ. Von drinnen vernahm er die Stimme eines Mädchens. Er durchstach das Papier des Fensters, spähte hinein und erblickte dort zwei Mädchen, die sich gegenübersaßen und miteinander plauderten. Sie waren beide um die 16 Jahre alt und glichen zwei Feen (*xiannü*). A'rqiwu hörte ihnen lange Zeit zu, konnte aber nicht herausfinden, welche von ihnen Ba'rzhenni *Dedou* war. Er sah lediglich, dass ihre Gesichter verschieden waren: Das eine Mädchen hatte ein purpurrotes Gesicht, das andere ein leuchtend weißes Gesicht. Sie hatten sich schon eine gute Weile unterhalten, als sie auf sich selbst zu sprechen kamen. Das Mädchen mit dem purpurroten Gesicht sagte: „Ich habe heute vernommen, dass ein Gast, der von weither kommt und A'rqiwu heißt, bei euch angekommen ist. Ich habe häufig gehört, dass er ein Recke sei, dessen Name überall bekannt ist und gerühmt wird. Er soll gut aussehen und wahrhaftig ein außergewöhnlich schmucker Bursche sein. Schade, dass ich nur seinen Namen gehört, nicht aber sein Gesicht gesehen habe! Hat ihn die ältere Schwester heute schon gesehen?" Das ihr gegenübersitzende Mädchen antwortete: „Ich halte mich in diesem Gemach auf, er aber weilt in den vorderen Gebäuden: wie hätte ich da einen Blick auf ihn werfen können? Ich habe heute von der *Kekechen*[25] gehört, dass mein Vater ihn im vorderen Gebäude übernachten läßt."

Ba'rzhenni *Dedou* war mit den schamanischen Zauberkünsten (*saman fashu*) aufs beste vertraut und hatte sofort bemerkt, dass A'rqiwu zu ihrem Fenster gekommen war. Sie erwähnte dies jedoch mit keinem Wort. Die *Dedou* mit dem purpurfarbenen Gesicht nannte sich Duledeni; als sie sich zu diesem Zeitpunkt einmal konzentrierte, merkte auch sie, dass A'rqiwu am Fenster lauschte. Sie sagte daher mit leiser Stimme zu Ba'rzhenni *Dedou*: „Ältere Schwester, da ist jemand am Fenster!" Ba'rzhenni *Dedou* lächelte und sprach: „Der *Mo'rgen Age* ist gekommen, uns Schwestern zu treffen. Er möge bitte eintreten, warum soll er denn heimlich draußen am Fenster lauschen?" Da musste sich A'rqiwu zurückverwandeln und ins Zimmer zu treten. Die beiden *Dedou* begrüßten ihn, luden ihn ein, sich zu setzen, und behandelten ihn liebenswürdig und aufmerksam, indem sie ihm eine Pfeife stopften und ihm Tee anboten. Sie plauderten ein Weilchen über die übernatürlichen Vorgehensweisen der Schamanen (*saman shendao*) und fanden aneinander Gefallen. Während A'rqiwu mit ihnen sprach, tauschte er mit den beiden Mädchen Blicke aus, die in deren Herzen Frühlingsgefühle weckten. Sobald A'rqiwu bemerkte, die beiden Mädchen bereits in Wallung geraten waren, löschte er die Lampe und zog die Beiden im Dunklen auf den *Kang*. Er löste ihre Gürtel und streifte ihre Kleider ab, worauf er sich zuerst eine Weile mit Ba'rzhenni *Dedou* vergnügte und sich anschließend Duledeni *Dedou* widmete. Die beiden *Dedou* waren das erste Mal mit einem Mann zusammen, sie waren beide sehr verliebt, machten die ganze Nacht kein Auge zu und kosteten bis Tagesanbruch die Freuden von Fischen und Wasser aus. Erst dann verwandelte sich A'rqiwu wieder in eine Wespe und flog zu den vorderen Gebäuden zurück, wo er sich im Ostzimmer schlafen legte.

Baketewu *Han* stand früh auf und befahl den Dienern, der Küche die Anweisung zu geben, ein Gedeck mit Zukost und Branntwein vorzubereiten. Er wartete, bis A'rqiwu aufgestanden war, und lud ihn ein, sich im Westzimmer zu waschen und zu kämmen. Die Diener trugen den Branntwein und die Zukost auf und Baketewu *Han* lud A'rqiwu ein, sich auf den Ehrenplatz zu setzen. Nach drei Runden Branntwein bat A'rqiwu um die Hand der Tochter. Baketewu Han schenkte zuerst drei Mal Branntwein in den Becher und gab ihn dann mit folgenden Worten an A'rqiwu weiter: „Ich alter Mann hab mein Lebtag lang keinen Sohn bekommen, ich habe nur eine Tochter namens Ba'rzhenni. Sie ist jetzt sechzehn Jahre alt. Zudem habe ich noch eine Nichte namens Duledeni, die fünfzehn Jahre alt ist. Beide sind noch nicht verlobt. Falls der *Mo'rgen Age* keinen

---

25 Hezhe: *kʼəkʼəǰʼən* (S. 681): Dienerin (S. 365, Anm. 1) (OA).

Anstoß daran nimmt, dass sie unansehnlich sind, so würde ich alter Kerl mir wünschen, sie mit dir verheiraten zu können." A'rqiwu kniete auf diese Worte hin nieder und machte vor dem Schwiegervater und der Schwiegermutter Kotau. Als Baketewu *Han* sah, dass er einverstanden war, befahl er den Dienern, Schafe und Schweine zu schlachten, und ordnete noch am selben Tage an, dass die Drei sich grüßten und verheiratet wurden. Man braucht nicht bis in die Einzelheiten schildern, wie die drei Brautleute sich am Abend ins Brautgemach zurückzogen und sich als Gemahl und Gemahlinnen die ganze Nacht hindurch vergnügten. Kekuni *Dedou* stieß ebenfalls zu ihnen, worauf sie einige Tage zusammen in dem Dorf verbrachten. Eines Tages wollte A'rqiwu wieder aufbrechen und sprach deshalb zu seinen drei Gemahlinnen: „Morgen werden wir uns auf den Weg machen und Rache nehmen!" Ba'rzhenni *Dedou* schuf mittels ihrer magischen Künste (*shenshu*) ein Zauberschiff (*shenchuan*). Am folgenden Tage nahmen sie alle Abschied von den alten Eltern bzw. Schwiegereltern und bestiegen das Schiff. Sie fuhren von morgens bis abends, worauf nach mehr als zehn Tagen vor ihnen in der Ferne die Stadt ihrer Feinde auftauchte. Die Vier saßen im Bug des Bootes und starrten gebannt in die Ferne. In der Stadt hatte Ma'rtawu bereits davon gehört, dass A'rqiwu komme, um Rache zu nehmen. Er hatte gemeinsam mit seinen drei Brüdern aus allen vier Himmelsrichtungen gut und gerne vierzig oder fünfzig Recken hinzugezogen, auch über hundert Frauen waren auf ihr Bitten hin gekommen, um ihnen im Kampf gegen den Feind beizustehen.

(10) Als Ma'rtawu den Feind kommen sah, erwartete er ihn mit den ihm zu Hilfe geeilten Getreuen vor der Stadt. Er hatte mit seinen drei Brüdern an die zehn Gattinnen und Nebenfrauen, welche die Frauen anführten, die auf ihr Bitten hin herbeigeeilt waren, und in den Lüften bereit waren, sich auf den Feind zu stürzen. Als die drei Frauen des A'rqiwu sahen, wie zahlreich ihre Feinde waren, rief Kekuni *Dedou* fünfzehn *Mangemu Mayin*[26] herbei, Ba'rzhenni *Dedou* rief fünfzehn *Yishi Mayin*[27], und Duledeni zehn *Zile Mayin*[28], denen sie befahlen, ihren Mann im Kampfe zu unterstützen. Sie verwandelten sich in *Kuoli* und stiegen auf, um mit den mehr als hundert feindlichen *Kuoli* zu kämpfen. A'rqiwu führte seine mehrere Dutzend *Mayin* und schlug sich mit Ma'rtawu und den Seinen. Es wurde so verbissen gekämpft, dass sich Himmel und Erde verdunkelten, dass die Geister

---

26 Hezhe: *māgəmɔ majin* (S. 692): *Mangemu* bedeutet „Eiche". Aus Eichenholz geschnitzte Bildnisse der *Mayin*-Geister. Diese Art von Geistern hilft insbesondere beim Auffinden verlorener Gegenstände und schützt Reisende (S. 301, Anm. 1; S. 366, Anm. 1) (OA).

27 Hezhe: *îli majin*: *Yishi* bedeutet *Huanghuasong* [Mandschu: isi, „Lärche"]. Aus *Huanghuasong*-Holz geschnitzte *Mayin*-Idole (S. 301, Anm. 2; S. 366, Anm. 2) (OA).

28 Hezhe: *sələ majin* (S. 367). *Zile* bedeutet „Eisen". Es sind dies aus Eisen gegossene *Mayin*-Bildnisse (S. 301, Anm. 2; S. 367, Anm. 1) (OA).

heulten und die Götter weinten. Die von Ma'rtawu zusammengerufenen Getreu-
en starben oder flohen, so dass zuletzt nur noch Ma'rtawu mit seinen drei
Brüdern übrig blieb. Sie kämpften mit den *Mayin* und bis zum Mittag des dritten
Kampftages hatten die *Mayin* Ma'rtawu und seine Brüder getötet.

Die gesamte Einwohnerschaft der Stadt empfing kniefällig ihren neuen Herrn
A'rqiwu. Er redete der Menge gut zu und rief dann den *Zhushen Da* zu sich, den
er fragte, ob es in der Stadt gefangene Frauen gebe. „Es gibt etwa zehn Frauen,
die vor über zwanzig Jahren verschleppt wurden und in einem Haus eingesperrt
sind," antwortete dieser. A'rqiwu befahl ihm, ihn zu diesem Haus zu bringen. Als
sie den Kerker erreichten, wies er den *Zhushen Da* an, die eingesperrten Frauen
freizulassen. Er sah, dass sie alle sechzig bis siebzig Jahre alt waren und fragte:
„Welche von euch ist die Frau des Tuqiu *Mo'rgen*?" Eine der Alten zeigte auf eine
etwa siebzigjährige Frau und sprach: „Sie ist die Frau des Tuqiu *Mo'rgen*!" Sobald
A'rqiwu wusste, wer seine Mutter war, trat er vor sie hin und kniete heftig
weinend nieder. Da seine Mutter ihn nicht kannte, half sie ihm eilends auf und
fragte ihn, wer er denn sei? A'rqiwu erzählte ihr seine Geschichte von Anfang bis
Ende, worauf sich Mutter und Sohn in die Arme fielen und heftig schluchzten.
A'rqiwu brachte seine Mutter in die Residenz des Ma'rtawu und noch während
Mutter und Sohn von Freude und Schmerz überwältigt waren, traten die drei
Frauen des A'rqiwu ein, die ihre Gegnerinnen erschlagen hatten. A'rqiwu forderte sie auf, der Schwiegermutter ihre Aufwartung zu machen. Kekuni *Dedou* war
ihr besonders lieb und teuer, da sie ihre blutsverwandte Nichte war.

A'rqiwu ordnete an, dass die Stadtbewohner nach Lust und Laune Schweine
und Schafe schlachten und drei Tage lang feiern sollten. Anschließend leitete er
persönlich den Bau von zweihundert Segelschiffen, auf die sich das Volk mit all
seinem häuslichen Gut zu begeben hatte. An einem festgelegten, Glück verheißenden Tag legten sie ab. Sie folgten dem Sahalin flussabwärts und erreichten
als erstes das Dorf des Schwiegervaters Baketewu *Han*, wo sie einige Tage verweilten. Dann kamen sie zu der Stadt Ba'rkesu, wo der *Zhushen Da* meldete, dass
mehr als hundert große Segelschiffe zur Abfahrt bereit lägen. A'rqiwu legte den
gemeinsamen Aufbruch auf den folgenden Tag. Nach einigen weiteren Tagen
passierten sie Sanjiangkou [Drei-Flüsse-Mündung], wo sie in den Sungari ein-
drehten und den Fluss stromaufwärts fuhren. Nach mehr als zehn Tagen
erreichte A'rqiwu mit den Seinen wieder seine eigene Heimat, die Stadt Futing.
Hier in der alten Heimat hatte der ältere Bruder bereits eine mächtige Stadtmauer
erbaut, innerhalb derer zahlreiche Gebäude und Häuser errichtet worden waren.
Sein Schwiegervater Yingde'rzhen war mit seinem Volk ebenfalls in die Nähe
dieser Stadt gezogen, wo er eine kleine Stadt erbaut und sich in ihr niedergelassen
hatte. Als die Mutter mit ihren Kindern Wiedersehen feierte, erfüllten sie sowohl

unaussprechliche Trauer als auch überschwängliche Freude. Die Familie war nun wieder vereint und lebte von da an friedlich und unbehelligt zusammen.

4. Dubuxiu

(1) Einst gab es auf dem Südufer des Sungari eine Stadt, die seit vielen Jahren von Niemandem mehr instand gehalten wurde und deshalb in Ruinen lag. Und so kam nur selten jemand in diese öde und verlassene Gegend. Östlich der Stadt stand ein Häuschen, in dem Dubuxiu *Mo'rgen* wohnte.[1] Er hatte eine jüngere Schwester namens Duruhuni *Dedou*, die im Alter von fünf oder sechs Jahren von ihrer Ahnin[2] Ziregeni *Mama*, der Unsterblichen (*xianren*) des Berges *Tiantai* (*Tian-taishan*, „Himmelsterrasse"), auf den Berg geholt worden war und dort wohnte. Die Ahnin hielt ihre Enkelin unentwegt dazu an, sich Tag um Tag in den Kampf-künsten zu üben, weshalb Duruhuni große Geschicklichkeit und Fertigkeiten erwarb. Ziregeni *Mama* war eine außergewöhnliche Person, die sich auf dem Berg vervollkommnete und ohne ein Orakel zu befragen die Zukunft vorhersagen konnte. Insgeheim beschützte die *Mama* auch Dubuxiu, der derweilen alleine in seiner Hütte lebte. Täglich stieg sie auf eine Wolke, kam nachsehen und stellte dem Enkel all das zur Verfügung, was er zu essen benötigte.

Dubuxiu war bereits achtzehn Jahre alt geworden, ohne einen Freund zu haben. Ab und an ging er allein auf die Jagd. Eines Tages näherte sich nach seinem Frühstück ein Reiter dem Haus, saß ab und band das Pferd im Hof an. Mit einer Flasche Branntwein in der Hand trat er ein, grüßte Dubuxiu ehrerbietig und setzte sich auf einen Schwatz zu ihm. Er lud Dubuxiu ein, sich ihm gegenüber auf den *Kang* zu setzen und mit ihm den Branntwein zu trinken, und fragte dabei: „Ich habe gehört, dass du eine jüngere Schwester hast, die noch nicht vergeben ist. Falls du mich nicht gering achtest, würde ich sie gerne heiraten. Sei es nun, dass ich den Ehepartner durch einen Wettkampf zu gewinnen habe oder wir uns durch Verlobungsgeschenke verbinden, mir ist beides recht." Du-buxiu antwortete ihm: „Wer immer sich mit meiner jüngeren Schwester verheiraten will, der kann dies tun. Allerdings muss er sich zuerst mit mir im Kampfe messen: Gelingt es dir, mich dreimal zu werfen, so gebe ich dir meine Schwester zur Frau!" Der Mann bat ihn um einen Ringkampf draußen vor dem Haus, worauf sie sich bei der Hand nahmen und in den Hof hinausgingen. Dort packte Dubuxiu seinen Gegner und warf ihn mit aller Kraft zu Boden. Sein Gegner wälzte sich heftig auf dem Erdboden und schimpfte: „Dies ist doch ein

---

1 Die Vorgeschichte wird erst am Schluss der Erzählung deutlich: Die Eltern waren die Stadtherrn, die von Feinden besiegt und verschleppt wurden.

2 Betagte, verheiratete Frau. Anrede gegenüber alten Damen (S. 303, Anm. 4) (OA). – Mandschu: 1) Großmutter, Ahnfrau; 2) alte Frau; 3) respektvolle Anrede gegenüber alten Damen; auch – hier nicht relevant – 4) Pocken, Blattern (Hauer 1952–1955: 637).

Wettkampf, warum wirfst du mich denn mit aller Kraft zu Boden? Willst du mich etwa umbringen?" Mit diesen Worten suchte er das Weite. In der Folgezeit kam erneut ein *Mo'rgen*, der ihn forderte, aber auch dieser unterlag und musste unverrichteter Dinge abziehen.

Wieder kam eines Tages ein *Mo'rgen* zu ihm, der am Ostmeer wohnte und über mehrere Städte herrschte; zudem war er ein außergewöhnlich guter Kämpfer. Er hieß Zikexiu. Zikexiu besaß ebenfalls eine jüngere Schwester, die schön war und Talent hatte. Zikexiu schlug Dubuxiu vor, sich zu verschwägern. Nachdem sie sich besprochen hatten, fassten sie sich bei der Hand, gingen in den Hof und begannen dort zu ringen. Keiner schenkte dem anderen etwas, aber zuletzt warf Zikexiu den Dubuxiu dreimal zu Boden. Dann begaben sie sich in die Nordberge: Sie legten die *Shuokeshuoli*[3] an, folgten den Felswänden und passierten die hohen und steil aufragenden Gipfel. Zikexiu lief etwas schneller als Dubuxiu, der an die zehn Meilen zurückfiel. Als nächstes stellten sie sich dem Erdpfeil-Wettkampf (*dijian bisai*)[4]: Zikexiu hatte über 50 Pfeile weniger als Dubuxiu auf dem Vorderteil seines Gewandes und damit hatte Dubuxiu auch in diesem Wettkampf verloren. Dann gingen sie zu einem Fluss, trafen dabei aber eine *Mama*, die ihnen in den Weg trat und nicht zuließ, dass sie auf dem Fluss einen weiteren Wettkampf veranstalteten. Diese *Mama* war die Ahnin des Dubuxiu. Sie sprach zu Zikexiu: „Obwohl ich den *Mo'rgen* nicht kenne, bitte ich euch darum, nicht länger eure Kräfte zu messen. Geht zurück und ruht euch aus! Dieser ist mein Urenkel, seine jüngere Schwester soll deine Frau werden. Da du eine jüngere Schwester hast, so könnte sie sich mit ihm verheiraten, damit eure beiden Familien verschwägert sind." Zikexiu nickte und war einverstanden, auch Dubuxiu gehorchte den Worten seiner Ahnin und wagte nicht, ein weiteres Wort zu äußern. Die Beiden kehrten nach Hause zurück und tranken Branntwein. Dabei vereinbarten sie, dass zuerst die jüngere Schwester des Zikexiu, Zikeni *Dedou*, sich mit Dubuxiu verheiraten sollte. Sobald Dubuxiu seine Feinde unterworfen habe und siegreich zurückgekehrt sei, sollte er Duruhuni *Dedou* zum Hause des Zikexiu bringen, damit er sie heiraten konnte. Zikexiu blieb über Nacht bei Dubuxiu. Nach dem

---

3 Hezhe: ʃuəkʃuəli (S. 692): Schneeschuh (*taban*). Ein aus Holz angefertigter Schuh, dessen Unterseite mit Fischotter(Biber)fell bespannt ist. Wenn man über schneebedeckte Landstriche geht, so kann man dank ihnen nicht rutschen, kann bequem Berge besteigen und von Bergen herabsteigen. Wenn eine Redensart der Hezhe besagt: „Auf dem hölzernen Pferd reitend überwindet man Bergketten und steigt über Gebirge", so verweist dies auf die Schneeschuhe. Vgl. Abb. 100 und siehe S. 81 (S. 369, Anm. 1) (OA).

4 Eine Art Wettkampf im Laufen (*paolu*): Wer schnell gehen kann, dem fallen die Erdpfeile [*diqian*] auf das Vorderteil seines Gewandes, wer langsam geht, dem fallen sie auf die Beine (Füße); aber je schneller man geht, desto weniger sind die abgeschossenen Erdpfeile (S. 369, Anm. 2) (OA) [Näheres über diesen Wettkampf nicht ermittelt.]

Frühstück kehrte Zikexiu nach Hause zurück und schickte seine jüngere Schwester, die sich mit Dubuxiu vermählte.

Dubuxiu sah im Pferdestall einen Rappen stehen. Er führte ihn heraus, schwang sich auf seinen Rücken und ritt nach Westen. An einem Berghang blieb das Pferd stehen und rührte sich nicht mehr vom Fleck. Dubuxiu saß ab und wollte das Tier mit dem Messer erstechen. Da aber öffnete das Tier sein Maul und sprach: „Nördlich der Berge sind zwei Brüder mit ihren Brautwagen angekommen. Diese beiden Brüder sind äußerst gefährlich, es wäre daher besser, einen anderen Weg zu nehmen. Solltest du aber unbedingt diesen Weg einschlagen wollen, so kann ich nicht weitergehen. Ich bin das Reitpferd deines Großvaters väterlicherseits; du kannst mich daher nicht töten, sondern solltest mich freilassen!" Dubuxiu fand, dass diese Worte Sinn machten, und ließ das Tier laufen, weil er ein pietätvoller Sohn und alten Personen gegenüber sehr ehrerbietig war. Er riss Weidenruten ab und formte daraus den Kopf eines Pferdes, der sich in einen edlen Renner verwandelte und sofort stolz erhobenen Hauptes den Bergzug erklomm. Von der Höhe des Berges aus beobachtete Dubuxiu, wie von Norden her zahllose Wagen kamen. Er verwandelte sich in einen zwölf bis dreizehn Jahre alten Jungen und zeigte auf das Pferd, das sich in ein Fohlen verwandelte. Dann setzte er seinen Weg fort.

(2) Dubuxiu traf zwei Reiter und sprach sie an: „Ältere Brüder, euer kleiner jüngerer Bruder hat es versäumt, dass er Euch schon längst hätte willkommen heißen sollen. Ich hoffe ihr verzeiht mir!" Die beiden Reiter antworteten ihm: „Wie höflich der junge *Mo'rgen* ist!" Dubuxiu zog einen Krug Branntwein hervor und lud sie ein, davon zu trinken. Dann stieg er auf den Brautwagen, schenkte Branntwein ein und bot der Braut zu trinken an. Diese aber presste die Lippen aufeinander und trank nicht, weshalb er ihr den Becher ins Gesicht schüttete. Er verließ den Wagen und ging zum nächsten. Dort schlüpfte er unter das Schutzdach und sah, dass dieser Wagen voll mit Mädchen war, die durch nichts besonders auffielen. Hinten aber saß eine *Dedou*, die jung, bildhübsch und reizend war. Er schenkte Branntwein ein und bot ihn ihr an, sie aber drehte ihr Gesicht weg und trank nicht. Da ging Dubuxiu um den Wagen herum und zog das Mädchen heraus; er packte sie an den Armen, rang mit ihr und sprach: „Großmutter auf dem Berg, höre die Bitte deines Enkels: Heute steigt die Tangjini *Dedou* auf den Berg, um meiner jüngeren Schwester Gesellschaft zu leisten und sich in den Kampfkünsten zu üben." Und schon war die *Dedou* verschwunden und auf dem Berg angekommen.

Die Braut aber streckte ihren Kopf hervor und sprach zum Bräutigam: „Obgleich dieser *Mo'rgen* jung ist, so ist er doch ein Held. Er hat heimlich meine jüngere Stiefschwester [nichtleibliche jüngere Schwester] auf den *Tiantai*-Berg geschickt." Der *Mo'rgen* drehte sich herum und schimpfte vom Pferd herab: „Du hinterhältige Magd, es wäre besser, du bleibst still und ruhig in deinem Wagen sitzen; wenn du unbedingt quatschen willst, so machst du dir nichts aus Würde und Anstand!" Da wurde sie vor Scham übers ganze Gesicht rot, streckte ihre Zunge heraus und zog ihren Kopf wieder ins Wageninnere zurück. Nachdem Dubuxiu die Tangjini auf den Berg geschickt hatte, jagte er auf seinem Pferde hinter den beiden *Mo'rgen* her. Sobald er sie eingeholt hatte, holte er zwei Zobelpelze hervor, die er ihnen mit folgenden Worten übergab: „Der kleine jüngere Bruder möchte Euch als bescheidene Gabe etwas aus dieser Gegend überreichen und es den *Age* zur Erinnerung schenken. Nun aber muss ich etwas Wichtiges erledigen und wage nicht, säumig zu sein. Es ist mir nicht möglich, mit Euch zu gehen und zu feiern, was ich außerordentlich bedauere." Immer wieder forderten die beiden *Mo'rgen* ihn auf mitzukommen, aber er nahm ihre Einladung nicht an. Sie schüttelten ihm daher die Hand (*woshou*) und trennten sich.

Dubuxiu setzte seinen Weg fort und eilte weiter nach Westen, bis er auf geradem Wege zum Ufer des Sungari kam. Nachdem er einen und einen halben Tag geritten war, erreichte er das Flussufer. Vor sich erblickte er einen Hügel, und da die Landschaft sehr schön war, ritt er zu diesem, um für ein Weilchen den Anblick zu genießen. Dort aber hörte er jemanden schimpfen: Dubuxiu solle doch bei Wettkämpfen den Gegner nicht mit all seiner Kraft zu Boden werfen; der Neffe [Sohn der Schwester] sei nunmehr an den Verletzungen gestorben, die er sich dabei zugezogen hatte! Er werde seinen Neffen rächen! Dubuxiu blickte sich nach allen Seiten um, konnte aber niemanden sehen. Die Stimme kam aus einer *Fatou*[5]. Sogleich rief Dubuxiu: „Komm' schon, ich warte hier schon eine ganze Zeit auf dich!" Die *Fatou* eilte zum Ufer des Flusses, drehte sich im Flusswasser und verwandelte sich in einen etwa fünfzig Jahre alten Mann, der wieder ans Ufer stieg: Dieser Mann war Fatou *Mo'rgen*. Die Beiden hielten sich nicht mit langen Reden auf, sondern kämpften dort, wo sie standen, mehr als zwanzig Runden miteinander. Als Fatou nicht gegen Dubuxiu ankam, murmelte er: „*Zile Salaka*, dem die Altvorderen opferten! Ich bin auf einen starken Gegner getroffen; komm schnell und stehe mir bei!" Als Dubuxiu hörte, dass er die Götter um Hilfe bat, schlug er ihn auf der Stelle tot und warf den Leichnam in den Fluss. Dann begab sich Dubuxiu in dessen Residenz und ruhte sich dort aus; die Diener und Sklaven kamen, um ihm als neuen Herrn zu huldigen und trugen Branntwein und Zukost auf, worauf er allein trank und sehr zufrieden war.

Mit einem Male hörte er, wie sich vor der Türe mehrere Personen abwechselnd den Vortritt anboten, worauf drei Fräulein hereinkamen: Zuerst trat Zikeni,

---

5 Hezhe: *fat'əu* (S. 371, Anm. 1; S. 685). Baumwurzel mit verdorrter Spitze (S. 371, Anm. 1) (OA).

dann die von ihm zum *Tiantai*-Berg gesandte Tangjini, und zuletzt seine jüngere
Schwester Duruhuni ein. Diese erkundigte sich nach seinem Befinden und lud
die beiden anderen Mädchen ein, auf den *Kang* zu steigen und Branntwein zu
trinken. Erst jetzt setzten sich die beiden *Dedou*, worauf sie froh und unbeschwert
dem Branntwein zusprachen. Von den Sklaven erfuhr Dubuxiu, dass Fatou ein
scheckiges Rind besaß, das den Göttern geopfert werden sollte. Er befahl ihnen,
das Rind zu holen, es zu schlachten und das Opfer vorzubereiten. Die Sklaven
und Diener führten den Befehl aus und meldeten ihm dies. Dubuxiu legte das
Fleisch in Schüsseln, die er auf Tische auf dem West*kang* stellte, und opferte es
den einzelnen Göttern. Er sang dabei das Gebet: „*Deyaqi, deyaqi, wushiwu yide.*"[6]

Als er sang, näherte sich mit einem Mal ein *Zile Salaka* dem Fleisch und sprach:
„Ich habe das Opfer empfangen und will nun folgendes bekannt geben: Dass du
vor einigen Jahren die Tangjini *Dedou* auf den *Tiantai*-Berg gesandt hast, damit sie
deiner jüngeren Schwester Gesellschaft leiste und die Kampfkünste einübe, kann
dir vergeben werden. Ihre Eltern haben nach ihrem Verschwinden gemeinsam
mit ihrem Onkel mütterlicherseits überall nach ihr gesucht, sie haben aber bis
heute keine Spur von ihr finden können. Heute werden sie auf ihrer Suche hierher
kommen. Bitte den Vater des Mädchens, den Schamanen Takexiu, kniefällig um
Nachsicht und Vergebung. Bitte ihn auch darum, dir seine Tochter zur Frau zu
geben." Dubuxiu fand an diesem Vorschlag nichts auszusetzen und war bereit,
entsprechend zu handeln. Als er daraufhin einen alten Mann von mehr als fünfzig
Jahren erblickte, der einem Schamanen glich, kniete er nieder. Der Schamane
fragte: „*Mo'rgen*, warum begrüßt du mich so formell?" Kniend antwortete Dubuxiu: „Ehrenwerter Herr, ich war es, der Eure Tochter auf den *Tiantai*-Berg gesandt hat, damit sie dort die Kampfkünste erlernte; sie hat dadurch ihre Fähigkeiten voll zur Entfaltung gebracht. Ich bitte Euch inständig, sie mir zur Frau zu
geben." Der alte Herr schwieg, Dubuxiu aber verharrte kniend und stand nicht
auf. Der Schamane dachte daran, dass seine Tochter ihm nun schon vor einer
Reihe von Jahren genommen worden war, und es daher besser war, wenn er
zustimmte. „Erhebe dich *Mo'rgen*!" sprach er. „Da auch du Herr einer Gegend
bist, bin ich mit der Heirat einverstanden." Die Hochzeit wurde auf den folgenden Tag festgesetzt.

Der Schamane drängte Dubuxiu, sich nach der Heirat dringend zum *Jiutou*-
Gebirge [Gebirge der neun Köpfe/Spitzen] zu begeben und die [künftige]
Schwiegermutter und ihren Bruder zu benachrichtigen. Dubuxiu versprach, dies
zu tun. Nachdem er sich anderntags gewaschen und gekämmt hatte, befahl er
den Dienern, den Räucheraltar aufzustellen und alle Vorkehrungen für die

---

6   Von den Hezhe beim Opfer vorgetragener Gesang. Vgl. S. 130 (S. 371, Anm. 3) (OA).

Hochzeit zu treffen. Der Schamane Takexiu leitete das Hochzeitszeremoniell, Zikeni und Tangjini, die beiden *Dedou*, verneigten sich zusammen mit Debuxiu in der erforderlichen Weise vor den Ahnentafeln, während sich die Zuschauer um den Platz drängten. Danach machte das Brautpaar dem betagten Herrn, dem Schamanen Takexiu, seine Aufwartung. Erst jetzt sah der Schamane seine Tochter wieder von Angesicht zu Angesicht und bemerkte, dass sie gegenüber früher noch zarter und schöner geworden war, worüber er sich von Herzen freute. Nachdem acht Schafe und acht Schweine geschlachtet worden waren, lud man das Volk ein, zu essen und zu trinken. Das Fest dauerte drei Tage. Dann aber drängte der Schamane Takexiu den Dubuxiu, zum *Jiutou*-Berg zu gehen und die Botschaft zu überbringen, worauf dieser sich am vierten Tage nicht wieder ins Brautgemach begab, sondern sich auf den Weg zum *Jiutou*-Gebirge machte. Wie's der Zufall wollte, traf er auf dem Gipfel des *Jiutou*-Gebirges auf den Onkel seiner Frau. Er teilte ihm mit, dass er Tangjini geheiratet hatte und bat ihn um seine Zustimmung sowie um die der Schwiegermutter. Der Onkel antwortete ihm: „Man sieht, dass du eine außergewöhnliche Person bist und man dich als eine gute Partie bezeichnen kann. Dein Schwiegervater hat der Hochzeit zugestimmt, und ich habe daher keinen Grund, anderer Meinung zu sein. Aber da du gekommen bist, um mich um meine Meinung zu fragen, so ziehe deine *Shuokeshuoli* über und laufe mit mir um die Wette einmal um das *Jiutou*-Gebirge." Sie streiften ihre Schneeschuhe[7] über und liefen um die Wette das *Jiutou*-Gebirge hinauf. Dieses Gebirge war sehr steil und uneben, es war schwer zu begehen, seine hohen Berge und steilen Felswände türmten sich himmelhoch empor. Erst nach einem Tag erreichten sie ihr Ziel. Der Oheim kehrte erst tief in der Nacht zum Ausgangspunkt zurück und sprach zu Dubuxiu: „Du bist tatsächlich ein guter Schwiegersohn. Ich habe nichts dagegen, dass ihr beide heiratet." Dubuxiu verabschiedete sich von dem Onkel und kehrte wieder nach Hause zurück. Nachdem er einen halben Tag unterwegs gewesen war, kam er zu einem Berg und plötzlich kam ein *Kuoli* hinter ihm hergeflogen: Es war seine Frau Tangjini. Sie sprach zu ihm: „Ich bin nicht zufrieden damit, wie du dich mit meinem Onkel in den Kampfkünsten gemessen hast. Erst wenn du dich mit mir im Kampf gemessen hast, werde ich dich anerkennen!"

(3) Dubuxiu bereitete sich auf einen Kampf mit dem *Kuoli* vor und wartete ab. Der *Kuoli* stieß dreimal herab, konnte aber Dubuxiu nicht schlagen, der nun zu dem *Kuoli* sagte: „Du hast dreimal nach mir geschlagen, mich jedoch nicht besiegt. Nun lass mich mal nach dir schlagen." Tangjini antwortete: „Wenn ich auf dem Erdboden stehe, in welcher Weise willst du dann nach mir schlagen?" Dubuxiu

---

7   Wörtlich: Tretbretter (*tiban* 踢板), d.h. Schneebretter.

sagte: „Ich werde mich gleichfalls in einen *Kuoli* verwandeln und nach dir schlagen. Und schon hatte er sich in einen *Kuoli* verwandelt, flog in die Lüfte empor und stieg in etwa so hoch empor wie zuvor seine Frau. Seine Frau aber schlüpfte ganz plötzlich und unerwartet in eine Öffnung im Fels und ließ Dubuxiu völlig ratlos zurück: Er konnte lediglich am Eingang der Höhlung wachen und darauf warten, dass sie herauskäme. Dies alles kam davon, weil Tangjini und Dubuxiu während der Hochzeit über die Rangfolge seiner Gemahlinnen gesprochen hatten. Als er ihr darlegte, dass Zikeni die Hauptfrau war, war Tangjini zu seinem Bedauern nicht bereit, die Rolle der Nebenfrau zu übernehmen. Und so war sie nun gekommen, um sich mit ihrem Ehemann zu messen. Dubuxiu hielt am Höhleneingang Wache, aber seine Frau kam nicht heraus.

Als es dunkel wurde, näherte sich von Norden her ein *Kuoli*, ein weiterer kam von Süden geflogen. Beide *Kuoli* ließen sich auf einen mächtigen Baum herab. Jeder der beiden *Kuoli* zog ein Paar zarter und rundlicher Kindlein aus der Brust hervor[8] und fraß sie auf, indem er ihnen Arme und Beine ausriß. Dubuxiu sah sie[9] gierig die Kinder verschlingen. Und während er sie noch beobachtete, öffneten die beiden *Kuoli* ihren Schnabel und sprachen: „Wir[10] sind ausgezogen, diesen Dubuxiu totzuschlagen, damit wir sein Herz fressen können." Dubuxiu sprach: „Kommt doch und schlagt zu!" Da schwangen sich die beiden *Kuoli* in die Lüfte empor und stießen auf Dubuxiu herab, der sich in einen *Kuoli* verwandelt hatte. Dubuxiu hob seinen linken Flügel und presste den zuerst kommenden *Kuoli* fest, worauf er den zweiten mit dem anderen niederhielt. Er riss seinen Schnabel auf und fraß die beiden *Kuoli* auf. Aber als er sie aufgefressen hatte, verwirrte sich sein Sinn, er wußte nicht mehr wie ihm geschah[11], und gierte ab da nur noch nach Menschenfleisch. In großer Eile flog er nach Westen, und sobald er auf Menschen traf, fraß er sie auf. Die Menschen verließen ihre Dörfer, als bekannt wurde, dass Dubuxiu blindwütig raste und Unheil über die Menschen brachte.[12]

(4) In der Nachbarschaft jenes Gebirges befand sich eine Stadt, deren Stadtherr

---

8 „... *cong huai zhong quchu* (從懷中取出) ..."

9 Die Schriftzeichen *tamen* (她們), „sie", in der weiblichen Form geschrieben; also weibliche *Kuoli* bzw. Dämoninnen.

10 *women er ren* (我們二人); wörtl.: wir beide Menschen/Personen.

11 Wörtlich: er kannte nicht mehr die vier Himmelsrichtungen (S. 373).

12 S. 373. – Vgl. ein ähnliches Motiv in dem mongolischen Märchen „Der Banla-Berg" (*Mengguzu minjian gushi xuan*, S. 21ff.; Übersetzung s. Richtsfeld 2004: 232–236), in dem der Held nach Genuss einer von einem Lama angebotenen Speise in einen Mangus verwandelt wird. Allerdings wird er trotz dieser Verwandlung nicht zum Oger, sondern hilft im Gegenteil den Menschen einer bestimmten Region eine große Flut zu überleben.

Luqiwu *Han* hieß und als Schamane berühmt war. Eines Nachts sah er im Traum seine Opfergeräte in Flammen aufgehen. Er wusste, dass dies ein Unglück verheißendes Omen war und sprach zu seiner Frau: „Hol' meine Trommel, und lass uns sehen, was das Räucherwerk verheißt!" Seine Frau brachte ihm die Trommel und nachdem sie lange Zeit [den Rauch des] Räucherwerkes beobachtet hatten, wussten sie, dass Dubuxiu, der Held vom Sungari, rasend geworden war und alle Bewohner der Städte und Weiler im Osten und Westen aufgefressen hatte. Vielleicht würde er auch bald zu ihrer Stadt kommen, und so war es ratsam, Vorkehrungen dagegen zu treffen. Während sie noch berieten, erhob sich im Osten der Siedlung lautes Geschrei, das ihnen anzeigte, dass der rasende Dubuxiu ihre Stadt erreicht hatte. Der Stadtherr legte seine komplette Schamanentracht an und begab sich in den Osten der Ansiedlung. Dieser Luqiwu *Han* hatte auch eine Tochter mit Namen Lumo'eni, die sich gut auf die Kampfkünste verstand: Sie begleitete ihn, um dem Wüterich entgegenzutreten. Als sie im Osten der Ansiedlung[13] ankamen, sahen sie, dass über zwei oder drei Haushalte das Unheil schon hereingebrochen war! Der Schamane und seine Tochter traten dem Tobsüchtigen entgegen und schlugen sich mit ihm, doch keine Seite konnte eine Entscheidung herbeiführen. Nachdem sie drei Tage und drei Nächte miteinander gekämpft hatten, verschlang Dubuxiu den Schamanen und seine Frau. Als Lumo'eni sah, dass der Tobsüchtige Vater und Mutter aufgefressen hatte, kämpfte sie unter Aufbietung all ihrer Kraft mit ihm: Aber auch sie konnte ihn nicht überwältigen und mußte ihr Leben durch Flucht retten.

Dubuxiu aber machte sich erneut über die Einwohner der Dörfer her. Er stürmte in Windeseile weiter und verwüstete alle Dörfer, die auf seinem Wege lagen. Anschließend verwandelte er sich in einen schwarzen Bären. Während er seines Weges trottete, bemerkte er plötzlich, dass ihm jemand folgte. Er hörte hinter sich jemanden weinen und als er sich umsah, erblickte er seine jüngere Schwester und seine beiden Frauen, die bitterlich weinten. Er wirbelte herum und verfolgte sie mit weit aufgerissenem Rachen, während die drei in verschiedene Richtungen rannten. Seine jüngere Schwester Duruhuni setzte zwar dreimal ihre Zauberkunst (*shenfa*) gegen ihn ein, aber ihr älterer Bruder blieb weiterhin verwirrt. Während sie von einer Anhöhe aus Ausschau hielt, trat Lumo'eni zu ihr und fragte: „Eure Ahnin Ziregeni *Mama* kann doch den Tobsüchtigen heilen! Was hält uns davon ab, sie zu holen und ihn zu behandeln?" Daran hatte Duruhuni überhaupt nicht gedacht und sie beschloss sogleich, ihre Ahnin zu Hilfe zu holen. Sie sprach daher zu ihren beiden Schwägerinnen und zu Lumo'eni: „Verhindert

---

13 *Tun* (屯), „Dorf", „Siedlung", „Weiler", wird hier mit „(An-)Siedlung" wiedergegeben, da eingangs von einer *cheng* (城), einer „(ummauerten) Stadt" die Rede war (S. 373).

unter allen Umständen, dass mein Bruder in dichtbevölkerte Gegenden kommt. Lockt ihn am besten in Einöden und bewacht ihn sorgsam." Während Dubuxiu weiter sein Unwesen trieb, verwandelte sich seine jüngere Schwester in einen *Kuoli* und flog nach Osten. Da sie sich mit Hilfe ihrer Zauberkunst (*shenfa*) vorwärtsbewegte, erreichte sie schon bald den *Tiantai*-Berg, wo sie in die Felshöhle schlüpfte und ihre Ahnin kniefällig um Heilung [des Tobenden] bat.

(5) Duruhuni kniete vor der Ahnin nieder und flehte sie an, mitzukommen und Heilung zu spenden. Die Ahnin streckte ihre Finger aus und zählte mit ihnen, wodurch sie in Erfahrung brachte, wie gefährlich ihr Enkel in seiner Raserei war, sowie, dass er bereits seit dreiundneunzig Tagen krank war: Verharrte er aber über hundert Tage in diesem Zustand, würde eine Heilung nahezu unmöglich sein. Sie machte ihrer Enkelin schwere Vorwürfe, weil sie so lange gewartet hatte und nicht schon früher zu ihr gekommen war. Dann drängte sie zum Aufbruch. Die Ahnin packte ihre Wundermedizinen und ihr Lebenselixier ein und trat vor die Höhle; dort verwandelten sich beide in *Kuoli* und flogen fort. Nachdem sie lange Zeit geflogen waren, kamen sie an und die Mama konnte ihren Enkel in seiner Raserei sehen. Sie versetzte ihm einen Schlag mit der Handfläche, durch den Dubuxiu in Ohnmacht verfiel und erst nach langer Zeit wieder erwachte. Als er die Augen öffnete, bemerkte er, dass er in einem kleinen Haus lag. Auf dem Ehrenplatz des *Kang* saß seine Ahnin, ihr gegenüber hatte sich seine jüngere Schwester niedergelassen, während zu seinen Seiten seine beiden Gemahlinnen sowie ein ihm unbekanntes Mädchen saßen. Er war spindeldürr geworden, seine Haut war ausgedörrt, ja er konnte sich nicht einmal mehr aus eigener Kraft umdrehen. Seine Ahnin sprach zu ihm: „Weil ihr euch wegen einer Nebensächlichkeit gestritten habt, wäre daraus beinahe ein lebensbedrohendes Unglück entstanden! Von nun an dürft ihr nicht mehr nach Gutdünken und leichtsinnig handeln! Ihr habt es nicht für nötig gehalten, mich von eurer Hochzeit in Kenntnis zu setzen und habt mir nicht die geringste Beachtung geschenkt! Erst nachdem Schlimmes sich ereignet hat, habt ihr an mich gedacht: Sind das etwa wahre Grundsätze?" Die Mama kehrte nicht zum *Tiantai*-Berg zurück, sondern blieb, um ihren Enkel zu heilen.

Nach einem halben Monat trat allmählich Besserung ein, aber er fühlte sich nach dem Ende der Krankheit schwach und kraftlos. Die *Mama* sorgte höchstpersönlich für sein Essen und sie tat alles, um seine Gesundheit wiederherzustellen. Von früh bis spät musste er Kuhmilch und gebratenen Reis zu sich nehmen. Nach einem Monat konnte Dubuxiu noch immer nicht auf seinen Beinen stehen, erst nachdem er sich drei Monate lang erholt hatte, war er genesen. Die *Mama* befahl den Dienern mehrere Rinder, Schafe und Schweine aus dem Anwesen des Luqiwu *Han* zu holen und ein Rind, drei Schafe und drei Schweine zu schlachten, damit sie sie den *Aimi*[14], den *Gure*[15], den *Eqihe*[16], den *Salaka*[17], den *Bukechun*[18] und den *Mayin*[19] opfern konnte. An diesem Tag führte sie auch den „Hirschgeisttanz" (*tiao lushen*)[20] auf und Dubuxiu vermählte sich mit Lumo'eni. Zikeni und Tangjini begaben sich in die Küche und bereiteten alle möglichen leckeren Zuspeisen vor. Sie baten die Ahnin, auf dem Ehrensitz Platz zu nehmen; die jüngere Schwester des Dubuxiu nahm den nächstfolgenden Platz, Dubuxiu den dritten Platz und seine drei Gemahlinnen die nächstfolgenden Plätze ein. Dann tranken sie Branntwein. Alle freuten sich sehr und genossen dieses Bankett, denn es war das erste Mal, dass die ganze Familie versammelt war. Als Dubuxiu am nächsten Morgen aufstand, fühlte er sich wieder wohl und gesund und steckte voller Tatendrang.

Nachdem es volle drei Monate gedauert hatte, bis Dubuxiu sich von seiner Krankheit erholt hatte, teilte ihnen die Ahnin mit: „Ihr habt dieses große Unheil heraufbeschworen, das [euch] beinahe umgebracht hätte. Es ist wirklich eine große Gnade des Himmels, dass er unsere Familie vor einem Ende der Ahnenopfer bewahrt hat. Dubuxiu hat zwar schon geheiratet, bis jetzt aber noch nicht mit seinen Frauen geschlafen. Heute ist der siebte Tag des siebten Monats, die Sieben ist als Hochzeitstag gerade günstig, weshalb ihr das Brautgemach aufsuchen solltet."[21] Sie befahl den drei Frauen, das Ostzimmer herzurichten. In dieser Nacht schlief Dubuxiu mit seiner Hauptfrau, anschließend schlief er im Ostzimmer der Reihe nach mit seiner zweiten und dritten Frau. Seine drei Frauen

---

14 Hezhe: *ʒmi* (S. 692). Name übernatürlicher Wesen (*shen*). Vgl. [Bd. I] S. 113–114 (S. 375, Anm. 1) (OA). – Vgl. Richtsfeld 1996, 56–58.

15 Hezhe: *kurə* (S. 681). Übernatürliche Wesen (*shen*), die der Schamane befragt (S. 375, Anm. 2) (OA). – Vgl. Richtsfeld 1989, 143.

16 Hezhe: *ʒɪ̯ʼiʰʒ* (S. 693). Übernatürliche Wesen, denen die Hezhe Opfer bringen. Sie sind insbesondere dafür zuständig, vor Antritt einer Reise Glück oder Unglück anzugeben, auch können sie die Befehle ihres Herrn ausführen und alle Angelegenheiten erledigen. *Eqihe* bedeutet „den Herrn leiten"; Genaueres s. S. 113 (S. 298, Anm. 1; S. 375, Anm. 3) (OA). – Vgl. Richtsfeld 1996, 58–59.

17 Hezhe: *Sarək'a* (S. 691): *Zile Salaka*. Name übernatürlicher Wesen. Vgl. oben S. 356, Anm. 2 sowie S. 113 (S. 375, Anm. 4) (OA). – Vgl. Richtsfeld 1996, 58.

18 Hezhe: *buktʃ'ö* (S. 681). Name übernatürlicher Wesen. Vgl. S. 113 (S. 375, Anm. 5) (OA). – Vgl. Richtsfeld 1996, 58.

19 Hezhe: *majin* (S. 689). Name übernatürlicher Wesen. Vgl. S. 301, Anm. 1, 2, 3 [Hefter: *Moculin*, S. 116, nennt sie „Wegbeschützer"] (S. 375, Anm. 6) (OA).

20 Eine große Opferfeierlichkeit der Hezhe, die im Frühling und Herbst abgehalten wird; die Chinesen nennen diese *tiao lushen* (Hirschgeisttanz). Vgl. [Bd. 1] S. 122–126 (S. 375, Anm. 7) (OA). – Vgl. Richtsfeld 1996, 298–304.

21 Möglicherweise chinesischer Einfluss: Der 7. 7. ist nach chinesischen Kalender der Tag, an dem sich am Himmel Kuhhirt und Weberin einmal im Jahr treffen können, vgl. z.B. Bredon, Mitrophanow 1953: 377–385; Burkhardt 1978, I: 32–35; Lowe 1983,I: 221–231.

wurden noch schöner, weshalb Dubuxiu sie sehr liebte und verwöhnte.

(6) Dubuxiu brach auf und setzte seinen Weg nach Westen fort. Nachdem er zwei Tage geritten war, hatte er noch immer keinen einzigen Menschen getroffen, weshalb sein Pferd beständig antrieb, so schnell zu laufen, als würde es fliegen. Schließlich sah er eine große umwallte Stadt vor sich, die dicht bevölkert und bebaut war. Drei Meilen vor der Stadt bemerkte er, dass jemand auf dem Torturm Ausschau hielt. Sobald dieser Dubuxiu wahrnahm, wandte er sich um und rief etwas in die Stadt hinein. Es war der Stadtherr persönlich, der älteste der Mayinchu (Da Mayinchu), der noch fünfzehn jüngere Brüder hatte. Er hatte in der Nacht zuvor geträumt, dass im Osten die Morgensonne aufging und immer höher stieg, dabei leuchteten ihre Strahlen für die Menschen. Er rief einmal „Es sei!" und schreckte dann hoch. Am folgenden Tag versammelte er seine Brüder, damit sie ihm diesen Traum deuteten: Einige waren der Meinung, dass er glückverheißend sei, andere, dass er Unheil verkünde. Schließlich sprach der jüngste Mayinchu (Xiao Mayinchu): „Dieser Traum verheißt Gutes! Er kündet die Ankunft einer vornehmen Person an. Da sich in dem Traume die glückverheißenden Strahlen nach allen Seiten hin ausbreiten, bedeutet das für unsere Familie großen Vorteil. Dieser Vornehme wird von Osten her kommen: Falls heute ein Reisender aus östlicher Richtung kommt – wer immer dies auch sein wird –, so soll er ohne Ansehen der Person mit den höchsten Ehren empfangen werden!" An diesem Tage war der älteste Mayin höchstpersönlich auf den Torturm gestiegen, aber obwohl er nach allen Seiten hin Ausschau hielt, konnte er niemanden sehen. Erst als es bereits auf Mittag zuging, sah er im Osten einen Reiter auftauchen, der einem Wirbelwind gleich herangesprengt kam. Da drehte er sich um und rief der Menge zu: „Im Osten ist ein Reiter aufgetaucht, der sich schnell wie der Wind nähert. Vor einigen Tagen habe ich gehört, dass Dubuxiu hierher kommen werde. Dieser Reiter ist sehr wahrscheinlich Dubuxiu. Meine Brüder sollen ihm mit einer Sänfte entgegengehen und ihn willkommen heißen."

Als die Mayinchu die Worte ihres ältesten Bruders vernahmen, wagten sie nicht, säumig zu sein. Sie nahmen eine Sänfte für acht Träger auf und gingen Dubuxiu entgegen. Nach etwa zwei Meilen trafen sie mit Dubuxiu zusammen. Sie musterten ihn von oben bis unten und als sie feststellten, dass er gut gewachsen und sehr energisch war, sprachen sie zu ihm: „Unser ältester Bruder hat uns damit beauftragt, dich willkommen zu heißen. Da er in Sorge ist, dass der *Mo'rgen*, der tausend Meilen weit gereist ist, von der Reise müde ist, bietet er dir zum Empfang diese Sänfte an." Mit diesen Worten setzten sie die Sänfte vor Dubuxiu ab. Dubuxiu stieg vom Pferd und sprach: „Ich bin hierher geritten und keineswegs müde. Ich danke vielmals Eurem ältesten Bruder sowie Eurer guten

Absicht." Die Mayinchu luden ihn immer wieder ein, in der Sänfte Platz zu nehmen, so dass Dubuxiu nicht länger ablehnen konnte, und in die Sänfte steigen musste. Dann wurde Dubuxiu von den Brüdern auf direktem Weg zum Stadttor getragen, wo ihn der älteste Mayinchu willkommen hieß. Dubuxiu stieg aus der Sänfte, die Beiden begrüßten sich höflich und gingen Hand in Hand in die Stadt. In der Residenz setzten sie sich auf die ihnen bestimmten Plätze und unterhielten sich. Dubuxiu verstand sich gut mit dem ältesten Mayinchu und es gab nichts unter dem Himmel, worüber sie sich nicht unterhalten hätten. Währenddessen wurde ein Festmahl aufgetragen und ihre freundschaftlichen Gefühle waren stark und tief. Die Brüder saßen auf zwei Tische verteilt und tranken Branntwein. Dabei sprach Dubuxiu zu dem ältesten Mayinchu: „Nach meinem Aufbruch habe ich unterwegs erfahren, dass der verehrte Freund eine befehlende jüngere Schwester hat, die noch nicht versprochen ist. Sie wünsche keine Verlobungsgeschenke, sondern man müsse sich im Wettkampf messen. Erst mit einem hervorragenden Kämpfer sei sie gewillt, die vom Himmel bestimmte Ehe zu schließen. Ist das wahr? Meine jetzigen Gemahlinnen sind schlappe Geschöpfe; falls es stimmt, was ich gehört habe, würde ich gerne einen Versuch wagen." Der älteste Mayinchu sprach: „Es ist tatsächlich so. Falls unser Freund diese Absicht hegt, so ist es jederzeit möglich, im Hof einen Wettkampf zu veranstalten. Falls es dir gelingt, meinen jüngeren Bruder Fuyanggu dreimal zu Fall zu bringen, in den Nordbergen ein Wildschwein und im Fluß zwei lebende goldene Fische zu fangen, soll dir meine jüngere Schwester versprochen sein. Ich werde mein Wort halten!" Nachdem Dubuxiu die Wettkampfbestimmungen vernommen hatte, trennten sie sich und begaben sich zur Ruhe.

Nachdem Dubuxiu am folgenden Tag aufgestanden war und gefrühstückt hatte, nahm er Fuyanggu bei der Hand und ging mit ihm in den Hof, wo sie ihre Kräfte im Ringkampf maßen. Dubuxiu war Fuyanggu ein ebenbürtiger Gegner, keiner schenkte dem anderen etwas, aber zu guter Letzt siegte Dubuxiu. Anschließend führte Fuyanggu ihn in die Nordberge und zeigte ihm, wo sich die Wildschweine aufhielten. Tatsächlich erblickte Dubuxiu dort ein Wildschwein und näherte sich ihm vorsichtig. Das Wildschwein schlief weiter und merkte nicht, dass sich jemand anschlich, um es zu fangen. Dubuxiu stürzte sich auf das Tier, packte es an den Ohren, sprang auf seinen Rücken und schlug mit einem Holzknüppel auf das Wildschwein ein. Er prügelte es derart, dass es nicht länger wagte, wild um sich zu beißen oder sich zu bewegen und zu wälzen. Er führte das Schwein an einem Strick in die Stadt und band es im Hof an. Die Einwohner der Stadt strömten herbei, um dieses Wildschwein zu sehen; eine unübersehbare Menge versammelte sich und es herrschte geschäftiges Treiben. Dubuxiu überlegte: ‚Wie soll ich die beiden goldenen Fische fangen?' Er verließ das Anwesen und ging mit gesenktem Kopf zum Fluss. Als er so in Gedanken versunken und unschlüssig war, tauchte aus dem Fluß ein Mädchen auf, die einem Drachenmädchen glich. Es sprach zu ihm: „Mein Gemahl Dubuxiu, deine jüngere Schwester und ich haben gemeinsam im Fluß nach den goldenen Fischen gesucht und sie auch schon gefangen. Kehre schnell in die Stadt zurück, fülle einen Topf mit Wasser und stelle ihn in den Hof: Dann werden die Fische aus dem Inneren des Topfes heraushüpfen." Das Drachenmädchen war seine Gattin Zikeni *Dedou*. Er eilte in die Stadt zurück, und als die Mayinchu ihn mit leeren Händen zurückkommen sahen, waren sie enttäuscht. Dubuxiu aber trat zu der Wassertonne und schöpfte einen Topf Wasser, den er inmitten des Hofes absetzte. Alle, die dem geschäftigen Treiben zusahen, fragten sich, wie er so zwei goldene Fische lebend fangen wolle? Aber während sie noch gafften, schoss das Wasser im Topf mehr als einen Klafter in die Höhe, ganz so, als würde es von einem Wal emporgeblasen, worauf die beiden goldenen Fische aus dem Topf sprangen und auf den Boden fielen. Die Zuschauer jubelten ihm einmütig zu und spendeten tosenden Beifall; alle waren der Meinung, dass die Götter gar nicht anders könnten, als einem Held zu helfen! Dubuxiu eilte zu dem Topf, nahm die goldenen Fische und brachte sie ins Haus.

An der Tür traf er ein Mädchen, das etwa siebzehn bis achtzehn Jahre alt war und von zwei Zofen begleitet wurde. Das Mädchen war von anmutiger Gestalt, der Wohlgeruch, der von ihm ausging, betörte jedermann. Dies war Narihuoni *Dedou*, die jüngere Schwester der Mayinchu. Sie hatte im Haus die Zofen erzählen hören, dass ein gewisser Dubuxiu bereits alle Wettkämpfe bestanden, und der Groß*han* ihm die Prinzessin versprochen habe. Als Naridani [wohl Fehlschreibung für Narihuoni] dies hörte, errötete sie bis über beide Ohren und sprach: „Ihr jungen Dinger solltet nicht so viel tratschen und dummes Zeug erzählen!" Die Dienerinnen kicherten, sagten aber nichts mehr. Sie ging mit ihren Zofen zum vorderen Hof und hatte gerade die Tür erreicht, als sie auf Dubuxiu traf, der zwei lebende, goldfarbene Karpfen in Händen hielt und das Haus betreten wollte. Als Narihuoni aufblickte, sah sie einen dreiundzwanzig- bis vierundzwanzigjährigen, schmucken Jüngling von mittlerer Statur und anmutigem Wuchs vor sich, und ihr Herzen wurde von heftigem Verlangen gepackt. Insgeheim dachte sie, dass der ältere Bruder trefflich geurteilt und ohne Zweifel besonnen und umsichtig gewählt hatte und sie nunmehr ihr ganzes Leben lang eine Stütze hatten. Beide wichen nach dieser Begegnung zur Seite aus [und gingen weiter], aber Narihuoni mußte ständig an den Jüngling denken. Dubuxiu brachte die Fische zu dem ältesten Mayinchu, der zu ihm sprach: „Du hast dich wahrhaftig als würdig erwiesen, der Gemahl meiner jüngeren Schwester zu sein!" Die Mayinchu-Brüder bejubelten ihn ohne Ende. Branntwein und Zukost wurden aufgetragen, sie setzten sich und tranken und plauderten ausgiebig. Während dieses Gastmahls wurde beschlossen, dass die Hochzeit am folgenden Tage stattfinden sollte. Die drei Gemahlinnen des Dubuxiu waren vollzählig gekommen und als sie einander den Vortritt anbietend am hinteren Hof ankamen, kam Narihuoni höchstpersönlich heraus, um ihre Gäste willkommen zu heißen und lud sie zu einem Gastmahl ein[22]. Manche der Frauen konnten Branntwein trinken, manche nicht. Sie tranken und plauderten und waren fröhlich und ausgelassen und erst als es Abend wurde, wurde die Runde aufgehoben. Die Nacht sollten die Frauen im Gemach der Prinzessin verbringen. Lachend sprach Zikeni zu Narihuoni: „Heute ist ein glückverheißender Tag und es ist Hochzeitstag, lass uns beide nunmehr das Brautgemach betreten!" Auch Narihuoni lachte und antwortete: „Dann mußt du aber meine Frau sein!" Alle klatschten in die Hände und brachen in großes Gelächter aus.

Am folgenden Tag standen sie sehr früh auf. Nachdem die Diener den Rauchopferaltar sowie die für die Hochzeit nötigen Dinge vorbereitet hatten, wurde die Zeremonie des Begrüßens und der Vermählung für die Mittagsstunde angesetzt. Gegen Mittag befahl der älteste Mayinchu seinen Dienern, die Prinzessin in den vorderen Hof zu holen. Bald darauf kam Narihuoni, von zwei Zofen gestützt und Hand in Hand mit Duruhuni und Zikexiu, in den Hof, wo Dubuxiu sie schon erwartete. Der älteste Mayinchu ließ Braut und Bräutigam sich jeweils auf einer Seite aufstellen und betete dann zu den göttlichen Wesen im Himmel und auf Erden. Auf seinen Befehl hin verneigten sich die Brautleute gemeinsam vor der *Huatang*[23] sowie vor den Ahnen und dem Herdgott. Das Vermächtnis der Ahnen wurde verlesen und damit waren die Hochzeitszeremonien beendet. Die Frauen begaben sich zu dem für sie bestimmten Festmahl in den hinteren Hof, für die Männer war in der vorderen Halle aufgetischt. Aus der Stadt hatte man drei oder vier *Bayan Mafa*[24], über zwanzig weibliche Gäste, sowie die fünfzig bis sechzig *Mukun Da*[25] als Festgäste geladen, so dass es ein rauschendes Fest wurde. **(7)** Als es Abend wurde, war ein großer Teil der Gäste bereits aufgebrochen. Wer von weither gekommen war, blieb die Nacht über in der Gästehalle, um am

---

22 Es geht aus dem Text nicht hervor, ob sie an dem beschriebenen Gastmahl der Männer teilnehmen, oder ob es sich um ein Gastmahl handelt, das getrennt von dem der Männer für die Frauen gegeben wird. Vermutlich ist letzteres der Fall: Vgl. auch unten die getrennten Bankette nach der Hochzeitszeremonie.

23 Unklar, welche Bedeutung der Ausdruck an dieser Stelle hat. Nach *Zhongwen da cidian* Bd. 7, S. 1588, bezeichnet *huatang* (華堂) eine prachtvolle Empfangshalle.

24 Hezhe: *Bajā mafa* (S. 680) [Mandschu: Bayan Mafa]. *Bayan* bedeutet „reich", *mafa* „Ahn", „Großvater". *Bayan Mafa* heißt also „alter, reicher Mann" (S. 378, Anm. 1) (OA).

25 Hezhe: *mɔk'un ta* (S. 679) [Mandschu: mukûn-i da]. *Mukun* heißt „Familie, Sippe", *da* „Vorsteher"; *Mukun Da* ist der Vorsteher einer Sippe (S. 378, Anm. 2) (OA).

folgenden Tage heimzukehren. Der Palast der Mayinchu mit seinen zweistöckigen Gebäuden war in raffinierter Weise verwinkelt und man konnte darin leicht
seinen Weg verlieren.[26] Der älteste Mayinchu befahl einer Dienerin den Schwager
zu dem Schlafgemach der Prinzessin im hinteren Hof zu bringen. Als ihr
Bräutigam eintrat, erhob sich Narihuoni und ließ ihn auf dem *Kang* Platz nehmen.
Sie stopfte ihm eine Pfeife und schenkte ihm Tee ein, worauf Dubuxiu zu seiner
Braut sagte: „Ich habe wegen dir sehr große Mühen auf mich genommen und
hatte es nicht einfach." Die Beiden unterhielten sich angeregt und heiter, streiften
dann ihre Kleider ab und stiegen auf den *Kang*. Am folgenden Tage kamen die
Hauptfrau, die zweite und die dritte Gattin [des Dubuxiu], um ihnen Glück zu
wünschen; auch Duruhuni, seine jüngere Schwester, gesellte sich zu ihnen. Die
Frauen frühstückten gemeinsam in dem Gemach, während Dubuxiu dies in der
Gasthalle tat.

Nach drei oder vier Tagen wollte Dubuxiu aufbrechen. Die Mayinchu sagten:
„Wenn der Mann unserer jüngeren Schwester auf einen gefährlichen Gegner
trifft, so kann er uns rufen. Wir werden deinem Ruf sofort Folge leisten und dir
ohne Zögern zu Hilfe eilen." Nach diesen Worten verabschiedeten sie sich durch
Handschlag. Dubuxiu stieg auf sein Pferd und ritt in westlicher Richtung davon.
Nach über hundert Meilen wurde es Nacht, ohne dass er auf Menschen getroffen
wäre. Und selbst als er bis Tagesanbruch weiterritt, begegnete er niemandem. Der
älteste Mayinchu hatte ihm bei seinem Aufbruch erzählt, dass die nächste Stadt
in westlicher Richtung die des Tazihao *Han* sei. Außerdem gebe es noch eine
befestigte Stadt, deren Herren die drei Brüder Kuoluoguru *Han*, Kuonuoru *Han*
und Kuoliangru *Han* seien. In beiden Städten würden zur Zeit Recken aus allen
Teilen des Landes zusammengezogen, da die Stadtherren zum Kampf [gegen
Dubuxiu] rüsteten. Dubuxiu hatte vernommen, dass der Tazihao *Han* eine
jüngere Schwester namens Tazihani hatte, die eine außergewöhnliche und
gefährliche Kämpferin sei. Sie sei zudem Meisterin des „Kunstgriffs des gelben
Rauches" (*huangyanshu*): wer diesen Rauch einatme, dessen Sinne verwirrten sich!
(8) Tazihao *Han* hatte erfahren, dass Dubuxiu in Kürze kommen werde. Er lud
daher die Helden und Recken seines Reiches, hundert Generäle und fünfzig
weibliche Generäle ein, und rüstete zur Entscheidungsschlacht. Seine jüngere
Schwester Tazihani überlegte ein Weilchen und hatte sich dann einen brauch-
baren Plan zurechtgelegt. Sie sprach: „Ich hätte einen Vorschlag, aber vielleicht
werde ich, wenn ich ihn in die Tat umsetze, Kritik und Spott ernten. Wenn wir
Dubuxiu töten wollen, so sollten wir am besten eine schöne Frau einsetzen, die
ihn überlistet." „Jüngere Schwester, niemand wird über dich spotten!" antwortete

---

26 Evtl. Anklänge an ein Labyrinth-Motiv?

Tazihao *Han*. „Warum solltest du Hohn und Spott zu fürchten haben, wenn es dir gelingt, Dubuxiu zu töten? Beeile dich, deinen Plan in die Tat umzusetzen!" Nachdem seine jüngere Schwester sich für diesen Trick entschieden hatte, erhielt sie den Auftrag, nach Osten zu gehen und Dubuxiu zu empfangen. Sie zeichnete ein kleines Haus auf die Erde, blies einmal darauf und schon stand an Ort und Stelle ein richtiges Häuschen, in dem Tazihani den Dubuxiu erwartete.

Dubuxiu war den ganzen Tag geritten. Gegen Abend entdeckte er vor sich ein kleines Haus und als es erreichte, trat eine wunderschöne und prächtig gekleidete *Dedou* heraus. Sie kam heraus und sprach ihn an: „*Mo'rgen*, woher kommst du? Wo willst du übernachten?" Dubuxiu antwortete ihr: „Da es sonst keine Unterkunft gibt, hoffe ich darauf, dass die *Dedou* mich für eine Nacht aufnimmt!" Tazihani sagte: „Wenn du nicht weißt, wo du die Nacht verbringen sollst, dann bleibe hier!" Sie erkundigte sich nach seinem Namen, und als sie erfuhr, dass er Dubuxiu hieß, bewirtete sie ihn zum Schein zuvorkommend und ehrerbietig. Die *Dedou* bereitete ihm Essen zu und forderte ihn auf, Branntwein zu trinken. Dubuxiu durchschaute nicht ihre wahren Absichten und begehrte sie insgeheim. Als es Nacht wurde, breitete das Mädchen auf dem Südteil des *Kang* das Bettzeug aus und ließ Dubuxiu dort schlafen. Dubuxiu legte seine Kleider ab, zog seine ledernen Schuhe aus und legte sich auf das Bettzeug. Tazihani breitete ihre Decken an seiner Seite aus und legte sich dicht neben ihn, wobei sie mit Absicht recht zutraulich zu ihm war. Sie öffnete eine Truhe und entnahm ihr eine Rolle gelben Tabaks und bot Dubuxiu zu rauchen an. Arglos nahm er die Pfeife entgegen und rauchte sie. Bereits nach einigen wenigen Zügen wurde ihm schwindlig, Haus und Zimmer drehten sich und er fiel in tiefe Ohnmacht. Das Mädchen aber suchte seine Sachen zusammen und schlich fort.

Dieser gelbe Tabak stammte aus dem Besitz übernatürlicher Wesen (*shenren*); Tazihani hatte dieses Wundermittel bekommen, als sie sich in den Bergen im *Dao* übte. Nachdem Dubuxiu von dem gelben Tabak geraucht hatte, wurde er bewußtlos und kam erst nach sehr langer Zeit wieder zu sich. Vor seinen Augen drehte sich alles, in seinen Ohren rauschte es und in seinem Herzen brannte es wie Feuer. Dieses Brennen war kaum auszuhalten. Das Mädchen und das Haus waren verschwunden. Seine jüngere Schwester und seine Hauptfrau kamen zu ihm, und als sie bemerkten, wie verwirrt seine Sinne waren, versuchten sie ihn mit Hilfe ihrer Zauberkünste (*shenfa*) zu heilen. Da dies alles keine Wirkung zeigte, knieten sie nieder und flehten die Ahnin an, zu kommen und Dubuxiu zu behandeln. Schon nach kurzer Zeit ließ sich diese aus den Wolken herab und Duruhuni sprach zu ihr: „Wieder hat der *Age* von dem giftigem Kraut, das ihm jemand gegeben hat, gegessen; seine Krankheit ist sehr ernst. Lao Taitai[27], prüft doch, auf welche Weise er geheilt werden kann!" Die Ahnin war zornig: „Der Mordplan konnte nur gelingen, weil dieser junge Tunichtgut einfach nicht aufpasst! Aber auch ihr seid nicht viel besser, denn auch ihr gebt nicht von vornherein Acht und trefft Vorkehrungen!" Nachdem sie ihrem Ärger ordentlich Luft gemacht hatte, trat Ziregeni *Mama* ins Haus und sah, dass ihr Enkel durch die Wirkung der Droge so verbrannt war, dass sogar sein Mund bereits zerstört war. Sie knüpfte ihr Bündel mit Medizinen auf, holte Wunderheilmittel und Lebenselixiere heraus, übergoss sie mit kochendem Wasser und flößte dann dem Dubuxiu davon ein. Kurz darauf heulte Dubuxiu auf: „Oh weh! Ich verbrenne!" Er schlug die Augen auf, und als er seine Ahnin an seiner Seite sitzen sah, sprach er zu ihr: „Lao Taitai, wenn du nicht rechtzeitig gekommen wärst, wäre es um mich geschehen gewesen!" Die Ahnin behandelte ihn fünf oder sechs Tage lang mit der Wunderdroge, worauf sich sein Zustand allmählich besserte. Die *Mama* sprach daraufhin zu ihm: „Morgen kannst du in die Stadt des Tazihao *Han* gehen und die Lage auskundschaften. Dort ist man überzeugt, dass dich seine jüngere Schwester vergiftet hat. Ich werde zusammen mit deinen Frauen und meiner Enkelin den Ort angreifen, du aber gehe zuerst und finde heraus, ob die versammelten Recken noch dort sind oder nicht? Hier ist das ‚die Seelen einsammelnde Tuch' (*shouhunpa*); es wird [, wenn die Recken noch dort versammelt sind,] ihre Seelen einsammeln und ihnen mühelos den Garaus machen." Mit diesen Worten reichte sie Dubuxiu ein Tuch, der über diesen kostbaren Gegenstand höchst erfreut war. Am folgenden Tag barg er das Tuch an seiner Brust, schwang sich aufs Pferd und ritt zu der Stadt des Tazihao *Han*. Im Osten der Stadt angekommen, saß er ab und ging zu Fuß in die Stadt. Bevor er die Residenz des *Han* betrat, verwandelte er sich in einen alten Mann.

(9) Die Heerführer, die Tazihao *Han* zu sich gebeten hatte, waren ausnahmslos der Meinung, dass Dubuxiu von der jüngeren Schwester des Tazihao *Han* durch eine List getötet worden war und es keine Rettung mehr für ihn gab, weshalb sie sehr beruhigt waren. Sie wohnten gerade Schamanentänzen (*tiaoshen*) und der Wahrsagung aus dem Rauch von Räucherwerk (*kanxiang*) bei, als Dubuxiu in Gestalt eines alten Mannes in den Palast des *Han* schlich und sich unter die Menge mischte. Niemand erkannte ihn. Dubuxiu empfahl sich höchstpersönlich dem Stadtherrn, für ihn aus dem Räucherwerk wahrzusagen. Dabei gab er vor, dass Dubuxiu verstorben sei, aber seine Ahnin Ziregeni *Mama* und seine vier Frauen vermutlich in den folgenden Tagen die Stadt angreifen würden. Tazihao *Han* trat aus dem Innern des Gebäudes und fragte nach: „Ist Dubuxiu wirklich

---

27 老太太 Im Chinesischen ehrenvolle Anrede für eine alte Dame.

tot oder nicht?" Der alte Mann antwortete: „Nachdem Dubuxiu von dem giftigen Kraut genossen hatte, ist er verbrannt und verstorben." Dies aber war für Dubuxiu die Gelegenheit, das Seelensammlertuch einzusetzen: Er sprach einen Zauberspruch, den ihm seine Ahnin beigebracht hatte, und bannte die Seelen des Tazihao *Han* und seiner Heerführer in dieses Tuch. Sogleich blieben der *Han* und seine Leute reglos stehen und stürzten hintüber zu Boden, taten ihren letzten Atemzug und starben. Dubuxiu ging nach draußen und nahm im Handumdrehen wieder seine ursprüngliche Gestalt an. In diesem Augenblick sah er vom hinteren Hofe her zwei oder drei *Kuoli* kommen, die ihn aus der Luft beschimpften: „Durch deine finsteren Ränke hat unser älterer Bruder sein Leben verloren! Wie könnten wir mit dir zur gleichen Zeit unter einem Himmel leben!" Die *Kuoli* stießen auf Dubuxiu herab, aber plötzlich kam unter dessen Füßen ein *Kuoli* hervor, der sich auf die *Kuoli* in der Luft stürzte. Sie bildeten ein Knäuel und flogen in nördlicher Richtung fort. Dubuxiu rief die Dorfschulzen zusammen, und befahl ihnen, 360 große Schiffe zu bauen, damit sie bei seiner Rückkehr bereitlagen.

Als nächstes begab er sich zu der Stadt der drei Brüder Kuoluoguru, Kuonuoru und Kuoliangru. Sie hatten gleichfalls Helden und Recken zusammengezogen, und da diese in der Stadt nicht unterkommen konnten, hatten sie vor den Mauern ihre Stoffzelte aufgeschlagen. Vor der Stadt angekommen, forderte sie Dubuxiu zum Kampfe, aber jeder der geforderten Recken zauderte und trat nicht vor. Da blieb Kuoluoguru nichts anderes übrig, als selbst vor die Stadt zu kommen und sich zum Kampf zu stellen. Wieder setzte Dubuxiu das Seelensammlertuch ein und sprach seinen Zauberspruch: Kuoluoguru blieb reglos stehen, stürzte rücklings zu Boden und hauchte sein Leben aus. Auch Kuonuoru und Kuoliangru, die gemeinsam vor die Stadt kamen, um gegen ihn anzutreten, verloren auf diese Weise ihr Leben. Die angeworbenen Recken aber zogen ab. Dubuxiu begab sich in die Stadt und befahl den Zivil- und Militärbeamten Schiffe zu bauen, um das Volk zu seiner eigenen Stadt zu bringen. Als er sich den Palast angesehen hatte, kam er zu einem einsamen Gebäude und es klang, als würden darin Leder geklopft und Seile gedreht. Er trat ein und erblickte einen alten Mann, der Seile drehte, sowie ein altes Mütterchen, das Häute klopfte. Die beiden Alten taten ihm von Herzen leid. Er fragte den Greis: „Welche Schuld habt ihr auf euch geladen, dass ihr hier den ganzen Tag lang so arbeiten müsst?" Der Alte antwortete ihm: „Ich wurde von den Feinden besiegt und als Gefangener hierher gebracht; nun habe ich die Bitternis der Welt bis zur Neige ausgekostet. Mein Sohn Dubuxiu ist schon vor über zehn Jahren vom Sungari aus aufgebrochen, aber er ist noch immer nicht angekommen." Durch diese Erzählung des alten Mannes erfuhr Dubuxiu, dass die beiden alten Leute seine Eltern waren. Er kniete nieder und machte Kotau, worauf auch den beiden Alten klar wurde, dass ihr Sohn gekommen war. Sie waren außer sich vor Freude. Dubuxiu nahm ihnen ihre Fesseln ab und veranlasste, dass sie sich im Palast etwas erholten. Bald danach kamen auch seine Gemahlinnen und begrüßten zerimoniell die Schwiegereltern. Ihre Ahnin brach unwillkürlich in Tränen aus, als sie sie bei ihrer Ankunft sah. Die glücklich wieder vereinte Familie hatte sich viel zu erzählen. Einen Monat später lagen die Schiffe bereit, und Dubuxiu kehrte zusammen mit seiner Familie und den Einwohnern der einzelnen Städte auf dem Sungari in die Heimat zurück.

5. Muduli[1]

(1) Einst stand auf dem Südufer des Sungari eine Stadt namens Hongjiang *Huotong*[2]. Im Westen der Stadt machte ein Fluß einen Bogen, floss an der Stadtmauer entlang und mündete in den Sungari. In der Stadt gab es zahlreiche Gebäude, aber niemand wohnte in ihnen. Diese Stadt war zirka zwanzig Jahre zuvor von ihrem Stadtherr Muhada *Han* erbaut worden. Sie hatte an die zweihunderttausend Einwohner gehabt und ihre Macht und ihr Ansehen ließ die vier Himmelsrichtungen erzittern. Als er alt geworden war, wurde der Stadtherr von seinen Erbfeinden, den Brüdern Cikexiu, Cikeniu und Cikeqiu, gefangengenommen und getötet. Und obwohl ihn seine Schamanengeister (*saman shen*) wiederbelebten, wurde er schließlich von den Brüdern in eine eiserne Truhe gesteckt und im Fluss versenkt. Seine Frau wurde verschleppt und zur *Suruku*[3] gemacht.

Als Cha'rbani *Dedou* verschleppt wurde, ließ sie einen Sohn und eine Tochter zurück: Der Sohn hieß Muduli *Mo'rgen*, die Tochter Muketeni *Dedou*. Muduli hatte sich nach seiner Geburt verwandelt und in einem Herzspiegel (*Miaowulikan Tuoli*)[4] verborgen. Bevor seine Mutter verschleppt worden war, hatte sie diesen Herzspiegel an einen Pfosten der Westwand gehängt. Muketeni aber hatte sich bei der Erstürmung der Stadt im Herd*kang* versteckt und entging nur so der Verschleppung. Sie kroch erst wieder hervor, nachdem der Feind abgezogen war und weinte bitterlich, als sie das Haus einsam und verlassen fand.

Damals war Muketeni an die dreizehn bis vierzehn Jahre alt und außergewöhnlich schön. Anfänglich lebte sie von dem zurückgebliebenen Reis und Fleisch, aber nach einigen Jahren war alles aufgebraucht. Es blieb ihr daher nichts anderes übrig, als sich Pfeil und Bogen anzufertigen und in den Bergen auf die Jagd zu gehen. In ihrer freien Zeit fertigte sie Nadelarbeiten an.

Im Frühjahr ihres siebzehnten Lebensjahres saß sie eines Tages schwermütig zu Hause. Plötzlich hörte sie draußen Schritte näherkommen und ein acht Fuß

---

1 Hezhe: *mɔduri* (S. 679) [Mandschu: muduri]: Drache; hier ein Personenname (S. 294, Anm. 3; S. 382, Anm. 1) (OA).

2 Stadt Hongjiang 洪江. Fünfzehn Meilen westlich der Kreisstadt Tongjiang in Jilin, befinden sich die Reste einer ehemaligen Stadt: Sehr wahrscheinlich handelt es sich dabei um diese Ansiedlung (S. 382, Anm. 2) (OA).

3 Hezhe: *suruk'u*: Zofe (S. 382, Anm. 6) (OA).

4 Hezhe: *miaulik'ɛ t'ɔri* [S.382; S. 688]: *miaowu* bedeutet „Herz", *tuoli* [Mandschu: toli] „Spiegel"; *likan* ist die Wortendung. *Miaowulikan Tuoli* bedeutet also Herzspiegel [Herzschutzspiegel]. Wenn der Schamane schamanisiert, trägt er seine Schamanentracht und auf Brust und Rücken je einen Bronzespiegel, von denen der wichtigste der Herzspiegel ist (S. 382, Anm. 10) (OA).

großer Jüngling trat ein. Als er Muketeni erblickte, trat er vor sie hin und begann
mit ihr zu plaudern. Darüber war Muketeni insgeheim recht verärgert; sie tadelte
ihn mehrmals, aber der Jüngling dachte gar nicht daran, sich zurückzuziehen und
das Haus zu verlassen, sondern wurde zudringlich und belästigte sie, indem er
behauptete: „Ich bin nur wegen dir mit meinem Boot hierhergekommen." Er
streckte seine Arme nach ihr aus, packte sie und zerrte sie nach draußen. Die
Dedou wehrte sich verzweifelt und war nicht bereit, ihm zu folgen. Unter Tränen
rief sie: „Welch trauriges Los habe ich doch! Ich habe weder Eltern noch Brüder
und nur deshalb muß ich solche Schmach ertragen. Hätte ich einen Bruder, so
würde der bestimmt nicht tatenlos zuzusehen!" Sie hatte noch nicht zu Ende
gesprochen, da kam plötzlich von dem Wandpfosten her der Bronzespiegel
geflogen und prallte gegen die Brust des Jünglings, der dadurch rückwärts zu
Boden geschleudert wurde und besinnungslos liegenblieb. Und aus dem Spiegel
sprang unversehens ein Jüngling: Es war niemand anderer als Muduli! Er sprach
zu seiner älteren Schwester: „Fürchte dich nicht, *Gege*[5], ich, dein jüngerer Bruder,
werde ihn töten!" Während er dies sagte, kam der Fremde wieder zu sich und
Muduli begann mit ihm zu kämpfen; es dauerte nicht lange, dann hatte er ihn
erschlagen.

Jener Jüngling war der Neffe des Cikexiu, des Erbfeindes des Muduli; sein
Name war Kete *Han*. Er hatte Cikexiu davon erzählen hören, welch eine Schönheit Muketeni war. Aber leider war sie entkommen! Kete *Han* litt dadurch so sehr,
dass er beständig an sie denken musste und deshalb eines Tages den Befehl gab,
ein *Jila*-Boot[6] von etwa drei Klaftern Länge und sechs Fuß Breite zu bauen. Im
Bug befanden sich acht Paar Ruder mit denen sechzehn Mann das Boot ruderten,
im Heck hielt ein Mann das Steuer. Das Boot bewegte sich pfeilschnell auf dem
Wasser. Mit siebzehn oder achtzehn Mann Begleitung folgte er dem Fluss nach
Osten und erreichte nach wenigen Tagen die Stadt Hongjiang. Als er Muketeni
sah, verliebte er sich bis über beide Ohren in sie. Wider Erwarten aber war sie
nicht bereit, ihm zu folgen und beschimpfte ihn, weshalb er sie zwingen wollte,
mit ihm zu kommen. Mudulis Schamanengeister drängten ihn, dass es nun an der
Zeit sei, aus dem Bronzespiegel hervorzukommen und seiner älteren Schwester
beizustehen. Außer sich vor Wut sprang Muduli sogleich heraus, erschlug den
Kete *Han* und unterwarf sich dessen Begleiter.

---

5   Hezhe: *kəkə* (S. 689) [Mandschu: gege]: Ältere Schwester; auch Anrede für nicht verheiratete
     Mädchen: Fräulein (S. 295, Anm. 1; S. 383) (OA).

6   *Jila*, Hezhe: *gila* (S. 682), ist eigentlich ein im Wasser lebendes Kriechtier (oder: Insekt, *chong* 蟲)
     mit vier Beinen, das sehr schnell schwimmen kann. Wenn dieser Name hier zum Namen eines
     Bootes wird, so deshalb, weil dieser Bootstyp äußerst schnell ist und auf diese Weise dem *Jila*
     gleicht (S. 383, Anm. 2) (OA).

(2) Muduli blieb einen oder zwei Tage zu Hause und brach dann in dem *Jila*-Boot in Richtung Sanjiangkou [„Drei-Flüsse-Mündung"] auf. Dort angekommen, schwenkte er in den Sahalin [Amur] ein und fuhr in westlicher Richtung den Fluss hinauf. Nach einigen Tagen erreichte er die Stadt Toushen (Toushen *Huotong*), deren Stadtherren die sieben, von derselben Mutter geborenen Mayin[7] waren. Der Jüngste von ihnen hinkte auf einem Bein, verfügte aber über außergewöhnliche Fähigkeiten. Er hatte eine jüngere Schwester namens Nalihuoni *Dedou*, deren magische Fähigkeiten ebenfalls gewaltig waren. Der älteste Mayin hatte in jener Nacht geträumt, dass an den Ufern des Sahalin heftige Brände wüteten, die sich nach Westen ausdehnten und immer heftiger wurden, je länger das Feuer brannte. Er schreckte aus dem Schlaf auf und vermutete, dass am folgenden Tage bestimmt eine vornehme Person kommen werde. Er stand daher in aller Frühe auf und erzählte seinen Brüdern den Traum. Sie besprachen sich einige Zeit und gingen dann auseinander.

Der älteste Mayin stieg auf die Stadtmauer und hielt Ausschau. Gegen Mittag sah er von Osten her ein *Jila*-Boot kommen, das schnell wie der Wind den Fluss heraufkam. Er eilte in die Stadt zurück und befahl dem jüngsten Mayin, Branntwein mitzunehmen und mit dem Volk sofort zum Fluss zu gehen, um die mit dem Boot Kommenden willkommen zu heißen. Der jüngste Mayin tat, wie ihm befohlen, ging zur Stadt hinaus und wartete am Ufer des Flusses die Ankunft des Bootes ab. Er sah es näherkommen und als Muduli dann vor ihm stand, sprach er zu ihm: „Es ist unverzeihlich, dass wir Euch nicht schon früher willkommen geheißen haben!" Muduli erwiderte ebenso höflich: „Ich muss wirklich vielmals um Entschuldigung bitten, weil ich den vielbeschäftigten *Age* so lange habe warten lassen!" Daraufhin sprach der jüngste Mayin: „Meine älteren Brüder erwarten Euch schon seit geraumer Zeit vor dem Stadttor." Muduli und der Mayin begaben sich nun gemeinsam zur Stadt, wo der älteste Mayin mit seinen Brüdern Muduli vor dem Tor willkommen hieß. Nachdem sie sich umarmt hatten[8], luden die Mayin Muduli in die Stadt ein, damit er sich in ihrem Palast ausruhen konnte. Sie ließen ein Festessen auftischen und veranstalteten ihm zu Ehren ein Fest. Nachdem alle ihre Plätze eingenommen hatten, zechten sie froh und unbeschwert.

Muduli hatte zum ersten Mal Branntwein getrunken und da ihm davon ganz heiß geworden war und er ein rotes Gesicht bekommen hatte, trat er nach dem

---

7   Hezhe: *majin*. Eigentlich der Name von Schamanengeistern.

8   Wenn sich in früheren Zeiten zwei Menschen trafen, so umarmten sie einander gewöhnlich zur Begrüßung. Alle die einander zugetan waren, begrüßten sich auf diese Weise (S. 384, Anm. 3) (OA).

Fest vor die Tür, um Kühlung zu suchen. Zufällig blickte er einmal um sich und bemerkte etwa zehn Schritte von ihm entfernt im Nordteil des Anwesens einen *Taketə*[9], von dem soeben gemessenen Schrittes eine *Dedou* herabstieg. Zu ihren Seiten wurde sie von *Suruku* und *Kekechen* gestützt: Ihm schien es, als steige eine Fee (*xiannü*) in die Welt der Sterblichen herab! Gemessenen Schrittes kam sie herbei, und Muduli war von ihrer Erscheinung völlig gebannt. Er blieb regungslos stehen und schien alles um sich herum vergessen zu haben. Da trat der jüngste Mayin aus dem Haus und Muduli fragte ihn: „Wer ist diese *Dedou*?" Der Mayin antwortete: „Dies ist meine jüngere Schwester. Wir sieben Brüder haben noch diese jüngere Schwester: Sie heißt Nalihuoni *Dedou*." Nachdem die Beiden sich noch ein Weilchen unterhalten hatten, gingen sie in den Palast zurück und legten sich schlafen. Am folgenden Morgen luden die Mayin-Brüder Muduli neuerlich zum Branntwein ein. Während des Gelages fragten sie ihn, ob er bereits verheiratet sei? Muduli antwortete: „Ich bin erst wenige Tage von zu Hause fort und hatte noch keine Zeit, mich zu verheiraten?" Da schlug der älteste Mayin vor: „Falls der *Mo'rgen Dou*[10] nicht ablehnt, so möchte ich ihm meine jüngere, noch nicht verheiratete Schwester zur Frau geben dürfen. Wie denkt Ihr darüber?"

(3) Bei diesen Worten errötete Muduli und da er jung und schüchtern war, genierte er sich etwas. Halb abgewandt antwortete er: „Wie könnte ich das Angebot ablehnen, wenn es den älteren Bruder schon nicht stört, dass der jüngere Bruder völlig unbegabt ist!" Er stand auf und verbeugte sich vor den Mayin. Der älteste Mayin bot ihm erneut den Ehrenplatz an und erklärte dann: „Wir sieben Brüder haben schon lange den berühmten Namen des [künftigen] Mannes unserer jüngeren Schwester vernommen und vergangene Nacht habe ich im Traume von Eurer werten Ankunft erfahren. Daher habe ich meinen jüngeren Bruder ans Ufer geschickt, Euch zu erwarten. Ich habe schon früher die Absicht gehabt, Euch meine Schwester zur Frau zu geben." Mit diesen Worten schenkte er einen Becher ein und reichte ihn Muduli, der ihn entgegennahm und leerte. Die sechs übrigen Brüder boten ihm der Reihe nach jeweils einen Becher an und Muduli leerte einen nach dem anderen. Nach einigen Runden Branntwein begann Muduli zu erzählen, dass seine Eltern von Cikexiu und den Seinen als Gefangene fortgeführt worden waren und er sich nunmehr aufgemacht habe, sie zu rächen. Er fragte, ob es möglich sei, die Hochzeit erst nach vollzogener Rache am verhassten Feinde durchzuführen? Der älteste Mayin wiegte den Kopf und

---

9 Hezhe: *tak'ť'a* (S. 691): Turm (S. 384, Anm. 4) (OA).

10 Hezhe: *mərgəŋ dəu* (S. 690) [Mandschu: mergen deo, „tüchtiger Nachgeordneter"]: Höfliche Anrede für einen noch jungen Mann; *Dou* [Mandschu: deo] bedeutet „jüngerer Bruder", „Nachgeordneter" (S. 385, Anm. 1) (OA).

antwortete: „Den Worten unseres Schwagers zufolge wird dies sicherlich sehr lange dauern. Obendrein ist der Weg weit, wer weiß, wann er zurück sein wird. Meiner unmaßgeblichen Meinung nach wäre es besser, die Hochzeit auf übermorgen festzulegen." Die übrigen Mayin stimmten dem zu. Muduli gab zwar vor, dass er eigentlich für einen Aufschub wäre, insgeheim aber konnte er es gar nicht erwarten! Und so freute es ihn natürlich sehr, dass der älteste Mayin zu einer Hochzeit in ein oder zwei Tagen riet. Einstimmig wurde daher beschlossen, die Hochzeit am folgenden Tage abzuhalten.

Die Mägde hörten davon und beeilten sich, Nalihuoni *Dedou* zu verständigen. Nachdem diese eine Weile stumm geblieben war, sprach sie zu den Mägden: „Was für ein Mensch ist er, der in die Haupthalle gekommen ist?" Die Mägde antworteten: „Der Bräutigam ist der hervorragendste Held des Sungari-Stammes[11]. Unter den Stämmen des Südens und Nordens weiß der eine nichts und kennt der andere nichts, weshalb sie davon reden, dass andere Persönlichkeiten wahrhaftig Talent und Schönheit besitzen. Unsere Gebieter aber sind klug, sie haben an dem Bräutigam schon früher Gefallen gefunden und ihm daher das Fräulein versprochen."

Bei diesen Worten der Mägde errötete Nalihuoni bis über beide Ohren und genierte sich sehr. Sie wartete nicht ab, bis jene fertiggesprochen hatten, sondern schimpfte: „Wer hat ihn denn aufgefordert, hierher zu kommen?" Und mit diesen Worten ging sie in ihren Turm zurück.

Am nächsten Morgen stand der jüngste Mayin als erster auf, bereitete die *Chuchuku*[12], die *Gonggele*[13], die Gongs und Trommeln sowie roten Filz und rotes Tuch und anderes mehr vor und stellte im Hof Altar und Räuchergefäße auf. Nachdem er alles ordentlich vorbereitet hatte, wartete er nur mehr darauf, dass seine jüngere Schwester und Muduli sich verheirateten. Bald darauf kam der älteste Mayin mit Muduli, während von der anderen Seite Nalihuoni, gestützt von ihren Dienerinnen, den Hof betrat.

Als Muduli und Nalihuoni nebeneinander vor dem Altar standen und einander verstohlen beäugten, waren die jungen Eheleute insgeheim mehr als zufrieden. Als Leiter der Hochzeitszeremonie rezitierte der älteste Mayin mit lauter Stimme das Gebet an Himmel und Erde, worauf er das Kopfhaar von Braut und Bräutigam miteinander verknüpfte, sich mit ihnen gemeinsam zuerst vor Himmel und Erde, dann vor den Ahnen verbeugte und schließlich die von den Ahnen

---

11 Es kann nicht mit „Stämme am Sungari" übersetzt werden, da nach Sungari nicht *he*, „Fluss", folgt.
12 Hezhe: *ts'uts'uk'u* (S. 685) Horn, Trompete (S. 386, Anm. 1) (OA).
13 Hezhe: *kôkɔjɔ* (S. 678): Ein röhrenförmiges Musikinstrument von der Art der Quer- (*di*) und Längsflöte (*xiao*) (S. 386, Anm. 2) (OA).

hinterlassenen Belehrungen vorlas. Im Anschluss an die Zeremonie veranstalteten die Mayin ein großartiges Fest, zu dem sie aus der Stadt über 20 *Bayan Mafa*[14] einluden. Nachdem man eine Zeitlang gesungen hatte und man in Stimmung gekommen war, wurde es recht lebhaft. Nun war auch die leibliche ältere Schwester des Muduli angekommen und der jüngste Mayin befahl den Mägden, sie zum rückwärtigen Hof zu geleiten, damit sie an dem im Turm aufgetragenen Festmahl teilnehme und reichlich bewirtet werde. Die Festtafel wurde erst aufgehoben, als die Sonne unterging, und die Gäste verabschiedeten sich. Der jüngste Mayin befahl den Mägden, Muduli in das Brautgemach zu geleiten. Als die beiden Brautleute einander gegenüberstanden, erröteten sie sogleich bis über beide Ohren und waren so verschämt, dass sie sich nicht anzusehen wagten und sich lange Zeit regungslos gegenüberstanden. Was geschah, nachdem Nalihuoni ihren Gatten schüchtern aufgefordert hatte, hinter die Bettvorhänge zu kommen, und die beiden einander heiß begehrten, muß nicht ausführlicher erörtert werden! Als sie am folgenden Tage aufgestanden waren und sich gewaschen und gekämmt hatten, kamen die *Bayan Mafa* und luden Muduli und Nalihuoni zum Branntwein ein. So ging es sieben oder acht Tage lang ununterbrochen weiter. Dann aber bereitete Muduli seine Abreise vor. Der älteste Mayin schenkte ihm einen Schimmel, um die Aufbruchsstimmung zu stärken.

(4) Als Muduli den Schimmel bekam, war ihm, als hätte man ihm ein Juwel überreicht: Er ehrte und schätzte ihn über alle Maßen. An jenem Tage gaben die Mayin dem Muduli ein Abschiedsessen und veranstalteten einen Umdrunk. Am folgenden Tag brach Muduli auf und die sieben Mayin-Brüder begleiteten ihn noch mehr als fünf Meilen weit. Nachdem sich Muduli von ihnen verabschiedet hatte, ritt er fort. Nalihuoni, die eine Meisterin in der Magie (*shenfa*) und den Kampfkünsten war, und Muketeni verwandelten sich in *Kuoli* und flogen zusammen fort. Nachdem Muduli drei oder vier Tage lang geritten war, sah er plötzlich zwei Mädchen, die ihn erwarteten. Muduli gab seinem Pferd die Peitsche, und als er nähergekommen war, erkannte er seine Frau und seine ältere Schwester. Letztere sprach zu ihm: „Deine Frau und ich haben Lekewu *Huotong* ausgekundschaftet. Der *Han* von Lekewu hat erfahren, dass wir durch diese Gegend

---

14 Hezhe: *bajà mafa* (S. 680) [Mandschu: bayan mafa]: reicher alter Herr (S. 301, Anm. 4; S. 386, Anm. 3) (OA).

kommen werden und hat seine *Ahong Dou*[15], *Duha*[16] und *Hala Mukun*[17] aufgefordert, uns zu erwarten und mit uns zu kämpfen. Lekewu *Han* und sein leiblicher
jüngerer Brüder Le'rjiwu verfügen über großes Können und auch die zu Hilfe
gerufenen Brüder Kacan[18] und Kabaka sind hervorragende Kämpfer." Muduli
dachte eine Weile mit gesenktem Haupt nach und antwortete dann: „Wer immer
es auch sei, wenn ich angegriffen werde, werde auch ich nicht höflich sein; werde
ich aber mit Anstand behandelt, so werde auch ich mich entsprechend verhalten.
Die *Gege* sollte sich keine Sorgen machen, ihr jüngerer Bruder weiß, was zu tun
ist!" Mit diesen Worten schwang er die Peitsche, galoppierte weiter und ritt einen
Tag und eine Nacht lang ohne sich Ruhe zu gönnen.

Als der Morgen dämmerte, kam er vor Lekewu *Huotong* an. Der *Han* von
Lekewu kam binnen kurzem mit etwa 20 Recken vor die Stadt, da er von
berittenen Kundschaftern erfahren hatte, dass Muduli sich näherte. Als Le'rjiwu
den Muduli erblickte, trat er vor die Reihen und schimpfte mit lauter Stimme:
„Du hündischer Sklave, warum hast du deinen Hintern noch nicht vom Pferd
herabbewegt und dich fesseln lassen!" Bei diesen Worten konnte Muduli vor Wut
nicht mehr an sich halten: er sprang vom Pferd und begann sich mit dem *Han* zu
schlagen. Je länger Muduli kämpfte, desto energischer setzte er nach; wie hätte
Le'rjiwu standhalten können! Völlig überraschend packte Muduli den Gegner bei
den Haaren und riss ihn nach hinten. Le'rjiwu verlor den Halt und stürzte mit
einem Aufschrei rücklings zu Boden. Lekewu *Han* wollte dem Bruder zu Hilfe
eilen, als er sah, dass dieser unterlag, aber Muduli hatte ihn schon erwürgt! Anschließend riss er ihm den Kopf ab und warf diesen dem Lekewu *Han* zu. Der
Han hielt den Kopf seines Bruders in Händen und begann bitterlich zu weinen.

Nun kämpften Kacan und Kabaka mit Muduli, hatten ihm aber schon bald
immer weniger entgegenzusetzen. Dank des Bronzespiegels[19], den er um den
Hals trug, war Muduli äußerst gefährlich: Wie tapfer ein Recke auch immer sein
mochte, er konnte dennoch dessen Schlägen nicht standhalten und die Schmer-

---

15 Hezhe: *ahōdəu̯, ahōdu* (S. 687) [Mandschu: ahûn deo]: *Ahong* bedeutet „älterer Bruder", *Dou*
    „jüngerer Bruder" und *Ahong Dou* bedeutet „Brüder". Aber auch Freunde werden so genannt,
    zum Zeichen dafür, dass man ihnen nahesteht (S. 387, Anm. 1) (OA).

16 Hezhe: *tɔha* (S. 690): Verwandte (S. 387, Anm. 2) (OA).

17 Hezhe: *hala mɔk'un* (S. 688) [Mandschu: hala mukûn]: *Hala* ist „Familienname"; *Mukun* heißt
    „Sippe". Die Bedeutung ist „von gleichem Familiennamen", „von gleicher Sippe" (S. 387,
    Anm. 3) (OA).

18 Die chinesischen Zeichen des Namens können auch als Kashen oder Kacen gelesen werden.

19 Wenn Muduli aß oder Branntwein trank, musste er zuerst dem Bronzespiegel opfern, und
    konnte sich dann erst bedienen, daher war dieser so außerordentlich wirkungsvoll. Wenn
    Muduli Gefahr drohte, war der Spiegel in der Lage, ein bis zwei Mal Laute als Warnung von
    sich zu geben (S. 387, Anm. 4) (OA).

zen kaum ertragen. Auch Kacan und Kabaka fühlten nach einem Schlag des Bronzespiegels in der Herzgegend unerträgliche Schmerzen und da sie erkannten, dass ihr Leben auf dem Spiel stand, knien sie sofort nieder und flehten unter Verbeugungen: „Schone uns, *Ezhen Han Age*[20]! Wir Brüder sind bereit, deine *Aha*[21] zu werden und Dir zu dienen!" Sie machten ununterbrochen Kotau, und weil er mit ihnen Mitleid hatte, verschonte Muduli die Brüder. Sie waren von Herzen froh und gerührt und bedankten sich bei ihm mit folgenden Worten: „Wir sind eine Zeit lang von *Han* Lekewu getäuscht worden und kamen deshalb, um ihm im Kampf beizustehen. Wir werden niemals vergessen, wie gütig der *Ezhen Han*[22] war, als er das Leben der *Aha* geschont hat!" Erst als Muduli ihnen befahl aufzustehen, erhoben sie sich und erwarteten seine Befehle.

(5) Muduli befahl ihnen, den *Han* von Lekewu gefangenzunehmen. Dieser aber war spurlos verschwunden und wie sehr sie auch nach ihm suchten, sie konnten ihn nicht finden. Die übrigen Mannen, die der *Han* gerufen hatte, flohen in Scharen, als sie sahen, dass die Sache verloren war. Nachdem Muduli erfuhren hatte, dass Lekewu entkommen war, befahl er Kacan und Kabaka in die Stadt zu gehen und das Volk zu beruhigen. Alles Volk kam ihm mit den Kindern an der Hand und die Alten stützend entgegen und hieß ihn willkommen. Muduli ordnete an, dass alle zum Palast des *Han* kommen sollten, wobei jeder Haushalt *Duyin Qire Wu'rsi*[23] mitzubringen habe. Dann begab er sich mit Kacan und seinem Bruder in die Stadt und nachdem er sich eine Weile im Palast des *Han* ausgeruht hatte, bestellte er den *Zhushen Zhangjing*[24] zu sich und befahl ihm, am folgenden Morgen etwa 30 Rinder, Schafe und Schweine zu schlachten und sie unter das Volk zu verteilen. Der *Zhushen Zhangjing* nahm den Befehl entgegen und entfernte sich. Bald darauf hörte Muduli vor der Türe die Stimmen von Frauen, die einander den Vortritt anboten: Es waren Nalihuoni und Muketeni. Als Mudulis ältere Schwester eintrat, stand er eilends auf und hieß sie willkommen. Nalihuoni

---

20 Hezhe: ʒɪʃ̌ən han akʒ (S. 693) [Mandschu: ejen han age]: *Ezhen* bedeutet „Herr", „Gebieter"; *Han* bedeutet „König", „Herrscher" und *Age* „älterer Bruder". Werden diese drei Formen gleichzeitig als Anrede gebraucht, so bringt dies Verehrung gepaart mit Vertraulichkeit zum Ausdruck (S. 387, Anm. 5) (OA).

21 Hezhe: *aha*: Sklave [Mandschu: aha] (S. 313, Anm. 2; S. 387, Anm. 6; S. 687) (OA).

22 Hezhe: ʒɪʃ̌ən han (S. 693) [Mandschu: ejen han]: Werden *Ezhen* und *Han* miteinander verbunden, bringt dies Verehrung und Respekt zum Ausdruck (S. 388, Anm. 1) (OA).

23 Hezhe: tuin ʃ̌'irə ursə (S. 684) [Mandschu: duin durbejen ?]. *Duyin Qire* bedeutet „viereckig" *Wu'rsi* [Mandsch: sori ?, „Fleischstreifen"] heißt „Fleisch". Der Ausdruck bedeutet „viereckige Fleischstücke" (S. 388, Anm. 2] (OA).

24 Hezhe: tsuʃ̌e ʧ̌anʃ̌in (S. 683): *Zhushen* bedeutet „leiten", „vorstehen", *Zhangjing* ist ein Beamtentitel; das Amt entspricht dem eines *Zhushen Da* (Hezhe: tsuʃ̌e da). Der *Zhushen Da* ist der Vorsteher einer Stadt oder eines Stammes (S. 388, Anm. 3) (OA).

bemerkte, wie ehrerbietig ihr Mann seine ältere Schwester behandelte, und ließ es deshalb auch nicht an Aufmerksamkeit und Höflichkeit fehlen. Der *Zhangjing* stellte zwei Tische mit festlichem Essen auf und lud Muduli mit Frau und Schwester zum Trinken ein, worauf die Schwester und die Frau des Muduli, die Frau des *Zhangjing* sowie deren Tochter auf der Nordseite des *Kang* Branntwein tranken, während Muduli, der *Zhushen Zhangjing*, Kacan und Kabaka auf der Südseite tranken.

Während dieses Gelages fragte Muduli den Kacan: „Deine Familie wohnt weit von hier, wieviele Personen seid ihr?" Kacan antwortete: „Mein Bruder und ich sind verheiratet und außerdem lebt noch unsere alte Mutter bei uns. Als wir aufbrachen, war unsere Mutter eigentlich dagegen, wir aber hörten nicht auf die Worte der alten Frau und wären beinahe ums Leben gekommen! Wären wir heute auf jemand anderen getroffen, so wär's um uns geschehen gewesen!" Bei diesen Worten begann er bitterlich zu weinen. Muduli sagte zu ihm und zu seinem Bruder: „Wie wär's, wenn ich euch nicht als *Aha* behandle, sondern wir zwischen uns die Bezeichnung Brüder gelten lassen, und ihr mit euren Familienangehörigen und eurem gesamten Volk nach Hongjiang *Huotong* übersiedelt?" Kacan erhob sich und sprach: „Wir danken dem *Ezhen*, dass er Gnade walten und uns nicht hinrichten lässt. Seine Gnade schenkt uns ein zweites Leben: Wie sollten wir es wagen, uns dem Befehl zu widersetzen!" Nach Beendigung des Festmahls legten sich Muduli und seine Frau auf dem Nord*kang* nieder, während seine ältere Schwester mit ihren Mägden den Süd*kang* benutzte, und Kacan und sein Bruder im Haus des *Zhangjing* die Nacht verbrachten. Nachdem Muduli sieben oder acht Tage in der Stadt geblieben war, befahl er Kabaka nach Hause zurückzukehren, mit seiner Familie und seinem Volk zur Stadt Lekewu zu kommen und weitere Befehle abzuwarten. Dem *Zhangjing* aber befahl er, das Volk dieser beiden Städte ohne Ausnahme nach Hongjiang *Huotong* zu überführen und es dort anzusiedeln.

(6) Als der *Han* von Lekewu das Haupt seines leiblichen jüngeren Bruders in Händen hielt, ihn beweinte und zusätzlich erkennen musste, dass seine Mannen den Kampf nicht gewinnen würden, machte er sich heimlich aus dem Staub. Ohne Rast zu halten floh er in Richtung auf Zhuliu *Huotong*. Als er alleine über den *Shanjing Gugeda Alin*[25] floh, kam er auf dem unwegsamen Bergpfad nur mühsam voran: der Bergzug stellte ein nicht zu unterschätzendes Hindernis dar! Er überlegte: ‚Das Beste wäre, wenn ich mich hier auf die Lauer lege und den

---

25 Hezhe: *ſegiŋ kɔgǝda alin* (S. 679). *Shanjing* bedeutet „weiß" [Mandschu: śanyan, śanggiyan, śeyen], *Gugeda* „Bergspitze" und *Alin* [Mandschu: alin, „Berg"] „Berggipfel". Der gesamte Ausdruck bedeutet „weißer Berggipfel" (S. 389, Anm. 1) (OA).

Feind töte.' Nachdem er den Bergzug überquert hatte, brauchte es noch einen halben Tag, bis er Zhuliu *Huotong* erreichte. Der Stadtherr Zhuliu *Mafa* war sein Onkel mütterlicherseits. Als Lekewu ihn sah, berichtete er unter Tränen: „Mein jüngerer Bruder ist umgebracht worden, die Stadt wurde besetzt und die Einwohner wurden verschleppt: Ich verlasse mich auf den Onkel und bitte ihn, für seinen Neffen Rache zu nehmen!" Nachdem Zhuliu diese Klage vernommen hatte, fragte er erschrocken, wer denn den Bruder seines Neffen getötet habe? Lekewu *Han* erzählte nun erst ausführlich und der Reihe nach, was geschehen war. Zhuliu meinte dazu: „Das Ganze ist eigentlich dein Fehler, niemand sonst kann man dafür verantwortlich machen! Aber da es nun einmal soweit gekommen ist, muss man einen Weg finden, dir zu helfen." Lekewu *Han* fragte: „Wohin ist mein jüngerer Vetter Zhuhan gegangen?" Zhuliu antwortete: „Er ist vor die Stadt gegangen und wird bald zurück sein. Deine Tante ist im hinteren Hof, besuche zuerst einmal sie." Während er dies sagte, kamen auch Leguni *Dedou*, die jüngere Schwester des Lekewu *Han*, und seine Gemahlin Aqini *Dedou* an. Diese waren hierher geflohen, als sie bemerkten, dass Le'rjiwu tot war und Lekewu *Han* sich in aller Stille aus dem Staub gemacht hatte. Nachdem sie dem Onkel ihren Gruß entboten hatten, besuchten sie gemeinsam die Tante im hinteren Hof, da nahe Verwandte sich nicht aus dem Wege gehen sollen. Als kurze Zeit später Zhuhan zurückkehrte, grüßten sie auch ihn. Zhuliu *Mafa* bewirtete Lekewu *Han* sowie dessen Schwester und Frau mit einem Festessen und besprach dabei mit ihnen, in welcher Weise man sich am Feind rächen wollte. Lekewu *Han* schlug vor, dass er sich mit seinem *Guqike*[26] Zhuhan am Weißen Berggipfel auf die Lauer wolle, um den Feind mit einem Pfeil aus dem Hinterhalt zu töten, wenn dieser vorüberreite. Zhuliu *Mafa* lobte diesen Plan und erklärte: „Die Sache duldet keinen Aufschub! Holt schnell Bogen und Pfeile und reitet zum Berg, wählt dort einen geeigneten Punkt aus und lauert dem Feind auf!"

Muduli hatte zugewartet, bis die Schiffe fertiggebaut waren und befahl dann dem *Zhangjiang*, das Volk umzusiedeln. Nachdem alle Maßnahmen erledigt waren, beschloss er, am folgenden Tag aufzubrechen. Während er in dieser Nacht mit seiner Frau plauderte, hörte er plötzlich seinen Bronzespiegel zweimal einen Laut von sich geben, worauf Muduli Zweifel kamen: Bestimmt werde sich am folgenden Tage ein Unglück ereignen! Nalihuoni schlug ihrem Mann vor, das Rauchorakel zu befragen, aber ihre Herzen und Sinne waren erfüllt von leidenschaftlicher Liebe und so vergaßen sie auch schon gleich wieder die ganze Angelegenheit. Dazu kam, dass Muduli das Unglück vom Schicksal vorherbestimmt war! Am folgenden Tag ritt er mit Kacan und Kabaka nach Westen und

---

26 Hezhe: *kuʃˈikˀə* (S. 686): Cousin, Vetter (S. 389, Anm. 2) (OA).

kam nach drei oder vier Tagen an den Weißen Berg. Ein unebener und beschwer-
licher Pfad führte über die Berge. Kabaka ritt voran, Muduli hielt sich in der Mitte
und Kacan kam als letzter. Sie mühten sich gerade ab, den Berg zu erklimmen –
die Nadelbäume standen so dicht, dass kein Sonnenstrahl zwischen ihnen
hindurch drang –, da brummten plötzlich Bogensehnen. Als sie den Laut vernahmen, war's bereits zu spät: Zischend flogen zwei Pfeile heran, denen sie nicht
ausweichen konnten. Ein Pfeil traf Muduli in die Kehle, ein anderer bohrte sich
in Kabakas linken Arm und beide stürzten vom Pferd.

(7) Als Lekewu *Han* und Zhuhan sahen, dass die Beiden vom Pferde stürzten,
waren sie sich sicher, dass ihre Pfeile getroffen und die Gegner getötet hatten
und kehrten auf dem Bergpfad nach Hause zurück. Kacan sah seinen Herrn vom
Pferd stürzen und wusste, dass etwas nicht stimmte, worauf er eilends vom Pferd
sprang. Mudulis Augen waren fest geschlossen und er konnte nicht sprechen.
Der Pfeil hatte ihn genau in die Kehle getroffen, das Blut strömte aus der Wunde
und bald schon atmete Muduli nicht mehr und verstarb. Kabaka erhob sich, griff
mit der rechten Hand nach dem im linken Arm steckenden Pfeil, zog ihn mit fest
zusammengebissenen Zähnen heraus und trat zu Kacan, der ihn fragte: „Wie
steht's um deine Pfeilwunde?" Kabaka antwortete: "Sie ist nicht weiter schlimm.
Wie geht's dem *Ezhen*?" „Er ist tot!" sagte Kacan. Die Brüder konnten nichts
anderes für Muduli tun, als seinen Leichnam aufs Pferd zu legen und nach
Lekewu *Huotong* zurückzukehren; dies geschah in aller Heimlichkeit, sie wagten
nicht einmal zu klagen. Muketeni und Nalihuoni weinten bitterlich beim Anblick
des Leichnams und waren ganz außer sich.

Damals lebte am Nordmeer eine außergewöhnliche Frau mit Namen Cengbenni *Dedou*. Sie verfügte über ungeheure Schamanenkräfte (*saman shenfa*); sie
brachte alles in Erfahrung, was auf Erden geschah und konnte sich des Nachts
in die jenseitige Welt begeben, um dort Angelegenheiten zu regeln. Zudem war
sie ungewöhnlich schön, grazil und anmutig: Es war, als sei eine Fee (*shennü*) vom
Himmel herabgestiegen, um den lebenden Wesen den Kopf zu verdrehen. Auf
dem Südufer des Nordmeeres stand eine Stadt, deren Herr Bayan Bei[27] hieß. Ein
Jahr nach dem Tode seines Vaters Bayan *Mafa*[28] wollten er und seine Familienangehörigen das *mugede*[29] [ins Jenseits] bringen lassen, aber sie konnten dafür

---

27 Hezhe: *bajã pɛi* (S. 680): *Bayan* bedeutet „reich", *Bei* heißt „Mensch"; *Bayan Bei* bedeutet also
„reicher Mensch", „reiche Person" (S. 390, Anm. 1) (OA).

28 Hezhe: *baja mafa* (S. 680) [Mandschu: bayan mafa]: reicher Alter. (OA).

29 Hezhe: *mugtə* (S. 692): Eine Sitte der Hezhe: Nach dem Tode der Eltern fertigen die
Nachkommen ein Kopfkissen (Kopfstütze), das jeweils einen Fuß (*chi*) breit und hoch und
zwei Fuß lang war, sowie ein Unterbett und eine Zudecke an, die mit „Schafsgras" (*yangcao* 羊
草? [s. Bd. I, S. 272, rechte Spalte: *mɔrin ərəkt'a*, wörtlich übersetzt: Pferde-Gras]) gefüllt sind.

keinen erfahrenen Schamanen finden. Wieder und wieder beratschlagte die Familie, aber sie kam zu keinem Ergebnis. Einmal aber erzählte eine Verwandte namens A'rkani *Dedou*: „Am Nordmeer lebt eine außergewöhnliche Frau mit Namen Cengbenni *Dedou*: Sie ist in der Lage, diese Angelegenheit durchzuführen." Als Bayan Bei den Namen Cengbenni hörte, der ihm bereits früher zu Ohren gekommen war, bat er sogleich die acht mit ihm verwandten *Dedou* A'rkani, Ba'rtani, Yongjiangni, Genjini, Haohanni, Fu'rjiani, Misuni und Sahani, diese Cengbenni holen zu gehen. Diese acht *Dedou* verfügten über besondere Fähigkeiten; vor dem Tor verwandelten sie sich in *Kuoli* und flogen in nördlicher Richtung davon. Da sie sich in Reih und Glied ausrichteten, glichen sie einer Schar Wildgänse, die nach Norden zieht. Nach zwei Tagen kehrte Ba'rtani, die jüngere Schwester des Bayan Bei, zurück und berichtete, dass Cengbenni einverstanden wäre und kommen werde. Bayan Bei befahl seiner Frau und allen *Dedou*, sie am Nordtor willkommen zu heißen, und als die Frauen das Tor erreichten, kam auch Cengbenni mit A'rkani und ihren Begleiterinnen an. Nach der höflichen Begrüßung und dem Austausch von Artigkeiten begaben sie sich in die Stadt zu der *Bayan Buyihong*[30], wo sie sich ausruhten.

Am folgenden Tag sollte das Opfer für Bayan *Mafa* stattfinden, und es kamen so viele Gäste, dass Fuhrwerke in Scharen vorfuhren, die Boote sich am Flußufer drängten, und es [in der Stadt] hoch herging. *Bayan Bei* veranstaltete ein großes Festessen, auf dem er alle Gäste freundlich und aufmerksam bewirtete. Viele der Gäste konnten keine Bleibe finden, weshalb Bayan Bei anordnete, dass sie zu den Haushalten in den Dörfern gebracht wurden und dort Aufnahme fanden. Nachdem all die Gäste, Männlein wie Weiblein, Cengbenni gesehen hatten, waren sie ausnahmslos der Meinung, dass ihr Äußeres den Blumen und dem Nephrit glich, und beneideten sie sehr. Die Gäste waren vor allem deshalb gekommen, weil sie zusehen wollten, wenn sie das *mugede* geleitete. Als es Nacht

---

Jeden Abend breiten sie dies alles auf dem Schlafplatz des Verstorbenen aus. Bei jeder Mahlzeit müssen zuerst Branntwein und Zukost vor Kopfkissen und Zudecke des Schlafplatzes des Verstorbenen geopfert werden. So geht dies ein Jahr lang. (Wenn es in der Anmerkung zu „*le*[*liao*] *dangzi*" in der Erzählung von Xiangcao (*sengkile*; Räucherwerk) heißt, dass „nach drei Jahren, die Trauer um die Eltern beendet wurde", so ist nicht klar, um was es sich dabei handelt. Vgl. [Original] S. 411, Anm. 1.) Dies ist Ausdruck ihrer Pietät. Kopfkissen und Decken wurden in früherer Zeit *Mugede* [mugtə (S. 692)] genannt, heute heißen sie *Dangzi*. Man glaubt, dass die Seele des Verstorbenen in Decke und Kopfkissen verborgen ist und beobachtet, ob die Nachkommen ihre Kindespietät erfüllen. Wenn das Jahr um ist, legt man die Trauerkleider ab und bittet einen Schamanen, die *Mugede* in die Unterwelt zu bringen, damit der Totenseele nichts zustößt, bevor sie im Totenreich ankommt. Dies nennt man *le(liao) dangzi* (S. 391, Anm. 1) (OA).

30 Hezhe: *bajǎ puihō* (S. 680) [Mandschu: bayan boigon]: Reiche Familie; reicher Haushalt (S. 391, Anm. 2) (OA).

wurde, legte Cengbenni sorgsam [ihre Schamanentracht] an, aber als sie unter den Gästen nach Personen suchte, die den Schamanen auffangen und zurückbringen (*jiesong saman de ren*) konnten[31], gab es niemanden, der dazu in der Lage gewesen wäre. Sie hatte eigentlich erwartet, dass Muduli anwesend sein würde, aber wie hätte sie wissen sollen, dass Muduli an eben diesem Tag von einem Pfeil aus dem Hinterhalt getötet worden war? Als sie Muduli nicht finden konnte, ließ sie den Teil des Auffangens und Zurückbringens weg und tanzte lediglich einmal ihren Schamanentanz.

(8) Cengbenni breitete als erstes vor dem Haupttor eine Matte auf dem Boden aus, worauf sie das *mugede* zu dieser Matte brachte und auf ihr ablegte. Unmengen von Opfergaben an Branntwein, Fleisch, Lebensmitteln und anderem waren davor aufgereiht, so dass sie Bergen aus Fleisch und Meeren von Branntwein glichen. Mit dem *bulafu*[32] in Händen zählte Cengbenni das Opfergeld, den Branntwein, das Fleisch und die übrigen Gaben der einzelnen Verwandten und Bekannten auf, und begab sich dann auf einem *Tuo'rji*[33] sitzend ins Totenreich. An diesem Tag, dem zweiten Tag nach dem Tod des Muduli, reiste Cengbenni ins Totenreich, und geleitete die unter ihrem Schutz stehende *fayanggu*[34] des *Bayan Mafa* ins Jenseits, wobei sie große Mengen an Opfergeld und anderen Gaben den bösen Geistern sowie dem Rindskopf und dem Pferdegesicht schenkte. Nachdem sie ihre Aufgabe erledigt hatte, kehrte sie auf dem *Tuo'rji* in die Welt der Lebenden zurück.

Seit Muduli von dem Pfeil des Lekewu *Han* getötet worden war, befand er sich in einem Dämmerzustand: Es war, als habe er einen Ort erreicht, an dem die Pflanzen völlig anders waren und war darüber im Innersten verwirrt. Nach Südwesten zu führte ein breiter, heller Pfad, dem alle Menschen folgten, niemand aber kam ihnen auf diesem Pfad aus der anderen Richtung entgegen. Auch er

---

31 Das Verfahren des Empfangens und Zurückbegleitens des Schamanen ist wie folgt: Wenn der Schamane in einem geräumigen Haus hin und her tanzt, wählt er zwei kräftige Personen im besten Alter aus, von denen sich eine auf der südwestlichen, die andere auf der nordöstlichen Seite aufstellt. Wenn der Tanz seinen Höhepunkt erreicht, wirft sich der Schamane heftig gegen die im Südwesten stehende Person. Wenn diese nun über genug Kraft verfügt, so wird sie den Schamanen auffangen und an seinen vorherigen Platz zurückbringen. Konnte diese Person den Schamanen hingegen nicht auffangen, so stürzte dieser und riskierte sein Leben. Bei der im Nordosten stehenden Person war es dasselbe (S. 391, Anm. 3) (OA).

32 Hezhe: *pulafu* (S. 681): Holzstock, den der Schamane bei seiner Reise ins Totenreich gebraucht (S. 392, Anm. 1) (OA).

33 Hezhe: *tɔrkʼi* (S. 683): Schlitten, auch *goupali*, „Hundeschlitten", genannt (S. 392, Anm. 2) (OA).

34 Hezhe: *fajāku* (S. 685) [Mandschu: fayangga]: Ein Teil der menschlichen Seele. Die Hezhe glauben, dass es nach dem Tod des Menschen drei Seelen gibt, von denen jedoch nur die *Fayanggu* ins Totenreich gelangt (S. OA).

selbst ging unwillkürlich mit ihnen in diese Richtung. Während er ging, hörte er die Klagelaute *keku le* des *Keku*[35], *tuobutuo le* des *Tuobutuo*[36] und das *chenmina le* des *Chennaqi*[37], die sehr deutlich[38] und auf zwei bis drei Meilen zu verstehen waren. Als Muduli diese Rufe vernahm, wurde er sehr traurig und sprach unter Tränen: „Wahrscheinlich befinde ich mich schon nicht mehr in der Welt der Menschen; weiß meine über alles geliebte Frau etwa, dass ich bereits verstorben bin?" Bei diesen Worten weinte er bitterlich und da er Durst verspürte, ging er auf dem Weg nach Südwesten weiter, um klares Wasser zu suchen und seinen Durst zu stillen. Unterwegs sah er plötzlich auf dem breiten Pfad nach Südwesten einen Schamanen auf sich zukommen. Dieser saß auf einem *Tuo'rji*, der von sechs großen Hunden gezogen in Windeseile gefahren kam. Im Nu war dieser bei ihm angelangt und Muduli hörte, wie der Schamane laut rief: „Schade, wirklich schade! Welch trefflicher Jüngling stirbt hier infolge eines Pfeilschusses!" Mit diesen Worten führte er mit seinem *bulafu* Kehrbewegungen in Richtung von Mudulis Körper aus, aber nachdem diese das erste Mal ins Leere gingen, kehrte der Schamane[39] nicht noch einmal, sondern fuhr mit Bedauern weiter. Muduli ging weiter und sein Durst wurde immer größer, weshalb er immer angestrengter nach Wasser suchte. Er ging geradewegs auf den *Sayin Bila*[40] zu. Nach fünf oder sechs Meilen bemerkte er, dass erneut eine Schamanin aus Südwesten kam, deren Augen gleich Blitzen leuchteten und die ungehindert heranbrauste. Diese Schamanin war niemand anderer als Cengbenni, die von dem Geleit der Seele des *Bayan Mafa* zurückkehrte. Nachdem sie den *Sayin Bila* überquert hatte und unzählige Meilen gefahren war, wurde sie auf einen Jüngling aufmerksam, der mit einem in der Kehle steckenden Pfeil vorwärtshastete. Als sie sah, wie gut er aussah, welch außergewöhnliche Erscheinung und welch schmucker Bursche er war, hatte sie mit einem Mal Mitleid mit ihm und beschloss, ihn mit Hilfe ihrer magischen Künste zu retten und ihn ins Diesseits zurückzubringen. Inzwischen hatte sie auf ihrem Schlitten Muduli erreicht. Cengbenni streckte die Hand aus,

---

35 Hezhe: *k'ək'u* (S. 684): *Keku* 克庫 ist der Name des Kuckucks, *keku* der Ruf dieses Vogels. *Le* ist die Wortendung (S. 392, Anm. 4) (OA).

36 Hezhe: *t'ɔput'ɔ* (S. 683): *Tuobutuo* 托布托 ist der Name eines Vogels, der dem Kuckuck ähnelt, *tuobutuo* ist der Ruf dieses Vogels und *le* ist die Endung (S. 392, Anm. 5) (OA).

37 *Chennaqi* 陳納其, Hezhe: tʃʼənətʃʼi (S. 690), ist ein Kriechtier (wörtlich: kaltblütiges Kriechtier 冷血蟲) mit kleinem Kopf, großem Körper und vier Beinen. *Chenmina* (Hezhe: tʃʼənminə [S. 690]) ist sein Ruf, *le* die Wortendung (S. 392, Anm. 6) (OA).

38 Wenn die Schamanengeister die Klagelaute dieser Tiere vernehmen, so wird ihnen bewusst, dass sie sich in der jenseitigen Welt befinden (S. 392, Anm. 6) (OA).

39 Im Text: *saman mafa*, „der Schamanen-Alte".

40 Hezhe: *sajin pila* 薩音畢拉. Der Fluss zwischen diesseitiger und jenseitiger Welt (S. 393, Anm. 1) (OA).

packte ihn am Arm und wie sehr er sich auch bemühte, es gelang ihm nicht, sich loszureißen: Dies kam davon, weil seine *fayanggu* einem übernatürlichen Wesen (*shenren*) nicht gewachsen war. Nachdem Cengbenni den Muduli gepackt hatte, setzte sie ihn auf den *Tuo'rji*, und kam nach langer Fahrt ans Westtor von Lekewu *Huotong*. Sie fuhren in die Stadt und kamen zum Tor der Residenz des *Han*, wo Cengbenni befahl: „Steig' ab!" und ihn mit beiden Händen wegschubste. Da schrak er plötzlich auf, er hörte seinen Namen rufen und es war ihm, als sei dies seine ältere Schwester Muketeni *Dedou*. Er schlug die Augen auf und sah seine Schwester und seine Frau neben sich sitzen und ihn rufen. Es war, als erwache er aus einem Traum und er schrie auf: „Diese Schmerzen bringen mich um!"

Muketeni und Nalihuoni waren sich an dem Tag, an dem Muduli gebracht wurde, darüber im Klaren gewesen, dass Muduli verstorben war und jede Hilfe zu spät kam. Sie trauerten in aller Stille um ihn und wagten nicht, ihn zu beweinen, da sie befürchteten, dass Lekewu *Han* zurückkommen und sie überfallen könnte, wenn er von Mudulis Tod erfuhr. Sie waren völlig verzweifelt. Aber plötzlich bemerkten sie, dass der Leichnam sich leicht bewegte. Sofort rief Muketeni mehrmals ins Ohr ihres jüngeren Bruders und als seine Augen zuckten und er anschließend laut aufschrie, wussten sie, dass seine Seele in seinen Körper zurückgekehrt war[41]. Nalihuoni eilte mit *woruhuoda shiluo*[42] herbei, und sobald Muduli einige Schlucke davon getrunken hatte, ging es ihm im Handumdrehen etwas besser. Er wusste, dass er einen Tag und eine Nacht im Dämmerzustand in der anderen Welt verbracht hatte, auch erinnerte er sich daran, dass er eine *Dedou* getroffen hatte, die ihn gerettet und ins Diesseits zurückgebracht hatte. Sollte er sie eines Tages wieder treffen, so würde er ihr auf alle Fälle für diese große Güte danken. Der Schütze aber, der aus dem Hinterhalt auf ihn geschossen hatte, konnte nur Lekewu *Han* gewesen sein!

Nachdem sie Muduli in die Welt der Lebenden zurückgebracht hatte, fuhr auch Cengbenni zu Bayan Bei zurück: Ihre Seele (*shenhun*) ergriff wieder vom Körper Besitz und sie kehrte so ins Diesseits zurück. Bayan Bei behandelte die Schamanin mit höchstem Respekt, er veranstaltete ein Fest und lud Ba'rtani *Dedou* und die übrigen sieben *Dedou* ein, ihr Gesellschaft zu leisten. Nachdem sie mehrere Runden Branntwein getrunken hatten, erzählte Cengbenni: „Als ich aus dem Totenreich zurückkehrte, rettete ich einem *Mo'rgen* das Leben, brachte ihn in eine Stadt und kam von dort hierher zurück. Diese Stadt liegt im Süden,

---

41 Vgl. das Seelenrufen bei den Chinesen.
42 *Woruhuoda* 窝如火大, Hezhe: ɔrəhɔda (S. 692) [Mandschu: orho-i da, orho da, orhoda] bedeutet Ginseng, *Shiluo* 什洛 [Hezhe: ʃilə (S. 680) [Mandschu: šasigan, šasihan] heißt Suppe, Brühe (S. 393, Anm. 2) (OA).

ungefähr 100 Meilen von hier. Wäre es möglich, jemanden dorthin zu schicken, damit er sich umhört. Wenn man jemand rettet, so muss man ihn vollständig retten. Es klingt merkwürdig, aber auch ich weiß nicht so recht, warum ich unentwegt daran denken muss!" Lachend antwortete A'rkani: „Die *Gege*[43] hat sich vermutlich in die überwältigende Schönheit und den außergewöhnlichen Charakter dieses *Mo'rgen* verliebt und kann ihn daher nicht vergessen!" Bei diesen Worten wurde Cengbenni bis über beide Ohren rot und hüllte sich in Schweigen.

(9) Nachdem sich Muduli in Lekewu *Huotong* einen oder zwei Tage lang erholt hatte, war seine Wunde verheilt. Wieder machte er sich mit Kacan und Kabaka auf den Weg, vermied jedoch den gefährlichen Pfad und nahm einen längeren Weg, der ihn nach Norden führte. Gegen Mittag des folgenden Tages erreichten sie die Stadt des Bayan Bei, worauf Kabaka hineinritt, um den Stadtherrn [von ihrem Kommen] in Kenntnis zu setzen. Bayan Bei gab gerade ein Festessen und trank mit seinen Gästen Branntwein; als er aber vernahm, dass Muduli angekommen sei, eilte er vor die Stadt, um ihn willkommen zu heißen. Muduli saß ab und entbot ihm seinen Gruß. Sie begaben sich zum Palast, wo Muduli sich ausruhen sollte. Als er durch das Palasttor trat und in die Haupthalle kam, sah er, dass dort die männlichen und weiblichen Gäste ausgiebig feierten. Bayan Bei lud Muduli und seine beiden Begleiter ein, Platz zu nehmen und mitzutrinken. Cengbenni hatte Muduli beim Eintreten sofort erkannt und wusste, dass dies der Mann war, den sie gerettet hatte. Muduli bemerkte sie anfangs nicht, er dachte auch nicht im Geringsten daran, hier seine Retterin zu treffen. Nach einiger Zeit fiel ihm allerdings auf, dass etwa zehn weibliche Gäste anwesend waren, die größtenteils recht hübsche Mädchen waren. Heimlich begann er eine nach der anderen zu mustern.

Als sein Blick auf Cengbenni fiel, kam ihm diese sehr bekannt vor und nach längerem Überlegen fuhr er plötzlich zusammen: ‚Verdanke ich es nicht dieser *Dedou*, dass ich noch am Leben bin?' Sofort stand er auf, trat zu ihr und entbot ihr seinen Gruß mit den Worten: „Wie kann ich mich bei Euch dafür bedanken, dass Ihr mir das Leben gerettet habt?" Er wollte niederknien, aber Cengbenni stand hastig auf, erwiderte seinen Gruß und sprach: „Es ist nicht nötig, dass der *Mo'rgen* mich derart formell grüßt; setzt Euch doch bitte zu mir, damit wir uns unterhalten!" Nun erst setzte sich Muduli und erzählte voll Dankbarkeit, wie er an besagtem Tage von einem Pfeil aus dem Hinterhalt getroffen worden war und er nur durch die Hilfe der *Dedou* wiederbelebt werden konnte. Inzwischen waren auch Muketeni und Nalihuoni angekommen. Ba'rtani lud sie ein, sich zu Cengbenni an den Tisch zu setzen und mitzutrinken. Als sie erfuhren, dass es

---

43 Hezhe: *kəkə* [Mandschu: gege]: ältere Schwester. (OA).

diese Cengbenni gewesen war, die Muduli gerettet hatte, schlossen sie enge Freundschaft mit ihr. Die Drei tranken und plauderten und wurden ein Herz und eine Seele. Als das Fest zu Ende war, übernachteten sie alle im Palast des Bayan Bei. Cengbenni sprach noch lange Zeit heimlich mit Ba'rtani und schlief erst spät ein.

(10) Cengbenni hatte sich mit Ba'rtani heimlich unterhalten und sie gebeten, ihren Bruder zu bitten, ihr Heiratsvermittler zu werden. Am folgenden Tag gab Bayan Bei erneut ein Fest und lud Muduli, Cengbenni und alle anderen dazu ein. Im Verlauf des Banketts kam Bayan Bei nach und nach Muduli gegenüber darauf zu sprechen, dass Cengbenni ihm sehr zugetan war und es ihr Herzenswunsch sei, ihm ihr Leben lang anzugehören. Muduli hätte sich dies nicht träumen lassen, er war freudig überrascht, als Bayan Bei ihm von dem Wunsch der Cengbenni erzählte und stimmte ohne zu zögern zu. Bayan Bei teilte dies Cengbenni mit, die sich gleichfalls sehr über Mudalis Einverständnis freute. Da ihre Eltern bereits verstorben waren und sie weder Brüder noch Schwestern hatte, war sie sehr froh darüber, dass sie einen Gatten gefunden hatte, der ganz nach ihrem Geschmack war, und Schönheit und Talent in hervorragendem Maße vereinte, so dass sie ihr Lebtag lang in ihm eine Stütze hatte. Sie alle wohnten während dieser Zeit im Palast; aber Muduli saß auf Kohlen, denn er sah sich gezwungen, wegen dieser Angelegenheit länger zu verweilen. Er beratschlagte mit Bayan Bei: „Ich will meinen Rachefeldzug fortführen und da der Weg weit ist, kann ich nicht länger bleiben. Ich möchte mich so schnell wie möglich verheiraten. Was hältst du davon, wenn dies in den nächsten Tagen geschieht?" Bayan Bei war ganz seiner Meinung, worauf sie nochmals beratschlagten und den übernächsten Tag als Hochzeitstag festlegten. Bayan Bei bereitete alles vor: Zuerst sandte er Boten aus, die Freunde und Verwandten einzuladen, anschließend ordnete er an, dass alle Dinge, die man bei einer Hochzeit benötigte, vorbereitet wurden.

Am Tage der Hochzeit strömten die Verwandten und Bekannten herbei. Als sie sahen, welch schönes und vielversprechendes Paar Muduli und Cengbenni waren, waren sie einmütig der Meinung, dass dies eine vom Himmel vorbestimmte und glückverheißende Verbindung war. Um die Mittagszeit waren alle Vorbereitungen abgeschlossen, worauf eine Zeit lang Musik gespielt wurde. Ba'rtani und A'rkani führten Cengbenni in den Hof, während Muduli von Bayan Bei geleitet wurde. Bayan Bei betete zuerst zu Himmel und Erde und ließ dann das junge Paar gemeinsam Himmel und Erde, die Ahnen sowie den Herdgott verehren. Im Anschluss daran nahmen alle Platz und man begann zu trinken. Unzählige Gäste waren gekommen, eine unübersehbare Menschenmenge hatte sich versammelt und es herrschte geschäftiges Treiben. Als das Brautpaar gemeinsam betete, wollten Beifall und Applaus kein Ende nehmen, und alle lobten und beneideten die Schönheit und das Liebesglück des Brautpaares.

(11) Nach der Hochzeitszeremonie nahmen alle Platz, worüber sich Braut und Bräutigam von Herzen freuten. Es begann ein fröhliches Zechen, das erst am Abend zu Ende ging; aber weil alle Gäste sinnlos besoffen waren, wie hätte da jeder für sich allein weggehen können? Bayan Bei befahl den Mägden, die beiden Brautleute ins Brautgemach zu führen. Muduli sprach zu seiner Angetrauten: „Von dieser Nacht an soll dir die Gnade vergolten werden, dass du mir das Leben gerettet hast!" Cengbenni bemerkte, dass er angetrunken war, und musste darüber lachen. Auch am nächsten Tag wurde den ganzen Tag lang fröhlich gezecht. Muduli machte dabei den Vermittler für Kacan, der um Ba'rtani warb, und für Kabaka, der sich mit A'rkani verheiraten wollte. Bayan Bei stimmte in beiden Fällen zu und die Hochzeit wurde für den folgenden Tag festgesetzt. Und wiederum bereitete Bayan Bei geschäftig das Hochzeitsfest vor, das am folgenden Tag gefeiert wurde. Muduli und die Seinen blieben sieben oder acht Tage bei Bayan Bei, am Morgen des neunten Tages aber brach Muduli mit Kacan und Kabaka in Richtung Westen auf. Nach drei oder vier Tagen hatten sie den Gipfel des Weißen Berg (Baishan dingfeng) umgangen und erreichten Zhuliu *Huotong*.

Zhuliu *Mafa*, Zhuhan und Lekewu *Han* waren völlig unvorbereitet, da sie überzeugt waren, dass der Pfeil Muduli getötet hatte. Sie zechten daher unbeschwert, als ein Späher mit der Meldung eintrat, Muduli sei mit zwei Begleitern bis vor die Stadt geritten und fordere die *Ezhen* zum Entscheidungskampf. Lekewu *Han* ließ bei dieser Meldung vor Schreck den Branntweinbecher zu Boden fallen. Zhuhan herrschte ihn an: „Warum hast du solche Angst vor Muduli?" Dieser Vorwurf seines jüngeren Vetters zwang den *Han*, sich zusammenzureißen und sich gemeinsam mit Zhuliu und Zhuhan dem Gegner vor der Stadt zu stellen. Dort erwartete sie Muduli auf einem edlen Pferde, das einem weißen Drachen glich, mit Kacan zur Linken und Kabaka zur Rechten. Furchteinflößend und kampfeslüstern war er, so dass Lekewu *Han* noch größere Angst vor ihm bekam. Aber es blieb ihm nichts anderes übrig, als vorzutreten und sich dem Feind zu stellen. Es entspann sich ein Kampf auf Leben und Tod zwischen den sechs Recken: Muduli schlug sich mit Lekewu *Han*, Zhuliu *Han* mit Kacan und Zhuhan mit Kabaka. Jetzt, da Muduli seinen Feind endlich vor sich hatte, gab es kein Pardon: Er kämpfte wie besessen und schon nach kurzem Kampf tötete er Lekewu *Han*. Zhuliu und sein Sohn erschraken derart, dass sie an Armen und Beinen zu zittern begannen. Muduli kam hinter Zhuliu zu stehen und fegte ihn mit seinem Bein weg. Zhuliu verlor den Halt und fiel auf den Rücken, worauf ihn Kacan packte. Zhuhan fehlte nun der Mut weiterzukämpfen: Er versetzte Kabaka einen kräftigen Schlag, entkam ihm auf diese Weise und floh zurück in die Stadt.

Nach diesem Kampf betrat Muduli mit Kacan und Kabaka die Stadt, deren Bewohner bereits Bescheid wussten. Sie kamen ihnen in Scharen entgegen und begrüßten sie kniefällig. Muduli beruhigte das Volk und zog sich anschließend in die Residenz zurück, um auszuruhen. Kabaka nahm derweilen die Frauen und Kinder von Zhuliu und Zhuhan gefangen und führte sie vor Muduli, damit dieser ihnen ihre Strafe zuteilte.

(12) Muduli erließ den Befehl, dass an den Frauen und Kindern des Zhuliu und des Zhuhan ausnahmslos das *bulamiwalan*[44] zu vollziehen sei. Zhuhan, der sich durch Flucht der Strafe entzogen hatte, sollte nicht weiter verfolgt werden. Muduli brach mit Kacan und dessen Bruder nach ein oder zwei Tagen Aufenthalt wieder auf und ritt weiter nach Westen. Am gleichen Tag erreichten sie eine Gegend, in der sie einen *Chengge'rku Taketa*[45] erblickten: In weiter Ferne sahen sie einen Turm in der Luft schweben und wunderten sich sehr darüber. Bei dem Turm angekommen, stellten sie fest, dass er auf Luft gebaut war [d.h. ohne feste Basis] und fünf bis sechs Klafter über dem Erdboden schwebte. Keine Treppe führte zu dem Turm hinauf. Muduli betrachtete ihn lange Zeit und sagte dann zu Kacan: „Solange ich lebe, habe ich noch nie etwas so Seltsames gesehen. Wer mag diesen Turm erbaut haben?" Dabei blickte er nach Nordwesten und glaubte, in einer Entfernung von fünf bis sechs Meilen ein Haus zu erkennen, worauf er mit seinen Gefolgsleuten sofort dorthin ritt. Beim Aufbruch sah Muduli zufällig noch einmal zum Turm hinauf und bemerkte dort eine schöne *Furileketu Dedou*[46]. Sie lächelte ihm bezaubernd zu und zog sich wieder ins Innere des Turmes zurück. Dieser Anblick aber hatte Muduli vollständig in seinen Bann geschlagen: Regungslos verharrte er eine Weile und ritt dann nur widerstrebend mit Kacan und Kabaka in Richtung Nordwesten. Bald kamen sie zu jenem Haus und erblickten beim Eintreten einen *Mafa*[47] und eine *Mama*. Der *Mafa* hieß Tubu'r, er

---

44 Hezhe: *pulamiwal* (S. 681): Die grausamste Strafe der Hezhe: Man gräbt eine Grube, in die der zu Bestrafende gelegt wird, worauf man über ihm Erde aufhäuft. Es ist nichts anderes, als das, was im Chinesischen *huomai* (活埋), „lebendig begraben", heisst (S. 396, Anm. 1) (OA).

45 Hezhe: *tʃʼɔŋkʼɔrkʼu tʼaktʼa* (S. 691): *Chengge'rku* bedeutet „in der Luft schweben (hängen)"; es handelt sich also um einen übernatürlichen Turm (*shenta* 神塔), der zirka fünf oder sechs Klafter über dem Boden in der Luft schwebt und zu dem man nur schwer hinaufgelangen kann. Solche Türme werden von den *Dedou*, welche die Schamanenkunst beherrschen, auf magische Weise hervorgebracht (S. 397, Anm. 1) (Anm. 1) (OA).

46 Hezhe: *furilɔktʼu tɔtu* (S. 692): Wenn ein Mädchen mannbar und ihr Haar etwa einen Fuß lang geworden ist und es daher heiraten kann, so wird es von den Hezhe *Furileketu Dedou* genannt (S. 397, Anm. 2) (OA).

47 *Mafa* [Mandschu: mafa, „Ahn", „Großvater", „alter Mann", „respektvolle Anrede gegenüber alten Herren"] bezeichnet einen alten Mann, *Mama* [Mandschu: mama, „Großmutter", „Ahnfrau", „alte Frau", „respektvolle Anrede gegenüber alten Damen"] ist die Anrede für eine alte Frau (S. 303, Anm. 4; S. 397, Anm. 3) (OA).

war krank und konnte sich nicht bewegen. Muduli grüßte die Beiden ehrerbietig, setzte sich auf den *Kang* an der Südseite des Hauses und fragte die *Mama*: „Wie kam es, dass der *Mafa* an einer solch schlimmen Krankheit leidet?" Die Mama antwortete: „*Mo'rgen Akani*[48], du kannst nicht wissen, dass die Schamanengeister meines *Mafas* von uns Opfer fordern. Opfern wir ihnen nicht, dann treiben sie ihr Unwesen." Muduli fragte weiter: „Welche Gaben verlangen die Schamanengeister?" Die *Mama* erzählte ausführlich und er erfuhr, dass die Schamanengeister des *Mafa* Wildschweine aus den Südbergen forderten. Nachdem ihm die *Mama* dies erzählt hatte, ging sie in die Küche und bereitete das Essen zu, worauf sie einen Krug mit Branntwein vor ihnen abstellte und die drei *Mo'rgen* aufforderte, zuzugreifen. Als diese satt waren und sich zur Ruhe begaben, war bereits die Zeit der ersten Nachtwache[49] angebrochen. Kacan und Kabaka waren nach dem tagelangen Marsch ziemlich erschöpft; sofort nachdem sie sich auf den *Kang* gelegt hatten, waren sie auch schon eingeschlafen. Lediglich Muduli schien etwas auf dem Herzen zu haben, denn er drehte sich hin und her und konnte keine Ruhe finden. Er stand daher leise auf, trat vor die Tür und ging nach Süden, bis er zu dem in der Luft schwebenden Turm kam, den sie am Tage gesehen hatten. Er stellte fest, dass nun eine Wolkenleiter (*yunti*) zu dem Turm hinaufführte und das Innere des Turmes mit Laternen hell erleuchtet war. Während er in Gedanken zu dem Turm hinaufschaute, kam plötzlich eine *Dedou* durch dessen Türöffnung und blickte herab. Sie bemerkte Muduli und fragte erschrocken: „Woher kommt der Mutige, der es wagt, unter dem Turm zu stehen und heraufzuschauen?" Bei ihrer Frage hatte Muduli einen plötzlichen Einfall und antwortete ruhig und gelassen: „Wir kamen heute bei der *Mama* und dem *Mafa* in dem Weiler nördlich von hier unter und haben gesehen, dass der *Mafa* ernstlich krank ist. Sie haben uns erzählt, seine Schamanengeister verlangen, dass ihnen Wildschweine aus den Südbergen gebracht werden. Er tat mir sehr leid und so bin ich in der Nacht ausgegangen, um zu sehen, wo die Wildscheine zu finden sind. Morgen will ich welche fangen und den Geistern opfern. Ich hatte nicht damit gerechnet, dass ich mich verirren und an dem Zauberturm (*baota*) vorüberkommen würde. Bitte verzeihe mir, *Dedou*." „Wenn es so ist, lade ich den *Mo'rgen* ein, heraufzusteigen, damit ich ihm zeige, wo sich die Wildscheine aufhalten!", antwortete darauf die *Dedou*.

Diese *Dedou* aber war niemand anderer, als Tuma'enni, die Tochter des kranken *Mafa*. Sie widmete sich so sehr der Zauberkunst (*shenfa*), dass sie wohlbewandert darin war und über unbegrenzte Möglichkeiten in den Künsten verfügte,

---

48 Hezhe: *mɔrgəŋ ak'eni*: Anrede alter Personen für junge Männer (S. 397, Anm. 4) (OA).
49 *Chugeng* 初更: Von 19 bis 21 Uhr.

sich unsichtbar an andere Orte zu versetzen und sich zu verwandeln. Der schwebende Turm war ebenfalls eine durch ihre Zauberkunst (*fashu*) hervorgerufene Verwandlung. Nach dem Zusammentreffen mit Muduli, der für ihren Vater Wildschweine suchte, hatte sie trotz der späten Stunde keine andere Wahl, als ihn einzuladen.

(13) Nachdem Muduli von Tuma'enni in den Turm eingeladen worden war, setzten sie sich auf die Plätze von Gast und Gastgeber und unterhielten sich eine Weile. Tuma'enni befahl den Dienerinnen, Zukost zuzubereiten und Branntwein anzuwärmen, und nachdem die Dienerinnen aufgetischt hatten, setzten sich die Beiden einander gegenüber nieder und griffen zu. Tuma'enni musterte immer wieder mit verstohlenen Blicken Muduli und stellte fest, dass er Schönheit und Talent besaß, von außergewöhnlicher Statur war (*guge feifan*) und zudem die Haltung eines Helden zeigte: Kurzum je länger sie ihn betrachtete, desto stärker fühlte sie sich ihm zugetan. Auf der anderen Seite spähte auch Muduli beim Trinken immer wieder zu Tuma'enni hinüber und bemerkte dabei ihre Anmut. Er überlegte: ‚Wem es gelingt, eine derartige *Dedou* zu bekommen, der hat schon besonderes Glück in der Liebe!' Während sie einander musterten, kreuzten sich oft ihre Blicke. So ging es bis tief in die Nacht, erst dann hörten sie auf zu trinken. Tuma'enni bot Muduli an, bei ihr im Turm zu übernachten. Beide hatten sich bereits zuvor danach gesehnt, einander die glückverheißenden Träume zu deuten, und hatten so ihr Ziel erreicht. Beim vertraulichen Bettgeflüster leistete jeder einen Treueschwur; sie unterhielten sich und plauderten und taten die ganze Nacht hindurch kein Auge zu.

Am nächsten Morgen standen sie auf und Muduli verließ den Turm, um Wildschweine zu jagen. Nachdem er sieben oder acht Meilen weit gegangen war, kam er an den Nordhang der Südberge, wo er eine Höhle auf einem der Gipfel bemerkte. Er suchte sich zwei Knüppel aus Eichenholz und stieg auf den Berg. Als er nur noch zwei bis drei Schritte vom Höhleneingang entfernt war, vernahm er plötzlich ein Mark und Bein erschütterndes Gebrüll. Erschrocken wich Muduli fünf oder sechs Schritte zurück und als er sich erneut der Höhle nähern wollte, stürmte ein Wildschwein aus ihr hervor und griff ihn an. Aber Muduli hatte ein scharfes Auge und flinke Hände: Er sprang auf den Rücken des Wildschweins, preßte seine langen Beine kraftvoll zusammen und schlug mit aller Kraft auf das Tier ein. Das Schwein sprang lange Zeit plärrend umher und warf sich schließlich bäuchlings zu Boden, wo es nicht wagte, sich zu wälzen. Mit einem Stein schlug ihm Muduli die vier Hauer aus, brachte es zu Tuma'enni und band es am Fuß des Turmes fest. Tuma'enni freute sich sehr darüber, dass Muduli tatsächlich ein Wildschwein eingefangen hatte, und lud ihn zu sich in den Turm ein, damit er sich erholen konnte und bewirtete ihn mit einem üppigen Mahl.

(14) Während sie sich beim Branntwein gegenübersaßen und ihnen von den Dienerinnen und Mägden aufgewartet wurde, fiel Muduli auf, dass Tuma'enni genauso schön wie Cengbenni und wesentlich hübscher als Nalihuoni war. Deshalb beschloss er, sie zu seiner Frau zu machen. Tuma'enni dankte derweilen Muduli: „Vieles empfangen wir dadurch (多蒙 *duo meng* ?), dass der *Mo'rgen* ein Wildschwein gefangen hat. Wenn wir es den Geistern opfern, wird mein Vater wieder gesund werden: Wie kann ich dir dafür danken?" Während sie so sprach, errötete sie bis über beide Ohren und wurde dadurch in seinen Augen nur noch anmutiger. „Als ich sah, wie schlecht es deinem Vater geht, wusste ich noch nicht, dass er der Vater der *Dedou* ist!", antwortete ihr Muduli. „Wie könnte ich an Dank denken, wenn ich doch dazu beitragen kann, dass er gesund wird?" Tuma'enni sagte: „Nun denn, wir wollen uns heute Abend bei meinem Vater treffen." Muduli verstand, dass sie sich ihm mit diesen Worten versprochen hatte, und war froh und glücklich. Nachdem sie noch einige Zeit getrunken hatten, verabschiedete er sich und stieg in Begleitung von Tuma'enni vom Turm hinab.

Als er mit dem Wildschwein ein Stück des Weges zurückgelegt hatte, bemerkte er auf einem nach Osten führenden Pfad vier oder fünf Frauen, die näherkamen. Er erkannte in ihnen seine Gemahlinnen Cengbenni und Nalihuoni, sowie seine ältere Schwester Muketeni und die Frauen von Kacan und Kabaka. Cengbenni trat auf ihn zu und machte ihm Vorwürfe: „Was machst du denn mit diesem Schwein? Wer hätte gedacht, dass du hier deine Zeit verplemperst? Du hast noch einen weiten Weg vor dir, aber eilig scheinst du es ja nicht zu haben! Auf was wartest du noch?" „Ich kam hier durch und sah, dass der *Mafa* in jenem Haus schwer krank war", antwortete Muduli. „Ich erfuhr, dass seine Schamanengeister ein Opfer verlangten und ihm so übel mitspielten, dass der *Mafa* in Lebensgefahr schwebt! Weil ich Mitleid mit ihm hatte, bin ich hier geblieben, um ihm zu helfen!" „Wenn das so ist, muss man auch zu Ende führen, was man begonnen hat!", sprach Cengbenni. „Wir begleiten dich!" Seit Muduli Cengbenni zur Hauptfrau erwählt hatte, hörte er in allen Belangen auf sie, die übrigen *Dedou* hatten nicht mitzureden. Und so gehorchten sie auch jetzt ihren Anweisungen und gingen gemeinsam mit Muduli weiter. Schon bald hatten sie das Haus des *Mafa* erreicht. Kacan und Kabaka freuten sich sehr, als ihr Herr zurückkehrte und sogar ihre Frauen mitbrachte. Der *Mafa* aber befahl der *Mama*, all die weiblichen Gäste freundlich und aufmerksam willkommen zu heißen.

(15) Als der *Mafa* sah, dass Muduli das Wildschwein gefangen und mitgebracht hatte freute er sich so sehr, dass es ihm gleich viel besser ging. Obwohl er nicht besonders reich war, fehlte es in seinem Hause an nichts, auch hatte er über zwanzig Dienerinnen abgestellt, damit sie seiner Tochter im Turm aufwarteten. Er befahl den Dienerinnen, zwei reich gedeckte Tische aufzutragen und ließ sich mit Muduli, Kacan und Kabaka an einem der beiden Tische nieder. Die *Mama* wies er an, sich mit den *Dedou* an den anderen Tisch zu setzen. Während sie tüchtig zulangten, hörten sie mit einem Mal Stimmen vor dem Haus, worauf drei oder vier Mädchen eintraten. Die zuerst eintretende *Dedou* war etwa sechzehn bis siebzehn Jahre alt, hatte ungefähr ein Fuß langes Haar und war anmutig und hübsch: Sie war eine außergewöhnliche Schönheit und niemand konnte den Blick von ihr wenden. Die *Mama* stand auf und sprach: „Komm schnell, meine Tochter, und begrüße die *Dedou Gege!*" Mit diesen Worten führte sie ihre geliebte Tochter Tuma'enni an den Tisch, damit sie die Gäste begrüße. Cengbenni erhob sich und sprach: „Bitte keine Formalitäten, jüngere Schwester! Setz dich doch zu uns und trink mit uns!" Aber erst nachdem Tuma'enni sie feierlich gegrüßt hatte, setzte sie sich zu ihnen und trank mit. Nach einigen Runden sprach Cengbenni leise einige Worte zu Muketeni und verhandelte eine Weile mit Nalihuoni, worauf sie sich wieder setzte und weitertrank. Der *Mafa* hieß die *Mama*, seine Schamanenkrone, seine Schamanentracht und die übrigen Utensilien bereit zu legen und ließ sie im Anschluß an das Essen von den Mägden bringen. Er legte die Tracht mit großer Sorgfalt an und begann zu tanzen. Gemeinsam baten Tuma'enni und ihre Mutter Muduli, das Wildschwein zu schlachten und es für das Opfer zu zerteilen. Muduli ging mit Kacan und Kabaka vor das Haus und führte das Schwein zum westlichen Trakt des Anwesens, wo er es an den *Tuolo*-Pfosten[50] band und es schlachtete, nachdem er einmal Kotau gemacht hatte. Das Wildschwein plärrte noch einige Male, aber das Messer hatte ihm bereits das Herz durchbohrt. Muduli ließ das Tier von den Haussklaven zerlegen. Die Teile wurden gekocht, in Schüsseln gefüllt, auf einen Tisch gestellt und den Geistern geopfert.

(16) Nachdem Tubu'r *Mafa* das Wildschwein den Geistern geopfert hatte, wurde er nach und nach gesund, wofür er Muduli sehr dankbar war. Er beriet sich mit seiner Frau und sie beschlossen, Muduli ihre Tochter Tuma'enni zur Frau zu geben. Und da auch Cengbenni und die übrigen Frauen nichts dagegen einzuwenden hatten, wurde der folgende Tag als Hochzeitstag festgesetzt.

---

50 Hezhe: מלךʼ (S. 686): Drei Stangen aus dem Holz der Pappel, die an der Westseite des Hauses eines Schamanen aufgestellt sind. An der Spitze der mittleren Stange wird ein Götterbild eingeschnitzt, die Stange ist in etwa einen Klafter hoch. Die beiden Stangen rechts und links davon sind etwas kürzer und auf ihren Spitzen sitzt [die Figur] eines Geistervogels (*shenniao* 神鳥). Vor diesen Stangen befinden sich drei hölzerne Götterbilder, die zur Hälfte in den Boden eingegraben sind und zirka einen Fuß aus dem Boden herausragen. Wenn der Schamane nach einer Seance nach Hause zurückkehrt, so muss er sich zuerst unter den Stangen auf die hölzernen Götterbilder setzen, um auszuruhen. Jedesmal wenn er ein Schwein schlachtet, wird Branntwein in ein Ohr des Schweins gegossen, und wenn das Schwein den Kopf schüttelt, bedeutet das, dass die Götter dieses Opfer annehmen. Falls sich das Schwein aber nicht rührt, so sind die Götter damit nicht zufrieden (S. 327, Anm. 1; 400, Anm. 1) (OA).

Nachdem sie noch zwei Tage bei dem *Mafa* und der *Mama* geblieben waren, brach Muduli am Morgen des dritten Tages mit Kacan und Kabaka auf. Sie wurden unterwegs nicht aufgehalten, weshalb sie nach einem Marsch von wenigen Tagen nur noch an die zwanzig Meilen von der Stadt des Cikexiu und seiner Brüder trennten. Da tauchte nach Südosten zu am Wege ein Wäldchen auf, wo sie schon von weitem mehrere *Kuoli* auf einer Kiefer (Fichte, Föhre) bemerkten. Als diese Muduli ausmachten, nahmen sie ihre ursprüngliche Gestalt an und als er näher herangekommen war, sah er, dass es sich um Cengbenni, Nalihuoni, Tuma'enni und Muketeni handelte. Nach der Begrüßung setzten sie sich und unterhielten sich. Cengbenni berichtete: „Cikexiu und die Seinen wissen, dass wir kommen, um Rache zu nehmen. Daher haben sie sehr viele *Mohan* [51] und *Mo'rgen* zusammengerufen, Rinder und Schafe geschlachtet und veranstalten ein Fest, um sich auf das Treffen mit dem Feinde vorzubereiten. Unser Gemahl muss auf alle Fälle sehr vorsichtig sein!" Muduli nickte und stimmte ihnen zu. Nachdem sie sich noch ein Weilchen unterhalten hatten, machten sie sich wieder auf den Weg.

Vor den Mauern der Stadt trat ihnen Cikexiu, von berittenen Kundschaftern informiert, mit einer großen Zahl von *Mo'rgen* entgegen. Muduli, Kacan und Kabaka begannen mit Cikexiu und einer Reihe von Recken zu kämpfen. Obwohl Cikexiu und die ihm Gefolgschaft leistenden *Mo'rgen* über ungeheure Fähigkeiten verfügten, hatten sie keine Chance gegen Mudulis Bronzespiegel. Während des Kampfes flog dieser Bronzespiegel von Mudulis Brust und schlug so auf die von Cikexiu herbeigerufenen Recken ein, dass diese zusammenbrachen und binnen kurzem eine große Anzahl von ihnen erschlagen war. Es war tatsächlich so, dass die Walstatt mit Leichen übersät war und das Blut in Strömen floss! Während Muduli erbittert mit Cikexiu kämpfte, hörte er plötzlich in den Lüften jemanden weinen und klagen: „Ach Cikexiu, unsere *Fujin*, *Gege* und *Dedou* wurden allesamt von Cengbenni, der Frau des Muduli, erschlagen. Reiß dich zusammen, räche sie und erschlage Muduli!" Nach diesen Worten flog ein *Kuoli* in nördlicher Richtung davon. Kurz darauf erschlug Muduli jedoch den Cikexiu. Während er verschnaufte, sah er, dass Kacan und Kabaka den Cikeniu getötet und Cikeqiu gefangengenommen hatten. Daraufhin begab er sich mit ihnen in die Stadt.

Als er am Stadttor ankam, trat eine alte *Mama* mit schlohweißem Haar auf ihn zu und fragte: „Ich habe vor einigen Tagen gehört, dass mein Sohn Muduli kommen und Rache nehmen werde. Hat der *Mo'rgen* vielleicht meinen Sohn

---

51 Hezhe: mɔhan, muhan (S. 690). Beide Zeichen haben die Bedeutung von „Herrscher"; zusammen verwendet sind sie ein Ausdruck der Achtung. Wenn der Vater den Titel *Han* führt, wird sein Sohn *Mohan* genannt, auch die jüngeren Brüder eines *Han* werden mit *Mohan* angeredet (S. 321, Anm. 1; S. 400, Anm. 2) (OA).

gesehen?" Muduli erkannte, dass er vor seiner Mutter stand, kniete eilig nieder und sagte: „Ich selbst bin Muduli, der seine Mutter zu retten gekommen ist. Ich habe die Feinde erschlagen; auch meine *Gege* wird bald hier sein." Die *Mama* erfüllten bei diesen Worten Freude und Schmerz zugleich und nachdem sie einige Tränen vergossen hatte, gingen sie gemeinsam in die Stadt. Das Volk war zusammengelaufen und begrüßte sie kniefällig. Die *Mama* sprach: „Erhebt euch alle!" Die Menge ließ sie hochleben und verlief sich anschließend. Inzwischen hatten sich auch die Gemahlinnen und die Schwester des Muduli eingefunden. Nachdem sie sich der *Mama* vorgestellt und sie begrüßt hatten, freuten sie sich von Herzen und waren froh und glücklich.

Muduli führte die Einwohner der Stadt als Kriegsbeute nach Hongjiang *Huotong* und siedelte sie dort an. Er ernannte sich zum *Han*, machte Cengbenni zur *Da Fujin*[52], während Tuma'enni und Nalidani [Nalihuoni] zu *Fujin* ernannt wurden. Kacan und Kabaka wurden als „Weise Prinzen zur Rechten und Linken" *(Zuoyou Xianwang)* eingesetzt. Seiner älteren Schwester Muketeni führte er Azhan *Mo'rgen* als Mann zu, dem er Cikeqiu als Sklaven übergab. In der Folgezeit gebar Cengbenni fünf Söhne und drei Töchter, die anderen beiden *Fujin* bekamen sechs Söhne und fünf Töchter. Mudulis Macht und Ruf ließen auch Bewohner ferner Gegenden erzittern, weshalb ihm die sechs Reiche an den drei Strömen *(San Chuan Liu Guo)* allesamt Tribut leisteten.

---

52 Der chinesische Text weist einen Druckfehler auf (S. 401): *da fupu* (大福普) ist durch *da fujin* (大福晋), „Hauptgattin", zu ersetzen.

6. Xiangcao

(1) Einst gründeten die beiden Brüder Hanziwu *Han* und Endou *Ezhen* in Ningguta[1] ein Reich und planten einen Überfall auf die drei Stämme[2] Sahalin [Amur], Song'ali [Sungari] und Wusuli [Ussuri]. Auf ihrem Feldzug rückten sie auf getrennten Wegen vor und brachten die gesamte Bevölkerung dieser Volksstämme mit zurück. Alle unterworfenen Städte, Dörfer und Weiler wurden aufgegeben. Nach der Unterwerfung dieser Stämme kehrten die Brüder am Song'ali entlang zurück und passierten dabei am Unterlauf des Flusses Sali *Huotong*. Der Stadtherr hieß Sabugou *Han* und regierte über eine Stadt und drei Dörfer; es herrschten Ruhe und Frieden, die Bevölkerung lebte von der Jagd. Sabugou *Han* ging für gewöhnlich gemeinsam mit seinen Untertanen auf die Jagd und achtete darauf, dass in jeder der vier Jahreszeiten in den Bergen eine Treibjagd abgehalten wurde. Der *Han* war über vierzig Jahre alt und da ihm seine angetraute Ehefrau Xinfuni *Dedou* noch immer keine Nachkommen geboren hatte, war seine ständige Sorge, dass niemand die Ahnenopfer fortführen werde. Eines Frühlings, zur Zeit der Opferfeiern, befahl Sabugou *Han* den Knechten, ein fettes Schwein und ein Wollschaf zu holen und lud die *Zhushen Da*, die *Gashen Da*, die *Mokun Da* sowie die *Bayan Mafa* zum Schmause ein. Sabugou *Han* verkündete den Versammelten den eigentlichen Zweck des Opfers und opferte als erstes dem Götterbaum (*shenshu*)[3]. Er befahl dem *Forilang*[4] andächtig zu dem Himmelsgott zu beten, und ihn ehrerbietig daran zu erinnern, dass der Groß*han* ohne Nachkommen war. Er sollte ihn bitten, diesem einen Sohn zu gewähren, der die Opfer an die Ahnen fortsetzen konnte. Nach Abschluss der Opferzeremonien aß der Groß*han* mit allen Gästen vom Fleisch der beiden Opfertiere und als alles aufgegessen war, war das Fest zu Ende.

(2) Nachdem Sabugou *Han* dem Götterbaum geopfert hatte, träumte Xinfuni *Dedou* noch in derselben Nacht, dass ein über achtzig Jahre alter, weißhaariger Mann zu ihr sprach: „Ihr beide habt mir ehrlichen Herzens geopfert, wofür ich euch sehr dankbar bin. Ich habe hier zwei Pasteten (*mantou*), willst du sie nicht aufessen?" Nach diesen Worten war der alte Mann verschwunden. Xinfuni nahm die Klöße und aß davon, aber wider Erwarten blieb ihr bereits der erste Bissen

---

1   Früherer Name der Kreisstadt Ning'an in der Provinz Jilin (S. 402, Anm. 3) (OA).
2   San Buluo (三部落) meint die drei großen Stammesgebiete des Nordens, Südens und der Mitte.
3   Die Hezhe schneiden bei einem mächtigen Baum an einer Stelle nahe den Wurzeln eine Götterfigur [in die Rinde], die den Himmelsgott darstellen soll. Die Chinesen nennen diesen Baum „Götterbaum" (*shenshu* 神树) (S. 316, Anm. 1; S. 402, Anm. 12) (OA).
4   Hezhe: *forilä* (S. 685). Person, die Gebete verrichtet (S. 402, Anm. 13) (OA).

in der Kehle stecken. Sie hustete einmal und wachte vor Schreck auf. Als sie am folgenden Morgen aufstand, erzählte sie ihrem Mann ihren Traum und fühlte von da an, dass sie guter Hoffnung war. Tag für Tag wurde ihr Bauch größer und nach zehn Monaten gebar sie männliche Zwillinge. Der Groß*han* war außer sich vor Freude und begab sich in den hinteren Hof, um zu sehen, ob Mutter und Kinder wohlauf waren: Die Kleinen waren beide weiß und fleischig. In jenen Tagen waren Stadt wie Land in bester Ordnung. Die Tage und Monate glichen dem Weberschiffchen und im Nu waren sieben oder acht Jahre verflogen. Die beiden Söhne waren nun schon acht Jahre alt: Der ältere hieß Shariqiwu, der jüngere Xiangcao. Xiangcao *Mo'rgen* war von ungewöhnlichem Aussehen und eindrucksvollem Körperbau. Er sprach wenig und war ruhig und unterschied sich darin völlig von seinem Bruder. Die *Aimi* und die übrigen Geister gewährten Xiangcao bereits in seiner Kindheit, dass sein Name vorgemerkt wurde, auf dass er eines Tages ein Schamane werde, dem nichts unmöglich sein würde und dem gewöhnliche Menschen nicht das Wasser reichen konnten.

Nachdem Hanziwu *Han* und Endou *Ezhen* in Ningguta ihren Feldzug gestartet und das Ussuri-Gebiet unterworfen hatten, kehrten sie entlang des Sungari wieder heimwärts. Wohin sie auch immer kamen, nirgendwo trafen sie auf einen Gegner: Fast alle Einwohner waren vor ihnen geflohen. Nur der Groß*han* von Sali *Huotong* war mit seinem Volk geblieben. Als die Einwohner der Stadt Hanziwu *Han* kommen sahen, verständigten sie Sabugou *Han*. Dieser begab sich daraufhin in die hinteren Gemächer und trat ins Schlafgemach, wo er sich mit seiner Frau beriet. Seine Frau sprach: „Eigentlich bleibt nur die Wahl zwischen Widerstand und Kapitulation, oder aber man geht ihm entgegen und heißt ihn willkommen. In jedem Falle aber muss man sich überlegen, wie man vorgehen will." Der Groß*han* war nicht gewillt, sich zu unterwerfen, und warnte daher seine Frau: „Verstecke sofort unsere Söhne, damit der Feind nichts über sie erfährt!" Die Beiden hatten ihre Beratung noch nicht beendet, als Kundschafter meldeten, dass der Feind bereits vor der Stadt stand. Sabugou *Han* legte mit Sorgfalt seine Rüstung an und war bereits auf dem Weg, als er noch einmal umkehrte und [seine Frau] erneut eindringlich ermahnte, [die Söhne zu verstecken]. Dann begab er sich vor die Stadt und nahm den Kampf an. Hanziwu *Han* und sein Bruder kämpften abwechselnd mit ihm, aber auch nach fünfzig bis sechzig Runden war der Kampf noch immer nicht entschieden. Sie kämpften weiter und nach mehr als neunzig Runden begannen Sabugous Kräfte allmählich nachzulassen, so dass er nach über hundert Runden von den Brüdern überwältigt wurde. Als Xinfuni von der Gefangennahme ihres Mannes erfuhr, versteckte sie ihre Söhne eilends in einem Erdloch, über das sie den Grubendeckel legte. Sie verstaute das im Hause vorrätige Mehl in einer Truhe, damit die beiden Söhne sich davon ernähren konnten. Nachdem sie alles bestens vorbereitet hatte, machte sie einen Purzelbaum und verwandelte sich in einen *Kuoli*. Sie flog zur Türe hinaus, hatte aber noch nicht einmal einen Klafter Höhe gewonnen, als sie auch schon von sieben oder acht *Kuoli* umzingelt wurde.

(3) Xinfuni wurde von Wangjunni *Dedou*, der Frau des Hanziwu *Han*, von dessen jüngerer Schwester Hanzini *Dedou*, von Jinqing'an *Dedou*, der Gemahlin des Endou *Ezhen*, und weiteren fünf *Dedou* in Gestalt von *Kuoli* umzingelt und angegriffen. Wie hätte ein einzelner *Kuoli* gegen acht andere ankommen können? Schon bald wurde Xinfuni von ihnen gefangen genommen. Hanziwu *Han* ließ einen Gefangenenkäfig (*qiulong*) anfertigen, in den er Sabugou und seine Frau sperrte, und machte sich wieder auf den Weg. Im Triumph kehrte er den Sungari entlang nach Hause zurück. Die mehrere zehntausend Personen zählende Bevölkerung von Sali *Huotong* sowie die etwa siebzehntausend Bewohner der drei Dörfer außerhalb der Stadt wurden allesamt von Hanziwu *Han* umgesiedelt.

Shariqiwu und Xiangcao hielten sich zirka vier bis fünf Tage in der Erdgrube versteckt. Wenn sie Hunger hatten, aßen sie von den Lebensmitteln, die ihre Mutter ihnen bereitgelegt hatte. Eines Tages streckten sie den Kopf aus der Grube und lauschten, aber in der Stadt war lediglich das Zwitschern der Vögel zu hören. Da sprach Xiongcao zu seinem älteren Bruder: „Wie kommt's, dass unsere Mama noch nicht zurückgekehrt ist? Hanziwu *Han* wird sie doch nicht etwa gefangengenommen haben? Was soll aus uns werden, wenn er sie gefangen und weggeführt hat?" Als sein Bruder dies hörte, löste er seinen Gürtel und wollte sich das Leben nehmen. Xiangcao gab sich jede erdenkliche Mühe, ihn zu beruhigen, weshalb er schließlich von seinem Vorhaben abließ. Nachdem die Brüder sich eingehend beraten hatten, gingen sie vor die Tür und sahen sich um. Sie sahen, dass niemand in der Stadt zurückgeblieben war: alle Einwohner waren vertrieben worden und auch in den drei Dörfern war's nicht besser. Da waren die Brüder sehr niedergeschlagen und weinten. Sie kehrten in die Residenz des *Han* zurück, wo sie sich zu essen machten und ihren Hunger stillten. Jedesmal wenn sie hungrig wurden, erwartete Shariqiwu, dass sein jüngerer Bruder das Essen zubereitete, sonst weinte und schluchzte er. Sein Bruder war ihm in brüderlicher Liebe zugetan; daher sorgte er beständig für ihn und ließ nicht zu, dass er sich weit vom Tor entfernte. Als die Brüder siebzehn Jahre alt geworden waren, entdeckten sie in einem Seitenteil der Residenz zwei Bögen und viele Pfeile, worauf sie begannen, sich im Bogenschießen zu üben. Xiangcao war von Natur aus klug und verständig und begriff schnell ohne lang üben zu müssen. Shariqiwu war schwerfällig und unbeholfen und gelangte erst nach langem Üben ans Ziel. Xiangcao brauchte nicht lange, um große Fortschritte in der Kriegskunst zu machen.

(4) Shariqiwu und Xiangcao verlebten ihre freie Zeit in der Residenz, bisweilen gingen sie auch in den Bergen auf die Jagd und ernährten sich von den erlegten Rehen und Hirschen. Ihre Kampfübungen aber waren ihnen zur Gewohnheit geworden. Im darauffolgenden Jahr, sie waren mittlerweile achtzehn Jahre alt geworden, hatte sich eines Tages Xiangcao zur Mittagsstunde im Hauptgebäude schlafen gelegt. Als er bei Einbruch der Dämmerung erwachte, war sein Bruder verschwunden. Hastig sprang er auf und suchte überall, aber er konnte keine Spur von ihm finden. Nachdem er lange Zeit ohne Erfolg nach ihm gerufen hatte, machte er sich große Sorgen und fand keine Ruhe, da die ganze Nacht hindurch kein Lebenszeichen von seinem Bruder kam. Am nächsten Tag stand er auf und suchte die Orte ab, wo sie [für gewöhnlich] jagten, aber auch dort konnte er keinen Hinweis finden. Auch nach drei oder vier Tagen blieb sein Bruder noch immer unauffindbar! Eines Tages ging Xiangcao zum Fluss und entdeckte, dass ihr *Wumi Richen*[5] verschwunden war. Er lief zu der Stelle am Ufer und entdeckte Fußspuren, wie sie entstehen, wenn man ein Boot abstößt. Er begriff, dass sein älterer Bruder mit dem *Wumi Richen* fortgefahren war, wusste aber nicht, was dessen Ziel war. Er überlegte einige Zeit und vermutete, dass der Bruder mit dem Boot wohl den Fluß überquert hatte, denn weit konnte er mit einem solch kleinen Boot nicht fahren. Er beschloss, nach Hause zurückzukehren und seine Sachen in Ordnung zu bringen, die Eingangstür mit einem Stein zu versperren und nach Nordosten zu gehen. Nach etwa fünfzig Meilen kam er nach *Yilan Mamugu Jia-wure'an*[6], aber am Flussufer fand er weder ein Boot, noch die Spur eines Menschen.

Er lief mehrmals am Ufer auf und ab und bemerkte dort schließlich einen mächtigen Baum, der zirka zehn Klafter hoch war. In die Rinde dieses Baumes schnitt er das Gesicht eines erwachsenen Menschen und grub Gräser aus, die er als Räucherwerk verwendete. Dann kniete er nieder und betete zum Himmel: „Mein leiblicher Bruder ist verschwunden und ich bin auf meiner Suche nach ihm hierher gekommen. Wenn es mir gelingt, meinen Bruder zu finden, werde ich eine Strafexpedition gegen die Stämme im Norden beginnen. Ich bitte den Himmel, mich zu beschützen, damit ich ohne Schaden zu nehmen den Fluss

---

5　Hezhe: *umi ətʃʼən* (S. 679): Ein aus Birkenrinde hergestelltes, kleines Boot, das leicht, schnell und wendig ist. Die größeren Boote können bis zu vier oder fünf Personen aufnehmen (S. 299, Anm. 1; S. 404, Anm. 1) (OA).

6　Hezhe: *ilã* (S. 686) *maməku* (S. 689) *ɟiaurə ani* (S. 682) „die Dreiflüssemündung" (chin.: *Sanjiangkou*). *Yilan* bedeutet „drei", *Mamugu* „Fluss", und *Jiawure'ani* „Mündung". Der Ort liegt im Kreis Tongjiang und bezeichnet das Mündungsgebiet der drei Flüsse Amur, Sungari und Huntong. Tongjiang heißt bei den Hezhe Lahasusu, was „altehrwürdiges Haus" heißt (S. 405, Anm. 1) (OA).

überqueren kann." Er machte dreimal Kotau und versprach, nach seinem Sieg drei Schweine und drei Schafe zu opfern. Nach diesem Gebet ging er zum Ufer und sprang dem nördlichen Ufer des Flusses zugewandt, vom Ufer ab. In seinen Ohren hörte er ein Brausen und im nächsten Moment stürzte er ins Wasser. Als er die Augen wieder öffnete, war er noch etwa zwanzig Klafter vom Nordufer entfernt und da er zum Glück schwimmen konnte, strebte er mit aller Kraft dem Ufer zu. Dort ließ er seine Kleider in der Sonne trocknen und suchte dann das Ufer in Richtung Westen ab. Nach fünf bis sechs Meilen fand er tatsächlich am Ufer das Boot, mit dem sein Bruder gekommen war. Xiangcao folgte einem schmalen Pfad und traf auf eine Hütte mit zwei Zimmern. Er trat durch die kleine Türöffnung und erblickte eine *Dedou*, die auf dem *Kang* an der Nordseite saß, während auf dem vorderen Ende des Ofenbettes sein älterer Bruder saß. Die beiden sprachen kein einziges Wort, sie schienen sehr distanziert und kühl zu sein. Xiangcao setzte sich auf den *Kang* an der Südseite. Die *Dedou* erhob sie sich, stopfte ihm eine Pfeife, schenkte ihm Tee ein und bewirtete ihn höflich.

(5) Diese *Dedou* hieß Shuomutuni. Als sie Xiangcao eintreten sah, empfing sie ihn höflich und freundlich, während Shariqiwu stumpf und stier auf dem *Kang* saß und kein Wort sagte. Xiangcao fragte: „Du hättest mir sagen sollen, dass du fortgehst. Ich habe mir große Sorgen gemacht, weil du dich so mir nichts, dir nichts davongemacht hast!" Der Bruder aber schwieg weiterhin. Shuomutuni erzählte Xiangcao, dass er seit dem Tag, an dem er zu ihr gekommen war, kein einziges Wort gesprochen habe. Sie tischte Branntwein und Zukost auf und lud die beiden Brüder ein. Xiangcuo fragte sie: „Wäre die *Dedou* vielleicht damit einverstanden, meinen Bruder zu heiraten?" Großmütig antwortete Shuomutuni, dass sie dazu bereit wäre, wenn er ihr ein Wildschwein aus den Westbergen, einen gefleckten Hirsch (*hualu*) aus den Nordbergen und einen am Fluß im Osten fliegenden Kranich herbeischaffe und diese den *Aimi* und den übrigen Göttern opfere. Als es Mittag geworden war, stieg er mit Pfeil und Bogen in die Westberge, um das Wildschwein zu fangen. Erst nach langem Warten gelang es ihm ein Wildschwein zu fangen, das er zurückbrachte und an der *Tuoluo*-Stange festband. Er hatte die Absicht es zu schlachten, aber es dämmerte bereits, und so legte er sich schlafen. Als der Morgen graute, zog er in die Nordberge und anschließend zum Fluß im Osten. Er erbeutete den gefleckten Hirsch sowie den Graukranich und brachte sie mit zurück. Shuomutuni war hocherfreut, stellte die *Aimi* und Gottheiten auf dem West*kang* auf und bat Xiangcao, das Wildschein und die anderen Tiere zu schlachten. Sie kochte das Fleisch in einem großen Kessel und opferte es den Göttern. Anschließend setzten sich die Drei und begannen nach Herzenslust zu trinken. Xiangcao ergriff als erster das Wort: „Morgen wollen wir gemeinsam aufbrechen. Schwägerin, du solltest alles gut vorbereiten, damit wir beim Aufbruch Hast und Eile vermeiden." Die Schwägerin versprach, dies zu tun.

Am folgenden Tag bat Xiangcao nach dem Frühstück seinen älteren Bruder und die Schwägerin zum Flußufer zu kommen, wo sie das Boot bestiegen. Gegen Abend erreichten sie das ehemalige Sali *Huotong*. Obwohl die Stadt recht groß war, war sie doch völlig verlassen. Shuomutuni fragte Xiangcao: „Wo sind die Einwohner dieser Stadt?" Xiangcao erzählte ihr offen und ehrlich, wie Hanziwu *Han* seine Eltern gefangengenommen und die Einwohner der Stadt umgesiedelt hatte. Dadurch erfuhr Shuomutuni, dass die Brüder aus der Familie eines *Han* stammten. Am folgenden Tage standen sie früh auf und der ältere Bruder und die Schwägerin vollzogen die Hochzeitszeremonie, indem sie sich zuerst vor Himmel und Erde und dann vor den Ahnen verneigten. Keine Gäste kamen, um Glück zu wünschen, nur sie drei saßen um einen Tisch und aßen und tranken. Am nächsten Tag wies Xiangcao seine Schwägerin an, eine Mahlzeit aus Hirse zuzubereiten. Nach dem Essen suchte er Axt und Säge und ging zum Flußufer, um dort zu arbeiten. Shuomutuni hörte ihn am Ufer des Flusses hämmern und schlagen. Fünf Tage lang arbeitete er ohne nach Hause zu kommen. Am achten Tage machte sie sich Sorgen, dass er Hunger haben könnte: Sie kochte ihm einige wohlschmeckende Gerichte und wartete auf seine Rückkehr. Aber auch diesmal kam er nicht, was Shuomutuni sehr beunruhigte. Sie ging daher zum Fluß, um nachzusehen. Dort sah sie, dass Xiangcao ein Drachenboot baute: Es war ihm so gut gelungen, dass es einem lebenden Drachen glich. Als er seine Schwägerin kommen sah, legte er die Axt zu Boden und ging nach Hause, um zu essen. Frohgemut sprach er zu ihr: „Meinem Boot fehlt nur noch das Steuerruder, dann ist die Arbeit beendet. Morgen werde ich mich auf den Weg machen und Vater und Mutter rächen!" Am folgenden Morgen sprach Xiangcao: „Der ältere Bruder soll mich nicht begleiten, sondern hier zu Hause Wache halten. Nur die Schwägerin möchte ich bitten, für mich Erkundigungen einzuziehen." Weiter sprach er zu seinem älteren Bruder: „Wenn jemand hierher kommt und dich schlecht behandelt, so rufe nach Westen gewandt dreimal nach mir. Ich werde dann zurückkommen und die Angelegenheit in Ordnung bringen!" Bruder und Schwägerin begleiteten ihn zum Ufer des Flusses und nachdem sie voneinander Abschied genommen hatten, fuhr Xiangcao in östlicher Richtung davon. Sein Boot fuhr so schnell, als würde es fliegen, und bereits am ersten Tag legte er mehr als zweihundertsechzig Meilen zurück.

(6) Mit sich selbst zufrieden fuhr Xiangcao zum Unterlauf des Flusses. Als er nicht mehr weit von Sanjiangkou entfernt war, bemerkte er einen *Kuoli*, der von Süden her geflogen kam und nicht zu hoch und nicht zu niedrig am Himmel seine Kreise zog. Der *Kuoli* begann, Xiangcao heftig zu beschimpfen, und zeigte sich bereit, ihn zu töten. Dieser *Kuoli* war Saqini *Dedou*, die Frau des Schamanen Sakexiu. Xiangcao war nicht gewillt, eine derartige Schmach wegzustecken und schäumte vor Wut. Er nahm seinen Bogen zur Hand und betete: „Meine *Aimi*, steht mir bei, dass mein Pfeil diese Frau trifft." Bei diesen Worten schoss er und traf Saqini in den Bauch, worauf der *Kuoli* mit einem Schmerzensschrei in westlicher Richtung davonflog. Als die *Dedou* verwundet floh, stellte Xiangcao sich wieder in den Bug des Bootes (*chuantou*) und führte das Ruder. Er schwenkte in den Sahalin ein und befuhr diesen in westlicher Richtung, wobei er weder am Tage noch in der Nacht eine Pause machte. Nach mehr als dreihundert Meilen, tauchten vor ihm zahlreiche Boote auf, die ebenfalls nach Westen fuhren. Xiangcao wollte sich ihnen anschließen und fuhr daher noch schneller mit seinem Drachenboot. Sobald aber die Leute in diesen Booten sein Drachenboot bemerkten, begannen sie mächtig zu schimpfen: „Das Boot gehörte unseren Vätern, es ist seit mehr als zehn Jahren verschwunden! Du also warst der Dieb! Rück' das Boot sofort heraus, wenn dir dein Leben lieb ist, andernfalls zerstückeln wir deine Leiche in zehntausend Stücke." Solche Schmähungen wollte Xiangcao nicht auf sich sitzen lassen: Er sprang ans Ufer und rief: „Wer von euch wagt's, mit mir zu kämpfen?" Wider Erwarten kam von jenen Booten her ein neun Fuß großer Mann von furchterregendem Aussehen. Xiangcao fragte ihn: „Wer bist du?" „Ich bin Forijiwu *Han*," antwortete der Mann, „und bin gekommen, dich gefangenzunehmen." Die Beiden begannen zu kämpfen und nach zirka fünfzig Runden ließen die Kräfte des Forijiwu *Han* nach. Nach weiteren fünfzig bis sechzig Runden spuckte er Blut und nachdem er dreimal Blut erbrochen hatte, verstarb er.

Daraufhin trat sein Bruder Fo'aqiwu *Han* vor, um sich mit Xiangcao zu messen. Er war weit erfahrener in den Kampfkünsten als sein älterer Bruder und so war nach etwa fünfzig Runden noch alles offen. Plötzlich aber ließ Fo'aqiwu *Han* von Xiangcao ab, sprang aus dem Kreis und floh in nördliche Richtung. Xiangcao verfolgte ihn sogleich und nach zwei Meilen blieb Fo'aqiwu *Han* stehen. Als Xiangcao ihn eingeholt hatte, sah er, dass sich dort ein Wasserloch von etwa drei Klaftern Umfang befand. Fo'aqiwu packte den herbeieilenden Xiangcao an den Oberarmen, um ihn in das Wasserloch zu schleudern. Dabei betete er: „Wasserdrache (*jiaolong*) in dem Wasserloch! Wenn du über Wirkkräfte verfügst (*you ling*), so greif dir den berühmten Recken Xiangcao und friss ihn auf!" Mit diesen Worten setzte er unter Aufbietung all seiner Kraft einen Wurf an. Aber Xiangcao stand am Rande des Tümpels und war trotz aller Anstrengungen nicht aus dem Gleichgewicht zu bringen. Er sprach zu Fo'aqiwu *Han*: „Nun hast du's dreimal versucht und mich trotzdem nicht hineingeworfen, nunmehr darf ich dich bitten hineinzusteigen." Er stieß mit all seiner Kraft zu und es gelang ihm,

Fo'aqiwu in den Tümpel zu stoßen. Xiangcao ging zum Ufer zurück und setzte sich in das Boot, das den Brüdern Forijiwu *Han* und Fo'aqiwu *Han* gehört hatte. Er berief die *Zhushen Da* zu sich und fragte: „Wißt ihr, über wieviele Boote die Brüder verfügten?" Sie antworteten: „Insgesamt sind es dreihundertsechzig Schiffe." Daraufhin befahl Xiangcao den *Zhushen Da* alle Boote nach Sali *Huotong* zu führen.

(7) Xiangcao fuhr mit seinem Boot weiter nach Westen. Nach zirka siebzig Meilen fegte plötzlich ein Sturmwind aus Osten heran, der die Wellen schäumen ließ. Es war, als kämen zehntausend Pferde einhergaloppiert! Da das Boot der Strömung folgte[7], eilte es besonders schnell dahin. Nach über hundert Meilen entdeckte Xiangcao auf dem Nordufer des Flusses einen erhaben und einsam aufragenden Berg. Er sah aber auch, dass auf einem mächtigen Baum auf dem Bergrücken ein *Kuoli* saß. Dieser sprach zu sich selbst: „Vorgestern kam Saqini *Dedou* krächzend hier vorbei und erzählte, dass Xiangcao kommen werde, und nun ist er tatsächlich gekommen. Meine zwei Schwestern und ich haben die hiesige Gegend in Besitz genommen und wir wurden weibliche *Hane*. Wer es auch immer ist, niemand darf wagen, uns mit Geringschätzung zu begegnen. Viele von denen, die hier vorüberkamen, sind den Berg heraufgestiegen und haben um unsere Gunst gebeten. Erst dann durften sie passieren. Xiangcao glaubt wohl, dass er dies nicht nötig hat, ja er wagt sogar, eigenmächtig unser Gebiet zu durchqueren! Seine Selbstgefälligkeit und Überheblichkeit sind unerträglich: Ich werde ihm daher das Boot zerschlagen!" Mit diesen Worten zertrümmerte sie das Drachenboot des Xiangcao in kleine Stücke.

Xiangcao stürzte ins Wasser und es fehlte nicht viel, dann wäre er ertrunken. Zum Glück bekam er eine Bootsplanke zu fassen und konnte so ans Ufer schwimmen. Dieser *Kuoli* war Wenbuni, die älteste Tochter des Schamanen Wuruguli, des [früheren] Herrn des Gebietes von Wuyunkunku. Sie hatte noch zwei Schwestern, von denen die ältere A'rkani, und die jüngere Alani hieß. Der Schamane Wuruguli war schon verstorben und hatte diese drei Töchter hinterlassen. Als sie erwachsen wurden, ergriffen sie Besitz von Wuyunkunku und wurden weibliche *Hane* und berühmte Heldinnen. Am berühmtesten war Wenbuni *Dedou*, die über außerordentliches Talent und ungewöhnliche Schönheit verfügte und eine Meisterin in den Kampfkünsten war. Ihre Schwestern A'rkani *Dedou* und Alani *Dedou* waren gleichfalls sehr hübsch, wussten aber in der Magie weniger gut Bescheid. Wenbuni hatte bemerkt, dass Xiangcao ein junger, charakterfester und gutaussehender Held war, und hatte von ganzem Herzen Zunei-

---

7 Im Text heißt es jedoch, dass der Held auf dem Amur nach Westen fährt, also gegen den Strom.

gung zu ihm gefasst. Sie beschloss daher sein großes Boot zu zerschlagen, um ihn am Weiterfahren zu hindern. Als aber Xiangcao die *Dedou* erblickte, fragte er nicht lange und begann mit ihr zu kämpfen. Nach fünfzig Runden war der heftige Kampf noch immer nicht entschieden, als sie aber an die achte Stufe (*ceng*) eines Bergbaches kamen, schleuderte Wenbuni Xiangcao in den Bach, so dass er zwischen die großen Felsblöcke in der Bergwand stürzte. Die drei Schwestern aber hielten abwechselnd auf dem Berg Wache.

Xiangcao hatte schon den siebten oder achten Tag nichts zu essen bekommen und war daher hungrig und durstig. In dieser misslichen Lage hörte er, wie jemand aus der Luft herab zu ihm sprach. Als er angestrengt lauschte, erkannte er die Stimme seiner Schwägerin, die zu ihm sagte: „Wie kann ich dem jüngeren Bruder aus seiner schwierigen Lage helfen? Das Beste wird wohl sein, den Berg fortzuschlagen, um dich da herauszuholen." Sie stieß aus den Lüften herab, Berg und Tal erbebten und Xiangcao wurde über einen Klafter hoch herausgeschleudert, aber gleich darauf fiel er wieder zwischen die Felsen zurück. Am neunten Tag kam ein weiterer *Kuoli*, der zu Xiangcao sprach: „*Wolage*[8], man kann nicht mitansehen, welche Not du leidest. Ich bin deine jüngere Schwester. Als unsere Eltern verschleppt wurden, wurde ich in der Gegend von Wuyun *Bila*[9] geboren, in eine Wiege gelegt und im Fluss ausgesetzt. Shanji *Mafa* hat mich herausgefischt und gerettet. Erst heute, als ich hier vorüberkam, habe ich erfahren, dass dem *Wolage* etwas zugestoßen ist. Ich werde nun ihren Zauber brechen." Mit diesen Worten stieß sie auf den Bergbach herab und wie bei Blitz und Donner bebten die Bäume und Gräser.

(8) Die leibliche Schwester des Xiangcao, Xiangzini *Dedou*, rettete ihren Bruder, indem sie herabstieß und die Klamm des Sturzbaches zertrümmerte und so den Zauber der Wenbuni brach. Als Wenbuni und ihre zwei Schwestern dies sahen, kamen sie herbei und kämpften in den Lüften mit Xiangzini. Während sie kämpften, flogen aus östlicher Richtung zwei weitere *Kuoli* herbei und stürzten sich in den Kampf, so dass nun drei *Kuoli* gegen drei andere kämpften. Dabei entfernten sie sich in nördlicher Richtung. Xiangcao hatte mächtigen Hunger und lief zu dem Haus der Wenbuni. Bald kam er zu einem Haus mit drei Räumen – wahrscheinlich bewohnte jede der drei *Dedou* ein Zimmer –, das ruhig und anmutig gelegen war. Xiangcao suchte sich etwas zu essen, und nachdem er seinen Hunger gestillt hatte, ruhte er sich im Hauptzimmer aus.

Als Xiangzini sich heldenmütig in den Kampf gegen Wenbuni stürzte, kamen von Osten her ihre Schwägerin Shuomutuni *Dedou* sowie die zu Hilfe gerufene

---

8   Hezhe: *ʒlakʒ* (S. 685): Zweitältester Bruder (S. 408, Anm. 1) (OA).
9   Wuyun *Bila* ist der Wuyunhe im Kreis Wuyun in der Provinz Heilongjiang (S. 408, Anm. 2).

Xiarihuoni *Dedou* in Gestalt von *Kuoli* geflogen. Jede hatte beim Näherkommen für sich beschlossen, dazu beizutragen, dass sie Wenbuni und ihre Schwestern gefangennähmen. Aber Wenbunis Fähigkeiten hatten nicht ihresgleichen, ganz gleich wie gut Xiangzini und Xiarihuoni in den Kampfkünsten bewandert sein mochten, es wäre ihnen nicht möglich gewesen, die Schwestern gefangenzunehmen. Aber da sich Wenbuni *Dedou* in Xiangcao verliebt hatte und nun mitbekam, dass Xiarihuoni der Gegenseite zu Hilfe gekommen war, befürchtete sie, dass diese ihr den Rang der Hauptgattin streitig machen könnte und überlegte deshalb: ‚Es wäre besser, wenn ich mich geschlagen gebe und mir damit meine Hochzeit ermögliche.' Und so ergab sie sich scheinbar und ließ sich auf den Boden herab, worauf Xiangzini sie gefangennahm. Als ihre beiden jüngeren Schwestern dies sahen, wollten auch sie nicht mehr weiterkämpfen und nahmen reißaus.

Nachdem Wenbuni von Xiangzini festgenommen worden war, begaben sie sich zu Wenbunis Haus. Unterwegs kamen sie darauf zu sprechen, dass Xiangcao noch nicht geheiratet und noch keine Familie begründet hatte, weshalb es das Beste wäre, wenn er mit der *Dedou* eine vom Himmel vorherbestimmte Ehe eingehen würde. Wenbuni sagte: „Wir drei Schwestern hatten schon früher etwas derartiges vor. Als wir nun sahen, wie dein älterer Bruder mit seinem Boot hier vorüberkam, wollten wir ihn unter allen Umständen an der Weiterfahrt hindern. Es blieb uns nichts anderes übrig, als einige harmlose Tricks einzusetzen. Wir drei Schwestern würden gerne mit den Einwohnern der drei Städte westlich des Berges als Mitgift deinen älteren Bruder heiraten!" Während die Beiden sich in dieser Weise unterhielten, erreichten sie das Haus der Wenbuni. Wenbuni überließ Xiangzini den Vortritt und nach einigen Komplimenten hinüber und herüber traten sie schließlich gemeinsam ein. Xiangcao erkannte die beiden *Dedou* nicht. Die zuvorderst stehende *Dedou* sprach zu Xiangcao: „*Wolage*, erkennst du denn diese Dedou nicht wieder? Es ist doch Wenbuni!" Wenbuni sah sehr hübsch aus, sie war wie ein Mann gekleidet und ungemein geschickt und gewandt. Xiangzini *Dedou* forderte ihren älteren Bruder auf, Wenbuni in angemessener Form zu begrüßen. Während Wenbuni ein Festessen vorbereitete, traten Shuomutuni, Xiarihuoni, A'rkani und Alani ein. Xiangcao begrüßte seine Schwägerin und nachdem auf seine Anweisung hin auch seine Schwester die Schwägerin gegrüßt hatte, tat er dasselbe bei Xiarihuoni, worauf sie alle sehr fröhlich und vergnügt waren.

Bald darauf tischte Wenbuni ein festliches Mahl auf. Ihre Gäste setzten sich je nach Alter zu Tisch und begannen zu trinken. Xiangzini teilte der Schwägerin die Absichten der Wenbuni mit, und als diese nunmehr deren wahre Absichten erfuhr, brachte sie die Sache sogleich zur Sprache. Wenbuni und ihre Schwestern sagten ohne zu zögern zu und auch Xiarihuoni gab zu verstehen, dass sie sich mit Xiangcao verheiraten wollte. Shuomutuni und Xiarihuoni waren seit ihrer Kindheit Schwurschwestern, und da Xiarihuoni weder Eltern noch Geschwister hatte, wurde Shuomutuni beauftragt, ihre Hochzeit zu leiten. Der folgende Tag wurde als Hochzeitstag festgesetzt. Am nächsten Morgen brachte man nach dem Aufstehen Branntwein und Zukost und bereitete den Altar für die Räucherbecken und anderes mehr vor. Bei Sonnenaufgang war Xiangcao mit dem Waschen und Frisieren fertig und trat in den Hof. Seine Schwägerin geleitete die vier *Dedou* Wenbuni, A'rkani, Alani und Xiarihuoni zu ihm, worauf sie sich gemeinsam mit Xiangcao vor Himmel und Erde und im Anschluss daran vor den Ahnen und den Göttern, zum Beispiel dem Herdgott, verbeugten. Nachdem die Bräute eine Viertelstunde einige Zeit sitzen geblieben waren, ließen sie sich mit den übrigen Anwesenden nieder und tranken Branntwein und erst als der Abend dämmerte, ging man auseinander. Jede der vier Bräute kehrte in ihre jeweilige Kammer zurück, worauf sie Xiangcao der Reihe nach besuchte. Nachdem man an diesem Ort sieben oder acht Tage verblieben war, bat Xiangcao seine Schwägerin, nach Hause zurückzukehren und die Oberaufsicht über alle Städte zu führen. Zudem befahl er Wenbuni bekanntzugeben, dass die Einwohner der drei Städte im Westen der Berge sich zusammen mit seiner Schwägerin nach Sali *Huotong* begeben sollten. Die *Zhushen Da* verkündeten zur Freude des Xiangcao, dass man über siebenhundertzwanzig Boote verfügte, welche die Einwohner der drei Städte aufnehmen konnten. Es wurde Abend bis Xiangcao alle Maßnahmen getroffen hatte, und erst dann konnte er sich zur Ruhe begeben.

(9) Um Mitternacht hatte Xiangcao plötzlich einen Traum. Er träumte, dass er in eine Gegend kam, deren Landschaft schön wie auf einem Gemälde war. Während er deren Ruhe und Anmut bewunderte, hörte er plötzlich jemanden hinter sich rufen: „Wie fröhlich du doch im *Fu'rjin Zhuolu*[10] herumbummelst!" Als Xiangcao sich umsah, erblickte er einen fünf Fuß großen Mann mit tönender, klangvoller Stimme, der ganz den Eindruck eines Helden machte. Als Xiangcao sich umdrehte, kam er auf ihn zu und begrüßte ihn höflich. Xiangcao fragte ihn: „*Mo'rgen Dou*[11], gestattet mir nach Eurem werten Namen und dem Wohnsitz Eurer Familie zu fragen." Der Mann antwortete: „Ich heiße Ba'rbuken und wohne über siebenhundert Meilen von hier entfernt. Aber ich habe vernommen, dass der ehrenwerte ältere Bruder vom Sungari an den Sahalin kommen werde, um

---

10 *Fu'rjin*, Hezhe: *fuligie̱* (S. 690) bedeutet „rot", *Zhuolu* (ʧɔlɔ) (S. 686) heißt „Stein". Name eines Bergzuges am Nordufer des Amur (S. 410, Anm. 1) (OA).

11 Hezhe: *mɔrgəŋ dəu* (S. 690) [Mandschu: mergen deo]: Höfliche Anrede für einen jungen Mann; *Dou* hat die Bedeutung von jüngerer Bruder (OA).

die nördlichen Stämme zu befrieden und die Erde erzittern zu lassen. Ich wollte
Euch treffen und bin daher hierher gekommen." Sie unterhielten sich und da sie
aneinander großen Gefallen fanden, entzündeten sie Räucherwerk und schlossen
Bruderschaft. Ba'rbuken sprach: „Du bist noch jung, solltest du in Zukunft auf
einen gefährlichen Gegner treffen, so rufe meinen Namen und ich werde dir
sofort zu Hilfe kommen." Kaum hatten sie dies vereinbart, wurde Xiangcao von
seiner Frau Wenbuni geweckt. Er wunderte sich sehr [über seinen Traum].

Sobald sie am folgenden Morgen mit dem Frühstück fertig waren, verabschiedete sich Xiangcao von seiner Schwägerin und setzte seinen Weg nach Westen
fort. Wenbuni begleitete ihn mit ihren Schwestern, und auch Xiarihuoni und
Xiangzini folgten ihm. Nach zwei Tagen Marsch erreichte er ein Dorf, an dessen
Ostrand sich eine Familie soeben anschickte, die Trauerkleidung abzulegen[12].
Xiangcao sah, dass in dem Haus zahlreiche Gäste anwesend und nach Männern
und Frauen getrennt auf der Nord- und Südseite saßen. Rechts und links von
dem Kopfkissen und dem *Dangzi* saßen zwei *Dedou*, die ungefähr sechzehn bis
siebzehn Jahre alt und sehr hübsch waren. Insbesondere die *Dedou* auf der linken
Seite war eine herausragende Schönheit. Auch sie fixierte Xiangcao unverwandt
und es hatte den Anschein, dass sie sich heftig in ihn verliebt hatte.

(10) Xiangcao kannte diese beiden *Dedou* nicht, brachte aber in Erfahrung, dass
diese hübsche *Dedou* niemand anderer war, als Ba'rtani *Dedou*, die leibliche jüngere
Schwester jenes Ba'rbuken, mit dem er im Traum Schwurbruderschaft geschlos-
sen hatte. Sie war nunmehr siebzehn Jahre alt und eine einmalige Schönheit.
Bereits in jungen Jahren hatte sie sich mit Taiyilaru, dem jüngeren Bruder des
Jiegederu, verlobt; diese Brüder hatten noch zwei jüngere Brüder namens
Zhuobugou und Cibugou. Diese vier Brüder waren hervorragende Kämpfer,
wobei Jiegederu und Taiyilaru die Besseren waren. Als Ba'rbuken seine jüngere
Schwester dem Taiyilaru versprach, war seine Schwester erst zwölf Jahre alt
gewesen und hatte keine Ahnung von den Dingen der Welt gehabt; nun, da sie
herangewachsen war, hatte sie beschlossen, dass sie lieber sterben, als mit ihm
zusammen sein wollte, denn er war zwar ein Recke, dafür aber außerordentlich
häßlich. Ba'rtani war eine hervorragende Kämpferin und verfügte über ungewöhnliche Fähigkeiten: Sie hatte durch Magie bewirkt, dass Ba'rbuken sich im
Traum mit Xiangcao verbündet hatte. Die beiden Recken sollten Schwurbrüderschaft schließen, denn dann konnte sie erreichen, dass sie dem Xiangcao versprochen und mit ihm verheiratet wurde. Als daher wenige Tage zuvor im Hause

---

12 *Liao diaozi*: Ein Brauch der Hezhe: Nach dem Tod einer Person fertigen die Angehörigen ein
Kopfkissen und eine wattierte Unterlage an und legen sie auf den *Kang*. Vgl. Erzählung Nr. 5,
Anm. 29.

des Shanji *Mafa* das Ende der Trauerzeit nahte, hatte sie sich mit ihrer Schwägerin dorthin begeben.

Am Abend des Tages, an dem Xiangcao im Hause des Shanji *Mafa* die Ba'rtani erblickt hatte, verwandelte er sich in einen alten Mann und ging zu einem Haus, in dem er drei *Dedou* bemerkt hatte: Eine von ihnen war Ba'rtani, die andere ihre Schwägerin, und die dritte war Shanjini, die Frau des Shanji *Mafa*. Als Ba'ertani den Xiangcao eintreten sah, empfing sie ihn freundlich und aufmerksam und gab sich in keiner Weise verschämt. Xiangcao fragte: "Falls Ihr hier ein leerstehendes Zimmer habt, dürfte ich dann um Unterkunft für eine Nacht bitten." Die Schwägerin antwortete: „Es gibt leerstehende Zimmer, aber leider sind wir ohne einen Hausvorstand, weshalb es nicht möglich ist, gemeinsam hier zu verweilen." Ba'rtani aber beeilte sich, zu ihr zu sagen: „Da der Herr nun schon einmal hierher gekommen ist und bittet, so sollten wir ihn nicht abweisen!" Auch Shanjini schaltete sich ein: „Wenn ein alter Mann um eine Bleibe bittet, wie könnte man ihm dies abschlagen!" Die *Dedou* wies Xiangcao einen Platz auf der Nordseite des *Kang* an. Die drei *Dedou* plauderten noch lange miteinander und kamen auch darauf zu sprechen, dass Xiangcao in Bälde an diesem Ort vorbeikommen werde; sie wußten aber nicht, wann das sein würde. Xiangcao lachte sich bei diesen Worten ins Fäustchen. Nachdem die drei Frauen einige Zeit geplaudert hatten, trennten sie sich. Ba'rtani und ihre Schwägerin übernachteten gemeinsam in besagtem Haus. Um Mitternacht lag nur noch Ba'rtani wach. Als sie zum Nord*kang* hinüberblickte, lag darüber ein heller Schimmer. Als sie genauer hinsah, bemerkte sie, dass Xiangcao sich wieder zurückverwandelt hatte und schön und begehrenswert war. Leise weckte sie ihn und trank noch mit ihm Branntwein; ihre Schwägerin aber schlief weiter ohne wach zu werden. Während sie mit Xiangcao trank, erzählte sie ihm von ihrer Abneigung gegen Taiyilaru, weshalb Xiangcao ihr vorschlug: „Falls die *Dedou* nicht Anstoß nimmt an meiner Hässlichkeit, wie wäre es denn dann, wenn wir heiraten würden? Es wird wohl Mittel und Wege geben, um für Taiyilaru eine andere Partie zu finden!"

(11) Während Xiangcao und Ba'rtani so miteinander sprachen, wurden sie von Wenbuni und Xiangzini entdeckt. Xiangzini kannte Ba'rtani. Sie schüttelten sich zur Begrüßung die Hände und gingen sehr ungezwungen miteinander um. Xiangcao wies Wenbuni an, sich der Ba'rtani vorzustellen. Xiangzini und Ba'rtani hatten bereits zu einem früheren Zeitpunkt Schwesternschaft geschlossen, und weil Ba'rtani ein Jahr älter war, galt sie als die ältere Schwurschwester. Da es schon nach Mitternacht war, legten sich alle schlafen. Am folgenden Tag gesellten sie sich zu der Trauergemeinschaft. Der Hausherr hatte den Schamanen Tuoqiwu gerufen, damit er in einer Seance die Seele des Verstorbenen ins Jenseits geleitete, zudem hatte er zwei kräftige Burschen aus dem Dorf, Hailanta und

Sulanta mit Namen, gebeten, dem Schamanen dabei als Helfer zu dienen.[13] Mittlerweile hatten sich die Gäste und Teilnehmer versammelt. Der Schamane begann zu trommeln und zu tanzen. Hailanta stand in der südwestlichen Ecke, Sulanta in der nordöstlichen Ecke, dort fingen sie den Schamanen auf und halfen ihm weiterzutanzen. Nachdem dieser einige Zeit getanzt hatte, waren sie ihrer Aufgabe nicht mehr gewachsen. Der Hausherr fragte daher seine Gäste, ob nicht jemand von ihnen dem Schamanen beistehen könnte: Niemand aber traute sich dies zu, weshalb Shanjini sich große Sorgen machte.

Ba'rtani bemerkte, dass Shanjini sich deshalb große Sorgen machte, und sprach mit gedämpfter Stimme: „Bitte doch den ehrwürdigen Herrn dort, dem Schamanen beizustehen." Shanjini ging mit einem Krug Branntwein zu Xiangcao, schenkte ihm ein und bat ihn inständig, dem Schamanen beizustehen. Xiangcao zierte sich aus Höflichkeit noch etwas, sagte aber schließlich zu. Er wählte in dem Raum [als weiterer Helfer] einen *Mo'rgen* namens Egedeqi aus und bedeutete ihm, dass er sich in der nordöstlichen Ecke aufstellen solle, während er selbst sich zu der südwestlichen Ecke begab. Nun tanzte der Schamane zwischen ihnen, und wenn er auf den im Südwesten stehenden Xiangcao stürzte, so streckte dieser seinen rechten Arm aus und führte den Schamanen Tuoqiwu zur nordöstlichen Ecke. Wenn der Schamane sich gegen den in der nordöstlichen Ecke stehenden Egedeqi warf, so führte dieser ihn mit beiden Händen zur südwestlichen Ecke. Auf diese Weise war es dem Schamanen möglich, ohne Störung die Gesänge vorzutragen, mit denen er die *fayanggu*-Seele [ins Jenseits] geleitete. Als er zu aufhörte zu singen, war die Zeremonie zu Ende. Am nächsten Morgen wurde das *Dangzi* zum Tor hinausgebracht, alle Opfergaben wurden davor aufgestellt und die Verwandten und Bekannten nahmen Abschied. Nach einer Weile zerriss man das *Dangzi* und verbrannte nach dem Ritus der Totenspende (*dianli*) *Dangzi* und Opfergaben.

Der Hausherr lud nun die Gäste zu einem Fest in dem Anwesen ein. Während des Gelages schlugen die Verwandten und Bekannten vor, dass man Shanjini dem ehrenwerten Herrn als Frau geben solle. Xiangcao lehnte jedoch ab: „Ich bin ein alter Mann und würde der jungen *Dedou* nur hinderlich sein. Ich bin der Meinung, dass Egedeqi sie heiraten solle, da er das gleiche Alter hat wie die *Dedou*." Die Freunde und Bekannten sowie die anwesenden Gäste stimmten ihm zu.

Xiangcao blieb über Nacht und machte sich nach dem Frühstück wieder auf den Weg. Gegen Abend erreichte er eine Siedlung und wurde bei seiner Ankunft von einem Boten des Qituwu *Han*, des Dorfherrn, begrüßt, der ihn zu Qituwu *Han* führte. Qituwu *Han* und sein Vater baten Xiangcao ins Haus, worauf sie sich

---

13 Vgl. Fußnote 3, S. 391 im Original.

nach Gast und Gastgeber getrennt setzten und sich miteinander bekanntmachten. Xiangcao bemerkte, dass die Familie des Qituwu *Han* nicht groß und dessen jüngere Schwester Qituni *Dedou* eine außergewöhnliche Schönheit war. Während er den Blick nicht von ihr lassen konnte, ließ Qituwu *Han* Branntwein und Zukost auftischen und forderte Xiangcao auf zuzugreifen. Nach einigen Bechern wandte sich Xiangcao an den Vater des Qituwu *Han*: „Ich habe gehört, dass Euer befehlender Liebling noch niemandem versprochen ist. Mein Neffe entbehrt noch einer Gattin und solltet Ihr mich nicht abweisen, so möchte ich um Euren befehlenden Liebling für meinen Neffen bitten. Wie ist Eure ehrenwerte Meinung dazu? Sollten Geldgeschenke oder ein Wettkampf als Vorbedingung für die Hochzeit gestellt werden, so wird mein Neffe allen Anweisungen folgen." Nachdem der alte Herr ein Weilchen nachgedacht hatte, antwortete er: „Da der *Mo'rgen* diese Sache vorgebracht hat, will ich zustimmen. Aber auch meinem Sohn mangelt es an einer Gemahlin. Falls unsere beiden Familien keine Abneigung gegeneinander haben, wär's da nicht besser sie würden sich durch gegenseitige Heirat miteinander verschwägern? Was hält der *Mo'rgen* davon?" Da klatschte Xiangcao in die Hände und willigte ein, worauf man hocherfreut auseinanderging.

(12) Am Abend schlug der Vater des Qituwu *Han* Xiangcao vor, alle *Dedou* zu einem Festessen in sein Haus einzuladen und Xiangcao stimmte bereitwillig zu. Am folgenden Morgen standen sie alle frühmorgens auf und Tuobutuni *Dedou*, die Hauptfrau des Qituwu *Han*, ging, die *Dedou* einzuladen.

Die sechs *Dedou* Wenbuni, Xiarihuoni, Xiangzini, Ba'rtani, Ba'rtani[14] und Alani hatten in einer *Zhuolu Xingeli*[15] Rast gemacht, als eines Tages Ba'rtani unruhig wurde, mit ihren Finger zählte und zu Xiangzini und Wenbuni sprach: „Xiangcao tauscht gerade seine jüngere Schwester für eine Doppelhochzeit gegen die jüngere Schwester des Qituwu *Han* ein. Was meinen die Schwägerin und die jüngere Schwester dazu?" Wenbuni antwortete als Erste: „Warum will er unbedingt die jüngere Schwester tauschen? Ich bin sehr dagegen, weiß aber nicht, was ihr davon haltet?" Auch die übrigen *Dedou* waren einhellig dagegen. Ba'rtani ergriff neuerlich das Wort: „Jene Familie hat einen Boten losgeschickt, der uns einladen kommt. Aber in dieser Angelegenheit sollten wir dem Anlass entsprechend auftreten!"

Um die Mittagszeit hatte Tuobutuni die Felshöhle erreicht. Am Höhleneingang war niemand zu sehen[16]. Als sie am Eingang ankam, war's darin sehr hell,

---

14 Vielmehr: A'rkani.
15 Hezhe: *ʃɔh ʃegali* (S. 686): Felshöhle (S. 413, Anm. 2) (OA).
16 D.h. niemand stand zum Empfang bereit.

sonst aber ruhig und still. Aus der Höhle drangen nur die Stimmen und das Lachen von Frauen. Als Tuobutuni eintrat, sah sie sechs *Dedou*. Diese verstummten bei ihrem Anblick und sagten nichts zu ihr, weshalb Tuobutuni sich recht unbehaglich fühlte. Schließlich wandte sich die älteste *Dedou* an sie: „Bitte setzt Euch!" Nachdem sich Tuobutuni kurz ausgeruht hatte, fiel ihr auf, dass es zwei *Dedou* gab, die sehr jung waren, so dass sie nicht wußte, wer von ihnen Xiangzini war. Tuobutuni fühlte, dass sie hier nicht allzu willkommen war, weshalb sie mit hochrotem Gesicht fortging. Es wurde schon Abend, als sie wieder zu Hause ankam. Sie war sehr verstimmt und sagte beim Eintreten zu Qituwu *Han*: „Wie vornehm wollen denn diese *Dedou* sein, wenn sie sich weigern, zu uns zu kommen?! Von all den *Dedou* hat nur die älteste einen einzigen Satz gesprochen, und zwar, dass ich mich zu ihnen setzen soll, und die übrigen haben kein einziges Wort gesagt; ich denke, dass diejenige, die dies gesagt hat, Wenbuni *Dedou* war. Es gab noch zwei Mädchen, die einander sehr ähnlich waren, so dass ich nicht herausfinden konnte, wer von ihnen Xiangzini *Dedou* war. Ich werde auf gar keinen Fall nochmals hingehen, um sie als willkommene Gäste einzuladen!" Als Xiangcao Tuobutuni so sprechen hörte, wurde er zornig, rief sogleich einen *Eqihe Mafa*[17] und erteilte ihm leise ernste Anweisungen. Der *Eqihe Mafa* flog von seiner Hand auf und entfernte sich.

[Inzwischen] berieten auch Ba'rtani und Wenbuni: „Wie wäre es, wenn wir Xiangzini *Dedou* zu einem Wettkampf antreten ließen, denn im Verlauf dieses Wettkampfes kann sie die anderen töten. Schwestern, was haltet ihr davon?" Alle waren damit einverstanden, worauf Xiangzini sich auf den Wettkampf vorbereitete. Während die *Dedou* ihre Vorbereitungen trafen, hörten sie vom Höhleneingang her jemanden sprechen: „Der *Mo'rgen* hat mir befohlen, hierherzukommen und euch zu holen!" Ba'rtani und Xiangzini waren bereit; sie verwandelten sich in *Kuoli* und flogen geradewegs zum Anwesen des Qituwu *Han*, wo sie sich auf den Dachfirst setzten und riefen: „Bevor es zur Hochzeit kommt, wollen wir uns mit euren *Dedou* im Kampfe messen!" Mit diesen Worten kreisten sie wieder zu den Wolken empor. Qituni verwandelte sich ebenfalls in einen *Kuoli* und flog aus dem Haus, um mit Xiangzini zu kämpfen.

(13) Als Qituni das Haus verließ, stieß Xiangzini auf sie herab und spaltete sie in zwei Teile. Ihr Vater und ihr älterer Bruder begannen daraufhin mit Xiangcao zu argumentieren und als ein Wort das andere gab, griff Xiangcao nach dem Branntweinkrug und schleuderte ihn Qituwu *Han* an den Kopf. Dieser traf ihn an der Schläfe, worauf sich das Blut über den Boden ergoss und Qituwu *Han* verstarb. Sein Vater warf sich bäuchlings zu Boden und flehte um Schonung. Xiangcao

---

17 Hezhe: ʒIʃ'ihɜ *mafa*, vgl. Richtsfeld 1996: 58–59.

befahl ihm, mit seinem Volk zusammen fortzuziehen. Inzwischen war Tuobutuni
von Ba'rtani getötet worden. Xiangcao befahl nun dem *Zhushen Da*, das Volk
nach Sali zu führen und sich dort niederzulassen. Mittlerweile fanden sich auch
Wenbuni, Xiarihuoni, A'erkani, Alani und Ba'rtani ein.

Xiangcao und Ba'rtani empfanden große Liebe füreinander und obgleich sie
sich mit „älterer Bruder" und „jüngere Schwester" ansprachen, verhielten sie sich
doch insgeheim eher wie Mann und Frau. Eines Tages sagte Ba'rtani zu ihm:
„Hundertfünfzig Meilen westlich von hier leben die vier Brüder Jiegederu,
Taiyilaru, Zhuobugou und Cibugou. Sie sind sehr gefährlich. In früheren Jahren
hat mich mein älterer Bruder dem Taiyilaru versprochen. Mittlerweile ist ihnen
bekannt, dass ich nicht mehr zu Hause wohne. Mehrmals haben sie mit meinem
älteren Bruder vereinbart, dass sie mich dieser Tage als Braut einholen werden.
Die Frau des Jiegederu, sie heißt Zhuoma'anni und ist die älteste Tochter des
Zhuolu *Mafa*[18], ist eine ausgezeichnete Kämpferin. Ihre jüngere Schwester
Zhuo'rtani *Dedou* ist eine noch gefährlichere Kämpferin, außerdem ist sie noch
nicht verheiratet. Wenn wir Zhuo'rkani überreden könnten, dem Taiyilaru nicht
beizustehen, so ist uns der Sieg sicher." Nach diesen Worten begaben sich drei
der *Dedou* zu Zhuo'rkani, um sie zu überreden. Auch Xiangcao brach auf und zog
weiter nach Westen.

Nach einem langen Marsch erreichte er eine hoch aufragende und riesige
Stadt. Während er staunend auf sie starrte, kamen ihm von dort fünf oder sechs
Personen entgegen. Unter ihnen befand sich ein Mann, der fünf Fuß groß und
massig war. Er sprach zu Xiangcao: „*Mo'rgen Dou*, wir haben uns am *Fu'rjin Zhuolu*
getroffen. Erinnerst du dich daran?" Bei diesen Worten erinnerte sich Xiangcuo
seines Traumes und fragte: „Du also bist Ba'rbuken?" „Genau der bin ich!", antwortete Ba'rbuken und forderte seinem jüngeren Bruder Ba'rbujun auf, sich
Xiangcao vorzustellen. Sie begaben sich in die Residenz des Ba'rbuken, in der
bereits ein Festmahl vorbereitet worden war. Ba'rbuken und Xiangcao setzten
sich auf die Plätze des Gastes und des Gastgebers und begannen zu trinken; sie
prosteten einander zu und fanden großen Gefallen aneinander.

Ba'rtani war mit Wenbuni und Xiangzini lange Zeit unterwegs gewesen, als
sie zu einem mächtigen Bergstock kamen, der Zhuolu Hada hieß. In einer
Schlucht entdeckten sie eine Felsenhöhle und als sie drei Klafter weit hineingegangen waren, hörten sie Stimmen. Ba'rtani *Dedou* öffnete eine Tür und trat
ein. Sie erblickte einen *Mafa*, eine *Mama* und eine *Dedou*, die alle auf einem Ofenbett (*kang*) saßen. Diese *Dedou* war niemand anderer als Zhuo'rkani, der *Mafa* und
die *Mama* waren ihre Eltern. Als sie Ba'rtani *Dedou* und ihre Begleiterinnen er-

---

18 Hezhe: *ʧɔb mafa* (S. 686), bedeutet „Steinkopf-Alter. Vgl. Richtsfeld 1996: 74.

blickte, stieg sie vom *Kang* herab und hieß sie willkommen: „Welcher Wind hat euch *Dedou Gege* hierher geweht?" Die Drei antworteten: „Wir sind gekommen, weil wir in einer wichtigen Sache eine Bitte vorbringen möchten." Sie knieten nieder und fuhren fort: „Xiangcao *Mo'rgen* wird mit Jiegederu und seinen drei Brüdern kämpfen müssen. Falls die ältere Schwester in diesen Kampf helfend eingreift, so bedeutet dies, dass wir sterben werden, ohne einen Ort zu haben, an dem wir bestattet werden." So flehten sie sie auf Knien unaufhörlich an. Zhuo'r-kani aber redete ihnen gut zu: „Steht doch bitte auf, ihr *Dedou*! Wir können ohne große Formalitäten darüber sprechen! Bitte beruhigt euch, eure jüngste Schwester [d.h. ich] denkt gar nicht daran zu kämpfen." Mit diesen Worten half sie ihnen auf und ließ sie auf dem *Kang* Platz nehmen, damit sie sich ausruhten. Zhuo'rkani hatte einstens mit Ba'rtani und Xiangzini zusammen am gleichen Orte die Kampfkünste erlernt und in Freundschaft zusammengelebt. Als Xiang-zini Zhuo'rkani zudem bat, sich mit Xiangcao zu vermählen, war diese einver-standen und nachdem sie ihre Gäste bewirtet hatte, eilten diese zu der Stadt des Ba'rbuken zurück.

(14) Die drei *Dedou* begaben sich zurück in die Stadt des Ba'rbuken, nachdem sie sich von Zhuo'rkani verabschiedet hatten. Dort trafen sie Taiyilaru und seine Brüder, die ebenfalls angekommen waren. Ba'rtani lud Wenbuni in das Haus ihrer Schwägerin [Frau des älteren Bruders] ein. Als Duruhuni, die Schwägerin, von der Ankunft der Wenbuni erfuhr, hieß sie sie willkommen und forderte sie auf, einzutreten und sich auszuruhen. Xiarihuoni und die übrigen *Dedou* waren schon vorher hier angekommen. Ba'rtani und Xiangzini begaben sich in die Frauenge-mächer im rückwärtigen Garten und ruhten sich dort aus.

Inzwischen sprachen Jiegederu und seine Brüder Taiyilaru, Zhuobugou und Cibugou beim Branntwein mit Ba'rbuken: „Deine jüngere Schwester ist nach Hause zurückgekehrt, wir könnten sie daher übermorgen als Braut einholen. Was hältst du davon?" Ba'rbuken antwortete: „Wenn ihr es so beschlossen habt, dann soll es so sein!" Er befahl den Dienern Schweine und Schafe zu schlachten und alles vorzubereiten.

Am folgenden Vormittag stieg Ba'rtani aus dem oberen Stockwerk herab, um für Taiyilaru die Pfeife stopften[19]. Aber nachdem sie sie sorgfältig gestopft hatte, bekam Xiangcao als erster die Pfeife und rauchte davon. Taiyilaru begann fürch-terlich zu schimpfen, und dies versetzte wiederum Xiangcao ordentlich in Wut: Er packte Taiyilaru an den Armen und warf ihn aus dem Haus, worauf sie im

---

19 Dem Brauch der Hezhe zufolge muss die Braut einen Tag bevor sie eingeholt wird, dem Bräutigam eine Pfeife stopfen, wobei ein rotes Tuch ihren Kopf verhüllt. Andere Personen hingegen erhalten von ihr keine Pfeife angeboten (S. 416, Anm. 2) (OA).

Hof verbissen weiterkämpften. Taiyilarus Körper bestand aus der Substanz des Feuers, deshalb konnte er während des Kampfes aus seinem Körper Flammen lodern lassen, die Xiangcaos Kleidung verbrannten, da er dem Feuerkörper sehr nahe war. Ba'rbuken und sein Bruder Ba'rbujun kämpften mit Zhuobugou und Cibugou. Nachdem sich Ba'rtani in einen *Kuoli* verwandelt hatte, ermahnte sie Xiangcao eindringlich, Taiyilaru unter allen Umständen zu töten, denn nur so sei es ihnen möglich, zusammen alt zu werden! Dann stürzte sie sich zusammen mit Xiangzini, Wenbuni und den übrigen *Kuoli* auf die gegnerischen *Kuoli*.

Cibugou fand eine Gelegenheit, dem Kampfgetümmel zu entkommen und eilte, Hanziwu *Han* und Endou *Ezhen* sowie deren Brüder und Verwandte um Beistand zu bitten. Diese Beiden aber waren die eigentlichen Feinde des Xiangcao und so kam es, dass Xiangcao nunmehr die Gelegenheit zur Rache bekam. Nachdem der Kampf über zwanzig Tage angedauert hatte, rann Blut aus der Nase des Taiyilaru und Flammen schlugen aus seinem Körper. Xiangcao sah ihn Blut speien und wusste, dass sein Gegner nicht mehr lange standhalten konnte. Er kämpfte nun unter Aufbietung all seiner Kräfte und nach noch nicht einmal einer Stunde [d.h. einer Doppelstunde] hatte er Taiyilaru getötet. Zhuobugou war von Ba'rbujun getötet worden, während Ba'rbuken noch mit Jiegederu kämpfte. Xiangcao griff ein, worauf nach langem Kampfe auch Jiegederu Blut spuckte und getötet wurde. Die Leichen wurden ins freie Feld [vor der Stadt] geworfen.

Xiangcao, Ba'rbuken und Ba'rbujun kehrten miteinander in die Stadt zurück und ruhten sich in der Residenz aus. Plötzlich erschien Wenbuni verwundet in der Residenz und berichtete, dass Xiarihuoni, A'rkani und Alani gefallen seien.

Während Wenbuni erzählte, wurde gemeldet, dass Cibugou mit Hanziwu *Han* und Endou *Ezhen* angekommen sei und sie zum Kampfe fordere. Als ihm die Ankunft des Erzfeindes gemeldet wurde, packte Xiangcao unbändige Wut. Er eilte zum Stadttor hinaus und begann mit Hanziwu *Han* zu kämpfen. Keiner der Gegner war bereit, dem Feinde Gnade und Vergebung zu gewähren. Erst nachdem sie verbissen fünfundzwanzig oder sechsundzwanzig Tage hindurch miteinander gekämpft hatten, konnten Hanziwu *Han*, Endou *Ezhen* und Cibugou getötet werden. Ihre Leichen zerstückelte man in zehntausend Stücke. [Die Sieger] kehrten zurück in die Stadt, schlachteten Schweine und Schafe und trafen Vorbereitungen für ein Fest.

Nacheinander kehrten auch die *Dedou* zurück. Zhuoma'anni hatte Xiarihuoni, A'rkani und Alani getötet, Wenbuni war an zwei Stellen am Kopf verwundet worden. Zhuoma'anni aber wurde von Ba'rtani gefangengenommen und in die Residenz gebracht, wo man sie einsperrte. Xiangcao war glücklich, dass der Feind überwunden und vernichtet war; er befahl Ba'rbujun, zu der Stadt des Hanziwu *Han* zu eilen, um die Eltern zu befreien und den *Zhushen Da* aufzufordern, die gesamte Einwohnerschaft der Stadt in Eilmärschen nach Sali *Huotong* zu führen und sie dort anzusiedeln. Xiangcao vermählte sich mit Ba'rtani und Zhuo'rkani, gleichzeitig heiratete Ba'rbuken Zhuoma'anni, die Frau des Jiegederu.

Ba'rbujun meldete nach seiner Rückkehr aus der Stadt des Hanziwu *Han*, dass die Eltern des Xiangcao bereits verstorben seien, die Einwohner der Stadt aber in kurzer Zeit nach Sali kommen würden. Xiangcao war über die Nachricht vom Tod seiner Eltern sehr traurig. Er ordnete an, dass Xiangzini sich mit Ba'rbujun verheiratete und nachdem er an die zehn Tage an diesem Orte geblieben war, kehrte er mit seinen Gemahlinnen im Triumph nach Hause zurück.

7. Sali Biwu

(1) Einst stand etwa hundert Schritt vom Südufer des Sungari entfernt ein Wäldchen und wiederum südlich davon ragte die von einer irdenen Mauer umgebene Stadt Sali *Huotong* auf. Der Stadtwall war vernachlässigt und verfallen, die Stadt selbst maß der Länge und Breite nach über drei Meilen, aber die Gebäude der Stadt waren zerstört und mit Ausnahme von zwei Strohhütten waren sie nicht mehr bewohnt. Den Stadtherrn hatten Feinde besiegt und die Einwohner mit all ihrem Hab und Gut umgesiedelt, so dass lediglich eine leere Stadt zurückgeblieben war. In den beiden Hütten lebten zwei leibliche Geschwister, ein Mädchen mit ihrem jüngeren Bruder. Der Bruder war sechzehn Jahre alt und hieß Sali Biwu *Mo'rgen*, seine Schwester war achtzehn Jahre alt und hörte auf den Namen Saqini *Dedou*. Sie war hübsch und anmutig, ernst und gesetzt, darüberhinausgehende Fähigkeiten aber hatte sie nicht. Sali Biwu war groß und kräftig, anmutig und schön. Zur Zeit seiner Geburt war sein Vater ein mächtiger *Han* gewesen und da dieser stets ehrerbietig den Schamanengeistern geopfert hatte, blieben alle diese Geister bei Sali Biwu. Bei den Kämpfen, die er in Zukunft noch zu bestehen hatte, halfen sie ihm im Verborgenen. Sali Biwu bildete sich zu einem hervorragenden Kämpfer und Bogenschützen aus, der mit jedem seiner Pfeile sein Ziel traf. Die beiden Geschwister lebten in dieser verödeten Stadt und ernährten sich von der Jagd.

Eines Tages ging Sali Biwu wieder in den Bergen auf die Jagd. Er durchstreifte die Gegend am Lianhua-Teich (Lotosteich), fand dort aber kein jagdbares Tier und folgte anschließend dem in die Berge führenden Pfad. Plötzlich machte er vor sich einen wilden Tiger aus, der vor ihm herlief. Sali Biwu brachte Pfeil und Bogen in Anschlag, um auf den Tiger zu schießen. Aber als der Tiger den Menschen bemerkte, rannte er Hals über Kopf davon. Sali Biwu beeilte sich, seiner Spur zu folgen. Dabei kam er zu einer Stelle, an der die Felswand eine Biegung machte und fand dort zwar nicht den Tiger, aber eine Höhle. Er ging vor dieser eine Weile auf und ab und beobachtete den Eingang. Schließlich beschloss er, sich hineinzuwagen und zu sehen, was es wohl darin gäbe. Seinen Speer in Händen schlich er sich in die Höhle. Anfänglich war es darin stockdunkel, aber nachdem er an die zehn Klafter weit vorgedrungen war, bemerkte er auf einmal ein Licht. Er sah vor sich eine Tür, die er aufstieß und nachdem er drei Räume durchquert hatte, kam er in einen vierten Raum. Dort sah er auf einem *Kang* einen *Mafa* und eine *Mama* mit geschlossenen Augen still und unbeweglich sitzen. Sali Biwu kniete er nieder und machte vor ihnen Kotau.

Die beiden Alten, die in dieser Höhle wohnten, waren *Zhuolu Mafa* und *Zhuolu*

Mama. Der *Mafa* öffnete seine Augen und wandte sich an die *Mama:* „Dieser, der sich vor uns verbeugt, ist Sali Biwu; er wird der *Ezhen Han* des Sungari werden. Du solltest damit beginnen, ihn abzuhärten." Die *Mama* stieg vom *Kang* herab, ergriff, nachdem sie die Türe verschlossen hatte, Sali Biwu mit beiden Händen und tauchte ihn in einen Kochkessel an der Nordseite des Raumes. Sie stülpte den Deckel darüber und beschwerte ihn mit Steinen, worauf sie Feuer entfachte und ihn kochte. Der *Mafa* und die *Mama* begannen in der Höhle Schamanentänze aufzuführen. Nachdem sie bis zum Mittag des fünfzehnten Tages getanzt hatten, sprang Sali Biwu nackt aus dem nördlichen Kessel heraus, nahm zwei Steinplatten in seine Hände und tanzte mit dem *Mafa.* Er tanzte immer leidenschaftlicher, immer gewandter und geschickter, und unter Anleitung durch den *Mafa* erlernte Sali Biwu bis in alle Einzelheiten die Namen und Aufenthaltsorte der Schamanengeister. Erst nachdem er einen ganzen Tag getanzt hatte, hörte er auf und schlief eine Weile tief und ruhig in der Höhle. Währenddessen verliehen der *Zhuolu Mafa* und die *Zhuolu Mama* ihm außergewöhnliche magische Kräfte, so dass ihn weder Schwert noch Lanze verletzen konnten. Die ganze Nacht über sprachen sie kein einziges Wort und als sie am folgenden Morgen aufstanden, teilte *Zhuolu Mafa* Sali Biwu mit, dass er nach Hause zurückkehren solle. Nachdem sich Sali Biwu vom *Mafa* und der *Mama* verabschiedet hatte, brach er auf und verließ die Höhle, wobei ihm die Beiden bis vor die Höhle das Geleit gaben.

(2) Als der *Zhuolu Mafa* und die *Zhuolu Mama* Sali Biwu vor die Höhle begleiteten, ermahnten sie ihn: „Dein Vater wurde von Angjitu *Han* von den Stämmen im Norden getötet. Du bist nun in der Lage, ihn zu rächen. Wenn du auf einen gefährlichen Gegner triffst, so wende dich unserem Wohnsitz zu und bete. Wir werden dir dann sogleich zu Hilfe eilen. Vergiss das nicht! Vergiss es nicht!" Sali Biwu vernahm ehrerbietig die Weisungen seiner Meister, verabschiedete sich und stieg den Berg hinab. Unterwegs erlegte er zwei große Hirsche und nahm sie mit nach Hause. Als die Schwester ihren jüngeren Bruder kommen sah, freute sie sich sehr. Zu dieser Zeit ging gerade das Jahr zu Ende, weshalb Saqini im *Chukuoku*[1] Hirse zerstoßen und Speisen zubereitet hatte, die sie nun zusammen mit dem Fleisch von Hirsch, Reh, Dachs, Fasan und anderen Vögeln und Wildtieren verzehrten und dazu tranken. So feierten sie fröhlich und vergnügt das

---

1   Allgemeine Bezeichnung für Mörser. Das Gefäß selbst wird *Boni* 博尼, der Stößel *Hongkuo* 洪 闊 genannt. Die Hezhe verwenden den Mörser zum Zerkleinern von Gerste und Hirse zu Mehl, mit dem sie Speisen zubereiten (S. 419, Anm. 2) (OA). – Für die chinesische Transkription der Hezhe-Ausdrücke werden in der Wörterliste (S. 678–694) keine Hezhe-Originalbegriffe angegeben.

neue Jahr. Sali Biwu ging wie gewohnt auf die Jagd und übte sich im Faustkampf und im Bogenschießen. Die Zeit verging wie im Flug und unversehens waren fast fünf Monate vergangen. Eines Nachts ergriff Saqini große Unruhe, so dass sie nicht einschlafen konnte und sich hin und her wälzte; erst in der dritten Morgenstunde [d.h. um Mitternacht] fiel sie in einen unruhigen Schlaf.

Im Traum sah Saqini, wie sich ein immer heftiger werdendes Steppenfeuer von Osten näherte, den Wald niederbrannte und ihre Hütten bedrohte. Als sie vor Verzweiflung nicht mehr wusste, wohin sie fliehen sollte, stieg plötzlich ein schwarzer Rauch aus dem Feuer auf, der sie erfasste und in die Luft wirbelte. Er brachte sie nach Westen und ließ sie dort herab. Erschrocken wachte sie auf und merkte, dass es lediglich ein böser Traum gewesen war. Ihr Herz schlug noch immer heftig, und als sie über den Traum nachdachte, verhieß er ihr nichts Gutes. Sie sah, dass ihr Bruder nach wie vor fest schlief und nicht aufgewacht war, und so legte auch sie sich wieder schlafen. Nachdem sich Bruder und Schwester am folgenden Morgen gewaschen und gekämmt und ihr Frühstück verzehrt hatten, nahm Sali Biwu Pfeil und Bogen und schickte sich an, in den Bergen auf die Jagd gehen. Als er in der Türe stand, bat ihn Saqini, nicht zu gehen. Ihr Bruder wandte sich um und fragte nach dem Grund ihrer Bitte. Saqini antwortete ihm: „Ich habe im Traum unheilkündende Vorzeichen gesehen, deshalb solltest du heute nicht auf die Jagd gehen!" Sali Biwu sprach zu ihr: „Was bedeutet das schon! Du hast einfach nur schlecht geträumt, es lohnt sich nicht, dass du dir das so zu Herzen nimmst! Beruhige dich Schwester! Dein kleiner Bruder ist ein unüberwindlicher Kämpfer geworden und verfügt zusätzlich über magische Kräfte. Warum sollte ich mich fürchten?" So sprach er und ging fort. Da er von seinem Vorhaben nicht abzubringen war, weinte Saqini bekümmert und schluchzte: „Der jüngere Bruder hat nicht auf mich gehört! Ich fürchte, wir zwei werden uns nicht mehr wiedersehen!"

(3) Am Oberlauf des Sungari gab es eine Deyiheng genannte Gegend, wo zwei Berge einander gegenüberliegend aufragten. Auf den Gipfeln dieser Berge erhob sich die aus Stein erbaute Stadt Zhuolu *Huotong*. Ihr Herr, Ka'rdewu *Han*, war ein Recke, der eine Reihe von Stämmen am Oberlauf des Sungari unterworfen und als Kriegsgefangene in seine Stadt umgesiedelt hatte. Nachdem Ruhe und Ordnung herrschten, ließ er großangelegte Bauarbeiten durchführen und befahl seinen Kriegsgefangenen, auf den beiden Deyiheng-Bergen Stadtmauern aus Stein zu errichten. Ka'rdewu *Han* hatte einen Sohn und eine Tochter. Der Sohn hieß Kazishiwu *Mohan*. Er war sehr tapfer und kühn und zwanzig Jahre alt. Die Tochter hieß Kaqini *Dedou*. Sie war neunzehn Jahre alt und eine wahre Schönheit. Ihr Mann hieß Nalin und war in die Familie aufgenommen worden. Ka'rdewu

Han hatte Kazishiwu als „Weisen Prinzen zur Linken" (*Zuo xianwang*)[2] in der steinernen Stadt auf dem linken Deyiheng-Berg eingesetzt, während Kaqini mit dem Titel „Weise Prinzessin zur Rechten" (*You xianwang*) in der steinernen Stadt auf dem rechten Deyiheng-Berg belehnt worden war; die Stadt insgesamt wurde jedoch von Nalin, dem Schwiegersohn des Herrschers, verwaltet. Als in der Folgezeit Ka'rdewu *Han* an einer Krankheit verstarb, wurde Kazishiwu von der *Fujin* [d.h. seiner Frau] Wuleni, der Prinzessin Kaqini, dem Schwiegersohn und Vorsteher Nalin, den *Anbang*-Beamten[3] und den *Zhushen Zhangjing* als neuem *Han* gehuldigt, worauf das Fest der Thronbesteigung stattfand. Nach Beendigung der Zeremonien wurde ein großartiges Bankett veranstaltet, auf dem die Gäste ihre Plätze einnahmen und nach Herzenslust zu zechen begannen. Während des Festes gab Nalin bekannt, dass der Feind, der seinen Vater getötet hatte, am Unterlauf des Sungari wohne, und er daran denke, Rache zu nehmen. Begeistert bestärkte ihn Kazishiwu *Han* in dieser Absicht und erklärte sich bereit, die Strafexpedition zu leiten. In der Folge betrieben sie energisch die entsprechenden Vorbereitungen und nach einem halben Monat rastlosen Schaffens war es soweit: Mit Kaqini, Nalin und Wuleni brach Kazishiwu *Han* auf und fuhr mit drei großen Schiffen den Sungari hinab.

Als er in die Gegend von Kemu kam, kämpfte er gegen die vier Brüder Yala *Han*, Yade *Mohan*, Yafu *Mohan* und Yamu *Mohan*, die Feinde seines Schwagers [Mann der jüngeren Schwester]. Er konnte sie gefangennehmen und machte sie sich untertan. Außerdem verlud er die gesamte Einwohnerschaft ihrer Stadt als Gefangene auf seine Schiffe. Er fuhr weiter stromaufwärts und kam einige Tage später an Sali *Huotong* vorüber. Kazishiwu verdross es, beständig im Schiff zu hocken, und befahl seinen Dienern, den Landungssteg auszulegen, damit er am Ufer spazierengehen könne. Nun war Kazishiwu *Han* massig und schwer, und als er über den Landungssteg ging, war dieser nahe daran durchzubrechen. Am

---

2 Gemäß der Monographie über die Xiongnu 匈奴 im chinesischen Geschichtswerk *Shiji* haben die Xiongnu je einen Weisen Prinzen zur Rechten und zur Linken eingesetzt, wobei häufig der Kronprinz als Weiser Prinz zur Linken belehnt wurde. Wenn nun hier Ka'rdewu *Han* seinen Sohn als Prinz zur Linken einsetzt, so entspricht dies genau dem System der Xiongnu (*Shiji*, *juan* 110) (S. 420, Anm. 3) (OA). – Zu *Zuo Xianwang* s. Hucker 1985: 523, Nr. 6968.

3 Großwürdenträger, oberster Beamter: Der *Anbang*-Beamte ist für alle Angelegenheiten eines Stammes zuständig. In den Darlegungen über die Beamtenschaft im *Jinshi* (*Jinshi baiguan zhi* 金史百官志) heißt es: „Die Beamten der Jin-Dynastie werden in ihrer Gesamtheit *Bojilie* genannt. ... Kaiser Taizong setzte *Anban Bojilie* 谙版勃极烈 als Gouverneure ein; *Anban* ist dabei eine ehrende Bezeichnung." Zu Beginn der Qing-Dynastie schuf man das Amt des *Anban Zhangjing* (按班章京) [Mandschu: amba jiyanggiyûn], d.h. eines Regionalen Befehlshabers (*zongbingguan* 總兵官). *Anbang* (安邦) dürfte wohl nichts anderes sein, als das *Anban* (谙版, 按班) der beiden genannten Dynastien (S. 420, Anm. 5) (OA).

Ufer bemerkte er einen Pfad, dem er folgte, und nachdem er drei Meilen weit gegangen war, gelangte er zu einem Wäldchen. Er durchquerte es und entdeckte im Süden eine sehr alte Stadt, deren Mauern und Häuser zu Ruinen verfallen waren; sie machte den Eindruck, als wäre sie seit sechzig oder siebzig Jahren nicht mehr bewohnt. Aber aus den Schornsteinen von zwei Strohhütten schien Rauch aufzusteigen, und so begab er sich dorthin und trat in die Hütten. In einer der Hütten fand er eine *Dedou*, die auf einem Bette schlief und anmutig und schön war. Kazishiwu betrachtete sie aufmerksam und war ganz gefangengenommen von diesem Anblick. Unwillkürlich trat er ans Bett heran und zerrte an ihr herum. Dieses schöne Mädchen aber war Saqini. Sie spürte, dass jemand sie anstieß, und als sie aufschreckte, sah sie einen dicken Mann vor sich stehen. Sie fuhr hoch und rief: „Woher kommst du *Yinaqin*[4], mich zu belästigen!" Kazishiwu zürnte nicht im Geringsten, sondern begann, sich dreist an ihr zu vergreifen. Saqini war empört und zornig und schimpfte mit lauter Stimme. Kazishiwu wollte sie mit sich fortziehen, aber plötzlich hatte Saqini ein kleines Messer in der Hand, das sie ihm an den Kopf warf. Sie traf ihn so heftig an der Schläfe, dass das Blut aus der Kopfwunde strömte. Der *Han* wurde ohnmächtig und nahm nichts mehr wahr.

(4) Als der *Han* bewusstlos zu Boden stürzte, erstarrte Saqiwu vor Schreck und wußte nicht, wie sie ihm helfen konnte. Nach langem Überlegen kam ihr plötzlich eine Idee: Sie rannte zur Wassertonne, schöpfte einen großen Napf kalten Wassers und goß ihn Kazishiwu ins Gesicht. Nach und nach kam der *Han* wieder zu sich, öffnete die Augen und erblickte Saqiwu vor sich. Er rappelte sich auf und zerrte Saqiwu mit sich fort. Frauen sind schwach und können einem Manne nicht Widerstand leisten! Deshalb wurde Saqiwu zu guter Letzt von Kazishiwu auf das Schiff geschleift. Er brachte sie in seine Kajüte und befahl der *Fujin* Wuleni, dem *Han*-Fräulein Kaqini und deren Gefolge, ihr nahezulegen, dem Großhan zu Willen zu sein. Aber bedauerlicherweise war Saqini fest entschlossen, dies nicht zu tun. Als die *Fujin* und die übrigen Frauen merkten, dass nichts zu machen war und sie sich keinen Rat mehr wussten, meldeten sie dies dem Großhan. Auch er wusste nicht weiter und ließ Saqiwu in Fesseln legen und gut bewachen. Zugleich befahl er dem Generalinspekteur (*zongguan*) abzulegen, worauf die mehr als sechshundert großen Schiffe in einer langen Reihe weiter flussaufwärts fuhren.

Saqini aber, die in der Kajüte so fest gefesselt worden war, dass sie sich nicht rühren konnte, begann zu weinen und zu klagen und grollte ihrem Bruder: „Ach jüngerer Bruder! Ich hab' dir doch gesagt, dass du nicht auf die Jagd gehen sollst,

---

4 Hezhe: *inak'in, inda* (S. 684): Hund; hier als Schimpfwort verwendet (S. 421, Anm. 1) (OA).

aber du wolltest einfach nicht hören und deshalb ist's so weit gekommen! Du wirst deine Schwester nicht mehr wiedersehen!" Sie klagte und weinte derart herzerweichend, dass selbst jemandem, der ein Herz aus Stein hatte, die Tränen kamen. So weinte sie mehrere Tage und während sie weinte, kam plötzlich eines Tages eine große Gans zu ihr geflogen und ließ sich bei ihr nieder. Sie rief zwei oder drei Mal, ganz so, als wolle sie ihr etwas mitteilen. Da zufällig keine Sklaven oder Mägde bei ihr waren, flehte Saqini die Götter an und sprach zu der Gans: „Du bist ein übernatürliches Wesen unter den Vögeln (*feiqin zhi ling*). Wenn du meinem Bruder eine Nachricht überbringst, so dass ich auf einen rettenden Stern hoffen kann, werde ich dir dies bestimmt vergelten!" Bei diesen Worten zog sie aus dem Brustteil ihres Gewandes einen *Eqihe* hervor und hängte ihn der Gans um den Hals. Die Gans schien sie zu verstehen: Nachdem sie den *Eqihe* umgehängt bekommen hatte, rief sie mehrere Male, erhob sich in die Lüfte und war im Nu verschwunden. Saqini wartete, bis sie fortgeflogen war, und betete dann insgeheim zum Himmel, damit er diese Gans beschütze und sie die Nachricht ihrem Bruder überbringen konnte. Nachdem die Gans unter Geschnatter in südöstlicher Richtung davongeflogen war, weinte Saqini weiter bitterlich in der Kajüte.

(5) Seit er an besagtem Tage fortgegangen war und bemerkt hatte, wie verzweifelt seine Schwester versucht hatte, ihn zurückzuhalten, musste Sali Biwu beständig an seine Schwester denken. Nach zwei Tagen in den Bergen hatte er kein einziges Tier aufgespürt und war darüber recht verdrossen. Er marschierte noch einen weiteren Tag in südlicher Richtung weiter und verbrachte die Nacht in den Bergen. Plötzlich begann sein Herz heftig zu pochen und er wurde so unruhig, dass er keinen Schlaf mehr fand. Als er am folgenden Tage den Südhang der Berge erreichte, bemerkte er eine große Gans, die aus Nordwesten herbei geflogen kam. Sali Biwu hatte, seit er von zuhause aufgebrochen war, keine Beute gemacht, und sprach daher beim Anblick der Gans voll Freude zu sich selbst: „Drei Tage lang habe ich kein Beutetier gesehen! Diese Gans soll meinen Pfeilen nicht entkommen!" Er brachte seinen Bogen in Anschlag und wollte mit dem Schuß warten, bis die Gans nahe genug heran war. Diese aber flog mal hoch mal nieder und schrie jämmerlich, es schien, als würde sie ihm etwas unter Tränen sagen wollen! Sali Biwu wunderte sich darüber sehr. Als die Gans nicht mehr weit entfernt war, hob er den Bogen und wollte schießen, diese aber schrie jammervoll und herzzerreißend und flog wieder hoch hinauf in die Lüfte. Als sie aber sah, dass er nicht mehr auf sie zielte, flog sie zu ihm und setzte sich auf den Erdboden.

Sali Biwu, der dies alles beobachtet hatte, brachte es nicht übers Herz zu schießen und legte Pfeil und Bogen beiseite. Als er nähertrat, glaubte er in den Augen der Gans Tränen zu bemerken, und um ihren Hals hing ein *Eqihe*. Er

nahm die Gans in seine Arme und besah sich den *Eqihe*: Dieser schien seinem
eigenen *Eqihe* zu gleichen. Als er ihn aus dem Brustteil seines Gewandes
hervorzog, bildeten die beiden *Eqihe* ein Paar. Wie seltsam! Er erinnerte sich, dass
einst seine Mutter ein *Eqihe*-Paar auf ihn und seine Schwester verteilt hatte: Wie
aber war der *Eqihe* seiner älteren Schwester an den Hals dieser Gans gelangt? Die
Gans rief traurig und flog davon und im Handumdrehen war nichts mehr von
ihr zu sehen. Sali Biwu hielt die *Eqihe* in seinen Händen und grübelte eine Weile,
er wurde sich jedoch nicht klar darüber, was er davon halten sollte. Er hatte nicht
mehr das geringste Verlangen danach, seine Pirsch fortzusetzen, sondern eilte
sogleich nach Hause zurück. Als er nicht mehr weit vom Haus entfernt war, fiel
ihm auf, dass kein Rauch aus dem Schornstein stieg. Er kam zum Tor des
Anwesens, das sperrangelweit offenstand, und hastete ins Haus: Es war leer!
Seine Schwester war verschwunden!

(6) Sorgfältig untersuchte Sali Biwu die Hütte: Es schien, dass sich seit zwei oder
drei Tagen niemand mehr darin aufgehalten hatte. Als er die Umgebung
absuchte, fand er auch dort keinen Hinweis auf seine Schwester. Am Flussufer
aber bemerkte er die Spuren unzähliger Schiffe, die dort angelegt hatten, und nun
dämmerte ihm, was geschehen war. Ihm wurde klar, dass seine ältere Schwester
von den Schiffsleuten entführt worden war! Er kehrte nach Hause zurück, aß
sein Abendessen und legte sich schlafen. Am nächsten Morgen stand er auf und
untersuchte erneut das Flußufer: Es schien, dass diese Schiffe zum Oberlauf des
Flusses gefahren waren! Er rüstete sich daher mit Proviant aus und machte sich
auf den Weg, aber nachdem er den ganzen Tag marschiert war, hatte er die
Schiffe nicht gefunden. Dies alles geschah im fünften Monat des Jahres, weshalb
es bei Einbruch der Dunkelheit noch warm war und Sali Biwu sich am Ufer
schlafen legen konnte. Am folgenden Morgen aß er etwas von seinem Proviant
und eilte dann weiter. Nach fünf oder sechs Tagen erreichte er ein großes Dorf
am Fluss. Die Leichen von fünf Erschlagenen lagen am Ufer und boten einen
traurigen Anblick. Er ging in das Dorf, sah dort aber keine Menschenseele und
fand nur leerstehende Häuser: sicher waren alle seine Bewohner verschleppt
worden!

Sali Biwu legte eine kurze Rast in diesem Dorf ein, dann folgte er dem Fluss
weiter nach Westen. Einen halben Tag später tauchte eine mächtige Stadt vor
ihm auf und da er dort seinen Feind vermutete, eilte er zu der Stadt. Aber auch
dort fand er am Nordtor zwei Leichen. Als er sie abtastete, stellte er fest, dass sie
noch warm waren und daher noch nicht lange tot sein konnten! Auch in dieser
Stadt traf er keinen einzigen Menschen, all die Häuser waren verlassen! Da die
Sonne bereits hinter den Bergen unterging, ging er zu einem großen Haus, das
vermutlich das Haus des Stadtherrn gewesen war. Mit wuchtigem Schritt trat er

ein und fand das Innere des Hauses in sehr ordentlichem Zustand vor. Als er in das Westzimmer kam, waren dort all jene Gegenstände vollzählig vorhanden, die man täglich benötigte. Es war schon Nacht geworden, weshalb er den *Yatelekuo*[5] aus dem Brustteil seines Gewandes zog, Feuer machte und die Lampen anzündete.

(7) Sali Biwu saß allein und einsam in dem leeren Hause und ruhte sich aus. Plötzlich vernahm er aus dem Herd*kang* Geräusche und schließlich krochen zwei Knaben heraus. Sie knieten vor Sali Biwu nieder und flehten ihn an: „Unser Vater hieß Xue'rlun *Han*, unser Onkel [jüngerer Bruder des Vaters] Xue'rqing *Mohan*, beide wurden von den Leuten des Kazishiwu *Han* erschlagen. Die Einwohner unserer Stadt sowie alles Vieh und all unser Hab und Gut wurden von ihnen fortgeschafft. Da wir Brüder nicht fliehen konnten, haben wir uns im Herd*kang* versteckt und entkamen auf diese Weise. Wir flehen den *Mo'rgen* an, Gnade walten zu lassen und uns zu schonen!" Sie warfen sich vor ihm auf den Bauch, heulten und getrauten sich nicht aufzustehen. Sali Biwu sprach: „Ich bin Sali Biwu, der Herr von Sali *Huotong* auf dem Südufer des Sungari. Während ich in den Bergen auf der Jagd war, nutzte Kazishiwu, da ich nicht Vorsorge getroffen hatte, die Gelegenheit und entführte meine ältere Schwester. Ich bin hierher gekommen, weil ich ihn verfolge und, euren Worten nach, könnte ich ihn morgen einholen!" Die beiden Jünglinge waren vierzehn bis fünfzehn Jahre alt. Der ältere hieß Xuefen, der jüngere Xuete. Sali Biwu forderte sie auf sich zu erheben und redete beruhigend auf sie ein: „Macht euch bitte keine Sorgen, ich werde für euch Rache nehmen!" Die Brüder machten Kotau und dankten ihm. Sie stellten sich zu seinen Seiten auf, um ihm aufzuwarten und nachdem sie sich ein Weilchen erholt hatten, entnahmen sie einem Schrank Branntwein und Zukost und aßen und tranken zusammen mit Sali Biwu. Nach dem Essen legten sie sich alle schlafen. Am folgenden Morgen sprach Sali Biwu zu Xuefen: „Ihr könnt mit mir kommen; wenn ich bei euch bin, braucht ihr keine Angst zu haben." Xuefen und sein Bruder waren bereit, ihn zu begleiten. Sie verließen die Stadt und folgten dem Fluß nach Westen.

Gegen Mittag erblickten sie weit entfernt im Westen bei Tuobuhong Wuluo'ete Wudeni[6] so viele Schiffsmasten aufragen, dass man glauben konnte, einen Wald vor sich zu haben. Sali Biwu wandte den Kopf und sprach zu Xuefen und seinem Bruder: „Seht ihr dort am Flussufer die Schiffsmasten?" Sie spähten in

---

5 Hezhe: *jat'ələk'ɔ*: Feuerstahl und Feuerstein (*huodao huoshi* 火刀火石) (S. 424, Anm. 1) (OA). – Mandschu: yataraků, „Feuerzeug zum Feuerschlagen".

6 Hezhe: *t'əphɔ uluɜt'ɔ utə*: *Tuobuhong* heißt „fünfzehn" [Mandschu: tofohon], *wuluo'ete* „Flussbiegung", und *wudeni* „Gegend". Der Name bedeutet also „Gegend der fünfzehn Flussbiegungen" (S. 425, Anm. 1) (OA).

die angegebene Richtung und antworteten: „Dort befinden sich tatsächlich unzählige Schiffe!" Sali Biwu raffte sich auf, schnürte seinen Gürtel enger und eilte mit Xuefen und Xuete weiter. Er strebte einer Stelle zu, die mehrere Dutzend Meilen vor den Schiffen lag; dort setzte er sich ins Gras, um auszuruhen und befahl Xuefen und Xuete, sich im Wald zu verstecken. Er wartete eine Weile und während die Schiffe näher kamen, griff er zu Pfeil und Bogen und machte sich zum Schuss bereit. Als die Schiffe nahe genug heran waren, bemerkte er am Bug des ersten Schiffes einen Mann, der einen Klafter groß war. Er hatte die Schultern eines Tigers und die Hüften eines Bären: Dies war Yade *Mohan*. Er war von Kazishiwu *Han* unterworfen und zum Sklaven gemacht worden, weshalb er vom Bug des Schiffes aus die Wassertiefe messen mußte. Sali Biwu zielte auf ihn und schoss.

(8) Sali Biwu schoß nach dem den Wasserstand messenden Yade *Mohan* und traf ihn in den linken Arm. Yade *Mohan* aber drehte Sali Biwu seine Brust zu und rief mit lauter Stimme: „Schieß doch noch einmal!" Sali Biwu schoß neuerlich einen Pfeil ab, der den *Mohan* in die Brust traf und ein bis zwei Zoll in das Fleisch eindrang. Drei Pfeile kamen nacheinander geflogen und stets geschah dasselbe. Yade *Mohan* eilte in die Kajüte, kniete nieder und sprach: „*Ezhen Age*, jemand hat auf mich geschossen; der Schütze ist sehr gefährlich. Lasst mich mit ihm kämpfen!" Nach diesen Worten sprang er ans Ufer. Sali Biwu warf sich auf ihn und kämpfte mit ihm. Binnen kurzem musste Yade *Mohan* sich geschlagen geben, weshalb er zurück aufs Schiff sprang und meldete: „Dieser Feind ist sehr gefährlich! Ich bin gekommen, es dem *Ezhen Age* zu melden!" Sogleich stieg Kazishiwu *Han* mit Nalin und einem Trupp Gefolgsleuten ans Ufer und kämpfte mit Sali Biwu. Es war bereits Mittag, als es Sali Biwu gelang, Nalin zu erschlagen. Dann wandte er sich Kazishiwu *Han* zu und als es dämmerte, begann Kazishiwu das Blut aus Nase und Mund zu rinnen und er konnte nicht mehr standhalten. Er wusste, dass es nicht gut um ihn stand: daher sprang er aus dem Kreis, kniete nieder und bat: „*Mo'rgen Age*, zwischen uns bestand bisher keine Feindschaft und auch jetzt kein Hass. Ich bitte dich mein Leben zu schonen! Ich bin bereit, mein Lebtag lang der *Aha* des *Ezhen Age* zu sein." Sali Biwu antwortete: „Du hast meine ältere Schwester geraubt und sprichst doch davon, dass zwischen uns keine Feindschaft besteht?!" Mit diesen Worten trat er nach ihm und tötete Kazishiwu *Han* mit diesem Fußstoß. Yala *Han* und seine Mannen baten um Schonung und unterwarfen sich ihm.

Sobald die Gefolgsleute des Kazishiwu sahen, wie ihr Herr von Sali Biwu mit einem Fußstoß getötet wurde, sprangen sie in den Fluss und ertränkten sich. Das Volk aber stieg ans Ufer, kniete vor Sali Biwu nieder und huldigte ihm so lautstark als *Ezhen*, dass ihre Stimmen die Berge und Täler erschütterten. Hocherfreut befahl ihnen Sali Biwu, auf ihre jeweiligen Schiffe zurückzukehren und seine Befehle abzuwarten. Xuefen und Xuete kamen aus ihrem Versteck und beglückwünschten Sali Biwu. Dieser fragte Yala *Han*: „Wo ist das von Kazishiwu verschleppte Mädchen?" Yala *Han* antwortete: „Es befindet sich in der Kajüte des Schiffes." Sali Biwu ließ sich von Xuefen und seinem Bruder begleiten und befahl Yala *Han*, sie auf das Schiff zu führen. In der Kajüte fand er seine ältere Schwester, die an Händen und Füßen gefesselt war. Diese war beim Anblick ihres Bruders von Freude und Schmerz zugleich erfüllt. Die Frau des Yala *Han* beeilte sich, sie loszubinden, und Saqini schilderte ihrem Bruder, wie sie gefangengenommen worden war. Sali Biwu gab auf dem Schiff ein Fest, zu dem er die *Zhangjing* und *Gashen Da* einlud. Während des Banketts befahl er den *Zhangjing*[7], mit ihren Untergebenen Saqini nach Sali *Huotong* zu folgen und dort die Stadtmauer und die Häuser wieder aufzubauen. Als das Fest zu Ende war, legten sich alle schlafen. Nachdem er am folgenden Tage alle Anordnungen getroffen hatte, befahl Sali Biwu seiner Schwester, mit den *Zhangjing*, den *Gashen Da* und dem Volk aufzubrechen und auf den Schiffen heimzukehren. Er selbst aber zog mit Xuefen und Xuete weiter nach Westen.

(9) Sali Biwu zog zusammen mit Xuefen und Xuete weiter nach Westen. Nach langem Marsch verlangsamten sie ihre Schritte, denn es ging auf Mittag zu und die Sonne brannte so stark vom Himmel, dass die Hitze kaum noch zu ertragen war. Nachdem sie noch etwas weiter gegangen waren, hörten sie, dass im Südwesten von ihnen jemand kämpfte. Sali Biwu sprach zu Xuefen: „Hörst du nicht auch, dass irgendwo gekämpft wird?" Xuefen antwortete: „Ich höre etwas südwestlich von uns: Wollen wir nicht nachsehen gehen?" Die Drei eilten nun in die angegebene Richtung. Nach fünf oder sechs Meilen sahen sie in einer Ebene zwei Hünen miteinander kämpfen. Es sah so aus, als würde der eine Kämpfer nicht länger standhalten können und mit schwerer werdendem Atem dem Tod entgegen gehen. Sali Biwu trat zu den Beiden, trennte sie und fragte: „Warum schlagt ihr euch?" Der Unterlegene antwortete ihm: "Ich heiße Rongta'entu. Ich habe eine jüngere Schwester namens Rongfangni *Dedou*, die 17 Jahre alt ist. Vor einigen Tagen war Kutiwu *Han* fest entschlossen, sie zu rauben und zu seiner Frau zu machen. Da ich dies verhindern wollte, haben wir hier zu kämpfen begonnen. Meine jüngere Schwester kämpft ebenfalls gegen die Frauen auf seiner

---

7 Beamtentitel. Im *Jinshi* (金史) heißt es: „In den Jahren Buhu (布呼) kam es zu achtzehn Ernennungen zum *Zhangjing*". *Zhangjing* hat die Bedeutung von „Adjutant oder Assistent in der Militär- und Zivil-[Verwaltung]". Anfang der Qing-Zeit führte man [den Posten des] *Gushan Zhangjing* [Mandschu: *gûsa janggin*, Bannergeneral], des *Meile Zhangjing* [*meiren-i janggin ?*, Bannergeneralleutnant] und des *Anban Zhangjing* [*amba janggin, amba jiyanggiyûn?*] ein (S. 426, Anm. 2) (OA). – Vgl. Hucker 1985: 108, Nr. 107.

Seite." Noch während er erzählte, holte Kutiwu *Han* aus und schlug nach Sali Biwu. Sali Biwu parierte den Schlag und begann mit dem *Han* zu kämpfen. Xuefen, Xuete und Rongta'entu wichen zur Seite und beobachteten den Kampf.

Der *Eqihe*, den Sali Biwu mit sich führte, war sehr mächtig: Er konnte sich bei einem Kampf heimlich ins Herz des Feindes zu bohren und dort dem Feinde unerträgliche Schmerzen bereiten, so dass diesem innerhalb kurzer Zeit das Blut aus Mund und Nase floß. Dies widerfuhr nach langem Kampf auch Kutiwu *Han*, so dass er nicht mehr in der Lage war, Widerstand zu leisten. Diese Schwäche nutzte Sali Biwu und tötete ihn mit einigen Fußstößen und Faustschlägen. Rongta'entu dankte ihm mit Kotau für seine Rettung und anschließend verschnauften sie einige Zeit. Als Rongta'entu von Kutiwu *Han* zum Kampf gefordert worden war, hatte sich seine leibliche Schwester Rongfangni, der klar war, dass das alles nichts Gutes verhieß, in einen *Kuoli* verwandelt und wollte ihm beistehen. Als sie Kutiwu *Huotong* erreichte, flogen drei *Kuoli* heraus: zwei *Kuoli* waren Gemahlinnen des Kutiwu *Han*, der dritte war seine jüngere Schwester Kutini. Alle drei verfügten über große magische Fähigkeiten: Sie wussten bereits im Voraus, dass Rongfangni kommen würde, um in den Kampf einzugreifen. So kamen sie aus der Stadt heraus, um sie in Empfang zu nehmen und mit ihr zu kämpfen.

(10) Rongfangni war eine atemberaubende Schönheit und ihr Benehmen und Auftreten erweckten bei jedermann Liebe und Zuneigung. Deshalb war ihr auch Kutiwu *Han*, nachdem er sie zufällig gesehen hatte, mit Leib und Seele verfallen und sehnte sich beständig nach ihr. Da ihm klar war, dass Rongta'entu einer Verbindung nicht zustimmen würde, plante er, sie mit Gewalt zu entführen. Deshalb hatten die beiden sich zu schlagen begonnen und dank der Hilfe des Sali Biwu war Kutiwu *Han* getötet worden. Rongfangni fiel es nicht leicht im Kampf mit den drei *Kuoli* die Oberhand zu gewinnen. Sie rupfte daher zwei Federn aus ihrer Seite und verwandelte sie in *Kuoli*, die ihr zu Hilfe kamen. Die Gemahlinnen des Kutiwu *Han* verfügten nur über begrenzte magische Kräfte und waren deshalb keine gleichwertigen Gegnerinnen für Rongfangni. Während sie verbissen kämpften, kam plötzlich Rongfangni von Osten her ein *Kuoli* zu Hilfe und stürzte sich in den Kampf. Während sie Seite an Seite kämpften, fragte Rongfangni: „*Gege*, wer bist du, dass du kommst, der jüngeren Schwester zu helfen?" Der *Kuoli* antwortete: „Ich bin die ältere Schwester des Sali Biwu, Saqini *Dedou*. So wie heute mein Bruder deinem Bruder geholfen und den Kutiwu *Han* getötet hat, so werde ich der jüngeren Schwester helfen."

Saqini hatte anfänglich nicht über magische Fähigkeiten verfügt, aber nachdem sie die über sechshundert Schiffe nach Sali geführt und alle in der Stadt zu regelnden Angelegenheiten den *Zhushen Zhangjing* übertragen hatte, hatte sie nichts mehr zu tun. Eines Nachts kam es ihr plötzlich so vor, als würde sie emporgehoben und durch die Luft getragen, worauf sie in diesem Dämmerzustand (*huanghu*) zu einer Höhle in den Bergen kam. Sie trat in die Höhle und sah dort einen *Mafa* und eine *Mama*. Saqini war sehr verblüfft, aber da sie nun einmal vor den beiden Alten stand, blieb ihr nichts anderes übrig, als Kotau zu machen. Der *Mafa* begann als erster zu sprechen: „Wir haben dich auf magische Weise hierhergerufen, um dich in der Magie zu unterweisen, damit du deinem Bruder helfen kannst, den Vater zu rächen!" Dann befahl er der *Mama*, Saqini in einen mächtigen Kessel zu stecken und ihren Leib zu härten. Nach zehn Tagen sprang Saqini aus dem Kessel. Der *Mafa* seufzte: „Das Schicksal will es so! Dein jüngerer Bruder härtete fünfzehn Tage lang, dir hingegen fehlen fünf Tage. Wenn man's vergleicht, so übersteigen die Zauberkräfte deines Bruders die deinen um ein Vielfaches. Eile nun nach Kutiwu *Huotong*, wo du deinen Bruder treffen wirst!" Wie befohlen verabschiedete sich Saqini von dem *Mafa* und der *Mama* und machte sich auf den Weg. Nachdem sie den Höhleneingang durchschritten hatte, verwandelte sie sich in einen *Kuoli* und flog westwärts nach Kutiwu *Huotong*, wo Rongfangni soeben mit Kutini kämpfte. Nachdem sie Rongfangni gesagt hatte, wer sie war, stürzte sie sich an ihrer Seite in den Kampf.

Rongfangni überließ die Frauen des Kutiwu *Han* der Saqini und widmete sich Kutini. Erst nachdem sie lange Zeit mit ihr gekämpft hatte, schlug sie diese in den Fluss, fesselte sie mit einem Strick und steckte sie in einen Sack aus Eisendrähten. Sie wollte sich wieder ins Kampfgetümmel stürzen, aber Saqini hatte bereits beide Gemahlinnen des Kutiwu erschlagen. Seite an Seite gingen sie zur Residenz des Kutiwu *Han* und wie es der Zufall wollte, begegneten sie Sali Biwu, Rongta'entu, Xuefen und Xuetu, die unter den Mauern der Stadt angekommen waren. Die *Zhushen Zhangjing* wussten bereits, dass Sali Biwu ihren *Ezhen Han* erschlagen hatte, und kamen deshalb mit dem Volk vor die Stadtmauer, wo sie ihn kniend empfingen. Sali Biwu besänftigte die Menge und begab sich mit seinem Gefolge in die Residenz, um sich dort auszuruhen. Rongta'entu stellte Rongfangni dem Sali Biwu vor. Sali Biwu bemerkte, dass die Schönheit der Rongfangni einem den Verstand rauben konnte, und auch Rongfangni verliebte sich in ihn, als sie sah, dass er Schönheit und Talent in sich vereinte. In der Tat, sie waren ein ideales Paar! Als sie am Abend ein Festessen veranstalteten, schlug Rongta'entu vor, dass seine jüngere Schwester sich mit Sali Biwu verheiraten solle: Voll Freude stimmte Sali Biwu auf der Stelle zu und meinte: „Da ich eine wichtige Sache zu erledigen habe, sollte die Hochzeit nicht auf die lange Bank geschoben werden. Wie wär's, wenn wir morgen schon heiraten würden?" Rongta'entu pflichtete ihm bei. Sali Biwu ließ Kutini herbeibringen und redete ihr beruhigend zu, worauf diese bereit war, sich zu unterwerfen und Rongta'entu zu heiraten. Die Hochzeit sollte ebenfalls am folgenden Tage stattfinden.

Am nächsten Tage war alles vorbereitet und Sali Biwu heiratete Rongfangni. Alle Einwohner der Stadt liefen zusammen, um zuzusehen und bildeten eine unübersehbare Menge. Zur selben Zeit verheiratete sich Rongta'entu mit Kutini. Sali Biwu lud über zwanzig *Zhushen Zhangjing* und *Bayan Mafa* der Stadt zu seinem Fest ein.

(11) Sali Biwu ordnete an, dass von den Kühen, Schafen und Schweinen des Kutiwu *Han* über dreissig Tiere geschlachtet und unter die Einwohnern der Stadt verteilt werden sollten, worauf ihm diese für seine Güte dankten. Weiters befahl er, dass unter Aufsicht der *Zhushen Zhangjing* Schiffe zu bauen seien, und nach deren Fertigstellung alle Einwohner mit ihren Tieren und ihrem Hab und Gut nach Sali *Huotong* fahren sollten, wo sie sich anzusiedeln hätten. Diese Nacht vollzogen die Brautpaare ihre Ehe und schliefen beieinander. Am folgenden Tage wurde ein weiteres Fest veranstaltet. Sali Biwu befahl im Anschluss daran Rongta'entu und seiner Frau sowie Xuefang [sic!, Xuefen] und seinem Bruder vor Ort abzuwarten, bis die Schiffe fertig seien, und dann die Stadtbevölkerung nach Sali zu führen. Nachdem er sich eine Reihe von Tagen in der Stadt erholt hatte, brach er auf und wanderte weiter in Richtung auf die Stadt Angjitu. Saqini und Rongfangni folgten ihm heimlich.

Nachdem er zwei oder drei Tage nach Nordwesten gewandert war, kam er in eine Gegend, die zirka hundert Meilen von Angjitu *Huotong* entfernt war, und bemerkte dort eine winzige Strohhütte. Da er mehrere Tage lang keinem Menschen begegnet war, trat er in die Hütte ein, in der Absicht, sich dort auszuruhen. Er fand in ihr ein Mädchen von berückender Schönheit, das auf dem *Kang* an der Nordseite saß. Als Sali Biwu eintrat, stieg sie vom *Kang* herab und hieß ihn in liebenswürdiger Weise willkommen. Sali Biwu fragte: „Leben noch andere Personen in dem Haus der *Dedou Gege*?" Die *Dedou* antwortete: „Ich habe weder Vater noch Mutter und auch keine Brüder; ich bin ganz allein!" Sie forderte Sali Biwu auf, auf dem *Kang* Platz zu nehmen. Dann begab sie sich ins äußere Zimmer (*waiwu*) und bereitete Branntwein und Fleisch vor, um Sali Biwu damit zum Empfang zu bewirten. Binnen kurzem stand eine Fleischmahlzeit bereit, und nachdem sie noch einen Krug mit Branntwein gewärmt hatte, setzte sie sich ihm gegenüber, um mit ihm zu essen und zu trinken. Die *Dedou* forderte ihn freundlich auf zu trinken, sie selbst aber trank keinen einzigen Schluck.

Es war nun so, dass Angjitu *Han* einen Schamanen gebeten hatte, aus Räucherwerk zu weissagen und dabei erfuhr, dass Sali Biwu bereits aufgebrochen war und unterwegs mehrere Städte erstürmt und danach geheiratet hatte. Binnen weniger Tage werde er kommen, um Rache zu nehmen. Angjitu *Han* bedachte, dass er selbst bereits über fünfzig Jahre alt war und daher für den Feind wohl kaum ein ernstzunehmender Gegner war. Zudem hatte er keinen Sohn, sondern lediglich eine Tochter mit Namen Angjini *Dedou*. Er berief daher seine *Zhushen Zhangjing* in die Residenz und beriet sich mit ihnen. Um den Kampf zu vermeiden, wurde beschlossen, dass hundert Meilen vor der Stadt seine Tochter Angjini den Sali Biwu in Empfang nehmen und ihn vergiften sollte. Zudem wurden von allen möglichen Gegenden her *Mo'rgen*, *Mohan* sowie *Dedou* und *Fujin* eingeladen, um dem Gegner entgegenzutreten. Angjini begab sich wie angeordnet zu einer Strohhütte hundert Meilen vor der Stadt und wartete. Einige Tage später kam Sali Biwu bei ihr an. Sie setzte ihre Reize ein, mischte heimlich Gift in den Branntwein und lud Sali Biwu auf unwiderstehliche Weise ein, von dem Branntwein zu trinken. Sali Biwu hegte nicht den geringsten Verdacht; er war der Meinung, dass sie es gut mit ihm meinte und trank frohen Mutes Becher um Becher. Nachdem er hintereinander mehr als zehn Becher geleert hatte, verspürte er plötzlich ein Brennen in der Nase, das ihn sehr beunruhigte. Im nächsten Moment war Angjini spurlos verschwunden. Sali Biwu wurde es nun auch um die Augen herum so heiß, als würden Flammen aus ihnen hervorschießen. Er wälzte sich auf dem Boden hin und her, da der Schmerz unerträglich wurde.

(12) Nachdem Sali Biwu von dem vergifteten Branntwein getrunken hatte und das Gift zu wirken begann, bemerkte er plötzlich, dass seine Frau gekommen war. Diese beobachtete ihn lange und schimpfte dann: „Du Schurkin hättest beinahe meinen Mann getötet! Wenn ich dir begegne, werde ich dich in zehntausend Stücke zerreißen!" Aus dem Brustteil ihres Gewandes holte sie eine Pille hervor und flößte sie Sali Biwu mit Wasser ein. Nachdem sie einige Zeit gewartet hatte, hörte sie Sali Biwu schreien: „Der Schmerz bringt mich um!" Rongfangni wusste nun, dass er wieder zu sich gekommen war und gab ihm etwas abgekochtes Wasser zu trinken. Erst dadurch kam Sali Biwu wieder völlig zu sich und sagte zu seiner Frau: „Diese Schurkin! So etwas kann man nicht verzeihen!" Nachdem er sich mehrere Tage erholt hatte, kam er wieder zu Kräften und eilte weiter. Nach noch nicht einmal einem Tag stand er vor Angjitu *Huotong*. Vor den Mauern der Stadt standen zahllose Zelte aus Rinderhaut, in denen die von Angjitu *Han* gerufenen Getreuen wohnten.

Inzwischen war Sali Biwus Ankunft von Spähern in der Residenz gemeldet worden. Angjitu *Han* trat mit allen *Mo'rgen* und *Mohan* vor die Stadt, um sich dem Feinde zu stellen. Keiner von ihnen aber ein ernstzunehmender Gegner für Sali Biwu: Ein Schlag streckte mehrere Angreifer zugleich nieder, ein Stoß mit dem Fuß tötete gleich mehrere Gegner auf einmal. Als die Angreifer merkten, wie gefährlich Sali Biwu war, wichen sie scharenweise zurück und sprachen untereinander: „Kehren wir doch heim, denn es gibt keinen Zwist zwischen uns und Sali Biwu!" Sie flohen in alle Himmelsrichtungen und rannten nach Hause zurück. Nur Angjitu *Han* blieb mit den Seinen zurück und musste allein gegen Sali Biwu antreten. Nach drei Tagen und drei Nächten floss Blut aus seinem Mund und seiner Nase, er hatte nichts mehr entgegenzusetzen und wurde von Sali Biwu getötet.

Als Sali Biwu in die Stadt gehen wollte, bemerkte er einen alten Mann mit weißem Haar, der auf einen Stock gestützt das Volk herbeiführte. Weinend sprach er zu Sali Biwu: „Ich bin Ajin, der *Zhushen Zhangjing* deines Vaters. Es ist wahrhaft großes Glück, dass ich jetzt erleben darf, wie der junge Herr den verstorbenen *Han* rächt!" Einhellig pflichtete ihm das Volk bei.

(13) Sali Biwu erkannte, dass all diese Leute einst die Untertanen seines verstorbenen Vaters gewesen waren, und redete ihnen daher gut zu. Anschließend begab er sich in die Stadt, wo er sich eine Weile in der Residenz erholte. Auch Rongfangni und Saqini kehrten zurück, nachdem sie die *Dedou* der feindlichen Seite erschlagen hatten. Sali Biwu befahl, Schafe und Schweine zu schlachten und gab ein Fest, zu dem er über dreißig *Zhushen Zhangjing* und *Bayan Mafa* lud, mit denen er Branntwein trank. Während des Festes befahl er ihnen, die vorhandenen Großschiffe instand zu setzen, und auf ihnen alles Volk nach Sali zu bringen. Diese Arbeiten waren erst nach zwei Monaten abgeschlossen, worauf Sali Biwu befahl, dass das Volk mit einigem Hab und Gut auf die Schiffe geführt werden sollte und dass am folgenden Tage aufzubrechen sei. Am Tag darauf bestieg Sali Biwu mit Rongfangni und Saqini das Drachenschiff und folgte dem Fluss nach Osten. Erst nach mehr als einem Monat erreichten sie Sali *Huotong*, wo er dem Volk befahl, die Häuser der Stadt wieder aufzubauen und sich dort anzusiedeln.

Sali Biwu rief sich zum *Han* aus und belehnte Rongfangni mit dem Titel *Fujin*[8], während Saqini zum „Fräulein *Han*" (*Han gu*) ernannt wurde. Rongta'entu wurde zum „Weisen Prinzen zur Linken" (*Zuo xianwang*), Xuefen zum „Weisen Prinzen zur Rechten" (*You xianwang*) ernannt. Saqini erwählte sich Jiegeduxi *Mo'rgen* zum Ehemann. Sie errichteten östlich von Sali eine große Stadt, in der sie ihren Sitz nahmen. Rongfangni gebar ein Mädchen und drei Söhne, von denen der älteste Sohn alle *Hane* der Stämme im Süden unterwarf und den Einfluss seiner Familie auf das Gebiet zwischen Sungari und Ussuri ausdehnte. Aus allen Himmelsrichtungen kamen die Stämme, um Tribut zu bringen und ihre Aufwartung zu machen. An allen Orten und Plätzen pries man Sali Biwu als mutigen, besonnenen und weisen Herrscher. Obwohl es sich bei dieser Gegend um das kalte

---

8   Hezhe: *fujin* (S. 692): eigentlich kaiserliche Nebenfrau, hier aber Gattin des *Han*. – Im Mandschu bezeichnet *fujin* die Gemahlin eines Lehnsfürsten oder die Gattin eines Prinzen oder Beile und bezeichnet allgemein eine „Dame" (Hauer 1952-1955: 310). Vgl. Hucker 1985: 216, Nr. 2044.

Land jenseits der Pässe [d.h. jenseits der großen Mauer] handelte, mangelte es an nichts. Es gab niemanden in den sechs Reichen an den drei Flüssen[9], der ihm nicht zugetan war und ihn nicht verehrte.

Damals lebte am Südufer des Ussuri ein mächtiger Stamm, der gleichfalls Hehe hieß; sein *Han* hieß Gengesu *Han*. Er hatte das Amt vom Vater und den älteren Brüdern geerbt und nahm es sehr ernst. Er widmete sich seinem Reich mit all seiner Kraft, um es reich und mächtig zu machen. Zudem wies er sein Volk an, zu lernen, wie man Land urbar macht und es bebaut. Im Frühjahr und Herbst hielt er Übungen im Reiten und Bogenschießen ab, weshalb auch er weit und breit hohes Ansehen genoss. Er war daher nicht bereit, an Sali *Huotong* Tribut zu liefern.

In jenen Tagen als Sali Biwu den Thron des *Han* bestieg und verdiente Personen in hohe Stellungen berief, beeilten sich die *Hane* und die Bevölkerung der sechs Reiche an den drei Flüssen Perlen, Kleinodien und Jade sowie Felle vom Rotfuchs, vom Marder, Zobel und Otter als Tribut zu senden. Sie kamen selbst nach Sali zur Audienz. Sali Biwu freute sich sehr darüber, dass alle die *Hane* ausnahmslos Tribut brachten. Es waren mehr als zweihundert *Hane* und *Ta Kuoli Miqini*[10], die in Reih und Glied dem *Han* in der Residenz ihre Aufwartung machten und ihm als *Ezhen* huldigten. Heimlich beobachteten auch die *Fujin*, die Prinzessin, das *Han*-Fräulein (*Han gu*) und die Palastdamen das Gedränge. Als die *Hane* am Fuss der Palasttreppe aufgereit standen und auf seine Befehle warteten, stieg Sali Biwu die Treppen hinab, um sie zu begrüßen. Nach dem Austausch von Höflichkeiten, lud er sie in die große Halle ein, wo man sich auf die für Gäste und Gastgeber vorgesehenen Plätzen setzte und zwanglos plauderte. Nach einer Weile verabschiedeten sich die Gäste, um sich zurückzuziehen.

(14) Als Sali Biwu *Han* sah, dass die Gäste sich verabschieden wollten, sprach er zu ihnen: „Ich, der *Han*, bin überwältigt vor Freude, dass die *Hane* keine Mühen gescheut haben, um hierher zu kommen und mir ihre Aufwartung zu machen. Nun aber möchte ich, der *Han*, mit den *Hanen* einige Becher leeren und denke, dass die verehrten Anwesenden alle gerne mitmachen!" Keiner der *Hane* wagte abzulehnen. Sali Biwu *Han* ließ in der Haupthalle ein Festmahl auftischen, das aus Leckerbissen und Delikatessen zusammengestellt war. Er forderte die *Hane* auf, Platz zu nehmen, unbeschwert zuzugreifen und zu trinken. Im Verlaufe

---

9 *San chuan liu guo*: Der Ausdruck „drei Flüsse" verweist auf den Amur, den Sungari und den Ussuri, „sechs Reiche" auf die Reiche an den Ufern dieser Flüsse (S. 431, Anm. 1) (OA).

10 Hezhe: *t'akʿəli mîⁱini* (S. 682): Bevollmächtigter des Herrschers (S. 431, Anm. 2) (OA). – Im Wörterverzeichnis, S. 682, wird bei dem entsprechenden Ausdruck *Mishini* (米十尼) statt *Miqini* (米七尼) geschrieben.

dieses Gelages bemerkte Sali Biwu *Han*, dass alle *Hane* der sechs Reiche an den drei Strömen gekommen waren, nur Gengesu, der *Han* von Nanchuan [Süd(ufer) des Flusses] am Ussuri, fehlte. Er fragte daher Aqinbuluo, den *Han* von Beichuan [Nord(ufer)] am Ussuri: „Warum ist denn Gengesu, der *Han* von Nanchuan, nicht zu mir gekommen; will er vielleicht, dass ich zu ihm gehe?" Bei diesen Worten machte er ein böses Gesicht. Die versammelten *Hane* redeten nach Kräften beschwichtigend auf ihn ein, weshalb seine Wut etwas gemindert wurde. Erst bei Sonnenuntergang wurde die Tafel aufgehoben. Der Groß*han* lud die *Hane* ein, in seiner Residenz die Nacht zu verbringen.

Beim Eintritt in sein Schlafgemach empfing ihn Rongfangni, die sofort sah, dass er wütend war. Sie getraute sich nicht, ihn so mir nichts dir nichts nach dem Grund zu fragen, weshalb sie beiseite trat und abwartete. Als der *Beizi*[11] Sali Taziha eintrat, um seinen Gruß zu entbieten, sprach Sali Biwu *Han* zu ihm: „Gengesu, der *Han* von Nanchuan am Ussuri, blickt mit Geringschätzung auf mich, den *Han*, herab. Er hielt es nicht für nötig, zu kommen und Tribut zu liefern. Er hegt insgeheim seine eigenen Pläne. Marschiere mit Truppen zu ihm, nimm in gefangen und bringe ihn her!" Gemäß dem Befehl seines Vaters begab sich der *Beizi* als erstes zu Rongta'entu, dem „Weisen Prinzen zur Linken" und Onkel und beriet sich mit ihm. Erst um Mitternacht kehrte er wieder nach Hause zurück. Am folgenden Tag nahm er die acht Oberbefehlshaber, Xuefen, Xuete, Yala *Han*, die vier Brüder, sowie Rongta'entu mit und brach in Richtung Ussuri auf. Als dort Gengesu, der *Han* von Nanchuan, erfuhr, dass Sali Biwu *Han* den *Beizi* Taziha mit seinen Oberbefehlshabern zu einer Strafexpedition gegen ihn entsandt hatte, bekam er's mit der Angst zu tun. Unverzüglich berief er all seine Zivil- und Militärbeamten in die Residenz und nachdem sie eine Weile beraten hatten, einigte man sich darauf, dass man entschlossen Widerstand leisten wolle. Gengesu blieb nichts anderes übrig, als sich dem Willen der Allgemeinheit zu fügen, und führte seine Truppen über den Fluss, um sich zum Kampf zu stellen. Er war noch keine zwanzig Meilen weit vorgerückt, als berittene Späher meldeten: „Starke Truppen sind im Anmarsch!" Gengesu marschierte weiter und sah nach fünf Meilen die Staubwolken [, die der Feind] aufwirbelte. Während er noch Ausschau hielt, war der Feind bereits herangekommen. Die beiden Truppen stürzten sich sogleich in den Kampf. Als gegen Mittag sein „Weiser Prinz zur Rechten" von Taziha, dem *Beizi* des Gegners, und Xuefen gefangen-

---

11 Titel für Söhne und Neffen des Herrschers. In der Qing-Zeit verlieh man diesen Titel oft an Mitglieder des Kaiserhauses und Angehörige der mongolischen Grenzvölker (S. 317, Anm. 2; S. 432, Anm. 1) (OA). – Mandschu: beise, „Fürst" bzw. „kaiserlicher Prinz 4. Ranges" (Hauer 1952–1955: 84); vgl. Hucker 1985: 373, Nr. 4546.

genommen wurde, verlor Gengesu *Han*, der seinem Feind nicht standhalten konnte, die Nerven.

(15) Als Gengesu *Han* bemerkte, dass ihn der *Beizi* Taziha mit seinen Truppen so undurchdringlich eingeschlossen hatte, dass es schien, als steckte er in einer eisernen Tonne, wandte er einen Trick an, mit dessen Hilfe er unsichtbar wurde, und durchbrach die feindlichen Linien. Es hätte nicht viel gefehlt und er wäre entkommen, aber wie's der Zufall wollte, bemerkte ihn *Taziha* und befahl seinen Leuten, ihn zu verfolgen. Da das Pferd des Gengesu an einem einzigen Tag tausend Meilen zurücklegen und zudem einen Fluss überqueren konnte, als laufe es über festes Land, gelang es ihm ohne große Mühe über den Fluss zu setzen. Taziha aber musste, als er mit Xuefen, Xuete und Rongta'entu die Verfolgung aufnahm und das Flussufer erreichte, in ohnmächtiger Wut zusehen, wie Gengesu auf seinem Pferde den Ussuri überquerte, während sie selbst zurückbleiben mussten, da nirgendwo ein Boot zu finden war. Und da es Abend wurde und sie keinen Ausweg wussten, musste er Befehl geben, die Zelte aufzuschlagen und zu übernachten. Seine Gefolgsleute beeilten sich, die Kessel übers Feuer zu hängen[12] und Essen zu kochen. Nach dem Abendessen legten sie sich schlafen. Nur *Taziha* war niedergeschlagen, weil sie kein Boot hatten, um den Fluss zu überqueren. Unruhig wälzte er sich deshalb hin und her.

Es war Mitternacht geworden und *Taziha* war hundemüde, als er plötzlich im Dämmerlicht einen alten, ehrwürdigen Mann erblickte, der zu ihm sprach: „Wenn ihr ohne Boote den Fluss überqueren wollt, dann müsst ihr bis zum Winter warten. Es ist doch wirklich lachhaft, dass ihr schon jetzt fertige Boote habt, sie aber nicht einsetzt und euch selber Kummer bereitet!" Taziha fragte ihn: „Wo sind denn die Boote?" Der *Mafa* antwortete: „Na, eure rindsledernen Zelte, sind die denn nicht eure Boote?" Im nächsten Moment war der *Mafa* verschwunden, Taziha aber schreckte auf und wusste, dass er geträumt hatte. Er wunderte sich sehr und erst als er darüber nachdachte, wurde ihm bewusst, dass ein höheres Wesen (*shenren*) ihm einen Fingerzeig gegeben hatte! Er rief Rongta'entu und die anderen Befehlshaber zu sich und erzählte ihnen seinen Traum. Rongta'entu meinte dazu: „Dies bedeutet nichts anderes, als dass ein göttliches Wesen dem *Beizi* geraten hat, aus den rindsledernen Zelten Boote herzustellen. Das heißt doch, dass der Himmel auf deiner Seite ist!" Am folgenden Tage befahl Taziha, dass man aus Weidengerten Bootskörper herstellen und die Zelthaut darüberziehen sollte. Wenn sie ins Wasser gelassen wasserdicht blieben, so könnte man sie einsetzen. Es wurden sieben Boote gebaut, von denen jedes nur fünf bis sechs Männer aufnehmen konnte. Nachdem alle den Fluß überquert hatten, kam

---

12 Vgl. S. 64 (Bd. I) (S. 433, Anm. 1) (OA).

plötzlich ein unübersehbares Heer herbei, das vor Taziha niederkniete und unter Kotau sprach: „Wir sind willens, Eure *Aha* zu werden. Der *Han* von Nanchuan, Gengesu, hat eigens ein edles Roß für Euch ausgesucht und übergibt es Euch, damit ihr es reitet." Darüber freute sich Taziha sehr. Er überquerte wieder den Fluß und kehrte nach Sali *Huotong* mit der Meldung zurück, dass der *Han* von Nanchuan das Pferd übergeben habe und sich unterwerfe. Als Salibiwu *Han* das edle Tier sah, freute er sich sehr und veranstaltete eine Siegesfeier, auf der er großzügig verdiente Personen auszeichnete. Später kam auch der *Han* von Nanchuan, Gengesu, herbei, um seine Aufwartung zu machen und seinen Tribut zu überbringen.

8. Shariqiwu

(1) Auf dem Nordufer des Sungari lag der *Huotong Deyi*[1] – dreißig Meilen nördlich vom heutigen Elimi[2]. In alter Zeit verfügte die Stadt über mehr als tausend Gebäude, aber nun waren alle verfallen, weil die Einwohner der Stadt an einen anderen Ort verschleppt worden waren. Es gab dort nur noch ein Haus, dessen Vorstand Agedewu (Agediwu) *Mo'rgen* hieß und siebenundzwanzig Jahre alt war. Er hatte einen jüngeren Bruder namens Shariqiwu *Mo'rgen*, der erst zwölf Jahre alt aber klug und tapfer sowie anmutig und hübsch war. Beide waren sie sich in brüderlicher Liebe zugetan. Agedewu war verheiratet mit Dekeshini *Dedou*, und die beiden waren ein harmonisches Paar. Zudem schenkten sie dem jüngeren Bruders noch mehr Liebe und Fürsorge, als Eltern dies tun konnten. Shariqiwus Schwägerin hatte geheiratet, als er gerade ein Jahr alt war, und hatte ihn wie ihren eigenen Sohn großgezogen. Als Shariqiwu zehn Jahre alt war, ging seine Schwägerin ihre Eltern besuchen, worauf die beiden Brüder zu Hause saßen und nichts zu tun hatten und deshalb häufig in den Bergen auf die Jagd gingen. Eines Tages war Shariqiwu tief beunruhigt und heulte und jammerte unentwegt, weshalb sein Bruder bei sich dachte, dass er sich bestimmt nach seiner Schwägerin sehne. Er redete ihm auf alle erdenkliche Weise gut zu, aber es half nichts. Schließlich fertigte er ihm Pfeil und Bogen an und ließ ihn damit spielen und nun erst hörte er auf zu weinen. Shariqiwu nahm Bogen und Pfeile, ging aus und schoss zum Spaß auf Vögel. Er schoss zahlreiche Sperlinge und Vögel und brachte sie nach Hause, wo er sie mit seinem Bruder verzehrte. Tag für Tag ging es so und auch sein Bruder jagte nur in der näheren Umgebung.

Nachdem die Schwägerin zu einem Besuch bei ihren Eltern heimgekehrt war, lebte sie bei ihnen ein halbes Jahr, ohne dass etwas geschehen wäre. Eines Tages aber kam ein Mann, der ihren Gatten bei weitem an Schönheit und Können übertraf. Sein Name war Muchekong *Mohan*. Da er nur etwa drei Meilen vom Elternhaus der Dekeshike entfernt wohnte und er nichts zu tun gehabt hatte, war er auf einen Besuch zu ihrem Vater gekommen. Sobald er eingetreten war und gesehen hatte, welche Schönheit Dekeshini war, flogen zwischen beiden die Blicke hin und her und sie waren eines Sinnes. Als sie einander Blicke zuwarfen,

---

1   *Huotong* (Hezhe: *hət'ɔ* [S. 693]) bedeutet „Stadt" und *Deyi* (Hezhe: *təyi* [S. 693]) „Hain". Der ursprüngliche Name der Stadt ist nicht mehr bekannt, und weil in späterer Zeit dort ein dichtes Wäldchen wuchs, wurde der Platz *Huotong Deyi* genannt, was soviel wie „Stadtwäldchen" bedeutet (S. 434, Anm. 2) (OA).

2   Name einer Gegend gegenüber der Kreisstadt Fujin (Provinz Jilin) am Nordufer des Sungari (S. 434, Anm. 3) (OA).

kam ihr Vater herbei und führte Muchekong in das Westzimmer, wo sie sich auf die Plätze von Gast und Gastgeber setzten und plauderten. Der Vater ließ Speisen auftischen und lud Muchekong ein, sich auf den *Kang* zu setzen und mit ihm zu trinken. Fröhlich zechten sie bis Einbruch der Dunkelheit, bis der alte Vater betrunken war, den Dienern befahl, auf dem Nord*kang* die Decken für das Bett auszubreiten und Muchekong einlud, die Nacht im Hause zu verbringen. Dekeshini kam immer wieder herbei, um Muchekong die Pfeife zu stopfen, Tee einzuschenken und ihn freundlich und zuvorkommend zu bedienen. Die Beiden hatten sich auf den ersten Blick ineinander verliebt und gingen sehr vertraulich miteinander um. Mitten in der Nacht kam Dekeshini heimlich zu Muchekong und fragte ihn: „Schläft der *Mo'rgen* schon?" Als Muchekong sah, dass es Dekeshini war, da war ihm, als hätte er einen kostbaren Schatz erhalten und er drückte sie an seine Brust, worauf die Beiden unanständige Dinge miteinander trieben. Von nun an waren sie bestrebt, jede Nacht miteinander zu verbringen, ganz so als wären sie Eheleute. Dekeshini dachte natürlich nicht mehr im Geringsten daran, heimzukehren, und nachdem zwei Jahre vergangen waren und sie noch immer nicht aufbrach, drängte sie ihr Vater mehrmals dazu, aber sie hörte nicht auf ihn. Schließlich fasste sie mit Muchekong den Plan, ihren Mann Agedewu aus dem Weg zu räumen, damit sie mit dem Ehebrecher zusammenleben konnte. Nachdem sie sich abgesprochen hatten, verabschiedeten sie sich unter Tränen. Muchekong *Mohan* begleitete sie noch mehr als zehn Meilen, bevor er sich von ihr trennte. Dekeshini schärfte ihm ein: „*Mohan Age*[3], du musst unbedingt zu mir kommen! Du musst in den Westbergen in der Nähe meines Hauses auf meinen Mann warten und dort zuschlagen!" Mit diesen Worten trennten sie sich. Nachdem Dekeshini nach Hause zurückgekehrt war, ging sie mit ihrem Mann wieder lieb und zärtlich um, um dessen Zuneigung und Wohlwollen zu gewinnen und verwöhnte neuerlich dessen jungen Bruder Shariqiwu, fertigte ihm Schuhe und Strümpfe an und gab sich recht freundlich und liebevoll. Wenn es zu Hause nichts zu tun gab, drängte sie ihren Gatten, in den Westbergen auf die Jagd zu gehen, und weil Agedewu den wahren Grund nicht kannte, tat er dies auch.

(2) Nach seiner Trennung von Dekeshini dachte Muchekong beständig an ihre Abschiedsworte. Nach etwas mehr als einem Monat fertigte er schließlich sechs Pfeile aus Ästen der *Huanghua*-Kiefer (Fichte, Föhre). Wer von solchen Pfeilen getroffen wurde, musste auf der Stelle infolge Schwellungen sterben und keine Medizin konnte ihn retten. Nachdem er am folgenden Tag früh aufgestanden war, nahm er Pfeil und Bogen sowie anderes Gut mit und brach nach *Huotong* Deyi auf. Er stand frühmorgens auf und ging spät schlafen, aber erst nach zweieinhalb

---

3 Anrede für den *Mohan*, die ein vertrautes, enges Verhältnis bezeugt (S. 435, Anm. 1) (OA).

Monaten erreichte er den Bergstock, der sich nicht weit von dem Haus des Agedewu im Westen erhob. Auf dessen Höhen ruhte er einen halben Tag lang aus, worauf er das Gelände nach einem geeigneten Platz für seinen Anschlag absuchte. Als er Ausschau hielt, bemerkte er in der Ferne jemanden, der den Berghang heraufkam und den Jagdspeer sowie Pfeil und Bogen in Händen hielt: Dies war niemand anderer als Agedewu. Er hatte sich auf den Weg gemacht, um in den Bergen zu jagen, und musste an jenem Platz [, an dem Muchekong auf der Lauer lag,] vorbeigehen. Muchekong lag im dichten Gestrüpp des Waldes im Hinterhalt und ließ Agedewu herankommen, um ihn dann aus der Nähe mit einem Pfeil zu erledigen. Als dieser bis auf fünfzig Schritte herangekommen war, nahm Muchekong den Bogen zur Hand, legte einen Pfeil auf die Sehne, zielte auf das Herz des Agedewu und schoss. Noch während die Bogensehne brummte, brach Agedewu in die Brust getroffen zusammen, denn Muchekong war als trefflicher Schütze bekannt: Er hatte meisterhaft schießen gelernt, und verfügte über Erfahrung und Präzision. Nachdem er Agedewu erschossen hatte, warf er die Leiche in einen Tümpel und lief zum Haus des Agedewu.

Dort warteten Dekeshini und Shariqiwu auf die Rückkehr des Agedewu, aber nachdem zwei oder drei Tage vergangen waren, ohne dass er zurückkam, machte sich der Bruder ernste Sorgen und hielt jeden Tag vor der Türe Ausschau. Eines Abends bemerkte er auf den Bergen im Westen eine menschliche Gestalt, und da er diese für den heimkehrenden Bruder hielt, war er von Herzen froh, trat in die Hütte und sprach zu seiner Schwägerin: „Mein Bruder kommt zurück." Seine Schwägerin forderte ihn auf: „Geh nochmal nachsehen!" Shariqiwu drehte sich um und ging wieder hinaus, um nachzusehen. Als die Person sich auf etwa drei bis vier Meilen genähert hatte, ging ihm Shariqiwu zur Begrüßung entgegen, aber als er nahe herangekommen war, sah er, dass es gar nicht sein Bruder, sondern ein Fremder war. Sein Gesicht glühte rot und war furchterregend. Shariqiwu brachte kein Wort heraus, er fühlte sich unbehaglich, wich einige Schritte zurück und stellte sich mit ehrerbietig herabhängenden Armen am Wegrand auf, um den Fremden vorbeizulassen. Der Mann aber ging schnurstracks zu seinem Haus und trat ein. Shariqiwu wusste nicht recht, was er tun sollte. Er ging also gleichfalls hinein und sah, dass seine Schwägerin Dekeshini den Mann vertraut und liebevoll willkommen hieß und ihn keineswegs als Fremden behandelte. Obgleich Shariqiwu noch jung war, wusste er doch schon recht gut Bescheid, und als er sah, wie die Beiden innige Blicke austauschten und ihren persönlichen Gefühlen Ausdruck verliehen, machte er sich seine Gedanken und war beunruhigt. Seine Schwägerin Dekeshini kochte Essen und schenkte dem Fremden Branntwein ein. Während sie becherten, erzählte er ihr leise, wie er Agedewu erschossen hatte, worauf die Schwägerin froh und glücklich war. Die Beiden wurden immer fröhlicher, je mehr sie tranken. Als aber Shariqiwu hörte, dass sein älterer Bruder von jenem Mann erschossen worden war, ließ er den Kopf hängen und schluckte seine Tränen hinunter.

(3) Während Muchekong Dekeshini Wein nachschenkte, bemerkte er, dass Shariqiwu den Kopf hängen ließ und weinte, weshalb er Dekeshini fragte: „Da nun der kleine Kerl schon mal weiß, dass ich seinen Bruder umgelegt habe, wäre es das Beste, auch ihn aus dem Weg zu schaffen!" Er wollte gleich zur Tat schreiten, aber Dekeshini riet ihm: „Reg dich nicht wegen ihm auf; er ist ein kleines Kind, was soll er schon wissen! Ich habe ihn aufgezogen. Lass uns trinken!" Sie redeten und lachten und wussten nicht, wieviel sie getrunken hatten. Als es Abend wurde, befahl die Schwägerin Shariqiwu auf dem *Kang* auf der Nordseite des Raumes zu schlafen. Sie selbst schlief mit dem Mann auf dem *Kang* an der Südseite und sie taten sich keinen Zwang an. Sie zogen sich aus und stiegen auf den *Kang*, löschten die Lampe und schliefen. Obwohl Shariqiwu bei diesem Anblick sich vor Wut kaum beherrschen konnte, blieb ihm nichts anderes übrig, als traurig zu seufzen. Als er um Mitternacht erwachte, sah er auf dem *Kang* den Schurken und die Ehebrecherin traulich nebeneinander schlafen, und als er bei Mondenschein hinsah, hielten sich die Beiden eng umschlungen. Da konnte er vor Wut nicht mehr an sich halten: Er stieg vom *Kang* herab, griff sich einen mindestens fünfzig Pfund schweren Steinhammer und schleppte ihn bis zu dem *Kang* an der Südwand, wo er ihn aber nicht zu schwingen vermochte. Als er ihn absetzte, schreckte er überraschend das Mandarinentenpärchen auf dem *Kang* auf[4]. Muchekong setzte sich auf und bemerkte, dass Shariqiwu ihn töten wollte. Dekeshini sprang vom *Kang* herab und gab ihm drei oder vier Ohrfeigen, wobei sie schimpfte: „Wen wolltest du denn mit dem Hammer erschlagen?" Muchekong war dabei, vom *Kang* herabzusteigen, um ihn totzuschlagen, aber Dekeshini hielt ihn zurück: „Zügle deinen Zorn! Er ist noch jung und unwissend, zudem habe ich ihn aufgezogen. Verzeihe ihm noch einmal!" Muchekong liebte Dekeshini so sehr, dass er alles, was sie wünschte, tat; warum also sollte er diesmal nicht nachgeben! Dekeshini befahl dem Shariqiwu erneut, sich auf den Nord*kang* zu legen, während sie sich mit ihrem Liebhaber wieder auf dem Süd*kang* schlafen legte. Shariqiwu blieb keine andere Wahl, als zum Nord*kang* zurückzukehren.

Nachdem sie am anderen Morgen aufgestanden waren, machte Dekeshini das Essen, die Beiden schenkten einander Wein ein und sprachen beim Trinken darüber, dass sie von hier fort wollten. Dekeshini sagte: „Ich bringe es nicht übers Herz, den kleinen Schwager zu verlassen; was sollen wir tun?" Muchekong

---

4   Das Entenpaar ist Symbol einer glücklichen Ehe, d.h. Shariqiwu schreckte die beiden Verliebten auf.

antwortete: „Nun denn! Wenn du dich nicht von deinem Brüderchen trennen willst, dann bleib hier! Ich aber werde nach Hause zurückkehren und wir werden uns nicht mehr gegenseitig zur Last fallen!" Da wusste Dekeshini nicht mehr weiter, sie überlegte und grübelte, fand aber keinen Ausweg. Es blieb ihr notgedrungen nichts anderes übrig, als mit Muchekong wegzugehen. Sie packte ihre Wertsachen in zwei Packen zusammen und machte sich mit ihm aus dem Staube. Als sie zur Türe hinausging, wandte sie den Kopf zu Shariqiwu, wobei sie die Tränen nicht zurückhalten konnte und ihr die Trennung schwerfiel. Shariqiwu saß starr und regungslos auf dem *Kang*, ganz so, als wäre er geistesabwesend: als er dann vor die Türe trat, war von dem Schurken und der Ehebrecherin nichts mehr zu sehen, als er zurück in die Hütte ging, war es dort traurig und freudlos. Nachdem seine Schwägerin gegangen war, weinte und klagte er beständig, und wenn er daran dachte, dass sein Bruder von Muchekong erschossen worden war, und er nicht wusste, wo der Leichnam lag, dann bedrückte ihn dies noch mehr. Und als er eines Tages deswegen heulte und jammerte, hörte er plötzlich wie sich das Ahnenbrett offenbarte.

(4) Während Shariqiwu heulte und klagte, hörte er plötzlich das Ahnenbrett (*Zuzongban*)[5] sagen: „Das hat doch keinen Sinn, dass du jeden Tag flennst!" Shariqiwu wischte die Tränen fort und sah zum Ahnenbrett hinauf, da war's ein *Aixin Ha'rka*[6] der sprach: „Ich bin deine *Gege*[7]. Unsere Eltern hatten drei Kinder: Der *Age* ist erschossen worden, du bist das dritte und ich das zweite Kind. Bevor unsere Eltern vom Feind verschleppt wurden, haben sie dich und den *Age* in einem Gefäß aus Birkenrinde versteckt, mich aber überirdischen Wesen geweiht, die mich in einen *Aixin Ha'rka* verwandelt haben. Jüngerer Bruder, trage mich an deiner Seite und verfolge den Schuft und das Flittchen und nimm Rache für unseren älteren Bruder. Wenn du auf einen mächtigen Gegner triffst, so hol mich hervor und du wirst dich deines Feindes erwehren können. Aber jetzt mach dich gefälligst auf und verfolge die Beiden!" Nach diesen Worten rührte sich das goldene Hämmerchen nicht mehr. Shariqiwu aber hörte dank der Ermahnung der älteren Schwester auf zu flennen, suchte alles zusammen, was er benötigte, und machte sich bereit, am folgenden Tage aufzubrechen. Da er seit Tagen nichts gegessen hatte, hatte er fürchterlichen Hunger. Er bereitete sich selbst sein Essen zu und legte sich, nachdem er sich sattgegessen hatte, auf dem Nord*kang* schlafen. Sehr früh am Morgen stand er auf, kochte sich wieder etwas und fand

---

5   An der Westwand des Hezhehauses befindet sich ein waagrecht angebrachtes Brett, das man „Ahnenbrett" nennt und das für die Ahnenopfer dient (OA).

6   Hezhe: *aiʃin harkɔ* (S. 692): *Aixin* (Hezhe: *aiʃ ; aiʃin* (S. 692) bedeutet „Gold" [Mandschu: aisin], *Ha'rka*, Hezhe: *harkɔ* (S. 688) bezeichnet einen kleinen Hammer (S. 437, Anm. 2) (OA).

7   Ältere Schwester [Mandschu: gege].

in jenem Weinkrug noch einen Rest Wein, den er austrank. Dann machte er in
der Hütte Ordnung und hängte sich das goldene Hämmerchen um. Er trat vor
die Türe, versperrte diese mit einem Stein und eilte dann in nordwestlicher
Richtung fort. Nachdem er einen vollen Tag lang gegangen war und es Abend
wurde, hatte er noch keinen Ort gefunden, an dem er um Nachtquartier hätte
bitten können. Auf einmal tauchte vor ihm ein Wald auf, auf den er zuging, und
als er am Rand des Waldes ankam, bemerkte er ein Reh. Er nahm seinen Bogen
zur Hand und schoss danach, worauf das Tier noch im Gebrumm der Sehne
zusammenbrach. Er zog den Pfeil aus dem Rehkörper, lud ihn sich auf den
Rücken und suchte eine windgeschützte Stelle, um dort zu übernachten. Aber wo
er auch suchte, er fand keinen geeigneten Platz.

Als er sich der Ostseite des Wäldchens zuwandte, entdeckte er dort einen
Hügel, von dessen Gipfel Rauch aufstieg. Shariqiwu sagte sich, dass dort sicher
Menschen wären, und wollte nachsehen. Er mühte sich Schritt um Schritt den
Hang hinan und als er die rauchende Stelle erreichte, da stand dort kein Haus,
sondern der Rauch kam aus einem Felsspalt. Er setzte sich an der Stelle nieder,
an der das Feuer entwich, und nach zirka einer Stunde, sah er aus der Bergsenke
ein weibliches Wesen hervorkommen, das mit ihrem zersausten Haar wie ein
Gespenst aussah und deren Gesicht Ähnlichkeit mit einem Kesselboden
aufwies[8]. Vor Schreck prallte Shariqiwu einige Schritte zurück, weshalb die Frau
zu ihm sagte: „Weil der *Mo'rgen* hier sitzt, kam's dazu, dass kein Rauch mehr
durch den Schornstein entweicht. Tut dies bitte nicht wieder!“ Dem fügte sie
hinzu: „Es ist Abend geworden und hier gibt es keine Menschen, sehr wohl aber
Rotwolf und Wölfe, Tiger und Leoparden. Falls der *Mo'rgen Dou* keine Unterkunft
hat, so kann er, falls ihm dies genehm ist, in meiner Felshöhle übernachten.“
Shariqiwu dachte daran, dass es nun schon Abend war und es in der Nähe keine
menschlichen Behausungen gab, weshalb es wohl das Beste wäre, hier zu
verweilen. Aber in dieser Bergwildnis auf ein solches Wesen zu treffen, hatte
doch etwas Beunruhigendes; weil er aber keine andere Wahl hatte, sagte er
widerwillig: „Ich danke der *Gege*, dass sie mich bei sich aufnimmt. Ich bin Euch
zu unaussprechlichem Dank verpflichtet und werde natürlich hier bleiben!“

(5) Als Shariqiwu von jenem Mädchen zum Bleiben aufgefordert wurde, machte
er sich notgedrungen Mut und blieb. Es lud ihn ein, sich in der Höhle auszuruhen, worauf er sich auf den Kang setzte. Das Mädchen holte Reis und bereitete
ein Essen aus Gerste und Reis zu. Als er aber sah, dass das Essen voll von
Gerstenschalen und unsäglich schmutzig war, hatte er nicht die geringste Lust,
davon zu essen. Das Mädchen stellte Tischchen mit Essgeschirr und Speisen auf

---

8   D.h. es war so schwarz vom Ruß wie der Boden eines Kessels.

den Kang und forderte ihn auf zuzulangen. Nachdem sie ihn dreimal aufge-
fordert hatte, aß er gezwungenermaßen ein Schale voll, stellte aber fest, dass das
Essen recht gut schmeckte und so aß er mehrere Näpfe voll davon. Das Mädchen
aß zwei oder drei Schalen. Nachdem sie satt waren, räumte das Mädchen das
Essgeschirr ab und da es bereits um die zweite Nachtstunde war, legte sie die
Bettdecken aus und forderte Shariqiwu auf, bei ihr auf dem *Südkang* zu ruhen.
Diesem aber war aber nicht recht wohl dabei und er war nicht damit
einverstanden, weshalb er zu ihr sagte: „Ich möchte alleine auf dem Nord*kang*
schlafen." Er trug sein Bettzeug zum Nordkang und legte sich dort schlafen und
auch das Mädchen legte sich zur Ruhe. Nachdem er eine Zeitlang geschlafen
hatte, schrak er plötzlich auf und sah den Raum von Licht erfüllt, ganz so, als
wäre es heller Tag. Er dachte daran, dass das doch nicht Tageslicht sein konnte
und so stand er auf und ging ins Freie. Dort sah er, dass es noch finstere Nacht
war und murmelte vor sich hin: „Das ist doch wirklich merkwürdig: Wenn's noch
dunkel ist, wie kann es dann in dem Raum hell sein? Mal sehn, woher dieses Licht
eigentlich kommt!"

Als er zurückkam und sich umblickte, da schien das Licht vom Süd*kang* her
zu kommen. Er trat heran und stellte fest, dass jenes weibliche Wesen sich in ein
vierzehn- bis fünfzehnjähriges, schönes und anmutiges Fräulein verwandelt
hatte. Ihr Gewand war verrutscht und ließ die Hälfte ihres Körpers unbedeckt:
Ihre Haut war zum Verlieben weiß und zart, ihre Brüste glichen Weinbechern
und waren weder zu groß noch zu klein. Begierde keimte plötzlich in Shariqiwu
auf, er wollte zu ihr, aber als er zwei Schritte gegangen war, stolperte er über das
Kohlebecken am Fuß des *Kang*. Als er sich wieder aufrappelte, war das Licht im
Raum erloschen. Das Mädchen war aufgewacht und fragte erschrocken: „Wer ist
denn da?" Shariqiwu antwortete: „Ich bin's, Shariqiwu!" „Ach, du bist's, Shariqiwu", meinte das Mädchen, „was machst du denn da unten am *Kang*?" „Ich bin
nach draußen pissen gegangen und dann über das Kohlebecken gestolpert!"
antwortete er. Er legte sich wieder auf seiner Seite des *Kangs* zum Schlafen nieder.
Er hatte sich sein Gesicht angeschlagen und seine Beine aufgeschürft, was ihm
reichlich weh tat. Aber er hatte keine andere Wahl, als seinen Zorn zu schlucken
und sich hinzulegten. Bald schon war er wieder eingeschlafen. Ein Weilchen
später wachte er wieder auf und sah, dass der Raum erneut von Licht erfüllt war;
er wusste nun, dass wieder das Mädchen dahintersteckte. Als er den Kopf hob
und zum Süd*kang* hinüberblickte, sah er, dass jenes Mädchen sich wieder in das
hübsche Wesen verwandelt hatte, sein Gewand nun vollständig abgestreift hatte
und völlig nackt war.

(6) Als Shariqiwu sah, wie schön das Mädchen war, rutschte er von seinem *Kang*,
ging langsam zum Süd*kang* und – da er feststellte, dass das Mädchen nicht

aufgewacht war – stieg er schnell auf den *Kang*, nahm die äußere Hülle an sich und eilte zum Nord*kang* zurück, wo er unter seine Decke kroch. Insgeheim beobachtete er, wie das Mädchen aus dem Schlaf aufschreckte und sich auf den *Kang* hockte. Die zarte, weiße Haut ihres Körpers raubte einem tatsächlich die Sinne! Das Mädchen sprach: „*Mo'rgen*, bitte gib mir meine äußere Hülle wieder zurück!" Aber Shariqiwu war dazu nicht bereit, sondern sagte zu ihr: „Ich kann sie dir nicht mehr zurückgeben. Wenn ich sie dir gebe, so wirst du mich wiederum zum Narren halten!" Da hatte das Mädchen keine andere Wahl, als sich aus einer Truhe Kleider zu holen und sie anzuziehen, worauf sie sich auf ihrem *Kang* wieder schlafen legte. Am folgenden Morgen stand es auf, kochte Reis, briet Gemüse, wärmte Wein und weckte dann Shariqiwu. Auf dem *Kang* sitzend wusch und kämmte er sich und kleidete sich an. Dabei bemerkte er, dass die Wohnung der Dedou und das von ihr bereitete Essen im Gegensatz zum vorhergehenden Tag rein und sauber waren. Als das Essen zubereitet war, lud die *Dedou* Shariqiwu ein, den Wein zu trinken. Dabei fragte dieser das Mädchen: „Bitte sag mir, wie du heißt und wie groß deine Familie ist?" Die *Dedou* antwortete: „Ich heiße Zhaozhen und wohne hier alleine. Meine Eltern sind bereits vor langer Zeit verstorben und ich habe weder Brüder noch Schwestern. Ich wohne in der Gegend von Jiakunkongkuo, da ich aber schon vor längerer Zeit von dir gehört habe, verlangte es mich nach deinen Fähigkeiten und deiner Begabung, weshalb ich tausend Meilen nicht gescheut habe und hierher gekommen bin, um hier auf dich zu warten und zu prüfen, ob der *Mo'rgen* aufrichtigen Sinnes ist. Da du nun meinen Körper gesehen hast, bin ich fest entschlossen, dir zu folgen und niemand anderen zu heiraten." Als Shariqiwu sie so sprechen hörte, war er außer sich vor Freude und sprach: „Falls die *Gege* nicht Anstoß daran nimmt, dass ich über keine besonderen Fähigkeiten verfüge, so lass uns heiraten." Beide verneigten sich voreinander und nachdem sie ihren Schwur abgelegt hatten, kehrten sie auf ihre Plätze zurück und tranken einander zu und waren ein Herz und eine Seele. Da sie beide noch keine sechzehn Jahre alt waren, konnten sie vorläufig noch nicht heiraten, weshalb sie das *Zhubukong*[9] des Mädchens zum Verlobungsgeschenk bestimmten. Dann erzählte Shariqiwu Zhaozhen *Dedou* die erschütternde Geschichte, wie seine Schwägerin Dekeshini mit Muchekong seinen älteren Bruder getötet hatte. Als er geendet hatte, sagte die *Dedou*: „Diese schurkischen Ehebrecher sind nun schon zweitausend Meilen weit fort, es wird lange dauern, bis du sie einholst. Die beiden verfügen über viele Fähigkeiten, es wird nicht einfach sein, sie zu fassen. Ich hoffe, dass du dich vor diesen Übeltätern in Acht

---

9   Hezhe: *tsupukⴝ* (S. 683): Von den Mädchen getragenes Übergewand (Mantel) (S. 440, Anm. 1) (OA).

nimmst, wenn du sie einholst." Inzwischen waren die beiden mit dem Essen fertig. Da Shariqiwu noch jung war, war er sich überhaupt nicht im Klaren über die Sitten und Gebräuche und die menschlichen Empfindungen und kannte auch nicht Zhaozhens Fertigkeiten in den Kampfkünsten. Beim Aufbruch aber sagte er zu seiner Verlobten: „Du wirst hier allein zurückbleiben und ohne Gesellschaft sein. Bestimmt wirst du dich einsam fühlen. Es wäre wohl besser, wenn du mit mir kommst!" Sogleich antwortete Zhaozhen: „Geh nur und mach dir keine Sorgen, ich werde dich insgeheim beschützen." Shariqiwu nahm Pfeil und Bogen und brach auf. Zhaozhen begleitete ihn zwei oder drei Meilen weit, worauf Shariqiwu zu ihr sagte: „Wenn wir weiter so langsam gehen, dann werden wir sie niemals einholen. Wie wärs, wenn ich dich auf dem Rücken trage?" Zhaozhen *Dedou* antwortete: „Geh nur und mach dir keine Sorgen deswegen, dass ich nicht gehen kann." Als Shariqiwu sich nach ihr umsah, war sie verschwunden, worüber er sich sehr wunderte. Zhaozhen aber hatte sich in einen *Kuoli* verwandelt und flog in der Luft. Nun erst wusste Shariqiwu, dass Zhaozhen in den Kampfkünsten bewandert war. Er ging nun immer weiter nach Westen und wanderte vom frühen Morgen bis spät in die Nacht hinein. Er folgte stets dem Lauf des Flusses, wobei ihn beunruhigte, dass er nirgendwo auf menschliche Siedlungen traf.

(7) Als Shariqiwu dem Ufer des Flusses folgte, kam er zu einer befestigten Stadt, die groß und eindrucksvoll war. Vor der Stadt lagen viele Schiffe. Ungefähr fünf Meilen östlich der Stadt traf er einen alten Fischer, der einen Fischkorb in der Hand und eine Angelrute über der Schulter trug. Er trat vor ihn hin, verbeugte sich mit zusammengelegten Händen und fragte ihn: „Ehrenwerter Herr, wisst ihr vielleicht, wer der Herr dieser Stadt ist?" Der Fischer erwiderte den Gruß und antwortete: „Die Herren dieser Stadt sind zwei Brüder, die weit und breit bekannt sind! Der ältere Bruder heißt Forijiwu, der jüngere Fo'aqiwu. Sie herrschen über eine Stadt und drei Dörfer. Ihr Vetter[10] Zhuobugao *Mo'rgen* hat gerade die Stämme im Norden unterworfen und die gesamte Bevölkerung hierher gebracht. Alle diese Schiffe wurden von den Seinen erbeutet. Als ich durch diese Gegend kam, wurde ich von Foriqiwu und seinem Bruder zurückgehalten und halte mich nun schon seit fünf oder sechs Tagen hier auf." Mit diesen Worten verabschiedete er sich. Shariqiwu ging weiter in Richtung der Stadt und als er noch etwa eine Meile von ihr entfernt war, bemerkte er auf einem Masten einen *Kuoli*. Als dieser ihn kommen sah, flog er in die Kajüte und sprach zu den dort Versammelten: „Mein Onkel[11] Muchekong ist hier vor mehreren Tagen durchgekommen und nun bereits in westlicher Richtung nach Hause zurückgekehrt. Jetzt ist ein Recke

---

10 *Yibiao* 姨表: Sohn der Schwester der Mutter.
11 *Jiujiu* 舅舅: Bruder der Mutter.

angekommen, der Shariqiwu heißt und an meinem Onkel Rache nehmen will. Das Beste wäre, wenn wir ihm den Garaus machten, damit sich mein Onkel nicht die Mühe machen muss. Lasst mich zuerst ran!" Bei diesen Worten flog der *Kuoli* zu Shariqiwu und sprach zu ihm: „Wenn du ein ganzer Kerl bist, so bleib stehen, damit ich dich totschlage!" Dieser *Kuoli* war Zhuoma'anni *Dedou*. Er stieß vom Himmel herab und Shariqiwu geriet dabei in Panik, ihm fiel aber blitzartig ein, dass er das goldene Hämmerchen hatte und holte es sogleich hervor. Als der *Kuoli*, der Zhuoma'anni *Dedou* war, nur mehr an die drei Klafter von seinem Kopf entfernt war, warf er das goldene Hämmerchen nach dem *Kuoli* und traf diesen am Bauch, worauf der *Kuoli* ins Wasser stürzte und dort verendete. Der goldene Hammer aber flog in die Stadt.

Shariqiwu ging zu den Schiffen, war aber noch nicht weit gekommen, als aus der Stadt ein Höllenlärm erscholl, was ihm anzeigte, dass der goldene Hammer die Bewohner derselben angegriffen hatte. Shariqiwu ging auf das Schiff, berief den befehlshabenden *Zhushen Da* zu sich und fragte ihn: „Wieviele Schiffe unterstehen dir?" Der *Zhushen Da* antwortete: „Warum fragst du danach? Was geht denn das dich an?" Als Shariqiwu ihn unbotmäßig reden hörte, schwang er die Peitsche und verprügelte ihn. Da kniete der *Zhushenda* nieder und flehte ihn an: „*Mo'rgen Ezhen*[12], schone mich. Ich will dir alles erzählen: Insgesamt liegen hier einhundertsechzig Schiffe. Falls der *Mo'rgen* Schiffe braucht, so möge er befehlen, und niemand wird den Befehl missachten." Shariqiwus Zorn war mittlerweile zur Hälfte verraucht: „Bleibe mit den von dir befehligten hundertsechzig Schiffen hier bis die Bevölkerung dieser Stadt Schiffe gebaut hat. Dann fahrt gemeinsam zu meiner Stadt und baut die Paläste, Häuser und Befestigungen wieder auf. Wenn ich, der Khan, siegreich zurückkehren werde, werde ich dich entlohnen. Solltest du aber fliehen, so werde ich dich zum Tode verurteilen." Nachdem er diesen Befehl verkündet hatte, sprang er ans Ufer und wandte sich der Stadt zu. Er kam zu der Residenz des Forijiwu *Han* und sah, dass alle Bewohner geflohen waren und dieser völlig leer stand. Die Einwohner der Stadt aber, die erfahren hatten, dass Shariqiwu in der Stadt angekommen war, kamen ihn zu empfangen. Shariqiwu hatte gesehen, dass Forijiwu *Han* eine große Zahl von Rindern, Schafen und Schweinen besaß; er befahl den Dienern, Schweine und Schafe zu schlachten und den Bewohnern der Stadt sowie der drei Weiler jeweils ein Stück Fleisch zuzuteilen, damit sie es zur Feier des Tages mit nach Hause nehmen und verzehren konnten. Nun stellte sich auch der *Zhushen Da* der Stadt vor, den Shariqiwu im Palast mit einem Essen mit Wein bewirtete. Er sprach dabei zu dem *Zhushen Da*: „Lass nach meiner Abreise die Einwohner der

---

12 Höfliche Anrede für einen Mann (S. 442, Anm. 2) (OA).

Stadt und der drei Dörfer Schiffe bauen und führe sie anschließend in die Heimat eures neuen Herrschers." Während er so sprach, erklangen vor der Türe Schritte, bei genauerem Hinhören vernahm man Stimmen von Frauen, die einander den Vortritt anboten. Bald danach traten zwei Mädchen ein: Zuerst kam Zhaozhen *Dedou* herein, dahinter ein zirka achtzehn oder neunzehn Jahre altes Mädchen, das er nicht kannte. Shariqiwu stieg vom *Kang*, um sie zu begrüßen und dabei sprach Zhaozhen zu ihm: „Ihr seid leibliche Geschwister und kennt euch nicht? Schnell begrüße deine *Gege*!" Nun erst wurde sich Shariqiwu klar darüber, dass diese *Dedou* seine ältere Schwester war, die wieder in ihre ursprüngliche Gestalt angenommen hatte. Er ließ ein Festessen auftragen und lud die beiden *Dedou* dazu ein. Die ältere Schwester des Shariqiwu, Shariqini, ergriff als erste das Wort: „Mein jüngerer Bruder ist schon über sechzehn Jahre alt und kann daher heiraten. Du hast dich bereits mit Zhaozhen verlobt, was als schicksalshafte Bestimmung anzusehen ist. Es wäre das Beste, nun die Ehe zu schließen." Da die beiden Brautleute derselben Meinung waren, befahlen sie den Dienern das Räuchertischchen sowie die dazu nötigen Dinge vorzubereiten und bestimmten den folgenden Morgen als Zeitpunkt für die Verbeugung vor Himmel und Erde. Als am folgenden Tag der Hahn krähte, waren sie bereits auf den Beinen und bereiteten alles vor, damit die Zeremonie durchgeführt werden konnte.

(8) Die Diener hatten die für die Hochzeit benötigten Gegenstände aufgestellt und nun wartete man nur noch auf das Brautpaar. Braut und Bräutigam hatten sich in der Residenz gewaschen und gekämmt, neue Kleider angezogen und betraten nun den Festsaal. Inzwischen waren die *Bayan Mafa* der Stadt, die *Gashen Da*, *Mukun Da* und alle bedeutenderen Personen von innerhalb und außerhalb der Stadt herbeigekommen, um ihre Glückwünsche auszusprechen. All die, die kamen und teilnahmen, waren der Meinung, dass den neuen *Han* Ruhm und Ehren auszeichneten und huldigten ihm ohne Unterlass. Als die Sonne aufging, entzündete der *Zhushenda* das Räucherwerk, worauf Zhaozhen und Shariqiwu unter Anweisung von Shariqini als Erstes sich vor Himmel und Erde und anschließend vor den Ahnen und dem Herdgott verneigten. Nach Abschluss der Zeremonie begab sich die Braut in das Brautgemach und setzte sich dort nieder. In großer Zahl kamen auch weibliche Gäste aus der Stadt und wurden von Shariqini empfangen, während die Männer von Shariqiwu persönlich betreut wurden. Gegen Mittag forderten sie die Gäste auf, Platz zu nehmen und zu essen und zu trinken. In Scharen kamen die Geladenen zu gratulierten und den ganzen Tag lang ging es hoch her. Als es Abend wurde, verabschiedete der Gastgeber seine Gäste, die in höchstem Maße glücklich und zufrieden waren. Shariqiwu hatte den ganzen Tag nichts gegessen und getrunken, weshalb er sich ins Brautgemach begab, sich Zhaozhen gegenüber setzte und dann aß und trank.

Anschließend legten sie sich zur Ruhe. Am folgenden Tag lud er alle, die geholfen hatten zum Weine ein. Nachdem er sich sieben oder acht Tage erholt hatte, bereitete er seinen Aufbruch vor. Als erstes befahl er dem *Zhushen Da*, den *Gashen Da* und den *Mukun Da*, dass sie, sobald die Schiffe fertig waren, ohne Verzug das Volk in seine eigene Stadt am Sungari bringen sollten. Alle Anführer versprachen zu gehorchen. Als Shariqiwu alle Angelegenheiten geregelt hatte, nahm er Pfeil und Bogen und brach auf und folgte weiterhin dem Fluss nach Westen.

(9) Muchekong *Mohan* hatte Agedewu, dem leiblichen älteren Bruder des Shariqiwu, nach dem Leben getrachtet und dann dessen Gattin Dekeshini entführt. Muchekong *Mohan* entstammte einer alten Groß*han*-Familie und verfügte über großen Besitz. Er hatte 300 persönliche Diener, Herden von Rindern und Pferden und herrschte über eine Stadt und drei Dörfer. Da er fürchtete, dass der Rächer kommen und ihm nach dem Leben trachten werde, hatte er in der Stadt einen hohen Turm bauen lassen, um dieser Gefahr zu entgehen. Der Turm war fünf Klafter hoch, hatte einen Umfang von fünf Klaftern und bestand aus fünf Stockwerken[13], in denen Fallen angebracht worden waren. Das Erdgeschoss verfügte über das 1000 Pfund schwere Hackmesser[14], das denjenigen, der unter dieses kam, vollständig zerschnipselte. Im ersten Stock befand sich der Berg der 10000 Messer, die den, der zwischen sie fiel, mit Sicherheit töteten. Im zweiten Stockwerk befanden sich die 100 Pfeile; wer in dieses Stockwerk geriet, bewirkte, dass die 100 Pfeile zur gleichen Zeit abgeschossen wurden. Im dritten Stock war das Wasserloch, wer in dieses fiel, wurde lebend gefangengenommen. Im obersten Stockwerk aber wohnte Muchekong mit Dekeshini und seinen Kindern. Am Turm und in seiner Umgebung waren überall aus dem Rindenbast des Zitronenbaumes (*jiashu*) hergestellte, unentrinnbare Netze angebracht, an denen man Bronzeglocken befestigt hatte. Falls jemand gegen diese Fangnetze stieß, ertönten die Glocken, worauf die Hausdiener zur Verteidigung antreten konnten. Jedem Recken und Helden würden sich unendlich viele Schwierigkeiten entgegenstellen, wenn er diesen Turm angreifen wollte. Muchekong und Dekeshini lebten vergnügt und heiter in diesem Turm. Sie gingen auf geheimen Stiegen in dem Turm auf und ab, die Außenstehende nicht finden konnten. Es waren nun schon über 10 Jahre vergangen, seit Muchekong Dekeshini geraubt hatte. Damals als ihr Mann noch lebte, war Dekejini schwanger gewesen und hatte nach ihrer Ankunft im Haus des Muchekong ein Mädchen geboren, das nun über 10 Jahre alt war. Sein Name war Aqini. Immer wieder hatte es Muchekong mit ihrer

---

13 D.h. Erdgeschoss mit vier Stockwerken.

14 *Qian jin zha* 千斤铡. Eine Übersetzung mit „tausend Beile und Hackmesser" ist ebenfalls möglich.

Mutter über Agedewu und Shariqiwu sprechen hören; deshalb wusste sie, dass Muchekong nicht ihr leiblicher Vater war, und hasste ihn von ganzem Herzen.

Seit Shariqiwu von Forijiwu *Huotong* aufgebrochen war, war er mehr als zwei Monate unterwegs gewesen. Eines Tages kam er zirka 50 Meilen vor der Stadt des Muchekong zu einem mächtigen Baum und setzte sich unter diesem auf den Boden. Nach etwa einer Doppelstunde bemerkte er, dass von Osten her zwei *Kuoli* geflogen kamen. Sie flogen sehr schnell und hatten schon bald den Baum erreicht, auf den sie sich herabließen. Shariqiwu erkannte in ihnen seine Frau Zhaozhen und seine ältere Schwester Shariqini. Seine Schwester sagte zu ihm: „Unsere Feinde leben nicht weit von hier: es sind nur noch an die 50 Meilen. Sie haben umfangreiche Verteidigungsmaßnahmen getroffen, so dass wir unsere Mühe haben werden, sie zu besiegen. Wenn wir mit unserer Besprechung fertig sind, werden wir wieder hinfliegen, denn sonst werden wir Schaden nehmen." Dann ließ sie Zhaozhen ein Haus malen, blies einmal auf die Zeichnung, worauf plötzlich ein Haus vor ihnen stand, in dem sie sich ausruhten. Zhaozhen traf vor dem Haus Anstalten, das Essen zuzubereiten, wobei sie sich der Zauberkräfte bediente: An was immer sie auch dachte, das stand auch schon vor ihr. Es fehlte weder an Fleisch noch an Wein. Nachdem das Essen zubereitet war, setzte sich Shariqini auf den Ehrenplatz, worauf sich Shariqiwu auf der linken, Zhaozhen sich auf der rechten Seite niederließen. Während sie aßen, erklärte ihnen Shariqini, dass Muchekong sehr gefährlich war und in dem Turm Messer, Pfeile und anderes versteckt angebracht und zudem Fangnetze ausgelegt hatte. Zahllose Gefahren warteten auf den, der gegen ihn vorgehen würde. Wie nun Shariqiwu seine Schwester solches erzählen hörte, stöhnte er kurz und meinte dann: „Wir sind gekommen, den älteren Bruder zu rächen. Auch wenn wir dabei unser Leben lassen, so muss uns das recht sein! Die Stämme aber sollen von uns erzählen, dass wir Mut und Treue bewiesen haben!" Shariqiwu wollte nun weiter und die Situation auskundschaften, aber Shariqini und Zhaozhen ermahnten ihn zu besonderer Achtsamkeit. Shariqiwu meinte dazu: „Ich werde wahrscheinlich gegen Mitternacht zurück sein. Sollte ich dann noch nicht zurück sein, so könnt ihr mich suchen gehen."

(10) Shariqiwu brach auf und ging zu der Stadt des Muchekong. Nach über 40 Meilen kam er zu einer Stadt und sah, dass in dieser ein hoher Turm stand: Vermutlich war dies der Turm des Muchekong. Für eine Erkundung dieses Turmes kam ihm zustatten, dass gerade die Sonne unterging und es dunkel wurde. Am Fuße der Stadtmauer angekommen stellte er fest, dass diese sehr hoch war. Er sprang mit einem Satz auf die Mauer, nahm einen Erdklumpen und warf ihn hinab. Als er nicht das Glucksen von Wasser hörte, ließ er sich hinab und ging zu dem Turm. Der Turm war umgeben von Holzwänden, die zu überwinden keine Schwierigkeiten bereitete. Als er den Innenraum betreten und sich umgesehen hatte, stellte er fest, dass es oben unentrinnbare Netze, unten unüberwindbare Fallstricke gab. Shariqiwu sprang von der Holzwand aus mit einem Satz bis zum Fensterbrett des dritten Stocks. Flink und hurtig bewegte er sich, hielt sich mit einer Hand am Fenstergitter fest und schlug mit der anderen das Fenster des darüberliegenden Stockwerks auf, worauf er hineinkrabbelte und sich auf den Dielenboden hinabließ. Leise und vorsichtig tastete er sich zwei oder drei Schritte vorwärts, als er ausglitt und in das Wasserloch plumpste. Das Wasser war fünf bis sechs Fuß tief, so dass eine Person nur noch mit dem Kopf herausschaute, wenn sie auf dem Grund stand; es machte daher keine Mühe, sie lebend zu fassen.

Wie nun Shariqiwu im Wasserloch stand, stöhnte und ächzte er ohne Unterlass. Muchekong *Mohan* aber, der das Ächzen und Stöhnen vernahm, befahl der Aqini, überall genau nachzusehen. Als sie dabei im dritten Stock angekommen war, bemerkte sie schon beim Eintreten, dass das Stöhnen aus dem Wasserloch kam, und erblickte dort eine Person, die einer Ente im Wasser glich. Aqini fragte: „Wer bist du? Los, sag mir schnell die Wahrheit! Andernfalls wirst du hingerichtet!" Als Shariqiwu hörte, dass jemand oben stand und ihn ansprach, blickte er auf und bemerkte eine junge *Dedou*, worauf er mit nichts mehr zurückhielt, sondern seinen wahren Namen nannte und alles erzählte. Da begann das Mädchen auf einmal zu weinen und sprach: „Oft habe ich meine Mutter davon sprechen hören, wie mein mir nicht bekannter Vater durch eine Intrige ums Leben gebracht wurde und sie hierher durchgebrannt ist. Dabei erzählte sie auch, dass mein *Eche*[15] noch jung sei und deshalb noch nicht hierher gekommen sei, er aber eines Tages, wenn er erwachsen wäre, sicherlich Rache nehmen werde. Und nun ist mein *Eche* tatsächlich gekommen!" Sie brachte einen Strick und holte Shariqiwu aus der Wasserfalle. Dessen Kleider waren pitschnass. Nachdem Aqini ihren Onkel begrüßt hatte, sprach sie: „Es wird nicht gerade einfach für dich sein, diesen Turm einzunehmen!" Shariqiwu antwortete: „Koste es, was es wolle: Ich will den Bruder rächen!" Aqini erklärte: „Es ist nun schon Mitternacht. Es wäre besser wenn du morgen während der zweiten Nachtwache kommst, deine Nichte wird am Haupttor auf dich warten. Töte Muchekong, wenn du den Turm bezwungen hast! Verweile nun nicht länger und kehre um, damit du nicht entdeckt wirst!"

Shariqiwu sprang daraufhin durchs Fenster und vom Turm herab und kehrte auf dem Weg zurück, den er gekommen war. Es war noch finster. Als Shariqini und Zhaozhen, die vor dem Tore warteten, ihn kommen sahen, waren sie außer sich vor Freude, fanden es aber seltsam, dass er von oben bis unten nass war.

---

15 Hezhe: ʒtʃʾə [Mandschu: ecike]: Jüngerer Bruder des Vaters (S. 445, Anm. 1) (OA).

Shariqiwu erzählte ihnen, was geschehen war und dass er mit seiner Nichte vereinbart hatte, in der folgenden Nacht den Turm zu stürmen. Die Beiden wussten nicht, ob sie erschrocken oder erfreut sein sollten. Erschrocken waren sie darüber, dass er beinahe ums Leben gekommen wäre, froh waren sie, weil seine Nichte Aqini ihnen im Feindeslager zu Hilfe kam. Zhaozhen bereitete etwas zu essen vor und nachdem sie das Abendessen verzehrt hatten, legten sie sich schlafen. Shariqiwu schlief durch bis zum Mittag des folgenden Tages. Erst dann stand er auf und wusch sich das Gesicht und nahm sein Mittagsmahl ein, worauf er sich Pfeil und Bogen, Messer und Lanze griff und seine Vorbereitungen abschloss. Die Drei brachen in Richtung der Stadt auf. Sie marschierten lange Zeit und als sie in östlicher Richtung noch fünf Meilen von der Stadt entfernt waren, ging die Sonne hinter den Bergen im Westen unter. Ruhigen Schrittes näherten sie sich der Stadt.

(11) Als die Drei am Ostrand der Stadt ankamen, war die Sonne bereits untergegangen, und sie ruhten sich unterhalb der Stadtmauer aus. Als in der Stadt die Trommel die zweite Nachtwache ankündigte, und damit die vereinbarte Stunde gekommen war, sprang Shariqiwu mit einem Satz auf die Mauer und dann in die Stadt hinab und begab sich von Osten her zum Eingang des Turmes. Shariqiwu gab das Erkennungszeichen und hustete einmal, worauf als Antwort im Inneren in die Hände geklatscht wurde. Sogleich trat eine *Dedou* heraus: es war niemand anderer als Aqini. Sie fragte: „*Eche*, bist du's?" Dann forderte sie den Onkel auf, ihr ins Innere zu folgen. Shariqiwu hielt sich dicht hinter seiner Nichte, nicht einen Schritt weit wich er von ihr. Sie verlangte von ihm einen Pfeil, mit dessen Spitze sie das Schubschloss des 1000 Pfund schweren Hackmessers kurz antippte, worauf dieses herabfiel. Im ersten Stock tippte sie das Schloss der 100 Pfeile an, wodurch die Schüsse ausgelöst wurden. Im zweiten Stock fielen auf das Tippen mit der Pfeilspitze hin die Messerschneiden herab. [16] Schließlich erreichten sie das dritte Stockwerk, wo sie mit der Spitze des Pfeiles den Mechanismus außer Kraft setzte.

Aqini riet ihm nun, Pfeil und Bogen bereit zu halten und sprach: „Muchekong hält sich gerade im obersten Teil des Turmes auf. Steige auf dieser Treppe hinauf. Wenn du am Ende der Treppe angekommen bist, wirst du ihn meiner Mutter gegenüber sitzen sehen und sie werden Wein trinken. Schieß ihn tot. Sie sind schon ziemlich berauscht, weshalb ich den *Eche* bitte, sich nur ja rasch ans Werk zu machen!" Da nahm Shariqiwu Pfeil und Bogen zur Hand und stieg auf der Treppe ins vierte Stockwerk hinauf, wo er Muchekong erblickte, der Dekeshini gegenübersaß und mit ihr becherte. Sie waren fröhlich und dachten nicht im

---

16 Vgl. oben Abschnitt 9: 1. Stock: Messerberg, 2. Stock: Pfeile; hier umgekehrt!

Geringsten daran, dass Shariqiwu kommen und Rache üben könnte. Dieser legte einen Pfeil auf die Sehne und zielte nach dem Herzen des Muchekong, der auf der Stelle zusammenbrach. Gerade als mit dem nächsten Pfeil seine Schwägerin töten wollte, verwandelte diese sich überraschend in einen *Kuoli* und flog davon. Shariqiwu trat zu Muchekong und sah, dass der Pfeil das Herz durchbohrt und den Körper durchschlagen hatte. Im Bett lagen zwei Söhnchen von zwei oder drei Jahren, die er auf den Boden schleuderte und mit einem Fußstoß tötete.

(12) Nachdem Shariqiwu gesehen hatte, dass Muchekong tot war, trat er dessen zwei kleine Söhne tot. Als Shariqini und Zhaozhen, die draußen warteten, sahen, dass Dekeshini durch das Zugloch (*qiyan*) herauskam, wussten sie, dass alles gut gelaufen war und sie begaben sich zur Spitze des Turmes hinauf. Aqini grüßte ihre Tanten kniefällig. Als die ältere Tante (*gumu*: Schwester des Vaters) und die Nichte sich gegenseitig ihre Erlebnisse erzählten, weinten sie ununterbrochen. Als Shariqiwu den Turm verlassen und sich noch nicht sehr weit von der Residenz des *Han*s entfernt hatte, hörte er plötzlich in der Luft jemanden seinen Namen rufen und schimpfen: „Falls du ein wahrer Recke bist, so stelle dich und versteck' dich nicht! Erst wenn du meinen Schlägen standhältst, darfst du dich mit Fug und Recht als Helden bezeichnen!" Shariqiwu schaute hoch und sah einen mächtigen *Kuoli*, der auf ihn herabstieß und gleich einem Wirbelwind die Gräser und Bäume schwanken und zittern ließ. Als der *Kuoli* nur mehr an die drei Klafter von seinem Kopf entfernt war und es gefährlich wurde, flog plötzlich ein *Kuoli* aus dem Erdboden hervor, der von goldgelber Farbe war und im Sonnenlicht so sehr funkelte, dass er die Augen blendete. Er flog auf und stellte sich dem großen *Kuoli*. Zwei weitere *Kuoli* kamen aus dem Erdboden hervor und kämpften ebenfalls gegen den mächtigen *Kuoli*. Dieser aber zeigte nicht die geringste Furcht und auch nachdem sie lange gekämpft hatten, stand immer noch kein Sieger fest. Als sich der mächtige *Kuoli*, in den Dekeshini sich verwandelt hatte, mit jedem der drei *Kuoli* einmal geschlagen hatte, floh er in westlicher Richtung davon; die drei *Kuoli* verfolgten ihn lange Zeit und kehrten dann zurück.

(13) Shariqini und Zhaozhen traten ein und brachten eine siebzehn- oder achtzehnjährige *Dedou* mit, die von berückender Schönheit und angenehmer Erscheinung war. Shariqiwu fragte sich insgeheim, ob nicht der goldfarbene Kuoli diese *Dedou* gewesen sein könnte. Er stand auf und lud die *Dedou* ein, sich auf den Kang zu setzen und sich auszuruhen, worauf sie sich mit Shariqini setzte. Aqini fragte ihren Onkel, ob er ihre Mutter gefangen genommen habe. Shariqiwu antwortete: „Deine Mutter hätte mich beinahe erschlagen, glücklicherweise bin ich von dieser *Dedou* gerettet worden!" Sie begrüßten einander und Aqini fragte sie nach ihrem Namen. Die *Dedou* antwortete: „Meine Familie wohnt westlich der Stadt, etwa 500 Meilen von hier. Mein älterer Bruder heißt Lamutao *Mo'rgen*,

ich selbst heiße Lamutaoni *Dedou*. Ich bin heute hier vorbeigekommen und habe deinen Onkel mit deiner Mutter kämpfen sehen. Als ich den Streit schlichten wollte, ist deine Mutter plötzlich geflohen." Während sie sprach, drängte Zhaozhen die Diener, Essen aufzutragen und bot Lamutaoni den Ehrenplatz und Shariqini den nächstfolgenden Platz an, während Aqini den ihrer Tante folgenden Platz einnahm. Zhaozhen nahm mit Shariqiwu den Platz der Gastgeber ein. Sie waren allesamt bester Laune und feierten und zechten unbeschwert. Wie nun Lamutaoni sah, dass Shariqiwu ein außergewöhnlicher und gutaussehender Mann war, verliebte sie sich in ihn; auch Shariqiwu wandte kein Auge von ihr und empfand Zuneigung zu ihr.

An diesem Tage sprach Shariqini *Dedou*: „Unsere Schwägerin Dekeshini verfügt über außergewöhnliche Fertigkeiten in den Kampfkünsten und große Schamanenkräfte. In dieser Beziehung können wir es alle nicht mit ihr aufnehmen. Da sie böse und grausam geworden ist, wird sie meinem Bruder nach dem Leben trachten. Falls sie imstande wäre zurückzukehren, um sich aufrechten Herzens zu unterwerfen, so sollten wir es ihr ermöglichen, ein neues Leben zu beginnen. Wie denkt ihr darüber?" Lamutaoni ergriff als Erste das Wort: „Die *Gege* denkt sehr edel. Die jüngere Schwester möchte euch dazu ihre Hilfe anbieten." Alle stimmten zu. Am folgenden Tag stand Shariqiwu frühmorgens auf und nahm sein Frühstück ein; dann nahm er Pfeil und Bogen zur Hand und brach auf. Zum Abschied sagte er zu Zhaozhen: „Befiehl dem *Zhushen Da*, den *Gashen Da* und den *Mukun Da* Schiffe zu bauen und auf ihnen die Bevölkerung der Stadt und der drei Dörfer zum Unterlauf des Sungari zu bringen und sie dort anzusiedeln. Beeilt euch!" Mit diesen Worten verließ er die Stadt und ging nach Westen. Er ging zwei Tage lang ohne auf eine menschliche Siedlung zu treffen.

Nachdem Dekeshini in Muchekong *Huotong* beinahe in Gefangenschaft geraten wäre, aber dank einer günstigen Fügung fliehen konnte, legte sie über 500 Meilen zurück und wurde dann sehr müde, sie hatte aber bisher keinen einzigen Menschen gesehen. Nachdem sie noch weitere sieben oder acht Meilen geflogen war, entdeckte sie genau im Westen eine Stadt und wandte sich ihr zu. Nach zirka einer Stunde kam sie dort an und ließ sich zuerst auf einen Dachfirst, anschließend auf den Erdboden herab. Sie rollte sich und nahm wieder ihre menschliche Gestalt an, kletterte auf das Nordfenster des Hauses und blickte ins Innere, wo sie im hell erleuchteten Westzimmer einen recht hübschen *Mo'rgen* erblickte.

(14) Diese Stadt hieß Ka'rshou *Huotong*, ihr Herr war Ka'rshou *Han*, der Waffenruhm genoss. Seine Frau Sahalin war hässlich, und alles in allem war das Schicksal Ka'rshou *Han* nicht günstig gewesen. Er war nicht besonders glücklich darüber, dass er diese häßliche Frau geheiratet hatte. Nun war sie aber vor einem

Monat an einer Krankheit gestorben. An besagtem Abend trank Ka'rshou *Han* alleine, als er Schritte vor der Türe hörte und diese plötzlich aufgestoßen wurde, worauf eine *Dedou* eintrat, die etwa 40 Jahre alt sein mochte, und doch immer noch recht hübsch war. Ka'rshou *Han* stand auf und fragte: „Darf ich bitte fragen, woher denn die *Dedou* so spät in der Nacht kommt?" Dekeshini antwortete: „Mein Mann Muchekong wurde von Shariqiwu mit einem Pfeil erschossen und seine Gemahlin wollte mich gefangennehmen; zum Glück aber entkam ich. Aus diesem Grunde floh ich hierher und möchte einige Zeit hierbleiben." Hätte Ka'rshou *Han* nicht zustimmen sollen, als er sah, wie schön sie war? Und so bat er Dekeshini, Platz zu nehmen und mit ihm zu trinken. Sie lehnte nicht ab, sondern setzte sich ihm gegenüber und trank mit, worauf sie lustig zechten. Als das Abendessen zu Ende war, räumte Ka'rshou *Han* eigenhändig das Geschirr ab und breitete das Bettzeug aus. Die Beiden liebäugelten bei all dem miteinander und wurden ein Paar, das in wilder Ehe lebte. Die *Dedou* wohnte ein gutes Dutzend Tage bei ihm und in dieser Zeit tranken sie jeden Abend miteinander und frönten ihrer Begierde.

Shariqiwu erreichte nach sieben oder acht Tagen aus östlicher Richtung kommend die Stadt und sah unter einem hohen Baum eine *Dedou* sitzen. Er eilte zu dem Baum, um zu sehen, wer sie sei: keine andere war's als Lamutaoni. Als er nahe genug herangekommen war, sagte sie zu ihm: „*Mo'rgen Age*, ruhe dich doch etwas aus; ich muss dir etwas erzählen!" Shariqiwu ließ sich lachend zu ihrer Linken nieder. Die Beiden waren schon seit langem ineinander verliebt, und da sie sich hier in einer Einöde befanden und niemand sie sehen konnte, taten sie sich keinen Zwang an und folgten ihrem Herzenswunsch. Dann leisteten sie den Schwur, dass sie niemand anderen heiraten und er sie nicht sitzenlassen werde. Anschließend erzählte ihm Lamutaoni: „Wenn du noch 10 Meilen weitergehst, triffst du auf die Stadt des Ka'rshou *Han*. Deine Schwägerin hat sich mit dem Stadtherrn vermählt. Wenn du heute Abend dorthin gehst, kannst du den *Han* mit dem Pfeil töten." Sie verabschiedeten sich voneinander und Shariqiwu ging zu der besagten Stadt. Nachdem er fünf oder sechs Meilen zurückgelegt hatte, ging die Sonne unter. Als er die Stadt erreichte, wurde es bereits dunkel. Shariqiwu verfügte über die Fähigkeit, auf Dächer und über Wände zu springen, und so sprang er nun mit einem Satz auf die Stadtmauer. Er eilte zur Residenz des *Han*, kletterte zu dem Nordfenster hinauf und spähte ins Innere, wo sich Ka'rshou *Han* und seine Schwägerin gegenüber saßen und tranken. Er griff nach Pfeil und Bogen und schoss auf den *Han* und anschließend auf Dekeshini *Dedou*. Deren magische Kräfte aber waren in der Tat groß, weshalb der Pfeil entzwei brach, als er auf ihren Körper traf. Als er zum nächsten Pfeil griff, hatte sie sich auch schon in einen *Kuoli* verwandelt und war ins Freie geflogen.

(15) Shariqiwu sah, dass Ka'rshou *Han* tot war und sein Blut über den Boden strömte. Seine Diener aber schreckten aus dem Schlaf auf und als sie nachsehen kamen, entdeckten sie ihren Herrn tot auf dem Boden liegend. Shariqiwu befahl ihnen, den Leichnam hinauszutragen und zu begraben. Wie hätten sie es wagen können, den Befehl zu missachten! Sie hoben die Leiche auf und begruben sie. Dann ordnete er an, dass alle Blutspuren im Zimmer beseitigt werden sollten. Gegen Mitternacht kamen die *Dedou* zurück und brachten seine Schwägerin gefesselt mit. Als sie in Fesseln eintrat, weinte sie und bot einen mitleiderregenden Anblick. Shariqiwu dachte daran, dass sie ihn einst großgezogen hatte und war sehr gerührt. Er trat zu ihr und löste eigenhändig die Fesseln, wobei er sprach: „Hast du einen Schreck bekommen, Schwägerin? Wenn die Schwägerin bereit ist, mir bei dem Angriff auf den Feind Zhuoluo zu helfen, werde ich dir kein Leid antun." Dekeshini antwortete: „Wenn du mir verzeihst, so werde ich mich bessern und Gutes tun." Da sie alle noch nichts gegessen hatten, wurde dem Koch befohlen, Speisen zuzubereiten und als aufgetischt war, setzten sie sich und tranken Wein. Dann gingen sie schlafen.

Am folgenden Tag sprach Shariqiwu nach dem Aufstehen: „Ich habe gehört, dass die Stadt des Zhuoluo *Han* nur 100 Meilen von hier entfernt ist; wir können sie also noch heute erreichen." Nachdem er aufgebrochen war und 50 Meilen zurückgelegt hatte, kam er zu einem Hügel auf dem ein großer Baum stand und unter diesem saß eine *Dedou*. Als er nachsehen ging, da war es erneut Lamutaoni. Sie sprach zu ihm: „Wir Beide haben den Schwur geleistet, dass wir auf immer zusammenbleiben und dass wir keinen anderen Gedanken im Herzen fassen wollen. Gestern erwähnte die *Gege*, dass Zhuoluo *Han* dein Feind sei: Mein älterer Bruder hat mich seinem dritten Bruder versprochen, ich aber bin damit überhaupt nicht einverstanden! Sie haben nun erfahren, dass wir einander gut leiden können, weshalb sie kommen werden, um mich zu verheiraten. Falls du zu meiner Familie kommst und siehst, dass ich für ihn die Pfeife stopfe, so nimm sie an dich und rauche sie, damit sie wütend werden. Andernfalls werde ich wahrscheinlich verheiratet." Sie umarmte Shariqiwu und küsste ihn, wobei ihr die Tränen über das Gesicht rannen.

Nachdem sie sich verabschiedet hatten, begab sich Shariqiwu schnurstracks zum Anwesen des Lamutao. Dort sah er, dass Lamutao im Hof Schweine schlachtete und zahlreiche Gäste anwesend waren. Er verwandelte sich in einen etwa fünfzigjährigen Mann und trat ein. Er half bei der Arbeit und war sehr aufmerksam und freundlich, weshalb alle Anwesenden gut von ihm sprachen. Er sah die drei Brüder Zhuoluo *Han*, Zhuoxiu *Han* und Zhuoqiao *Han*. Zhuoqiao *Han* war der Bräutigam der Lamutaoni: Er sah nicht gerade gut aus. Am folgenden Tage kam Lamutaoni von dem oberen Stockwerk herab und stopfte für sie die Pfeife, als sie sie aber Zhuoqiao *Han* überreichen wollte, nahm sie Shariqiwu als erster entgegen und begann zu rauchen. Als Zhuoluo *Han* und seine Brüder dies mitansehen mussten, wurden sie ungemütlich, worauf Shariqiwu mit Zhuoqiao *Han* nach draußen ging und mit ihm kämpfte, es blieb aber offen, wer siegen würde. Lamutao schlug sich mit Zhuoluo *Han* und seinem Bruder, und auch dieser Kampf war schrecklich. Shariqiwu kämpfte mit Zhuoqiao *Han* bis zum folgenden Tag, erst dann konnte er ihn töten. Anschließend eilte er Lamutao zu Hilfe und auch diesmal kämpften sie bis zum nächstfolgenden Tag, bevor es ihnen gelang, auch Zhuoluo *Han* und Zhuoxiu *Han* zu töten. Die beiden freuten sich sehr über ihren Sieg: Sie kehrten in die Residenz zurück und tranken Wein. Nun erst lernte Lamutao Shariqiwu kennen und war fest entschlossen, ihm seine jüngere Schwester zur Frau zu geben, weshalb er das soeben vorbereitete Festmahl zum Hochzeitsbankett erklärte. Dann befahl er seinem *Zhushenda* in die Stadt des Zhuoluo *Han* zu eilen und dem dortigen *Zhushenda* zu verkünden, dass er die Stadtbewohner sowie das Volk der Weiler jener Landstriche binnen eines Monats in sein Gebiet bringen solle, wo sie auf Befehle zu warten hätten. Der *Zhushenda* machte sich mit dieser Anordnung auf den Weg.

Am folgenden Tage vermählte sich Shariqiwu mit Lamutaoni. Einen Tag später trafen auch Shariqini, Zhaozhen, Dekeshini und Aqini ein. Xinfuni *Dedou*, die Gemahlin des Lamutao, sowie Lamutaoni *Dedou* begrüßten sie und veranstalteten zu ihrem Empfang ein Festessen. Nachdem sie mehr als einen Monat geblieben waren, kam der *Zhushenda* der Stadt des Zhuoluo *Han* mit 360 Segelschiffen an, die vollbesetzt waren mit Menschen. Shariqiwu beriet sich mit seinen Gefährten und bestimmte dann, dass sie am folgenden Tag aufbrechen und in die Heimat zurückkehren sollten. Lamutao veranstaltete deshalb zum Abschied ein Festmahl. Am folgenden Tage begab sich Shariqiwu mit den Seinen auf ein Schiff und verabschiedete sich von Lamutao durch Händeschütteln. Dann ließ er ablegen und fuhr stromabwärts. Die Angehörigen der einzelnen Stämme waren in sehr guter Stimmung. Erst nach über sechsmonatiger Schiffsreise erreichten sie ihre Stadt. Deren Einwohner kamen heraus und begrüßten kniefällig Shariqiwu und die Seinen und als dieser in die Stadt ging und die unter Aufsicht des *Zhushenda* erbaute *Han*-Residenz bemerkte, war er sehr zufrieden. In der Residenz hatten alle *Dedou*, die *Gege* und die *Fujin* ihre eigenen Wohnbereiche. Nachdem sie sich ein Dutzend Tage ausgeruht hatten, ließ ihnen Lamutao durch den von ihm entsandten *Zhushenda* Glückwünsche übermitteln und hielt um Shariqini an. Shariqiwu gestattete dies und lud ihn ein, zu ihnen zu ziehen. Der *Zhushenda* kehrte zurück und etwas mehr als einen Monat später kam Lamutao mit seinem gesamten Hausstand an, um sich in der Stadt anzusiedeln, worauf die feierliche Hochzeit abgehalten wurde. Von da an lebten beide Familien in Ruhe und Frieden in *Huotong* Deyi.

9. Yaregou

(1) Einst stand auf dem Südufer des unteren Sungari eine umwallte Stadt. Nachdem sie aber überfallen worden war, blieb sie über zehn Jahre unbewohnt und verfiel, so dass sie einen trostlosen und öden Anblick bot. In dieser verfallenen Stadt stand eine Hütte, in der ein Bruder mit seiner jüngeren Schwester lebte: Der Bruder hieß Yaregou *Mo'rgen* und war sechzehn Jahre alt, die Schwester hieß Yakani *Dedou* und war vierzehn Jahre alt. Sie lebten davon, dass Yaregou Tag für Tag in die Berge stieg und Wasserrehe[1], Rehe oder Hirsche schoss. Eines Morgens stieg er wieder mit Pfeil und Bogen in die Berge, um zu jagen, aber er kam bis zum Gipfel, ohne auf Wild zu treffen. Er wandte sich der Südseite der Berge zu und entdeckte auf dem Abhang eines Berges plötzlich eine Höhle, an deren Eingang eine Vielzahl aus Holz geschnitzter Götterfiguren aufgereiht war. Das wunderte ihn sehr, dennoch trat er entschlossen näher, um nach dem Grund zu sehen. Er ging also in die Höhle und erblickte dort einen Zhuolu *Mafa* sowie eine Zhuolu *Mama*, die er mit Kotau grüßte. Der Zhuolu *Mafa* sprach: „Gut ist's, dass du hierher gekommen bist! Ich werde dich alle übernatürlichen Wege der Kampftaktiken in den Kampfkünsten lehren. Bleib nur ruhigen Herzens hier und lerne!" Yaregou gehorchte und lernte in der Höhle und als nach drei oder vier Jahren der Zhuolu *Mafa* sah, dass er bereits alles beherrschte, forderte er ihn auf, die Berge zu verlassen und Rache zu nehmen. Da ihm der *Mafa* aber nicht den Aufenthaltsort seines Feindes verraten hatte, war Youregou niedergeschlagen; er schnürte sein Bündel, verabschiedete sich von seinen Meistern und kehrte nach Hause zurück.

Seine Schwester hatte sich große Sorgen gemacht, weil er seit drei bis vier Jahren nicht mehr aufgetaucht war, und als er nun unverhofft wieder zurückkam, war sie außer sich vor Freude und erkundigte sich, wo er denn all die Jahre gewesen sei. Yaregou erzählte ihr alles und fügte dann hinzu: „Ich werde nicht schlau daraus, dass meine Meister mir aufgetragen haben, das Gebirge zu verlassen und Rache zu nehmen, mir aber nicht gesagt haben, wo der Feind sich aufhält!" Seine Schwester sprach beruhigend auf ihn ein: „Wenn deine Lehrer es dir nicht verraten wollten, so werden sie schon ihren Grund gehabt haben. Es ist nicht nötig, dass du dir jetzt darüber Gedanken machst, du wirst es schon eines Tages erfahren!" Als Yaregou seine jüngere Schwester so sprechen hörte, dachte er nicht mehr weiter darüber nach. Die beiden aßen zu Abend und nachdem sie noch etwas miteinander geplaudert hatten, legten sie sich schlafen. Nachdem sie

---

1 *Zhang* 獐: Hydropotes inermis Swinhoe.

am folgenden Tag ihr Frühstück eingenommen hatten, ermahnte Yaregou seine Schwester, zu dem Heim des Zhuolu *Mafa* zu gehen und die Kampfkünste zu erlernen, während er selbst sein Messer, seine Lanze, sowie Pfeil und Bogen nahm und sich aufmachte, Rache zu üben.

(2) Yaregou nahm Pfeil und Bogen sowie Lanze und Messer und verabschiedete sich von seiner jüngeren Schwester. Dann brach er auf und wandte sich nach Nordwesten, während seine Schwester, nachdem sie ihn bis vor die Türe begleitet hatte, ihr Bündel schnürte, ein Breitschwert mitnahm und sich dann auf den Weg nach den Bergen im Westen machte, um dort bei dem Zhuolu *Mafa* die Kampfkunst zu erlernen. Yaregou war einen Tag lang marschiert und als die Sonne am Untergehen war, entdeckte er plötzlich unter einer Weide ein Reh. Sein Pfeil traf den Körper des Rehs, das sogleich zusammenbrach und verendete. Er legte sich das Reh über die Schultern und suchte nach allen Seiten hin nach einer Unterkunft für die Nacht. Dabei entdeckte er eine mächtige Kiefer, worüber er sich sehr freute, dann aber fiel ihm ein, dass die Alten sagten, unter einer großen Kiefer spuke es häufig; er getraute sich deshalb nicht, dort zu übernachten und lagerte unter einem Bäumchen, das von dieser Kiefer etwa fünf Klafter entfernt stand. Er trug einen großen Haufen trockener Zweige und trockenen Laubes zusammen, machte Feuer und briet das Rehfleisch. Nachdem er sich sattgegessen hatte, schlief er in Kleidern ein, da er sehr müde und erschöpft war.

Als er gerade am Einschlafen war, hörte er plötzlich, dass von Nordwesten her etwas wie ein Blitz herbeigeflogen kam und sich auf der großen Kiefer niederließ. Als er die Augen öffnete, erblickte er einen *Kuoli*. Kurz danach kam auch aus südlicher Richtung ein *Kuoli*, den der aus nördlicher Richtung gekommene *Kuoli* fragte: „*Gege*, hast du etwas zu fressen gefunden, als du nach Süden geflogen bist?" Der von Süden gekommene *Kuoli* antwortete: „Im Süden habe ich viele *Mo'rgen* und Schamanen gesehen. Ich habe nun eigens für dich etwas äußerst Schmackhaftes mitgebracht!" Mit diesen Worten zog er aus seiner Brust[2] ein an die drei Fuß großes Kind heraus und reichte es dem von Norden gekommenen Kuoli. Da zog auch dieser *Kuoli* ein zweieinhalb Fuß langes Kind hervor und übergab es dem anderen *Kuoli* zum Fressen. Da wusste Yaregou, dass diese beiden *Kuoli* Gespenster[3] waren, und gerade als die beiden die Kinder fressen wollten, beeilte er sich, auf die *Kuoli* zu schießen. Diese stürzten vom

---

2   Unklar: „.... cong huai zhong quchu..." (從懷中取出). – Von einer Rückverwandlung der *Kuoli* in Frauen war nicht die Rede, außerdem sitzen sie auf dem Baum, somit kann „huai" nicht die Bedeutung „Brustteil eines Gewandes", der oft als Tasche dient, besitzen.

3   *Yaojing* 妖精: Chinesische Wiedergabe der Hezhe-Ausdrücke „*āba, jautfin*"; vgl. Bd. I, S. 273, rechte Spalte.

Baum herab und verendeten, aber auch die kleinen Kinder waren mit herabgestürzt. Als Yaregou nähertrat, sah er, dass diese unverletzt geblieben waren und brachte sie zu seiner Schlafstelle. Bei den Kindern handelte es sich um einen Buben und ein Mädchen: Das Mädchen war acht oder neun Jahre alt, der Junge zählte sechs oder sieben Jahre. Yaregou gab ihnen Rehfleisch zu essen, und nachdem sie satt geworden waren, ließ er das Mädchen neben seinen Beinen schlafen, den Jungen nahm er in die Arme (drückte er an sich) und schlief so ein.

Aber schon bald kam neuerlich ein *Kuoli* von Norden her geflogen und ließ sich auf den Wipfel des Baumes herab, und als er sah, dass die Gespenster tot waren, und er auch keine Spur von den Kindern entdeckte, wurde er sehr besorgt und spähte nach allen Seiten hin. Plötzlich bemerkte er unter dem Bäumchen einen schlafenden *Mo'rgen* neben einem herabgebrannten Feuer; bei dessem Schein erkannte er, dass der *Mo'rgen* einen kleinen Jungen an sich gedrückt hatte, der niemand anderer als sein Bruder war, und zu seinen Füßen schlief ein Mädchen. Da rief der *Kuoli* vom Baume herab mit lauter Stimme: „Yaregou *Mo'rgen*, du bist ein Held! Ich habe schon von dir gehört, nun aber bin ich dir dankbar dafür, dass du mein Brüderchen gerettet hast! Ich weiß nicht, wie ich dir für diese Wohltat danken kann! Hier sind 20 Bündel gelben Tabaks und ein Schweißtuch aus weißer Seide: Es wäre mein größter Wunsch, dass der *Mo'rgen* sie zur Erinnerung annimmt. Mein Brüderchen aber möchte, dass der *Mo'rgen* es noch ein Stück des Weges mitnimmt." Nach diesen Worten flog der *Kuoli* in der Richtung fort, aus der er gekommen war.

(3) Als Yaregou aufwachte, sah er das Mädchen nicht mehr, er hörte aber jemanden von der anderen Seite des Lagerfeuers her sprechen: „Andere haben eine ältere Schwester, die für die Rettung des Brüderchens dankt. Ich aber bin jung und hilflos und weiß nicht, wann erst ich in der Lage sein werde, dir dafür zu danken, dass du mein Leben gerettet hast." Nach diesen Worten blieb es still und das Mädchen war verschwunden. Am folgenden Tag stand Yaregou auf, briet Rehfleisch und nachdem sie sich sattgegessen hatten, nahm Yaregou den Buben auf die Schultern und ging nach Norden. Nachdem er über 20 Meilen gegangen war, sagte der Kleine: „Schwager, lass mich herab! Ich kann schon mit dir Schritt halten!" Da fragte Yaregou: „Wieso nennst du mich Schwager? Wenn uns jemand hört, wird er uns auslachen!" Das Kind aber antwortete: „Das schadet weder, noch ist es falsch!" Yaregou bemerkte, dass das Kind klug und gewitzt war und hatte seine Freude an ihm. Nachdem sie kurze Zeit gegangen waren, wollte sich das Kind von ihm verabschieden. Auch sagte es: „Wenn du im Norden auf gefährliche Feinde triffst, so rufe: ‚Bruder Xingtao komm schnell!' Und im Nu werde ich bei dir sein! Treffe ich aber auf einen starken

Gegner, so werde wahrscheinlich auch ich den Schwager zu Hilfe rufen." Nach diesen Worten trennten sich ihre Wege.

Yaregou ging lange Zeit in nördlicher Richtung weiter und kam in ein Grasland mit gelbem [dürrem] Gras. Inmitten dieses Graslandes hing eine Wiege und schaukelte. Das Seil an dem die Wiege hing schien geradewegs vom Himmel herabzuhängen, und in der Wiege schlief ein etwa drei- bis vierjähriges Kind. Darüber war Yaregou sehr verwundert. Er überlegte: ,Falls es ein Mensch ist, dann muss es sich um einen Recken handeln; ist es aber ein Gespenst, so ist es bestimmt sehr gefährlich!' Er schaukelte die Wiege ein paarmal hin und her, worauf das Kind herausrollte und vor Yaregous Füße fiel. Da stieß er das Kind mit dem Fuß vier bis fünf Schritt weit fort, worauf das Kind zu einer Größe von über einem Klafter anwuchs und auf Yaregou zuging. Dieser schlug erneut mit dem Fuß zu und das Kind wuchs erneut um vier oder fünf Fuß und sprach, nachdem es aufgestanden war: „Ich heiße Xiladaru und habe gehört, dass du im Süden mit meiner Frau Xingtaoni *Dedou* eine geheime Abmachung getroffen hast und sie dir ein Tuch zur Erinnerung geschenkt hat. Ich warte deshalb schon lange hier auf dich und werde nun mit dir so lange kämpfen, bis einer von uns auf der Strecke bleibt!" Als Yaregou ihn angehört hatte, begann er mit ihm zu kämpfen. Sie waren ebenbürtige Gegner und obgleich sie in einem fort mehrere Monate lang miteinander kämpften, zeichnete sich kein Sieger ab. Als sie eines Tages wieder miteinander kämpften, sagte Xiladaru zum Himmel gewandt Zauberformeln auf: „Erhabener Himmel, ich bitte dich, auf der Stelle Regen fallen zu lassen und ihn in Öl zu verwandeln!" Kaum hatte er so gesprochen, da überzog sich der Himmel tatsächlich mit dunklen Wolken und binnen kurzem fielen Öltropfen; erst nach drei Tagen und drei Nächten hörte es auf, Öl zu regnen.

Nachdem die Beiden drei Tage geruht hatten, begannen sie aufs neue zu kämpfen. Die Sonne brannte heiß wie Feuer vom Himmel und Yaregous Kleider wurden völlig versengt. Gerade als sie erbittert rangen, hatte sich Xima'anni *Dedou*, die leibliche jüngere Schwester des Xiladaru, in einen *Kuoli* verwandelt und sprach aus den Lüften herab zu ihm: „*Age*! Die Xingtaoni *Dedou*[4] ist in der Tat ein liederliches Frauenzimmer. Als sie sah, dass Yaregou Schönheit und Talent besitzt, hatte sie nichts anderes mehr im Sinn, als sich mit ihm zu verheiraten. *Age*, lass mich jetzt machen: Ich werde den Yaregou totschlagen!" Und schon stieß sie auf ihn herab und es fehlte nicht mehr viel, da wäre er getroffen worden, als plötzlich aus dem Boden zu seinen Füßen ein *Aixin Bi'alun*[5] hervorkam und

---

4   Sonst Xingtani *Dedou* genannt!
5   Hezhe: *aifin piarun* (S. 692). Ein übernatürlicher Vogel (Geistervogel; *shenniao*) (S. 454, Anm. 3) (OA).

sich dem herabstoßenden *Kuoli* entgegenstellte, worauf sie kämpfend zum Himmel hinaufflogen. Während er aufflog, rief der *Aixin Bi'alun* mit lauter Stimme: „Yaregou *Age*! Ich bin Aqini *Dedou*. Ich wurde von einem Gespenst auf einen hohen Baum entführt und als ich gefressen werden sollte, wurde ich zum Glück vom *Age* gerettet. Die Wohltat, dem Unheil zu entkommen und neu geboren zu werden, vergisst man zu keiner Zeit. Nun will Xima'anni, diese ehrlose Magd, dem *Age* Schaden zufügen. Ich habe dies erfahren und bin gekommen, den Age zu schützen! Ich werde dieses Frauenzimmer bestrafen. Auf baldiges Wiedersehen und pass auf dich auf!" Mit diesen Worten flog sie fort und kämpfte gegen Xima'anni.

Auch Yaregou und Xiladaru setzten ihren Kampf fort. Nachdem sie lange Zeit gekämpft hatten, erschien am Himmel ein *Kuoli* und sprach: „Xiladaru, du nennst mich deine dir noch nicht angetraute Ehefrau: Welches Recht hast du dazu? Du erzählst nur dummes Zeug, das ist wirklich abscheulich! Ich will dir einen Schlag versetzen und wenn du den aushältst, dann werd' ich dich heiraten!" Und schon stieß sie auf ihn herab, Xiladaru aber wurde durch den Schlag in zwei Teile gespalten. Als Yaregou nach Xiladarus Herz suchen wollte, wandte er den Kopf und erblickte er ein hübsches Mädchen, das bereits das Herz des Xiladaru herausgerissen hatte. Lächelnd lud sie Yaregou ein, zu ihrem Haus zu kommen: Dieses Mädchen war niemand anderer als Xingtani *Dedou*. Gemeinsam gingen sie in nördliche Richtung und kamen schon bald zu einem Häuschen mit drei Zimmern. Als sie eintraten, hatten zwei Mägde in der Küche bereits eine Mahlzeit vorbereitet. Xingtani lud Yaregou auf den *Kang* ein, um Wein zu trinken, und als Wein und Essen bereitstanden, setzten sie sich einander gegenüber und plauderten angeregt beim Trinken.

Xingtani sagte: „Du hast meinem kleinen Bruder das Leben gerettet, weshalb ich dir schon mehrmals danken wollte, aber keine Gelegenheit dazu fand. Nun war es mir durch einen glücklichen Zufall möglich, deinen Gegner zu töten. Ich habe keine Eltern mehr, nur noch meinen jüngeren Bruder. Ich glaube, dass auch du meinen sehnlichsten Wunsch ahnst!" Bei diesen Worten trat Yaregous jüngere Schwester in Begleitung einer sechzehn- bis siebzehnjährigen *Dedou* ein, von der Yaregou annahm, dass sie Aqini *Dedou* war, die Xima'anni geschlagen hatte. Xingtani erhob sich, hieß die beiden willkommen und lud sie zum Wein auf den *Kang* ein. Während des Gelages sagte Yakani: „Den älteren Schwestern gebührt für ihre wohlmeinende Absicht, meinen älteren Bruder auf seinem Feldzug zu unterstützen, unendlicher Dank. Mein Bruder ist nun bereits erwachsen und auch die noch unverheirateten beiden älteren Schwestern warten darauf, sich zu verheiraten: Wenn ihr nicht anders darüber denkt, wär's da nicht das Beste, wenn ihr euch mit meinem Bruder verheiraten würdet?" Die Beiden antworteten wie aus einem Munde: „Wir sind lange schon derselben Meinung, zwar konnten wir es nicht sagen, dachten aber, dass eben heute der Tag sei, uns zu verheiraten!" Yaregou und seine Schwester stimmten zu, worauf den Mägden befohlen wurde, Räucherbecken und anderes Gerät bereitzustellen. Nachdem dies geschehen war, verneigte sich Yaregou mit Xingtani und Aqini kniefällig vor Himmel und Erde und schlug vor, dass Xingtani seine erste und Aqini seine zweite Gattin sein sollte. Er verweilte sechs oder sieben Tage bei ihnen, schnürte dann sein Bündel und brach nach Westen auf.

(4) Yaregou marschierte fünf oder sechs Tage lang nach Westen und kam dann zu einem großen Dorf. Er gedachte sich einen Platz zum Ausruhen zu suchen, aber als er durch das Dorf ging, konnte er niemanden finden. Nachdem er sich ein Weilchen ausgeruht hatte, nahm er seinen Weg wieder auf und traf schon bald erneut auf ein großes Dorf, in dem er ebenfalls niemanden antraf. Am westlichen Rand des Dorfes aber entdeckte er Haufen unzähliger menschlicher Knochen, worüber er sehr verwundert war. Nachdem er weitere sieben oder acht Meilen nach Westen gewandert war, kam er wieder zu einem Dorf, in dem sich Menschenknochen zu Bergen türmten. Yaregou trat aufs Geratewohl in einen Hof ein und entdeckte, dass dieser angefüllt war mit Menschenköpfen, Gliedmaßen, mit Lebern, Lungenflügeln und anderem mehr. Da bekam er es doch etwas mit der Angst zu tun, aber weil er nun schon einmal hier war, blieb ihm nichts anderes übrig, als mutig weiterzugehen. Er betrat daher das Haupthaus, um dort nach einer Erklärung zu suchen. In dem Haus sah er, dass in einem Kessel auf dem Nord*kang* Menschenköpfe kochten, während in einem anderen Kessel auf dem Süd*kang* Menschenfleisch kochte. Bei diesem Anblick erschauderte er. Während er Angst bekam, öffneten sich plötzlich die Türflügel des Ostflügels, aus dem eine ungewöhnlich schöne *Dedou* kam. Als sie Yaregou erblickte, fragte sie: „*Mo'rgen*, du weißt doch, dass es hier Dämonen[6] gibt! Wenn du dich nicht beeilst wegzukommen und die Dämonen zurückkommen, dann wirst du keine Möglichkeit mehr haben, zu entkommen!" Yaregou fragte: „Wieso fürchtet die *Dedou* nicht die Dämonen, sondern rät nur mir zur Flucht?" Die *Dedou* antwortete ihm: „Diese beiden Dämonen sind meine Eltern. Sie wollen nichts anderes essen als Menschenfleisch; täglich wollen sie ein Dutzend Menschen verschlingen. Du kommst doch von Osten und bist durch die zwei oder drei Dörfer gekommen: Hast du denn nicht bemerkt, dass es in ihnen keine Menschen mehr gibt? Die beiden Dämonen sind schnell wie der Wind. Wenn sie einen lebenden Menschen entdecken, wird es ihm kaum gelingen, sein Leben zu

---

6 *Gui* 鬼. Chinesische Übersetzung des Hezhe-Ausdrucks *puʃukʻu, puʃɔkʻu*; vgl. Bd. I, S. 273, rechte Spalte.

retten. Es wäre am besten, wenn du dir so schnell wie möglich einen geeigneten Ort suchst, um dich zu verstecken!" Als Yaregou das alles hörte, bekam er es so richtig mit der Angst zu tun und er bat die *Dedou* inständig, ihn zu retten.

Da sprach sie zu ihm: „Du scheinst mir ein außergewöhnlicher Mensch zu sein und wirst bestimmt einmal ein Stammesführer werden. Du bittest mich nun darum, dir zu helfen, und es ist auch mein sehnlichster Wunsch, dich zu retten. Aber da gibt es etwas, das du mir zuerst versprechen musst!" Yaregou fragte sie, um was es sich handele, und die *Dedou* antwortete: „Ich möchte dich fragen, ob du mich heiraten würdest?" Da saß Yaregou in der Klemme: Er war gewillt zuzustimmen, hatte sich aber nicht mit seinen Ehefrauen abgestimmt und befürchtete, dass sie ihm Vorwürfe machen würden. Stimmte er dagegen nicht zu, so bestand die Gefahr, dass dies sein Ende wäre. Er überlegte hin und her, hielt es aber zuletzt für das Beste zuzustimmen und sprach zu der *Dedou*: „Ich stimme deiner Bitte gerne zu!" Die *Dedou* verlangte, dass er dies schwören solle, worauf er beim Himmel den folgenden Schwur leistete: „Wenn ich der Eheschließung nicht nachkomme, soll der Himmel mich mit einem Blitz erschlagen[7]." Die *Dedou* lud ihn nun ein, sich auf den *Kang* zu setzen, während sie Wein holte, Essen zubereitete und beides auf Tischchen auftrug. Sie tranken einander zu und nachdem sie sich sattgegessen hatten, verbarg das Mädchen Yaregou in einem Kasten.

Als es Nachmittag geworden war, bemerkte er von seinem Kasten aus, wie ein männliches Wesen[8] mit riesigem Maul und Fangzähnen eintrat, das zwei menschliche Leichen und ein Reh über der Schulter trug. Zuerst warf er das Reh in das Zimmer der *Dedou*, worauf er die Leichen in das Vorzimmer brachte. Bald darauf trat ein ebenso gestaltetes weibliches Wesen[9] ein, das in höchstem Maße grausam und bösartig war.

(5) Yaregou beobachtete, wie die beiden Dämonen Menschenköpfe aus dem Kessel fischten und sie allesamt auffraßen. Nach dem Essen bemerkte die Dämonin, dass es nach lebenden Menschen roch, und noch während sie dies dem Dämonen mitteilte, begann sie, den Raum abzusuchen. Der Dämon meinte: „Unsere Tochter ist nun schon achtzehn Jahre alt und du hast die sieben oder acht für sie ausgewählten Heiratskandidaten allesamt aufgefressen, da sie ihr nicht gefielen. Wer weiß, vielleicht hat sie sich nun selbst jemanden ausgesucht, der ihr gefällt, und in ihr Zimmer gebracht." Er rief die *Dedou* zu

---

7   Wörtlich: mit einem Donnerschlag erschlagen.
8   *Laozhang*, wörtlich: „ehrenwerter Herr".
9   Im Text: *Mama*. – Die Beschreibung der beiden Oger erinnert an die Mangus-Gestalt der mongolischen Epen; ähnliche Gestalten finden sich auch in Heldenerzählungen der Ewenken und Orotschonen.

sich und sagte sie: „Führe uns doch deinen Auserwählten mal vor, damit wir
wissen, wie der Schwiegersohn denn sein wird. Wir werden ihm nichts tun, sei
unbesorgt!"

Dieser Dämon war der Schamane Hua'rjiwu, seine Tochter hieß Hua'rjini
Dedou. Als sie ihren Vater so sprechen hörte, war ihr klar, dass sie Yaregou nicht
verbergen konnte, und so öffnete sie den Kasten und holte ihn heraus. Sie führte
ihn zu ihrem Vater, damit er ihn begrüße. Als der Schamane Hua'rjiwu ihn
erblickte, freute er sich so sehr, dass er ihn in die Arme schloss und ihn küsste.
Anschließend verbeugte er sich vor der Mutter, die ihn gleichfalls küssen wollte.
Als ihr dabei aber der Duft eines lebenden Menschen in die Nase stieg, riss sie
unwillkürlich ihr Maul auf und biss ihm ein Stück aus der rechten Wange.
Yaregou schrie auf, aber die Dämonin hatte nicht nur kein Fleisch abgebissen,
sondern zudem noch zwei Vorderzähne verloren. Der Schamane Hua'rjiwu
schimpfte: „Du Schurkin! Was fällt dir ein dem Schwiegersohn ins Gesicht zu
beißen? Du hast zwei Zähne verloren: Das hast du nun davon!" Dann befahl er
der Tochter und dem Schwiegersohn, sich vor Himmel und Erde zu verbeugen
und geleitete sie in das Brautgemach. Nachdem sie am folgenden Morgen sich
gewaschen und gekämmt hatten, verabschiedete sich Yaregou von den Schwiegereltern und wanderte weiter nach Westen.

Nach fünf oder sechs Tagen kam er zu einem großen und volkreichen Dorf.
Es herrschte dichtes Gedränge und ständiges Kommen und Gehen und es schien,
als würde eine große Hochzeit oder ein bedeutendes Begräbnis abgehalten.
Yaregou drehte sich um, verwandelte sich dabei in einen in Lumpen gekleideten
alten Mann und trat unbemerkt in ein Haus, in dem Männlein und Weiblein dicht
gedrängt standen. Als er eingetreten war und man ihn bemerkte, lachten alle über
ihn. Von den Umstehenden erfuhr er, dass ein Jahr seit dem Tode des Ba'rdou
Mafa vergangen war und seine Nachkommen das *Dangzi* beendeten[10], wozu sie
alle Einwohner des Dorfes eingeladen hatten. Außerdem hatten sie einen Schamanen gebeten, unter Beschwörungen für die Geister zu tanzen (*tiaoshen nianjing*)
und die Seele des Verstorbenen ins Jenseits zu geleiten. Als Yaregou eintrat, sah
er, dass der Schamane schon angefangen hatte zu tanzen. Der Hausherr hatte
zwei Männer im besten Alter gebeten, dem Schamanen beizustehen: Einer stand
im Südwesten, der andere im Nordosten. Nachdem der Schamane zwei oder drei
Runden getanzt hatte, stürzte er auf den Helfer im Südwesten zu; er prallte derart
gegen ihn, dass es diesem nicht gelang, aufrecht stehen zu bleiben. Dann stürzte

---

10 Liao Dangzi: Siehe Bd. I, S. 224 sowie Bd. 2, S. 457, Anm. 1.

er gegen den Helfer im Nordosten und auch der hielt nicht stand.[11] Der Hausherr
wollte andere Personen um Hilfe bitten, und da einige der anwesenden Gäste
Yaregou erkannt hatten, wurde er auf diesen hingewiesen. Yaregou sprach: „Ich
bin ein alter Mann, wie könnte ich da den Schamanen auffangen und zurückbringen?" Aber da ihn alle beharrlich aufforderten, konnte er schlecht ablehnen und
trat ins Zimmer, wo er sich im Südwesten aufstellte. Im Nordosten stellte sich
auf Bitten des Gastgebers ein *Mo'rgen* auf, der ein Gewand von rotem Pelz trug.
Als der Schamane gegen Yaregou prallte, fing dieser ihn mit einer Hand auf und
geleitete ihn an seinen eigentlichen Platz zurück; als er nach Nordosten ausbrach,
nahm ihn der *Mo'rgen* in Empfang und geleitete ihn zurück. Und so gestaltete sich
der Tanz des Schamanen überaus wirkungsvoll und hörte erst nach langer Zeit
auf. Als man sich zum Festschmaus setzte und Wein trank, gesellten sich auch
die beiden ersten Helfer des Schamanen dazu und hörten nicht auf, über Yaregou
herzuziehen. Als Yaregou hörte, wie sie über ihn schimpften, trat er näher und
warf den Weinkrug nach ihnen, der die Beiden am Kopf traf. Sie stürzten zu
Boden und waren auf der Stelle tot. Die Festteilnehmer forderten Yaregou auf,
sich zu setzen und mitzutrinken, worauf sie sich alle als Heiratsvermittler
betätigten, damit er die Tochter des Gastgebers, Ba'rtani *Dedou*, zur Frau nehme.
Bald darauf trafen auch seine Gemahlinnen Xingtani, Aqini und Hua'rjini sowie
seine jüngere Schwester Yakani ein und wurden von Ba'rtani eingeladen, im
Hauptgebäude Platz zu nehmen, wo eigens für sie ein Tisch mit leckeren Speisen
aufgestellt wurde und sie aufgefordert wurden, vom Branntwein zu trinken.

(6) Während des Banketts sagte Xingtani zu Yaregou: „Genau im Westen liegt
ein Ort namens Jiabukaowu *Huotong*. Stadtherren sind zwei Brüder, von denen
der ältere Jiabukaowu *Han*, und der jüngere Jiakedewu *Han* heißt. Beide sind sie
hervorragende Kämpfer und auch ihre Frauen sind nicht weniger gefährlich.
Insbesondere ihre jüngere Schwester ist eine wahre Meisterin der Kampfkünste
und beherrscht die Magie. Den Brüdern ist nun zu Ohren gekommen, dass wir
von hier aus durch ihr Gebiet wollen; sie haben deshalb Boten in alle Gegenden
geschickt und Recken und Helden zusammengerufen, um Schwurbrüderschaft
zu schließen und sich gemeinsam dem Feind entgegenzustellen. Ich bin bereits

---

11 Beim Empfangen und Zurückgeleiten des Schamanen (*jiesong saman* 接送薩満) steht im
   Nordosten und Südwesten eines leeren Raumes jeweils ein Mann, die weit mehr als 10 Klafter
   [?, das wären mehr als 30 Meter] voneinander entfernt sind. Der Schamane tanzt hin und her.
   Zuerst wirft er sich auf den im Südwesten stehenden Helfer und wenn dieser nicht kräftig ist,
   kann er den Schamanen nicht auffangen, ihn mit beiden Händen hochheben und an den
   Ausgangspunkt zurückbringen und der Schamane wird zu Boden stürzen, sich ungestüm
   wälzen und versterben. Daher legt man vor Beginn der Kamlanie (Trance) unter Beibringung
   von Schweinen oder Schafen Gelübde ab, um Unvorhergesehenes zu verhindern. Nachdem
   die Gelübde geleistet sind, kann der Tanz beginnen. Vgl. S. 391, Anm. 3 (S. 457, Anm. 2) (OA).

dreimal dort gewesen und habe sie ausgespäht. Wir haben nun schon viel Zeit hier verbracht: Der Weg ist weit und wann wollen wir denn dort ankommen und Rache nehmen, wenn wir so weitermachen! Das Beste wäre, wenn wir uns so bald wie möglich auf den Weg machten!" Als Yaregou sie so sprechen hörte, bestimmte er, dass sie am folgenden Tage aufbrechen würden.

Nach zwei oder drei Tagen erreichte Yaregou Jiabukaowu *Huotong*. Im Osten der Stadt gab es einen Hügel, auf den er stieg, um in die Stadt hineinzuspähen. Aus der Ferne war zu erkennen, dass die Häuser in der Stadt sehr gleichmäßig ausgerichtet waren und es drei Haupt- und drei Nebenstraßen gab. Er verließ den Hügel und als er sich dem Stadttor näherte, kam ihm Jiabukaowu *Han* mit Turegou, Kailaru und weiteren drei bis vier Recken sowie einem großen Haufen von *Mo'rgen* entgegen. Der Kampf begann: die Frauen kämpften in den Lüften, die Männer schlugen sich auf der Erde. Nach drei Tagen ununterbrochenen Kampfes tötete Yaregou den Jiabukaowu *Han*, und nachdem er noch einen weiteren Tag lang mit dessen jüngerem Bruder gekämpft hatte, erschlug er auch diesen. Als die herbeigerufenen Helden und Recken sahen, dass Jiabukaowu und sein Bruder gefallen waren, sprachen sie: „Wir hegen weder Hass noch Groll gegen Yaregou, warum also sollten wir weiterkämpfen?" Und damit liefen sie nach allen Himmelsrichtungen auseinander und kehrten heim. Nachdem die *Dedou* unter Führung von Xingtani mit den weiblichen Heerführern der Gegenseite mehrere Tage gekämpft hatten, hatten auch sie ihre Gegnerinnen getötet. Gemeinsam begaben sie sich zur Stadt, deren Einwohner ihnen zum Empfang entgegenkamen und nachdem Yaregou sie beruhigt hatte, begab er sich mit seinen Frauen zur Residenz des *Han*.

Nach mehrtägigem Aufenthalt in der Residenz stand Xingtani *Dedou* eines Morgens sehr früh auf. Weil sie ein sorgenvolles Gesicht machte, fragte sie Yaregou nach dem Grund? Seine Gemahlin antwortete ihm: „Diese Nacht habe ich geträumt, wie der Fluss zu brennen begann und sich das Feuer auf dem Südufer in westlicher Richtung ausbreitete. Anschließend erhob sich auf dem Fluss plötzlich ein Wirbelwind und sein schwarzes Inneres bewegte sich auf dem Nordufer nach Westen. Daher bin ich heute früh aufgewacht und weil ich den Traum nicht zu deuten vermag, sorge ich mich. Ich bitte dich, den Traum zu deuten!" Yaregou meinte dazu: „Wie soll ich solch einen Traum deuten können!" Seine Frau sprach: „Meiner Meinung nach sollten wir nicht von der Nordseite des Flusses aus vorrücken, sondern unseren Weg über das Südufer des Flusses nehmen. Du kannst aber selbstverständlich über diesen Vorschlag entscheiden!" Yaregou antwortete ihr: „Sei doch nicht gleich so mutlos. Meine Hauptfrau muss unbeirrbar voranschreiten und sich den Gefahren aussetzen, erst dann ist alles in Ordnung!" Mit diesen Worten ordnete er seine Ausrüstung und

brach sogleich auf. Er schärfte seiner Hauptfrau ein, ihm zu folgen, sobald sie
der Stadtbevölkerung einen Platz zugewiesen habe und alles wohl geregelt sei.
Dem Volk befahl er Schiffe zu bauen, geordnet auf das Südufer des Sungari
überzusetzen und eine befestigte Stadt zu errichten, wo es darauf warten sollte,
dass er als Sieger heimkehren und es reich belohnen werde. Dann brach er auf
und marschierte auf dem Nordufer des Flusses drei bis vier Tagen weiter, ohne
einen einzigen Menschen zu treffen.

An einem dieser Tage kam er durch ein Dorf, das menschenleer und verlassen
war. Er ging zum Tor eines Hauses und fand dort einen *Mo'rgen*, der mit dem
Schwert in zwei Teile gehauen war. Als die obere Hälfte des *Mo'rgen* Yaregou
kommen sah, weinte dieser und rief: "*Mo'rgen Age*, es gibt etwas, was du nicht
weißt: Ich heiße Lengbileng. Heute sind zur Mittagszeit von Osten her zwei
Brüder gekommen, von denen der ältere Derenchu, und der jüngere Luohongchu
hieß. Sie waren durchschnittliche Kämpfer, aber ihre fliegenden Schwerter waren
so gefährlich, dass ich ihrer nicht Herr werden konnte und in zwei Teile gehauen
wurde. *Mo'rgen Age*, es lohnt sich nicht, dass du sie verfolgst, nur um dein Leben
aufs Spiel zu setzen. Wenn du aber fest entschlossen bist, ihnen nachzusetzen,
so hoffe ich inständig, dass du mich rächen wirst!" Nachdem Yaregou ihn angehört hatte, ging er schweigend weiter und kam nach zwei Tagen neuerlich zu
einem Dorf, das völlig entvölkert war. Als er zum Ufer des Flusses ging, war der
Weg übersät mit Blutflecken, und schon nach fünf Schritten bemerkte er die
untere Hälfte eines Körpers, und als er weiter ging, entdeckte er auch die obere
Hälfte, die sich heftig auf dem Erdboden wälzte.

(7) Diese obere Hälfte eines Körpers klagte weinend: „Ich heiße Tailaru und war
hier *Han*. Immer wenn ich mich einem Gegner stellte, blieb ich der Sieger. Wie
hätte ich denn wissen sollen, dass heute von Osten her die Brüder Derenchu und
Luohongchu kommen und mich mit ihren fliegenden Schwertern entzweihauen
würden. Diese hauten dreimal auf mich ein und hatten doch Schwierigkeiten,
mich zu töten. Wie die Beiden nun sahen, dass ich nicht tot war, da brachten sie
meine beiden Hälften an verschiedene Plätze, so dass sie sich nicht wieder
vereinen konnten. Ich hoffe, dass der *Mo'rgen* mich zusammenfügt und so mein
Leben rettet und dann will ich Rache üben!" Yaregou hatte Mitleid mit ihm und
vereinte die beiden Hälften. Der Verwundete rollte sich zweimal und stand dann
auf, wobei er wieder einem gewöhnlichen Menschen glich. Kniefällig dankte er:
„Wie soll ich dem *Mo'rgen* dafür danken, dass er mir das Leben gerettet hat. Falls
der *Mo'rgen* dies nicht ablehnt, möchte ich ihm meine jüngere Schwester Sakaxinni als dienendes Gefolge anbieten." Erst nachdem Yaregou dies dreimal
abgelehnt hatte, zeigte er sich einverstanden. Tailaru erzählte, dass auch sein
älterer Bruder Jiegederu von den fliegenden Schwertern getötet worden sei und

nicht mehr zum Leben erweckt werden könne; seine jüngere Schwester sei aber heimlich Derenchu und dessen Bruder gefolgt, um Mittel und Wege zur Rache zu finden. Nachdem sie noch ein Weilchen geplaudert hatten, verabschiedete sich Yaregou von Tailaru und machte sich wieder auf den Weg.

Nachdem er lange Zeit gegangen war, begegnete er einer *Dedou*, die zu ihm sagte: „*Mo'rgen*, wenn du in dieser Weise weitergehst, wirst du selbst in drei Jahren niemanden einholen! Unter dem Baum dort findest du ein aus Papier gefertigtes Fledermauspaar. Klebe es an deine Fußsohlen, dann wirst du sie einholen! *Mo'rgen*, ich bin die leibliche jüngere Schwester des Tailaru. Ich habe alles gehört, was mein Bruder zu dir gesagt hat, und da es der Wille des älteren Bruders ist, steht es mir nicht zu, ihn nicht zu befolgen." Nach diesen Worten war sie verschwunden. Yaregou ging zu dem Baum, wo er tatsächlich ein papierenes Fledermauspaar fand. Er klebte es an seine Sohlen und schon fühlte er, wie er sich in die Lüfte erhob und sich so vorwärtsbewegte, als würde er fliegen. Bald darauf erreichte er den Hang eines Berges, wo plötzlich Xingtani *Dedou* vor ihm stand und sprach: „Bist du noch immer auf der Verfolgungsjagd? Im Westen gibt es eine Stadt namens Katiwu *Huotong*, deren Herrn Lekewu[12] und seine beiden Brüder waren. Sie waren weithin bekannt und haben mit Derenchu gekämpft, worauf sie schon nach dreitägigem Kampf von dem fliegenden Schwert getötet wurden. Bitte wechsle auf das Südufer hinüber!" Eigensinnig lehnte Yaregou es ab, einen anderen Weg einzuschlagen. Seiner Frau aber blieb nichts anderes übrig, als ihm zu raten, vorsichtig zu sein. Nachdem Yaregou ihr dies versprochen hatte, ging er weiter und erreichte schon nach kurzer Zeit Katiwu *Huotong*. Tatsächlich war diese Stadt völlig menschenleer! Er wandte sich dem Flussufer zu und fand drei Leichen, deren Anblick Mitleid erregte. Yaregou nahm die Verfolgung der Täter wieder auf und kam nach langer Zeit an eine Biegung des Flusses, von wo aus er unzählige Schiffe entdeckte, die an die dreißig Meilen entfernt waren. Nachdem er dreißig bis vierzig Meilen ohne anzuhalten gerannt war, hatte er die Schiffe überholt, nahm Pfeil und Bogen zur Hand und wartete ab, bis die Schiffe auf Schußweite heran waren. Es dauerte nicht lange und die Schiffe waren nahe genug. Er bemerkte, dass das erste Schiff an beiden Seiten Räder hatte[13], weshalb es sich in Windeseile vorwärtsbewegte. Am Bug des Schiffes stand ein wild aussehender Mann. Yaregou legte auf diesen an, aber als der Pfeil dessen Körper traf, zersplitterte er und auch als er mehrere Pfeile nacheinander abschoss, geschah immer dasselbe. Der Mann aber sprach in Richtung auf die Kajüte: „Da schießt jemand auf mich, um uns am Weiterfahren zu hindern. Lasst mich mit dem

---

12 Alternative Lesung: Yuekewu.
13 Vermutlich ist ein Raddampfer gemeint (S. 461, Anm. 1) (OA).

Schützen kämpfen!" Mit diesen Worten sprang er ans Ufer und kämpfte mit Yaregou. Nach mehr als 30 Runden, strömte dem Gegner das Blut aus Nase und Mund, und da er merkte, dass er nichts mehr entgegenzusetzen hatte, nahm er seine Beine in die Hand und rannte aufs Schiff zurück.

(8) Nachdem der Mann auf das Schiff zurückgekehrt war, erschien bereits nach kurzer Zeit ein weiterer, der einen Klafter groß war. Er kam ans Ufer und rang mit Yaregou. Als sie gerade die dritte Runde kämpften, ließ er das fliegende Schwert los, das Yaregou in zwei Teile spaltete. Er wälzte sich kurz auf dem Boden und als sich die Teile zusammengewälzt hatten, vereinigten sie sich wieder. Er stand auf und setzte den Kampf fort, wurde aber aufs Neue von dem fliegenden Schwert in zwei Hälften gehauen. So geschah es drei Mal. Schließlich haute ihn sein Gegner in zwei Hälften und schleuderte diese in zwei verschiedene Richtungen, worauf sie sich nicht mehr vereinen konnten. Als der Mann sah, dass es um Yaregou geschehen war, kehrte er aufs Schiff zurück, legte ab und fuhr weiter stromaufwärts. Nachdem Yaregou in zwei Teile zerhackt worden war, rollten diese sich wild an ihrem jeweiligen Ort. Seine Frau Xingtani eilte herbei und legte die Hälften an einer Stelle zusammen, aber obwohl sie sich wieder aneinanderfügten, konnte er sich doch infolge der langen Zeit, die vergangen war, nicht mehr bewegen. Seine über außergewöhnliche Fähigkeiten verfügenden *Dedou* versuchten alles Mögliche, um ihn zu heilen, aber nichts schlug an, worauf sie ein bekümmertes Gesicht machten und nicht mehr weiterwussten. Als Yaregou die Schmerzen nicht mehr ertragen konnte, stieß er auf einmal einen Schrei aus, öffnete die Augen und sah seine Frauen weinend vor sich. Da fing auch er unwillkürlich zu weinen an.

In Tränen sagte Xingtani zu ihm: „Als ich dich davor warnte, diesen Weg einzuschlagen, wolltest du ja nicht auf mich hören! Was hast du nun davon?" Yaregou antwortete: „Sei's wie's sei, Erklärungen helfen jetzt auch nicht weiter! Begib dich zu Duoru *Mafa* und *Mama* im Ostmeer und bitte sie kniefällig um Hilfe. Ganz gleich wer von ihnen kommt, sie werden helfen können!" Sofort verwandelte sich Xingtani in einen *Kuoli* und flog unter Aufbietung aller Kräfte zum Ostmeer. Schon bald kam sie dort an und entdeckte ein aus Stein erbautes Haus mit drei Räumen. Sie trat ein und erblickte einen *Mafa* und eine *Mama*. Sie war sich sicher, dass diese Duoru *Mafa* und *Mama* waren, trat vor sie hin, kniete nieder und machte dreifachen Kotau, worauf der *Mafa* sie ansprach: „Was hat die *Dedou* auf dem Herzen, dass sie uns so formell begrüßt?"

Xingtani antwortete: „Ich bin Xingtani, die Frau des Yaregou. Ich bin gekommen, um Hilfe zu bitten, da mein Mann auf seinem Feldzug nach Westen Derenchu und seinen Bruder am Oberlauf des Sungari getroffen hat und sich nun in großer Gefahr befindet, weil er von deren fliegendem Schwert an der Hüfte entzwei gehackt wurde." Bei diesen Worten begann sie untröstlich zu weinen. Als sie Duoru *Mafa* derart verzweifelt weinen sah, wandte er sich an die *Mama*: „Ich weiß, dass Yaregou in Schwierigkeiten steckt. Da er eigentlich ein kommender *Ezhen Han* ist, solltest du ihn heilen! Spute dich und verweile nicht!"

Duoru *Mama* holte wirksame Medizin und Lebenselixier und brach dann mit Xingtani zusammen auf. Beide wälzten sich (*fanshen*) und verwandelten sich in *Kuoli*, worauf sie in westlicher Richtung davonflogen. Schon bald kamen sie bei Yaregou an. Xingtani bat die *Mama* ins Haus, damit sie sich ausruhte. Beim Eintreten sahen sie, dass Yaregou bereits ohne Bewusstsein war. Voll Sorge fragte Xingtani die *Mama*: „Ehrwürdige Unsterbliche, seht Ihr, wie's um ihn steht?" Die *Mama* antwortete: „Das ist nicht weiter schlimm! Hol' mir eine Schale Wasser." Xingtani beeilte sich dies zu tun, worauf die *Mama* die Medizin mit dem angewärmten Wasser aufgoss und sie Yaregou einflößte. Die Schwertwunde rieb sie mit Arzneipulver ein, worauf Yaregou schon bald aufstöhnte und die Augen aufschlug: Vor sich erblickte er eine *Mama*, während Xingtani zu seiner Linken und Aqini an seinen Füßen saß. Die übrigen Gattinnen und Begleiter saßen alle auf seiner rechten Seite und starrten auf ihn.

Yaregou konnte sich schon wieder bewegen und verlangte, dass ihm seine erste und zweite Gattin beim Aufsitzen helfen sollten, und schon war es ihm wieder möglich sich wie ein gesunder Mensch zu bewegen! Sogleich stieg er vom Kang herab, kniete vor der *Mama* nieder und machte Kotau, wobei er sprach: „Ich werde Euch mein Lebtag lang nicht vergessen, dass Ihr mich geheilt habt. Wenn ich Rache genommen habe und heimgekehrt sein werde, will ich Euch neun Schweine und neun Schafe opfern." Die *Mama* befahl ihm, aufzustehen, nahm drei Pillen sowie einen kleinen Bogen aus ihrer Gürteltasche und gab sie ihm mit den Worten: „Wenn du diese Pillen schluckst, werden dich nicht nur weder Schwert noch Speer verwunden, sondern du wirst auch dem fliegenden Schwert des Derenchu widerstehen. Mit diesem Bogen und den Pfeilen wirst du das fliegende Schiff abschießen!" Yaregou sprach: „Der Bogen und die Pfeile, die ich bisher verwendete, waren doppelt so groß wie dieser Bogen und seine Pfeile. Wenn dieser schon nichts nützt, was hilft mir dann so ein kleiner Bogen?" Die *Mama* antwortete: „Du Kind! Es hat doch gar keinen Sinn, sein Schiff zu zertrümmern. Von diesen Pfeilen getroffen ist das Schiff manövrierunfähig und du kannst es dann selber verwenden!" Sie brach nun auf und wurde von Yaregou und den Seinen bis vor die Tür begleitet, dort aber war sie von einem Moment auf den anderen verschwunden. Die Übrigen kehrten voll Freude ins Haus zurück. Sie blieben nun ein Dutzend Tage hier, bis eines Tages Xingtani sprach: „Wir vertrödeln hier nun schon bald ein halbes Jahr unsere Zeit und Derenchu hat wahrscheinlich schon eine weite Strecke seines Weges hinter sich. Wer weiß, wie lange es dauern wird, bis wir ihn wieder eingeholt haben. Ich hoffe, dass du dich nun bald auf den Weg machen wirst!" Yaregou gab ihr Recht, legte seine Ausrüstung zurecht und beschloss am folgenden Morgen aufzubrechen.

Nachdem Derenchu mit dem fliegenden Schwert Yaregou getötet hatte, war er in den Sahalin eingebogen und flussaufwärts gefahren und hatte dabei sechzehn Städte und zwanzig Dörfer unterworfen. Nachdem ihm Yaregou mehr als einen Monat lang über Hügel und Berge hinweg nachgeeilt war, entdeckte er eines Tages vom Ufer des Flusses aus mehr als fünfhundert Schiffe und wusste, dass diese seinem Feind Derenchu und dessen Bruder gehörten. Er eilte weiter und nachdem er die Schiffe um mehr als drei Meilen überholt hatte, lauerte er ihnen auf.

(9) Yaregou musste nicht lange am Flussufer warten, bis die Schiffe nahe genug herangekommen waren: Er zielte auf jenes schnelle Schiff und traf mit seinem Pfeil den Rumpf, worauf es nicht mehr von der Stelle kam. Die Wache, welche die Wassertiefe maß, meldete Derenchu: „Das Schiff wurde von einem Pfeil getroffen und kommt nicht mehr von der Stelle." Da sprang Derenchu ans Ufer und wunderte sich sehr, als er Yaregou erblickte. Er überlegte: ‚Der war doch schon tot; wie kommt's, dass er wieder ins Leben zurückgekehrt ist?' Die Zwei hielten sich nicht lange mit Reden auf, sondern begannen zu kämpfen. Nach drei Runden zog Derenchu, wie schon früher, sein fliegendes Schwert: Diesmal aber prallte es ab und zerbrach in zwei Stücke. Je länger es zuschlug, desto mehr zerbrach es. Da wurde Derenchu wütend, aber gleichzeitig auch besorgt und nachdem er noch über hundert Runden mit Yaregou gekämpft hatte, floss ihm das Blut aus der Nase. Er spürte, dass es nicht gut um ihn stand. Er sprang aus dem Ring und rief in Richtung des Schiffes: „Jüngerer Bruder, mein Schwert ist in viele Teile zerbrochen und ich halte nicht mehr stand! Komm schnell und hilf mir!" Als Yaregou ihn nach seinem Bruder rufen hörte, rannte er sogleich zu ihm hin und machte ihm den Garaus. Gleich darauf sprang Luohongchu ans Ufer und sagte: „Mein Schwert ist wirkungsvoller als das meines Bruders!" Aber noch während er dies sagte, bemerkte er, dass sein Bruder schon tot war. Da sparte er sich die Worte und begann mit Yaregou zu kämpfen. Nach der dritten Runde zog er sein fliegendes Schwert, aber als es auf Yaregous Körper traf, brach es in zwei Stücke; je länger es zuschlug, desto mehr zerbrach es. Als Luohongchu sah, dass ihm das Schwert nichts mehr nützte, kämpfte er mit bloßen Händen weiter. Nach über achtzig Runden wurde auch Luohongchu von Yaregou getötet.

Yaregou stieg nun auf das Schiff und erließ den Befehl, dass er alle schonen wolle, die sich ergeben würden, worauf das Volk in ohrenbetäubenden Jubel ausbrach. Auch Tariqiwu *Han* – er war die Wache, die den Wasserstand prüfte – war bereit, sich zu unterwerfen. Yaregou wartete auf dem Schiff den Ausgang des

Kampfes seiner Gemahlinnen mit Deyileini *Dedou*, der jüngeren Schwester des Derenchu, und ihrem Gefolge ab. Die Gemahlinnen von Derenchu und seinem Bruder waren bereits getötet worden, lediglich die Schwester kämpfte noch. Diese Deyileini war sehr gefährlich: Sie tötete Ba'rtani, die vierte Gattin des Yaregou, sowie Sakaxinni, seine fünfte Frau. Es gelang den Gemahlinnen des Yaregou nicht, ihrer Herr zu werden, und erst nach drei- bis viertägigem Kampf in den Lüften versenkten sie diese im Nordmeer. Als sie zurückkehrten, stand Yaregou am Bug des Schiffes und hielt nach ihnen Ausschau. Er freute sich sehr über ihre Rückkehr und sie alle begaben sich in die Kajüte des Schiffes, um sich auszuruhen. Yaregou fragte: „Wo ist meine vierte und meine fünfte Gattin?" Xingtani antwortete: „Beide wurden von der Gegnerin erschlagen. Auch deine jüngere Schwester und ich wurden verwundet, glücklicherweise aber sind es nur leichte Verletzungen!" Da war Yaregou recht geknickt, nachdem sie ihn aber getröstet hatten, orderte er Wein und Speisen und trank mit seinen Frauen. Dann befahl er, dass die über fünfhundert Schiffe dem fliegenden Schiff zu folgen hätten und fuhr nach Süden. In einer Bucht (*haikou*)[14] angekommen, trat Tariqiwu *Han*, der Mann, der die Wassertiefe prüfte, ein und meldete, dass eine Stadt in Sicht war, worauf Yaregou zu ihm sagte: „Wenn uns die Einwohner freundlich empfangen, so wollen auch wir ihnen mit allen Regeln der Höflichkeit begegnen!"

(10) In jener Bucht gab es eine Stadt, deren Stadtherren die Brüder Dengjiwu *Han* und Dengziwu *Han* waren. Beide waren sie mittelmäßige Persönlichkeiten. Sie hatten eine jüngere Schwester namens Deremingni *Dedou*. Diese hatte mitten in der Nacht geträumt, dass ein schwarzer Wirbelwind von der Bucht her kommen und alle Häuser zerstören werde. Dieses Traumgesicht erzählte sie am folgenden Morgen ihrem älteren Bruder Dengjiwu und warnte dann: „Yaregou vom Südufer des Sungari ist ein Held, von dem ich gehört habe, dass er vor mehreren Tagen Derenchu und Luohongchu verfolgt, deren fliegende Schwerter zerbrochen und sie selbst getötet habe; dadurch ist er Herr ihres schnellen (wörtl.: „fliegenden") Schiffes geworden. Ich befürchte nun, dass er hier bei uns vorüberkommen wird. Es wäre wohl am besten, wenn wir mit ihm gute Freundschaft schließen! Nach dem, was ich letzte Nacht geträumt habe, wird es uns sonst schlecht ergehen!" Ihr Bruder Dengjiwu meinte dazu: „Nun, wir überlegen gerade, ihm das schnelle (fliegende) Schiff abzunehmen!" Und ihr zweiter älterer Bruder Dengziwu *Han* fügte hinzu: „Du junges Mädel hast von

---

14 *Haikou* 海口: Eigentlich „Meeresbucht", „Hafen". Da zuvor die Rede davon war, dass die Fahrt Amur abwärts in Richtung des Sungari geht, schließt dies eine Meeresbucht aus; daher die neutrale Übersetzung mit „Bucht".

den Leuten gehört, dass er gut aussieht, und willst ihn nun heiraten! Wir aber fürchten ihn nicht, sondern werden ihm sein Schiff abnehmen!" Als die Schwester dies hörte, wurde sie bis über beide Ohren rot und schämte sich sehr. Sie ging zur Tür hinaus und in ihr Zimmer, wo sie ein Seil hervorholte und sich am Deckenbalken erhängte. Als eine Dienerin eintrat und das junge Fräulein erhängt fand, eilte sie, dies Dengjiwu und seinem Bruder zu melden. Dengjiwu war darüber sehr traurig und war zudem auf seinen Bruder äußerst wütend: „Es hätte gereicht, wenn du nicht auf ihr Gerede gehört hättest! Warum hast du sie auch noch derart beleidigen müssen? Du hast große Schuld auf dich geladen!" Während die beiden noch ihr Verhalten bereuten, rieten ihnen ihre Frauen: „Da die jüngere Schwester nun schon tot ist, nützen Zorn und Reue auch nichts mehr! Es wäre besser, sie so schnell wie möglich zu begraben!"

Auf diesen Rat ihrer Frauen hin, begruben die Brüder ihre Schwester. Während sie dies taten, bemerkten sie unzählige Schiffe, die sich aus östlicher Richtung näherten. Das Schiff an der Spitze hatte zwei hohe und aufgespannte Flügel[15]; es fuhr so schnell, als würde es fliegen und ließ die unzähligen Segelschiffe hinter sich zurück.[16] Da rief Dengjiwu mit lauter Stimme zu dem Schiff hinüber: „Dieses Schiff wurde einst von mir gebaut! Legt sofort an und gebt es mir zurück, sonst fordere ich euer hündisches Leben!" Als Tariqiwu *Han* dies hörte, meldete er es Yaregou mit den Worten: „Am Ufer ist jemand, der das Schiff für sich fordert und uns beschimpft. Ihr braucht Euch nicht zu bemühen, *Ezhen Age*, ich werde ihn gefangennehmen!" Er stieg ans Ufer und nachdem er mit Dengjiwu *Han* mehr als achtzig Runden gekämpft hatte, spuckte dieser unentwegt Blut und rief laut nach seinen Bruder. Als Tariqiwu *Han* ihn um Hilfe rufen hörte, erschlug er ihn unverzüglich. Auch Yaregou sprang ans Ufer und traf dort auf Dengziwu *Han*. Die beiden begannen miteinander zu kämpfen und innerhalb kurzer Zeit hatte Yaregou seinen Gegner getötet. Yaregou kehrte aufs Schiff zurück und befahl Tariqiwu in die Stadt zu gehen und das Volk aufzufordern, sich zu unterwerfen. Nachdem dieser lange weggewesen war, kam er mit einem *Gashen Da* zurück. Angesichts des *Mo'rgen* nahm der *Gashen Da* auf dem Bauch liegend die Befehle entgegen. Yaregou ordnete an: „Ihr sollt dreihundertsechzig Schiffe bauen und alles Volk in meine Stadt am Sungari bringen. Wer sich heimlich davonmacht, wird streng bestraft!" Nachdem er seine Befehle erteilt hatte, ließ er ablegen und fuhr in Richtung Oberlauf des Sungari. Einige Tage später sprach Yakani zu ihrem Bruder: „Vor uns sind die Brüder Maqiwu *Han* und Leqiwu (od.: Yueqiwu) *Han*. Sie haben gehört, dass wir durch ihr Gebiet

---

15 首先一船,兩翼高張,... ... Möglicherweise sind damit die Räder eines Raddampfers gemeint.

16 Oder: ... und schleppte unzählige Segelschiffe hinter sich nach: 後面拖着無數風船.

kommen werden und planen, unser Schiff in ihre Gewalt zu bekommen. Dazu haben sie Recken von überall her zu sich gerufen, die nun auf uns warten. Meiner Meinung nach wäre es besser, mein Bruder würde den Weg ändern, um nicht mit ihnen kämpfen zu müssen und Zeit zu verlieren."

(11) Nachdem seine jüngere Schwester zu Ende gesprochen hatte, antwortete Yaregou: „Du hast schon recht, jüngere Schwester. Aber wenn wir Zeit sparen wollen, müssen wir diesen Weg fortsetzen! Sollte man uns mit Höflichkeit begegnen, so werde ich bestimmt keinen Streit mit ihnen beginnen, sondern sie ebenfalls höflich behandeln!" Mit diesen Worten setzte er den Weg fort, aber als sie die Stadt des Maqiwu *Han* erreichten, kam jemand aus der Stadt heraus, begann zu schimpfen und wollte das Schiff beschlagnahmen. Yaregou ließ anlegen, sprang ans Ufer und scholt den Mann: „Ihr unverfrorenen Sklaven wollt unbedingt mein Schiff beschlagnahmen! Wer Lust auf mein Schiff hat, den fordere ich auf, sofort zu kommen, damit wir sehen, wer der Stärkere ist!" Nach diesen Worten kam Maqiwu zum Stadttor heraus und begann mit ihm zu kämpfen. Yaregou packte ihn und sprach: „Alle ihr von mir verehrten Götter helft mir, ihn in meinen Hof zu befördern, wo er auf der Westseite meines Hauses mit Erde bedeckt und ein Baum werden soll!" Dann schleuderte er ihn mit all seiner Kraft fort. Dessen jüngerer Bruder Leqiwu (Yueqiwu) *Han* kam aus der Stadt und wurde gleichfalls von Yaregou kraftvoll ans Ufer des Flusses geschleudert, wo er sich in eine Holzplanke verwandelte, die von der Strömung fortgetragen wurde. Dann ließ Yaregou seinen Diener Tariqiwu *Han* in der Stadt verkünden, dass man Schiffe bauen sollte, um die Einwohnerschaft auf ihnen zum Sungari zu bringen. Nachdem alles geregelt war, legte er ab und fuhr weiter.

An jenem Tage sprach Xingtani: „Nicht weit vor uns befindet sich eine Stadt, deren Herren die Brüder Hanziwu *Han* und Han'rjiwu *Han* sind. Sie sind höflich und in den Umgangsformen wohlbewandert, zudem sind sie mit den Kampf-künsten hervorragend vertraut. Wenn wir bei ihnen durchkommen, werden sie uns bestimmt empfangen. Sie haben eine jüngere Schwester im heiratsfähigen Alter, die zudem wohlvertraut ist mit den Kampfkünsten. Falls sie einwilligen, dass ihr heiratet, so wäre sie eine wirksame Hilfe. Han'rjiwu *Han* ist gerade neunzehn Jahre alt und ist nach Aussehen und Befähigung eine ungewöhnliche Person. Wenn ich mit ihm verheiratet werden könnte, so würden damit die bereits durch Heirat geknüpften verwandtschaftlichen Bindungen vertieft." Als sie ihre Rede endete, waren sie der Stadt bereits nahegekommen und sahen, wie zwei Männer herbeikamen und sie mit folgenden Worten empfingen: „Unsere Herren haben uns Sklaven befohlen, Euch willkommen zu heißen." Yaregou antwortete ihnen: „Meldet euren Gebietern, dass wir kommen werden!" Und als sie bald darauf bei besagter Stadt ankamen, befahl er, am Ufer anzulegen.

Hanziwu *Han* kam ihnen in Begleitung seines Bruders und mehrerer *Dedou* zur Begrüßung entgegen, unter denen drei durch ihre Schönheit und ihren Charakter auffielen. Die hinterste in dieser Reihe war ein siebzehn- oder achtzehnjähriges Mädchen, das eine herausragende Schönheit war. Als Yaregou zusammen mit seinen Gemahlinnen ans Ufer gestiegen war, sprach Hanziwu *Han*: „Bei der ehrenvollen Ankunft des *Mo'rgen* in unserer Gegend haben wir versäumt, Euch schon früher willkommen zu heißen. Wir hoffen, dass uns dieses Vergehen vergeben wird!" Yaregou antwortete: „Bedauerlicherweise haben wir Euch und Eurem Bruder große Unannehmlichkeiten mit unserer Ankunft bereitet!" Nachdem man sich noch etwas unterhalten hatte, gingen die Drei in die Stadt; ihnen folgte die Gemahlin des Hanziwu *Han* mit den Frauen und der jüngeren Schwester des Yaregou.

Yaregou bemerkte, dass die Wohnbezirke zu beiden Seiten [der Straße] gleichmäßig und ordentlich ausgerichtet waren und als er in der Ferne die Residenz der *Hane* mit prachtvollen Pavillons und Terrassen sah, pries er die kunstvollen und erlesenen Bauten. Sie traten in die Haupthalle, wo sie sich setzten und plauderten. Hanziwu *Han* fragte Yaregou nach seinen Kämpfen und Taten und dieser erzählte ausführlich. Hanziwu *Han* war des Lobes voll und sagte schließlich zu Yaregou: „*Mo'rgen Dou*, falls du das nicht für gering achtest, wärest du dann bereit, mit uns Brüderschaft zu schließen? Yaregou antwortete ihm: „Selbstverständlich bin ich dazu bereit, aber ich möchte um etwas bitten: Meine Hauptfrau will schnellstens in die Heimat zurückkehren, um auszuziehen und Rache zu nehmen. Ich befürchte jedoch, dass wir zu schwach dafür sind und die Angelegenheit nicht sorgfältig genug bedacht haben. Nun habe ich vernommen, dass euere befehlende jüngere Schwester verlobt werden soll. Würde der ältere Bruder bereit sein, sie mir zu versprechen?" Hanziwu *Han* antwortete: „Damit bin ich sehr einverstanden! Aber auch ich brauche Hilfe: Mein jüngerer Bruder ist nun schon 19 Jahre alt und noch immer nicht verheiratet. All die *Dedou* entsprechen nicht seinen Vorstellungen. Bitte versprich deine befehlende jüngere Schwester meinem jüngeren Bruder. Auf diese Weise würden wir die verwandtschaftlichen Beziehungen verstärken! Was ist deine geschätzte Meinung zu diesem Vorschlag?" Yaregou sprach: „Auch ich bin damit einverstanden. Nun ist es aber so, dass meine jüngere Schwester mir bei meinen Kämpfen hilft, und dabei sogar Männer übertrifft. Könnt ihr warten, bis mein Rachefeldzug beendet ist; ich werde sie dann mit dem fliegenden Schiff hierhersenden, damit die Hochzeit vollzogen wird?" Erfreut nickte Hanziwu *Han* zustimmend, worauf sie vereinbarten, dass er am folgenden Tag seine jüngere Schwester auf das Schiff bringen werde, damit die Vermählung stattfinde. Während sie noch ein Weilchen plauderten, hatten die Diener Speis und Trank aufgetragen, worauf sich die

Beiden zum Essen niedersetzten und angeregt plauderten und becherten. Hanziwu *Han* schenkte seinem Gast Wein nach und behandelte ihn äußerst zuvorkommend, während den weiblichen Gästen von seiner Frau aufgewartet wurde. Nach Beendigung des Festmahls begab sich Yaregou mit seinen Frauen zurück aufs Schiff und befahl Tariqiwu *Han* alles Nötige für die Hochzeit vorzubereiten.

Nachdem sie am folgenden Morgen aufgestanden waren, wuschen sie sich auf dem Schiff, kämmten sich und waren lange Zeit vollauf beschäftigt; als alles vorbereitet war, waren auch die Wagen des Brautgeleitzuges und die Sänfte angekommen. In der Sänfte saß Hanzini *Dedou*, die von ihrer Schwägerin, von Dienerinnen und Mägden begleitet wurde. Xingtani, Aqini und Hua'rjini gingen ihnen zur Begrüßung entgegen und geleiteten sie auf das Schiff, wo man sich setzte. Dann führten sie Yaregou und Hanzini zu der Zeremonie des sich voreinander Verbeugens, worauf sie sich zu dem Festmahl begaben und zechten. Als die Tafel aufgehoben wurde, verabschiedeten sich diejenigen, die die Braut zum Bräutigam geleitet hatten und kehrten in die Stadt zurück. Nachdem man zwei oder drei Tage an jenem Ort geblieben war, sprach Xingtani zu ihrem Mann: „Wie mein Gemahl weiß, bin ich schwanger. Nun steht die Zeit der Geburt kurz bevor: ich muss noch heute nach Hause zurückkehren. Wie soll das Kind heißen, das ich bekommen werde?" Yaregou sprach: „Wenn es ein Sohn wird, dann soll ‚Ya' (吆) am Anfang stehen, ist es aber eine Tochter, dann soll deine Tante (Schwester des Vaters) den Namen wählen." Xingtani ermahnte ihren Mann eindringlich, umsichtig und überlegt zu handeln, und wandte sich dann an Aqini: „Alle Angelegenheiten des Gatten sind nun dir unterstellt, du darfst nicht von seiner Seite weichen! Wir beide sind wie Schwestern und leben seit vielen Jahren zusammen, so konntest du hören, was ich gesagt habe." Dann ermahnte sie die übrigen Gemahlinnen und die jüngere Schwester, worauf sie sich verabschiedete. Yaregou befahl Tariqiwu *Han* die Schiffe zu befehligen und mit Xingtani nach Hause zurückzukehren und ermahnte ihn: „Du sollst ihr treu dienen und dir nichts zuschulden kommen lassen. Falls dir Fehler unterlaufen, werde ich nach meiner Rückkehr deine Leiche in zehntausend Stücke zerschneiden. Wenn du dagegen aufrechten Sinnes handelst und alle Angelegenheiten angemessen erledigst, werde ich dich nicht nur freigiebig belohnen, sondern falls ich auf meinem Weg eine passende *Dedou* treffe, werde ich sie dir zur Frau bestimmen. Solltest du jetzt auf dem Heimweg auf übermächtige Feinde treffen, die die Schiffe kapern, so rufe nach mir in die Luft und ich werde kommen!" Dann verabschiedete er sich unter Tränen von seiner Frau. Yaregou zog mit den Seinen in die Stadt, wo sie weitere drei oder vier Tage blieben. Dann brach er auf, um nach Westen zu ziehen. Da Hanziwu *Han* sich nur schwer von ihm trennen konnte,

begleitete er ihn bis vor das Stadttor und sprach dann: „Falls du mich brauchen
solltest, so wende dich in meine Richtung und rufe meinen Namen; dann werde
ich, dein kleiner Bruder, dir sogleich zu Hilfe kommen!" Nach diesen Worten
schüttelte Yaregou ihm die Hand und nahm Abschied. Er wanderte über Berge
und Hügel und ertrug große Schwierigkeiten. Nachdem er mehr als einen Monat
ohne Unterbrechung gewandert war, kam er auf dem Nordufer des Sungari
wieder zu einer befestigten Stadt.

(12) Als Yaregou nur mehr etwa eine Meile von der Stadt entfernt war, hörte er,
dass in der Stadt Trommeln geschlagen wurden, worauf er sich wälzte (*fanshen*)
und sich in eine Biene verwandelte. Er flog in die Stadt, wo er sich auf das
Nordfenster eines großen Hauses setzte und hineinlugte. Dort sah er auf dem
Süd*kang* zwei *Mo'rgen*, auf dem Nord*kang* einen *Mo'rgen* und auf dem West*kang*
eine hübsche *Dedou* sitzen, während das Zimmer angefüllt war mit Personen, die
gerade für die Geister tanzten (*tiaoshen*) und aus dem Räucherwerk weissagten,
um etwas über Yaregou zu erfahren. Manche behaupteten, dass Yaregou totgeschlagen wurde, während andere meinten, dass Derenchu ihn mit dem fliegenden
Schwert getötet hätte. Als diese Auseinandersetzung nun gar nicht enden wollte,
sprach die auf dem West*kang* sitzende *Dedou*: „Der *Mo'rgen*, von dem ihr sprecht,
sitzt gerade vor dem Nordfenster!" Und schon hatte sie sich in einen *Kuoli*
verwandelt, der sich in die Lüfte erhob. In der Folge erschienen zwei oder drei
weitere *Dedou*, die sich zum Kampfe bereitmachten. Als Yaregou dies hörte,
nahm er wieder seine ursprüngliche Gestalt an und wollte gerade eintreten, als er
auf einen *Mo'rgen* traf, der niemand anderer war als der Stadtherr Forijiwu *Han*,
der Neffe (Enkel) des Foqiwu *Han*. Die beiden hielten sich erst gar nicht damit
auf, ihre Namen zu nennen, sondern begannen sich sofort zu schlagen. Nachdem
sie lange Zeit gekämpft hatten, hielt Yaregous Gegner nicht mehr stand und rief
dringend seinen Oheim (Mutterbruder) um Hilfe an. Wie ihn Yaregou um Hilfe
rufen hörte, packte er ihn schleunigst und schleuderte ihn zu Boden, wo er ihm
den Garaus machte. Die Brüder Forijiwu *Han* und Foqiwu *Han* kamen heraus
und als sie sahen, dass der Neffe schon tot war, stürzten sie sich auf Yaregou und
kämpften mit ihm, und erst nachdem sie einen ganzen Tag lang gekämpft hatten,
gelang es Yaregou auch sie zu töten.

Noch während sie kämpften, hörten er, wie ein *Kuoli* von Osten her geflogen
kam und heulend rief: „Mein Gemahl Yaregou höre, was ich zu sagen habe: Am
neunten Tage nach meiner Heimkehr habe ich um Mitternacht einen Sohn und
eine Tochter geboren, aber bald nach ihrer Geburt waren sie plötzlich verschwunden. Ich habe überall gesucht, aber nirgends eine Spur von ihnen gefunden. Weißt du, mein Gemahl, vielleicht etwas?" Zornig antwortete Yaregou:
„Wenn dir die Kinder abhanden kommen, so ist das deiner Nachlässigkeit

zuzuschreiben! Was kommst du da zu mir?! Geh und such' und wenn du sie nicht findest, wirst du nicht ungestraft davonkommen!" Nach einer Weile fügte er hinzu: „Meine jüngere Schwester kämpft im Norden. Geh zu ihr und sag ihr, dass sie dir bei der Suche helfen soll!" Nach diesen Worten flog Xingtani nach Norden, wo sie ihre Schwägerin mitten im Kampfe antraf. Xingtani fragte sie: „Schwester, in welcher Art und Weise kämpfst du?" Yakani antwortete: „Dieses Mädchen ist sehr gerissen. Ich wollte sie lebend fangen, aber es gelingt mir nicht." Xingtani sprach: „Dein Bruder hat viele Frauen, also mach schon und schlag das Mädelein tot!" Da schlug Yakani diesem Rat folgend jene *Dedou* auf den Grund des Meeres hinab und flog mit ihrer Schwägerin nach Norden.

Nachdem Yaregou alle Gegner getötet hatte, ging er in die Stadt, redete dem Volk gut zu und befahl den Bau von Schiffen, mit denen dieses sich in seiner eigenen Heimat ansiedeln sollte. Da er über achthundert Meilen auf dem Landweg zurückgelegt hatte und müde war, verweilte er mehrere Tage in der Stadt, bevor er wieder am Fluss entlang weiter nach Norden marschierte. Nachdem er fünf bis sechs Tage gegangen war, kam er zu einer befestigten Stadt, die so groß und ausgedehnt war, wie er bisher noch keine gesehen hatte. Als er nicht mehr weit von ihr entfernt war, bemerkte er auf der Ostseite der Stadt einen Baum, auf dem ein *Kuoli* saß. Als die Frau, die sich in den *Kuoli* verwandelt hatte, Yaregou kommen sah, flog sie in die Stadt und rief ihrem ältesten Bruder zu: „Der auf Erden wohlbekannte Yaregou steht vor den Mauern der Stadt; beeile dich, ihm jemanden zur Begrüßung entgegenzuschicken!" Die Herren der Stadt waren zwei Brüder: Der ältere hieß Hemi'rzhen, der jüngere Hami'rzhen und beide waren sie berühmte Persönlichkeiten. Der *Kuoli*, der auf dem Baume als Kundschafter gesessen war, war ihre jüngere Schwester Jie'rkeni *Dedou*, die noch nicht verlobt war. Als die Brüder die Nachricht ihrer Schwester empfingen, befahlen sie sogleich ihren Sklaven, mit der Sänfte für acht Träger Yaregou entgegenzugehen und ihn zu begrüßen. Ihren Frauen und den *Dedou* befahlen sie, die Gemahlinnen und die jüngere Schwester des Yaregou zu empfangen. Sie waren noch nicht weit gegangen, als sie auch schon auf Yaregou trafen und nachdem sie einige höfliche Redensarten gewechselt hatten, begab man sich gemeinsam in die Stadt.

(13) Nachdem sie in der Residenz der *Hane* angelangt waren, setzten sie sich und plauderten miteinander. Wie nun Yaregou bemerkte, dass Jie'rkeni sehr schön und geistvoll war, begehrte er sie zur Frau. Er kam mit Hemi'rzhen so nach und nach darauf zu sprechen, gemäß welcher Vorgaben dessen jüngere Schwester einer Hochzeit zustimmen würde: Durch Verlobungsgeschenke oder durch einen Wettkampf. Hemi'rzhen sprach: „Meine jüngere Schwester stimmt unter folgenden Bedingungen einer Hochzeit zu: Zum Ersten muss man sich mit meinem

jüngeren Bruder im Kampfe messen; wenn man diesen dreimal zu Boden ringt, so gilt man als Sieger. Zum Zweiten muss man sich *Shuokeshuoli*[17] an die Füße schnallen und vom Gipfel des Nordberges die mächtigen Felsblöcke hinauf und durch die Felsenhöhlungen hindurch zum Flussufer laufen. Wer dort als erster ankommt, der hat den Sieg errungen. Wer meinen jüngeren Bruder besiegt, dem geben wir unsere jüngere Schwester zur Frau." Nachdem Yaregou solches vernommen hatte, begab er sich mit Hami'rzhen zum Kampfplatz, wo er mit ihm seine Kräfte maß und Hami'rzhen dreimal zu Boden warf. Dann begaben sie sich zum Nordberg, schnallten die *Shuokeshuoli* an und begannen vom Gipfel aus loszurennen durch die Felsblöcke und die Felshöhlungen, und als Yaregou als erster am Flußufer ankam, hatte er Hami'rzhen an die zwanzig Meilen hinter sich gelassen. Die beiden kehrten zusammen zurück und berichteten, worauf Hemi'rzhen sprach: „Wenn er den Sieg davongetragen hat, so müssen wir unsere jüngere Schwester mit ihm verloben!" Nachdem sie zu Abend gegessen hatten, legten sie sich im Haupthaus zur Ruhe nieder und die ganze Nacht hindurch war nichts mehr zu hören. Nachdem am nächsten Tag Hemi'rzhen gewaschen und gekämmt war, befahl er den Sklaven und Dienern alles für die Vermählung vorzubereiten und ließ Yaregou sagen, dass die Hochzeit an dem Tag stattfinden sollte. Nach der Feier verweilte Yaregou noch mehr als zehn Tage in der Stadt und machte sich erst dann wieder auf den Weg.

Wo immer auch Xingtani und Yakani nach den Kindern suchten, sie fanden sie nicht. Schließlich kamen sie zu dem Shanji *Mafa* und der Shanji *Mama* auf dem Tiantai-Berg (*Tiantaishan*) und erfuhren nun erst, dass diese beiden Unsterblichen (*xianren*) die Kinder auf den Tiantai-Berg gebracht hatten, um sie zu erziehen und in den Kampfkünsten zu unterweisen. Der ältere Bruder hieß Yakawu, seine Schwester Yakaqini, sie übten beide auf dem Berge die Kampftechniken und waren – so schnell war die Zeit vergangen – schon sechzehn Jahre alt. Zu der Zeit kam Xingtani mit ihrer Schwägerin am Tiantai-Berg vorüber, trat in die Höhle von Shanji *Mafa* und *Mama* grüßte sie und fragte sie nach dem Aufenthaltsort der Kinder. Sogleich sagten die beiden Unsterblichen: „Ihr kommt zu fragen, wo die beiden Schätzchen abgeblieben sind, die ihr verloren habt und von denen ihr nicht wisst, wo sie sind; ihr habt überall zwei oder drei Mal gesucht, und doch werden Mutter und Kinder sich an einem Ort in nächster Nähe finden." Nach dieser Verlautbarung schwiegen sie. Die beiden Frauen aber wussten, dass in ihren Worten ein tieferer Sinn lag, worauf sie niederknieten und flehentlich darum baten, sie über ihren Irrtum aufzuklären. Da riefen die Unsterblichen in den rückwärtigen Teil der Höhle hinein, worauf sogleich ein Junge und ein

---

17 Vgl. S. 369, Anm. 1 (S. 469, Anm. 1) (OA).

Mädchen herbeikamen, die beide sechzehn oder siebzehn Jahre alt sowie anmutig und außergewöhnlich gut gebaut waren. Die alten Unsterblichen zeigten auf Xingtani und sagten zu ihnen: „Das ist eure Mutter!" Dann zeigten sie auf Yakani und sprachen: „Sie ist eure Tante!" Als die Beiden hörten, was die Unsterblichen ihnen sagen, war es, als würden sie aus einem Traum erwachen: Sie umarmten unentwegt ihre Mutter und Xingtani war ebenso froh und überrascht. Dann ließ sie die Kinder ihre Tante begrüßen.

(14) Shanji *Mafa* hatte eine Tochter, die siebzehn Jahre alt und eine außergewöhnliche Schönheit war. Sie hieß Shanjini *Dedou*. Sie hatte von klein auf mit Yakawu zusammen die Kampfkünste erlernt und die Zeit mit ihm verbracht. Sie hatten einander liebgewonnen und waren sich in der Beherrschung der Kampfkünste ebenbürtig. Für gewöhnlich fertigte sie für Yakawu Kleidung und andere Dinge an und wenn er auch nur leicht erkrankt war, blieb sie an seiner Seite, pflegte ihn und war Tag und Nacht bei ihm. Als der *Mafa* und die *Mama* sahen, wie sehr die Beiden aneinander hingen und wirklich schön und begabt und ein außergewöhnliches Paar waren, hatten sie schon früh die Absicht gefasst, sie beide zu verheiraten. Und da nun Xingtani auf der Suche nach ihren Kindern zu ihnen gekommen war, trugen der *Mafa* und die *Mama* ihr nun diesen Plan vor, über den Mutter und Sohn gleichermaßen erfreut waren; sie stimmten zu, worauf auf dem Tiantai-Berg ein glückverheißender Tag gewählt und Hochzeit gehalten wurde. Außerdem lebte hier noch ein junger Held, der Sohn des Jiegederu namens Jiegedewu. Auch er lernte bei dem *Mafa* die Kampfkünste. Er war gleich Yakawu schön und begabt und beide waren sie einander sehr zugetan. Xingtani fiel sein außergewöhnliches Wesen und seine herausragende Erscheinung auf und sie beschloss, ihre Tochter Yakaqini *Dedou* mit ihm zu verheiraten. Der junge Recke war darüber außer sich vor Freude, kehrte noch am gleichen Tag nach Hause zurück, um Vater und Mutter davon zu unterrichten, die diesen Entschluss in höchsten Tönen priesen. Da der *Mafa* sah, dass sie alle enge Verwandte geworden waren, sprach er zu Yakawu: „Nun kannst du den Berg hinabsteigen und Rache für deinen Großvater nehmen!"

Yakawu nahm diese Weisung entgegen und verabschiedete sich gemeinsam mit seiner Mutter, seiner Tante, seiner jüngeren Schwester und seinem Schwager von dem *Mafa* und der *Mama*, verließ den Berg und marschierte nach Westen. Unterwegs fragte er seine Mutter über seinen Vater aus und nachdem er erfahren hatte, dass auch dieser einen Rachefeldzug gegen den Westen unternommen hatte, wandte er sich gemeinsam mit Jiegedewu gen Westen, um Rache zu nehmen. Unterwegs unterhielten sich die Beiden angeregt und nachdem sie mehr als zehn Tage gegangen waren, erblickten sie vor sich in der Ferne eine große Stadt. Die Herren dieser Stadt aber waren niemand anderer als ihre Erbfeinde, die vier

Brüder Agedewu. Östlich der Stadt erhob sich ein Hügel, auf den die Beiden stiegen und in die Stadt spähten: Sie sahen, dass die Stadt dreifach von Wällen umschlossen war: Es schien so, dass die Äußere Stadt das Wohnquartier des Volkes war, die Innere Stadt die Residenzen und Sitze der Verwandten der einzelnen *Hane* und der verdienten Würdenträger umfasste und die Innerste Stadt die Verbotene Stadt[18] bildete, deren Paläste und Hallen großartig und majestätisch aufragten. Die Stadt war dicht bevölkert. Die Geschäftsstraßen waren sauber und ordentlich und sehr belebt. Nachdem die Beiden ziemlich lange regungslos auf die Stadt gestarrt hatten, fragte Jiegedewu: „Wie wollen wir vorgehen?" Yakawu antwortete: „Dieses ist die Hauptstadt eines Groß*han*s. Wir dürfen die Sache nicht auf die leichte Schulter nehmen sondern wir müssen uns einen Plan zurechtlegen und mit Bedacht vorgehen." Sie stiegen vom Hügel und gingen zu der Stadt. Sie hatten sie noch nicht erreicht, als vier *Mo'rgen* herauskamen, die alle von beeindruckender Statur waren. Nachdem sie Rede und Antwort gestanden hatten, wussten die Beiden, dass diese ihre Feinde, die Brüder Agedewu waren, worauf sie alle zu kämpfen begannen. Sie hatten noch nicht lange miteinander gekämpft, als von Westen her ein etwa zwanzig Jahre alter Recke kam und in den Kampf eingriff.[19] Yakawu fragte ihn: „*Mo'rgen*, wer bist du?" Jener antwortete: „Ich bin der Sohn des Yaregou!" Da wusste Yakawu, dass dieser sein älterer Bruder war und freute sich noch mehr; gemeinsam mit ihm kämpfte er nun gegen die Feinde und auch seine Mutter, seine Tante, seine Frau und seine jüngere Schwester stürzten sich auf die weiblichen Kämpferinnen der Feinde.

Die vier Brüder Agedewu waren bereits sechzig Jahre alt und ohne Nachkommen geblieben, weshalb ihnen nun nichts anderes übrigblieb, als selbst sich dem Kampf zu stellen: Aber wie hätten sie, alt und schwach wie sie waren, gegen die jungen Recken bestehen können? Da die vier Brüder mit der Zeit nichts mehr entgegenzusetzen hatten, hatten Yakawu und Jiegedewu binnen kurzem Agedewu und Aqiriwu erschlagen. Zur gleichen Zeit hatte auch der Jüngling, der sich als Sohn des Yaregou bezeichnet hatte, Zhuoluowu und Jia'ahuowu den Garaus gemacht, aber mit einem Mal war er verschwunden. Yakawu und sein Schwager gingen in die Stadt und befahlen den für die Stadt verantwortlichen Personen, ihnen binnen drei Tagen die Zahl der Einwohner der Stadt zu melden. Nachdem diese sich zurückgezogen hatten, gingen die Beiden in die Verbotene Stadt und

---

18 Im Text wird der Ausdruck *Zijincheng* 紫禁城, „Purpurne Verbotene Stadt", verwendet, der die Verbotene Stadt in Peking bezeichnet. Die Aufteilung der Stadt erinnert an den Stadtplan von Peking.

19 Dieser Jüngling ist eine Verwandlungsform des *Aimi*-Geistes des Yaregou (S. 471, Anm. 1) (OA).

begaben sich in die Residenz des *Han*. Als die Palastdamen die beiden *Mo'rgen* bemerkten, empfingen sie diese kniend am Tor des Palastes. Die Beiden kamen auf ihrem Rundgang zu einem verlassenen Palais und hörten jemanden seufzen. Yakawu trat mit seinem Schwager ein und erblickte einen alten Mann und eine alte Frau, denen man an den Füßen Fesseln befestigt hatte und die mit Hämmern die Felle von Wildschweinen und Bären klopften. Sie waren beide über neunzig Jahre alt. Als die Alten die Beiden hereinkommen sahen, sprachen und antworteten sie nichts, sie grüßten auch nicht. Als Yakawu den Greis mit der Peitsche auf den Kopf schlug, sprach dieser unter Tränen: „Mein Sohn soll vor zwanzig Jahren aufgebrochen sein, um hierher zu kommen, uns zwei alte Leute zu retten und Rache für die Schmach und Schande zu nehmen, und ich weiß nicht, warum er noch immer nicht hier ist. Wenn ich alter Mann nun noch geschlagen werde, so wird diese Feindseligkeit erst wer weiß wann gerächt werden!" Bei diesen Worten begann er lauthals zu weinen und seine Tränen flossen gleich einer Quelle.

(15) Durch diese Worte des Greises erfuhr Yakawu, dass auch er ein Feind von Agedewu war, weshalb er zu ihm sprach: „Auch wir sind Feinde von Agedewu und den Seinigen, deshalb werden wir euch kein Leid zufügen. Ihr habt gesagt, dass Euer Sohn bald kommen werde, um Rache zu nehmen; wer ist Euer Sohn?" Der Greis antwortete mit Tränen in den Augen: „Vor dreißig Jahren lebte ich auf dem Südufer des Sungari, wo ich eine Reihe von Städten regierte und einige Zeit Herrscher war. Dann aber wurde ich von dem Erbfeind Agedewu und seinen Brüdern besiegt und gefangengenommen, hier eingesperrt und auf jede erdenkliche Weise gedemütigt. So habe ich hier nun schon dreißig Jahre verbracht. Vor zwanzig Jahren habe ich gehört, dass mein Sohn Yaregou und meine Tochter Yakani sich aufgemacht haben, um hierher zu kommen, aber wer hätte gedacht, dass sie so lange brauchen." Als Yakawu den Greis die Namen seines Vaters und seiner Tante nennen hörte, wurde ihm klar, dass dieser alte Mann sein Großvater war! Freudig überrascht kniete er eilends vor ihm nieder und machte Kotau. Erstaunt fragte der Greis: „Wer bist du? Wenn du dich vor mir verbeugst, wie darf ich es wagen, den Gruß anzunehmen?" Gleichzeitig aber kniete auch Jiegedewu nieder. Yakawu hob den Kopf und sprach: „Ich bin der Sohn des Yaregou. Mein Vater ist unterwegs, aber noch nicht angekommen. Dies ist Jiegedewu; er ist der Mann der jüngeren Schwester Eures Enkels." Bei diesen Worten nahm Jiegedewu den beiden Alten die Fesseln ab, worauf sie diese aus der verlassenen Halle hinausführten und zu dem Palast des Agedewu brachten, wo sie sich setzten und von dem, was geschehen war, erzählten.

Während sie noch so sprachen kamen Xingtani, Yakani, Shanjini und Yakaqini herein. Sie kannten die beiden Alten nicht, aber nachdem Yakawu sie aufgeklärt hatte, entboten ihnen alle ihren Gruß. Als Yakani ihre Mutter wiedersah, da wogte es in ihrer Brust und sie begann lauthals zu heulen; erst als ihr alle gut zuredeten, hörte sie auf zu weinen. Yakawu verkündete, dass das Volk eilends Schiffe zu bauen habe, und nachdem man mehr als drei Monate lang eifrig gebaut hatte, waren die Schiffe fertig. Yakawu befahl nun, dass diese innerhalb von drei Tagen zu beladen seien und man dann ablegen solle. Anschließend bestimmte er, dass sein Schwager mit mehr als fünfhundert Segelschiffen nach der Heimat vorausfahren und das Volk zum Unterlauf des Sungari bringen solle, um es dort anzusiedeln. Yaregou brachte seine Großeltern als Erste zum Bug des Schiffes[20] und ließ sie dort Platz nehmen, dann erst bestieg er mit seiner Mutter, seiner Tante, seiner Frau und seiner jüngeren Schwester das Drachenschiff und fuhr an der Spitze von dreitausendsechshundert großen Schiffen den Fluss nach Osten hinab.

Yaregou hatte sich von Hemi'rzhen *Huotong* aus auf den Weg gemacht und marschierte gerade auf dem Nordufer des Flusses nach Westen, als er auf dem Fluss eine ungeheure Anzahl Schiffe kommen sah. Er wartete am Ufer auf sie. Als nach kurzer Zeit die Schiffe nahe heran waren, rief er: „Von woher kommen diese Schiffe. Teilt die Hälfte für mich ab!" Jiegedewu antwortete vom Schiff aus: „Unser Groß*han* folgt, stelle deine Forderung an ihn!" Nachdem Yaregou eine Weile gewartet hatte, stieg er auf einen Berg und hielt Ausschau und wirklich sah er von Westen her unzählige Schiffe kommen, sieben oder acht Mal so viele wie zuvor. Darunter befand sich ein Drachenschiff, dass imposant und majestätisch aussah. Yaregou ging zum Ufer und rief: „Überlasst mir auf der Stelle die Hälfte der Schiffe, sonst kommt ihr hier nicht vorbei!" Auf dem Drachenschiff stand ein Mann namens Jiewu'rdang, der ans Ufer sprang und mit Yaregou zu kämpfen begann. Ihm war aber schon bald klar, dass er dem Gegner nicht standhalten konnte, weshalb er eilends zurück aufs Schiff sprang und seinem Herrn Bericht erstattete. Nun sprang Yakawu selbst ans Ufer und begann mit Yaregou zu kämpfen und auch nach über hundertzehn Runden war noch nichts entschieden. Zu dieser Zeit hielt Xingtani gerade ihren Mittagsschlaf in der Kajüte des Drachenbootes, als sie von ihrer Schwiegertochter Shanjini geweckt wurde, die ihr meldete, dass ihr Sohn mit jemandem kämpfe. Xingtani blickte aus dem Fenster und sah, dass der *Mo'rgen*, der mit Yakawu kämpfte, niemand anderer als ihr Mann war! Da stieg sie mit Tante und Frau des Sohns aufs Ufer, ging zu ihrem Gemahl und sprach: „Wie kannst du, ohne dich genau zu erkundigen, mit deinem Sohn einen Kampf beginnen?!" Als die beiden Kämpfer dies hörten, ließen sie einander sofort los, Yakawu trat vor seinen Vater und entbot ihm seinen Gruß, worauf sie sich gemeinsam auf das Schiff begaben und er seinem Vater erzählte,

---

20 *Chuanding* (船頂): Spitze des Schiffes.

wie er Agedewu besiegt hatte. Yaregou ging zu seinen Eltern und begrüßte sie, worauf sie froh und glücklich auf dem Schiff vereint waren. Erst nach über einem Monat erreichten sie die Heimat, wo sie den Palast und die Stadtbefestigungen wiederherstellten, das Volk ansiedelten und sich selbst zu *Hanen* ausriefen. Sie waren weithin berühmt und niemand wagte es, sich gegen sie zu erheben.

10. Xiregou

(1) Xireka *Huotong* lag an die hundertzwanzig Meilen westlich von Futing *Huotong*[1]. In jenen Tagen als Xiremulu *Han* von dieser Stadt Besitz ergriff, lag östlich davon Ka'rkuma *Gashen* [Dorf]. Dort traf er Lamutuni *Dedou* und die beiden wurden ein Herz und eine Seele und vermählten sich. Lamutuni war ungewöhnlich begabt, sie beherrschte die Schamanenkunst und konnte alle erdenklichen Verwandlungsformen annehmen. Er unternahm mit seiner Frau einen Feldzug gegen die Stämme im Norden und besiegte den Stadtherrn von Kendeng *Huotong*, Kendeng *Han*, dessen Bruder Kandeng *Ezhen* sowie deren jüngere Schwester Kendengni *Dedou*. Nach seinem Sieg ging er mit seiner Frau in die Stadt Kendeng und eignete sich die Einwohner derselben, deren Vieh und die Nahrungsmittel sowie weitere Güter an – die Beute machte insgesamt etwa dreitausend Schiffe aus – um dann im Triumph in die Heimat zurückzukehren. In Xireka *Huotong* angekommen ordnete er umfangreiche Bauarbeiten an und errichtete Palasthallen, die einen imposanten Anblick boten. Er rief sich zum Xiremulu *Han* aus und ernannte neun Beamte, darunter *Zhushen Zhangjing* und *Batulu*[2], welche die Verwaltung besorgten. Seine Frau gebar ihm drei Söhne, deren ältester Xireqiu, der mittlere Xireqiao und der jüngste Xiregou hieß. Nach seiner Niederlage war Kendeng *Han* mit seinen Geschwistern nach Norden geflohen. Als Xiremulu *Han* nach Süden abzog, kehrten die Drei nacheinander wieder zurück. Am Stadttor trafen sie auf ihren *Zhushen Zhangjing* Meirente, der seinen Herrn suchen wollte. Als die Vier einander erblickten, weinten und seufzten sie eine Zeit lang. Gemeinsam gingen sie nachsehen und fanden, dass die gesamte Stadtbevölkerung in die Gefangenschaft geführt worden war. Die Residenz fanden sie leergeplündert. Herren und Diener, diese Vier, knirschten mit den Zähnen, zeigten nach Südosten und schworen: „Wenn wir dafür nicht Rache nehmen, dürfen wir uns nicht länger als Recken (*haohan*) bezeichnen!"

(2) Nachdem dieses Unglück über Kendeng *Huotong* hereingebrochen war, übte sich Kendeng *Han* mit seinem jüngeren Bruder Kandeng *Ezhen* täglich im Bogenschießen. Nach mehr als zehn Jahren waren Kendeng *Han* und Kandeng *Ezhen* zu starken und tapferen Männern mit außergewöhnlichen Körperkräften herangewachsen. Kandeng *Ezhen* war ein Meisterschütze, der sein Ziel niemals

---

1 Im Westen des Kreises Fujin in der heutigen Provinz Jilin. Mehr als zehn Meilen von der Kreishauptstadt entfernt befindet sich ein kleiner Erdwall, der das Futing *Huotong* der Hezhe bezeichnet (S. 348, Anm. 2; S. 473, Anm. 2) (OA).

2 *Batulu*, Mandschu: baturu von mongolisch baɣatur, „tapfer; Tapferer, Held; Tapferkeit".

verfehlte. Die Brüder unterwarfen sodann mehrere in der Nähe liegende Städte und Weiler. Kendeng *Han* nahm Na'rhuoni *Dedou* zur Frau, welche die Schamanenkunst beherrschte. Kandeng *Ezhen* vermählte sich mit Chaketeni *Dedou*, die sehr gefährlich war, da sie alles, ganz gleich, um was es sich auch handelte, ohne Orakel im Voraus wusste. Eines Tages gab Kendeng *Han* ein Festmahl, zu dem er alle seine Beamten, insgesamt sechs Personen, lud: den *Zhushen Zhangjing* Meirente und dessen Frau Kaqini, den *Batulu* Keshanlian mit seiner Frau Degedeni und den *Anbang*-Beamten Long'rbu mit seiner Frau Enengge. Kendeng *Han* ließ die Männer und Frauen getrennt an zwei Tischen Platz nehmen, schenkte selbst den Branntwein ein und prostete den Gästen zu. Nach mehreren Runden Wein sprach Kendeng *Han* zu den Versammelten: „In meiner und meines Bruders Kindheit wurde unsere Stadt von Xiremulu *Han* zerstört und vernichtet. Diese Schmach ist unvergessen und muss gerächt werden! Mein Bruder und ich haben beschlossen, in den nächsten Tagen aufzubrechen. Die Aufsicht über die Stadt wird *Zhushen Zhangjing* Meirente anvertraut." Die Versammelten antworteten wie aus einem Munde: „Wie könnten wir Eurem Befehl nicht Folge leisten! Der *Ezhen Han* möge unbesorgt ausziehen!" Eine *Dedou* erhob sich und sprach: „Wenn der *Ezhen Han* bereit ist, Sklaven auf seinem Zug gegen den Feind mitzunehmen, so möchte ich Euch unbedingt zu Diensten sein!" Die Frau, die so sprach, war Kaqini, die Gemahlin des *Zhangjing*. Kendeng *Han* antwortete: „Meine und meines Bruder Kräfte reichen aus, den Feind zu schlagen. Ich bitte euch alle, hier zu bleiben und die Stadt zu schützen!" Kendeng *Han* forderte am folgenden Tage Kandeng *Ezhen* auf, Pfeil und Bogen, Lanze und Schwert sowie alle benötigten Dinge bereitzulegen und den Aufbruch vorzubereiten. Als Meirente, Keshanlian und Long'rbu sowie deren Frauen erfuhren, dass der Groß*han* aufbrechen wolle, fanden sie sich in der Residenz ein und veranstalteten ein Abschiedsessen. Kendeng *Han* und Kandeng *Ezhen* nahmen von den Anwesenden Abschied und machten sich auf den Weg, wobei ihnen der *Zhangjing* mit den übrigen Personen noch zehn Meilen weit das Geleit gab.

(3) Etwa 50 Meilen westlich von Xiregou *Huotong*[3] befand sich ein großes *Amukang*[4]. Nicht weit östlich davon, so hieß es, tauche häufig ein Einhorndrache (*dujuelong*) auf, der seit langem in diesem *Amukang* wohnte und zuvor niemanden belästigt habe. Im sechsten Sommermonat im 35. Jahr der Regierung des Xiremulu *Han* taten sich fünf Fischer aus Xireka *Huotong* zusammen und fuhren mit ihren Booten, Netzen und Fischgabeln in den *Amukang* des Einhorndrachens

---

3   Vermutlich Druckfehler, richtig: Xireka *Huotong*.
4   Hezhe: *amək'ɔ* (S. 687): Eine Stelle mit einer ausgedehnten Wasserfläche (S. 475, Anm. 1) (OA).

ein. Als sie dort von ihren Booten aus sahen, dass in dem *Amukang* alle Arten
von Fischen schwammen, breiteten sie ihre Netze aus, um dort zu fischen. Sobald
sie sich mit ihren *Temoteken*[5] dem *Amukang* näherten, stiegen in dessen Mitte
zahllose Wasserblasen auf, die sogleich die Boote umgaben. Alle Boote versanken
und keiner der Fischer entkam.

Als nach drei bis fünf Tagen die fünf Fischer noch immer nicht zurückgekehrt
waren, baten deren Familien fünf Verwandte und Freunde sie zu suchen. Diese
Fünf fuhren mit ihren *Wumi Richen*[6] zu dem *Amukang* und fuhren nacheinander
in diesen ein. Bald darauf war das erste Boot mit seinem Besitzer versunken. Als
ihm das zweite Boot zu Hilfe eilte, versank es gleichfalls. Da in so kurzer Zeit
zwei Boote versanken, getraute sich der dritte Ruderer nicht mehr zu Hilfe zu
eilen, wendete auf der Stelle und eilte zurück. Auch die beiden anderen verließen
so schnell sie konnten die Stelle, in der Furcht von dem Ungeheuer im *Amukang*
ins Wasser gezogen zu werden. Sobald die Fischer wieder das Ufer erreicht hatten,
hielten sie sorgfältig Ausschau nach dem geheimnisvollen Wesen im *Amukang*.
Sie sahen, wie ein etwa fünfzehn Klafter langes, rabenschwarzes Ungeheuer mit
einem gewaltigen Maul und einem Horn auf der Wasseroberfläche auftauchte.
Bei diesem Anblick erschraken die drei Fischer zu Tode und rannten nach Hause.
Dort erzählten sie allen davon und eilten dann zur Residenz des *Han*, um
Xiremulu *Han* Bericht zu erstatteten.

(4) Nachdem Xiremulu *Han* ihren Bericht angehört hatte, überlegte er: ‚Der
frühere Herrscher hat einst erzählt, dass sich in jenem *Amukang* häufig ein
Einhorndrache zeige. Sicherlich ist es dieses Wesen, das dort sein Unwesen
treibt.‘ Er wandte sich an die Fischer: „Da dieses Ungeheuer den Menschen
gefährlich wird, kann ich als *Han* mit ihm keinesfalls Nachsicht haben!" Er befahl
den *Batulu* Birkenrinde[7] zu besorgen. Die diensthabenden *Batulu* wagten natürlich
nicht, säumig zu sein und riefen eine Menge Leute zusammen, um am Flussufer
Birkenrinde zu schälen. Nachdem Birkenrindenboote gebaut waren, nahm
Xiremulu *Han* sieben oder acht *Batulu* mit, ließ die Fischer sie führen und eilte zu
dem *Amukang* des Einhorndrachens. Dort befahl er den *Batulu*, Baumäste zu
holen und Feuer zu machen, und nachdem die Birkenrinde angezündet worden
war, schleuderte man sie in die Mitte des *Amukang*. Ein Stück nach dem anderen
wurde entzündet und man konnte sehen, wie die brennende Rinde von dem
Einhorndrachen eingesogen wurde. Bald darauf wurden in der Mitte des

---

5   Hezhe: *tʼəmtkʼiŋ, tʼəmtʃʼən* (S. 689): Kleine Boote die aus drei Planken angefertigt werden. Sie
    fassen entweder drei bis fünf oder sieben bis acht Personen (S. 475, Anm. 2) (OA).

6   Aus Birkenrinde hergestelltes Boot, das leicht, schnell und wendig ist und vier bis fünf
    Personen aufnehmen kann (S. 299, Anm. 1; S. 475, Anm. 3) (OA).

7   *Baihuashupi* 白樺樹皮: Rinde der Mandschurischen Birke (Betula mandschurica [Rgl.] Nakai).

Amukang silberweiße Dinge (*dongxi*) ausgespien und nach einiger Zeit trieb der Einhorndrache mit dem weißen Bauch nach oben im Wasser: Er war verendet, weil er eine große Menge brennender Birkenrinde eingesaugt hatte. Als Xiremulu *Han* sah, dass der Drache verendet war, befahl er den *Batulu*, den *Wuhexin*[8] und dem *Gulun*[9], ihm *Machisawugu*[10] und *Yi'rdehe Gurechaka*[11] umzulegen und ihn an Land zu ziehen.

(5) Xiremulu *Han* befahl den *Batulu* und mehr als dreihundert Leuten aus dem Volke, den Einhorndrachen an Land zu ziehen, ließ dann dessen Maul aufsperren und stellte ihn zur Schau. Als Xiremulu *Han* in seine Residenz zurückgekehrt war, erzählte er seiner Frau, wie er den Drachen verbrannt habe, worüber diese sehr verwundert war. Bald nachdem sie zu Abend gegessen hatten, legten sie sich schlafen. Um Mitternacht träumte Xiremulu *Han*, dass aus der Mitte des *Amukang* ein Hüne mit rotem Gesicht hervorkam und zu ihm sprach: „Du hast den Leibwächter des Drachenkönigs mit Feuer getötet! Ich habe daher den Befehl erhalten, dich zu ergreifen!" Bei diesen Worten fesselte er den *Han* mit eisernen Ketten und zerrte ihn ins Wasser. Laut aufschreiend schreckte Xiremulu *Han* hoch und bemerkte erst jetzt, dass alles nur ein Traum gewesen war. Er war in Schweiß gebadet. Seine Frau war infolge seines Schreis ebenfalls aus dem Schlaf aufgeschreckt und fragte ihren Gemahl, was denn los war, worauf dieser sagte: „Mein Traum verheißt nichts Gutes, es wird großes Unheil geschehen!" Seine Frau redete ihm gut zu: „Warum sollst du dir unnötig Gedanken wegen dieses Traumes machen?"

Am folgenden Tag kam nach dem Frühstück plötzlich ein berittener Späher in die Stadt und meldete: „Kendeng *Han* und Kandeng *Ezhen* kommen mit Truppen, um Rache zu nehmen und sind nicht mehr weit von der Stadt entfernt!" Xiremulu *Han* und seine Frau waren nun schon 50 Jahre alt und ihre Schamanenkraft hatte schon sehr abgenommen. Ihre drei Söhne aber waren noch nicht erwachsen und konnten nicht in den Kampf ziehen. Obwohl der *Han* sehr in Sorge war, blieb ihm nichts anderes übrig, als sich darauf vorzubereiten, dem Feind entgegenzutreten. Bald schon kam neuerlich der berittene Kundschafter und meldete: „Zwei Männer sind vor der Stadt angekommen!" Nun legte Xire-

---

8 Hezhe: *uhəʃin* (S. 680): Soldaten (S. 476, Anm. 1) (OA).

9 Hezhe: *kurun*: Volk (S. 476, Anm. 2) (OA). – Mandschu: gurun, „Land", „Reich", „Staat".

10 Hezhe: *maʈisauku* (S. 689): Seil aus Lederstreifen. Man verwendet dafür Bären-, Wildschwein-, Reh- und Hirschleder. Es ist etwa fünf bis zehn Klafter lang und etwa ein Zoll dick (S. 476, Anm. 3) (OA).

11 Hezhe: *irtəhə kərətʃak'a* (S. 686): Ein Seil aus Baumrinde. Es wird hergestellt, indem man Rinde von einer Linde schält und in Wasser einweicht. Im Sommer liegt sie einen halben Monat im Wasser und kann dann zu Seilen verarbeitet werden, die weich und elastisch sind. Diese Seile sind über einen Zoll dick (S. 476, Anm. 4) (OA).

mulu *Han* die Rüstung an, stieg aufs Pferd und ritt vor die Stadt und dem Feind entgegen, wobei ihm die *Batulu* folgten. Währenddessen begann sich in der Stadt lautes Stimmengewirr zu erheben und die Frau des *Han* übergab ihre drei Söhne dem *Zhushen Zhangjing* mit den Worten: „Wir müssen gegen den Feind ziehen; falls etwas Unvorhergesehenes geschieht, so versuche unter allen Umständen meine Söhne fortzubringen und mit ihnen dem Unheil zu entrinnen!"

Als Xiremulu *Han* vor das Stadttor kam, erblickte er Kendeng *Han* und seinen Bruder, die dort auf ihn warteten. Er wollte gerade einige Worte an sie richten, als plötzlich das Brummen einer Bogensehne zu hören war: Ein Ausweichen war unmöglich, Kendeng *Ezhens* nie das Ziel verfehlender Pfeil fuhr ihm in die Kehle, worauf er vom Pferd stürzte und verstarb. Wie nun seine Frau Lamutuni mitansehen musste, wie ihr Mann erschossen wurde, drehte sie sich um (*zhuanshen*) und verwandelte sich in einen *Kuoli*; sie erhob sich in die Lüfte und beschimpfte den Kendeng *Han*: „Wenn du ein Held und ordentlicher Kerl bist, so bleib stehn und rühr' dich nicht!" Kendeng *Han* nahm seine Mütze ab und blieb unbeweglich stehen und erwartete so den Angriff der Lamutuni. Plötzlich aber kamen unter Füßen des Kendeng *Han* drei *Kuoli* hervor, nämlich die drei *Dedou* Kendengni, Chaketeni und Na'rhuoni.

Lamutuni kämpfte in den Lüften mit Kendengni, Chaketeni und Na'rhuoni, aber der Kampf blieb unentschieden. Nach drei Tagen und drei Nächten kamen sie auf dem Nordberg an. Da plante Chaketeni die Lamutuni in eine Felsenhöhle zu drängen, um weitere Schläge zu vermeiden. Sie gab Kendengni und Na'rhuoni heimlich Zeichen mit den Augen, nahm all ihre Kraft zusammen und griff an. Lamutuni wurde gegen den Eingang der Berghöhle gedrängt und hineingestoßen, worauf ihre Gegnerinnen die Öffnung mit einem Stein verschlossen. Kendeng *Han* und Kandeng *Ezhen* sahen, dass Xiremulu *Han* tot war und die *Batulu*, die ihm gefolgt waren, niederknieten und sich ergaben. Als Kendeng *Han* bemerkte, dass sie sich ehrlichen Sinnes unterwarfen, fügte er ihnen kein Leid zu, sondern forderte sie auf, ihn in die Stadt zu führen. Das Volk kam herbei und empfing sie, indem es zu beiden Seiten des Weges kniete, worauf Kendeng *Han* die Leute beruhigte und sich in die Residenz des *Han* begab, um sich auszuruhen.

Zu dieser Zeit waren der älteste Sohn Xireqiu, der mittlere Sohn Xireqiao und der jüngste Sohn Xiregou des Xiremulu *Han* erst vierzehn oder fünfzehn Jahre alt: Sie waren noch völlig unerfahren. Sie folgten dem *Zhushen Zhangjing*, mischten sich unter das Volk und begaben sich mit diesem vor das Stadttor, worauf sie sich in östlicher Richtung entfernten. Als sich die Sonne im Westen senkte, kamen sie zu einer Hütte mit zwei Räumen, und als sie eintraten, fanden sie dort einen *Mafa* und eine *Mama*. Der *Mafa* fragte sie, woher sie kämen, worauf der *Zhushen Zhangjing* erzählte, wie Xiremulu *Han* durch Kandeng *Ezhen* zu Tode gekommen war. Da sprach der *Mafa*: „Es ist wirklich schade, dass ein solch trefflicher Held zu guter Letzt durch einen Pfeil getötet wird. Diese drei Kinder sind *Ene Zhuzi*[12] welcher Familie?" Der *Zhushen Zhangjing* antwortete: „Es sind die Söhne des Xiremulu *Han*!" „Diese drei Prinzen sind nicht von gewöhnlicher Art," sprach der *Mafa*, „eines Tages werden sie dem Vater als *Hane* nachfolgen!" Dieser *Mafa* hieß Ma'rtao *Mafa*. Er hatte nur eine Tochter namens Ma'rtani *Dedou*, die sechzehn Jahre alt war. Noch während sie miteinander redeten, kam diese *Furileketu*[13] *Dedou* herein. Die drei Prinzen betrachteten sie aufmerksam, und der älteste Prinz Xireqiu empfand sogleich große Zuneigung zu ihr, da sie beide in etwa gleich alt waren. Auch Ma'rtani betrachtete Xireqiu eingehend und die beiden jungen Leute fassten in ihren Herzen große Zuneigung füreinander. Ma'rtao *Mafa* befahl seiner Tochter, den *Zhushen Zhangjing* und die drei Prinzen zu grüßen und zum Empfang einen Imbiss mit Wein aufzutragen. Schon nach kurzer Zeit stand das Essen bereit, der *Mafa* trank mit dem *Zhushen Zhangjing* Wein und erst bei Sonnenuntergang hob man die Tafel auf. Der *Mafa* aber lud den *Zhushen Zhangjing* und die drei Prinzen ein, fürs Erste bei ihm zu bleiben.

(7)[14] Nachdem Kendeng *Han* und Kandeng *Ezhen* in Xireka *Huotong* einmarschiert waren, erließen sie Befehle, die das Volk beruhigen sollten. Sie ordneten zudem an, dass man Schweine und Schafe schlachte und jeder Haushalt ein Stück Fleisch erhalte. Dann ließen sie verkünden, dass die zwölf Familien der *Bayan Mafa* nach Kendeng *Huotong* umziehen müssten. Während dies verkündet wurde, kamen auch Kendengni, Chaketeni und Na'rhuoni in der Residenz an, wo Kendeng *Han* ein Fest gab, um sie für ihren Einsatz zu belohnen. Während des Banketts berieten sie darüber, was mit den Bewohnern der erbeuteten Stadt geschehen solle. Kandeng *Ezhen* meinte dazu: „Die Bewohner dieser Stadt sind doch eigentlich die Untertanen unseres früheren *Han*, die damals von Xiremulu *Han* verschleppt wurden. Nun aber gehört die Stadt uns und wir sollten das Volk unseres früheren *Han* in die alte Heimat zurückführen!" Alle stimmten diesem Vorschlag zu, worauf den *Bayan Mafa* befohlen wurde, den Bau von Schiffen zu beaufsichtigen und die gesamte Einwohnerschaft der Stadt umzusiedeln.

Xireqiu und seine Brüder hatten im Hause des Ma'rtao *Mafa* Zuflucht gefunden und da die beiden Alten sie sehr gern hatten, behandelten sie diese wie ihre eigenen Söhne. Der älteste Prinz war inzwischen achtzehn Jahre alt

---

12 Hezhe: ᴣɪə tsuᶘi (S. 688): Bezeichnung für Kinder anderer Leute (S. 478, Anm. 2) (OA).

13 Hezhe: furiləkt'u tətu (S. 692): So werden von den Hezhe Mädchen genannt, die bereits erwachsen sind und deren Haar über einen Fuß lang geworden ist, worauf sie sich verheiraten können (S. 397, Anm. 2; S. 478, Anm. 3) (OA).

14 Die Abschnittnummer 6 fehlt im Text. Da der Text aber keine Fehlstellen aufweist, dürfte es sich um einen Irrtum in der Zählung der Abschnitte handeln; s. Ling S. 476-478.

geworden, weshalb Ma'rtao *Mafa* zu dem *Zhushen Zhangjing* sagte: „Ich sehe, dass Xireqiu aufrecht und ehrlich ist und eines Tages die Pläne seines Vaters weiterführen wird. Ich würde ihm daher gerne meine Tochter zur Frau geben." Hocherfreut antwortete der *Zhushen Zhangjing*: „Etwas Besseres könnte man sich ja gar nicht wünschen!" Er rief Xireqiu zu sich und sprach: „Der *Mafa* hat die Absicht, dir die *Dedou* zur Frau zu geben." Als Xireqiu dies hörte, dankte er dem *Mafa* und der *Mama* für diese Gunst und seine Brüder freuten sich mit ihm. Die Hochzeit legte man für den folgenden Tag fest. Am frühen Morgen führte der *Zhushen Zhangjing* Xireqiu zur linken Seite, die *Mama* führte Ma'rtani zur rechten Seite, während Ma'rtao *Mafa* die Hochzeitszeremonie leitete. So wurden Xireqiu und Ma'rtani ein sich liebendes Ehepaar.

Vom Tage der Vermählung an behandelte Ma'rtani die *Yinan*[15] Xireqiao und Xiregou wie ihre eigenen Brüder. Wenn die *Yinan* zur Essenszeit noch nicht nach Hause zurückgekehrt waren, so wurde ihre Rückkehr abgewartet und dann erst mit dem Essen begonnen. Ihre beiden *Yinan* waren ihr dafür so dankbar, dass sie dabei noch leibliche Geschwister übertrafen. Die drei Brüder verabredeten, den *Zhushen Zhangjing* zu bitten, nach Xireka *Huotong* zurückzukehren, um die Leiche des Xiremulu *Han* zu suchen, sie einzusargen und zu bestatten. Xiregou war zu dieser Zeit sechzehn Jahre alt geworden: Er war unvergleichlich klug, verfügte über außergewöhnliche Kräfte, war gut gebaut und hatte einen vortrefflichen Charakter. Jede Nacht sah er im Traum einen *Mafa* mit weißem Haar, der ihn in den magischen Künsten der Schamanen, der *Bo'rbuken Aimi*[16], der *Bu'engu Aimi*[17] sowie der *Zile Salaka*[18] unterwies. Weiters lehrte er ihn Kampftechniken wie die tanzende Lanze (*wuqiang*) oder den Schuß auf den Adler (*shediao*)[19]. Xiregou verstand sehr gut, dass die im Traum empfangenen Belehrungen unbedingt geheim zu halten waren und fürchtete, dass ihre Wirkung verloren ginge, wenn er darüber sprechen würde; darauf hatte ihn auch der weißhaarige *Mafa* hingewiesen.

---

15 Hezhe: *inɛ* (S. 686): Leiblicher jüngerer Bruder des Ehemannes (S. 479, Anm. 1) (OA).
16 Hezhe: *pɔrpukʼɔŋ ɛmi* (Ling S. 690); Ling S. 113: Name von Geistern (S. 479, Anm. 2) (OA). Vgl. Richtsfeld 1996, 56 nach Ling S. 113.
17 Hezhe: S. 113: S. 682: *punku ɛmi*: Name von Geistern (S. 479, Anm. 3) (OA). Vgl. Richtsfeld 1996, 57–58, nach Ling S. 113.
18 Hezhe: S. 691: *sǝlǝ sarǝkʼɑ*. Zile bedeutet „Eisen", *Salaka* bezeichnet eine Geisterart, denen die Hezhe Opfer darbringen (S. 356, Anm. 2; S. 479, Anm. 4) (OA). – Vgl Richtsfeld 1996, 58 nach Ling S. 113. – Zur Erklärung des Namens auf S. 691 schreibt Ling, dass dies „kleine, aus Eisen gegossene Geister[figuren]" seien; vgl. dazu Richtsfeld ebda.: Anm. 14.
19 Der Adler (*diao* 鵰) ist ein Vogel des Nordens. Die Bewohner des Gebietes jenseits der großen Mauer nennen einen guten Schützen einen „Adlerschützen" (*Shediaoshou*). Sie schnitzen aus Holz eine Adlerfigur und bezeichnen die Übung dann „auf den Adler schießen". Dies ist eine der Methoden, sich im Schießen mit Pfeil und Bogen zu üben (S. 479, Anm. 5) (OA).

Er sah den *Mafa* drei Nächte hintereinander. Als er in der dritten Nacht mit der Lanze tanzte, machte er nicht den geringsten Fehler, und als er dann den Adler aufstellte und mit dem Bogen seines großen Bruders schoss, war jeder Schuss ein Treffer.

(8) Xiregou war soeben damit beschäftigt, sich vor dem Tor im Schießen auf den Adler zu üben, als plötzlich in südwestlicher Richtung dichte Staubschwaden aufwirbelten und neun Reiter herangaloppiert kamen. Xiregou war jung und neugierig, weshalb er einen der Reiter fragte: „Ihr *Mo'rgen*, wollt ihr mir nicht sagen, warum ihr es so eilig habt und wohin ihr wollt?" Da zeigte der Reiter mit der Peitsche auf ihn und schimpfte: „Wir sind in einer eiligen Angelegenheit unterwegs. Warum also sollten wir mit einem *Yishikuli*[20] reden!" Dann schwang er die Peitsche und galoppierte weiter. Der Schlussreiter, der ein gelbes Pferd ritt, sprach zu Xiregou: „*Newu Ahongdou*[21], bitte nimm's nicht übel! Unser Vorreiter ist ein grober Klotz!" Und mit diesen Worten schwang auch er die Peitsche und eilte weiter. Xiregou aber war wie ein Tölpel behandelt worden und wurde darüber wütend, weshalb er sich alleine an ihre Fersen heftete und ihnen auf der großen Straße nacheilte. Nachdem er einen Tag lang gelaufen war und die Sonne bereits am Untergehen war, erreichte er ein großes Dorf. Dieses Dorf war dicht besiedelt und grenzte auf seiner Nordseite an einen breiten Fluss. Dort hatten am Ufer zahlreiche Segelschiffe angelegt, zahllose weiße Zelte waren aufgeschlagen und es herrschte ein ständiges Kommen und Gehen. Als Xiregou am Ufer entlang spazierte und sich umsah, traf er auf einen Mafa und fragte ihn: „Warum haben sich bei diesem Dorf so viele Leute versammelt?" Der *Mafa* antwortete ihm: „Der hiesige *Gashen Ezhen*[22] ist Hanziwu *Mo'rgen*, seine leibliche jüngere Schwester heißt Handenihatala und verfügt über große Fähigkeiten. Sie ist in diesem Jahr neunzehn Jahre alt geworden und ihr Bruder ist der Meinung, dass sie sich nun vermählen soll, weshalb er durch Wettkämpfe für sie einen Bräutigam ermitteln will. Der Gewinner wird sie zur Frau bekommen. Aus diesem Anlass sind viele *Mo'rgen* gekommen, um am Wettkampf teilzunehmen."

(9) Xiregou ging zum Fluss, um sich die dort liegenden Schiffe anzusehen. Es fiel ihm ein großes Schiff auf, aus dessen Kajüte ein Hüne trat, der zirka acht Fuß groß und von beeindruckender Statur war. Er trug einen grauen Mantel aus Seide,

---

20 Hezhe: *ifikʻuli* (S. 686): Kindchen, Knäblein; hat die Bedeutung von „winzig", „klein" (S. 479, Anm. 7) (OA).

21 Hezhe: *nəu ahɔdəu. Newu* bedeutet eigentlich „jüngerer Bruder" [Mandschu: deo ?], hier aber „klein"; *Newu Ahongdou* ist eine Anrede für Kinder und sehr junge Personen und heißt soviel wie kleiner Bruder (S. 480, Anm. 1) (OA).

22 Hezhe: *gaʃɛ ʒɪʃən* od. *ɲəɲʃən* (S. 691, S. 693): Dorfschulze (S. 480, Anm. 2) (OA). – Mandschu: gaśan ejen, gleichbedeutend mit gaśan-i da, „Dorfschulze", „Dorfvorsteher".

der mit sich ringelnden Drachen gemustert war. Als er Xiregou bemerkte, sagte
er zu ihm: „Darf ich erfahren, wo die Familie des *Mo'rgen* lebt? Bitte beehrt mein
minderwertiges Schiff mit Eurem Besuch und lasst uns zusammen plaudern." Da
er dreimal aufgefordert wurde, stieg Xiregou in das Schiff. In der Kajüte war ein
Tisch mit einem Festmahl aufgestellt, an dem zwei Frauen saßen. Diejenige von
ihnen, die zirka zwanzig Jahre alt war, war die Gemahlin des Hünen, das Mädchen
war seine jüngere Schwester. Der Mann, der Xiregou eingeladen hatte, aufs Schiff
zu kommen, hieß Muduli *Mo'rgen* und verfügte über große Fähigkeiten. Als ihm
zu Ohren kam, dass Handenihatala ihren Ehegemahl durch einen Wettkampf
ermitteln wolle, war er mit seiner Frau Jieredeni und seiner jüngeren Schwester
Duruduni auf seinem Schiff hierhergefahren. In der vorhergehenden Nacht hatte
Duruduni geträumt, dass ein Tiger sich auf sie stürze, und hatte vor Schreck zu
schreien begonnen. Dadurch waren Muduli und seine Frau aus dem Schlaf
gerissen worden und als sie erschrocken nachfragten, erfuhren sie, dass die
jüngere Schwester im Traum einen Tiger gesehen hatte und deshalb geschrien
habe. Muduli dachte dabei: ‚Wenn sie im Traum einen Tiger gesehen hat, wird
morgen sicher ein werter Gast kommen.'

Als er nun am folgenden Tage Xiregou sah, der am Ufer auf und ab ging, und
bemerkte, dass er ein schmucker Bursche war und das Gebaren eines [künftigen]
Helden an den Tag legte, lud er ihn auf sein Schiff ein, um mit ihm zu plaudern.
Xiregou war dem nicht abgeneigt, bestieg das Schiff und trat zu einem
Schwätzchen in die Kajüte ein, wo er zur Rechten des Tisches ein Mädchen sitzen
sah, das ein blaues, ungefüttertes Gewand trug und ein zum Verlieben hübsches
Gesicht hatte. Wenn es sich ergab, blickte er immer wieder nach Duruduni und
auch sie warf ihm verstohlene Blicke zu: Bei beiden war es Liebe auf den ersten
Blick. Muduli trank und plauderte mit Xiregou und verstand sich gut mit ihm.
Während sie tranken und frohgestimmt waren, kamen Boten und luden Muduli
zu einem Abendbankett ein, das Hanziwu für die berühmten *Mo'rgen* gab, um
dabei die Wettkampfregeln bekanntzugeben. Muduli zog einen Mantel (*waichang*)
über und sprach zu Xiregou: „Entschuldige mich für kurze Zeit. Trink du hier
weiter, ich seh mir mal das Ganze an und bin gleich wieder zurück!" Duruduni
bereitete nochmals vier Speisen zum Wein vor und drängte, ihre Schwägerin mit
Xiregou zu trinken. Bei dieser Gelegenheit erkundigte sich Jieredeni bei Xiregou,
ob er denn bereits verheiratet sei, worauf er antwortete, dass er noch keine Frau
habe.

(10) Gerade als Duruduni und Jieredeni mit Xiregou fröhlich zechten, vernahmen sie das Knarren der Laufplanke, was bedeutete, dass jemand aufs Schiff
kam. Dieser Jemand kam bis vor die Türe der Kajüte und fragte: „Ist Duruduni
Dedou in der Kajüte?" Duruduni und Jieredeni bedeuteten Xiregou hastig, sich in

der hinteren Kajüte zu verstecken und ja nicht herauszukommen. Duruduni öffnete nun die Tür der Kajüte, um das Mädchen herein zu lassen, aber wie sie dieses mit der Lampe anleuchtete, da war es niemand anderer als Handenihatala! Sie ließ sie eintreten, worauf sie sich alle setzten und freundlich miteinander plauderten. Handenihatala bemerkte, dass drei Paar Essstäbchen auf dem Tisch lagen und fragte: „Wieso habt ihr drei Paar Essstäbchen aufgelegt, wenn ihr nur zu zweit seid? Da steckt doch etwas dahinter!" Duruduni antwortete: „Ihr solltet Euch nicht über uns lustig machen! Bitte setzt Euch auf den Ehrenplatz." Die Drei setzten sich an den Tisch und aßen und tranken. Xiregou hörte in der hinteren Kajüte, wie sie sich unterhielten, und vernahm auf einmal, dass Handenihatala, als sie schon betrunken war, sagte: „Den Wettkampf muss unbedingt Xiregou gewinnen!" Bei diesen Worten konnten Duruduni und Jieredeni sich kaum das Lachen verkneifen. Bald danach verabschiedete sich Handenihatala und ging nach Hause, worauf Xiregou wieder hereinkommen konnte und nachdem sie noch ein Weilchen geplaudert hatten, kam Muduli zurück und legte sich gemeinsam mit Xiregou in der Kajüte schlafen.

(11) Am folgenden Morgen gingen die beiden Hand in Hand zum Wettkampfplatz. Von überall her waren *Mohan* und *Mo'rgen* in Scharen gekommen. Bald danach gab ein Ausrufer von einem Podium herab mit lauter Stimme die Wettkampfregeln bekannt: „Hanziwu *Mo'rgen* will heute für seine Schwester einen Bräutigam ermitteln. Er hat dazu eigens einen Wettkampfplatz anlegen lassen und all die Helden zum Wettstreit geladen. Der Sieger wird die Schwester als Gemahlin heimführen. Es gilt drei Wettkämpfe zu bestehen: Als Erstes sollt Ihr eure Kräfte im Zweikampf messen, als Zweites muss auf den Adler geschossen werden und als Drittes muss ein Schwert aus dem Fluss geholt werden." Als es soweit war, drängten die Helden und Recken zum Kampfplatz und keiner wollte zurückstehen. Ein hünenhafter Bursche trat in die Mitte des Platzes und rief: „Wer wagt es, sich mit mir zu messen?" Da sprang von der südöstlichen Seite her jemand auf den Platz und begann mit ihm zu ringen. Nachdem sie mehr als zwanzig Runden miteinander gerungen hatten, begannen allmählich die Kräfte des letzteren zu schwinden und er wurde von dem Hünen zu Boden geworfen. Der Verlierer rappelte sich mit hochrotem Gesicht auf und verließ den Platz. Dieser Hüne hieß Taliqiwu *Mo'rgen*. Wie er nun recht selbstgefällig und großspurig in die Runde blickte, sprang von Südwesten her ein weiterer großgewachsener Recke auf den Platz und begann mit ihm zu kämpfen, aber auch ihn rang Taliqiwu nach mehr als dreißig Runden nieder. So besiegte er an die zwanzig Herausforderer und da die Sonne sich im Westen neigte, brach Hanziwu den Wettkampf ab und vertagte ihn auf den folgenden Tag.

Xiregou und Muduli hatten sich an diesem Tag noch nicht in den Kampf eingemischt, sondern nur zugesehen und begaben sich daraufhin zurück aufs Schiff, um dort zu ruhen. In dieser Nacht konnten Xiregou und Duruduni nicht an sich halten und liebten einander heimlich; obwohl ihre Schwägerin es bemerkte, sagte sie nichts. Nachdem sie sich am folgenden Morgen gewaschen, gekämmt und gefrühstückt hatten, sprach Xiregou zu Muduli: „Heute sollten wir nicht zurückstehen: Wir müssen uns mit den anderen messen!" Muduli pflichtete ihm bei und so gingen sie ins Dorf. Auf dem Kampfplatz hatten sich die Recken schon versammelt, und Taliqiwu rang bereits mit Aidewu. Nach hundert Runden stand es noch immer unentschieden und nach langem Ringen ruhten die Kämpen eine Weile aus, um dann den Kampf wieder aufzunehmen. Keiner wollte zurückstecken, dann aber stolperte Taliqiwu über sein Schuhband und stürzte. Als deswegen Aidewu überschwänglich gepriesen wurde, ärgerte sich Muduli gewaltig und sprang auf den Platz, um sich mit Aidewu zu messen. Nach zirka achtzig Runden wurde er überrascht und von Aidewu zu Boden geworfen. Als Xiregou dies sah, sprang er ebenfalls auf den Kampfplatz und begann mit Aidewu zu ringen.

Xiregou rang mit Aidewu, aber auch nach einem Dutzend Runden war nichts entschieden. Obwohl Xiregou nicht großgewachsen war, war er doch sehr kräftig und nachdem sie noch ein paar Runden gerungen hatten, verließen Aidewu die Kräfte: Er stürzte so wuchtig zu Boden, dass er sich dreimal überschlug, stand dann mit vor Scham hochrotem Gesicht auf und verzog sich in die südwestliche Ecke des Platzes. Die Zuschauer klatschten in die Hände und spendeten tosenden Beifall und obwohl die anwesenden Recken zahlreich waren, wagte doch keiner, vorzutreten und sich mit Xiregou zu messen. Nun war es so gewesen, dass damals als Xiregou geboren wurde, seine Mutter träumte, ein weißer Tiger gehe in sie ein, worauf sie wusste, dass der Sohn eine Wiedergeburt des Sterns des Weißen Tigers war und ihm ihre ganze Zuneigung schenkte. Daher verfügte er, als er herangewachsen war, über unvergleichliche, furchteinflößende Kräfte. Hanziwu ließ Xiregou nach seinem Namen, seiner Herkunft und nach seinem Wohnort fragen und bekam zur Antwort: „Ich heiße Muduli und wohne zurzeit auf meinem Schiff!" Als Muduli hörte, wie Xiaregou nicht den eigenen, sondern seinen Namen nannte, war er sehr überrascht.

Hanziwu verkündete nun, dass die Recken bei einer Entfernung von etwa hundertfünfundzwanzig Schritt auf den Adler schießen sollten. Taliqiwu und Aidewu schossen und trafen mit jeweils zwei Pfeilen, Muduli traf mit einem Pfeil und als letzter schoss Xiregou nacheinander drei Pfeile ab, von denen jeder sein Ziel traf. Und wieder nannte Xiregou Mudulis Namen! Das kam daher, dass in der vorhergehenden Nacht Duruduni sich ihm auf immer versprochen hatte und mit Xiregou verabredet hatte, dass er, wenn er den Sieg erringen sollte, diesen besser ihrem Bruder überließ, damit sie beide heiraten könnten. Aus diesem Grunde nannte Xiregou stets den Namen des Muduli.

Muduli aber fragte den Xiregou: „Bruderherz, du hast die Wettkämpfe gewonnen; warum nennst du meinen Namen? Ich kann mir das nicht erklären und bitte daher um Auskunft!" Xiregou antwortete: „Ich kämpfe für meinen Bruder. Nun habe ich glücklicherweise gewonnen und der Ruhm soll meinem älteren Bruder zukommen!" Muduli war damit nicht einverstanden und lehnte entschieden ab. Xiregou aber sagte schließlich: „Ich habe nun schon deinen Namen angegeben und man hat ihn bereits verzeichnet. Es wäre doch weitaus schlimmer, wenn man uns verspotten und auslachen würde!" Ohne es zu merken, waren sie bereits bei ihrem Schiff angekommen, wo sie die beiden Frauen lächelnd empfingen. Muduli erzählte ihnen, dass Xiregou gewonnen und ihre Namen ausgetauscht hatte, worauf die beiden wie aus einem Munde sagten: „Da es nun mal so ist, sollte man es dabei belassen. Es war ein Freundschaftsbeweis von Xiregou, wir bedanken uns dafür an deiner Stelle bei ihm!" Beide verbeugten sich vor Xiregou, was dieser erwiderte und auch Muduli freute sich nunmehr darüber. Die Frauen hatten bereits Branntwein und Zuspeisen vorbereitet, und nachdem sich die Beiden etwas ausgeruht hatten, setzten sie sich gegenüber und begannen froh und unbeschwert zu zechen.

(12) Als am folgenden Tage Xiregou am Wettkampfplatz ankam, wurde den Recken kundgetan, dass sie aus dem Nordfluss ein Schwert zu holen hätten. Die Recken begaben sich zum Fluss im Norden und sprangen hinein, um nach dem Schwert zu suchen. Taliqiwu sprang ins Wasser, musste aber nach zwei Stunden[23] erfolglos aufgeben. Aidewu sprang gleichfalls in den Fluss, tauchte aber drei Stunden lang nicht mehr auf, denn er war ertrunken. Xiregou hatte am Ufer zuerst zu seinen *Aimi* gebetet und sich dann ins Wasser begeben. Seine *Aimi* überbrachten ihm das Schwert, worauf er damit ans Ufer zurückkehrte und es Muduli übergab, damit er es aushändige. Muduli begab sich zu Hanziwus Residenz, wo er am Tor dem Wachhabenden das Schwert übergab, damit er es seinem Herrn überbringe. Nachdem Hanziwu das Schwert in Empfang genommen hatte, bat er Muduli in den Hauptraum, wo er ihn mit einem Festessen bewirtete und für den folgenden Tag die Hochzeit festlegte. Muduli verabschiedete sich und kehrte auf sein Schiff zurück, wo er Xiregou dankte und mit Frau und Schwester beschloss, dass seine Schwester Xiregou heiraten solle. Auch sie wollten am folgenden Tage auf dem Schiff die Hochzeit abhalten. An diesem Tag

---

23 Die traditionelle chinesische Stunde, die hier gemeint sein dürfte, ist eine Doppelstunde: Sie zählt nach westlicher Zählung zwei Stunden.

verneigten sich Muduli und Handenihatala vor Himmel und Erde und Hanziwu rezitierte die nachgelassenen Unterweisungen der Ahnen. Dann ertönten laut die *Gonggele*[24] und *Chuchuku*[25].

Nachdem die Hochzeitszeremonien für Muduli vollzogen waren, kam Hanziwu mit Gemahlin und etwa zwanzig Mann Begleitung auf das Schiff. Duruduni und Xiregou erwarteten sie in prachtvollen Gewändern auf dem Schiff und als sie sie kommen sahen, stellten sie sich getrennt auf, um sie zu begrüßen. Xiregou gratulierte Muduli und dieser befahl seinen Leuten, sich vor Hanziwu zu verbeugen. Nachdem man ein Weilchen gerastet hatte, wurden Muduli und Duruduni verheiratet, worauf Xiregou, Duruduni, Jieredeni und all die Diener und Sklaven auf dem Schiff von Hanziwu zu einem Gelage in seine Residenz eingeladen wurden. Als das Fest gerade so richtig in Fahrt kam, meldeten die Wachen, dass Reisende nach Xiregou fragten. Dieser eilte vors Tor und sah, dass es niemand anderer war, als seine älteren Brüder Xireqiu und Xireqiao.

(13) Xiregou erzählte seinen Brüdern von dem Wettkampf und den Hochzeiten, worüber diese sich sehr freuten und mit ihm zusammen in die Residenz kamen, um sich dort zu erholen. Hanziwu und Muduli kamen ihnen zur Begrüßung entgegen und Xiregou stellte sie einander vor. Nachdem sie einander begrüßt hatten, traten sie gemeinsam in die Residenz und feierten. Sie tranken bis Sonnenuntergang, und da es für die neuen Gäste unbequem gewesen wäre heimzukehren, lud Hanziwu die Brüder des Xiregou ein, in der Residenz zu übernachten. Xiregou kehrte mit Duruduni aufs Schiff zurück, wo ihnen die Kajüte als Brautkammer diente. Am folgenden Tag fand in Hanziwus Residenz eine Abschiedsfeier für die Brüder des Xiregou und die Gemahlin des Muduli statt, und erst nachdem man sich nochmals prächtig unterhalten hatte, trennte man sich. Xiregou brach mit seiner Frau Duruduni und seinen Brüdern Xireqiu und Xireqiao auf und kehrte in die Heimat zurück. Hanziwu und Muduli gaben ihnen mit ihren Frauen noch fünfzig oder sechzig Meilen weit das Geleit, dann erst schüttelten sie die Hände und trennten sich. Als Xiregou zu Hause ankam, begrüßte er Mafa und Mama Ma'rtao sowie Schwägerin Ma'rtani. Schon bald danach verwandelte sich Duruduni in einen *Kuoli* und kam ebenfalls geflogen und grüßte sie der Reihe nach[26]. Nun wurden die Hütten zu eng, weshalb die Brüder beschlossen, in den angestammten *Han*-Palast zurückzukehren und für die Eltern Rache zu nehmen. Der Aufbruch wurde für einen der nächsten Tage festgelegt.

---

24 Hezhe: *kɔkɔjə* (S. 678): Flötenähnliches Blasinstrument (S. 386, Anm. 2; S. 484, Anm. 1) (OA).
25 Hezhe: *ts'uts'uk'u*: Horn (S. 386, Anm. 1; S. 484, Nr. 2) (OA).
26 Demnach kam Xiregous Frau nicht mit ihm und den Brüdern zurück, sondern kehrte vorerst nochmal mit Muduli und Hanziwu zur Residenz und auf das Schiff zurück.

Am festgesetzten Tag brachen Xiregou und seine beiden Brüder mit Ma'rtani und Duruduni auf. Nach einem Tag erreichten sie einen Weiler, über den Kendeng *Han* herrschte und erfuhren von den Einwohnern, dass der *Han* mit seinem Gefolge in den Südbergen auf die Jagd gegangen sei. Erst am Abend fand Xiregou die *Chulu'a'enkuo*[27] des Kendeng *Han*. Er schlich sich heran und sah durch eine Ritze, dass der *Han* sich gerade zur Ruhe begab und er von sechs oder sieben Gefolgsleuten umgeben war, die entweder auf dem Boden lagen oder saßen. Xiregou nahm Pfeil und Bogen zur Hand, spannte die Sehne bis zum Anschlag und schoss. Der Pfeil traf Kendeng *Han* genau in die Brust: mit einem lauten Schrei sprang er zur Feuerstelle, spuckte Blut und verstarb. Als die Wachen sahen, dass ihr Herr von einem Pfeil tödlich getroffen war, rannten sie nach draußen, um nachzusehen. Xiregou sprach: „Wenn ihr zu fliehen versucht, kostet euch das euer Leben!" Die sechs oder sieben Männer knieten nieder und baten um Schonung. Xiregou trat ins Zelt, griff sich ihre Äxte und zerhackte den Leichnam des Kendeng *Han* in unzählige Stücke. Dann kehrte er zu seinem Aufenthaltsort zurück.

(14) Nachdem Xiregou zurückgekehrt war, erzählte er den Brüdern, der Schwägerin und seiner Frau, wie er Kendeng *Han* getötet hatte. Anschließend verzehrten sie ihr Frühstück, ordneten ihre Ausrüstung und machten sich auf den Weg. Einen halben Monat später kamen sie am Stadttor von Kendeng *Huotong* an, wo Xiregou die Wachen aufforderte sie anzukündigen. Als Kandeng *Ezhen* die Meldung erhielt, ritt er vors Tor, um dem Feind entgegenzutreten. Xiregou und seine Brüder hatten sich in einer Linie aufgestellt und Xiregou begann ihn zu beschimpfen: „Mein Vater wurde von dir heimtückisch erschossen. Das darf nicht ungesühnt bleiben! Erst wenn ich deine Leiche in zehntausend Stücke zerteilt habe, bin ich zufrieden!" Noch während Xiregou ihn beschimpfte, schoss Kandeng *Ezhen* nach ihm. Aber Xiregou fing den Pfeil mit der Hand auf, schoss ihn zurück und traf Kandeng am Arm. Nun drangen Xiregou und seine Brüder auf ihn ein, während ihre Frauen sich in *Kuoli* verwandelten und den Kampf mit den aus der Stadt herausfliegenden *Kuoli* des Feindes aufnahmen. Xiregou und seine Brüder hatten an die hundert Runden mit Kandeng *Ezhen* gefochten, als dieser müde wurde und seine Kehle von einem Pfeil des Xiregou durchbohrt wurde. Sie schnitten ihm den Kopf ab und ritten gemeinsam in die Stadt. Als Xiregou in die Residenz des *Han* trat, huldigte ihm das Volk. Duruduni hatte mit

---

27 Hezhe: *ts'uluank'ə* (S. 686): Ein auf der Jagd verwendetes Zelt. Die Außenhaut bildet eine Plane aus Tuch und im Innern gibt es eine Feuerstelle, um das die Insassen sich gruppieren, so dass es, selbst wenn der Wind bläst oder Schnee fällt, es nicht kalt wird. *Chulu'a'enkuo* können sowohl aus Gras, als auch aus Tuch oder Rinderhaut gefertigt werden (S. 484, Anm. 3) (OA).

Ma'rtani die Na'rhuoni und Chaketeni erschlagen und Kendengni gefangen genommen. Nun kamen sie zur Residenz und übergaben Kendengni an Xiregou. Er wandte sich mehrmals mit Fragen an die *Dedou*, diese aber schwieg hartnäckig. Als ihr aber Ma'rtani gut zuredete, war sie bereit, sich zu unterwerfen und sich mit Xireqiao zu vermählen. Im Anschluss daran ließ Xiregou die gesamte Einwohnerschaft der Stadt in Xireka *Huotong* ansiedeln und auch all die Bewohner der Dörfer, die zu Kendeng *Hans* Machtbereich gehört hatten, führte er mit sich fort. Xiregou rief sich zum *Han* aus, setzte Xireqiu als Weisen Prinzen zur Linken (*Zuo Xianwang*)[28] und Xireqiao als Weisen Prinzen zur Rechten (*You Xianwang*) ein, während er seine Frau zur *Fujin*[29] ausrief. Von nah und fern kamen die Menschen, um ihm zu huldigen und Tribut zu bringen.

---

28 Siehe dazu Erzählung 7, Anmerkung in Abschnitt 3.
29 Von Ling mit chin. *feipin*, „kaiserliche Nebenfrau", „Ehefrau eines Fürsten oder Prinzen" übersetzt. An dieser Stelle entspricht der Titel wohl eher dem einer Herrscherin bzw. einer *Han*in.

11. Motu *Gege*[1]

(1) In jenen Tagen, als in China die Tang-Dynastie herrschte, gab es auf dem Südufer des Sungari eine Gegend namens Chengzi, die zirka fünfzig Meilen von der Hauptstadt der Fünf Reiche (*Wuguo Cheng*)[2] entfernt lag. Sie war nur spärlich bewohnt, nur alle fünfzig bis sechzig Meilen traf man auf eine Haushaltung. In der Nähe von Chengzi erhob sich ein niedriges Gebirge, auf dessen Südabhang eine Strohhütte stand, in der zwei *Mo'rgen* wohnten. Sie waren leibliche Brüder: Der ältere Bruder hieß Tuqiwu und war siebzehn Jahre alt, der jüngere hieß Tu'rgao und war fünfzehn Jahre alt. Ihre Eltern waren schon lange tot und da die beiden Brüder sonst niemand hatten, fristeten sie ihr Leben, indem sie sich gegenseitig halfen. Tuqiwu musste täglich in den Bergen auf die Jagd gehen und weil er fürchtete, dass sein jüngerer Bruder, der noch jung war, sich in den Bergen verirren könnte, ermahnte er ihn vor seinem Aufbruch dreimal, zu Hause zu bleiben und auf ihn zu warten. Wie hätte er auch wissen können, dass Tu'rgao, nachdem sein Bruder fort war, die Tür mit einem großen Stein verschloss und zum Vergnügen durch die Berge schlenderte. Dort sah er, wie Wasserrehe, Rehe, Schweine, Hirsche, ja sogar Wölfe, Bären, Tiger und Leoparden nach allen Himmelsrichtungen Hals über Kopf davonliefen und dachte bei sich, dass er doch auch einige Beute machen könnte, wenn er Waffen hätte.

(2) Als Tu'rgao von seinem Gang durch die Berge heimkehrte, bemerkte er, dass sein älterer Bruder bereits vor ihm angekommen war und sprach zu ihm: „Ich habe in den Bergen recht viele Tiere gesehen und wenn ich Jagdwaffen hätte, könnte ich sie alle schießen!" Der Bruder antwortete ihm: „Unsinn! Ich habe dir nicht erlaubt, in die Berge zu gehen, du aber bist dennoch dort herumgestrolcht! Wenn du dich verirrt hättest, wo hätte ich dich suchen sollen?" Da ließ Tu'rgao Kopf und Arme hängen und wagte nichts mehr zu sagen. Dann trat Tuqiwu ins Haus, fachte das Feuer an und bereitete das Essen vor; sein Bruder folgte ihm und sah im Haus einen mächtigen Hirsch, weshalb er fragte: „*Age*, wo hast du

---

1   Hezhe: *mut'u, mɔt'u* (S. 690): *Motu* bezeichnete ursprünglich wie das chinesische *guniang* (姑娘) ein noch nicht verheiratetes Mädchen, heutzutage aber wird es als Name verwendet (S. 486, Anm. 2) (OA).

2   Für Wuguo Cheng existieren zwei Erklärungen: Im weiteren Sinn handelt es sich um die Hauptstadt der Reiche Boheli, Bonuo, Eluomi, Yilie und Yilexi des Wuguo-Stammes. Im eingeschränkteren Sinn bezeichnet es die Stadt Wuguodou unweit der heutigen Kreisstadt Yilan in der Provinz Jilin. Vgl dazu das *Yuan yitong zhi*, das *Shengjing tongzhi* und das *Shengwuji* von Wei Yuan (S. 486, Anm. 4) (OA). – Dass Wuguo Cheng im Singular, nicht im Plural übersetzt und interpretiert werden muss, macht obige Entfernungsangabe wahrscheinlich: Bei fünf Hauptstädten würden verschiedene Entfernungen zu berechnen sein.

denn den Hirsch erlegt?" Tuqiwu antwortete: „Ich bin auf den Gipfel des hohen
Berges vor uns gestiegen, habe dort diesen Hirsch mit einem einzigen Pfeil erlegt
und ihn dann hierher getragen." Da erzählte Tu'rgao: „Ich habe in den Bergen
sehr viele Tiere gesehen, aber leider hatte ich keine Waffen dabei und konnte
nicht jagen. Bitte mach mir doch Pfeil und Bogen sowie einen Langspeer und
wenn ich gelernt habe, damit umzugehen, kann ich auch auf die Jagd gehen." Sein
älterer Bruder überlegte, dass er nun schon fünfzehn Jahre alt war und eigentlich
nun lernen könnte, wie man jagt. Und so antwortete er: „Schon gut, schon gut!
Morgen mach ich dir Pfeil und Bogen!" Als Tu'rgao hörte, dass sein Bruder
einverstanden war, freute er sich sehr. Er half dem Bruder Reis und Gemüse
vorzubereiten und als das Essen fertig war, aßen sie einander gegenübersitzend.
Bei Anbruch des Tages standen sie auf und nachdem Tuqiwu mit Tu'rgao
gefrühstückt hatte, suchte er eine Axt, gingen aus und schlug ein paar *Buleken*[3]
und etwa zehn *Chakemiqin*[4] ab, aus denen er mit dem Messer Pfeil und Bogen
schnitzte. Er war zwei oder drei Tage damit beschäftigt, bevor er fertig war, und
gab sie dann Tu'rgao. Voll Freude nahm dieser sie entgegen und übte damit im
Hof. Er war ein kluger und aufgeweckter Bursche und schon bald konnte er mit
Pfeil und Bogen umgehen. Als sein Bruder beobachtete, dass er ungewöhnlich
geschickt war, freute er sich von Herzen. Und eines Tages durfte Tu'rgao,
nachdem sie früh am Morgen aufgestanden waren und gefrühstückt hatten,
seinen älteren Bruder in den Südbergen auf der Pirsch begleiten.

(3) Als Tuqiwu mit seinem Bruder in den Südbergen auf der Jagd war, spürten
sie einen mächtigen Hirsch auf; sofort schoss Tu'rgao und noch während die
Sehne brummte, brach der Hirsch zusammen. Die Brüder eilten zu der Stelle.
Der Hirsch war bereits verendet, worauf sie ihn voll Freude nach Hause trugen.
Den ganzen Tag lang übte Tu'rgao mit Pfeil und Bogen, Speer und Schwert und
wurde immer besser im Umgang mit all diesen Waffen. Nach einem Jahr war
Tu'rgao sechzehn Jahre alt: Er war mutig und kräftig geworden und verfügte über
exzellente Fähigkeiten in den Kampfkünsten; er jagte nach Gutdünken in den
Bergen und hatte dabei nicht die geringste Angst. In letzter Zeit aber fand er
seltsamer Weise keine Tiere mehr: Obgleich er tagtäglich auf die Jagd ging,
machte er keine Beute, was ihn sehr verdross. Als er nach Hause zurückkam,
hatte sein Bruder wieder zwei prächtige Hirsche erlegt. Der Bruder bemerkte,
dass Tu'rgao mit leeren Händen zurückkam, und fragte ihn: „Hast du etwas

---

3   Hezhe: *puləkʼəŋ* (S. 681): Shuiquli-Baum, das Holz ist sehr fest und wird bei der Herstellung
     von Pfeilbögen verwendet (OA). – Shuiquli (水曲梨) ist vermutlich durch Shuiquliu (水曲柳
     ), „Mandschurische Esche" (*Fraxinus mandshurica*) zu ersetzen (S. 487, Anm. 1) (OA).
4   Name eines Baumes, dessen Holz äußerst hart ist, so dass es sich für die Herstellung von
     Pfeilen eignet (S. 487, Anm. 2) (OA).

gefunden?" Tu'rgao antwortete: „Ich habe heute nichts gefunden und so komme ich mit leeren Händen zurück!" Die Beiden unterhielten sich noch ein Weilchen und legten sich dann schlafen. Am nächsten Tag frühstückten sie und gingen dann getrennt auf die Jagd. Tuqiwu hatte großes Glück, denn er konnte zwei Rehe erlegen. Als er nach Hause zurückkam, war die Sonne bereits untergegangen. Dort stellte er fest, dass sein jüngerer Bruder noch immer nicht heimgekehrt war und begann sich große Sorgen zu machen. Es war nun so, dass Tu'rgao, nachdem er sich am Morgen von seinem Bruder getrennt hatte, in die Berge stieg und als es Mittag wurde, bereits bei der dritten Bergkette angekommen war. Auf der Spitze eines Berges setzte er sich nieder, um auszuruhen und sprach dabei zu sich selbst: „Wenn ich früher hierher gekommen bin, so gab's hier immer viele Tiere. Dieser Tage aber findet man nicht ein einziges! Das ist doch wirklich merkwürdig!" Nachdem er ein Weilchen gerastet hatte, stand er auf, nahm Pfeile, Bogen und Jagdspeer zur Hand und ging weiter. Er überquerte noch eine Reihe weiterer hoher und steiler Berge. Da sprang plötzlich ein Fuchs aus dem Wald und hockte sich am Waldrand nieder. Sogleich schoss Tu'rgao auf ihn, mußte aber erleben, dass der Fuchs seinen Hals reckte, das Maul aufriss, den Pfeil verschluckte und dann in südlicher Richtung davonrannte. Tu'rgao schoss noch dreimal nach ihm, traf ihn aber nicht, worauf er ihn verfolgte. Der Fuchs rannte immer weiter und Tu'rgao war machtlos.

(4) Während Tu'rgao den Fuchs verfolgte, schoss er wiederum auf ihn, der Fuchs aber verschluckte aufs neue den Pfeil und rannte schnell wie der Wind weiter.[5] Die Sonne begann bereits zu sinken und da er sehr weit von zu Hause fort war, konnte er nicht mehr heimkehren. Er wollte sich einen windgeschützten Ort suchen, um dort die Nacht zu verbringen. Als ihn seine Suche bis an den Fuß eines vor ihm im Süden liegenden Berges geführt hatte, bemerkte er dort ein Haus mit neun Zimmern. Im Hof des Anwesens sah er zwei große gelbe Hunde, die vor dem Eingang lagen und Wache hielten. Als sie ihn bemerkten, begannen sie heftig zu bellen. Bald erschien in der Türe eine weißhaarige, alte Frau, die mit ein paar Worten die Hunde schimpfte, worauf diese zu bellen aufhörten. Als sie Tu'rgao bemerkte, sprach sie zu ihm: „*Mo'rgen*, woher kommst du? Komm doch herein und ruhe dich aus!" Eilends machte Tu'rgao vor der *Mama* Kotau, diese aber zog ihn sogleich wieder hoch und küßte ihn einmal auf die Wange. Als Tu'rgao in das Haus trat, bemerkte er im Westzimmer neun Mädchen. Die *Mama* bereitete ihm eine Mahlzeit, damit er seinen Hunger stillen konnte, während Tu'rgao im Zimmer saß und abwartete. Bald darauf ging die *Mama* ins Ostzimmer, füllte eine Schale mit einem aus Hirse zubereiteten Essen und überreichte sie ihm.

---

5   In dieser Passage ist das Motiv des weisenden Tieres erkennbar.

Wie kann man mit nur einem Napf seinen Hunger stillen, dachte Tu'rgao. Aber
nachdem er lange gegessen hatte, war die Schale immer noch nicht leer und doch
war er schon satt. Er dankte der *Mama*. Am Abend behandelte ihn die *Mama* sehr
aufmerksam, aber auch nicht eines der neun Mädchen verließ das Westzimmer,
um mit ihm zu sprechen. Es ging schon auf die zweite Nachtstunde zu, bevor die
Mama für ihn das Bettzeug auslegte. Als er am folgenden Morgen aufstand, hatte
die *Mama* bereits das Essen vorbereitet und ließ die Mädchen im Westzimmer
essen, während sie selbst mit Tu'rgao Wein trank. Solche Speisen, wie die hier
aufgetischten, hatte er noch nie gesehen. Nach mehreren Runden Branntwein
sprach die *Mama* zu Tu'rgao: „Ich habe bemerkt, dass der *Mo'rgen* eine außergewöhnliche Person ist und eines Tages ein *Ezhen Han* werden wird. Ich schätze
dich sehr und möchte dir von meinen neun Töchtern meine zweite Tochter
geben, damit sie dir hilft, die häuslichen Angelegenheiten zu regeln."

(5) Die *Mama* rief ins Westzimmer: „Motu, komm schnell!" Und wirklich kam
aus dem Westzimmer ein Mädchen, das zwölf bis dreizehn Jahre alt sein mochte,
ein langes blaues Hemd aber keine Hose trug, barfüßig war und alles andere als
schön war. Da die Mama ihn so großmütig behandelte, wollte Tu'rgao ihr
Angebot nicht zurückweisen und so musste er wohl oder übel zustimmen,
anschließend aber verfiel er in Nachdenklichkeit. Die Mama rief das Mädchen zu
sich und sprach: „Motu, ich habe dich diesem *Mo'rgen* zur Frau gegeben, geh nun
mit ihm." Das Mädchen stimmte dem Befehl zu. Dann sprach die *Mama* zu
Tu'rgao: „Nimm meine Tochter mit, aber ihr müßt sofort aufbrechen!" Tu'rgao
befolgte die Anweisung der Mama, verabschiedete sich von ihr und machte sich
mit Motu auf den Weg. Während er so ging, überlegte er hin und her, blieb kurz
stehen und seufzte und sprach dann zu sich selbst: „Die gute Absicht der *Mama*
muss man natürlich anerkennen, aber ich kann doch nicht diese junge Göre
heiraten! Ha, ich hab's! Ich werde einen Weg einschlagen, der durch Dornengestrüpp führt, denn sie ist barfüßig und nackt und wird mir nicht folgen
können!" Und so schlug er einen Weg durch Dornengestrüpp ein. Nach einiger
Zeit blickte er sich um und sah, dass das Mädchen ihm noch immer dicht folgte
und auch nicht einen Schritt zurückgeblieben war. Nachdem sie diesem Weg
lange Zeit gefolgt waren, war seine *Ka'rqi*[6] an zahlreichen Stellen von den Dornen
aufgerissen worden, Motu aber, die keine Hose trug und über Stellen gehen
musste, die dicht mit Dornen bewachsen waren, folgte nach wie vor und fiel nicht
im geringsten zurück! Tu'rgao fragte sie: „Haben dir die Dornen nicht wehge-
tan?" Motu antwortete darauf: „Sie haben mich nicht gestochen!" Als sie weiter-
eilten, bemerkten sie eine Herde Wildschweine, die nach Nahrung wühlte.

---

6   Hezhe: *k'arɭʃ'i* (S. 682): Kleidung aus Rehleder (S. 489, Anm. 1) (OA).

Tu'rgao schoss, und noch während die Sehne brummte, brach ein Wildschwein zusammen, der Rest der Herde aber rannte in Panik davon. Als Tu'rgao Motu zu sich rief, kam sie sofort herbei. Da die Sonne schon tief stand und sie noch zu weit von zu Hause entfernt waren, mussten sie im Freien übernachten. Er zerlegte das Wildschwein und hängte die Stücke an einen *Sabagan*[7]. Dann schlug er mit dem Feuerstein Funken und entfachte ein Lagerfeuer, auf dem er Schweinefleisch briet, damit sie zu essen hatten.

(6) Als das Fleisch gar war, schnitt es Tu'rgao in kleine Stücke, die er zuerst Motu anbot. Nachdem sie ein paar Stückchen gegessen hatte, wollte sie nichts mehr. Tu'rgao fragte sie: „Bist du denn schon satt? Motu antwortete: „Ich bin schon satt! Du hast bis jetzt nur darauf geachtet, dass ich zu essen habe und selbst nichts gegessen. Jetzt iss doch bitte auch du!" Da Tu'ergao nun wusste, dass Motu bereits satt war, schnitt er sich gebratenes Fleisch ab und aß gemächlich und war erst satt, als er sieben oder acht große Stücke gegessen hatte. Das übrige noch nicht gebratene Fleisch steckte er auf *Shuolun*[8] und briet es seitlich am Feuer, um es für das Frühstück vorzubereiten.

(7) Es war bereits dunkel geworden, als Tu'rgao und Motu mit dem Essen fertig waren. Der Mond schien hell, weshalb Tu'rgao zum Fluss ging und Gras schnitt, das er zu beiden Seiten des Feuers ausbreitete und so zwei Schlafstätten schuf. Er forderte Motu auf, sich schlafen zu legen. Diese aber zögerte und wollte nicht getrennt schlafen, erst als sie dreimal aufgefordert worden war, legte sie sich angekleidet nieder. Er zog seine Oberkleidung aus und deckte sie damit zu und erst nachdem sie eingeschlafen war, legte auch er sich nieder. Nachdem er ein Weilchen geschlafen hatte, war ihm, als würde jemand gegen seine Füße stoßen und als er die Augen öffnete und nachsah, da war es niemand anderer als Motu. Streng sprach er zu ihr: „Warum schläfst du nicht und kommst zu meinen Füßen, um dort herumzustrampeln? Geh sofort schlafen!" Motu kehrte an ihren Platz zurück. Tu'rgao dachte, dass sie bestimmt fror, weshalb er sein Gewand auszog und sie damit bedeckte. Aber schon bald darauf, spürte er wieder etwas an seinen Füßen und sah, dass es wieder Motu war. Er herrschte sie an: „Was machst du schon wieder bei meinen Füßen?" Da er sie schimpfte, kehrte sie wieder an ihren Platz zurück. Tu'rgao war sehr müde und schlief wieder ein, aber schon bald stieß

---

7   Hezhe: *sapakɛ* (S. 694): Man sucht sich einen Baum mit vielen Ästen aus, um an ihnen Fleisch aufzuhängen. Einen solchen Baum nennt man *Sabagan* (S. 489, Anm. 2) (OA).

8   Hezhe: *ʃuərun* (S. 692): Wenn die Hezhe auf die Jagd ziehen und keinen Kochkessel mitnehmen, so bleibt ihnen, wenn sie Hunger haben, nichts anderes übrig, als das Fleisch zu braten. Sie braten das Fleisch, indem sie mehrere Dutzend Zweige suchen, sie am Ende mit dem Messer zuspitzen und die Fleischstücke aufstecken, um sie dann über das Feuer zu halten. Diese zugespitzten Äste nennt man *Shuolun* (S. 490, Anm. 1) (OA).

wieder etwas an seine Füße. Da riss Tu'rgao die Geduld und er gab Motu mit einem Bein einen Tritt, der sie drei oder vier Schritte weit fortschleuderte, worauf nichts mehr geschah. Tu'rgao aber schämte sich sehr, auch war er besorgt. Er stand daher geschwind auf und trat ans Feuer, um nachzusehen, sah aber, dass Motu verschwunden war. Er sah sich nach allen Seiten um, aber sie blieb spurlos verschwunden. Da sagte er zu sich selbst: „Die Mama hat mich gern gehabt und mir ihre Tochter gegeben. Ich habe mich ihrer guten Absichten nicht als würdig erwiesen!" Laut rief er: „Motu! Motu! Komm doch zurück!" Er rief mehrere Male, bekam aber keine Antwort! Er befürchtete nun, dass sie sich vielleicht nach dem Tritt aus Scham in den Fluss gestürzt habe. Mal wusste er nicht so recht weiter, mal suchte er wieder eine Weile nach ihr, aber er konnte keine Spur von ihr finden.

(8) Nachdem Motu spurlos verschwunden war, suchte Tu'rgao überall nach ihr und seine Rufe waren meilenweit zu hören. In Wirklichkeit aber war sie gar nicht verschwunden, sondern hatte sich mit Absicht im Dickicht des Waldes versteckt, um zu sehen, was geschehen würde. Tu'rgao aber suchte ohne Ergebnis im Wald und vor dem Wald, seufzte hilflos und sprach zu sich selbst: „Schluss! Aus! Wie kann ich nun der alten *Mama* gegenübertreten!" Während er Gewissensbisse hatte, erblickte er plötzlich sieben oder acht Klafter über dem Boden fünffarbige, glückverheißende Wolken wallen, in denen verschwommen eine menschliche Gestalt zu erkennen war. Als er genau hinsah, bemerkte er genau in der Mitte der Wolken ein außergewöhnlich schönes Mädchen sitzen. Dieses war die eigentliche Erscheinungsform der Motu. Da sie so sehr unter der Verachtung des Tu'rgao leiden musste, hatte sie sich gezwungen gesehen, ihrem *Zhulin Eqihe Mafa*[9] zu befehlen, ihr dabei behilflich zu sein, ihre eigentliche Gestalt anzunehmen und auf einer Wolke zum Himmel hinaufzureiten. Als sie emporschwebte und sieben oder acht Klafter vom Boden entfernt war, wurde sie von Tu'rgao entdeckt. Sie blickte hinab und sang für Tu'rgao ein Liebeslied:

Ich gleiche dem Raben – Du verabscheust mich.
Ich gleiche der Elster – Du empfindest Ekel vor mir.
Ich kehre nun in den Himmel zurück.
Dort gibt es ein schönes Gebäude aus Holz und wohlschmeckende Ähren.
Ich begebe mich nun in dieses Gebäude.[10]

---

9 Hezhe: *tsulin ɜʃiɦɜ mafa* (S. 683): Name von Geistern. Wenn man auf Reisen ist, so weisen sie den Weg, auch können sie Wind und Regen rufen und beherrschen alle Arten von übernatürlichen Künsten, wie z.B. auf Wolken reitend sich über das Meer treiben zu lassen (S. 491, S. 1) (OA).

10 Im Text der Erzählung fehlt der Text des Liedes, es wird nur darauf verwiesen, dass er im ersten Band, S. 154f. im Kapitel über die Musik der Hezhe zu finden ist. Das Lied wurde

Während er dem Lied zuhörte, verliebte sich Tu'rgao von ganzem Herzen in Motu. Er sah, dass sie ein siebzehn- bis achtzehnjähriges Mädchen war, das einem himmlischen Wesen (*xianzi*) gleich herausgeputzt war und jemandem in der Tat die Sinne rauben konnte.

(9) Nachdem Motu ihre ursprüngliche Gestalt wieder angenommen hatte, war sie von bezaubernder Schönheit. Mit Hilfe magische Kräfte war sie in die Lüfte emporgestiegen und betörte Tu'rgaos Sinne so sehr, dass er wie trunken oder tumb ohne Regung dastand und sie unentwegt anstarrte. Als er nun sah, dass Motu zum Mond emporflog, wünschte er ihr zu folgen aber verfügte nicht über entsprechende Fähigkeiten, weshalb er nur den Hals strecken und zu ihr hinaufrufen konnte: „Motu *Gege*! Motu *Gege*! Bitte komm zurück! Ich werde dich bestimmt nicht mehr schlecht behandeln! Wenn du für immer fortgehst, so wird mir dies bestimmt das Herz brechen!" Aber Motu beachtete ihn überhaupt nicht, sondern saß in ihrer Wolke und ordnete ihr einer schwarzen Wolke gleichendes langes Haar. Als nun Tu'rgao sah, dass sie nicht bereit war, zurückzukehren, rief er zum Himmel hinauf, aber es half alles nichts: Binnen kurzem war sie nicht mehr zu sehen. Starr stand er am Waldesrand und seufzte: „Ich habe nicht gewusst, dass du in Wirklichkeit so schön bist! Hätte ich das gewusst, dann hätte ich dich bestimmt nicht so kühl behandelt!" Es blieb ihm nichts weiter übrig, als zu dem Lagerplatz zurückzukehren und am Feuer sitzend bitterlich zu weinen. Er sprach zu sich: „Ich hab's! Ich hab's!" Plötzlich hörte er jemanden antworten: „Was hast du?" Erschrocken sagte Tu'rgao: „Ich sehe niemanden; wer spricht da? Bist du ein guter (*shen*) oder böser Geist (*gui*)?" Plötzlich hörte er jemanden sprechen: „Ich bin der *Wushu Eqihe Mafa*[11], den deine Vorfahren verehrt haben!" Tu'rgao sagte: „Motu hat mich verstoßen und verlassen, weil ich sie gekränkt habe. Ich bitte den *Wushu Eqihe Mafa* mit zu helfen, sie wieder zu finden!"[12]

---

demgemäß vom Übersetzer hier eingefügt. – Es wäre auch möglich, „Gebäude" im Plural zu übersetzen, aus dem Zusammenhang ergibt sich, dass vermutlich von einem Gebäude die Rede ist; vgl. unten Abschnitt 14.

11 Hezhe: *ʒʃu ʒtʃʼihʒ mafa* (S. 679): Name eines Geistes (*shen*). Er dient als Kundschafter (S. 491, Anm. 3) (OA).

12 In diesen Abschnitt gehört vermutlich ein weiteres, in Band I, S. 156f. verzeichnetes Lied; vermutlich ist es das Antwortlied des Tu'rgao auf den Gesang der Motu:
Ach Motu *Gege*! Ach *Dedou Gege*! Ach *Fujin* [Gemahlin] *Gege*!
Ach Motu *Gege*! Wohin gehst du? Wohin eilst du?
Ach Motu *Gege*! Höre doch! – Höre es in deinem Herzen!
Ach *Dedou Gege*! Ich bin in deinem Herzen, in deinem Herzen.
Komm herab aus deinen Wolken! Komm zurück!

(10) Tu'rgao flehte den *Wushu Eqihe Mafa* an, ihm einen Weg zu zeigen, wie er Motu finden könnte. Der *Wushu Eqihe Mafa* antwortete: „Motus Haus ist zirka sechshundert Meilen von hier entfernt in einer Gegend am südlichen Fuß des Helian-Berges (Helianshan). Du musst morgen sofort aufbrechen, wenn du zögerst, wirst du nichts erreichen!" Als Tu'rgao dies hörte, wurde er etwas ruhiger und betete: „Falls es mir gelingt, Motu zu treffen und wir ein glückliches Paar werden, werde ich dem *Wushu Eqihe Mafa* Schafe und Schweine opfern!" Da es nun bereits Mitternacht war und sich Tu'rgao vor Müdigkeit kaum noch auf den Beinen halten konnte, legte er sich in Kleidern schlafen. Plötzlich sah er Motu im blassen Mondenschein anmutig und leicht herbeikommen und wollte sie umarmen; aber als er die Arme ausstreckte, schreckte er hoch und merkte, dass er geträumt hatte. Bei Tagesanbruch stand er auf, wärmte das gebratene Schweinefleisch, indem er es auf die Glut legte, aß es und trank Wasser aus dem Fluss. Nachdem er satt war, kehrte er zu dem Schlafplatz zurück, hing sich Pfeil und Bogen sowie den Jagdspeer um und machte sich in Richtung Süden auf den Weg. An diesem Tag legte er nur hundertfünfzig Meilen zurück und als es Abend wurde, suchte er einen windgeschützten Ort. Mit seinem Feuerstein machte er Feuer, zündete Brennholz an und schlief dann neben dem Feuer ein. Am folgenden Morgen setzte er seinen Weg nach Süden fort.

(11) Ausgerüstet mit Pfeil und Bogen sowie dem Jagdspeer marschierte Tu'rgao unentwegt weiter nach Süden. Nachdem er am Vormittag mehr als neunzig Meilen zurückgelegt hatte, bemerkte er gegen Mittag genau im Süden ein Reh, das etwa fünfundfünfzig Schritt von ihm entfernt sein mochte. Da Tu'rgao hungrig war, schoss er auf das Reh, das noch beim Gebrumm der Sehne zusammenbrach. Er zerlegte es, briet das Fleisch und als er satt war, machte er sich wieder auf den Weg. Beim Aufbruch hängte er sich auch das Fleisch über die Schulter, um damit unterwegs seinen Hunger zu stillen. Nach weiteren achtzig Meilen ging die Sonne unter, und da er in der Dunkelheit nicht weitergehen wollte, legte er sich dort, wo er gerade war, zum Schlafen nieder. Am folgenden Morgen aß er von dem Fleisch und setzte seinen Weg nach Süden fort. So kam er bereits nach sechs oder sieben Tagen Fußmarsch zu dem Helian-Berg. Er stieg den Bergstock hinan und erklomm den Gipfel, von wo aus er auf dem Südhang eine Strohhütte mit drei Zimmern ausmachte, deren Tür nach Süden wies. Außer sich vor Freude eilte Tu'rgao sogleich den Hang hinab auf die Hütte zu und trat

---

In der Erklärung 1 des Abschnittes (4) d, S. 157, heißt es dazu: „Tu'rgao sieht Motu in den Wolken stehen, sie ist schön wie ein himmlisches Wesen (*tianxian*). Dies ist das Lied, mit dem er sie bittet herabzukommen, da er sich nach ihr sehnt. (...)" Im Text der Erzählung wird dieses Lied jedoch nicht erwähnt und auch nicht, im Gegensatz zu obigem Lied, durch eine Fußnote die Stelle markiert, an der es gesungen wird.

ein. Allein, dort saß nur eine *Furileketu Dedou*[13] auf einem *Kang*. Diese wandte den Kopf und sprach, als sie ihn bemerkte: „Wie hast du denn hierher gefunden, Schwager[14]?" Tu'rgao antwortete: „Wer bist du und warum nennst du mich so? Bitte *Dedou Gege*, erkläre es mir!" Während die *Dedou* vom *Kang* herabstieg, sprach sie: „Warum weiß der Schwager nicht, dass unsere *Aniang*[15] dir meine zweitälteste Schwester zugesprochen hat? Ist meine Schwester nicht mit dir gekommen?" Tu'rgao antwortete: „Deine Schwester ist bereits vor sieben oder acht Tagen zurückgekehrt, wie kommt's, dass du mich jetzt danach fragst?" Das Mädchen holte nun eine langstielige Pfeife und stopfte sie für Tu'rgao.

(12) Diese *Dedou* war niemand anderer als die jüngere Schwester von Motu namens Tuobutuni *Dedou*. Sie war sehr tüchtig und war nicht weniger schön als Motu. Da Tu'rgao merkte, dass sie auch ohne Orakel die Dinge im voraus wusste, erzählte er ihr in allen Einzelheiten, wie hart er Motu behandelt hatte und wie sie tief in der Nacht in Wolken zum Mond emporgeeilt war; er wagte nicht, etwas zu verschweigen. Nachdem Tuobutuni ihm zugehört hatte, sprach sie: „Ich hab das alles schon gewusst; was mir jedoch Sorgen macht, ist, dass ich nicht weiß, an welchen Ort sich meine zweite ältere Schwester eigentlich begeben hat. Wenn du gegessen hast, so gehe nach Osten. Nach hundert Schritten wirst du auf die Wohnung unserer Mutter treffen. Vielleicht gibt es Hoffnung für dich, wenn du sie inständig um Hilfe bittest!" Tu'rgao war sofort einverstanden und bat auch Tuobutuni inständig darum, ihm zu helfen. Sie antwortete: „Ich werde dich bestimmt nicht im Stich lassen, wenn ich etwas für dich tun kann!" Tu'rgao verabschiedete sich und ging zu der *Mama* im Osten. Sobald er ihrer ansichtig wurde, machte er Kotau, blieb dann knien und wollte nicht aufstehen. Die *Mama* aber konnte dies nicht mitansehen und befahl ihm, sofort aufzustehen. Er erhob sich, stellte sich mit ehrerbietig herabhängenden Armen hin und klagte der *Mama* sein Leid. Diese grobste ihn an: „Ich weiß, dass du sehr tapfer und tüchtig bist, deshalb habe ich dir extra meine *Zhuting*[16] Motu zur Frau gegeben. Du aber hast sie verschmäht, sie sogar verhöhnt und sie soweit gebracht, dass sie in der Nacht auf einer Wolke entfloh. Was willst du also noch hier?" Als Tu'rgao sah, dass die *Mama* wütend war, kniete er erneut nieder und bat sie mit höflichen und gefälligen Worten um Vergebung. Nach einer Weile wurde die Miene der *Mama*

---

13 Hezhe: *furibkt'u tɔtu* (S. 692): Wenn ein Mädchen erwachsen und sein Haar etwa einen Fuß lang ist, so kann es heiraten: Die Hezhe nennen solch ein Mädchen *Furileketu Dedou* (S. 397, Anm. 2; S. 492, Anm. 1) (OA).

14 Chin.: *Jiefu*: Ehemann der älteren Schwester.

15 Hezhe: *aɲiã* (S. 687): Anrede der Kinder für die Mutter (S. 302, Anm. 1; S. 492, Anm. 4) (OA).

16 Hezhe: *tsut'in*: Bedeutet „Zweite" (S. 493, Anm. 1) (OA).

etwas sanfter und sie sprach zu ihm: „Steh auf!" Tu'rgao tat wie ihm befohlen und folgte der *Mama* in die Hütte.

(13) Wie nun Tu'rgao bemerkte, dass die *Mama* nicht mehr so wütend war, wagte er, mit ihr eine Unterhaltung anzuknüpfen. Als es Nacht wurde, breitete sie Bettzeug aus Fuchs- und Zobelfellen auf dem Süd*kang* aus und ließ ihn dort schlafen. Sie selbst legte sich auf dem Nord*kang* nieder. Nachdem sie am folgenden Tag aufgestanden waren und gefrühstückt hatten, fragte er die *Mama*: „Wo hält sich Motu *Gege* denn jetzt auf? Ich bitte die Schwiegermutter inständig, mir einen Hinweis zu geben." Die Mama antwortete: „Ich mache dir keine Vorwürfe, aber ob meine Tochter Motu dir vergibt, weiß ich wirklich nicht. Du kannst sie auf dem Südhang der Berge im Westen finden. Dort wirst du ein Gebäude mit drei Zimmern sehen: Das Zimmer im Westen gehört ihr. Wenn sie sich aber im *Bana Huolun* [17] aufhält, so wird sie noch schwerer zu finden sein." Tu'rgao war er sehr froh, als er den Aufenthaltsort der Motu erfuhr. Sobald ihm aber in den Sinn kam, dass sie vielleicht im Himmel sein könnte, verzagte er wiederum: Wie sollte er sie dort finden! Nachdem er sich von der *Mama* verabschiedet hatte, ging er weiter nach Westen. Und als er bei der jüngeren Schwester seiner Frau, bei Tuobutuni ankam, erzählte er ihr alles, was seine Schwiegermutter ihm mitgeteilt hatte. Sobald sie hörte, dass Motu sich vielleicht im Himmel aufhielt, seufzte sie: „Falls sie im Himmel weilt, so fürchte ich, dass du trotz all deiner Fähigkeiten wohl kaum dorthin gelangen wirst!" Da Tu'rgao sowohl die Mutter als auch die Tochter vom Aufstieg in den Himmel sprechen hörte, vermutete er, dass die Beiden ihm vielleicht absichtlich Steine in den Weg legen wollten, weshalb er sich unverzüglich von Tuobutuni verabschiedete und zu den Westbergen ging. Am Südhang dieses Bergzuges angekommen, fand er tatsächlich ein Haus von drei Joch. Er rannte zur Tür, sah aber, dass diese verschlossen war. Er blickte durch eine freie Stelle im Fensterkreuz hinein und erspähte, dass sich niemand im Haus aufhielt, nur einige weibliche Hausarbeiten lagen herum. Er wartete ein Weilchen, war sich dann aber sicher, dass niemand da war und kehrte zu Tuobutuni zurück. Als diese ihn kommen sah, empfing sie ihn aufmerksam und liebenswürdig und erörterte mit ihm, wie er in den Himmel gelangen und Motu suchen könnte. Plötzlich rief Tu'rgao, nachdem er eine Zeit lang überlegt hatte: „Ich hab's! Ich hab's!" Hastig fragte ihn Tuobutuni: „Was ist dir eingefallen?" Tu'rgao antwortete: „Meine Vorfahren haben über Generatio-

---

17 Hezhe: *pana hərən*: Das mehrstöckige Gebäude (Wohnturm) des Himmels: Himmelreich (S. 493, Anm. 2) (OA).

nen hinweg einen *Mangemu Mayin*[18] verehrt. Ich werde ihn bitten, mich in den Himmel zu bringen, damit ich Motu suchen kann!" Tuobutuni sprach: „Das hört sich gut an! Bitte ihn doch sofort um sein Geleit!"

(14) Nachdem Tu'rgao sich mit Tuobutuni besprochen hatte, blieb ihnen als einziges Mittel, den Geist (*shenren*) zu bitten, Tu'rgao zu geleiten. Er bat ehrerbietig den Mangemu *Mayin* zu erscheinen und ihm zu helfen. Bald darauf wurden plötzlich Bretter des Dielenbodens beiseitegeschoben und eine über fünf Fuß große menschliche Gestalt mit einem Gesicht von der Farbe der Dattel kam aus dem Erdboden hervor. Als sie Tu'rgao bemerkte, sprach sie zu ihm: „Seit dem Tod deines Vaters habe ich weder Opfer von dir empfangen, noch hast du zu mir gebetet. Wieso hast du mich nun ohne Grund herbeigerufen?" Tu'rgao kniete auf der Stelle nieder und bat den Mayin-Geist (*Mayin shen*): „Motu *Gege* hat mich wegen einer Lappalie verlassen und ist auf einer Wolke zum Himmel aufgestiegen. Daher habe ich Euch gebeten zu kommen und mir zu helfen. Wenn ich im Himmel Motu wiedergefunden habe, werde ich an jedem *Yiche*[19] und *Tuobuhong*[20] Schafe und Schweine opfern. Ich werde bestimmt Wort halten!" Erst als der Mayin-Geist diesen Schwur hörte, war er einverstanden und nickte. Er nahm Tu'rgao huckepack und befahl ihm, die Augen fest zu schließen. Dann erhob er sich in die Lüfte und kam erst nach zwei Stunden (d.h. Doppelstunden) in einer Region [des Himmels] an. Als Tu'rgao die Augen öffnete und sich umsah, sah er vor sich ein mehrstöckiges Gebäude von drei Joch und ging durch dessen Portal ins Innere. Dort erblickte er seine geliebte Motu auf dem *Kang* an der Südseite sitzen: Sie blickte ins Innere des Zimmers und wandte nicht den Kopf. Er trat vor und rief: „Motu *Gege*, wie geht es dir?" Sie aber wandte sich noch immer nicht nach ihm um und obwohl er mehrmals rief, würdigte sie ihn keines Blickes! Da kniete er vor ihr nieder, aber erst nachdem er drei volle Stunden gekniet war, wandte sie ihm ihr Gesicht zu und sprach zu ihm: „Ich habe alle Beziehungen zu dir abgebrochen, warum hast du nach mir gesucht?" Er flehte sie an: „Ich war zeitweilig dumm und roh, verzeih mir doch!" Als Motu bewusst wurde, wie lange er schon kniete, forderte sie ihn auf, sich zu erheben. Des Weiteren stellte sie ihm drei Aufgaben, und falls er sie erfüllen könne, würde sie sich vielleicht wieder mit ihm versöhnen. Die drei Aufgaben waren: 1. In einer großen Höhle in den

---

18   Hezhe: *mãgəmɔ majin*: Mangemu ist der Name der Eiche (Mandschu: mangga moo). Das Bildnis des Mayin wird aus dem Holz dieses Baumes gefertigt. Diese Geisterart ist insbesondere für das Auffinden verlorener Sachen und den Schutz von Reisenden zuständig (S. 301, Anm. 1; S. 494, Anm. 1) (OA).

19   Hezhe: *iɭ'ə* (S. 678) [Mandschu: ice]: Der erste Tag des Monats (S. 494, Anm. 2) (OA).

20   Hezhe: *təphõ, t'əpk'õ* (S. 689) [Mandschu: tofohon]: Der fünfzehnte Tag des Monats (S. 494, Anm. 3) (OA).

Westbergen lebte eine gewaltige Schlange, am Höhleneingang aber war ein Schwert aufgehängt und dieses Schwert sollte er beschaffen. 2. In einer Felsenhöhle in den Südbergen lebte ein mächtiger Bär, den er an der Leine in ihren Hof zu führen hatte, und 3. gab es im Nordfluss einen großen goldenen Fisch, den er fangen und ihr bringen sollte. Gelang es ihm, diese Forderungen zu erfüllen, so würden sie wieder als Mann und Frau vereint sein, wenn ihm aber auch nur eine einzige Aufgabe misslang, so würde er sich wohl schwerlich Hoffnungen machen dürfen. Nachdem Tu'rgao von Motu diese Aufträge bekommen hatte, ging er sogleich zur Tür hinaus und machte sich in Richtung Westen auf den Weg.

(15) Tu'rgao ging fünf bis sechs Meilen nach Westen und kam dann an einen hohen Bergstock. Als er über einen Pass in die Berge gelangte, sah er vor sich eine *Dedou* und erkannte bei genauerem Hinsehen Tuobutuni. Sie sprach zu ihm: „Schwager, kennst du denn die Absichten meiner Schwester?" Tu'rgao antwortete: „Ich kenne sie wahrhaftig nicht!" Da sprach Tuobutuni: „Wenn du das Schwert holst, so ist dein Leben in Gefahr. Da du die *Gege* mit dem Fuß getreten hast, hasst sie dich über alle Maßen und will dich ins Verderben schicken, denn erst dann wird sie zufrieden sein!" Darauf erwiderte Tu'rgao: „Was kann man da tun? Ich bitte die jüngere Schwester um ihren Rat!" Diese sprach: „Ich helfe dir erst, wenn du mir einen Wunsch erfüllst. Ansonsten werde ich mich auf der Stelle verabschieden!" Tu'rgao fragte, was sie denn begehre und sie antwortete: „Schwager, ist es dir möglich, mich bei dir aufzunehmen?" Tu'rgao meinte dazu: „Wenn ich dich aufnehme, bedeutet das denn nicht mit Blick auf deine Schwester Öl ins Feuer zu gießen? Das wäre doch nicht sehr ratsam!" Tuobutuni meinte dazu: „Das hat nichts zu bedeuten! Ich werde mich um die ganze Angelegenheit kümmern und sie mit meiner Schwester ins Reine bringen." Daraufhin stimmte Tu'rgao ihrer Bitte zu. Tuobutuni zog einen Beutel roten Zinnobers hervor und riet ihm: „Schwager, mische diesen Zinnober mit Blut aus deinem Finger und schieße das Gemisch in die Höhle. Wenn die Riesenschlange diesen üblen Geruch riecht, wird sie mit der Zunge an dem Zinnober lecken, worauf sie verenden wird. Außerdem darfst du auf keinen Fall vergessen, dass du, nachdem du den Zinnober in die Höhle geschossen hast, schnellstens mehr als 200 Schritt fortlaufen musst. Dann erst darfst du dich umdrehen und nachsehen gehen." Nach diesen Worten trennten sich die Beiden. Als Tu'rgao zur Höhle kam, tat er, wie ihm geheißen worden war, und rannte eilends weg. Sobald die Riesenschlange das Blut roch, schnellte ihre Zunge heraus, saugte das Blut auf und schluckte den Zinnober. Kurz darauf bebten Himmel und Erde und vom Höhleneingang flogen Felsbrocken weg, die Schlange aber hatte es in mehrere Teile zerrissen. Tu'rgao eilte zum Höhleneingang, holte das Schwert und verließ

damit die Höhle. Der Leib der Schlange war sieben bis acht Klafter lang und etwa drei Armspannen dick. Tu'rgao legte respektvoll das Schwert vor Motu nieder, diese aber tat keinen Mucks, weshalb Tu'rgao wohl oder übel das Gebäude verlassen und sich auf den Weg zum Nordfluss machen musste.

(16) Als Tu'rgao am Ufer des Flusses ankam, erwartete ihn dort bereits Tuobutuni. Sie sprach zu ihm: „Warte hier auf mich, ich werde den goldenen Fisch fangen!" Mit diesen Worten sprang sie ins Wasser. Erst nach langer, langer Zeit kam sie mit dem Fisch in Händen aus dem Fluss und gab ihn Tu'rgao, damit er ihn zu Motu bringe. Da die Sonne bereits hinter den Westbergen untergegangen war, befahl Motu Tu'rgao, dass er sich im Ostzimmer ausruhen und dort schlafen solle. Am folgenden Morgen machte er sich auf den Weg in die Südberge und kam dort schon nach kurzer Zeit an. Und wirklich gab es dort eine Felsenhöhle, vor der Menschenknochen sich zu Bergen türmten und in der Sonne bleichten. Mit einem Mal stürzte ein gewaltiger Bär aus der Höhle heraus. Tu'rgao war gänzlich unbewaffnet und ihm wurde mulmig, bis er seitab eine Eiche bemerkte, die er samt Wurzeln aus dem Boden riss. Dann packte er den Bären bei den Ohren und schwang sich auf dessen Rücken, wo er mit den Ästen des Baumes mehrere Male auf das Tier einschlug. Als der Bär sich aufrichtete, schlug er erneut mit all seiner Kraft zu. Der Bär warf sich bäuchlings zu Boden und rührte sich nicht mehr[21]. Tu'rgao ritt auf dem Rücken des Bären den Weg zurück und als er nicht mehr weit vom Tor entfernt war, sah er Motu vor diesem stehen. Als er auf dem Bären reitend zurückkam, sprach sie lächelnd zu ihm: „Binde den Schwarzbären an den Tuoluo-Pfosten[22]!" Als Tu'rgao sie so sprechen hörte, freute er sich von Herzen. Sie traten ins Haus, wo auf dem Süd*kang* bereits ein Tisch mit Branntwein und dazu passenden Speisen stand; während er noch zu diesem hinsah, sagte Motu: „Diese Sache war für uns beide unangenehm, ich kann dich auch verstehen!" Tu'rgao antwortete: „Was geschehen ist, war mein Fehler, sprich nicht mehr davon!" Die beiden Gatten setzten sich auf ihre Plätze und begannen froh und unbeschwert zu bechern. Nach mehreren Runden Wein sprach Tu'rgao zu Motu: „Als du weg warst, war mir, als hätte ich etwas verloren und habe nichts mehr gegessen und aufgehört, zu schlafen. Da ich alles darangesetzt habe, dich zu suchen, habe ich dich nun endlich gefunden!" Die Beiden tranken und sprachen sich aus und als es Abend wurde, stiegen sie Hand in Hand auf den *Kang* und vollzogen ihre Vermählung. Am folgenden Tag stand Motu zuerst auf, richtete erneut einen Tisch voll Branntwein und Speisen an und

---

21 D.h. er unterwarf sich.

22 Hezhe: ﬨ﬩ﬥﬦ: An der Westseite des Hauses des Schamanen werden drei Stangen aus Pappelholz aufgestellt, die man „Tuoluo-Stangen" nennt. Vgl. Erzählung Nr. 5, Anm. 50.

drängte Tu'rgao aufzustehen; nachdem er sich gewaschen und gekämmt hatte,
setzten sie sich zu Tisch und aßen und tranken.

(17) Tu'rgao und Motu wollten sich glücklich und zufrieden zu Tisch setzen, als
sie plötzlich ein Mädchen leicht und elegant kommen sahen, und bei näherem
Zusehen war's niemand anderer als Tuobutuni. Die beiden Eheleute begrüßten
sie und forderten sie auf einzutreten. Die beiden Schwestern tuschelten
miteinander, ohne dass Tu'rgao wusste, über was sie sprachen. Als sie vom Wein
schon ziemlich angeheitert waren, erwähnte Tu'rgao, dass er nicht länger hier
bleiben könne, weil er befürchtete, dass sein Bruder sich sorgen könnte. Er bat
daher seine Frau festzulegen, wann sie zu seinem Bruder zurückkehren würden.
Motu sprach: „Wenn's so ist, sollten wir gleich morgen aufbrechen!" Tu'rgao
besprach sich mit seinem *Mayin* wegen der Rückkehr zur Erde und dieser sagte
zu ihm: „Dieses Mal habe ich keine Lust, dich zurückzubringen. Wenn ich dich
zurückbringen soll, so musst du mir künftig Schafe und Schweine opfern und
erst wenn deine Frau in dieser Angelegenheit dafür bürgt, bin ich dazu
bereit!" Tu'rgao bat Motu für ihn zu bürgen, worauf Motu lachte und den *Mayin*
bat: „Ich werde in dieser Angelegenheit die Verantwortung tragen und falls er
später nicht bereit ist, Opfer darzubringen, so wende dich an mich!" Da nahm
der *Mayin* Tu'rgao wieder auf den Rücken, hieß ihn die Augen schließen und
machte sich auf den Weg. Schon bald war der Abstieg beendet und als Tu'rgao
die Augen öffnete, sah er, dass er wieder zurück auf der Erde war. Aber er wusste
nicht, wo er war und fragte: „Wieviele Meilen sind es von hier bis zu meinem
Haus?" Der *Mayin* antwortete: „Wenn du von hier sechshundert bis siebenhundert Meilen nach Norden gehst, kommst du nach Hause." Tu'rgao brach stets
früh auf und legte sich spät schlafen und kam unterwegs durch ein Dorf. Dieses
war leer, nur sehr viele Leichen waren zu sehen, deren Gestank kaum auszuhalten
war. Als er damit beschäftigt war, alles abzusuchen, kam aus einer Hütte ein
Wesen, das weder Mensch noch Dämon war und bei dessen Anblick Tu'rgao der
Schreck in alle Glieder fuhr.

(18) Dieses Dorf hieß Gelin *Gashen*. In ihm lebte der berühmte Schamane Yeying,
der die Fähigkeit besaß, Wind und Regen zu rufen und wie ein Gott (*shen*) verehrt
wurde. Da die von ihm geführten *Eqihe*- und *Aimi*-Geister allzu viel frisches Blut
getrunken hatten, geriet er auf Abwege und zog nun Tag und Nacht los, um
Fremde umzubringen, damit sie gefressen werden konnten. Als Tu'rgao ankam,
wollte der Schamane Yeying gerade auf Nahrungssuche gehen. Er bemerkte
Tu'rgao und stürzte auf ihn los. Tu'rgao betete bei diesem Anblick zu seinem
Eqihe, der sich sogleich in eine Wespe verwandelte und als der Schamane Yeying
den Mund aufriss, um zu brüllen, flog diese in seinen Schlund und stach ihn,
nachdem sie sich durch seinen Körper gebohrt hatte, ins Herz. Yeying konnte

den Stich nicht aushalten, stürzte zu Boden und wimmerte. Nachdem Yeying von der Wespe gestochen worden war, hatten ihn die Geister und Dämonen verlassen und sein Geist wurde wieder etwas klarer, weshalb er niederkniete und flehte: „*Ezhen Han*, ich will gerne dein Sklave werden und mich für dich einsetzen!" Tu'rgao nahm sein Anerbieten an und als Yeying begriff, dass er alle Angehörigen seines Haushalts umgebracht hatte, schien er wie aus einem Traum zu erwachen und weinte bitterlich; er hörte erst damit auf, nachdem ihm Tu'rgao gut zugeredet hatte. Tu'rgao sagte zu ihm: „Da du nun keine Familienangehörigen mehr hast, kannst du mit zu mir nach Hause kommen!" Da schloss sich ihm der Schamane Yeying an. Als Tu'rgao zu seinem Haus kam, kam sein älterer Bruder Tuqiwu heraus und hieß ihn willkommen. Die Brüder schüttelten sich zum Wiedersehen die Hände und erkundigten sich, wie es um den jeweils anderen stand. Tu'rgao forderte dem Schamanen Yeying auf, sich seinem Bruder vorzustellen, worauf sie alle zusammen ins Haus traten, sich setzten und erzählten. Während sie fröhlich plauderten, vernahmen sie draußen vor dem Haus plötzlich die Geräusche eines Fuhrwerks und als sie nachsehen gingen, war ein von einem Pferd gezogener und von Reitern eskortierter Wagen schon vor der Tür angekommen. Dem Wagen entstiegen Motu und Tuobutuni, die von zahlreichen Dienerinnen und Mägden begleitet wurden. Tu'rgao hieß sie willkommen und führte sie in die Hütte, wo sie sich etwas ausruhten und dann Tuqiwu ihre Aufwartung machten. Zugleich befahlen sie ihren Dienerinnen ihren Herrn zu begrüßen. Tuqiwu schlachtete Schafe und Schweine und tischte reichlich für den Bruder und dessen Frau auf. Als sie alle fröhlich feierten, stürmte ein Hüne mit einer Hühnerfeder[23] in der Hand herein, die er Tu'rgao übergab.

(19) Südwestlich des Hauses von Tu'rgao[24] lag Huzhuruku *Huotong*, dessen Stadtherren die Brüder Mosunte und Taizite waren. Als ihnen zu Ohren kam, dass Tu'rgao eine unvergleichliche Schönheit geheiratet hatte, beschlossen sie, ihm die Frau zu rauben und entsandten den Hünen, der zuerst die Hühnerfeder als Zeichen überbringen sollte. Als Tu'rgao die Feder bemerkte, wusste er, dass es sich um eine wichtige Angelegenheit handelte, und bat den Hünen um Aufklärung. Dieser meldete, dass Mosunte die Absicht habe, ihm Motu wegzunehmen, und falls er sie nicht ausliefere, würde jener Truppen aufbieten und das Dorf auslöschen. Diese Botschaft versetzte Tuqiwu und Tu'rgao mächtig in Rage: Als einstweilige Antwort teilten sie dem Hünen mit: „Kehre zurück und melde fürs Erste, dass wir sie morgen bringen werden." Sie luden ihn zu Branntwein und

---

23 Dient als Botenzeichen (wörtlich „Signal" 信號) (S. 498, Anm. 1) (OA).

24 *Huzhuruku* [Mandschu: hujureku] bedeutet Mühlstein (S. 498, Anm. 2) (OA). – Keine Angabe dazu in der Wörterliste (S. 678–694).

Fleisch ein und nachdem der Bote sich satt gegessen hatte, nahm er Abschied und kehrte in die Stadt zurück. Tu'rgao beriet mit Tuqiwu, wie vorzugehen sei, und sie beschlossen, am folgenden Tage gegen den Feind zu ziehen. Am folgenden Morgen wählten sie drei edle Pferde aus und nachdem Motu Tu'rgao ein kostbares Schwert ausgehändigt hatte, ritt er mit seinem älteren Bruder und Yeying los; alle waren sie mit Pfeil und Bogen, Schwert und Lanze bewaffnet.

Als die drei Recken vor den Mauern der Stadt ankamen, hatten sie berittene Kundschafter bereits in der Stadt gemeldet. Aus der Stadt quoll eine unübersehbare Menge Truppen, die sich dem Feind entgegenstellte. Taizite begab sich vor die Reihen und fragte: „Habt ihr Motu mitgebracht?" Da schwang Yeying auch schon sein Schwert und drang auf Taizite ein, worauf die Beiden sofort zu kämpfen begannen. Auf der gegnerischen Seite trat ein weiterer Anführer vor, um zu Hilfe zu eilen, weshalb auch Tuqiwu vortrat und mit ihm kämpfte. Nun kam auch Mosunte vor die Reihen, dem sich Tu'rgao mit Schwert und Jagdspieß entgegenstellte. Gegen Mittag schlug Tu'rgao dem Mosunte die halbe Schulter durch, worauf dieser vom Pferd stürzte und von seinem Gegner mit der Lanze getötet wurde. Taizite musste mit ansehen, wie sein Bruder getötet wurde; er war daher kurz abgelenkt, weshalb auch er von Yeying mit dem Schwert in zwei Teile zerhackt wurde. Als die Truppen[25] sahen, dass ihre Herren gefallen waren, kamen sie auf dem Bauch gekrochen und unterwarfen sich. Tu'rgao begab sich mit seinen Gefährten in die Stadt, aber als sie am Stadttor ankamen, kam ein weiblicher Heerführer, die Frau des Taizite, schwertschwingend auf sie zugeritten. Die Drei traten ihr entgegen und hielten sie mit vereinten Kräften auf. Erst nach über hundert Runden wurde sie von Tu'rgao mit der Pferdeschlinge zu Fall gebracht und gefangengenommen. Tu'rgao und die Seinen begaben sich nun in die Stadt, wo sie das Volk beruhigten, und ruhten sich dann drei Tage in der Residenz des Mosunte aus. Dann befahlen sie den Einwohnern der Stadt umzuziehen und kehrten im Triumph nach Hause zurück, wo ihnen Motu und Tuobutuni zur Begrüßung entgegenkamen. Tu'rgao befahl dem Volk eine Stadt zu errichten und Häuser zu bauen. Außerdem verheiratete er Narenni *Dedou*, die gefangengenommene Frau des Taizite, mit seinem älteren Bruder Tuqiwu; sie willigte aber erst ein, nachdem Motu mehrere Tage lang auf sie eingeredet hatte. Dazu ließ Tu'rgao Schweine und Schafe schlachten und verteilte drei Tage lang viereckige Fleischstücke (*fang rou*) an das Volk, um den Frieden zu feiern.

---

25 Wörtl.: *renmin* (人民), d.h. Volk. Da weiter unten beim Betreten der Stadt nochmals vom „Volk", das sich unterwirft, chin. diesmal *bai xing* (百姓), die Rede ist, darf angenommen werden, dass es sich bei Ersterem um die aufmarschierten Truppen handelt (S. 499).

12. Mandou

(1) Vor Zeiten stand auf dem Südufer des Sungari die Stadt Xireka, die einen Helden namens Ma'atiwu *Mo'rgen* hervorgebracht hatte. Er hatte einen leiblichen jüngeren Bruder, der Mandou hieß. Als dieser ein Jahr alt war, verstarben nacheinander die Eltern. Ma'atiwu hatte Zhuruhuni geheiratet, die wie er selbst bestens die Kriegskünste beherrschte. In jener Zeit teilten sich zahlreiche Herren das Land auf, allerorten wurden Feldzüge unternommen, übte man Rache und metzelte man einander nieder. Eines Tages saß Ma'atiwu müßig da, als er vom Flussufer her ein Stimmengewirr vernahm, und wie er dann vom Stadtturm herab Ausschau hielt, sah er, dass am Ufer zehn Segelschiffe festgemacht hatten, die mit Truppen vollbeladen waren, und dass zwei *Mo'rgen* in schimmernder Rüstung auf die Stadt zukamen. Mit Schwert und Lanze in Händen kamen sie vor das Stadttor, um zum Kampfe herauszufordern. Sie zeigten mit dem Finger auf die Städter und schimpften: „Unser Vater wurde von euch umgebracht. Heute sind wir hier vorbeigekommen und der Himmel hat uns die Gelegenheit gewährt, Rache zu nehmen. Öffnet auf der Stelle die Tore und unterwerft euch: In diesem Fall wollen wir euch alle schonen, ansonsten werden wir selbst die Hühner und Hunde töten und niemand wird übrigbleiben!" Da legte Ma'atiwu seine Rüstung an, nahm den Langspeer zur Hand, schwang sich auf seinen Schimmel und galoppierte kämpferisch und respektgebietend zum Stadttor hinaus. Dort fragte er seine Gegner: „Wer seid ihr? Wenn ihr euch schon erdreist, hierher zu kommen, um Streit zu suchen, so lasst mich eure Namen wissen!" Sein Gegenüber antwortete ihm: „Ich heiße Xicaowu, mein jüngerer Bruder heißt Xikewu. Wir sind nur deshalb hierher gekommen, um dich gefangenzunehmen. Falls dir klar ist, wie's um dich steht, wirst du sofort absitzen und dich binden lassen!" Ma'atiwu fasste seine Lanze fester und stürmte vor, seine Gegner griffen nach den Schwertern und nahmen den Kampf an. Obwohl Ma'atiwu alleine gegen zwei Gegner antreten musste, fürchtete er sich nicht im Geringsten. Nachdem sie mehr als fünfzig Runden gekämpft hatten, stand es noch immer unentschieden. Schließlich traf Xicaowu mit dem Wurfspieß Ma'atiwu am linken Arm, worauf dieser kopfüber vom Pferde stürzte und von den herbeistürmenden Gefolgsleuten seiner Gegner gefesselt und auf eines der Schiffe gebracht wurde.

Seine Frau Zhuruhuni *Dedou* hatte vom Torturm aus den Kampf beobachtet und sank beinahe ohnmächtig zu Boden, als sie zusehen musste, wie ihr Mann gefangengenommen wurde, und wusste weder aus noch ein. Sie eilte zum Hauptgebäude [der Residenz] zurück, legte Mandou, den jüngeren Bruder ihres Mannes, in den Feuergang des *Kang* und ebnete die Stelle mit einer Lehmschicht (*tupi*) ein. Dann holte sie ihr Schwert und ritt vor das Tor. Zuvor aber sprach sie zu den Wachen am Stadttor: „Bewacht sorgfältig das Tor, während ich vor der Stadt mit Xicaowu und Xikewu kämpfe!" Mit diesen Worten ritt sie allein gegen den Gegner, hielt sich erst gar nicht damit auf, ihren Namen zu nennen, sondern drang sogleich mit dem Schwert auf sie ein. Nach über hundert Runden stand es noch immer unentschieden und als es dunkel wurde, ließ man voneinander ab und zog sich zurück, um sich zu erholen. Nachdem Zhuruhuni in die Stadt zurückgekehrt war, trat sie in das Haupthaus und setzte sich und als sie sich wieder daran erinnerte, dass ihr Mann dem Feind in die Hände gefallen war, begann sie zu heulen. Später erinnerte sie sich an das Brüderchen ihres Mannes, das wahrscheinlich hungrig war, worauf sie es hervorholte und fütterte. Und bald darauf schlief auch sie ein.

Nachdem sie am folgenden Morgen den Kleinen gefüttert hatte, legte sie ihn wieder in sein Versteck zurück, holte eine Flasche Branntwein hervor und leerte diese Schale um Schale; dann griff sie nach dem Schwert und ritt vor die Stadt hinaus. Dort traf sie auf Xicaowu und seinen Bruder und ohne sich lange mit Reden aufzuhalten, schwang sie das Schwert. Die Brüder empfingen sie, der Kampf begann. Da Zhuruhuni zu viel Wein getrunken hatte, geriet ihr alles durcheinander und sie wurde schon nach drei Runden von den Brüdern gefangengenommen und den Gefolgsleuten übergeben, die sie banden und auf das Schiff brachten. Xicaowu ritt mit seinem Bruder bis vor das Stadttor und da die Wachen von der Stadtmauer aus beobachtet hatten, wie ihre Herren gefangengenommen worden waren, konnten sie nichts weiter tun, als das Tor zu öffnen und den Feind willkommen zu heißen. Auch die Stadtbevölkerung kam vor die Stadt und begrüßte ihn kniefällig. Xicaowu siedelte die Einwohner vollzählig in seine eigene Stadt um und ließ zudem einen Gefangenenkäfig bauen, in dem er Ma'atiwu und seine Frau mitführte.

(2) Mandou verweilte in der Höhlung des *Kang* und aß von dem Fleisch und den Speisen, die ihm seine Schwägerin bereitgelegt hatte. In der ganzen Stadt war lediglich Mandou zurückgeblieben, der noch keine zwei Jahre alt war und Tag für Tag aß und schlief. So ging es immer weiter und bevor man sich's versah, war er sechzehn Jahre alt geworden. Eines Nachts hörte er im Traum eine Stimme: „Du *Mo'rgen* bist schon recht wunderlich! Fortwährend schläfst du. Warum kommst du nicht heraus, um zu sehen, wie's im Osten und im Westen, im Norden und im Süden aussieht? Geh zum Fluss und schau, wie das Wasser fließt, welchen Anblick die Landschaft bietet!" Er schreckte hoch, öffnete die Augen und sah sich um, aber es war ein Traum gewesen. Aber obgleich es noch mitten in der Nacht war, konnte er nicht mehr einschlafen. Er wälzte sich hin und her und wartete ungeduldig bis es hell wurde, worauf er ganz allmählich aufstand. Da

Mandou sich stets in dem Feuerungsgang aufgehalten hatte, war er nie mit der Außenwelt in Berührung gekommen; er hatte nichts [von der Welt] gesehen und war deshalb ein tumber Tor, der noch nicht mal Osten und Westen unterscheiden konnte. Nackt wie er war, wusste er nichts von Kleidern, auf dem Rücken klebten fest und zäh zwei Lehmstücke (*tupi*), das Gesicht überzog eine dicke Schmutzschicht, denn er hatte sich nie gewaschen. Als die Sonne drei Klafter über dem Horizont stand, kroch er hervor und sah sich um. Die Stadt war völlig verlassen, nur das Zwitschern der Vögel und Zirpen und Summen der Insekten war zu hören. Plötzlich fiel im ein, was er im Traum vernommen hatte, weshalb er einen Stock nahm und zum Flussufer ging. Die Gegend dort war schön anzusehen und auf einmal dachte Mandou daüber nach, in welche Richtung dieser Fluß wohl fließe? Das wollte er nun doch einmal herausfinden! Er nahm ein Stück Holz und warf es in den Fluss, worauf es in östlicher Richtung abgetrieben wurde: Nun erst wusste Mandou, wo Osten und wo Westen war. Er lief nun eine Weile zum Spaß am Ufer entlang nach Osten. Als er heimkehren wollte, bemerkte er im Wasser einen Fischotter, der flink in seine Richtung geschwommen kam. Darüber freute sich Mantou und schlug mit seinem Stecken nach dem Otter, der nachdem er dreimal in die Höhe gesprungen war, seinen Schwanz dreifach um Mandous Hals schlang und ihn ins Wasser zog. Mandou legte sich bäuchlings auf den Rücken des Otters, hörte um sich das Rauschen des Wassers und merkte, dass sie der Strömung nach Osten folgten.

(3) Der Otter führte Mandou in Windeseile nach Osten bis zu zu einer Stelle, an der auf dem Nord- und auf dem Südufer je eine umwallte Stadt stand, die Duimian-Städte[1] hießen. Im Fluss waren dreitausendsechshundert eiserne Haken angebracht, die ihn seiner Breite nach sperrten, so dass man unmöglich durchkam. Der Fischotter wälzte sich und verwandelte sich in einen riesigen Kaluga-Hausen, der gegen die Basis dieser Haken springend anstürmte, die Haken aber bohrten sich so fest in den Rücken des Fisches, dass er sich nicht mehr befreien konnte. Die Stadtherren von Duimian waren zwei Brüder, von denen der ältere Hailaru, der jüngere Ha'rbiru hieß. Sie hatten eine jüngere Schwester namens Hailanni *Dedou*, die Zukünftiges vorherzusagen vermochte. Sie ging nun am frühen Morgen am Fluss spazieren und bemerkte, dass die von ihrem ältesten Bruder ausgelegten Fischangeln einen gewaltigen Fisch gefangen hatten. Eilends rannte sie

---

1   Es handelt sich um die am Fluss Qixinghe gelegene Stadt Barugusu. Dieser Fluss ist identisch mit dem Qilixinghe im Süden des heutigen Kreises Fujin, an dessen Ufer sich zwei Städte gegenüberlagen, die von den Bewohnern dieser Gegend Duimian-Stadt genannt wurden (S. 294, Anm. 7; S. 501, Anm. 1) (OA). – Der chinesische Ausdruck *duimian* (對面) bedeutet „sich gegenüberstehend", „gegenüberliegend", „von Angesicht zu Angesicht", wird hier aber als Name verwendet.

heim und informierte ihren Bruder: „Ich konnte sehen, dass die Angeln einen
großen Fisch gefangen haben: Er ist fünf oder sechs Klafter lang! Bruder, sag
den Bewohnern der ganzen Stadt, dass sie in die Boote steigen und helfen sollen,
diesen Fisch einzuholen!" Sie hatte noch nicht fertiggesprochen, als auch schon
die Einwohner aus ihren Häusern kamen. Mit Fischhaken und anderem Gerät
begab sich ihr Bruder, von einer großen Zahl Volkes begleitet, zum Ufer und
auch der zweitälteste Bruder Ha'rbiru kam mit Angeln und einer Schar Leute
hinterdrein. Sie stiegen allesamt in die Boote, um den mächtigen Hausen
herauszuziehen. Wie aber hätten sie vorhersehen können, dass der Fisch, als sie
ihm nahe kamen und ihn mit den Haken einfangen wollten, unter Aufbietung all
seiner Kräfte einen Purzelbaum machte, worauf die Boote kenterten und die
Insassen ins Wasser geschleudert wurden und ertranken.

Der Hausen verwandelte sich wieder in einen Fischotter und schwamm mit
Mandou zum Unterlauf des Flusses. Lange Zeit waren sie geschwommen, bis sie
zu einer Gegend kamen, wo Mandou vom Wasser aus eine Stadt auf dem Südufer
bemerkte. Diese Stadt hieß Hongguni *Huotong*, über die ein kahlköpfiges
Mädchen namens Hongguni *Dedou* herrschte. Auch sein Vater war sehr berühmt:
Er hatte nur diese eine Tochter, die sich von klein auf in den Kriegskünsten geübt
und vervollkommnet hatte. Zudem verstand sie sich auf die magischen Künste,
mittels derer Geister und Dämonen gebannt wurden. Sie besaß ein Juwel, mit
dem man Berge versetzen und ins Meer eindringen konnte. Als ihr die Stadt von
ihrem Vater vermacht wurde, wagte niemand in der Stadt ihre Herrschaft in Frage
zu stellen, da man wusste, über welche Fähigkeiten sie verfügte und so gehorchten ihr die Stadtbewohner ohne Widerrede.

An jenem Tag war das kahlköpfige Mädchen frühmorgens aufgestanden und
hatte sich in den Kopf gesetzt, seine Glatze blank zu schrubben und dies sollte
unter allen Umständen am Fluss geschehen. Es erließ daher eine Bekannt-
machung an die Städter, dass sich niemand in den Straßen aufhalten und auch
nicht vor das Stadttor gehen dürfe; wer dagegen verstoße, werde hingerichtet!
Nachdem diese Order ergangen war, waren die Straßen menschenleer und kein
Laut war zu hören. Das kahlköpfige Mädchen begab sich ans Flussufer, nahm
das azurblaue Tuch von ihrer Glatze und bereitete sich darauf vor, diese zu
waschen.

(4) Hongguni wusch sich am Ufer den Kopf und als sie ihn schon ein oder
zweimal gewaschen hatte, und der Grind auf dem Kopf sie unerträglich juckte,
spürte sie, dass sich jemand heimlich ihren Kahlkopf besah; daher sagte sie zu
sich selbst: „Ich weiß, dass irgendjemand insgeheim meine Glatze betrachtet. Ich
werde daher mein die Berge versetzendes Juwel ins Wasser werfen, damit es sich
in einen hohen Berg verwandelt, den zu überschreiten niemandem erlaubt

ist." Sie warf ihr Juwel in den Fluss, aus dem tatsächlich ein hoher Berg empor-
wuchs. Das kahlköpfige Mädchen aber kehrte nach Hause zurück. Mandou hatte
vom Wasser aus ein kahlköpfiges Mädchen erblickt, das sich den Kopf wusch.
Als sie sich ein oder zweimal gewaschen hatte, wuchs plötzlich an ihrem Wasch-
platz ein hoher Berg empor, was ihn sehr verwunderte. Der Otter aber wurde
von dem Berg eingeklemmt und konnte weder vor noch zurück, und als er nun
gar keinen anderen Ausweg mehr wusste, flehte er Hongguni an: „Ich bin
Zhaorenni *Dedou*. Ich habe mit der *Dedou* Schwesterschaft geschlossen und wir
sind eng befreundet. Weil Xicaowu und sein Bruder mich zwingen wollen seine
Frau zu werden und weder mein Vater noch ich damit einverstanden sind, ist
deine jüngere Schwester nicht weniger als tausend Meilen weit gereist, um Mandou *Mo'rgen* abzuholen, damit er das abwehrt. Ich habe die Wahrheit gesagt und
bitte dich inständig, schnell den Zauber zurückzunehmen, um nicht diese wichtige Sache zu verderben." Da verschwand der hohe Berg. Wie zuvor wickelte der
Otter seinen Schwanz dreifach um Mandou und schwamm lange Zeit weiter, bis
sie die Meeresküste erreichten, wo sich ein Dorf befand. Der Fischotter sprang
mit einem Satz aufs Ufer und verwandelte sich in ein hübsches Mädchen. Es sah
sich nach Mandou um und befahl ihm, hier zu warten, sie würde bald wieder
zurück sein. Schon bald nachdem sie fortgegangen war, kamen zwei Dienerinnen
(*yahuan*) mit einer zu einem Ballen zusammengelegten, kompletten Kleidergar-
nitur aus Seide und sagten zu ihm: „Schwager, unsere ältere Schwester hat uns
beauftragt, dir dieses Gewand zu bringen, damit du es trägst." Mandou aber
wollte diese Kleider nicht anziehen und gab auch nicht nach, als die Zofen ihm
mehrfach zuredeten.

(5) Als die Zofen merkten, dass er das Gewand nicht anzuziehen würde, kehrten
sie zurück und meldeten dies dem Mädchen. So musste es selber mit dem Gewand zum Flussufer gehen, wo Mandou mit noch immer unbedecktem Körper
saß. Sie trat zu ihm und sprach: „Du siehst doch, dass ich alles nur Erdenkliche
unternommen habe und tausend Meilen gewandert bin, damit du kommst und
Unheil von uns abwendest. Zieh doch schnell diese Kleider an und werde deiner
Aufgabe gerecht!" Damit übergab sie ihm die Kleider und Mandou hatte keine
andere Wahl als sich einzukleiden. Dann gingen sie zusammen zu einem prachtvollen und eleganten Haus. Als sie zur Türe kamen, kam zur Begrüßung ein alter
Herr heraus, und Mandou war sofort klar, dass dies der Vater des Mädchens war.
Nachdem sie einander begrüßt hatten, traten sie ein, setzten sich und begannen
zu plaudern. Der alte Mann sprach: „Der am Ufer des Ostmeeres lebende
Xicaowu und sein Bruder fühlten sich vom Ruhm meiner Tochter angezogen
und wollen sie heiraten. Wir lehnen dies jedoch ab. Als sie merkten, dass wir nicht
zustimmten, ließen sie uns ausrichten, dass es ihnen egal sei, ob wir zustimmten

oder nicht, eine Hochzeit sei beschlossene Sache! Ich alter Mann weiß, dass meine Kräfte nicht ausreichen, um ihnen entgegenzutreten, und so habe ich meine Tochter damit beauftragt, Euch einzuladen, damit Ihr uns helft. Wir werden Euch dafür bestimmt reichlich belohnen!" Der alte Herr orderte Wein und Zuspeisen, worauf er mit Mandou ausgelassen zu zechen begann und sie angenehm und freundschaftlich miteinander plauderten. Der alte Herr berichtete auch, dass Xicaowu und die Seinen bald kommen würden und er hoffe, dass der *Mo'rgen* sie dann nicht im Stich lassen werde. Bei diesen Worten wurden seine Augen ganz rot und unwillkürlich rannen ihm die Tränen übers Gesicht, worauf Mandou ihm gut zuredete. Nachdem das Mahl beendet war, legte sich Mandou im Gästezimmer schlafen. Um die Mittagszeit des darauffolgenden Tages näherten sich von Osten her ein Dutzend Wagen, die mit Girlanden geschmückt waren: Dies waren die Hochzeitswagen! Das Mädchen beriet sich mit Mandou und sprach: „Empfange sie erst einmal und lass sie eintreten, dann werden wir den Umständen entsprechend handeln. Wenn du sie empfängst, musst du außerordentlich behutsam sein und darfst ja nicht unüberlegt handeln. Der letzte Wagen ist aus Eisen und auch der Ochse, der ihn zieht, ist aus Eisen, sei also nicht unvorsichtig!" Mandou nahm Weinflasche und Teekanne und ging, die Ankömmlinge willkommen zu heißen. Er ging der Reihe nach von Wagen zu Wagen und schenkte sehr zuvorkommend Wein und Tee aus und als er zum letzten Wagen kam, waren Wagen und Rind tatsächlich aus Eisen.

(6) Als Mandou bei seiner Begrüßung bei dem letzten Wagen ankam, wollte er herausbekommen, wer denn nun eigentlich in demselben fuhr. Als er an die Seite des Wagens trat, blickte er durch die Vorhänge und sah im Wageninneren eine Frau sitzen, die über vierzig Jahre alt war und deren Gesicht von einer Schmutzkruste überzogen war: Sie schien kein Mensch zu sein, sondern konnte jemandem wahrlich Furcht einflößen. Mandou schenkte einen Becher Wein ein und reichte ihn ihr. Die *Mama* lehnte nicht ab, sondern trank ihn in einem Zuge aus. Als ihr wieder eingeschenkt wurde, trank sie wieder und machte so weiter, bis die Kanne leer war. Mandou wollte nun gehen, aber die *Mama* streckte die Hand nach ihm aus und hielt ihn fest, so dass er nicht fort konnte, und als er sich zu ihr umwandte, sah er, dass die Mama *weinte*, worüber er sehr erstaunt war. Die *Mama* sagte zu ihm: „Wer hat dich hierher gebracht? Das trifft sich ja wirklich gut! Ich bin niemand anderer als deine Schwägerin! Dein älterer Bruder und ich wurden von denen da gefangengenommen; das geschah, als du ein Jahr alt warst. Ich habe dich in den Feuerungsgang des *Kang* gelegt, weshalb du entkommen bist." Nun erzählte Mandou, wie ihn das Mädchen in Gestalt eines Fischotters hierher gebracht hatte, damit er ihr und ihrem Vater helfe. Seine Schwägerin sagte dazu: „Du bist jung und deine Fertigkeiten in den Kampfkünsten sind wahrscheinlich nicht besonders ausgebildet. Es wird also sehr schwer für dich sein, sie zu besiegen!" Weiter fragte sie: „Hast du noch die beiden Lehmklumpen (*tupi*) auf dem Rücken?" Sie streckte die Hand aus und strich ihm über den Rücken, worauf sie hocherfreut meinte: „Nun kannst du beruhigt sein, denn diese beiden Klumpen sind *Aimi*, die sich in fliegende Geister verwandelt haben. Sie werden dir zu Diensten sein: Wenn du sie benötigst, kannst du sie freilassen, benötigst du sie nicht mehr, holst du sie zurück. Unsere Feinde haben deinen älteren Bruder zum Südmeer gebracht, um ihn hinzurichten, und vermutlich hat das Böse gesiegt. Sie sind nun in den Kampf gezogen und haben mich mitgenommen, damit ich ihnen dabei helfe. Die beiden an der Spitze marschierenden Personen sind unsere Feinde! Mein Bruder muss auf alle Fälle sehr vorsichtig sein!" Erst dadurch erfuhr Mandou, dass sein Bruder und seine Schwägerin von diesen Feinden gefangen genommen worden waren, und es kam ihm erst jetzt so vor, als erwache er aus einem langen Traum. Er sprang vom Wagen herab und lief zurück zum Haupthaus, wo er dies alles dem Mädchen mitteilte, das darüber sehr froh war.

Während sie sich noch unterhielten, kamen Xicaowu und Xikewu geritten. Im Garten saßen sie ab, das Gefolge lenkte die Wagen in den Garten und die restlichen dreißig Personen traten in das Hauptgebäude ein, wo sie sich setzten und Wein tranken. Bei Tisch nahm der alte Herr den Platz des Gastgebers ein, Mandou war Gesellschafter und Xicaowu und Xikewu saßen auf den Ehrenplätzen. Als sie schon halb berauscht waren, sprach Xicaowu: „Ehrenwerter Herr, du hast uns deine Tochter versprochen. Heute sind wir gekommen, um die Braut einzuholen und du kannst ihr mitteilen, dass sie sich waschen und kämmen und alles vorbereiten soll, damit sie in den Wagen steigen kann." Er war mit seiner Rede noch nicht fertig, als Mandou seine Arme ausstreckte, die beiden Lehmklumpen abnahm und hochhob, dabei rezitierte er einen Zauberspruch und ließ sie los. Die beiden Lehmklumpen flogen durch die Luft und schlugen ununterbrochen auf Xicaowu und Xikewu ein. Die Brüder hielt bei diesen Schlägen nichts mehr auf ihren Sitzen, sie liefen in den Garten, wo sie stehenblieben, aber auch dorthin folgten die Erdhäute und schlugen weiter auf sie ein. Xicaowu und sein Bruder wurden so verprügelt, dass sie nicht mehr standhalten konnten, worauf einer nach Süden, der andere nach Norden davonrannte, aber auch jetzt wurden sie von den Erdhäuten verfolgt und schließlich zu Tode geprügelt. Als Mandou sah, dass die Erdhäute ihnen nachjagten, trieb er ihre Pferde und Wagen in den Garten, berichtete seiner Schwägerin, dass ihre Feinde von den Erdhäuten schon totgeschlagen worden seien, und bat sie, einzutreten und Wein zu trinken. Auch Zhaorenni erschien, bat die Schwägerin herein und entschuldigte sich, dass sie sie nicht schon längst willkommen geheißen habe. Zhuruhuni stieg aus dem Wagen und trat in die Residenz, wo sie dem alten Herrn ihren Gruß entbot; dann setzten sich alle auf ihre Plätze und begannen heiter und fröhlich zu zechen und erst nachdem ausgiebig gefeiert worden war, ging man auseinander. Zhaorenni lud Zhuruhuni ein, sich in ihrem Zimmer niederzulassen, und auch Mandou kam, um sich nach ihrem Befinden zu erkundigen. Seine Schwägerin sagte: „Du hast diese *Dedou* von drohendem Ungemach befreit. Die Eltern fühlen sich dir in höchstem Maße verpflichtet und möchten dir die *Dedou* gerne zur Frau geben. Bist du damit einverstanden?" Mandou antwortete: „Das Fräulein ist aufrichtig und rechtschaffen, gegen eine Vermählung mit ihr habe ich nichts einzuwenden!"

(7) Nachdem sie am darauffolgenden Tag aufgestanden waren und sich gewaschen und gekämmt hatten, wurde ein Festmahl aufgetragen. Noch während man ausgelassen trank und sich angeregt unterhielt, kamen Torwachen und meldeten, dass sich von Osten her ein Trupp Berittener nähere. Mandou war der Meinung, dass es sich bestimmt um die jüngere Schwester des Xicaowu, Haohanni *Dedou*, handelte, die ihnen den Kampf ansagen wolle. Seine Schwägerin Zhuruhuni sprang auf, griff sich einen Säbel und ging Haohanni entgegen. Sie begannen miteinander zu kämpfen und nach mehr als fünfzig Runden war klar, dass Haohanni ihr nicht würde standhalten können. Noch ein paar Runden später wurde ihre Fechttechnik unsicher: Sie konnte sich nicht mehr wehren und wurde von Zhuruhuni aus dem Sattel gehauen, worauf diese ihr den Kopf abschnitt und im Triumph zurückkehrte. Als die Gefolgsleute ihre Herrin fallen sahen, flüchteten sie Hals über Kopf. Nachdem Zhuruhuni zurückgekehrt und von ihrem Sieg berichtet hatte, sprach sie zu Mandou: „Ich will nach Süden ziehen und deinen älteren Bruder suchen. Du ziehe nach Osten, aber sei vorsichtig und achtsam und handle nicht unüberlegt!" Dann wandte sie sich an Zhaorenni: „Dein Vater hat dich Mandou zur Frau versprochen, du solltest dagegen nicht verstoßen!" Nach diesen Worten nahm sie das Schwert und brach mit ihren Gefolgsleuten auf. Sie wurde bis vor das Tor geleitet, wo sie sich mit Händeschütteln verabschiedete und fortritt.

Nachdem sich Mandou noch zwei oder drei Tage lang erholt hatte, verabschiedete er sich von dem alten Herrn und machte sich auf den Weg, auf dem ihn seine noch nicht angetraute Braut Zhaorenni begleitete. Es gab aber einen Grund dafür, dass Zhaorenni Mandou nicht geheiratet hatte, bevor sie mit ihm loszog: Sie hatte mit Hongguni Schwesternschaft geschlossen und mit ihr zusammen die Kampfkünste erlernt, weshalb ihre gegenseitige Zuneigung die von leiblichen Schwestern übertraf. Ihr Lehrer hatte ihnen einst bestimmt, dass sie sich beide mit Mandou verheiraten sollten und so war es ihr nicht möglich, sich über die Weisung ihres Meisters hinwegzusetzen. Als Zhaorenni *Dedou* Mandou abgeholt hatte und mit ihm zurückkehrte, war sie von Hongguni *Dedou* im Fluss aufgehalten worden und sie hatte keine andere Wahl gehabt, als Hongguni anzutragen, dass sie nach ihrer beider Hochzeit mit Mandou die Hauptgattin sein solle, und sie selbst sich mit dem zweiten Rang zufriedengeben werde, wenn Hongguni ihren Zauber zurücknehme. Und so war's nicht möglich, dass sie Mandou zu diesem Zeitpunkt heiratete, da sie sich nicht vordrängen konnte, sondern sie beide sich zur gleichen Zeit mit ihm verheiraten mussten. Mandou marschierte mit ihr gen Osten und kam nach einigen Tagen zu einem mächtigen Bergstock, der quer zu seinem Weg verlief. Als er am Fuss des Bergzuges angekommen war und mit dem Aufstieg begann, tauchte plötzlich auf dem Gipfel ein Mühlstein auf und rollte genau auf ihn zu, als er sich auf dem Hang befand. Er drehte sich um und verwandelte sich gleichfalls in einen Mühlstein, worauf die beiden Steine zusammenstießen. Der Stein aber, der vom Gipfel herabgerollt war, war niemand anderer als Zhaorenni.[2] Die beiden nahmen wieder ihre eigentliche Gestalt an und brachen in großes Gelächter aus, als sie einander gegenüberstanden. Zhaorenni erzählte, dass ihr Meister auf diesem Berg lebe und er auf diesen Berg steigen und die Kampfkünste erlernen könne.

(8) Als die beiden den Gipfel erreichten, fanden sie dort ein Haus von drei Joch, das sehr stilvoll und sauber aussah. Bei ihrem Eintreten erblickten sie einen alten Herrn und eine Mama, die kein Wort sprachen und deren Grundsätze und Regeln sehr tiefgründig waren (*daofa hen shen*). Zhaorenni und Mandou begrüßten sie mit Kotau und nun erst sprach der ehrwürdige alte Herr zu Mandou: „Einst haben deine Eltern hier die Kampfkunst erlernt, später aber wurden sie von Feinden getötet. Dein älterer Bruder ist noch am Leben und kämpft soeben in einer Gegend am Südmeer; ihr beide werdet euch in etwa zehn Jahren wiedersehen. Du aber kannst dich jetzt hier in aller Ruhe den Kampfkünsten widmen." Mandou kam der Aufforderung nach und übte und lernte dort über zwei Jahre lang und da er flink und gewandt war, beherrschte er nach dieser Zeit bereits alle Arten von Kampfkünsten. Als er sein Studium vollendet hatte, trieb Zhaorenni mit Dienern neun fette Schweine und ebenso viele fette Schafe herbei, die den *Eqihe-*, den *Muzhulin-*, *Aimi-* und *Gure*-Geistern geopfert wurden. Erst nachdem sie auch noch mehrere Tage lang getanzt hatten, war [die Ausbildung] abgeschlossen.[3]

---

2   Ein aus dem Mythos von Fuxi und Nügua sowie aus südchinesischen Ursprungsmythen wohlbekanntes Motiv; hier allerdings in seiner eigentlichen Bedeutung nicht ausgeführt: In diesen Mythen lässt das Geschwisterpaar, das als einzige Menschen die Große Flut überlebt haben, unter anderem je einen Mühlstein von einem Berg rollen, um zu ergründen, ob die Götter ihrer Vermählung, durch die das Menschengeschlecht weiter bestehen soll, zustimmen oder nicht. Die Mühlsteine finden am Ende ihrer Talfahrt zusammen und bleiben beieinander bzw. aufeinander liegen, was ein Hinweis darauf ist, dass die Götter einverstanden sind.

3   Sehr wahrscheinlich sind hier nicht profane Festtänze anläßlich des Opfers gemeint, sondern Schamanentänze, die Mandou unter Einfluss der Geister, denen das Opfer galt, zu erlernen hat.

Mandou und Zhaorenni verabschiedeten sich von ihrem Meister und verließen den Berg. Sie kamen ans Ufer eines Flusses, über den eine Brücke führte, unter der ein Mädchen nackt im Fluss badete. Ihre entblössten Brüste waren äußerst reizend und verführerisch. Auf der Brücke standen zahlreiche Gaffer, von denen einige meinten, dass dies ein Drachenmädchen (*longnu*) sein müsse und wer sie fangen könne, der werde sie zur Frau bekommen. Nachdem Mandou sie erblickt hatte, sprang er ins Wasser, um sie zu fangen. Als er nicht mehr weit von ihr entfernt war, wurde er von Fischen und Schildkröten sowie Krebsen und Krabben umringt und in einem fort ins Wasser gezerrt und er war darüber so aufgeregt und besorgt, dass er nicht mehr wusste, wie er dagegen ankommen sollte. Plötzlich sah er auf und erblickte am Ufer ein kahlköpfiges Mädchen, das er sogleich erkannte: es war niemand anderer als Hongguni *Dedou*! Laut lachend rief sie ihm zu: „Zhaorenni hat schon einmal erwähnt, dass zwischen dir und mir die Pflichten von Eheleuten bestehen. Ich kann es eigentlich gar nicht mitansehen, wie du von ihnen fortgeschleppt wirst, fürchte aber, dass du, wenn ich dich gerettet habe, in mir nur ein kahlköpfiges Mädchen sehen und bestimmt nicht mit mir zufrieden sein wirst." Mandou flehte sie inständig an, ihn zu retten, aber so sehr er sie auch bat, sie tat nichts dergleichen, sondern sprach: „Wenn du willst, dass ich dich rette, musst du zuerst schwören, dass du mich heiraten und zur Hauptfrau nehmen wirst!" Nach diesen Worten schickte sie sich an wegzugehen. Als Mandou dies sah, schrie er außer sich vor Verzweiflung: „Komm her und rette mich! Ich werde dich heiraten und zur Hauptfrau machen. Wenn ich mein Wort nicht halte, soll mich der Himmel mit einem Blitz erschlagen!" Da nun das kahlköpfige Mädchen den feierlichen Schwur vernommen hatte, zog sie ihr Überkleid aus, nahm ein Schwert zur Hand und als sie ins Wasser sprang, um nach den Fischen, Krebsen und anderen Tieren zu schlagen, war jenes hübsche Mädchen verschwunden, denn all diese Trugbilder waren Verwandlungen der Hongguni gewesen! Mandou stieg daraufhin ans Ufer, zog seine Kleider an und zog mit Hongguni gen Osten.

(9) Mandou und Hongguni kamen auf ihrem Marsch zu einem Haus mit zwei Zimmern. Als sie diesem nicht mehr fern waren, kam ein junges Mädchen heraus, in dem sie Zhaorenni *Dedou* erkannten. Sie beglückwünschte die beiden und die Schwestern lachten, als sie sich nun wiedersahen, Mandou aber war vor Verlegenheit hochrot im Gesicht. Die Drei verbeugten sich vor Himmel und Erde und als es Abend wurde, breitete Zhaorenni im Westzimmer das Bettzeug aus und ließ Mandou und Hongguni dort schlafen, während sie selbst sich im Ostzimmer zur Ruhe begab. Mandou wollte nicht mit dem kahlköpfigen Mädchen zusammen schlafen, sondern folgte Zhaorenni ins Ostzimmer. Diese versuchte ihn zu überreden, ins Westzimmer zurückzukehren und dort zu schlafen, aber er weigerte

sich hartnäckig, so dass Zhaorenni ihn bei sich schlafen lassen musste. Hongguni aber zankte sich nicht mit ihm, sondern löschte die Lampe und schlief alleine. Nachdem sie am Morgen aufgestanden waren, stopfte Zhaorenni für Hongguni die Pfeife und schenkte ihr Tee ein, worauf Hongguni lächelnd zu ihr sagte: „Ich gratuliere dir, jüngere Schwester!" Diese antwortete: „Ich muss mich wirklich bei dir entschuldigen, ältere Schwester, dass du diese Nacht alleine hast schlafen müssen!" Zwischen den beiden Schwestern gab es jedoch nicht die geringste Missstimmung. Nachdem sie sich drei oder vier Tage an diesem Ort aufgehalten hatten, machten sich die drei Eheleute wieder auf den Weg. Als Mandou sich noch einmal umblickte, sah er, dass das Haus verschwunden war, und wusste, dass es von seinen Frauen durch Verwandlungen (*bianhua*) hervorgebracht worden war. Nachdem er allein über 60 Meilen weit marschiert war, kam er an den Südhang eines Berges. Keine Menschenseele war zu sehen, er aber war sehr hungrig und wollte nach jemandem suchen, um bei diesem seinen Hunger zu stillen. So sehr er auch suchte, er fand nicht die geringste Spur von Menschen, weshalb ihm nichts anderes übrigblieb, als Hunger und Durst zu ertragen und weiterzugehen. Bei Sonnenuntergang hatte er noch weitere fünf oder sechs Meilen zurückgelegt, und sah vor sich zwei hohe Berge, zwischen denen sich eine Schlucht öffnete. Die Berge waren mit einem dichten Wald von hohen Bäumen bestanden, der sich bis zum Horizont erstreckte. Der Bergpfad wand sich hindurch, die Kiefern rauschten im Wind, ihm aber war dabei etwas unheimlich zumute. Bald darauf erschien der Mond am Himmel und als er in dessen Licht angestrengt nach Osten spähte, da stieg an einer Stelle, die etwa einen Pfeilschuss weit entfernt war, Rauch auf. Darüber freute er sich sehr und lief auf diese Stelle zu. Er war noch nicht weit gelaufen, als er eine *Majiazi*[4] erkannte, aus der - wenn auch nicht allzu hell - Lampenschein drang. Als er die Tür öffnete und eintrat, erblickte er eine alte *Mama* mit wirrem Haar, schmutzigem Gesicht und zerlumpter Kleidung: Sie sah wahrlich nicht wie ein menschliches Wesen aus!

(10) Die *Mama* fragte ihn: „Wohin geht denn der *Mo'rgen* so spät in der Nacht?" Mandou antwortete: „Ich habe mich verirrt und habe nirgends eine Unterkunft für die Nacht gefunden. Ich bitte Euch darum, die Nacht hier verbringen zu dürfen." Die *Mama* war einverstanden und wies ihm den *Nordkang* als Schlafplatz zu. Obwohl er sehr starken Hunger hatte, hatte er doch keine Lust etwas zu essen, da er sah, wie schmutzig die *Mama* war. Aber er musste mit ansehen, wie die Mama den Kessel auswusch und Feuer machte, auch beobachtete er, wie sie hinausging und mit mehreren großen Schlangen in Händen wiederkehrte, die sie in den Kessel steckte und kochte; anschließend füllte sie das

---

4   Hezhe: *matJiatJi* (S. 689): Kleines Haus (S. 508, Anm. 1) (OA).

Fleisch in Schalen, stellte diese auf den Tisch und lud Mandou ein zuzugreifen. Mandou hatte nicht den Mut davon zu essen und wie nun die *Mama* dies sah, aß sie alleine. Dabei ging ein wunderbarer Duft von dem Essen aus und als Mandou diesen roch, griff er unwillkürlich nach einem Stückchen und kostete davon. Es schmeckte vorzüglich und schon wollte er ordentlich zugreifen und sich sattessen. Aber da die *Mama* recht schnell aß, blieben für ihn nur einige wenige Bissen übrig. Er bat die *Mama* noch um Essen, um seinen Hunger zu stillen, aber die *Mama* sagte: „Ich habe dir zu essen angeboten, du aber hast nicht gegessen. Jetzt wo ich alles aufgegessen habe, willst du essen. Nun aber habe ich wirklich nichts mehr!" Notgedrungen musste Mandou hungern und weil es schon sehr spät war, legten sie sich auf dem Süd- und auf dem Nord*kang* schlafen.

Als Mandou erwachte, war es sehr hell in dem Raum, und so nahm er, dass es bereits Tag sei. Er stand auf und ging hinaus, aber es war noch Nacht! Er ging ins Zimmer zurück und suchte herauszufinden, woher das Licht kam. Jetzt erst bemerkte er, dass es von der *Mama* auf dem Südkang ausging. Als er nähertrat, sah er, dass die Mama ihre eigentliche Gestalt angenommen und sich in ein siebzehn- bis achtzehnjähriges Mädchen verwandelt hatte. Bei näherem Zusehen bemerkte er, dass sich deren Gewand gelöst hatte und der Körper halb entblößt war: Die Haut war weiß und rein, ihr Gesicht zart und rosig. Der eine Arm war unverhüllt und vom Körper weggestreckt, der andere lag quer vor der Brust: Sie war wahrlich eine Schönheit! Mandou betrachtete sie ausgiebig und obwohl er vor Erregung zitterte, so schämte er sich doch und wagte nicht seine Hand nach ihr auszustrecken. Er kehrte zum Nord*kang* zurück und setzte sich, sein Herz aber fand keine Ruhe. Wieder stand er auf und ging zum Süd*kang* zurück, wo er seinen Mut zusammennahm und ihre Brüste betastete. Das Mädchen wälzte sich und verwandelte sich wieder in die alte *Mama*, worauf sie den Kopf hob und zu ihm sagte: „*Mo'rgen*! Was soll das, dass so ein Jüngling mit einer alten Person wie mir sein Spiel treibt?" Nach diesen Worten hüllte sie sich in ihre Decke und schlief weiter, während Mandou schamrot zu seinem *Kang* zurückschlich. Sein Herz aber sagte ihm, dass dieses Mädchen eine einzigartige Schönheit war, wie sie auf der ganzen Welt kein zweites Mal zu finden war. Er wälzte sich unruhig hin und her, aber er fand keinen Weg, wie er sich mit ihr anfreunden konnte. Nachdem er längere Zeit geschlafen hatte, wachte er plötzlich wieder auf und sah, dass das Zimmer erneut lichterfüllt war. Wie zuvor ging er zum Süd*kang* und sah, dass der schneeweiße Körper jener *Mama* nun zur Gänze entblößt war, wahrlich ein Anblick zum Verlieben! Er konnte seiner Erregung nun nicht mehr Herr werden: Entschlossen stieg er auf den *Kang* zu dem Mädchen und nahm es in seine Arme. Das Mädchen öffnete die Augen und als sie Mandou vor sich sah, stieß sie ihn zurück und sprach: „Dieser *Mo'rgen*! Wieso kommst du immer wieder und störst meine reinen Träume? Deine Frauen Hongguni *Dedou* und Zhaorenni *Dedou* übertreffen mich in jeder Hinsicht. Dein Verhalten ist wirklich unerhört!" Im nächsten Moment hatte sich das Mädchen wieder in eine alte Frau verwandelt. Nun war er himmelhoch jauchzend gekommen und ging zu Tode betrübt: Mandou schämte sich so sehr, dass er am liebsten im Boden versunken wäre! Er schlich zurück zu seinem *Kang* und legte sich schlafen. Einige Zeit später zog nun wirklich der Morgen herauf: Mandou stand auf und ging, ohne der alten *Mama* Bescheid zu sagen, auf und davon. Diese alte *Mama* war aber nichts anderes gewesen, als eine Verwandlungsform der Hongguni.

Nach ihrer Hochzeit hatte Mandou niemals mit Hongguni geschlafen, da er sich von ihrer Kahlköpfigkeit und Hässlichkeit abgestoßen fühlte. Aber obwohl Hongguni hässlich aussah, war sie eine hervorragende Kampfkünstlerin und hatte die Fähigkeit, Geister und Dämonen auszutreiben und alle erdenklichen Gestalten anzunehmen. In dieser Nacht wollte sie ihrem Gemahl einen Streich spielen. Mandou wiederum verließ das Haus voll Reue und Scham und wandte sich gen Osten. Als es dunkel wurde, hatte er 80 Meilen zurückgelegt und war doch den ganzen Tag über niemandem begegnet. Er hatte großen Hunger und war erschöpft und müde. Nachdem er noch einige Zeit weitergegangen war, kam er zu einem Waldstreifen, in dem er eine *Majiazi* entdeckte. Er trat vor die Türe und fragte: „Wohnt hier jemand?" Sogleich kam ein hübsches Mädchen heraus, fragte ihn, woher er denn komme, und forderte ihn auf einzutreten und zu übernachten. Nachdem sie ihm eine Pfeife gestopft und Tee eingeschenkt hatte, tischte sie Branntwein mit Speisen auf und lud Mandou ein zuzugreifen. Als er schon angetrunken war, sagte Mandou zu dem Mädchen: „Wie kommt es, dass du hier alleine wohnst? Wohnt hier noch jemand?" Die *Dedou* antwortete ihm: „Meine Eltern leben nicht mehr und da ich weder Brüder noch Schwestern habe, lebe ich alleine hier." Mandou fragte weiter, ob sie denn nicht bei Lebzeiten ihres Vaters verheiratet worden wäre? Das Mädchen antwortete ihm: „Als mein Vater noch lebte, sagte er mir, dass er mich dem am Ufer des Meeres lebenden Yuejiwu *Mo'rgen* versprochen habe. Ich warte nun darauf, dass er kommt, um mich als seine Braut heimzuführen." Als es Nacht wurde, legten sie sich getrennt schlafen. **(11)** Um Mitternacht wachte Mandou auf und konnte nicht wieder einschlafen. Als er den Kopf hob und zu dem Mädchen hinüberblickte, sah er, dass dieses die Unterkleidung abgestreift hatte, sein Körper war entblößt und auch die Decke verhüllte es nicht: schon begann das Feuer der Leidenschaft in ihm zu brennen. Er ging zu dem *Kang,* auf dem das Mädchen lag, und wollte schon die Hand nach ihm ausstrecken, aber das Mädchen hatte dies wer weiß wie bemerkt und fragte ihn, was er denn da mache, worauf Mandou antwortete: „Ich wollte eine Schale Wasser trinken." Das Mädchen meinte dazu: „Wenn du Wasser trinken willst, was machst du dann hier bei mir?!" Mandou wusste darauf nichts zu antworten und war leicht verärgert. Er murmelte einige Worte, worauf sogleich ein *Zile Salaka* erschien, den Mandou fragte, was denn eigentlich los war. Der *Zile Salaka* näherte sich seinem Ohr und flüsterte: „Dieses Mädchen ist in Wirklichkeit eine Verwandlungsform deiner Frau Hongguni! Du hast sie als Kahlkopf kennengelernt, aber das ist lediglich ihr scheinbares Aussehen. In Wahrheit ist sie eine außergewöhnliche Schönheit und du wirst gar nicht anders können, als sie zu lieben!" Bei diesen Worten wurde sich Mandou klar darüber, dass auch letzte Nacht seine Frau mit ihm ihren Spaß getrieben hatte! Er packte den *Zile Salaka* und sprach zu dem Mädchen: „Zeige deine ursprüngliche Gestalt! Weshalb machst du dich über mich lustig?", und schleuderte [den *Zile Salaka*] nach ihr. Wie's der Zufall wollte, kam dieser vor Honggunis Füßen zu liegen, worauf diese eine Drehung machte und verschwunden war. Auch das Haus hatte sich in Nichts aufgelöst und Mandou fand sich in einer Grassteppe sitzend wieder. Er stand auf und marschierte weiter nach Osten. Als es Mittag wurde, hatte er über 50 Meilen zurückgelegt, und nachdem er noch ein Weilchen weitergegangen war, kam ihm von Osten her ein Mann entgegen, der sich um die Hüften Glocken (Schellen) gebunden hatte, was recht seltsam anmutete. Mandou ging bis zu einem Baum, zu dem auch jener Mann kam und nachdem sie sich begrüßt hatten, setzten sie sich dort nieder, nannten aber nicht ihre Namen. Nach einem Weilchen erhob sich Mandou und wollte wieder aufbrechen, der Mann aber zog ihn am Revers seines Gewandes und ließ ihn nicht gehen. Dabei sagte er: „Ich warte hier schon lange Zeit auf dich! Lass uns feststellen, wer von uns beiden der Stärkere ist!"

(12) Der Mann fügte hinzu: „Wird einem die Frau weggenommen, ist der Hass [auf den Nebenbuhler] stärker als die Zeit. Da wir uns jetzt getroffen haben, müssen wir miteinander kämpfen, bis einer von uns auf der Strecke bleibt! Ich heiße Yuejiwu und Hongjini war mir versprochen worden!" Mandou antwortete: „Ich habe Hongjiwu *Dedou* nicht geheiratet, weil dies mein Herzenswunsch war. Sie war hinter mir her und es war ihr Wunsch mich zu heiraten! Wenn du sagst, dass sie dir versprochen war, so gebe ich sie dir eben zurück!" Mandou redete ihm gut zu, aber alles half nichts: Yuejiwu bestand darauf, mit ihm zu kämpfen.

Die Väter von Yuejiwu und Hongjiwu waren unzertrennliche Freunde gewesen. Als ihre Frauen schwanger wurden, vereinbarten sie, dass wenn jeder einen Sohn bekommen sollte, diese Schwurbrüder werden müssten, würde aber der eine einen Sohn und der andere eine Tochter bekommen, so sollten diese schon im Mutterleib zu Mann und Frau bestimmt sein und später einander heiraten. Hongguni blieb nach ihrer Geburt kahlköpfig und als sie zwölf Jahre alt war, starben ihre Eltern. Mit siebzehn Jahren ging sie in die Berge, um dort die

Kampfkünste zu erlernen. Damals gesellte sich Zhaorenni zu ihr und erzählte ihr, dass am Sungari ein berühmter Recke lebe, der Mandou heiße und dem sie von ihrem Vater versprochen worden sei. Sie überredete Hongguni sich gleichfalls mit ihm zu verheiraten. Hongguni meinte dazu, dass sie zwar mit Yuejiwu verlobt sei, aber da ihr Vater bereits verstorben sei, niemand von dieser Sache wüsste. Sollte die Familie Yue die Heirat vermitteln wollen, würde sie alles abstreiten. Nachdem die beiden Mädchen ihren Entschluss gefasst hatten, gingen sie daran, ihn in die Tat umzusetzen und vermählten sich mit Mandou. Hongguni war sich im Klaren darüber, dass ihr Mann sie wegen ihrer Hässlichkeit nicht mochte, weshalb sie ihre Kahlköpfigkeit aufgeben wollte. Als sie anschließend tatsächlich ihr hässliches Aussehen ablegte und ihre eigentliche Gestalt zeigte, die außergewöhnlich schön und reizend war, und sich dazu einen Spaß mit ihrem Mann machte, liebte sie auch dieser von ganzem Herzen.

Nun aber forderte ihn Yuejiwu zum Kampfe: Er zog seinen Säbel, worauf auch Mandou sein kostbares Schwert zur Hand nahm, und beide begannen miteinander zu kämpfen. Zhaorenni und Hongjiwu griffen in den Kampf ein und auch Yuejiwu wurde von Familienmitgliedern unterstützt. An diesem Tag kämpften sie über dreihundert Runden lang, ohne dass einer der beiden den Sieg davontrug. Am folgenden Tage kämpften sie an die zweihundert Runden lang ergebnislos. Hongguni setzte einen Kampfspeer ein und hatte binnen kurzem vier Heerführerinnen der Gegenseite getötet, so dass nur noch die jüngere Schwester des Yuejiwu übrigblieb. Zhaorenni *Dedou* kämpfte mit Yuejiwu, um ihrem Mann zu helfen, konnte aber in über 50 Runden keine Entscheidung herbeiführen. Da führte Zhaorenni zum Schein einen Schwertstreich aus und gab vor, als [würde sie durch diesen Fehler] besiegt werden können. Sogleich stürmte Yuejiwu gegen sie an, Zhaorenni erwiderte seinen Schlag, dem Yuejiwu nicht mehr ausweichen konnte, und trennte ihm den linken Arm ab. Als Mandou dies sah, holte er mit dem Schwert aus und hieb ihn aus dem Sattel. Sobald dessen Untertanen bemerkten, dass ihr Herr gefallen war, empfingen sie Mandou kniend; er begab sich in die Residenz des Yuejiwu, um sich dort auszuruhen. Bald darauf kam auch Hongguni, die Yakexinni *Dedou*, die jüngere Schwester des Yuejiwu, gefangengenommen hatte, und die sie nun überredete, sich mit Mandou zu verheiraten. Zur Feier des Sieges wurde ein Fest gegeben, bei dem sie ihrer Freude freien Lauf ließen.

Hongguni hatte zu diesem Zeitpunkt schon ihr hässliches Aussehen abgelegt und sich in eine schöne *Dedou* verwandelt. Als Mandou ins Zimmer trat, sah er, dass sie unvergleichlich schön war, ja, dass sie an Schönheit einer Göttin (*shennü*) glich. Als die beiden einander begegneten, verliebten sie sich heftig ineinander, sie umarmten und küssten sich und Worte genügten nicht, um ihre Liebe zu be-

schreiben. Nachdem sie am folgenden Tag aufgestanden und sich zurechtgemacht hatten, kamen Zhaorenni und Yakexinni, um ihre Glückwünsche auszusprechen. Mandou gab in diesem Zimmer ein Festessen und seine drei Frauen
waren dabei sehr fröhlich und vergnügt. Sie verweilten hier drei oder vier Tage,
dann aber brach er, nachdem sie frühmorgens gefrühstückt hatten, mit seinen
Gemahlinnen auf und zog weiter nach Osten. Zhaorenni sprach zu ihm: „Vor
uns befinden sich die Nadan[5] Mayinchu, die äußerst gefährlich sind. Sie haben
schon davon gehört, dass du aufgebrochen bist. Sie sind gut auf deine Ankunft
vorbereitet und brennen schon darauf, sich mit dir zu schlagen." Nachdem Mandou lange Zeit gegangen war, tauchte vor ihm eine befestigte Stadt auf. Unterwegs war er nicht einem einzigen Wanderer begegnet. Es dauerte nicht lange bis
er vor dem Stadttor stand, aber als er einmal um die Stadt herumging, musste er
feststellen, dass alle vier Tore fest verschlossen waren. Er schlug daher mit der
Faust mehrere Male gegen ein Tor und hörte dann, wie jemand von drinnen
fragte, wer er sei. Mandou antwortete: „Ich bin es, der klopft! Kommt so schnell
ihr könnt heraus und heißt mich willkommen!" Der jüngste Mayinchu rief seine
Brüder zusammen, sie kamen aus der Stadt heraus und stellten sich in Kampf-
formation auf. Der jüngste Mayinchu schwang den Knüppel und begann mit
Mandou zu kämpfen. Sie kämpften bis es dunkel wurde, zogen dann ihre
Truppen ab und begaben sich zur Ruhe. Hongguni hatte mit Ma'rtani, der
jüngeren Schwester der Mayinchu gekämpft, war aber noch nicht zurückgekehrt.
Mandou ging selbst mehrere Male aus, um nach ihr Ausschau zu halten, aber da
er sie nicht kommen sah, machte er sich große Sorgen.

(13) Mandou war sehr besorgt, weil Hongguni noch nicht zurückgekehrt war. Er
ging deshalb mehrere Male aus, um Nachforschungen anzustellen, fand jedoch
nicht den geringsten Hinweis. Als schon alle in großer Sorge waren, kam
Hongguni endlich herbei und nun erst beruhigte sich Mandou. Am folgenden
Tag übergab ihm Zhaorenni ein Unterhemd und erklärte: „Zieh es an, denn
weder Schwert noch Lanze können es durchdringen!" Yakexinni gab ihm einen
Gürtel und Stiefel: „Leg diesen Gürtel um, denn er bewirkt, dass man drei bis
vier Tage lang keinen Hunger verspürt. Mit diesen Stiefeln wirst du so gewandt
und flink vorwärtskommen, als würdest du auf den Nebeln reiten und dich zu
den Wolken erheben!" Mandou zog eins nach dem anderen an, griff sich sein
Schwert und brach auf. Der jüngste Mayinchu erwartete ihn vor dem Tor und
ohne sich lange mit Reden aufzuhalten, begannen sie zu kämpfen, während
Hongguni, Zhaorenni und Yakexinni gegen Ma'rtani antraten. Letztere war eine
begnadete Kämpferin und geschickte Magierin (*shenfa minjie*) und war zudem sehr

---

5 Die „sieben Mayinchu". *Nadan* gibt *nadã, natɛ*, „sieben", wieder; s. Bd. I, S. 276.

hübsch: kurz, sie stand Hongguni in Nichts nach! Obwohl die drei Gemahlinnen des Mandou die Taktik anwendeten, einander im Kampfe abzuwechseln, beunruhigte sie dies nicht im Geringsten. Wie nun die Reihe an Zhaorenni war, wurde sie von Ma'rtani sieben Mal mit der Lanze verwundet: Zum Glück waren ihre Verletzungen nur leicht und nicht besonders gefährlich. Yakexinni sah dies und führte den Kampf mit Ma'rtani fort, aber schon nach kurzer Zeit wurde sie gleichfalls am linken Arm verwundet, als sie einen Lanzenangriff nicht mehr rechtzeitig parieren konnte. Insgesamt wurde sie dreimal verwundet und musste besiegt den Kampfplatz verlassen. Als sie an Mandou vorüberkam, wurde diesem klar, dass zwei seiner Frauen verwundet und geschlagen worden waren, und er begann, sich Sorgen zu machen. Er rezitierte einige Worte, worauf binnen kurzem ein Dröhnen zu hören war. Der jüngste Mayinchu konnte sich dies nicht erklären, Mandou aber wußte, dass seine Erdhautgeister (*tupi feishen*) geflogen kamen. Als unbezwingbare Gegner sausten sie durch die Lüfte herbei: Da sie unsichtbar blieben, wussten ihre Opfer nicht, von wem sie eigentlich erschlagen wurden. Die Geister kamen auf den jüngsten Mayinchu herabgeflogen und schlugen krachend gegen ihn, worauf dieser sich überschlug und sieben bis acht Schritt weit kugelte. Als er sich herumdrehte und wieder aufstand, bekam er von hinten einen weiteren Schlag. Wie nun die übrigen Mayinchu erfuhren, dass ihr Bruderherz schwere Schläge einstecken musste, verdross sie dies sehr und sie kamen mit ihren Keulen vor die Stadt, um sich auf den Feind zu stürzen. Einer nach dem anderen aber wurde von den beiden Erdhäuten wüst durchgeprügelt, bis schließlich alle Mayinchu erschlagen waren. Mandou begab sich in die Stadt und erließ Befehle, um für Ruhe im Volk zu sorgen. Die Stadt hatte nur wenige Einwohner. Mandou befahl, dass man Zhaorenni und Yakexinni in die Stadt bringe und behandelte.

Hongguni kämpfte mit Ma'rtani, dabei setzten beide all ihre magischen Künste gegeneinander ein. Zuletzt hob Hongguni die Hände und rezitierte einige Silben, worauf in ihren Händen ein Himmelsnetz (*tianluowang*) erschien, das sie über Ma'rtani warf. Zu diesem Zeitpunkt hatte Ma'rtani bereits ihre gesamten Kunstkniffe aufgebraucht und wusste nicht mehr weiter; sie drehte sich um und wollte weglaufen, das Himmelsnetz aber fiel über sie und machte sie bewegungsunfähig. Hongguni befreite sie von dem Netz, fesselte sie und befahl den Gefolgsleuten, Ma'rtani mitzuführen, worauf sie in die Stadt ging. Ihr Gemahl stand bereits am Tor, wo er nach ihr Ausschau hielt und sich sehr über ihr Kommen freute. Seite an Seite gingen sie in die Residenz. Hongguni sagte zu ihm: „Ich habe Ma'rtani mit einem Himmelsnetz gefangen, bestimme du nun, was mit ihr geschehen soll. Es wäre jedoch nicht unklug, wenn du sie zu deiner Nebenfrau machst, denn da sie eine hervorragende Kämpferin und geschickte Strategin ist, könnte sie eine gute Hilfe sein!" Mandou nickte und stimmte dem zu.

Hongguni trat in das Haus, wo sie ihre jüngeren Schwestern regungslos auf dem *Kang* liegen sah. „Sind meine jüngeren Schwestern ernsthaft verwundet?" fragte sie. Die beiden öffneten die Augen und als sie die Erste Gemahlin sahen, antworteten sie froh: „Die ältere Schwester hat große Mühen auf sich genommen! Keine Sorge, unsere Wunden sind keineswegs gefährlich!" Der Tag neigte sich bereits seinem Ende zu, weshalb Mandou den Dienern befahl, ein Festessen aufzutischen, und anschließend mit seinen Frauen fröhlich zechte. Die Dienerinnen und Mägde mussten Ma'rtani herbeitragen, die vor dem Tisch niederzuknien hatte und vor Wut ganz rot im Gesicht war. Sie wollte gerade losschimpfen, als Mandou seine Frauen anwies, ihre Fesseln zu lösen. Hongguni stieg vom *Kang*, band Ma'rtani los und bot ihr den Ehrenplatz an. Ma'rtani war sich im Klaren darüber, dass sie eine Gefangene war; wie sollte sie es wagen, sich zu ihnen zu setzen und Wein trinken! Aber Hongguni sagte: „Lass die Förmlichkeiten, wir alle hier sind eine Familie! Setze dich doch zu uns!" Ma'rtani setzte sich erst, nachdem sie zuvor noch einmal bescheiden abgelehnt hatte. Mandou bemerkte, dass sie, obwohl ihr Gesicht noch die Spuren von Tränen zeigte, sehr hübsch war. Beiläufig sagte er: „Es ist nicht so, dass ich nicht höflich gegen deine älteren Brüder gewesen war, als ich hierherkam. Diese aber prahlten mit ihrer Überlegenheit und suchten Streit und um mich zu schützen, musste ich mich mit ihnen schlagen. Das Unrecht ist auf Seiten deiner Brüder! Sie haben es sich selbst zuzuschreiben, dass sie von mir getötet wurden!" Hongguni fiel an dieser Stelle ein: „Unser Ehemann hat nur uns drei Schwestern geheiratet, aber er ist bestrebt, alle diejenigen um sich zu versammeln, die sich zu benehmen wissen und hervorragend zu kämpfen verstehen. Jüngere Schwester, wie wär's, wenn auch du unsere Schwester wirst und den *Mo'rgen* heiratest?" Ma'rtani antwortete: „Einem Gefangenen bleibt lediglich die Hoffnung, dass man ihm das Leben schenkt; was sollte er sonst noch erwarten! Die jüngere Schwester hat an dem Vorschlag der älteren Schwester nichts auszusetzen." Nach diesen Worten begann sie hemmungslos zu weinen und zu wimmern. Mandou sah, wie sehr sie verletzt war und redete ihr zusammen mit Hongguni gut zu. Erst jetzt überwand Ma'rtani ihren Schmerz, worauf Mandou sie zu seiner vierten Frau machte und ihre Trauer in Freude verwandelte. Die Drei unterhielten sich fröhlich und ausgelassen, bis Hongguni sie aufforderte, sich vor Himmel und Erde zu verbeugen. Sie stellte Räuchergefäße auf, entzündete Räucherwerk und veranlasste, dass ihr Gatte sich mit Ma'rtani verheirate. Sie alle erholten sich noch drei bis vier Tage in dieser Stadt, aber als Mandou sah, dass die Wunden seiner beiden Frauen nicht heilten, ließ er seine vierte Ehefrau zu diesem Zweck Geistertänze (*tiaoshen*) aufführen, und erst nachdem sie vier bis fünf Tage lang getanzt hatte, heilten die Wunden. Mandou ordnete nun seine Ausrüstung und machte sich mit seinen vier Frauen auf den Weg.

(14) An diesem Tage kam Mandou vor eine große und ausgedehnte Stadt. Er ging zum Stadttor und trat ohne Umschweife in das Haus des Stadtherrn. Es war ein Haus von drei Joch und als Mandou in das Westzimmer trat, erblickte er auf dem *Kang* an der Nordseite zwei Mädchen, die dort saßen, während am oberen Ende des *Kangs* ein Mann döste. Als sie Mandou eintreten sahen, sprachen sie kein Wort, worauf Mandou sich auf den *Kang* setzte und sah, dass der Mann sehr böse und grausam zu sein schien. Er saß noch nicht lange auf dem *Kang*, als eine Magd von draußen hereinkam, welcher der auf dem *Kang* liegende Mann befahl, Mandou zur Tür hinauszujagen. Und schon ergriff diese einen Knüttel und wollte auf ihn einschlagen, als Mandou ihr eine Ohrfeige versetzte, die sie zu Boden streckte. Dann zerrte er den Mann nach draußen, wo sie ihre Schwerter zogen und miteinander zu kämpfen begannen. Bereits nach fünf Runden hatte ihn Mandou überwunden und gefangengenommen. Der Mann flehte: „Bitte lass mich noch einmal kurz frei, damit ich zu meinen Eltern beten kann, und töte mich erst dann!" Sobald aber Mandou ihn losgelassen hatte, betete er: „Von meinem Großvater verehrter *Mangemu Mayin* eile herbei und rette mich!" Wie nun Mandou hörte, dass er um Unterstützung bat, tötete er ihn auf der Stelle mit einem Schwertstreich.

Kaum hatte er ihn getötet, als aus dem Erdboden auch schon ein *Mayin* hervorkam. Dieser erblickte zuerst Mandou, bemerkte dann, dass jener Mann bereits tot war und sagte deshalb: „Ich sehe, du bist ein wahrer Held! Seit dem Tod seines Vaters hat er weder im Frühjahr noch im Herbst daran gedacht, Opfer darzubringen. Er war auch kein guter Mensch; gut, dass er tot ist! Wenn du willst, so opfere mir Schweine, wenn du in dein Dorf zurückkehrst, und ich werde dir in allem zu Diensten stehen." Und schon war er verschwunden. Der von Mandou getötete Mann hatte A'rkuwu *Mo'rgen* geheißen. Mandou kehrte nach Hause zurück, schlachtete Schweine und Schafe und opferte sie den *Aimi* und dem *Mangemu Mayin*. Nachdem dieser sein Opfer erhalten hatte, verkündete er: „Du hast mir geopfert, aber ich habe nichts, womit ich mich erkenntlich zeigen könnte. Der Zhuolu *Mafa* und die Zhuolu *Mama* in den Westbergen haben eine Tochter, die sowohl eine unvergleichliche Schönheit ist, als auch die Kampfkünste perfekt beherrscht. Wenn du sie heiratest, wird sie dir eine Helferin sein." Mandou befahl seinen Dienern, Schafe und Schweine zu holen und mit ihm in die Westberge zu gehen. Schon bald kam er dort zu einer Höhle und als er diese betrat, saßen dort Zhuolu *Mafa* und *Mama* und sprachen kein einziges Wort, weshalb Mandou die Schafe und Schweine schlachtete, wobei ihm der *Mangemu Mayin* half. Nach

Beendigung des Opfers begann der Zhuolu *Mafa* zu sprechen: „Ich danke dem *Mo'rgen* für sein Wohlwollen. Ich habe aber nichts, um mich erkenntlich zu zeigen, aber ich habe eine Tochter, die Zhuma'anni *Dedou* heißt, und diese will ich dem *Mo'rgen* zur Frau geben!" Mandou machte mehrere Male Kotau und beteuerte, dass es sein größter Wunsch sei, die Tochter zu heiraten. Der *Mafa* forderte den *Mayin* auf, alle Vorkehrungen zu treffen, worauf man in dem auf der Westseite der Höhle gelegenen Raum der Tochter die Hochzeit hielt. Der *Mayin* geleitete Mandou in diesen Raum und zog sich zurück. Als sie sich der Türe des Zimmers näherten, kamen mehrere Mädchen heraus, die er als Hongguni, Zhaorenni, Yakexinni und Ma'rtani erkannte; als letzte zeigte sich auch Zhuma'anni. Sie hatte ein verführerisches, reizendes Gesichtchen und wie sie sich gegen Hongguni lehnte, war entzückend zu sehen. Mandou wurde von dem *Mayin* ins Zimmer geführt, wo ihm die Frauen Tee einschenkten und die Pfeife stopften. Erst nachdem sie ein Weilchen geplaudert hatten, verneigte sich Mandou mit Zhuma'anni vor Himmel und Erde, worauf Zhuma'anni seine fünfte Ehefrau wurde. Anschließend feierten sie und tranken nach Herzenslust. Als die Feier zu Ende ging, war es bereits Nacht und alle legten sich schlafen. Nachdem sie am folgenden Morgen aufgestanden waren und sich gewaschen und gekämmt hatten, verabschiedeten sie sich von Zhuolu *Mafa* und Zhuolu *Mama*, verließen die Berge und wandten sich gen Osten.

(15) Mandou wanderte mit seinen fünf Frauen nach Osten und erreichte nach einigen Tagen die befestigte Stadt der Brüder Xicaowu und Xikewu. Die Brüder waren früher, als Mandou bei den Eltern von Zhaorenni weilte, von ihm getötet worden. Mandou ging in die Stadt, um sich ohne Gewalt die Einwohnerschaft zu unterwerfen. Da kam ihm zur Begrüßung ein Greis mit schlohweißem Haar entgegen, dem ein altes Mütterchen folgte. Und dieses Mütterchen war nun niemand anderer, als seine Schwägerin! Mandou eilte sogleich auf sie zu und grüßte sie, wobei der Greis sich umsah und fragte, wer er denn sei? Da antwortete ihm die Schwägerin, dies sei Mandou, und Mandou klärte sie auf, dass jener sein älterer Bruder sei, worauf Mandou ihn unter Verbeugungen grüßte. Sein Bruder umarmte ihn und sprach: „Ich hätte niemals daran gedacht, dich hier und jetzt zu treffen!" Bei diesen Worten begann er zu weinen und Mandou redete ihm nach Kräften gut zu, um ihn zu beruhigen. Bald darauf kamen auch die fünf Gemahlinnen des Mandou herein[6], worauf Mandou sie der Reihe nach vorstellte. Die beiden Brüder setzten sich an eine Seite und sprachen über die früheren

---

6 Es geht nicht klar aus dem Text hervor, ob sie in die Stadt oder in die vorher nicht erwähnte Wohnstätte des Bruders kommen. Der Fortgang der Handlung macht es aber wahrscheinlich, dass es sich um das Haus des Bruders handeln dürfte.

Kämpfe, während die Frauen auf der anderen Seite saßen und miteinander plauderten. Schon bald wurde ein Festessen aufgetragen, alle Anwesenden[7] setzten sich zu Tisch und aßen und tranken und sangen vergnügt. Als das Fest zu Ende war, erging der Befehl, dass die Bevölkerung Schiffe bauen solle und innerhalb eines Monats damit fertig zu sein habe. Gegen Ende des Monats wurde gemeldet, dass der Bau der Schiffe abgeschlossen sei. Mandou ordnete nun an, dass sich die gesamte Einwohnerschaft mit Proviant und allen Gütern der Stadt auf die Schiffe begeben und auf den Befehl ihres *Ezhen Han* zum Aufbruch nach Xireka *Huotong* auf dem Südufer des Sungari warten solle. Die Bevölkerung führte seinen Befehl aus und bestieg unter Mitnahme all des beweglichen Gutes innerhalb weniger Tage die Schiffe, wo sie auf den Befehl zum Aufbruch wartete.

Mandou befahl abzulegen und fuhr nach Westen. Am ersten Tage legten sie nur dreißig bis vierzig Meilen zurück. Obwohl Mandou seine Gemahlinnen um sich hatte, begann er doch, unruhig zu werden. Er sprach zu seiner Hauptfrau: „Ist es dir möglich, die Geister (*shen*) um Wind zu bitten?" Hongguni antwortete, dass dies nicht schwierig sei und bat dann um Ostwind: Sie murmelte Worte und nachdem sie lange ihre magischen Künste (*fashu*) ausgeübt hatte, spürte man, wie von Osten her der Wind zu blasen begann und Wellen schlug.

Es wurden Segel gesetzt, die Schiffe legten ab und es war, als würde der günstige Wind sie tausend Meilen weit begleiten, weshalb sie schon nach wenigen Tagen Xireka *Huotong* erreichten.

---

7   眾人 *zhongren*. Wie der nachfolgende Satz ergibt, in dem der Ausdruck neuerlich im Sinne von „Stadtbewohner" verwendet wird, zählen dazu nicht nur Mandou und sein Bruder sowie ihre Frauen, sondern auch Vertreter der Stadtbevölkerung.

13. Wubuqiwu

(1) Es heißt, dass in jenen Tagen, als die Mongolen die Dynastie Jin stürzten, in einer Region nahe der Präfekturstadt Huanglong[1] die Truppen der Yuan des Nachts in der *Yin*-Stunde[2] die Hauptstadt der Jin angriffen und überrannten, und der Kaiser der Jin sowie seine Militär- und Zivilbeamten sowie die Bevölkerung jeder für sich sein Heil in der Flucht suchte. Dies galt auch für sieben Männer und Frauen, die auf sieben Pferden nach Osten flohen und von den Yuan-Truppen nach errungenem Sieg verfolgt wurden. Die Sieben kamen an das Ufer des Sahalin und da das alles im neunten Monat geschah, herrschte bitterkaltes Wetter und der Fluss war zugefroren. Die Sieben überquerten auf dem Eis den Fluss und erreichten das gegenüberliegende Ufer. Am folgenden Tag kamen auch die Yuan-Soldaten an den Fluss, aber das Eis taute im Sonnenschein, und so wagten sie nicht mehr, auf diesem den Fluss zu überqueren und mussten umkehrten. So kommt es, dass es allgemein heisst, dass „als die Leute aus Jin des Nachts den Heishui [Schwarzwasser] überquerten, ihnen der Himmel eine Brücke aus Bronze[3] geschenkt habe."

Diese sieben Männer und Frauen wichen in die Taiping-Berge[4] aus. Dort lebten wenige Menschen, und es gab nur unzureichend Nahrungsmittel, weshalb sie nur mit Jagdbeute ihren Hunger stillen konnten. Außer Fleisch gab es für sie nichts zu essen. Sie ernährten sich im Winter hauptsächlich von frischem Fleisch, im Sommer trockneten sie es, wie zum Beispiel das *Wuchekede*[5] und *Hulikede*[6], um es vor dem Verfaulen zu schützen.

---

1 Es gibt zwei Präfekturstädte (*Fu*) namens Huanglong 黃龍: Eine befand sich nahe der heutigen Kreisstadt Kaiyuan (開原縣) in der Provinz Liaoning. Sie wurde von Liao Taizu [907–926] gegündet und später im siebten Jahr der Regierungsdevise Baoning [974] des Jingzong [968–982] aufgehoben. Die andere befindet sich im Bereich der Kreisstadt Nong'an (農安縣) in Jilin und war von Liao Shengzong [983–1030] im neunten Jahr der Regierungsperiode Kaitai [1020?; eigentlich 1. Jahr Taiping] begründet worden. Siehe dazu Jing Fangchang 景方昶: *Dongbei yudi shilüe* 東北輿地釋略, 2. Juan, S. 12 – 14 (in: *Dongbei congkan* Nr. 3) (S. 516, Anm. 2) (OA).

2 寅夜, Zeit zwischen drei und fünf Uhr morgens.

3 Oder: Kupferbrücke; *Tongqiao*.

4 Diese Berge liegen 60 Meilen östlich von Yilan 依蘭 in Jilin (S. 516, Anm. 4) (OA).

5 Hezhe: *uʃʼəkʼətə* (S. 679): Getrocknetes Hirschfleisch. Das Hirschfleisch wird in etwa drei Zoll lange Streifen geschnitten, die man in der Sonne trocknen läßt (S. 517, Anm. 1) (OA).

6 Hezhe: *hulikʼətʼə* (S. 686): Trockenfleisch: Das Fleisch vom Reh, Hirsch und anderen Tieren wird in kleine Stückchen zerlegt und in der Sonne getrocknet (S. 517, Anm. 2) (OA).

In späterer Zeit siedelten sie in die Gegend von Qiqiha[7] über, die ebenfalls menschenleer war. Unter diesen sieben Männern und Frauen gab es einen Mann namens Wuxikata, der verwegen und kampfesmutig sowie ein blendender Reiter und Schütze war. Er hatte das Amt eines *Batulu* innegehabt, aber da seine Mannen von den Truppen der Yuan gefangengenommen worden waren, waren nur noch diese Sieben übriggeblieben, mit denen er hierher ausgewichen war. Seine Gemahlin Narihuoni *Dedou* war eine Heldin unter den Frauen, und die beiden liebten sich sehr und lebten in Eintracht miteinander. Aber es betrübte sie sehr, dass sie keine Kinder hatten. Als Wuxikata fünfundvierzig Jahre und seine Frau zweiundvierzig Jahre alt waren, sehnten sie sich so sehr nach Nachwuchs, dass sie von früh bis spät zu den Göttern (*shenren*) beteten. Eines Nachts sah Narihuoni im Traum, wie der Vollmond vom Himmel in ihren Schoß fiel, worüber sie erschrocken aufwachte; von da an aber war sie schwanger. Tag um Tag verging, wie im Fluge waren zehn Monate vorüber und sie gebar einen Knaben. Mutter und Sohn waren wohlauf und als Wuxikata von auswärts zurückkehrte und erfuhr, dass er Vater eines Sohnes geworden war, war er überglücklich und liebte diesen wie ein Kleinod. Fortan lebten sie in dieser Gegend und verbrachten ihre Tage mit Pflügen und Jagen.

Die übrigen fünf Männer und Frauen wohnten in ihrer Nähe. Unter ihnen gab es einen Mann namens Taibu, der es als Beamter bis zum *Zhangjing* und *Anbang Batulu* gebracht hatte. Auch er war für seine Kampfkunst sehr bekannt und auch seine Frau Yilagani *Dedou* glänzte in dieser Kunst. In jenem Jahr gebar Yilagani ein Mädchen, das Huotu[8] genannt wurde, denn als es geboren wurde, war sein ganzer Kopf mit weißem Erbgrind [Favus] überzogen, zudem standen Augen und Mund schief und es war unglaublich häßlich. Aber von Kindesbeinen an verstand Huotu zu schamanisieren und verfügte daher über außergewöhnliche Fähigkeiten.

Als Narihuoni ihren Sohn gebar, war das Zimmer von Wohlgerüchen erfüllt, was Wuxikata und seine Frau sehr verwunderte. Daher gaben sie ihm den Milchnamen (*ruming*) Aifen[9]. Am dritten Tage nach der Geburt wurde ein Fest vorbereitet, zu dem die fünf Verwandten und Bekannten geladen wurden. Diese fünf Verwandten und Bekannten waren ihre in der Not erprobten Freunde und es verstand sich von selbst, dass diese gerne kamen, um zu gratulieren. Nachdem sie den Empfangsraum betreten und Wuxikata begrüßt und gratuliert hatten,

---

7   Qiqiha befindet sich im Kreis Tongjiang 同江 in Jilin (S. 517, Anm. 3) (OA).

8   Dieser Name bedeutet Kahlkopf (S. 517, Anm. 9) (OA).

9   *Aifen* bedeutet „Wohlgeruch" (S. 518, Anm. 1) (OA). – Die Lesung *Yifen* wäre ebenfalls möglich. Dieser Milchname wird nur von den Eltern verwendet.

setzten sie sich und begannen nach Herzenslust zu feiern. Narihuoni trug den kleinen Aifen herein und zeigte ihn den Gästen, die ihn nicht genug loben und bewundern konnten. Unter den Anwesenden befand sich ein alter Mann, der fragte, ob der kleine Aifen bereits einen offiziellen Namen (*daming*) erhalten habe. Wuxikani antwortete: „Bis jetzt noch nicht! Darf ich die werten Anwesenden bitten, für ihn einen Namen auszusuchen?" Der alte Mann überlegte ein Weilchen und verkündete dann: „Seid ihr einverstanden, dass dieser Sohn Wubuqiwu heißen soll?" Einmütig lobten alle Anwesenden diese Wahl. Nachdem sie alle Aifen auf den Arm genommen und mit ihm ein Weilchen gescherzt hatten, trug ihn seine Mutter wieder hinaus. Nun wurde getrunken und gefeiert bis die Nacht hereinbrach. Seit nun Wuxikata und seine Frau ein Kind hatten, waren sie sehr froh und glücklich, sie ließen zu Hause Fleiß und Sparsamkeit walten und ihr Leben verlief sorgenfrei. So verging Jahr um Jahr und ehe man sichs versah, war Wubuqiwu schon dreizehn Jahre alt. Nachdem er zu reiten gelernt hatte, begleitete er seinen Vater auf der Jagd in den Bergen.

(2) Wubuqiwu ging häufig mit seinem Vater in den Bergen jagen und war deshalb sowohl mit Schwert und Lanze, als auch mit Reiten und Schießen wohlvertraut. In jenem Jahre grassierten im zwölften Monat in den Gebieten entlang des Ussuri, des Sungari und des Sahalin [Amur] die Pocken. Zahllose Hezhe erkrankten und starben. Immer wenn irgendwo die Pocken ausbrachen, entgingen nur die dem Tode, die in die Berge flohen. Wubuqiwus Vater Wuxikata und seine Mutter Narihuoni steckten sich bedauerlicherweise an und starben. Auch Taibu und seine Frau, sowie alle diejenigen, die mit ihnen einst in die Fremde geflohen waren, starben an der Krankheit und von Taibus Familie blieb nur noch Huotu übrig. Wubuqiwu und Huotu begruben die Eltern, wobei sie jedoch nicht zu klagen und zu weinen wagten, denn alle die an den Pocken starben, wurden im Geheimen bestattet, da man fürchtete, dass durch Klagen und Weinen der Zorn der Pocken-*Niangniang* (*Doushen Niangniang*) erregt werde und diese ihr Mißfallen gegen den Trauernden richten könnten. Nachdem die Beiden die Eltern bestattet hatten, verschwand Huotu spurlos.

Von da an war Wubuqiwu ganz alleine, er fühlte sich einsam und verlassen und dachte zurück an die Zeit, als seine Eltern noch gelebt und wie sehr sie sich geliebt hatten: Nun aber war all das Vergangenheit geworden. Zudem waren auch die Nachbarn tot und nur einige wenige Häuser waren stehen geblieben: Es war schon ein reichlich trostloser Anblick! Nachdem er einige Zeit geseufzt und bitterlich geweint hatte, fühlte er sich müde und erschöpft und schlummerte unversehens ein. Als er erst um die Mittagszeit des darauffolgenden Tages wieder aufwachte, fühlte er sich unwohl und hatte keinen Appetit: Auch er war krank geworden. Erst nach zwei Monaten begann sich sein Zustand allmählich zu bessern und als er wieder völlig genesen war, musste er in den Bergen auf die Jagd gehen sowie *Zhekete*[10], *Shuo'rku*[11] und *Yila*[12] anbauen, um sich mit Nahrung zu versorgen. Einsam und alleine verbrachte Wubuqiwu seine Tage mit Fischen, Jagen und Feldbau und war unversehens sechzehn Jahre alt geworden. Eines Nachts träumte ihm, dass ihn ein alter Mann mit schlohweißem Haar fragte: „Ist es dir nicht langweilig, wenn du hier so alleine lebst?" Wubuqiwu berichtete ihm nun mit freundlichen Worten ausführlich von seinem Leben und seiner heiklen Lage. Der Greis schien ihm mitfühlend zuzuhören und sprach dann zu ihm: „Du scheinst wirklich arm dran zu sein. Geh morgen Mittag zum Fluss und angle; das Schicksal wird es dann mit dir sehr gut meinen: Du darfst das auf keinen Fall vergessen!" Nach diesen Worten war der alte Mann verschwunden.

(3) Nachdem der alte Mann zu Ende gesprochen hatte, war er verschwunden und Wubuqiwu schreckte aus dem Schlaf hoch. Kurz darauf träumte er nochmals denselben Traum und so ging es insgesamt drei Mal. Als er am folgenden Morgen aufstand, wunderte er sich sehr darüber. Nach dem Frühstück suchte er in seiner Hütte einen Angelhaken und ging dann zum Fluss, um Fische zu fangen. Als es Mittag wurde, sah er, wie sich der Schwimmer der Angelrute bewegte und im Wasser unterging; er riss den Haken mit aller Kraft in die Höhe, worauf ein goldfarbener Karpfen in seinen Schoß fiel. Hocherfreut zog er seine Jacke aus, wickelte den Fisch darin ein und brachte ihn nach Hause, wo er ihn in eine Wassertonne steckte und sich aufmerksam um ihn kümmerte. Als er am folgenden Tag von der Jagd in den Bergen heimkehrte, ruhte er sich zuerst ein Weilchen aus, worauf er, da er Hunger hatte, in die Küche ging, um sich etwas zu essen zu machen. Wie er aber den Deckel vom Topf nahm, war darin schon *Handabula Buda*[13] fertig zubereitet und auch die Gemüse waren vom Feinsten. All das roch äußerst verlockend. Auf dem Gestell des Topfes stand zudem noch ein Krug Branntwein! Wubuqiwu wunderte sich sehr über das, was er da sah, aber da er sehr hungrig war, forschte er nicht weiter nach, wer dies alles vorbereitet hatte, sondern begann zu essen und zu trinken. Am folgenden Tag ging er wie

---

10 Hezhe: *dʒəkt'ə* (S. 689): Hirse; aus den Körnern kocht man Brei, der ein Nahrungsmittel der Hezhe ist. Häufig kocht man die Körner zusammen mit Reh- oder Hirschfleisch zu einem Fleischbrei, der *Menggubuda* (*mȯgupuda* [S. 691]) genannt wird (S. 519, Anm. 1) (OA).

11 Hezhe: *ʃuərk'u* (S. 692): Mais (S. 519, Anm. 2) (OA).

12 Hezhe: *ilā* (S. 686): Rispenhirse (Mandschu: ira). Aus ihr wird in der Regel ein klebriges Essen gekocht, das *Yilalala* genannt wird, wenn man Hirsch- oder Wildschweinfett hinzufügt (S. 519, Anm. 3) (OA).

13 Speise aus nur leicht klebendem Reis. *Handabula* (Hezhe: *hədapula* [S. 682]) bezeichnet den geschälten, nur leicht klebenden Reis [*Oryza sativa* subsp. *keng*], *Buda* (Hezhe: puda) heißt „Mahlzeit". *Handabula Buda* wird nur in der Residenz eines *Han* gegessen, gewöhnliche Leute können sich solch ein Essen nicht leisten (S. 520, Anm. 1) (OA).

gewöhnlich auf die Jagd und nachdem er ein Reh erlegt hatte, kehrte er nach Hause zurück. Da es bereits auf die zweite Doppelstunde der Nacht zuging und er sehr hungrig war, legte er das Reh vor dem Haus nieder und ging zuerst einmal Essen kochen. Aber als er in die Küche kam, war dort erneut eine Mahlzeit vorbereitet, die er sogleich verzehrte. So ging es einige Tage. Er wunderte sich sehr und kam nicht dahinter, wer für ihn kochte. Aber schließlich hatte er eine Idee, wie er es herausfinden konnte: Am folgenden Tag verließ er wieder mit Pfeil und Bogen das Haus, kehrte aber nach einiger Zeit um, schlich zum Fenster und spähte hinein. Als sich die Sonne im Westen neigte, sah er wie aus der Wassertonne etwas heraussprang und sich in ein Mädchen verwandelte.

(4) Als sich Wubuqiwu am Fenster versteckt hatte und beobachtete, wie aus der Wassertonne etwas heraussprang und sich in ein Mädchen verwandelte, das so schön wie eine Himmlische (*tianxian*) war, freute er sich von ganzem Herzen und rannte so schnell er konnte ins Haus. Als das Mädchen bemerkte, dass jemand hereinkam, drehte es sich um und fragte: „Warum bist du so in Eile? Du kannst einen aber erschrecken. Ich möchte dich jetzt bitten, mich zu retten!" Wubuqiwu antwortete: „Wenn irgendjemand der *Dedou* Unannehmlichkeiten bereitet, so will ich ihr mit all meinen Kräften helfen und keineswegs tatenlos zusehen!" Das Mädchen sagte daraufhin: „In drei Tagen werden dich zwei Männer besuchen. Schließe unter gar keinen Umständen mit ihnen Freundschaft, sonst werde ich Schaden nehmen!" Wubuqiwu war natürlich damit einverstanden. Nach diesen Worten sprang das Mädchen wieder in die Wassertonne. Am Vormittag des dritten Tages hörte Wubuqiwu vor der Türe Schritte, worauf ein Hüne eintrat, der einen Klafter groß war und grausam und böse aussah: Auf den ersten Blick war zu erkennen, dass er kein guter Mensch war! Wubuqiwu stand auf und begrüßte ihn, worauf der Hüne den Gruß erwiderte und sich setzte. Wubuqiwu erkundigte sich nach seinem Namen und danach, woher er kam und in welcher Angelegenheit er unterwegs war. Der Hüne antwortete ihm: „Ich heiße Bo'rbu-ken und stamme aus der Gegend Mohongkuo[14]. Ich habe den ruhmreichen Namen des *Mo'rgen Dou*[15] vernommen und habe keine Entfernung gescheut, um den *Ahong Dou*[16] aufzusuchen. Ich möchte mit dir Brüderschaft schließen, weiß aber nicht, wie du darüber denkst?" Wubuqiwu antwortete: „Wir beide sind

---

14 Im Gebiet des heutigen Kreises Tongjiang in Jilin (S. 520, Anm. 2) (OA).

15 Hezhe: *mɔrgəŋ dəu* (S. 690): Höfliche Anrede für Jünglinge; *Dou* [Mandschu: deo] bedeutet „jüngerer Bruder" (S. 385, Anm. 1; S. 520, Anm. 3) (OA).

16 Hezhe: *ahɔdəu* (S. 687): *Ahong* heißt „älterer Bruder", *Dou* bezeichnet den jüngeren Bruder. Die Bedeutung des Wortes ist daher „Bruder" [Mandschu: ahûn deo]. Sehr enge Freundschaft wird zum Ausdruck gebracht, wenn man den Freund ebenfalls *Ahong Dou* nennt (S. 387, Anm. 1; S. 520, Anm. 4) (OA).

weder alte Freunde, noch hatten wir irgendwelche Beziehungen: Wie kann man dann so mir nichts dir nichts davon sprechen, dass wir Brüderschaft schließen sollten? Zudem habe ich mich bis jetzt noch mit Niemandem verbrüdert; ich kann daher deinem Vorschlag wirklich nicht zustimmen!" Sofort änderte sich die Miene des Bo'rbuken: Er machte ein wütendes Gesicht und ging ohne sich zu verabschieden fort. Etwa eine Stunde später war von draußen plötzlich Hufschlag zu hören. Als Wubuqiwu vor die Türe trat, erblickte er einen Reiter, der vor seiner Tür vom Pferd stieg und mit einer Flasche Schnaps ins Haus trat. Er begrüßte Wubuqiwu, worauf sich die Beiden setzten. Wubuqiwu fragte ihn: „Ich erlaube mir, zu fragen, wie der ehrenwerte Name des *Mo'rgen* lautet und aus welcher Gegend er kommt? Welche Ratschläge kommt er zu erteilen?" Der Mann antwortete: „Ich heiße Muduli und wohne in Jiejinkou[17] *Huotong* am Sanjiangkou. Ich bin eigens deswegen in diese werte Gegend gekommen, da ich den berühmten Namen des *Mo'rgen* nennen hörte." Mit diesen Worten schenkte er ihnen Schnaps ein und trank dann mit Wubuqiwu Branntwein, indem sie einander abwechselnd einschenkten (*helimo Ha'rqi*)[18]. Wubuqiwu sah, dass sein Gegenüber nicht älter als siebenundzwanzig oder achtundzwanzig Jahre war, ein hübsches Gesicht hatte und sich kultiviert ausdrückte. Er trank und plauderte daher mit ihm und begann nach und nach tiefe Freundschaft für ihn zu empfinden.

(5) Muduli ermunterte Wubuqiwu liebenswürdig zum Trinken, wobei die Beiden sich sehr angenehm unterhielten. Als sie in bester Stimmung waren und Muduli bemerkte, dass Wubuqiwu schon beschwipst war, schlug er vor, dass sie Schwurbrüderschaft schließen sollten. Wubuqiwu fiel die Antwort schwer. Er überlegte, dass es ziemlich unhöflich wäre, diese Bitte abzulehnen, und da er sah, dass sein Gast ein anständiger und freundlicher Mensch war, gedachte er nicht mehr der Worte des Mädchens und stimmte bedenkenlos zu. Muduli freute dies außerordentlich; er entzündete mit Wubuqiwu Räucherwerk und sie riefen achtmal die *Biepeng Mafa*[19] an und wurden Schwurbrüder. Dies war aber nichts anderes als ein Schwindel, denn während Muduli vorgab, sich mit Wubuqiwu anzufreunden, war er nur darauf bedacht, das Mädchen in seine Gewalt bekommen. Auch Bo'rbuken hatte nur zum Schein Wubuqiwu wegen seines Ruhmes aufgesucht, in Wirklichkeit suchte er das Mädchen. Wie hätte er ahnen sollen,

---

17 Der Ort befindet sich im Kreis Tongjiang 同江, Provinz Jilin, am Ufer des Sungari (S. 521, Anm. 2) (OA).

18 Helimo (Hezhe: həlimɔ [S. 683]) bedeutet, dass zwei Personen einen Krug oder einen Becher Schnaps leeren, indem sie wechselseitig den Krug oder Becher weiterreichen; Ha'rqi (Hezhe: *hark'i; ark'i;* Mandschu: arki) bezeichnet russischen Branntwein (S. 521, Anm. 4) (OA).

19 Hezhe: *bibɔ mafa* (S. 685): *Biepeng* bedeutet Seelentafeln (*shenwei*), *Mafa* heißt Vorfahren. Der Ausdruck bedeutet somit „Seelentafeln der Vorfahren" (S. 521, Anm. 5) (OA).

dass Wubuqiwu mit ihm nicht Brüderschaft schließen wollte! Da er dann keine
Veranlassung mehr hatte zu verweilen, blieb ihm nichts anderes übrig, als zu ge-
hen, er hegte aber von da an unsäglichen Groll gegen Wubuqiwu. Obgleich
Bo'rbuken ein abstoßender Mensch war, war er ein ausgezeichneter Kämpfer und
ein mächtiger Schamane, der Wind und Regen rufen konnte und die Kunst be-
herrschte, sich im Wasser und auf dem Land zu verbergen (*shuiludunfa*). Das
Mädchen, das in der Wassertonne des Wubuqiwu als Karpfen schwamm, hieß
Gelinni *Dedou* und stammte aus dem Dorf Gemu. Auch sie war eine erfahrene
Kämpferin und Schamanin, die sich zu Wasser und zu Lande verbergen konnte:
Sie war wahrlich eine Heldin unter den Frauen. Ihre Eltern waren bereits tot und
da sie zudem keine Geschwister hatte, war sie alleine zum Spaß in die Gegend
von Sanjiangkou gewandert, wo Sungari und Sahalin [Amur] zusammenflossen.
Der Zufall wollte es, dass sie, als sie zu Bo'rbukens Haus kam, dieser unvermutet
sah, welch ungewöhnliche Schönheit Gelinni war, und er sie daher unter allen
Umständen zur Frau begehrte. Da er aber ein abstoßender Kerl und schlechter
Mensch war, wies sie ihn zurück. Er aber wandte Gewalt an, um sie gefügig zu
machen, und da Gelinni nicht im Geringsten daran dachte, ihm zu folgen, wartete
sie, bis es dunkel wurde und verschwand spurlos. In der Folge floh sie in das
Haus des Muduli, der sie bei sich behielt. Da er wusste, dass sie in Bedrängnis
war, und sah, wie schön sie war, kam er plötzlich auf dumme Gedanken und
begann davon zu reden, dass ihre Ehe vom Himmel vorbestimmt sei; er blitzte
damit aber ebenfalls bei Gelinni ab. Aus Scham wurde Muduli zornig und sperrte
Gelinni in einen dunklen Raum, worauf sie in der Nacht vom Land verschwand
und ins Wasser überwechselte. Im Fluss floh sie nach Westen und ließ sich in
Wubuqiwus Haus nieder, um der Gefahr zu entgehen. Als Muduli vernahm, dass
sie entkommen sei, stellte er einen Opfertisch auf, um das Räucherorakel zu
befragen und so ihren Aufenthaltsort herauszufinden.

(6) Muduli stellte den Opfertisch auf und begann, die Schamanentrommel zu
schlagen. Schon bald näherten sich die *Eqihe*-Schamanengeister[20] seinem Ohr (*fu
zai Muduli erbian*) und zeigten ihm alles auf, wodurch er den Aufenthaltsort der
Gelinni erfuhr. Anschließend schlug er die Trommel, um die Geister zurückzu-
schicken. Am folgenden Tag ritt er nach dem Frühstück auf einem schnellen
Pferd nach Qiqiha, um Wubuqiwu zu suchen. Nach einigen Tagen kam er zu
dessen Haus und als er eintrat und heimlich umherspähte, konnte er nicht den
geringsten Hinweis auf Gelinni finden, weshalb er vorgab, dass er mit Wubuqiwu
Schwurbrüderschaft schließen wolle. Wubuqiwu durchschaute ihn nicht und

---

20 *Samanshen Eqihe*; auch eine Übersetzung im Singular ist möglich. Zu diesen Geistern vgl.
Richtsfeld 1996, 58–59.

stimmte freudig zu, worauf sie Schwurbrüder wurden; außerdem lud er Muduli zum Essen ein. Nach dem Essen trat Muduli zu der Wassertonne und starrte unverwandt hinein. Wubuqiwu sprach: „Es ist nicht mehr allzu früh; du solltest beizeiten aufbrechen!" Diese Worte verdrossen Muduli und er zwang sich zu antworten: „Ich bin schon bereit!" Dabei stand er auf, nahm die Reitpeitsche und ging nach draußen. Wubuqiwu begleitete ihn vor die Tür und Muduli saß auf und ritt in östlicher Richtung davon. Erst als er schon in weiter Ferne war, ging Wubuqiwu ins Haus zurück. Dort erblickte er Gelinni, die dort nach Westen gewandt saß und recht wütend zu sein schien. Sie fuhr Wubuqiwu an: „Ich habe dir doch gesagt, dass du nicht Brüderschaft schließen sollst! Warum musstest du dich unbedingt mit Muduli verbrüdern? Er hätte mich beinahe aus dem Wassertrog herausgefischt und da er nun wütend abgezogen ist, ist zu befürchten, dass er wiederkommen will. Ich kann hier nicht länger bleiben: Es bleibt mir daher nichts anderes übrig, als mich von dir zu verabschieden!" Bei diesen Worten begann sie heftig zu weinen und brachte keinen Ton mehr hervor. Nun flossen auch bei Wubuqiwu die Tränen, der Gelinni zu beschwichtigen versuchte: „Wie dem auch sei, ich will alles tun, um dich zu retten. Beruhige dich doch bitte!" Erst nachdem Wubuqiwu ihr seine Hilfe zugesagt hatte, hörte Gelinni auf zu weinen, und da die beiden einander liebten, umarmten und küssten sie sich. Daraufhin nahm Gelinni mit Tränen in den Augen von ihm Abschied und sprach: „Ich bin sicher, dass Muduli kommen und nach mir suchen wird. In drei Tagen werde ich im Fluss hier vorbeischwimmen und Muduli wird mir folgen. Du aber fahre mit deinem *Wumi Richen* [auf dem Fluss] und spieße mit deiner Fischgabel den zweiten Fisch mit den feinen Schuppen (*xilinyu*) auf, denn dieser ist die Verwandlungsform des Muduli. Du darfst aber auf gar keinen Fall einen Fehler machen!" Mit diesen Worten stand sie auf und ging fort. Wubuqiwu geleitete sie bis vor die Tür, wo sie unter Tränen Abschied voneinander nahmen. Wubuqiwu wartete, bis sie gegangen war, und kehrte dann ins Haus zurück, um sich schlafen zu legen. Nachdem er am darauffolgenden Tag gefrühstückt hatte, schliff er seinen Fischstecher messerscharf und wartete nur darauf, am dritten Tag den Fisch mit den feinen Schuppen aufzuspießen.

(7) Am Morgen des dritten Tages stand er auf, frühstückte und ging dann mit dem Fischspeer und anderen nötigen Gerätschaften zum Fluss, wo er ein kleines Boot bestieg und zur Mitte des Flusses fuhr. Dort fuhr er geschwind hin und her und beobachtete die von Ost nach West schwimmenden Fische. Nachdem er lange Zeit gewartet hatte, sah er von Osten her drei Fische kommen, die einer hinter dem anderen schwammen. Der erste war ein goldfarbener Karpfen, die Verwandlungsform der Gelinni. Als zweiter folgte der Fisch mit den feinen Schuppen, die Verwandlungsform des Muduli, und ihm folgte ein weiterer

Fisch[21], die Verwandlungsform des Bo'rbuken. Wubuqiwu sah, dass die drei Fische einander dicht folgten, und der Fisch mit den feinen Schuppen dem Karpfen Bisswunden zugefügt hatte, so dass dieser recht kläglich dran war. Da stach Wubuqiwu mit all seiner Kraft mit dem Fischspeer zu und traf den Fisch mit den feinen Schuppen genau in den Rücken. Dieser schnellte herum und zertrümmerte den Schaft des Speeres, aber der Karpfen hatte die Gelegenheit genutzt und war spurlos verschwunden, worauf auch die beiden anderen Fische nach verschiedenen Richtungen entflohen. Da die Sonne schon tief stand, kehrte Wubuqiwu nach Hause zurück, wo er Gelinni antraf. Beide waren über das Wiedersehen außer sich vor Freude. Sie gingen ins Haus, bereiteten ein Essen zu, setzten sich einander gegenüber und tranken Branntwein. Gelinni sagte: „Diesmal war es nicht so gefährlich, aber in sieben bis acht Tagen muss ich an der Klippe der Westberge vorüber, was vom *Nebutu*[22] bis zur *Yerenyeheri*[23] sehr gefährlich und schwierig ist. Ich hoffe darauf, dass du mit Pfeil und Bogen bei der Klippe der Westberge wartest. Wenn du zwei Hirsche kommen siehst, so wird die vorauslaufende Hinde niemand anderer sein als ich selbst, der nachfolgende Hirsch aber ist Muduli. Du must ihn unbedingt mit deinem Pfeil erlegen und darfst unter gar keinen Umständen einen Fehler machen!" Wubuqiwu versprach es ihr. Gelinni aber blieb und schlief bei Wubuqiwu. Am nächsten Morgen stand sie auf, verabschiedete sich und ging fort. Wubuqiwu wartete zuhause sieben oder acht Tage ab. Am neunten Tag erhob er sich frühmorgens und ging mit Pfeil und Bogen zu den Westbergen. Sein Weg führte durch einen Wald und dort bemerkte er aus der Ferne jemanden auf sich zukommen: Als er nahe herangekommen war, sah er, dass es das Mädchen Huotu war, von dem er lange nichts mehr gehört hatte.

---

21 *Wei* (鮠). Nach B. Read: *Fish drugs*. Peking 1939, 170 handelt es sich um *Leiocassis dumerili* (Bleeker), „catfish" (Wels).

22 Hezhe: nəput'u (S. 689): Eine Art treibende Wurzel- und Blätterwerkdecke, Schwingrasen. Wenn Mensch oder Tier nicht rasch darüber hinwegschreiten, so laufen sie Gefahr zu versinken (S. 523, Anm. 2) (OA). – Ling schreibt missverständlich „Eine Art treibendes Floß" (一种漂筏); „Floß" (fa 筏) muss vermutlich durch 筏, ausgesprochen einerseits „fa"„„dichtes Blätterwerk", oder „bo", „verschlungenes Gezweige" bzw. „ba" „Wurzelwerk von Bäumen und Pflanzen", ersetzt werden (vgl. HYDZD, Bd. 5, S. 3205). Da der Rest der Fussnote es wahrscheinlich macht, dass eine Art instabiler Grasdecke eines Moores gemeint ist, wurde entsprechend mit „eine Art treibende Wurzel- und Blattwerkdecke" (schwimmende Inseln, Schwingrasen) übersetzt.

23 也人也合日 Hezhe: jɛrən jɛhɔri: Eine Felsenhöhle, die zu drei Teilen im Wasser liegt und zu drei Teilen trockenen Boden besitzt. Man kann durch sie hindurchschlüpfen (Unsichere Übersetzung: 是三層水三層地的山洞, 人可以穿入, 也可以穿出) (S. 523, Anm. 3) (OA).

(8) Huotu hatte bei Wobijiwu *Mama* die Kampfkünste und Magie (*shenfa*) erlernt und war in beidem Gelinni überlegen. Als Wobijiwu *Mama* einstens als Schamanin tätig gewesen war, hatte sie viele Menschen aus Not und Leid errettet, weshalb die Menschen sie für ein göttliches Wesen (*shen*) hielten. In späterer Zeit zog sie sich in eine Höhle im Taiping-Gebirge zurück, um sich dort zu vervollkommnen und nach wer weiß wie vielen Jahren, war sie nunmehr tatsächlich eine Unsterbliche geworden und hatte das *Dao* erlangt (*cheng xian de dao*). An jenem Tag geriet das Blut in ihrem Herzen in Wallung und ihre Augenlider zuckten ununterbrochen, weshalb sie einen *Eqihe* rief und zu ihm sprach: „Ich bin sehr unruhig. Geh und sieh dich mal um, aber beeile dich zurückzukehren und mir zu melden, was da eigentlich los ist!" Der *Eqihe* kam schon bald wieder zurück und meldete: „Großes Unheil wird über Wubuqiwu kommen; hoffentlich hält es die Herrin-Mutter (*zhumu*) für nötig, ihm zu helfen!" Wobijiwu *Mama* nickte kurz und rief Huotu zu sich: „Dir und Wubuqiwu ist es vorherbestimmt, dass ihr Mann und Frau werdet. Jetzt wird er in große Schwierigkeiten kommen. Du musst sofort die Berge verlassen und ihm zu Hilfe eilen, und es darf dir dabei kein Fehler unterlaufen!" Wie nun Huotu vernahm, dass ihre Meisterin (*zushi*) ihr befahl, die Berge zu verlassen, um Wubuqiwu zu retten, gehorchte sie voll Freude; sie packte ihre Habseligkeiten und verabschiedete sich von ihrer Meisterin. Als sie die Gegend der Westberge erreichte, kam ihr in der Nähe eines Waldes Wubuqiwu entgegen. Sie begrüßten einander und Wubuqiwu fragte sie: „*Gege*, wo warst du denn all die Jahre? Warum kehrst du erst jetzt zurück?" Huotu antwortete: „Ich komme aus den Bergen im Südwesten. Wohin gehst du?" Wubuqiwu erzählte ihr daraufhin von Gelinni. Huotu sagte ihm, dass er diesmal großem Ungemach entgegengehe, und erzählte ihm von dem Befehl ihrer Meisterin. Als Wubuqiwu dies alles hörte, bat er sie um ihre Hilfe. Huotu aber antwortete, dass sie ihn nur dann retten werde, wenn er bereit sei, sie zu heiraten; ansonsten werde sie in die Berge zurückkehren und ihrer Meisterin Bericht erstatten. Da blieb Wubuqiwu nichts anderes übrig, als sein Einverständnis zu geben. Huotu holte einen *Eqihe* hervor und veranlasste, dass Wubuqiwu ihn sich umhängte, damit er ihm im Verborgenen im Kampfe beistehen konnte.

Wubuqiwu verabschiedete sich von Huotu, setzte seinen Weg zu den Westbergen fort, und erreichte die Klippe nach einem langen Marsch. Nachdem er dort lange gewartet hatte, sah er, wie zwischen Schwingrasenflächen (?) (*piao fa*) drei Hirsche hindurchliefen, von denen das vorderste Tier eine Hinde war, der zwei männliche Hirsche folgten. Wubuqiwu sah, dass die beiden Hirsche drauf und dran waren, die Hinde einzuholen, die, wie ihm schien, verzweifelt Ausschau hielt, ob ihr jemand zu Hilfe komme. Wubuqiwu brachte Pfeil und Bogen in Anschlag und schoss auf das zweite Tier, das er in den Leib traf. Der Hirsch

drehte sich herum und verwandelte sich in Muduli. Er entblößte seine Brust und
forderte so Wubuqiwu auf, erneut auf ihn zu schießen. Wubuqiwu schoss einen
weiteren Pfeil auf ihn ab und dann nochmal zwei, aber alle wurden von seinem
Gegner zerbrochen. Die Hinde aber war bereits entkommen. Als Muduli sah,
dass Wubuqiwu sein Gegner war, ging er außer sich vor Wut auf ihn zu und
brüllte ihn, ohne vorher lange mit ihm zu reden, hasserfüllt an: „So einen undank-
baren Menschen darf jeder vernichten!" Mit diesen Worten begann er mit
Wubuqiwu ohne Waffen zu kämpfen: Ihrer beider Fäuste und Beine wirbelten,
keiner wollte nachgeben. Anfänglich konnte keiner von ihnen den Kampf für
sich entscheiden, aber nach etwa fünfzig Runden schwanden Wubuqiwu
allmählich die Kräfte; er konnte nur die Schläge parieren, aber keine mehr
austeilen. Muduli aber legte noch zu und brachte ihn in immer größere
Bedrängnis. Muduli war ein vortrefflicher Kämpfer und verfügte zudem über den
Beistand seiner Schamanengeister (*saman shen*), Wubuqiwus Kampfstil war recht
gewöhnlich und ihm halfen keine Schamanengeister, denn da ihm Huotu zuwider
war, hatte er den *Eqihe*, den sie ihm überlassen hatte, weggeworfen. Aus diesem
Grunde war es ihm unmöglich dem Gegner Parole zu bieten. Als die Sonne im
Westen unterging, blutete Wubuqiwu aus Mund und Nase und er war völlig
entkräftet: Muduli versetzte ihm einen Tritt, der Wubuqiwu rücklings zu Boden
warf und ihn tötete. Als er sah, dass er Wubuqiwu erschlagen hatte, kehrte Muduli
wuterfüllt nach Hause zurück.

(9) Nachdem Wubuqiwu durch den Tritt des Muduli getötet worden war, trieb
seine Seele (*linghun*) nach Südwesten. Dabei traf er unterwegs andere Wanderer,
kannte aber keinen von ihnen. Sie zogen gleichfalls alle nach Südwesten, niemand
aber kam ihnen aus der Gegenrichtung entgegen. Nach zwei Tagen erblickte er
quer zum Weg einen breiten Fluss, über den die Wanderer setzten. Während er
sich noch über das Gesehene wunderte, entdeckte er plötzlich einen von fünf
Hunden gezogenen *Tuo'rji*[24], der ihm in Windeseile entgegen kam und auf dem
niemand anderer als Huotu saß. Sie hielt den *bulafu*[25] in Händen und kam einer
gewaltigen Streitmacht gleich herangestürmt. Es war nun so gewesen, dass sich
Huotu zum Zeitvertreib mit Hilfe ihrer Schamanenkünste (*saman shenfa*) in die
jenseitige Welt begeben hatte und nun auf dem Schlitten wieder ins Diesseits
zurückkehrte. Als sie zum Sayin Bila[26] kam, bemerkte sie plötzlich Wubuqiwu in

---

24 Hezhe: *tᵓrk'i* (S. 683): Im Winter benutzter Schlitten; Hundeschlitten (S. 392, Anm. 2; 525,
   Anm. 1) (OA).

25 Hezhe: *pulafu* (S. 681): Holzstock, den der Schamane während der Jenseitsreise mit sich führt
   (S. 392, Anm. 1; S. 526, Anm. 1) (OA). – Evtl. der in Bd. I beschriebene „Geisterstock", vgl.
   Richtsfeld 1996, 201–202.

26 Hezhe: *sajin pila* (S. 694): Der Unterweltsfluss (S. 393, Anm. 1; S. 526, Anm. 2) (OA).

dem Gedränge und war sehr überrascht und bestürzt darüber, dass er in westlicher Richtung unterwegs war. Während sie noch überlegte, war der in Windeseile dahinsausende Schlitten auch schon bei Wubuqiwu angelangt. Als Wubuqiwu völlig kopflos versuchte, vor ihr zu fliehen, fegte sie einmal mit dem Bulafu nach ihm und barg ihn an ihrer Brust. Er verlor das Bewusstsein und merkte nicht mehr, was mit ihm geschah. Später verspürte er am ganzen Körper Schmerzen, er schrie *enna*[27] und *abaka*[28], riss die Augen auf und sah, dass Huotu einen Schamanentanz (*tiaoshen*) tanzte. Er hörte, wie sie bald *kekukekuhei*, bald *yegeyegeye*[29] sang. Während sie tanzte und sang, hörte sie auf einmal wie Wubuqiwu nach Atem rang und stöhnte, worauf sie wusste, dass er wieder ins Leben zurückkehrte. Wubuqiwu bemerkte nun, dass er in einem kleinen blitzsauberen Raum lag und seine Decken aus Fuchs- und Marderhundfellen bestanden. Nun erst wurde ihm bewusst, dass Muduli ihn getötet hatte und Huotu glücklicherweise seine Seele im Jenseits aufgespürt und zurückgebracht hatte. Er war ihr von Herzen dankbar dafür, dass sie ihn gerettet hatte und obwohl sie kahlköpfig und hässlich war, fühlte er sich veranlasst, so zu tun, als hätte er sie lieb. Huotu liebte ihn aufrichtig und pflegte ihn daher außergewöhnlich fürsorglich. Nach mehreren Dutzend Tagen Pflege waren Wubuqiwus innere Verletzungen abgeheilt, er war wieder gesund und kräftig und steckte wieder voller Tatendrang. Eines Tages sagte Huotu zu Wubuqiwu: „Wenn du dich rächen willst, so musst du unbedingt die Kampftechniken und die Schamanenkunst (*saman shenfa*) erlernen." Wubuqiwu fragte sie, wohin er sich wenden müsse, um diese zu erlernen, und bat sie um Belehrung.

(10) Wubuqiwu bat Huotu inständig darum, ihm den Weg zu zeigen, wie er die Künste erlernen könne. Huotu gab ihre Einwilligung und teilte ihm mit, dass die Sache keinen Aufschub dulde und sie bereits am nächsten Tage zum Taiping-Gebirge gehen müssten. Dieses Taiping-Gebirge war ein hoher Bergzug mit zahllosen Höhlen, zu dem auch der Helianshan (Lotos-Berg) gehörte, der ein Treffpunkt der himmlischen Wesen (*shenxian*) war, und hier war es auch, wo Huotu als Mädchen in der Höhle der Wobijiwu *Mama* die Magie (*shenfa*) erlernt hatte. Und so brach Huotu mit Wubuqiwu am folgenden Tage nach Südwesten zum Taiping-Gebirge auf, wo sie nach einigen Tagen ankamen. Huotu kannte diesen Weg genau, weshalb sie ohne jegliche Verzögerung vorankamen. Unterwegs belehrte sie Wubuqiwu über die Berglandschaft. Wubuqiwu blickte um sich

---

27 Hezhe: ɘnɘ (S.689): Au! Ohweh! (S. 526, Anm. 3) (OA)

28 Hezhe: *apak'a, apk'a* (S. 687): „Himmel!" Diesen Ruf stoßen auch Frauen aus, die ihren verstorbenen Mann beweinen (S. 526, Anm. 4) (OA).

29 Beides Gesänge während des Tanzes des Schamanen (S. 526, Anm. 5, 6) (OA).

und sah, dass sie von hohen Bergen umgeben waren, unter denen ein mächtiger Bergstock von zirka fünfzig Meilen Umfang emporragte. Im Norden floss ein mächtiger Fluß um ihn herum. Die Gegend bot einen malerischen Anblick voll stiller Einsamkeit. Nachdem sich Wubuqiwu eine Weile daran erfreut hatte, stand er unversehens auch schon vor dem Eingang der Höhle. Huotu bedeutete ihm, vor der Höhle zu warten, während sie hineinging. Bald darauf kam sie wieder heraus und sprach zu ihm: „Die Meisterin läßt bitten!" Wubuqiwu folgte ihr ins Innere der Höhle. Nachdem sie zirka einen Klafter weit in die Höhle hineingegangen waren, wurde es stockfinster, aber etwas später, wurde es darin sehr hell. Nachdem sie zwei Abteilungen weit gegangen waren, erblickten sie eine *Mama* mit schlohweißem Haar, die aufrecht und mit geschlossenen Augen auf einer Steinplatte saß. Huotu wies Wubuqiwu an, ihr seine Aufwartung zu machen, worauf er vor die *Mama* trat, sie achtmal grüßte und neunmal Kotau machte. Wobijiwu *Mama* öffnete kurz ein wenig die Augen und sagte erfreut: „Dieser *Mo'rgen* ist außergewöhnlich robust und ansehnlich, aber er hat weder die Kampfkunst noch die Magie erlernt! Wie schade, wie schade!" Mit diesen Worten zog sie aus dem Brustteil ihres Gewandes drei Unsterblichkeitspillen (*jindan*) hervor und gab sie Wubuqiwu: „Wenn du diese Pillen schluckst, werden dir Schwert und Lanze nichts anhaben können und auch deine Kraft und Energie werden zunehmen. Du hast das Alter schon überschritten, in dem man die Schamanenkunst (*saman shenfa*) erlernt; es wird nicht leicht werden, dich zu unterrichten! Zum Glück beherrscht deine Frau Huotu schon die Magie (*shenfa*) und so ist es einerlei." Sogleich lehrte sie ihn, mit Schwert und Lanze umzugehen und da Wubuqiwu ein fixer Bursche war, beherrschte er das, was die *Mama* ihm beibrachte, auf Anhieb. Wobijiwu gab ihm zudem ein Paar *Eqihe* und *Mafa* als ständige Beschützer. Nachdem Wubuqiwu dort sieben oder acht Tage lang gelernt hatte, sah Wobijiwu *Mama*, dass er bereits alles beherrschte, worauf sie hocherfreut Huotu zu sich rief und ermahnte: „Du und dieser Wubuqiwu seid ein vom Himmel hervorgebrachtes Ehepaar. Ihr dürft euch dem Willen des Himmels nicht widersetzen! Merk dir das! Vergesst das nicht! Nachdem ihr Rache genommen habt, solltet ihr heiraten. Außerdem darfst du dich nicht von Wubuqiwu trennen, du musst ihn immer beschützen!" Huotu versprach, den Befehl zu befolgen.

(11) Nun wandte sich Wobijiwu *Mama* an Wubuqiwu: „Der Himmel hat dich und Huotu zu Eheleuten bestimmt; ihr dürft euch dem Willen des Himmels nicht widersetzen. In der Zukunft wird dies sicher gute Folgen haben. Solltest du sie wegen ihres häßlichen Aussehens im Stich lassen, so werde ich dies erfahren und es nicht dulden!" Da Wobijiwu *Mama* eine Unsterbliche (*shenxian*) mit großen magischen Fähigkeiten war, wusste sie über 500 Jahre in die Zukunft und in der

Vergangenheit Bescheid und nichts unter dem Himmel blieb ihr verborgen, weshalb sie auch genau das Schicksal der beiden Eheleute kannte. Wubuqiwu versprach ihrem Befehl nachzukommen, worauf Wobijiwu *Mama* den beiden befahl, sich zu beeilen und die Berge zu verlassen. Sie packten ihre Siebensachen, verabschiedeten sich von der Meisterin und kehrten auf dem Wege, auf dem sie gekommen waren, zurück und waren bereits nach wenigen Tagen wieder zu Hause. Wubuqiwu trat zuerst ein und sah sich um, wobei er feststellte, dass noch immer alle Gegenstände an ihrem Ort waren. Huotu ging in die Küche, bereitete ein Essen zu und tischte es mit Wein auf, worauf die Beiden sich einander gegenüber setzten und tranken. Als der Wein seine Wirkung zu zeigen begann, sagte Huotu: „Morgen werden drei Füchse durch die Berge im Südwesten kommen: Die Füchsin, die voranläuft, ist Gelinni, der zweite Fuchs ist Muduli und der dritte ist Bo'rbuken. Wenn du morgen dorthin gehst, wird es unweigerlich zu einem Entscheidungskampf kommen! Du musst unbedingt das Paar *Eqihe* und *Mafa*, das dir die Meisterin geschenkt hat, am Körper tragen!" Wubuqiwu nickte und war bereit, dies zu tun. Als sie ihr Gelage beendeten, war es bereits Nacht geworden, weshalb sich Wubuqiwu am Kopf des *Kang* schlafen legte, und Huotu befahl, sich am Ende des *Kang*s niederzulegen. Wubuqiwu mochte sie im Grunde seines Herzens wegen ihrer Kahlköpfigkeit nicht und war deshalb nicht bereit, sich ihr zu nähern. Am folgenden Tag stand er frühmorgens auf, nahm nach dem Frühstück Pfeil und Bogen sowie seinen Jagdspeer mit und machte sich auf den Weg zu der Klippe in den Westbergen, die er schon nach kurzer Zeit erreichte. Als es Mittag wurde, bemerkte Wubuqiwu, der nach allen Seiten hin Ausschau hielt, dass von Süden her drei Füchse kamen. Wubuqiwu zielte und schoss seinen Pfeil auf den zweiten Fuchs ab, der ihn in die Flanke traf. Der Fuchs tat einen Satz, drehte sich und verwandelte sich in Muduli. Er zog den Pfeil aus seiner Seite, warf ihn fort und schimpfte: „Du roher, verdorbener Hund! Ich hab dich doch letztes Mal umgebracht: Wer hat dir denn das Leben gerettet? Und jetzt kommst du mir schon wieder in die Quere! Dir werd' ich's schon zeigen!" Und schon stürzte er sich auf Wubuqiwu, der seinen Jagdspeer zur Hand nahm und Muduli erwartete. Da er völlig unbewaffnet war, wurde Muduli unsicher und griff hastig nach einem Stock, aber Wubuqiwu war schon bei ihm und stach mit dem Speer zu.

(12) Wie nun Wubuqiwu mit seinem Speer zustach, parierte Muduli mit dem Stock. Die Beiden kämpften verbissen gegeneinander, aber keiner konnte die Oberhand gewinnen und erst als die Sonne schon im Westen unterging, zerbrach Wubuqiwu mit seinem Speer den Stock des Wuduli in zwei Teile. Dadurch war dieser so verunsichert, dass er Wubuqiwu nicht mehr abwehren konnte, der ihm mit dem Speer Brust und Herz durchbohrte, worauf Muduli zusammenbrach und

starb. Wubuqiwu stellte dessen Tod fest, nahm Pfeil und Bogen sowie seinen Jagdspeer und kehrte nach Hause zurück, wo er Gelinni und Huotu vorfand, die einander beim Wein gegenübersaßen. Gelinni sah aus, als ob sie krank wäre: sie war mager und hatte eine gelbliche Hautfarbe. Sobald sie Wubuqiwu erblickte, stieg sie zur Begrüßung eilends vom *Kang* und dankte ihm: „Der *Mo'rgen* hat Muduli bestraft und vernichtet. Dies ist wirklich ein Glück für mich!" Wubuqiwu antwortete ihr: „Ich wurde von Muduli totgeschlagen, ich konnte aber Rache nehmen, weil Huotu *Gege* mich dankenswerterweise aus dem Jenseits gerettet und zurückgeholt hat, und ich mit ihr in die Berge gestiegen bin, um die Kampfkünste zu erlernen." Die Drei setzten sich und tranken, wobei Gelinni sagte: „Muduli hast du erschlagen, aber Bo'rbuken wird kommen, um Rache zu nehmen; wie willst du mit ihm fertigwerden?" Wubuqiwu antwortete ihr: „Warum soll ich mir wegen ihm Sorgen machen? Wer in friedlicher Absicht kommt, wird entsprechend behandelt, wer in feindlicher Absicht kommt, wird ebenfalls entsprechend behandelt." Es braucht nicht erwähnt zu werden, dass die drei Eheleute im Hause blieben und fröhlich zechten. Am vorvorigen Tag hatte Bo'rbuken an der Klippe der Westberge beobachtet, wie Wubuqiwu und Muduli zu kämpfen begonnen hatten und sich dabei im hohen Gras versteckt. Als Wubuqiwu Muduli mit dem Speer tötete, wollte er schon herauskommen und diesen rächen, aber da er unbewaffnet war, wagte er dies dann doch nicht und blieb im Gras liegen. Er wartete ab, bis Wubuqiwu schon sehr weit fort war, bedeckte dann die Leiche des Muduli mit Gras und Holz und machte sich auf, dessen Angehörige zu verständigen. Da der Weg über Land zuviel Zeit in Anspruch genommen hätte, sprang er ins Wasser und mittels der Kunst im Wasser unsichtbar zu werden eilte er vorwärts und erreichte bereits nach wenigen Tagen das Gebiet von Sanjiang-kou. Er begab sich als Erstes zum Anwesen des Muduli, dessen Angehörige herauskamen und ihn befragten. Bo'rbuken erzählte ihnen, wie Wubuqiwu den Muduli getötet hatte.

(13) Als die fünfzig bis sechzig Angehörigen des Muduli die schlechte Nachricht hörten, dass Muduli von Wubuqiwu mit dem Speer getötet worden war, trauerten sie, und ihre Klagelaute waren meilenweit zu hören. Da sprachen Muhalin und Mudalin, die Neffen des Muduli zu den Angehörigen: „Es hat keinen Sinn, wenn wir weinen, es wäre besser, einen Entschluss zu fassen!" Da hörten die Verwandten auf zu weinen und Bo'rbuken besprach sich mit Muhalin und Mudalin, auf welche Weise sie Rache nehmen könnten. Nachdem sie lange Zeit beratschlagt hatten, beschlossen sie, am folgenden Tag einhundert wehrfähige Männer und einhundert schnelle Pferde auszuwählen und mit diesen aufzubrechen. Nach Beendigung der Beratung wies Muhalin die Küche an, ein Festessen vorzubereiten und er bewirtete Bo'rbuken, den er damit willkommen hieß. Zugleich

wurden Boten zu den *Zhushenda*, den *Gashen Da* und den *Mukun Da* entsandt. Bald darauf hatten sich diese sowie die *Bayan Mafa* eingefunden und das Festessen wurde aufgetragen. Muhalin und Mudalin nötigten Bo'rbuken auf den Ehrenplatz und dieser setzte sich erst, nachdem er einmal bescheiden abgelehnt hatte. Dann luden sie die *Zhushen Da*, die *Gashen Da*, die *Mukun Da* und *Bayan Mafa* ein, sich nach der Rangfolge zu setzen, während sie selbst sich auf dem Platz der Gastgeber niederließen. Als Wein und Speisen aufgetischt wurden, forderten die Brüder die Versammelten auf zuzugreifen. Nach einigen Runden Wein sprachen Muhalin und Mudalin: „Wir Brüder wollen den *Eche*[30] Muduli an Wubuqiwu rächen, der ihn mit dem Speer umgebracht hat. Wir haben euch heute deshalb eingeladen, um euch die Amtsgeschäfte der Stadt zu übertragen. Zudem bitten wir die versammelten *Zhushen Da*, *Gashen Da*, *Mukun Da* und *Bayan Mafa*, uns dementsprechend bis morgen hundert wehrfähige Männer auf hundert guten Pferden zur Verfügung zu stellen." Die Anwesenden versprachen, dem Befehl nachzukommen, und als das Fest zu Ende war, gingen sie heim und wählten unter ihren Untergebenen geeignete Leute aus. Als am folgenden Tag die *Zhushen Da* ihre Leute schickten, machten diese den Eindruck eines zwar voll Tatendranges steckenden, dennoch bunt zusammengewürfelten Haufens, der nicht gedrillt und somit untauglich für den Kampf war. Als Muhalin und Mudalin feststellten, dass die Krieger vollzählig versammelt waren, versorgten sie nach dem Frühstück die einhundert Wehrfähigen mit Proviant sowie mit Pfeil und Bogen, mit Speeren und Schwertern. Auch baten sie Bo'rbuken, den mächtigen Rotfuchs des Muduli zu reiten und ihnen den Weg zu weisen. Ihm folgte Muhalin auf einem Schimmel und Mudalin führte auf einem gelben Pferd die einhundert Krieger an.

(14) Beim Wein erzählte Wubuqiwu der Gelinni all das, was Wobijiwu *Mama* zu ihm gesagt hatte, worauf Gelinni ihm antwortete: „Wenn dem so ist, dann darfst du nicht dem Willen der Ahnfrau und Meisterin (*zushi*)[31] zuwiderhandeln! Morgen ist ein glückverheißender Tag und da das Schicksal uns Drei füreinander bestimmt hat, sollten wir morgen Hochzeit feiern!" Huotu und Wubuqiwu stimmten diesem Vorschlag zu, worauf sie sogleich alles vorbereiteten und die Opfertische und die übrigen Gerätschaften für den kommenden Tag aufstellten. In der Frühe des folgenden Tages versammelten sich die Drei im vorderen Hof und entzündeten drei Bündel Räucherwerk, von denen jeder eines in die Hand

---

30 Hezhe: ᠴᡳᡴᠠ (S. 694) [Mandschu: ecike]: Onkel; jüngerer Bruder des Vaters (S. 445, Anm. 1; S. 530, Anm. 1) (OA).

31 *Zushi* wird hier stets mit Meisterin wiedergegeben. In den Wörterbüchern wird der Ausdruck mit „Gründer, Schöpfer, Stifter", mit „Gründer, Patriarch einer Schul- oder Kunstrichtung, bzw. einer daoistischen oder buddhistischen Sekte" verzeichnet. Daher auch die Bedeutung „Buddha".

nahm. Dann vollzogen sie als Erstes den Ritus des dreimaligen Niederkniens und des neunfachen Kotaus vor Himmel und Erde. Als Huotu auf der linken Seite gerade Kotau machte, war plötzlich von dort ein Knacken und Rascheln zu hören, und als Wubuqiwu und Gelinni zu ihr hinblickten, sahen sie, dass ihr Kopfgrind verschwunden und ihr schon über einen halben Fuß lang Haar gewachsen war, das glänzend schwarz war. Auch ihr Gesicht war ungewöhnlich schön geworden: Sie war nun in der Tat eine Frau von unvergleichlicher Schönheit! Huotu war verblüfft und bemerkte ihre Verwandlung erst, als Gelinni sie darauf hinwies, dass ihr Grind abgegangen war und ihre Gesichtszüge sich geändert hatten. Gelinni beglückwünschte sie mit folgenden Worten: „So etwas Sonderbares und Merkwürdiges wurde wahrscheinlich durch ein übernatürliches Wesen (*shenren*) verursacht! Herzlichen Glückwunsch!" Wubuqiwu war überglücklich und die Drei verbeugten sich zum Dank erneut vor Himmel und Erde. Dann gingen sie zurück ins Haus, wo sich Wubuqiwu in die Mitte setzte, während sich Huotu zu seiner Linken und Gelinni zu seiner Rechten niederließen, und tranken Wein. Es war in der Tat ein Glückstag, wie man ihn nur selten erlebt! Huotu betrachtete sich in einem Bronzespiegel und war natürlich von Herzen froh darüber, dass sie sich in eine solch außergewöhnliche Schönheit verwandelt hatte. Aus diesem Anlass änderte sie ihren Namen in Huo'rzhenni[32] *Dedou*. Die drei Ehegatten waren überaus glücklich, da sie aber ohne Verwandte oder Nachbarn waren, konnten sie keine Gäste einladen. Bei Einbruch der Nacht begaben sie sich gemeinsam ins Brautgemach, wo sie erst recht ineinander verliebt waren. Zuvor hatte Wubuqiwu Huotu nicht gemocht und war nicht bereit gewesen, sich ihr zu nähern, nun aber, da sich ihr Aussehen verändert hatte, liebte er sie wie ein Juwel. Nachdem sie am folgenden Morgen aufgestanden waren, sich zurechtgemacht und gefrühstückt hatten, vernahmen sie auf einmal solch brausenden Lärm von Menschen und Pferden, als kämen tausend Krieger und zehntausend Pferde. Nachdem Huo'rzhenni vor die Tür gegangen war und nachgesehen hatte, meldete sie: „Von Osten her kommen an die hundert Reiter, sie sind nicht mehr weit von hier entfernt. Bitte beeile dich, deinen Speer bereitzuhalten, dein Pferd zu zäumen und zu satteln und sie zu erwarten!" Wubuqiwu nahm sogleich seinen Speer, sattelte und zäumte sein Pferd, um die Streitmacht zu erwarten. Schon bald kam derjenige, der auf einem Rotfuchs voranritt, pfeilschnell auf ihn zu und schimpfte lauthals, als er das Tor des Anwesens erreichte: „Wubuqiwu! Du hast zuerst mit Muduli Bruderschaft geschlossen, dich dann aber wegen eines Mädchens nicht nur als unzuverlässig erwiesen, sondern ihn auch noch ums Leben gebracht. Alle Welt muss dir zum Vorwurf machen, dass du über dem schönen

---

32 Dieser Name hat die Bedeutung von „neu geboren", „wiedergeboren" (S. 531, Anm. 1) (OA).

Gesicht einer Frau die Gerechtigkeit vergisst! Nun aber sind Muhalin und Mudalin, die Neffen des Muduli, gekommen, dein hündisches Leben zu fordern!" Wubuqiwu saß noch nicht auf seinem Pferd, aber als er die Schelte des Bo'rbuken hörte, schwang er sich so schnell er nur konnte aufs Pferd, und galoppierte mit seinem Speer auf Bo'rbuken zu, um ihn zu durchbohren. Bo'rbuken parierte den Stoß mit dem Schwert, worauf die Beiden zu kämpfen begannen. Nach zirka zwanzig Runden war auch Mudalin herangekommen, um Bo'rbuken beizustehen. Wubuqiwu aber hielt sich die Beiden mit dem Speer vom Leib, er strotzte vor Tatendrang und hatte nicht die geringste Angst.

(15) Wubuqiwu kämpfte entschlossen gegen Bo'rbuken und Mudalin. Wie nun Muhalin sah, dass noch nichts entschieden war, schwang er sein Beil und stürzte sich ebenfalls in den Kampf. Da sich nun drei Gegner mit ihrem Gemahl schlugen, beeilten sich Huo'rzhenni und Gelinni, die Rüstung anzulegen und sprangen auf ihre Pferde, worauf die eine sich mit dem Schwert gegen Muhalin wandte und die andere mit der Lanze Mudalin angriff. Nach mehr als fünfzig Runden gab es immer noch keine Entscheidung und nach über hundertfünfzig Runden ging die Sonne unter, weshalb sich beide Seiten zurückzogen, um sich auszuruhen. Muhalin zog sich mit den Seinen und den zirka hundert Reitern nach Osten zurück, während Wubuqiwu und seine drei Gemahlinnen nach Hause zurückkehrten und sich zu essen machten. Nach dem Abendessen legten sie sich schlafen, wobei Gelinni zu Wubuqiwu und Huo'rzhenni sagte: „Geht ihr beide schlafen, ich aber werde Wache halten!" Die Beiden gingen daraufhin ins Schlafzimmer und legten sich schlafen. Huo'rzhenni wachte gegen Mitternacht auf und löste Gelinni ab: Die Nacht verlief ruhig und ohne Störung. Bei Anbruch des nächsten Tages standen sie auf, aßen ihr Frühstück und fütterten ihre Pferde. Sie legten ihre Rüstung an und erwarteten die Feinde. Schon bald kamen diese herbeigestürmt, allen voran Bo'rbuken. Wubuqiwu schwang sich flugs aufs Ross und stürzte sich auf Bo'rbuken, dem Muhalin und Mudalin zu Hilfe kamen. Aber auch Huo'rzhenni und Gelinni griffen ins Geschehen ein. Der Kampf tobte hin und her, aber als es auf die Mittagszeit zuging, zog Huo'rzhenni ihren *Eqihe* aus dem Brustteil ihres Gewandes hervor und schleuderte ihn nach Muhalin. Dieser verwirrte mit Hilfe seiner magischen Künste Muhalin, so dass er nicht mehr mit dem Schwert parieren konnte. Dies nutzte Huo'rzhenni, indem sie mit ihrem Schwert zuschlug und Muhalin durch Schulter und Rücken hindurch in zwei Teile spaltete. Als Mudalin dies mitansehen musste, geriet er völlig aus der Fassung und wurde von Gelinni mit der Lanze aus dem Sattel gestochen. Wie sie nun sahen, dass ihre Gegner gefallen waren, kamen sie ihrem Gemahl zu Hilfe und nahmen Bo'rbuken in die Zange. Wie hätte Bo'rbuken gegen diese drei Gegner bestehen können? Schon nach kurzer Zeit bekam er's mit der Angst zu

tun und seine Arme wurden plötzlich schlapp, worauf ihm von Wubuqiwu mit der Lanze der linke Arm durchbohrt wurde und er vom Pferd stürzte. Sofort sprang Huo'rzhenni vom Pferd und fesselte ihn.

(16) Nachdem Wubuqiwu den Bo'rbuken gefangengenommen hatte, befahl er Huo'rzhenni ihn zu bewachen, während er selbst mit Gelinni die hundert Krieger verfolgte, die Muhalin mitgebracht hatte. Erst nach über zwanzig Meilen holten sie diese ein. Als sie von Wubuqiwu eingeholt wurden, blieb ihnen nichts anderes übrig als abzusitzen, niederzuknien und den *Ezhen Han* um Gnade zu bitten. Sie alle beteuerten, dass sie bereit wären, Diener (*nucai*) zu werden und auf immer dem *Ezhen Han* zu dienen. Wubuqiwu befahl ihnen: „Wenn es so ist, werde ich euch schonen. So kommt denn mit mir und hört auf meine Befehle!" Wubuqiwu kehrte nach Hause zurück, wo er Bo'rbuken vorfand, der an einen Pfosten gebunden war und die Augen fest geschlossen hatte. Er ließ ihn vorführen und befahl ihm niederzuknien, da er ihn mit der Reitpeitsche schlagen wollte. Bo'rbuken aber sprach: „Wenn du mich töten willst, so töte mich, wenn du mich köpfen willst, so köpfe mich! Tu was dir beliebt, aber es wird dir nicht gelingen, mich dazu zu bringen, dass ich niederknie!" Sein heldenhaftes Auftreten überraschte Wubuqiwu: Er begab sich in das rückwärtige Zimmer und beriet sich mit seinen Frauen, worauf er neuerlich die Peitsche nahm, zurückging und ihn schlagen wollte. Da schimpfte Bo'rbuken laut: „So töte mich doch! Warum willst du mich vorher noch unbedingt schlagen?!" Wubuqiwu antwortete ihm: „Ich werde dich weder schlagen noch töten. Ich möchte mit dir etwas besprechen, bist du damit einverstanden?" Dazu meinte Bo'rbuken: „Ich bin ein Gefangener und die Macht über Leben und Tod liegt in deiner Hand: Was also gäbe es für dich noch mit mir zu besprechen?" „Bist du in der Lage, mich nach Sanjiangkou zu führen, damit ich dort die übrigen Banditen unterwerfen kann?" fragte Wubuqiwu. „Das ist einfach", antwortete Bo'rbuken. „Falls du gegen sie ziehst, werde ich dich führen!" Da löste Wubuqiwu eigenhändig die Fesseln des Bo'rbuken, der ihm dafür dankte, dass er ihm das Leben geschenkt hatte. Wubuqiwu rief seine beiden Gattinnen zu sich, damit sie Bo'rbuken begrüßten. Als Bo'rbuken die Gelinni erblickte, war er recht verlegen, aber diese machte ihm keine Vorwürfe. Wubuqiwu befahl den hundert Kriegern, dass sie je fünfzehn Schweine und Schafe schlachten sollten, um den Erfolg zu feiern. Er selbst trank mit Bo'rbuken und seinen beiden Gemahlinnen Wein.

(17) Während Wubuqiwu mit den Dreien Wein trank, sagte er im Laufe des Banketts: „Morgen will ich nach Sanjiangkou aufbrechen, um die restliche Brut zu unterwerfen! Ich bitte Bo'rbuken darum, mich zu führen und auch meine Frauen sollen mich begleiten!" „Selbstverständlich werden wir mitkommen!" antworteten Huo'rzhenni und Gelinni wie aus einem Munde. Nachdem Wubuqiwu

vernommen hatte, dass sie ihn begleiten würden, bestimmte er, dass am folgenden Tage aufzubrechen sei. Die Sonne war schon untergegangen, als das Bankett zu Ende war; Wubuqiwu ließ deshalb Bo'rbuken im Hauptzimmer schlafen, und die hundert Krieger schlugen im Hof ihre Zelte auf. Er selbst begab sich ins Schlafzimmer und schlief bei seinen beiden Frauen. Im Morgengrauen des folgenden Tages stand er auf und befahl nach dem Frühstück den hundert Kriegern, sich bereitzumachen. Bo'rbuken ritt auf dem Rotfuchs voran und führte sie, ihm folgte Wubuqiwu auf einem Schimmel und zu seinen Seiten begleiteten ihn Huo'rzhenni und Gelinni auf gelben Pferden [Falben?]. Schon einige Tage später – sie waren bei Tageslicht marschiert und hatten in der Nacht geruht – erreichten sie Sanjiangkou. Am Ufer des Flusses lagen keine Boote und so konnten sie nicht übersetzen, aber Gelinni hatte eine Idee: „Aus den von unserer Truppe verwendeten Hirschlederzelten können Boote hergestellt werden." Wubuqiwu war von diesem Vorschlag begeistert und befahl den Kriegern, Weidenzweige von sieben bis acht Fuß Länge zu sammeln, mit denen Gelinni ein kleines Boot anfertigte, das mit dem Hirschleder der Zelte bezogen wurde. Das Boot fasste fünf bis sechs Personen. Nun wurde den hundert Kriegern befohlen, es ihr gleichzutun. Insgesamt entstanden fünf Boote, mit denen die einhundert Krieger und die benötigte Ausrüstung über den Fluß geschafft wurden, während die Pferde durch den Fluss schwammen. Nach Beendigung dieses Unternehmens spornte Wubuqiwu seine Leute an, nach Osten weiterzumarschieren, weshalb sie schon bald vor Muduli *Huotong* ankamen. Bo'rbuken wandte sich der Stadt zu und Wubuqiwu folgte ihm mit seiner Streitmacht. Als sie noch ungefähr zwei Meilen von der Stadt entfernt waren, beobachteten sie, wie eine unabsehbare Menschenmenge – Frauen und Männer, Jung und Alt – aus der Stadt drängte und mit Weinkrügen in Händen ihnen zum Empfang entgegenkam. Nicht mehr weit von Wubuqiwu entfernt, knieten die Einwohner der Stadt zu Seiten des Weges nieder und machten Kotau, wobei sie sprachen: „Da der *Yiche Ezhen*[33] in unsere Gegend gekommen ist, kommen ihm die Sklaven entgegen, um ihn kniend zu empfangen!" Nach diesen Worten machten sie ununterbrochen Kotau. Darüber freute sich Wubuqiwu von Herzen und befahl sogleich, dass sie sich erheben sollten. Nachdem er seine Instruktionen erteilt hatte, begab er sich in die Stadt und zur Residenz des Muduli, aus der Bo'rbuken heraustrat und meldete: „Die Angehörigen des Muduli sind geflohen und spurlos verschwunden, nur Mudulis Frau konnte ich gefangennehmen, da sie nicht davonlaufen wollte."

---

33 Hezhe: *iʧʼə ʒʧʼən* (S. 678): „Neuer Herr" [Mandschu: ice ejen]. *Yiche* bezeichnet den Neujahrstag und hat somit auch die Bedeutung von „neu" (S. 300, Anm. 4; S. 533, Anm. 1) (OA).

(18) Wie nun Wubuqiwu sah, dass die Frau des Muduli keineswegs besonders hübsch und nur eine mittelmäßige Schönheit war, befahl er seinen beiden Gemahlinnen, sie zu überreden, Bo'rbukens Frau zu werden; aber erst nachdem ihr Huo'rzhenni auf vielfältige Weise zugeredet hatte, willigte sie ein, und Huo'rzhenni konnte zu ihrem Mann zurückkehren und ihm dies melden. Wubuqiwu befahl zudem dem *Zhushen Zhangjing* der Stadt, Schafe und Rinder zu schlachten, um am nächstfolgenden Tage die Einwohner der Stadt mit Fleisch und Wein zu bewirten. Der *Zhushen Zhangjing* ließ mehr als dreissig Schafe, über zwanzig Rinder und fünfzig Schweine schlachten und an jede Haushaltung etwa sieben bis acht Kätti verteilen. Die Stadtbewohner freuten sich außerordentlich über dieses Geschenk und priesen allesamt die Güte des neuen Herrn. Wubuqiwu wies Bo'rbuken an, sich mit der Witwe des Muduli, Fushanni, vor Himmel und Erde zu verbeugen, wodurch sie ein Paar wurden. Dann gab er ein großes Fest, zu dem er den *Zhushen Zhangjing*, die *Gashen Da*, die *Mukun Da* und die *Bayen Mafa* sowie deren Angehörige einlud, die alle zu dem Bankett kamen. Während dieses Festes beriet er sich mit seinen Gemahlinnen, ob sie nicht ihren Wohnsitz hierher verlegen sollten, und beide Frauen pflichteten ihm bei. Auch der *Zhushen Zhangjing* und die anderen Würdenträger gratulierten ihm zu diesem Entschluss. Außerordentlich zufrieden ging man schließlich auseinander. Wubuqiwu begleitete selbst seine Gäste bis vor das Tor, worauf er sich zurückzog, um auszuruhen. Drei Tage später befahl er Bo'rbuken nach Qiqiha'r zurückzukehren und das dort zurückgelassene Hab und Gut sowie das Vieh hierherzubringen. Bo'rbuken nahm den Befehl entgegen und machte sich auf den Weg. Erst nach mehr als zwanzig Tagen kam er zurück. Er leitete von nun an zusammen mit seiner Frau alle Angelegenheiten der Residenz des Wubuqiwu. Wubuqiwu ernannte sich nun zum *Ezhen Han* über die Region von Sanjiangkou, ernannte Huo'rzhenni zur *Anbang Fujin*[34], Gelinni *Dedou* zur *Aqige*[35] *Fujin*, seinen ältesten Sohn Wubuwu zum *Beizi* und den zweiten Sohn zum *Beile*. Bo'rbuken wurde zum *Anbang Zhangjing* ernannt, und damit zum Generalinspekteur aller Angelegenheiten, wie zum Beispiel der Versorgung der Bevölkerung in allen Landesteilen, der Felle, der Haushalte, der Fischerei, des Ackerbaus, des Beschwerdewesens (Prozesswesens) und des Heerwesens. All das Gebiet des Ober- und Unterlaufes des Sungari, des Oberlaufes des Sahalin (Amur) und die Region von Sanjiankou unterstand der Herrschaft des Wubuqiwu. Alle, die den ruhmvollen Namen des Wubuqiwu

---

34 *Anbang*, Hezhe: *ãbã* (S. 682) [Mandschu: amba], bedeutet „groß" (S. 534, Anm. 2) (OA). – Hauptgemahlin.

35 Hezhe: *aʃ'ikə* (S. 687): Nebenfrau (S. 534, Anm. 3) (S. 534, Anm. 3) (OA). Mandschu: ajige sargan, „Frau zweiten Ranges".

vernahmen, ganz gleich ob nah oder fern, kamen herbei und brachten Tribute. Unter diesen Tributen befanden sich schöne Mädchen, Edelsteine, Perlen, Nahrungsmittel und Getränke und vieles andere mehr. Jedesmal wenn jemand Tribut brachte, wurde er von Wubuqiwu mit ausgezeichneter Höflichkeit empfangen, und so unterwarf sich ihm Nah und Fern und respektierte ihn.

14. Gemenzhu *Gege* (Fräulein Gemenzhu)[1]

(1) In jenen Tagen, als in China die Dynastie der Song herrschte, stand auf dem Südufer des Sungari nahe der Ortschaft Jiejinkou[2] das Hezhe-Dorf Gaijin, in dem ein Mann namens Amaqikan lebte. Sein Vater und seine Mutter starben, als er noch sehr jung war, und da er nach oben hin weder einen älteren Bruder noch eine ältere Schwester, nach unten hin weder einen jüngeren Bruder noch eine jüngere Schwester hatte, war er als Alleinstehender sehr zu bemitleiden. Er hatte lediglich einen älteren Vetter aus seiner Sippe (*zuxiong*) namens Duo'rkan, der über beträchtliche Besitztümer verfügte, und dieser nahm seinen jüngeren Sippenvetter (*zudi*) Amaqikan bei sich auf. Als Amaqikan fünfzehn Jahre alt war, litt er beständig an Schmerzen in seinen Beinen, weshalb Duo'rkan einen im gleichen Dorfe lebenden, berühmten Schamanen namens Kusong holte, der über große magische Kräfte verfügte. Der Schamane Kusong stellte im Hof einen Tisch mit Räucherwerk auf, setzte seine Schamanenkappe auf und legte seine Schamanentracht an, nahm Trommel und Peitsche[3] zur Hand und rief vor dem Räuchertischchen seine Schamanengeister herbei. Schon nach kurzer Zeit folgten diese seinem Ruf und kamen, worauf er sich erhob und eine Runde tanzte. Dann sprach er zu Duo'rkan: „Die Krankheit, an der dein Bruder leidet, kommt davon, dass er mit dem übernatürlichen Körper (*shenti*) eines Schamanen geboren wurde. Da er nunmehr groß und erwachsen geworden ist, sollte er die Schamanenkunst (*saman shendao*) erlernen." Daraufhin betete Duo'rkan vor dem Räuchertisch und sprach dabei: „Falls das Leiden meines jüngeren Bruders innerhalb von drei Tagen geheilt ist, werde ich ihn in diesem Jahr am neunten Tag des neunten Monats veranlassen, ehrerbietig die Schamanengeister zu führen." Tatsächlich war nach drei Tagen Amaqikan genesen.

Duo'rkan besorgte all das, was ein Schamane benötigt, zum Beispiel die Schamanenkappe und die Schamanentracht. Am neunten Tag des neunten Monats bat er den Schamanen Kusong erneut ins Haus. Dieser befahl dem Amaqikan, die Schamanentracht anzulegen und die Geistertrommel und die Geisterpeitsche [Trommelstock] in die Hand zu nehmen. Auch er war in derselben Art und Weise ausgerüstet. Er ordnete an, dass im Hof ein Räuchertisch aufgestellt werde, an dessen vier Seiten *Senggile* zu verbrennen sei. Er selbst kniete mit Amaqikan vor

---

1   Hezhe: *kəkə* (S. 686) [Mandschu: gege]: „Ältere Schwester", „Fräulein" (S. 295, Anm. 1; S. 535, Anm. 1) (OA). – Ihr Familienname ist Ge'aigela (Hezhe: *kɛkəla*); vgl. S. 691.

2   Heutzutage im Kreis Tongjiang, Provinz Jilin, gelegen (S. 521, Anm. 2; S. 535, Anm. 535, Anm. 3) (OA).

3   D.h. den Trommelstock.

dem Altar nieder, trommelte und sang Schamanengesänge, mit denen er die Geister rief. Schon bald näherten sie sich ihm und schlossen sich ihm an (*futi*)[4]. Er erhob sich und tanzte um den Räuchertisch, wobei er ununterbrochen sang. Inzwischen war das gesamte Dorf zusammengelaufen und gaffte. Die Dörfler sahen, dass Amaqikan noch immer vor dem Tisch kniete und die Geister sich nicht um ihn kümmerten, obwohl der Schamane Kusong schon geraume Zeit um den Räuchertisch tanzte. Sie waren recht enttäuscht, steckten die Köpfe zusammen und tuschelten, dass der Schamane Kusong nur über ganz gewöhnliche Schamanenkraft verfüge und die Geister nicht herabrufen könne. Als sie so miteinander tuschelten, brauste plötzlich von Süden her ein Wirbelwind heran und machte vor dem Haupttor Halt. Während er sich drehte, erhob sich im Hof Amaqikan und begann hinter dem Schamanen Kusong herzutanzen und erst nachdem er lange Zeit getanzt hatte, hielt er ein. Von da an verfügte er über übernatürliche Fähigkeiten, so dass sein Name weit und breit bekannt wurde. Insbesondere sein Sippenvetter glaubte an ihn und blickte zu ihm auf.

Seit Amaqikan die Schamanengeister (*saman shen*) führte, ging er im Frühjahr beständig in den Bergen auf die Jagd. Eines Tages war er bereits den ganzen Tag im Gebirge unterwegs gewesen, hatte aber nicht ein einziges Beutetier aufgestöbert und wollte daher nach Hause zurückkehren. Nun erst bemerkte er, dass die Sonne im Westen bereits unterging! Er suchte nach einem Wasserlauf und tränkte sein Pferd. Dann suchte er am Bach eine Stelle mit Gras und ließ es fressen. Er selbst sammelte auf einem hohen Hügel einiges Brennholz und machte ein Feuer, an dem er sich niederließ und Dörrfleisch aß. Es war schon dunkel geworden, weshalb er noch weiteres Holz nachlegte, ein Rehfell auf dem Boden ausbreitete und mit dem Sattel als Kopfkissen sich schlafen legte. Um Mitternacht hörte er im Schlaf den Sturm toben und als er hochschreckte, hatte es tatsächlich so sehr zu stürmen begonnen, dass sich die Bäume des Bergwaldes im Winde bogen und die Funken von seinem Feuer nach allen Seiten stoben. Amaqikan saß eine Weile regungslos auf dem Boden, um sich zu beruhigen, und legte sich anschließend wieder schlafen. Er wollte warten, bis sich der Sturm gelegt hatte, um dann von neuem sein Feuer anzuzünden. Aber während er noch überlegte, kam aus Südwesten ein heftiger Wirbelsturm herangefegt, und Ama-

---

4   *Futi* 附體 wird für gewöhnlich mit „[Geister] ergreifen von jemandem Besitz" bzw. „[von Geistern] besessen sein" übersetzt. Da wir es bei der Kamlanie des Hezhe-Schamanen, wie auch bei der anderer sibirischer Schamanen nicht mit Besessenheitsphänomenen („Enstase") sondern mit einer mit Hilfe der Hilfsgeister durchgeführten Seelenreise („Ekstase") zu tun haben und der Schamane Herr seiner Geister ist, der Besessene dagegen von einem Geist beherrscht wird (s. Richtsfeld 1996), weicht hier die Übersetzung von *futi* gegenüber dem Gewohnten ab.

qikan wurde plötzlich ohnmächtig.

Nach nicht allzu langer Zeit kam er allmählich wieder zu sich. Als er die Augen öffnete und um sich blickte, fand er sich auf einem *Kang* liegend wieder, an dessen Rand ein hübsches Mädchen saß, das an die sechzehn oder siebzehn Jahre alt war. Auf dem Südteil des *Kangs* saß ein etwa zwanzig Jahre altes Mädchen, das gleichfalls schön wie eine Fee (*tianxian*) war. Das jüngere der beiden Mädchen bemerkte, dass Amaqikan zu sich kam, und sprang eilends vom *Kang*, um ihm eine Pfeife zu stopfen, die es ihm mit freundlicher Miene überreichte. Amaqikan richtete sich hastig auf, nahm die Pfeife entgegen und rauchte sie. Anschließend schenkte ihm das Mädchen eine Tasse Tee ein. Das Mädchen, das auf dem Süd-*Kang* saß, machte ein zorniges Gesicht, es stand auf und ging zur Türe hinaus. Als das jüngere Mädchen dies sah, sprach sie zu Amaqikan: „*Mo'rgen Age*[5], du brauchst dich nicht zu sorgen. Ich bin eigentlich eine *Suleqi*[6]. Da es uns vorherbestimmt ist, zu heiraten, habe ich den *Mo'rgen Age* hierher eingeladen, damit wir uns vermählen." Nach diesen Worten ging sie in die Küche, um ein Mahl vorzubereiten. Schon bald trug sie Branntwein und Speisen auf; sie schenkte ihm dreimal ein und überreichte ihm den Becher ehrerbietig mit beiden Händen. Amaqikan nahm ihn entgegen und trank nacheinander die drei Becher, worauf die beiden sich einander gegenübersetzten und nach Herzenslust zu bechern begannen.

Als sie vom Branntwein leicht berauscht waren, sagte Amaqikan: „*Dedou Gege*, wo sind wir hier eigentlich? Und wer war das Mädchen, das vorhin hinausgegangen ist? Warum ist sie zornig geworden und gegangen?" Lächelnd antwortete ihm das Mädchen: „*Mo'rgen Age*, woher solltest du wissen, dass das Mädchen, das eben hinausgegangen ist, gleichfalls zu unserem Stamm gehört[7]; es wohnt in der Nähe des Langgele *Alin* (Langgele-Gebirges)[8] nördlich des Sungari. Vor einigen Jahren haben wir an ein und demselben Orte die Zauberkünste[9] erlernt. Wir mochten uns sehr und haben deshalb vor drei Jahren Schwesterschaft geschlossen. Da meine Schwurschwester älter ist als ich, nenne ich sie ältere Schwester und sie nennt mich jüngere Schwester. Seither wandern wir zwischen den Bergen des Nordens und des Südens hin und her, üben uns in der Zauber-

---

5   Anrede für Männer; Age bedeutet älterer Bruder (OA).

6   Hezhe: *sulak'i* (S. 694): Füchsin (S. 537, Anm. 1) (OA).

7   …… 也是我們一族中人…… …, d.h. auch dieses Mädchen ist eine Füchsin.

8   Das Langgele-Gebirge 郎葛勒阿林 befindet sich am jenseitigen Ufer der Mündungsstelle des Ussuri in den Amur (Huntongjiang) (Kreis Fuyuan, Provinz Jilin). Früher gehörte es zu China, heute zu Russland. Es wird erzählt, dass sich in diesem Gebirge die meisten Geister aufhalten (S. 537, Anm. 3) (OA).

9   *Xue dao* 學道: Hier verkürzt für *xue daoshu*, vgl. dazu Ling 1934: 537, Zeile 10 von oben: *xiulian daoshu* 修練道術.

kunst und sind stets zusammen. Ich habe einige Tage bei ihr in der Grotte verbracht und als wir gestern Abend zurückkehrten, führte unser Weg durch eine Schlucht in den Bergen südlich von Gaijin, in der wir einen Feuerschein erblickten. Als wir vorsichtig nachsahen, bemerkten wir, dass du dich ganz allein in den Bergen aufhieltst. Daher haben wir dich in einem Wirbelwind hierher gebracht. Meine ältere Schwester wollte dich heiraten, ich war aber damit nicht einverstanden, worüber sie zornig wurde und gegangen ist. Diese Gegend hier ist mein Zuhause. Meine Eltern sind schon verstorben, und da ich keine Geschwister habe, wohne ich hier ganz alleine. Uns verbindet aus einem früheren Leben eine schicksalshafte Bestimmung füreinander, und ich bin jetzt mit dem *Mo'rgen Age* zusammen hierher gekommen, weil es uns vom Schicksal bestimmt ist zu heiraten. Aber ich weiß nicht, wie deine Absichten sind?" Amaqikan antwortete: „Wenn die *Dedou Gege* mir so wohl gesonnen ist, wie sollte ich, der *Mentehun*[10], es wagen, nicht zuzustimmen. Ich fürchte nur, die *Dedou Gege* könnte mit mir ihren Spaß treiben?" Als das Mädchen ihn so sprechen hörte, sprach es mit ernster Miene: „Was ich gesagt habe, ist ehrlich gemeint! Wie könnte ich den Wunsch haben, mit dir Spaß zu treiben?" Hastig erhob sich Amaqikan und erwiderte: „Dann soll es so sein! Wie wäre es, wenn wir dem Himmel gegenüber einen Bündnisschwur leisteten?" Freudig stimmte das Mädchen zu, ergriff seine Hand und trat mit ihm in den Hof, wo sie niederknieten und im Angesicht des Himmels ihren Schwur leisteten. Anschließend traten sie Hand in Hand wieder ins Haus, setzten sich erneut einander gegenüber nieder, und ließen sich's wohl sein. Nachdem sie ihr Mahl beendet hatten, war die Sonne bereits im Westen untergegangen, daher holten sie Lampen, tranken Tee und rauchten und plauderten noch ein Weilchen. Dann legte das Mädchen sorgfältig das Bettunterzeug und die Decken aus, worauf sie auf den *Kang* stiegen und das Schlaflager miteinander teilten.

Am folgenden Morgen kleideten sie sich an und standen auf und nachdem sie sich gewaschen und gekämmt hatten, bereiteten sie mit Sorgfalt ihr Essen zu und stellten Wein bereit. Dann aßen und tranken sie sehr vergnügt. Am Abend des dritten Tages sprach Amaqikans Frau: „Heute Nacht bringe ich dich wieder zurück, auf dass du nach Hause zurückkehren kannst. Wenn du dich dann nach mir sehnst, dann halte dich in einem leeren Zimmer auf und warte bis es Nacht wird. Rufe dann drei Mal ‚Gemenzhu', dann werde ich zu dir kommen!" Amaqikan fragte: „Wie weit ist es von hier bis zum Dorf Gaijin?" Seine Frau antwortete ihm: „Wir sind hier nicht weit vom Südmeer entfernt; bis zu deinem Hause sind es gut und gerne tausend Meilen." Amaqikan war darüber insgeheim verwundert

---

10 Mentehun: Hezhe: *mənt'əhun* (S. 686) [Mandschu: mentuhun]. Bescheidenheit ausdrückende Selbstbezeichnung; bedeutet soviel wie „dumm, einfältig" (S. 537, Anm. 4) (OA).

und legte sich dann schlafen. Als er am nächsten Morgen erwachte und sich umsah, war ringsum kein Haus zu sehen, er aber lag wie zuvor an dem Bach bei dem Dorfe Gaijin und auch sein Pferd war noch da und graste. Darüber war er recht verwundert, es war gerade so, als hätte er das alles nur geträumt! Nachdem er ein Weilchen verharrt hatte, erhob er sich, legte seinem Pferd Sattel und Decke auf den Rücken, saß auf und ritt nach Hause zurück. Auch nachdem er zu Hause angekommen war, zweifelte er beständig daran, dass er mit Gemenzhu verheiratet war.

Eines Tages erinnerte er sich mit einem Mal der Worte, die sie ihm in jener Nacht gesagt hatte, weshalb er ein Seitengebäude im Ostteil des Hofes seines Anwesens instand setzte. Als es Nacht geworden war und kein Laut mehr zu hören war, rief er allein in diesem leeren Raum dreimal nach Gemenzhu. Und schon hörte er einen heftigen Wind aus südlicher Richtung kommen und als dieser abgeflaut war, öffnete seine Frau Gemenzhu die Türe und trat ein. Wie nun Amaqikan sah, dass Gemenzhu tatsächlich seinem Ruf gefolgt und zu ihm gekommen war, erhob er sich hastig und begrüßte sie. Er drückte ihre Hände und küsste sie, worauf sie sich gemeinsam vor der Lampe niedersetzten. Sie sprachen über ihre Gefühle füreinander während ihrer Trennung, worauf sie auf den *Kang* stiegen, sich mit ihren Kleidern zudeckten und gemeinsam schliefen. Als der Tag anbrach war Gemenzhu schon wieder spurlos verschwunden. Am Abend übernachtete Amaqikan erneut in dem leeren Zimmer. Als es im Haus still geworden war und er gerade rufen wollte, stieß Gemenzhu auch schon die Türe auf und huschte herein. Lächelnd fragte sie: „*Eyigen Haha*[11], wolltest du mich rufen? Ich bin schon da!" Nun saßen sie dicht nebeneinander, plauderten fröhlich miteinander und waren sehr verliebt. Gemenzhu sprach: „Heut' abend wollen wir beide fröhlich und ausgiebig plaudern, einverstanden?" Bei diesen Worten zog sie lachend ein recht kleines Holzschächtelchen aus dem Brustteil ihres Gewandes und stellte es auf den Tisch. Als sie den Deckel abnahm, befanden sich in dem Schächtelchen winzige Schnapsflaschen, Trinkbecher, Schälchen, Teller, Eßstäbchen und vieles mehr; all die Becher, Schälchen und Teller waren angefüllt mit Wein und Speisen. Wie sollten sie wohl von dem bischen satt werden?, dachte sich Amaqikan. Da hatte Gemenzhu aber all dieses auch schon auf den Tisch gestellt, und im Handumdrehen wurde alles so groß wie gewöhnliches Geschirr. Der Wein duftete und die Speisen dampften gerade so, als hätte man sie soeben aus dem Kochtopf geholt! Amaqikan war darüber sehr verwundert und fragte Gemenzhu, durch welchen Zaubertrick sie dies zustande gebracht habe.

---

11 Hezhe: *ʒikəŋ haha* (S. 694) [Mandschu: eigen haha]. Anrede der Frau für ihren Mann. Der Mann redet seine Frau mit *Dedou Ashi* (Hezhe: *tətu aʃi*) an (S. 538, Anm. 1) (OA).

Lächelnd antwortete ihm seine Frau: „In den Bergen übe ich mich nun schon mehrere hundert Jahre lang in den magischen Künsten, was soll da schon groß dran sein an solch einem Trickchen! *Eyigen Haha*, ich bitte dich, davon zu kosten!" Bei diesen Worten schenkte sie zuerst Amaqikan, dann sich selbst einen Becher Wein ein und sie plauderten, aßen und tranken einander gegenübersitzend. Erst um Mitternacht räumten sie das Geschirr ab, stiegen einander an den Händen haltend auf den *Kang* und schliefen friedlich.

Am folgenden Morgen war Gemenzhu in gewohnter Weise verschwunden; von da an aber kam sie jeden Abend und ging am Morgen. In der Nacht tranken sie und waren vergnügt. Wie's der Zufall wollte ging einmal Duo'rkan ins Freie um sich zu erleichtern und vernahm aus dem Ostflügel des Anwesens das Lachen und die Stimme einer Frau. Da es für ihn unangebracht war, nachsehen zu gehen, kehrte er um, weckte seine Frau Nayin, berichtete ihr von dem soeben Gehörten und befahl ihr: „Geh' nachsehen, aus welcher Familie unser kleiner Bruder sich spätnachts ein Mädchen eingeladen hat. Junge Leute haben doch wirklich keine Ahnung von der Angelegenheit; welch eine Geschichte wäre das, falls in der Folge etwas Unvorhergesehenes passiert!" Nachdem ihn seine Frau angehört hatte, stand sie auf, schlich zum Ostflügel und horchte durchs Fenster. Tatsächlich, da sprach eine Frau! Mit der Spitze ihrer Zunge bohrte sie ein Loch in das Papier des Fensters und spähte aufmerksam hindurch: Da sah sie ihren jüngeren Schwager einem hübschen Mädchen gegenübersitzen und Wein trinken. Aber obwohl sie lange zusah, konnte sie nicht erkennen, aus welcher Familie das Mädchen stammte. Sie sah jedoch, dass dieses eine außergewöhnliche Schönheit war. Nayin war es jedoch unangenehm, einzutreten und nachzufragen, und so schlich sie heimlich, still und leise zu ihrem Teil des Anwesens zurück.

(2) Duo'rkan hatte seiner Frau befohlen nachzusehen, mit welchem Mädchen aus welcher Familie sein jüngerer Bruder plauderte und lachte. Sie kam zurück und berichtete: „Der jüngere Schwager schwatzt und lacht sehr vertaut mit einem unbekannten Mädchen. Es ist nicht älter als sechzehn oder siebzehn Jahre und eine wahre Schönheit. Ich war darüber so erstaunt und verwundert, dass ich mich nicht getraute, hineinzugehen, um sie auszufragen, und so bin ich zurückgekehrt." Als Duo'rkan dies hörte, brummte er mit gesenktem Kopf eine Weile vor sich hin und sagte dann: „Geh' und rufe mir den jüngeren Bruder; ich habe ihn etwas zu fragen!" Frau Nayin ging erneut zum Ostflügel, aber als sie sich anschickte, die Türe aufzustoßen und einzutreten, hatte Gemenzhu ihr Kommen bereits bemerkt. Mit der Magie des „den Körper verbergen" (*yinshenfa*) machte sie sich unsichtbar, so dass Frau Nayin sie nicht mehr sehen konnte. Diese stieß die Türe auf, trat ein und sprach: „Du schläfst noch nicht, jüngerer Schwager? Es geht ja recht hoch her zwischen dem jüngeren Schwager und dem unbekannten

Mädchen!" Erschrocken fragte Amaqikan: „Was sagst du da, Schwägerin? Das
treibt einem ja die Schamröte ins Gesicht!" Aber Frau Nayin sagte: „Ich habe
doch vorhin alles ganz deutlich durchs Fenster gesehen! Wie kommt's, dass ich
das Mädchen nicht mehr sehe, – wo versteckt es sich denn?" Bei diesen Worten,
ging sie die Behänge beiseitezuschieben und die Decken aus Marderhundfellen
hochzuheben, aber nirgendwo kam das Mädchen zum Vorschein. Die unsicht-
bare Gemenzhu lachte sich darüber im Verborgenen ins Fäustchen. Nun setzte
Frau Nayin ihrem Schwager weiter mit Fragen zu, aber Gemenzhu winkte ihm
zu und bedeutete ihm, dass er nichts verraten solle. Amaqikan verstand und da
seine Schwägerin nicht locker ließ, sprach er zu ihr: „Welches Mädchen würde es
wagen, hierher zu kommen, um sich hier zu vergnügen? Warum macht sich die
Schwägerin über mich lustig?" Da nun seine Schwägerin merkte, dass er nicht
mit der Wahrheit herausrücken wollte, sprach sie: „Jüngerer Schwager, dein
älterer Bruder will dich sprechen!" Amaqikan antwortete ihr: „Wenn mein älterer
Bruder nach mir rufen lässt, um mit mir zu sprechen, so bin ich gerne bereit zu
ihm zu gehen!"

Amaqikan ging mit seiner Schwägerin zum Westzimmer des Haupthauses.
Beim Eintreten sah er, dass sein Bruder recht zornig war. Dieser fuhr ihn an:
„Was machst du da für Sachen! Wenn jemand davon erfährt, was glaubst du wohl,
wie dann darüber gesprochen wird! Wie kommst du dazu, ein fremdes Mädchen
kommen zu lassen, um dich mit ihm zu vergnügen? Gehört sich denn so
etwas?!" Als Amaqikan seinen älteren Bruder so schimpfen hörte, wagte er nicht
länger, die Wahrheit zu verheimlichen und erzählte ausführlich, wie er an jenem
Tage in den Bergen jagen gegangen war, vom Sturm überrascht und von der
Füchsin Gemenzhu gerettet worden war. Da erst beruhigte sich Duo'rqin und
sprach: „Daraus geht hervor, dass sie gute Absichten hegt und niemandem
schaden will! Du kannst mit ihr zusammenbleiben. Ich habe es nicht böse
gemeint, als ich dich kommen ließ und ausfragte, ich fürchtete nur, dass du, da
du noch jung bist, verführt werden und dir dein ganzes Leben verderben
könntest." Sie unterhielten sich noch ein Weilchen, worauf Amaqikan sich verabschiedete und zu seiner Wohnung zurückkehrte. Als er gerade eintreten wollte,
öffnete ihm auch schon Gemenzhu die Türe und empfing ihn; sie küssten sich
und stiegen Hand in Hand auf den *Kang*, um sich schlafen zu legen. Während sie
miteinander sprachen, fragte Gemenzhu ihren Mann: „Dein älterer Bruder wollte
sicher wissen, woher ich komme; was hast du ihm geantwortet?" Er antwortete
ihr: „Als ich sah, wie zornig er war, wagte ich nicht, ihm die Wahrheit zu verheimlichen. Daher habe ich ihm alles erzählt." Darauf sprach Gemenzhu: „Wenn das
so ist, muss ich deinem älteren Bruder und der Schwägerin einen Antrittsbesuch
machen!" „Es wäre wirklich wunderbar, wenn du ihnen deinen Gruß entbieten

würdest: Auf diese Weise könnten wir ständig zusammen sein!"

Am nächsten Morgen standen sie früh auf, kämmten und wuschen sich und gingen dann zum Haupthaus hinüber. Duo'rkan und seine Frau waren schon früh aufgestanden und als sie den jüngeren Bruder mit einem wunderschönen Mädchen eintreten sahen, wussten sie, dass dieses die Fuchsfee (*huxian*) war, und erhoben sich, sie zu begrüßen. Amaqikan forderte seine Frau auf, dem älteren Bruder ihren Gruß zu entbieten, worauf sie sich alle setzten, um miteinander zu plaudern. Nachdem Amaqikans Schwägerin mit Sorgfalt ein Mahl zubereitet hatte, trat auch sie ins Zimmer und schon auf den ersten Blick verstanden sich die beiden Schwägerinnen. Duo'rkan befahl den Dienerinnen, im Haupthaus ein Festmahl aufzutischen und ließ einen Tisch für sich und Amaqikan, einen anderen für die Schwägerinnen aufstellen, worauf sie fröhlich miteinander tranken und angeregt plauderten. Mit strahlender Miene sagte Duo'rkan zu Amaqikan und Gemenzhu: „Ihr seid nun Mann und Frau, ihr solltet eine harmonische Ehe führen und bis ins hohe Alter einträchtig zusammenleben. Bis ans Ende eures Lebens sollt ihr euch die Treue halten; nur so macht ihr's richtig." Die beiden pflichteten ihm bei. Schon bald beendeten sie das Bankett und Amaqikan kehrte mit Gemenzhu zum Ostflügel zurück, um sich auszuruhen.

Duo'rkan war ein sehr reicher Mann mit über dreißig Dienern und Mägden. Er behandelte Amaqikan wie einen leiblichen Bruder, weshalb Amaqikan sich wie zu Hause fühlte und ein ruhiges und behagliches Leben führte.

Der dritte Tag des dritten Monats im darauffolgenden Jahr war der Tag, an dem Amaqikan seinen Geistern Opfer darbrachte. An diesem Tage wurden Rinder, Schafe und Schweine geschlachtet, um sie als Opfer für die Schamanengeister bereitzustellen. Verwandte und Bekannte sowie die Dorfbewohner fanden sich ein, um teilzunehmen und zuzusehen, und auch viele Kranke, die um eine Behandlung bitten wollten, waren gekommen.

(3) Unter den Geistern denen Amaqikan opferte, befanden sich *Bo'rbuken Aimi*[12], *Eqihe*[13], *Zile Salaka*[14], *Mangemu Mayin*[15] und *Zile Gemikani*[16]. Duo'rkan stellte

---

12 Geistername, vgl. S. 479, Anm. 2; S. 541, Anm. 1 (OA).

13 Eine Geisterart, der von den Hezhe geopfert wird. Will man eine Reise machen und wissen, wie deren Verlauf sein wird, so kann man die *Eqihe* danach fragen. Eqihe bedeutet „der Herr, der führt" (S. 298, Anm. 1; S. 541, Anm. 2) (OA).

14 *Zile* bedeutet Eisen, *Salaka* ist eine Geisterart, denen die Hezhe opfern (S. 356, Anm. 2; S. 541, Anm. 3) (OA).

15 *Mangemu* bedeutet Eiche. *Mayin*-Bilder werden aus Eichenholz geschnitzt. Diese Art von Göttern ist zuständig für die Auffindung verlorener Gegenstände und gewähren Reisenden ihren Schutz (S. 301, Anm. 1; S. 541, Anm. 4) (OA).

16 Geistername (S. 541, Anm. 5) (OA). – In der Wörterliste (S. 678–694) ist der Name nicht verzeichnet.

persönlich all die Bilder der Geister (*shenwei*)[17] auf und opferte vor jedem Bild die
Köpfe, Herzen und Leber der geschlachteten Tiere. Amaqikan legte seine
Schamanentracht an, setzte die Schamanenkrone auf, streifte seine baumwol-
lenen Handschuhe[18] über und zog seine Geisterstiefel an, um dann mit dem Tanz
zu beginnen. Seine Gattin Gemenzhu unterstützte ihn insgeheim. Um die
Mittagszeit nahten sich die Geister (*futi*), worauf er den [Kranken unter] den
Anwesenden befahl, ihren Namen zu nennen und sich behandeln zu lassen.
Insgesamt untersuchte er mehr als fünfzig Personen, die an leichteren und
schwereren Krankheiten litten. Bei den leichteren Fällen berührte er sie mit der
Hand, worauf Besserung eintrat, schwere Krankheiten heilte er mittels seiner
Schamanenkunst (*shenshu*). Wenn er sagte, dass die Krankheit in drei Tagen
geheilt sei, dann traf dies zu, sagte er, sie werde in fünf Tagen geheilt sein, so war
sie nach fünf Tagen geheilt; seine Voraussagen waren ungewöhnlich genau.
Nachdem er die zirka fünfzig Patienten behandelt hatte, tanzte er eine Runde,
worauf ihn seine Geister verließen. Amaqikan legte seine Schamanentracht ab
und setzte sich auf den *Kang*, um sich auszuruhen. Duo'rkan befahl den Sklaven
aufzutischen und lud die Gäste ein, sich zu setzen und zu trinken. Im Verlauf des
Banketts priesen die Gäste die Schamanenkraft (*saman shenli*) der beiden Brüder,
worauf diese einige höfliche Worte erwiderten. Wie nun Duo'rkan sah, dass etwa
fünf- bis sechshundert Gäste anwesend waren, für die das Fleisch der Opfertiere
nicht ausreichte, hieß er die Sklaven, zehn weitere Schweine zu schlachten. Die
Geladenen aßen bis zum Abend und gingen erst dann auseinander. Die Gäste,
die von weither gekommen waren, übernachteten im Dorf, die übrigen kehrten
zu ihren Häusern zurück. Duo'rkan hatte bei diesem Fest seine Gäste überaus
freundlich und aufmerksam bewirtet, weshalb diese ihn ausnahmslos schätzten
und achteten. Sie hatten gesehen, dass die Gemahlin des Schamanen eine außergewöhnliche Schönheit war und waren deshalb des Lobes voll. Am folgenden
Tag brachen auch all die Gäste auf, die von weither gekommen waren.

   Von da an fühlten sich die beiden Brüder einander noch inniger verbunden
und die beiden Eheleute [d.h. Amaqikan u. Gemenzhu] waren einander noch
inniger zugetan. Die Gäste, die teilgenommen hatten, staunten über die übernatürlichen Kräfte des Schamanen. Jeder erzählte anderen davon, so dass sein
Ruhm sich verbreitete und man allerorten von den außergewöhnlichen Schama-
nenkräften des Amaqikan wusste, der schon mit einer einzigen Berührung seiner
Hand Heilung brachte. Und so strömten von nah und fern die Patienten herbei

---

17 wörtl. Geistersitze, Geistertafel.
18 Vgl. *Heilongjiang fangyan cidian* 黑龍江方言辭典, zusammengestellt v. Liu Xiaonan & Jiang
    Wenzhen. Harbin: Heilongjiang jiaoyu chubanshe 1991, S. 215.

und es gab nicht einen, der nicht von ihm geheilt worden wäre. Sie schickten ihm zum Dank dafür Schweine und Rinder, Schafe und Pferde, sein Ruf verbreitete sich nach allen Himmelsrichtungen, und die Menschen vertrauten allerorts auf ihn, verehrten und gehorchten ihm, und hüteten sich, ihn zu verärgern, da er sie sonst mit seiner Schamanenkunst (*shenshu*) bestrafen könnte. Entlang des Sungari hörte jeder auf die Anweisungen des Amaqikan, seine Stellung glich der des Kaisers. Nachdem Amaqikan mit Hilfe seiner übernatürlichen Fähigkeiten (*shenshu*) die Menschen für sich gewonnen hatte, ließen auch die Stämme in der Nachbarschaft des Sungari ihre Streitfälle von Amaqikan entscheiden. Er teilte auch Jagd- und Fischfangunternehmungen ein. Da nun alle Angelegenheiten der jeweiligen Dörfer und Stämme durch ihn geregelt werden mussten, wurden auch die Streitfälle und Kämpfe zwischen den Dörfern und Stämmen allmählich aus der Welt geschafft.

Amaqikan hörte oft davon, dass die Jurchen-Stämme im Gebiet südlich von Mugedeng [Mukden][19], wenn sie gegen die Chinesen Krieg führten, große Reichtümer erbeuteten, die sie anschließend in die verschiedenen Gegenden des Dorfes Gaijin schafften, um dort dafür Pferde einzutauschen, die als Kavalleriepferde dienen sollten, und Herde um Herde ins Gebiet von Mugedeng führten. Im Winter kam stets ein Gesandter des Jurchen-Khan Wanyan Muke[20] nach Gaijin, um hier Zobel-, Marder-, Fuchs- und Otterfelle einzukaufen. Als er sich im Anwesen des Duo'rkan aufhielt, begegnete er den beiden Brüdern mit großer Ehrerbietung und riet ihnen beständig, Truppen auszubilden und in das Gebiet der Yihan[21] einzufallen, da dort die Erzeugnisse im Übermaß vorhanden seien. Wie nun die Brüder von derartigen Gegenden hörten, zogen sie sich in den Ostflügel zur Beratung zurück.

(4) Duo'rkan und Amaqikan zogen sich in den Ostflügel des Anwesens zurück und beratschlagten über einen Angriff auf die Yihan. Da aber viele Schwierigkeiten im Wege standen, fassten sie keinen Beschluss. Im Anschluss daran kehrte Duo'rkan zu dem Gesandten der Jurchen in das Hauptgebäude zurück und plauderte mit ihm wie zuvor. Amaqikan aber hatte darauf gewartet, bis sein Bruder gegangen war, um dann zu Gemenzhu zu sagen: „Ich bin mit meinem älteren Bruder einer Meinung darüber, dass wir das Gebiet der Yihan angreifen

---

19 Mugedeng [Mukden]: Seit 1634 Hauptstadt der Mandschurei, auch Shengjing oder Fengtian genannt. Unter dem Namen Shenyang ist sie Hauptstadt der Provinz Liaoning.

20 Der Reichsgründer und erste Kaiser der Jin war Wanyan Aguda. Wanyan Muke ist vermutlich ein Angehöriger der Herrscherfamilie (S. 542, Anm. 3) (OA).

21 Mit Yihan (Hezhe: *jihā*; Mandschu: nikan) bezeichnen die Hezhe die „Chinesen" (S. 542, Anm. 4) (OA).

sollten. Zur Zeit aber verfügen wir nicht über *Wuhexin*[22] und *Chuwaha*[23]. Zudem
sind die zur Verfügung stehenden Personen nicht ausgebildet, wie könnten wir
da in den Kampf ziehen?" Gemenzhu antwortete sanft: „Das Streben der
Männer ist nach den vier Himmelsrichtungen gerichtet und will Großes voll-
bringen. Lohnt es sich da, wegen Kleinigkeiten betrübt zu sein?" Bei diesen
Worten senkte Amaqikan den Kopf und schwieg. Gemenzhu aber fuhr fort: „Ich
weiß einen Weg: Wenn ihr wehrfähige Männer aus dem Volk auswählt, so erlasst
in Familien mit nur einem Mann diesem den Wehrdienst. In Haushalten mit zwei
und mehr Männern, zieht ihr immer von zwei einen ein. Im Bedarfsfalle sollte
die gesamte Zahl der verfügbaren Männer eingezogen werden." Diesen Vorschlag lobte Amaqikan sehr und da bereits der Abend dämmerte, schlug er vor:
„Trinken wir etwas Wein und legen wir uns dann schlafen!" Gemenzhu holte ihr
Kästchen hervor, stellte es auf den Tisch und murmelte einige Worte. Da hörte
man vor dem Fenster draußen den Wind heftig pfeifen, und während sich
Amaqikan umsah, hatte sich der Tisch auch schon mit Wein und Speisen gefüllt,
alles erlesene Delikatessen, die einen herrlichen Duft verbreiteten. Die Beiden
setzten sich einander gegenüber und ließen sich's wohl sein, aber als sie gerade
vergnügt und fröhlich waren, vernahmen sie draußen vor der Tür Schritte, und
ihre Schwägerin, Frau Nayin, trat ein. Die beiden luden sie einmütig ein: „Heute
waren wir recht bekümmert, weshalb wir uns zu Essen und zu Trinken bereitet
haben, um die Sorgen zu vertreiben. Da die Schwägerin nun hinzugekommen ist,
bitten wir sie, auf den *Kang* zu steigen und mitzutrinken!" Frau Nayin aber lehnte
bescheiden ab: „Ihr beide, Mann und Frau, trinkt hier fröhlich, wie dürfte ich
euch da stören!" Gemenzhu aber stieg vom *Kang*, zog Frau Nayin mit sich und
bat sie inständig, auf den *Kang* zu steigen und mitzutrinken. Nachdem sie drei
Becher geleert hatte, fragte Frau Nayin: „Dieser Wein duftet angenehm und ist
zudem süß; ich fürchte, man bekommt ihn hier nur schwer?" Amaqikan erkundigte sich, ob sein älterer Bruder schon schlafe, worauf Frau Nayin antwortete,
dass ihr Mann gerade mit dem Gesandten der Jurchen plaudere. Sie hatten noch
keine drei weitere Becher geleert, als sich auch Duo'rkan zu ihnen gesellte.
Sobald Amaqikan ihn eintreten sah, stieg er mit seiner Frau und seiner Schwä-

---

22 Hezhe: *uhəʃin* [Mandschu: uksin], Soldat (auch k'ãrõ [Mandsch: karun, Grenzwache,
   Vorposten]; vgl. Wörterliste Bd. 1 und S. 680). Im Kriegsfall wurden bei den Hezhe nach
   folgendem Reglement Truppen ausgehoben: Verfügt ein Haushalt lediglich über einen
   wehrfähigen Mann, so wird dieser freigestellt. Gibt es zwei wehrfähige Männer, so wird einer
   von ihnen eingezogen. Bei drei diensttauglichen Männern werden zwei verpflichtet, ebenso bei
   vier Wehrtüchtigen. Bei fünf sind es drei, ebenso bei sechs Wehrtauglichen. So erhält man im
   gegebenen Fall zahlreiche Rekruten, die man *Wuhexin* nennt (S. 543, Anm. 1) (OA).
23 Hezhe: *ts'uwaha*: Truppenverbände (S. 543, Anm. 2) (OA).

gerin vom *Kang*, um ihn zu begrüßen und ihn einzuladen, sich auf das Ofenbett zu setzen und mitzutrinken. Duo'rkan setzte sich und trank mit, wobei er erzählte: „Ich habe mit dem Gesandten der Jurchen ausführlich beraten, und er rät dazu, dass wir zu einem Feldzug nach Westen aufbrechen. Aber wir verfügen über keine ausgebildeten Truppen und kein Kriegsgerät; wie sollten wir da Truppen in Marsch setzen können? Ich weiß wirklich nicht, wie wir das alles in den Griff bekommen sollen?" Nun trug ihm Amaqikan Gemenzhus Plan vor, worauf Duo'rkan in die Hände klatschte und anerkennend rief: „Der Plan, den sich die Frau des jüngeren Bruders ausgedacht hat, ist ausgezeichnet. Morgen nehmen wir die Sache in Angriff!"

(5) Wie nun Duo'rkan in der Wohnung seines jüngeren Bruders Wein trank und von dem Plan der Gemenzhu hörte, war er davon so begeistert, dass er anfing, mächtig zu trinken. Er trank immer stärker und bemerkte nicht, dass er bereits betrunken war. Und da er auch nichts aß, konnte er sich schließlich nur mit Müh und Not erheben und in seine Wohnung zurückkehren. Amaqikan begleitete ihn bis in das Schlafzimmer, kehrte dann zurück und trank mit seiner Frau und seiner Schwägerin weiter. Erst nachdem die Schwägerin genug getrunken und gegessen hatte und ins Haupthaus zurückgekehrt war, räumten die beiden Ehegatten die Becher und Platten auf und schickten sich an, sich zur Ruhe zu legen. Da Amaqikan und Gemenzhu ungewöhnlich starke Liebe füreinander hegten und in dieser Nacht infolge des Gelages noch größere Begierde verspürten, wurde Gemenzhu in dieser Nacht schwanger und gebar später einen Groß*han*, der von sich reden machte. Die beiden erwachten am folgenden Tage erst, als die Sonne bereits drei Stangen hoch stand [d.h. zw. acht und neun Uhr]. Nachdem sie aufgestanden und sich gewaschen und gekämmt hatten, begaben sie sich ins Haupthaus, wo sie zusammen mit dem älteren Bruder und der Schwägerin den Gesandten der Jurchen bewirteten. Nach dem Festmahl wurden mehr als zwanzig Inspekteure beauftragt, in die Dörfer und *He'chen* [24] aller Gebiete die Nachricht zu bringen, dass jeder Haushalt einen Mann zu benennen und zu schicken habe; jeglicher Fehler werde schwer bestraft. Nachdem der Befehl bekannt geworden war, kamen all die Einberufenen herbei, um zu gehorchen.

In der ersten Dekade des ersten Monats kamen all diese Personen vollzählig von nah und fern herbei: Ihre Zahl belief sich auf mehr als fünfzehntausend Mann. Neuerlich erging ein Befehl, der besagte, dass sie in den Familien um das Dorf Gaijin unterzubringen seien und die benötigten Lebensmittel allesamt von Duo'rkan gestellt würden. Am 15. Tag des 1. Monats hätten sie sich alle in der Residenz des Duo'rkan zu versammeln, um die Befehle entgegenzunehmen. Alle

---

24 Hezhe: *haʃˀən*: Befestigte Stadt (S. 544, Anm. 1) (OA). – Mandschu: hecen, hoton.

waren damit einverstanden.

Am Nachmittag besagten Tages kamen all diese Personen, die aus den verschiedenen Gegenden stammten, in der Residenz des Duo'rkan zusammen, worauf Duo'rkan verkündete, dass alle Vorsteher der einzelnen Dörfer im Haus in Ruhe die Befehle abzuwarten hätten. Amaqikan erläuterte daraufhin den Plan, Truppen zu bilden und gegen die Yihan zu ziehen und erzählte, was der Gesandte der Jurchen berichtet hatte. Die Dorfschulzen waren einverstanden und traten mit diesen Instruktionen recht erfreut vor die Versammelten, denen sie die Beschlüsse verkündeten: In wessen Haushalt es lediglich einen wehrfähigen Mann gebe, der könne nach Hause zurückkehren, alle übrigen sollten an Ort und Stelle gedrillt werden. Es wurden nun über zehntausend Mann rekrutiert, die täglich mit ihren Dorfschulzen, die als Kommandeure eingesetzt wurden, übten. Da die Hezhe bereits von Kindesbeinen an ans Reiten und Schießen gewöhnt waren und sich auch sehr gut auf den Umgang mit Speer und Lanze verstanden, führte jeder Dorfschulze seine jeweiligen Dorfbewohner ins freie Feld hinaus und begann mit ihnen zu üben. Obwohl Duo'rkan schon auf die Dreißig zuging, war er bei den Übungen dennoch sehr gewandt und war ein Mann von echtem Schrot und Korn. Er trug ein purpurfarbenes Kampfkleid, ritt einen Fuchs, führte ein mächtiges Beil und verfügte wahrhaftig über unvergleichliche Kräfte. Amaqikan trug ein graues Kampfkleid, ritt einen Schimmel und führte eine lange Lanze; furchteinflößend sah er aus und übertraf sogar seinen Bruder an Tatendrang. Die Beiden kehrten erst ins Haus zurück, um sich auszuruhen, nachdem sie einen halben Tag lang im hinteren Hof trainiert hatten. Am Tag darauf unternahmen sie nach dem Frühstück eine Inspektion im Gelände und freuten sich sehr, als sie sahen, dass die Männer aus den einzelnen Dörfern mit ihren Pferden gleichfalls sehr gewissenhaft übten und die Männer kräftig und die Pferde gut genährt waren.

(6) Nach dieser Inspektion befahl Duo'rkan die Vorsteher der Dörfer zu sich, worauf diese sich auf der Stelle vor ihm versammelten. Duo'rkan musterte jeden einzelnen von ihnen. Unter ihnen befand sich ein Jüngling mit Namen Jinghai, der einen Klafter (*zhang*) groß war und die Schultern eines Tigers und die Hüften eines Bären besaß. Duo'rkan erkannte, dass dieser klug und tatkräftig war und planen konnte. Er stammte aus der Stadt Barugusu[25]. Ein anderer Vorsteher hieß Yongqin. Er war neun Fuß hoch; sehr kräftig und stammte aus Huanta. Seine

---

25 Es handelt sich um die Stadt Duimian am Qixing-Fluss. Der Qixing-Fluss ist identisch mit dem Qilixing-Fluss; südlich der heutigen Kreishauptstadt Fujin stehen sich auf dem Nord- und Südufer zwei Ruinenstädte gegenüber, die von den dort Ansässigen Duimian-Städte [Sich gegenüberliegende Städte] genannt werden (S. 294, Anm. 7; S. 545, Anm. 1) (OA).

Familie war sehr wohlhabend. Als seine Frau einst krank geworden war, hatte Amaqikan sie geheilt, weshalb er fest an dessen übernatürliche Kräfte glaubte und frohgemut gekommen war, als der Befehl erlassen wurde. Weiters war da ein Mann, der nicht ganz fünf Fuß groß war und runde Augen und buschige Brauen, eine große Nase und einen breiten Mund hatte. Da er aschfahl war im Gesicht, ganz so, als leide er an einer Krankheit, wurde er von allen Tulahuotuo Wengku Bushiku[26] genannt; sein Name aber war Leketu'r. Er war ein vortrefflicher Kämpfer und war so tapfer, dass ihm niemand gleichkam. Ein anderer Mann war acht Fuß groß und von kräftigem Knochenbau; er hatte ein anmutiges Gesicht, dessen Haut strahlend weiß war wie die eines Mädchens. Er war etwa fünfunddreißig Jahre alt und hieß Changyanjun. Er führte eine eiserne Lanze und verstand sich auf die Kunst des Bogenschießens: auf hundert Schritt Entfernung verfehlte er niemals sein Ziel. Die restlichen dreißig bis vierzig Dorfschulzen waren alles gewöhnliche Personen, von denen sich keiner besonders in den Kriegskünsten hervortat. Auch diese musterte Duo'rkan Mann für Mann. Anschließend befahl er den Dorfschulzen, dass sie das Fleisch der Rinder und Schafe in seiner Residenz abholen und an ihre Leute verteilen sollten. Dann kehrte er mit seinem Gefolge in seine Residenz zurück.

Es dämmerte bereits, als Duo'rkan seinen jüngeren Bruder beauftragte, dass er und seine Frau ein Bankett vorbereiten sollten, worauf Amaqikan zum Ostflügel zurückkehrte. Gemenzhu öffnete die Türe und empfing ihn, worauf sie sich fröhlich unterhielten. Dann erzählte er ihr, dass sein älterer Bruder ein Fest ausrichten wolle, worauf Gemenzhu meinte: „Das ist nicht schwer zu machen, aber wann soll es denn stattfinden?" Amaqikan ging zum Haupthaus zurück und bat um Anweisungen. Duo'rkan sprach zu ihm: „Ich möchte heute Abend Jinghai mit den drei anderen Männern zu einem Festessen einladen. Befehle auch noch den Sklaven, dass sie diese Vier bitten sollen zu kommen." Amaqikan entfernte sich mit diesen Anweisungen und befahl den Sklaven, dass sie Jinghai, Yongqin, Leketu'r und Changyanjun zum Festessen einluden. Schon bald standen die Vier vor der Tür und wurden von einem Sklaven gemeldet. Duo'rkan trat vor die Tür, hieß sie willkommen und forderte sie auf, in die Haupthalle einzutreten, wo sie ihre Plätze als Gastgeber und Gäste einnahmen und sich unterhielten. Auch Amaqikan gesellte sich zu ihnen, und nachdem die Gäste sich erhoben und ihn gegrüßt hatten, setzten sie sich wieder. Nachdem sie sich noch etwas unterhalten

---

26 *Tulahuotuo*, Hezhe: *t'ulahət'u* (S. 679), bedeutet „mager", *wengku*, Hezhe: *unk'u* (S. 689), „krank" und *bushiku*, Hezhe: *puʃuk'u* (S. 682), „Geist" (*gui*) [Mandschu: buśuku, nach Hauer 1952–1955 ein kleine Kinder und Haustiere verschlingendes Gespenst bzw. ein Fuchsgeist] (S. 545, Anm. 3) (OA).

hatten, wurden vom Ostflügel her die Speisen und Getränke aufgetragen, die von den Sklaven gebracht und aufgetischt wurden. Die sechs Männer nahmen nun ihre Plätze ein und begannen zu trinken. Nach einigen Runden Wein wandte sich Duo'rkan an die Versammelten: „Wir drillen nun die Truppen, um einen Angriff auf die Chinesen vorzubereiten. Wir sind eine Familie und ich hoffe, dass ihr lieben Freunde gemeinsame Anstrengungen unternehmen werdet und ihr euch der Sache von ganzem Herzen widmet." Mit diesen Worten füllte er einen Becher, den er höflich dem Jinghai anbot, der ihn nicht zurückwies, sondern annahm und in einem Zuge leerte. Es wurden ihm nacheinander noch zwei Becher angeboten, die er ebenfalls trank. Dann wurde der Reihe nach auch Yongqin und den übrigen der Becher dreimal überreicht. Erst nachdem sie ausgetrunken hatten, wurden ihnen ihre Aufgaben zugeteilt.

(7) Da sich Duo'rkan auf die übernatürlichen Kräfte seines Bruders stützen konnte, kamen alle, die in der näheren Umgebung lebten herbei, und gehorchten seinen Befehlen, so dass er ganz plötzlich einem Groß*han* glich. Den [bei dem Bankett] Anwesenden erklärte er: „Ich weise hiermit Jinghai die Truppen der Vorhut zu, Changyanjun dagegen soll das Ersatzheer übernehmen. Yongqin leitet den linken Flügel, Leketu'r den rechten. Ihr sollt einander unterstützen und gemeinsam vorgehen." Alle Versammelten waren voll des Lobes und besprachen anschließend, wie die Truppen eingesetzt werden sollten und welche Ausrüstung benötigt wurde. Tief in der Nacht erst wurde das Bankett aufgehoben und die vier Geladenen übernachteten in der Residenz. Am darauffolgenden Morgen kamen all die vielen Dorfschulzen mit ihren Wehrfähigen, um das zugeteilte Fleisch in Empfang zu nehmen. Duo'rkan befahl seinen Sklaven, das in den *Hetu*[27] gelagerte Fleisch an die Soldaten auszugeben und jedem ein vier bis fünf Kätti schweres Stück auszuhändigen. Mit ihrer Ration begaben sich die Krieger in ihr Lager zurück und auch Jinghai und die drei übrigen Geladenen verabschiedeten sich. Duo'rkan ließ erneut ein Festmahl auftragen und lud die übrigen Dorfschulzen, über dreißig Mann, zum Trunke ein und diese leisteten der Einladung freudig Folge. Duo'rkan bewirtete sie auf dieselbe Art und Weise wie seine vorherigen Gäste, aber da sie wahrlich Weinschläuche und Fresssäcke waren, stopften sie sich beim Anblick des reichen Mahles voll und tranken wie die Löcher. Als sie satt waren, konnten sie weder gerade sitzen noch gerade stehen, sie schwankten hin und her und begannen sich lauthals zu zanken. Sie ließen davon erst ab, als sie von Duo'rkan scharf zurechtgewiesen wurden. Bald danach ging man auseinander und jeder Einzelne kehrte in sein Lager zurück. Im

---

27 Hezhe: *hət'u.* Speicher. Hier bewahren die Hezhe im Winter das Fleisch erlegter Tiere sowie das geschlachteter Haustiere auf, damit es nicht verdirbt (S. 546, Anm. 1) (OA).

Anschluss daran sprach Duo'rkan zu Amaqikan: „Nach all dem, was ich nun gesehen habe, darf man sie auf gar keinen Fall Wein trinken lassen. Wie kann man sich, wenn man ihnen dabei freie Hand lässt, sicher sein, dass sie nicht vielleicht doch einmal eine wichtige Sache verpfuschen werden?" Amaqikan pflichtete ihm bei: „Es liegt in der Natur unserer Leute, dass sie liebend gerne Branntwein trinken, daher darf man ihnen dabei auf keinen Fall freie Hand lassen." Duo'rkan erließ daher einen Befehl, der das Trinken von Alkohol untersagte.

Eines Tages im 3. Monat plauderten Duo'rkan und Amaqikan gerade miteinander, als ein Sklave eintrat und meldete: „Von der Relaisstation ist die Meldung eingetroffen, dass Wushu[28] von Jin vom Stamm der Jurchen einen *Pingzhang*[29] geschickt hat, der bald hier ankommen wird." Duo'rkan schenkte dem Kurier der Poststation Silbergeld. Sobald dieser gegangen war, trat Amaqikan ein und Duo'rkan sagte zu ihm: „Ist dir nicht bekannt, in welcher Angelegenheit der Wushu von Jin einen *Pingzhang* hierher entsandt hat? Geh zum Ostflügel und frag doch mal nach!" Amaqikan ging daher zum Ostflügel und erzählte es seiner Frau. Lange Zeit murmelte Gemenzhu vor sich hin und sprach dann zu ihrem Mann: „Der Gesandte der Jin kommt ausschließlich deshalb nach Osten, weil die Jin befürchten, dass sie in diesem Jahr für den Krieg mit den Song nicht genügend Soldaten und Pferde haben. Deshalb wurde ein Gesandter zu den drei Flüssen und sechs Reichen[30] entsandt, um Soldaten für den Angriff auf das Song-Reich anzuwerben." Mit dieser Auskunft kehrte Amaqikan zum Haupthaus zurück und informierte seinen älteren Bruder. Am folgenden Tag sandte Duo'rkan nach Jinghai und ließ ihn zusammen mit den zirka dreißig Dorfschulzen zur Beratung rufen. Gegen Mittag hatten sich Jinghai und die Dorfschulzen versammelt, traten ein und machten ihre Aufwartung. Duo'rkan sprach zu ihnen: „Ein Kurier ist heute von der Poststation mit der Meldung gekommen, dass ein *Pingzhang* der Jin in Kürze hier ankommen wird. Ich habe meinen jüngeren Bruder beauftragt, zu den Göttern zu beten und aus dem Räucherwerk wahrzusagen (*kan xiang*). Die göttlichen Wesen (*shenren*) haben bekanntgegeben, dass der Gesandte ausschließ-

---

28 Als die Jin erstmals das Song-Reich angriffen, waren ihre Oberbefehlshaber Zhanzhaohe und Wolibu. Während des zweiten Angriffs führte Wushu die Jin-Truppen über den Yangtse und fiel in Jiankang und Lin'an ein, wobei er glänzende militärische Erfolge errang (S. 547, Anm. 1) (OA).

29 Hezhe: p'intʃã (S. 681). Wie die Tang-, Song- und Yuan-Dynastie so schuf auch die Jin-Dynastie den Ministerposten *Pingzhang Zhengshi* (S. 547, Anm. 2) (OA). – Vgl. Hucker 1985: 385f., Nr. 4699 und Nr. 4700.

30 Die „drei Flüsse" weisen auf den Amur, den Sungari und den Ussuri hin, die „sechs Reiche" auf die Staaten [*guo*; vermutl. Stammesorganisationen od. -gebiete!] an deren Nord- und Südufer (S. 431, Anm. 1; S. 547, Anm. 3) (OA).

lich deshalb in die sechs Reiche an den drei Flüssen gekommen ist, um Soldaten
anzuwerben, die gegen die Song marschieren sollen. Was schlagt ihr vor, wie wir
uns ihm gegenüber verhalten sollen?" Nach einer Weile erhob sich Jinghai und
sprach: „Wenn nun der *Pingzhang* der Jin nach Osten gekommen ist, um Soldaten
anzuwerben, und wir nunmehr über schlagkräftige Truppen verfügen, so könnten wir ihm doch zusagen, nach Westen zu ziehen, um am Krieg teilzunehmen.
Ich weiß aber nicht, ob dies auch die Meinung der Anwesenden ist!" Alle
Dorfschulzen stimmten ihm zu; sie wollten die Ankunft des *Pingzhang* abwarten,
um dann neuerlich zu beraten. Nachdem sie noch ein Weilchen geplaudert hatten,
gingen sie auseinander.

Als Amaqikan in den Ostflügel zurückkehrte, bemerkte er, dass Gemenzhu
bekümmert war, weshalb er sie fragte: „*Gege*[31], weswegen bist du so traurig?" Sie
antwortete ihm: „Als ich dich damals in dem Wirbelwind zu meiner Wohnstätte
brachte, hast du auch ein etwa zwanzig Jahre altes Mädchen gesehen. Als sie sah,
dass ich dich heiraten würde, war sie verärgert und sinnt seither darauf, wie sie
mir schaden könnte. Sie hält sich nun gerade im Langgele-Gebirge auf, wo sie
mit einem Dämon zusammen entsprechende Pläne schmiedet. Aus diesem
Grunde sorge ich mich!" Als Amaqikan solches hörte, antwortete er: „Ob sie nun
im Guten oder im Bösen kommt, wir werden uns entsprechend verhalten.
Warum sollten wir sie fürchten?" Nun erst wurde Gemenzhu etwas ruhiger und
sie beide trugen Wein auf und tranken nach Herzenslust. Gemenzhu sagte zu
ihrem Mann: „Ich bin nun schon im dritten Monat schwanger, nur deshalb bin
ich nicht mehr in die Berghöhle zurückgekehrt, um mich weiter zu vervollkommnen (*xiu dao*)."

(8) Als Amaqikan von seiner Frau Gemenzhu hörte, dass sie wegen ihrer
Schwangerschaft hiergeblieben sei, wusste er, dass die Zeit der Trennung nicht
mehr fern sein konnte; es war ihm, als würde eine Schüssel kalten Wassers über
ihm ausgegossen, und er konnte seinen Tränen nicht Einhalt gebieten. Er fragte:
„Nach dem, was du sagst, werden wir uns also spätestens in sechs oder sieben
Monaten trennen müssen?" Bei diesen Worten flossen ihm auch schon die
Tränen wie das Wasser einer Quelle aus den Augen. Als Gemenzhu ihn so sah,
antwortete sie lachend: „Hör schon auf! Unsere vorbestimmte Verbindung als
Mann und Frau wird noch neun Jahre dauern. Aber du darfst auf gar keinen Fall
irgendjemandem verraten, dass ich eine Füchsin bin! Denk immer daran! Andernfalls können wir nicht länger zusammenbleiben!" Da wurde Amaqikan
wieder froh und die beiden tranken weiter Wein. Als sie merkten, dass sie leicht

---

31 *Gege*: Hier vermutlich nicht „ältere Schwester", sondern eine Kurzform für *Dedou Gege*, die
   Anrede des Mannes an seine Frau.

angetrunken waren, räumten sie die Becher und Schüsseln beiseite, stiegen Hand in Hand auf den *Kang* und legten sich schlafen. Um Mitternacht wachte Amaqikan auf, da er unerträglichen Durst verspürte, und wollte etwas Wasser trinken. Als er sich umsah, sah er anstelle seiner Frau einen Fuchs neben sich. Da er wusste, dass dies die eigentliche Gestalt seiner Frau war, wollte er sie nicht erschrecken, sondern streichelte sie sanft und sagte mit leiser Stimme: „Frau, wach auf, ich komme um vor Durst!" Im Nu hatte sie sich wieder in einen Menschen verwandelt. In der Folge empfand Amaqikan noch größeres Mitgefühl und liebte und ehrte sie sehr.

Am folgenden Morgen schickte Amaqikan nach ihm, worauf er aufstand und sich zu seinem älteren Bruder begab. Duo'rkan fragte ihn: „Gerade hat jemand die Nachricht gebracht, dass der *Han* des Hongmao-Stammes (Hongmao *buluo*)[32] die Absicht hat, uns anzugreifen. Der Nachricht zufolge hat er *Tushan*[33] hierher entsandt, um zwanzig schöne Mädchen zu fordern: Er verlangt ein Mädchen der Familie Ge'aigela[34], fünf von der Familie Wudingke[35], zehn aus der Familie Shumulu[36] und vier aus der Familie Youkela[37]. Wie sollten wir uns deiner Meinung nach verhalten?" Amaqikan antwortete ihm: „Warte bis sie hier sind, dann werden wir uns weitere Schritte überlegen!" Nachdem sie noch ein Weilchen beraten hatten, kehrte er zum Ostflügel zurück und erzählte seiner Frau von der Forderung des Staates der Hongmao. Gemenzhu sagte dazu: „Wenn sie hierherkommen, um uns Mädchen abzupressen, dann werde ich gegen sie in der geigneten Weise vorgehen!" Aufgeregt antwortete ihr Amaqikan: „Ausgeschlossen! Das kommt nicht in Frage!" „Sie beleidigen uns auf das ärgste," sprach Gemenzhu, „das können wir auf gar keinen Fall auf uns sitzen lassen!" Amaqikan aber sagte: „Mein Bruder und ich werden diese Angelegenheit mit ihnen regeln, bitte mach dir keine Sorgen!"

Als die Beiden gerade dabei waren, sich zu streiten, kam die Torwache und meldete, dass der Gesandte aus Jin am Tore angekommen sei. Duo'rkan und Amaqikan beeilten sich, vor das Tor zu treten und ihn zu begrüßen. Sie forderten den *Pingzhang* auf, einzutreten, worauf sie sich nach *Dakeqi*-Art[38] begrüßten und sich dann nach Gast und Gastgeber getrennt setzten und Höflichkeiten aus-

---

32 In der Nähe des Hongmao-Flusses (Hongmaohe) auf dem Nordufer des Amur (S. 548, Anm. 1) (OA).

33 Hezhe: *t'uʃǎ* (S. 693) [Mandschu: *tuśan*]: Titel eines Militärbeamten (S. 548, Anm. 2) (OA).

34 Hezhe: *kækəla* (S. 691): Gemenzhus Familienname (S. 548, Anm. 3) (OA).

35 Hezhe: *wutinkʻə* (S. 684). Clanname der Hezhe (S. 548, Anm. 4) (OA).

36 Hezhe: *ʃumulu* (S. 691). Clanname der Hezhe (S. 548, Anm. 5) (OA).

37 Hezhe: *jukʻəla* (S. 680). Clanname der Hezhe (S. 548, Anm. 6) (OA).

38 Wenn sich Männer treffen, so knien sie zum Gruße mit einem Knie nieder (S. 549, Anm. 1) (OA).

tauschten. Schon bald wurde gemeldet, dass von Osten her eine unüberschaubare Menge Truppen gezogen kam, weshalb Duo'rkan den *Pingzhang* fragte: „Woher kommen diese Truppen?" Dieser antwortete ihm: „Dies sind Truppen, die mein Reich angeworben hat. Ich bin jetzt hierher gekommen, um ebenfalls Soldaten anzuwerben." Duo'rkan und Amaqikan sahen, dass zwanzigtausend Krieger vor dem Tore auf Befehle warteten und der *Pingzhang* aus Jin anordnete, dass sie im freien Gelände lagern sollten. Gemäß dieses Befehls schlugen sie vor der Residenz des Duo'rkan ihre Lederzelte auf und kochten ab, während die Pferde- knechte die Kavalleriepferde ins freie Gelände hinaus trieben, damit sie dort grasen konnten. Zu diesen Truppen gehörten Chebukela, der Oberbefehlshaber des Reiches Hongmao, Hamate, der Oberbefehlshaber des Reiches Sahali, Keyin- na, der Oberbefehlshaber des Reiches Wulabu, sowie Demi'r, der Oberbefehls- haber des Reiches A'rqi. Sie alle warteten in ihren Feldzelten draußen im freien Gelände auf ihre Befehle. Duo'rkan und Amaqikan luden den *Pingzhang* der Jin ein, in der Residenz zu rasten und sich auszuruhen; sie bereiteten ein Bankett vor und bewirteten ihn gastfreundlich und aufmerksam. Zudem verteilten sie Rind-, Schaf- und Schweinefleisch, sowie Milch und Sojawürze, gerösteten Reis sowie Wein und Gemüse an die Soldaten der vier Reiche. Sie schickten Sklaven mit einer Einladung an Jinghai und die übrigen Heerführer, die binnen kurzem erschienen, worauf Duo'rkan Jinghai mit dem Auftrag losschickte, die Ober- fehlshaber der vier Reiche zum Bankett zu bitten.

(9) Duo'rkan befahl Jinghai, zu den Lagern der Oberbefehlshaber der vier Reiche zu eilen und sie zum Festmahl einzuladen. Jinghai begab sich daher zum Eingang des Lagers der Oberbefehlshaber der vier Reiche und bat darum, vorgelassen zu werden. Als der Oberbefehlshaber des Hongmao-Reiches vernahm, dass sie eingeladen waren, Wein zu trinken, begab er sich mit den übrigen Oberbefehls- habern und den Leibwächtern zur Residenz des Duo'rkan. Schon bald erreichten sie das Haupttor und da sie bereits angemeldet waren, kamen ihnen Duo'rkan und Amaqikan entgegen. Sie hießen sie willkommen und nachdem man einander höflich den Vortritt angeboten hatte, traten sie ein. Der Oberbefehlshaber von Hongmao trat als Erster ein und begrüßte ehrerbietig den *Pingzhang* aus Jin: „Ihr hattet unterwegs große Mühen auf Euch zu nehmen." Der *Pingzhang* antwortete darauf: „Welche Mühen sollte es geben, wenn man in Reichsangelegenheiten unterwegs ist? Es ist wirklich mehr als erfreulich, dass ihr Oberbefehlshaber uns mit euren Soldaten unterstützt!" Nachdem sie alle derartig Höflichkeiten ausge- tauscht hatten, setzten sie sich, wobei Duo'rkan dem *Pingzhang* den Ehrenplatz anbot; anschließend nahmen die vier Oberbefehlshaber der Reihe nach Platz und nachdem Duo'rkan und Amaqikan sich auf den Plätzen des Festkomittees niedergelassen hatten, leisteten ihnen auch Jinghai, Yongqin, Leketu'r und

Changyanjun Gesellschaft. Das Bankett war von Gemenzhu arrangiert worden, sie und Frau Nayin kümmerten sich im Vorzimmer mit flinken Händen um alles. Dabei wurden sie überraschenderweise von dem Oberbefehlshaber des Reiches Hongmao gesehen, der völlig verblüfft von der vollendeten Schönheit der Gemenzhu war. Im Verlauf des Bankettes wandte sich der *Pingzhang* an Duo'rkan: „Auch der verehrte Freund sollte zehntausend Soldaten zur Verfügung stellen, damit sie nach Westen mitgenommen werden könnten." Duo'rkan antwortete darauf: „Wenn schon die anderen Reiche Hilfstruppen gestellt haben, wie sollten wir es da wagen, nicht mitzumachen! Wenn Ihr uns nicht zurückweist, so werden wir nicht nur Soldaten stellen, sondern auch wir beiden Brüder haben nur den einen Wunsch, mit Euch nach Westen zu ziehen, denn so können wir die sehenswerten Gegenden der Süddynastie [China] besehen." Der *Pingzhang* sprach: „Wenn Ihr Beide mit uns zusammen in den Kampf ziehen wollt, so heißt Euch Euer jüngerer Bruder herzlich willkommen!" Unbeschwert tranken sie nun nach Herzenslust und kehrten erst in ihre Lager zurück, als die Sonne im Westen unterging.

Seit Chebuke'r[39], der Oberbefehlshaber des Hongmao-Reiches, Gemenzhu gesehen hatte, fand er keine Ruhe mehr und pries ihre unvergleichliche Schönheit. Er überlegte: ‚Der Groß*han* hat schon früher erfahren, dass es hier eine schöne Frau gibt, und all sein Streben darauf gerichtet, sie in seine Hand zu bekommen. Nun habe ich gesehen, dass sie nicht zu Unrecht gerühmt wird.' Heimlich schickte er in der Nacht einen Vertrauten mit der Meldung an seinen *Han*, die besagte: „Die Frau des Amaqikan ist eine unübertroffene Schönheit. Geduldet Euch bis Euer Oberbefehlshaber heimkehrt, dann wird er sie mit Waffengewalt rauben und sie Euch, dem Groß*han*, überbringen. Bitte werdet nicht ungeduldig!" Der Gefolgsmann führte den Befehl aus und kehrte in das Reich Hongmao zurück.

Zu gleicher Zeit berieten im Ostflügel Duo'rkan und Amaqikan mit Jinghai, Yongqin, Leketu'r und Changyanjun und alle waren sie gewillt, an dem Feldzug teilzunehmen. Duo'rkan schlug vor, dass sie einen dynastischen Namen festlegen sollten, worauf Jinghai vorschlug: „Wir sollten Hehe in Hejin abändern!" Dieser Vorschlag wurde gelobt, worauf Duo'rkan zum Groß*han* und Amaqikan zum Oberbefehlshaber (*da yuanshuai*) ernannt wurde. Alle leisteten den Eid, den Befehlen ihres Groß*han*s und ihres Oberbefehlshabers Folge zu leisten. Als Duo'rkan die Beschlüsse des Jinghai und der Anderen vernahm, befand er sie für gut. Nach Beendigung dieser Beratungen kehrten Jinghai und die übrigen drei Generäle in ihr Lager zurück. Am folgenden Tage entsandte auch der Groß*han* eines Stammes auf dem Nordufer des Sungari, dessen Herrschaftsgebiet sich als

---

39 Oben wird der Name als Chebukela wiedergegeben.

Zhahan-Reich (Zhahan Guo) bezeichnete und der erfahren hatte, dass der *Pingzhang* aus Jin Truppen anwarb, einen Oberbefehlshaber namens Kulanda mit Truppen zur Residenz des Duo'rkan, da er nicht wagte, säumig zu sein. Der *Pingzhang* ordnete an, dass sie neben dem Lager der Oberbefehlshaber der vier Reiche kampieren sollten.

Diese Zeit war die Blütezeit der Jin, die Kräfteverhältnisse im Gebiet der drei Ströme und sechs Reiche aber waren recht unterschiedlich und da diese zu keiner Einigung fanden, blieb ihnen keine andere Wahl, als den Befehlen der Jin zu gehorchen. Wie nun Duo'rkan sah, dass die Truppen von fünf Reichen bereits versammelt waren, wusste er, dass der Aufbruch kurz bevorstand. Aus diesem Grunde befahl er Amaqikan, ein Opfer für die Schamanen- und Hausgeister abzuhalten und ließ die Sklaven für diesen Zweck über zwanzig Rinder, Schafe, Schweine und Hühner schlachten. Als nun alles vorbereitet war, legte Amaqikan seine Schamanentracht an, setzte seine Schamanenkrone auf und begann zu tanzen. Die Oberbefehlshaber der fünf Reiche fanden sich ein, um zuzuschauen, und begannen dabei unwillkürlich Achtung vor ihm zu bekommen. Als die Geister bei ihm waren, kamen von wer weiß woher mehrere Krüge besten Weines, den er zusammen mit den Oberbefehlshabern trank. Als er in gleicher Weise aus der Ferne auch noch Dampfbrötchen, Früchte und andere Dinge heranschaffte, stieg die Verwunderung der Anwesenden noch mehr, zumal sie noch nie etwas Derartiges gesehen hatten. Wie hätten sie wissen sollen, dass Gemenzhu ihm im Verborgenen behilflich war! Die Geister sprachen durch ihn zu Duo'rkan: „Wenn ihr beiden Brüder nun auszieht und am Feldzuge teilnehmt, so werdet ihr Glück und kein Unglück haben! Ihr könnt ganz beruhigt gehen, ihr werdet Erfolg haben!" Nach diesen Worten verließen ihn die Geister. Amaqikan legte seine Schamanentracht und seine Schamanenkrone ab und setzte sich, um auszuruhen. Die Haussklaven nahmen das Opferfleisch mit fort, bereiteten daraus ein Mahl und tischten auf. Neuerlich bot Duo'rkan dem *Pingzhang* den Ehrenplatz an und bat die Oberbefehlshaber, sich der Rangfolge nach zu setzen, und Jinghai und die Übrigen, ihnen Gesellschaft zu leisten.

(10) Amaqikan erhob sich und lud die Versammelten ein, ordentlich zu trinken, worauf diese ihm dankten: „Wir danken dir, dass du uns mehrmals aufgefordert hast zu trinken. Wir sind zu großem Dank verpflichtet!" Im Verlauf des Banketts erkundigten sie sich nach der Schamanenkunst des Amaqikan und erhielten von ihm ausführliche Erläuterungen. Nun erst wurde ihnen klar, dass seine Schamanenkunst ungewöhnlich groß war, und sie lobten ihn einmütig und zollten ihm ihren Respekt. Erst als die Sonne hinter den Bergen im Westen versank, beendete man das Trinken und ging auseinander. Die Oberbefehlshaber der einzelnen Reiche verabschiedeten sich mit Dankbezeugungen und kehrten in ihre Lager

zurück, der *Pingzhang* war betrunken, weshalb er von seinem Leibwächter zurück ins Haupthaus gebracht wurde, um sich auszuschlafen. Auch Duo'rkan zog sich mit seiner Frau in sein Schlafzimmer zurück. Als Amaqikan sah, dass alle Gäste fort waren, sprach er zu ihr: „Ich weiß, dass mein älterer Bruder mit Sicherheit an dem Feldzug teilnehmen wird. Es wäre wunderbar, wenn du mit mir kommen könntest, und ich mir in der Fremde keine Sorgen um dich machen müsste." Gemenzhu erwiderte: „Ich bin nun schwanger und nicht in der Lage, eine weite Reise zu unternehmen. Du brauchst dich nicht zu sorgen, ich werde hier der Schwägerin Gesellschaft leisten. Falls du in Schwierigkeiten kommst, kannst du mich rufen, bestimmt werde ich dann sofort kommen!" Bei diesen Worten schlang sie ihre Arme fest um ihn und ließ ihn erst wieder los, nachdem sie ihn einige Male heftig geküßt hatte. Amaqikan wusste, dass seine Gemahlin eine ungewöhnliche Person war, und so bat er sie nach diesen Worten nicht länger darum, mit ihm zu kommen. Nachdem sie noch ein wenig geplaudert hatten, stiegen sie auf den *Kang* und legten sich schlafen. Da die beiden jungen Eheleute sich nun bald trennen würden, waren sie natürlich ganz besonders liebevoll zueinander.

Am folgenden Tag standen sie auf und Duo'rkan befahl dem Amaqikan, die Truppen zu inspizieren, weshalb dieser sich mit Sklaven und Leibgarden zu dem Lager des Jinghai begab. Dieser trat mit den übrigen dreißig Dorfschulzen vor das Lager, hieß ihn willkommen und geleitete ihn ins Lager. Nachdem sie einige militärische Angelegenheiten besprochen hatten, tat er ihm kund, dass er die Gesamtstärke der Truppen feststellen wolle. Der Appell zeigte, dass fünfzehntausend Mann bereitstanden. Amaqikan kehrte mit Jinghai in die Residenz zurück und machte Meldung, worauf Duo'rkan dem Jinghai befahl: „Morgen ist ein glückverheißender Tag, so dass wir aufbrechen können. Kehre ins Lager zurück und gib den Befehl aus, dass die Truppen packen, auf dass wir morgen marschbereit sind!" Jinghai, der Anführer der Vorhut, kehrte ins Lager zurück und übermittelte den Befehl, worauf die Soldaten sich unverzüglich marschbereit machten, womit sie den ganzen Tag über vollauf zu tun hatten. Als bei Anbruch des folgenden Tages Jinghai, Yangqin, Leketu'r und Changyanjun die Hujia genannten Blasinstrumente vernahmen[40], drängten sie die Soldaten aufzustehen und sammelten ihre Reihen vor dem Tor der Residenz des Duo'rkan, um sich dort zur Verfügung zu halten. Als sie bei der Residenz des *Han* ankamen, erhielt ein Sklave den Befehl, Jinghai und die übrigen drei Heerführer hereinzurufen, um

---

40 Die Hezhe-Truppen benutzten Meeresschnecken, um Signale zu geben. Sobald diese ertönten, sammelten sich die Soldaten (S. 551, Anm. 1) (OA). – Im Widerspruch zu dieser Anmerkung ist im Text jedoch von einer *hujia* 胡笳, Tatarenoboe, die Rede.

ihre Aufwartung zu machen. Der *Han* Duo'rkan sprach zu ihnen: „Da nunmehr alle Angelegenheiten geregelt sind, können wir mit dem *Pingzhang* der Jin nach Westen marschieren. Stehen die einzelnen Mannschaften bereit?" Jinghai trat vor und machte Meldung: „Die Soldaten stehen alle bereit. Wir bitten den Groß*han* um eine Inspektion." Der *Han* Duo'rhan antwortete: „Wenn sie schon bereitstehen, so ist eine Inspektion nicht vonnöten. Sobald der *Pingzhang* sein Frühstück eingenommen hat, können wir aufbrechen. Wartet hier die weiteren Befehle ab!" Jinghai und die übrigen Heerführer gehorchten. Als der *Pingzhang*, Duo'rkan und Amaqikan ihr Frühstück beendet hatten, gaben sie den Befehl aus, dass die Waffen aufzunehmen seien und man sich ordnungsgemäß zu rüsten habe. Diener hatten bereits ihre Pferde herbeigeführt und versorgt. Duo'rkan und Amaqikan saßen zusammen mit dem *Pingzhang* auf und ritten durchs Tor. Frau Nayin und Gemenzhu gaben ihnen mit ihren Mägden bis vor das Tor Geleit.

Die *Fujin* des Groß*han*s, Frau Nayin, und die *Dedou* des Oberbefehlshabers, Gemenzhu, kamen mit den Abreisenden vor das Tor, wo sie sahen, dass alle Bewohner des Dorfes, Alt und Jung, Männer und Frauen, ebenfalls gekommen waren, um ihnen das Geleit zu geben. Allen fiel die Trennung schwer. Insbesondere Amaqikan konnte es kaum ertragen, sich von seiner geliebten Gemahlin zu trennen, und als der Zeitpunkt gekommen war, rannen ihm in seinem Trennungsschmerz die Tränen herab. Beim Abschied rief Duo'rkan die Verwalter und Sklaven zu sich und befahl ihnen: „Achtet mit Sorgfalt und Aufmerksamkeit auf das Gold, Silber, die Rinder und Pferde, Schweine und Schafe, sowie auf all das andere, zum Anwesen gehörende Hab und Gut; ihr dürft dabei nicht nachlässig sein. Falls euer *Han* bei seiner Rückkehr von Verlusten erfährt, wird er keine Milde walten lassen!" Die Verwalter und Sklaven versprachen zu gehorchen. Daraufhin gab Duo'rkan den Befehl zum Aufbruch, die Truppen saßen auf und brachen nach Einheiten geordnet auf. Diejenigen, die ihnen das Geleit gaben, begleiteten sie noch mehr als drei Meilen weit, worauf sie ihnen von einem hohen Hügel aus nachblickten und erst nach Hause zurückkehrten, als sie nicht mehr zu sehen waren.

Als der *Pingzhang* von Jin die drei Armeen verschiedener Größe nach Westen führte, stellte Chebukela, der Oberbefehlshaber des Reiches Hongmao, die Vorhut, ihm folgte Hamate, der Oberbefehlshaber des Reiches Sahali, während Keyinna, Oberbefehlshaber des Reiches Wulabu, und Demi'r, Oberbefehlshaber des Reiches A'rqi, die Nachhut bildeten. Die von dem Groß*han* des Reiches Hejin angeführten Krieger bildeten die Kerntruppe (*zhongjun*), Kulanda, der Oberbefehlshaber des Reiches Zhahan, bildete die Bedeckung des Trosses (*hucongdui*). Die Gesamtstärke der Heere der sechs Reiche belief sich auf sechzigtausend Mann. Man befand sich nun im vierten Monat des Jahres, es war warm und

Gräser und Bäume zeigten frisches Grün, während die Bäume in den Gärten in voller Blüte standen; eine solche Zeit war für ein marschierendes Heer sehr günstig. Der *Pingzhang* der Jin führte die Truppen unaufhaltsam weiter nach Westen. Auf ihrem Weg kamen sie durch Shanjing *Huotong*[41] und die Hauptstadt der „Fünf Reiche" (Wuguo Cheng)[42]. Obwohl dort viele Häuser zu sehen waren, verfügte die Stadt doch nur über wenige Einwohner, auch waren nur wenige Amtsgebäude zu sehen. Sie bot wahrhaftig einen trostlosen Eindruck; es wurde vermutet, dass die Einwohner zum Militärdienst eingezogen worden waren. Westlich der Hauptstadt von Wuguo standen alle fünfzig bis sechzig Meilen Militärstationen und da die Heere der sechs Reiche Eilmärsche einlegten, erreichten sie schon bald die Stadt Suyan Mutuli[43].

(11) Nachdem der *Pingzhang* der Jin mit den Armeen der sechs Reiche Suyan Mutuli erreicht hatte, war auch wieder etwas mehr Bevölkerung zu sehen. Bei ihrer Ankunft in Yandu[44] war bereits der fünfte Monat angebrochen. Der *Pingzhang* befahl dem Groß*han* des Reiches Hejin sowie den Oberbefehlshabern der übrigen Reiche außerhalb des Südtores ihr Lager aufzuschlagen und sich dort zur Verfügung zu halten. Er selbst eilte in die Stadt und an den Hof, um dem Großkaiser (*da huangdi*) des Jin-Reiches seine Aufwartung zu machen. Er rief „Zehntausend Jahre"[45] und meldete, dass die sechs Reiche dem Befehl Folge geleistet hätten und mit insgesamt sechzigtausend Mann in einem Lager vor dem

---

41 Shanjing *Huotong* heißt ins Chinesische übersetzt Stadt Baicheng, „Weiße Stadt". Ihre Überreste finden sich vier Meilen südlich der Kreisstadt Acheng in der Provinz Jilin. Die Jin hatten hier eine Stadt errichtet, die sie Shangjing nannten. (S. 552, Anm. 4) (OA).– Stadt in der Provinz Jilin. „Weiß" heißt im Mandschu: šanyan, šanggiyan, hoton bedeutet „Stadt".

42 Stadt in Jilin. Vgl. *Zhongguo gujin diming da cidian*, S. 114, sowie oben S. 215, Anm. 2.

43 *Suyan*, Hezhe: sɔjɛ (S. 694) [Mandschu: Suwayan] bedeutet „gelb", *mutuli*, Hezhe: məduri (S. 679) [Mandschu: muduri] „Drache". Es handelt sich um die Präfekturstadt Huanglong („Gelber Drache"; Huanglongfu); sie liegt in dem ehemaligen Gebiet von Fuyu. Nachdem Kaiser Taizu der Liao das Reich Bohai unterworfen hatte und auf seinem Rückweg hier anlangte, erschien ihm ein gelber Drache und er änderte dahert den Namen der Stadt in Huanglong. Die Ruinen der Stadt befinden sich nahe der heutigen Kreisstadt Kaiyuan in Liaoning. Sie wurde im 7. Jahr der Periode Baoning [974] des Kaisers Jingzong aufgegeben und im 9. Jahr der Regierungsperiode Kaitai des Kaisers Shengzong nach Nordosten verlegt, wo erneut eine Präfekturstadt Huanglong eingerichtet wurde. Es handelt sich bei dieser um die gegenwärtige Kreisstadt Nong'an in der Provinz Jilin. Vgl. dazu das *Dongbei yudi shilüe* (東北輿地釋略) des Jing Fangchang (景方昶), 2. Bd., veröffentlicht in Nummer 3 des *Dongbei zongkan* (東北叢刊), S. 12–14 (S. 553, Anm. 1) (OA).

44 Zu Beginn der Jin-Zeit war Huining die Hauptstadt. Unter der Regierung von Kaiser Fei (Fei Di) (Wanyan Liang) wurde die Hauptstadt nach Yanjing, dem heutigen Peiping [Peking] verlegt (S. 553, Anm. 2) (OA).

45 Gleichbedeutend mit: „Es lebe der Kaiser!"

Südtore auf Anweisungen warteten. Dalangzhu [46] war über diesen Bericht
hochzufrieden und befahl dem vierten Kronprinzen Wushu sich zum Südtor zu
begeben und die Truppen zu belohnen. Sogleich begab sich dieser mit einer
Leibwache von über hundert Mann zum Truppenlager der sechs Reiche. Der
Pingzhang hatte die Oberbefehlshaber bereits davon in Kenntnis gesetzt, dass der
vierte Kronprinz sogleich kommen werde, um die drei Heere (*sanjun*) zu
belohnen. Die Oberbefehlshaber traten vor das Lager, um den Prinzen zu
empfangen und begrüßten ihn ehrerbietig. Nur Duo'rkan behandelte ihn als
Gleichrangigen und nachdem der *Pingzhang* den Grund dafür angegeben hatte,
bereitete ihm Wushu keine Unannehmlichkeiten.

Drei Tage danach gab Wushu für den Groß*han* des Reiches Hejin, die sechs
Oberbefehlshaber und für mehr als hundert Zivil- und Militärbeamte des Hofes
ein großes Fest. Diese nahmen ihrer Rangfolge gemäß ihre Plätze ein, worauf ein
fröhliches Zechen begann, bei dem es hoch herging. Als sie schon angetrunken
waren, wandte sich Wushu an die versammelten Oberbefehlshaber: „Ich will
nunmehr der Dynastie Song das Reich wegnehmen und bitte Euch, die
Oberbefehlshaber der einzelnen Reiche, mir dabei behilflich zu sein. Gelingt es,
das Reich der Song zu erlangen, so will ich Reichtum und Ruhm mit Euch teilen." Die Oberbefehlshaber antworteten wie aus einem Munde: „Wie könnte es
anders sein, als dass wir unser Bestes geben werden?!" Der Militärberater des
Reiches Jin, Ha Michi, schlug dem Prinzen vor: „Da nun die Truppen der
einzelnen Reiche angekommen sind, können wir einen glückverheißenden Tag
wählen, um dann das Heer nach Süden zu in Marsch zu setzen! Wenn wir es
ausnützen, dass [der Gegner] nicht vorbereitet ist und die Truppenlager der Song
angreifen, werden wir Erfolg haben. Welche Absichten hegt Silangzhu?" Wushu
war über diese Worte hocherfreut und antwortete: „Die Rede des Militärberaters
war vortrefflich! Ab morgen werden wir alle Truppen gemeinsam intensiv
trainieren lassen." Alle Oberbefehlshaber waren bereit, diesen Befehlen nachzukommen und kehrten nach Beendigung des Gelages in ihre Lager zurück. Am
folgenden Tage drillten die einzelnen Oberbefehlshaber die Mannen ihres
Reiches und waren mit großer Begeisterung bei der Sache, da jeder von ihnen
ehrlich fürchtete, hinter den anderen zurückzubleiben. Das Drillen der Truppen
der sechs Reiche in Yandu dauerte über einen Monat. Am ersten Tag des siebten
Monats kam Wushu mit neun Kronprinzen zur Inspektion in die Trainingshalle
für die Kampfkünste, wo er beobachten konnte, dass die einzelnen Oberbe-

---

46 Unklar ist ob Dalangzhu („Groß-Wolfsherr", „Wolfsherr Nr. 1") ein Eigenname oder ein Titel
    ist; vermutlich letzteres, da unten folgt Silangzhu (Wolfsherr Nr. 4) für den Prinzen Nr. 4 [S.
    553 und 554].

fehlshaber und Generäle im Fechten und Bogenschießen sehr geübt waren und auch die Truppen der sechs Reiche ordentlich übten. Sobald die Planungen abgeschlossen waren, wurde Chebukela, dem Oberbefehlshaber des Reiches Hongmao, der Auftrag erteilt, mit seinen Kriegern die Vorhut zu bilden und Führer zu nehmen, die den Weg in das nördliche China genau kannten. Dem Oberbefehlshaber des Reiches Sahali, Hamate, wurde befohlen, die zweite Abteilung zu bilden, während Duo'rkan, Groß*han* des Reiches Hejin, die dritte stellte. Keyinna, Oberbefehlshaber des Reiches Wulabu, bildete die vierte Abteilung, Demi'r, Oberbefehlshaber des Reiches A'rqi, die fünfte, und Kulanda, Oberbefehlshaber des Reiches Zhahan, die sechste. Wushu von Jin führte den Militärberater Ha Michi, zirka dreißig *Pingzhang* sowie zwanzigtausend Mann seines eigenen Reiches als Nachhut. In unübersehbarer Schar drangen sie nun nach Süden vor. Auf ihrem Marsch traten die Bezirksbeamten (*Zhoumu*) und Kreisvorsteher (*Xianling*) von drei Gemeinden (*Zhen*) und sechzehn Verwaltungsbezirken (*Zhou*) vor ihre Städte und unterwarfen sich, als sie hörten, dass eine große Armee angekommen sei. Eines Tages erreichte die Armee den Huanghe. Zhang Shuye[47], der mit der Verteidigung des Huanghe beauftragte *Jiedushi*[48] der Dynastie Song, sandte ihnen zum Empfang Boten entgegen und ergab sich mit der gesamten Stadt. Die Truppen der Vorhut marschierten in die Stadt ein, deren Oberbefehlshaber Chebukela lobte Zhang Shuye und den Einwohnern der Stadt blieben auf diese Weise Unannehmlichkeiten erspart.

(12) Zhang Shuye hatte Leben und Besitz der Einwohner der Stadt schützen wollen und daher kapituliert. Als der Oberbefehlshaber des Reiches Hongmao mit den Truppen der Vorhut weiterzog, rückten die nachfolgenden Truppenteile nicht in die Stadt ein, sondern kochten außerhalb der Stadtmauer ab. Zudem war es den Soldaten streng untersagt, die Stadt zu betreten. Wie nun die übrigen Generäle der Dynastie Song, deren Aufgabe es war, die strategisch wichtigen Pässe zu bewachen, erfuhren, dass Zhang Shuge kapituliert hatte, sank einem nach dem anderen von ihnen der Mut und sie flohen beim Herannahen des

---

47 In der Biographie des Zhang Shuye in der Offiziellen Geschichte der Song (*Songshi*) heißt es: Nachdem die neue Regierungsdevise Jingkuang eingeführt worden war, marschierten die Jin nach Süden. Zhang Shuye war damals in Chengzhou der verantwortliche General für den Abschnitt Südprovinzen [?; *nandaobu zongguan*]; er setzte unter Einbeziehung seines Sohnes Truppen zur Verteidigung des Herrschers in Marsch und erreichte nach Verlegung der Kampffront die Hauptstadt. Beim Fall der Hauptstadt wurde er verwundet. Er folgte Kaiser Huizong [auf seinem Weg in die Verbannung] nach Norden, nahm jedoch keine Nahrung zu sich und verstarb. Der obige Bericht von der Kapitulation entspricht daher nicht den Tatsachen, möglicherweise handelte es sich um ein unbegründetes Gerücht (S. 554, Anm. 1) (OA).

48 Vgl. Hucker 1985: 144, Nr. 777. Militärgouverneur.

Feindes. Seit die Vorhut des Reiches Jin abmarschiert war, war sie nirgendwo auf einen Feind getroffen, und die nachfolgenden Truppen folgten ihr auf dem Vormarsch. Es dauerte nur wenige Tage bis sich die große Armee der Stadt Luoyang[49] näherte und nicht einmal mehr zwanzig Meilen von ihr entfernt stand. Nunmehr trafen am Hofe der Song aus allen Gegenden schriftliche Hilferufe wie Schneeflocken ein und ließen die Hauptstadt erzittern. Zhang Bangchang, der Kanzler (*Chengxiang*)[50] der Dynastie Song, nahm diese Schriftstücke entgegen, reichte sie aber anfangs nicht an den Kaiser weiter. Schließlich konnte aber nichts mehr vertuscht werden und es blieb ihm nichts anderes übrig, als Kaiser Qinzong[51] von den Vorgängen in Kenntnis zu setzen. Diesen ergriff bei dieser Nachricht panische Angst, worauf er zum Yanfu-Palast [*Yanfugong*, „Palast des anhaltenden Glücks"] eilte und dem [abgedankten Kaiser] Huizong Bericht erstattete. Aber zu jener Zeit gab es außerhalb der Stadt keine Truppen mehr, die sie hätten zu Hilfe rufen können und innerhalb der Stadtmauern waren die Lebensmittelvorräte aufgebraucht. So blieb nichts weiter übrig, als Zhang Bangchang ins Lager der Jin zu senden, um Friedensverhandlungen zu führen. Zhang Bangchang kam mit den kaiserlichen Gesandten zuerst in das Lager des Chebukela, des Oberbefehlshabers des Reiches Hongmao und Führers der Vorhut, und da sie nicht wussten, dass dieser nicht der Oberbefehlshaber des Reiches Jin war, führten sie mit ihm Friedensverhandlungen. Chebukela stellte zahlreiche Forderungen, unter anderem, dass zweihunderttausend Ballen Seide, zweihunderttausend Tael in Gold, dreihunderttausend Tael in Silber und hundert schöne Mädchen bis zum folgenden Tage zu liefern seien. Zhang Bangchang dachte, dass damit die Friedensverhandlungen abgeschlossen seien, weshalb er hocherfreut in die Stadt zurückkehrte und Bericht erstattete. Qinzong wies an, dass innerhalb und außerhalb der Stadt sowie innerhalb des Palastes das Gold und Silber sowie die Seide und die schönen Mädchen zusammengesucht werden sollten; es gelang gerade noch mit Müh und Not die in den Verhandlungen geforderten Summen aufzubringen. Am folgenden Tage kam Zhang Bangchang mit dem Gold und Silber, der Seide und den Mädchen in das Lager der Jin und übergab alles. Dann kehrte er in die Stadt zurück, um Bericht zu erstatten, und dachte, dass nunmehr alles wieder seine Ordnung habe. Aber am Nachmittag des folgenden Tages meldete unerwarteterweise ein Palasttorwächter (*Huangmen-*

---

49 Bian, die Hauptstadt der Nördlichen Song, ist identisch mit der Östlichen Hauptstadt Kaifeng; die Truppen der Jin belagerten daher Bianjing und nicht Luoyang. Wenn hier von Luoyang die Rede ist, so handelt es sich um einen Irrtum (S. 554, Anm. 2) (OA).

50 Vgl. Hucker 1985: 126, Nr. 483.

51 Historisches Datum dieses Vorfalls: 1126.

guan)[52]: „Die Soldaten der Jin rücken neuerlich vor und stehen kurz vor der Stadt." Als Zhang Bangchang solches vernahm, riss er vor Aufregung die Augen auf und brachte keinen Laut hervor, er wusste jetzt weder aus noch ein.

Als der Oberbefehlshaber des Reiches Hongmao vom Hof der Song die geforderten Güter und Mädchen erhalten hatte, beriet er sich insgeheim mit den ihm unterstellten Generälen, wie sie auf Schleichwegen in das eigene Reich zurückkehren konnten. Die Generäle waren bereit, seinen Befehlen Folge zu leisten, worauf Chebukela den Befehl erließ, in aller Heimlichkeit aufzubrechen und auf Schleichwegen heimzukehren. Nachdem sie mehrere Monate marschiert waren, führte eines Tages ihr Weg an dem Dorf Gaijin vorüber. Chebukela drang ohne Umstände zu machen in die Residenz des Duo'rkan ein und rannte dort zum Ostflügel, wo er Gemenzhu, die Frau des Amaqikan erblickte, die gerade einen Säugling in ihren Armen hielt und mit den Mägden plauderte. Er trat auf sie zu, packte sie mit beiden Händen und lief nach draußen. Draußen vor dem Tore der Residenz angekommen, steckte er sie in einen der Karren mit den schönen Mädchen und eilte unter Wahrung aller Vorsicht weiter nach Osten. Gemenzhu hatte keine Ahnung, woher diese Truppen kamen und da ihre magischen Fähigkeiten durch die Waffen niedergehalten wurden, konnte sie keine andere Gestalt annehmen und musste sich in ihrer nunmehrigen Gestalt verschleppen lassen. Frau Nayin, die Gemahlin des Duo'rkan, hatte beobachtet, wie unzählige Soldaten in den Ostflügel eindrangen und Gemenzhu fortschleppten, und hatte sich in panischer Furcht in einem Erdloch versteckt, wodurch sie einem gleichen Schicksal entkam. Nachdem die Soldaten abgezogen waren, kam der Verwalter und erstattete Bericht; nun erst erfuhr sie, dass der Oberbefehlshaber des Reiches Hongmao Gemenzhu entführt hatte. Sie wusste weder aus noch ein und es blieb ihr nichts anderes übrig, als darauf zu warten, dass der Groß*han* zurückkehrte: Erst dann konnte etwas unternommen werden.

Als sich Hamate, der Oberbefehlshaber des zweiten Trupps, mit den Seinen Luoyang bis auf zehn Meilen genähert hatte, war vor ihm von der Vorhut nichts zu sehen. Als er Boten aussandte, die Erkundigungen einziehen sollten, erfuhr er, dass der Oberbefehlshaber des Reiches Hongmao von den Song bestochen worden und dann auf Schleichwegen in sein Reich zurückgekehrt war. Gerade als er sich anschickte, weiter auf die Hauptstadt vorzurücken, erschienen Abgesandte der Song in seinem Lager, um Friedensverhandlungen zu führen. Auch Hamate stellte Forderungen und verlangte Gold, Silber, Seide und andere Wertgegenstände. Die Bevollmächtigten der Song wagten nicht, Widerspruch zu erheben; sie konnten lediglich zurückkehren und dem Hof Bericht erstatten. Der Kaiser

---

52 Vgl. Hucker 1985: 261, Nr. 2841: *huangmen*; seit 1112 Eunuchen.

ließ alles vollzählig zusammentragen und schickte es in Begleitung von Gesandten in das Lager der Jin. Als Hamate sah, dass alle seine Forderungen pünktlich erfüllt worden waren, ließ er die Gesandten heimkehren und kehrte gleich dem Oberbefehlshaber des Reiches Hongmao heimlich auf Seitenpfaden in sein eigenes Reich zurück. Als nun der dritte Trupp, der von dem Groß*han* des Reiches Hejin, Duo'rhan und seinem Bruder, dem Oberbefehlshaber Amaqikan, geführt wurde, sich Luoyang bis auf fünf Meilen genähert hatte, war von den anderen beiden Trupps nichts zu sehen. Sie schickten Kundschafter aus und erfuhren, dass die Oberbefehlshaber der beiden anderen Trupps von den Song bestochen worden waren und jeder für sich auf Schleichwegen in sein Reich zurückgekehrt war. Als Duo'rkan und Amaqikan dieses erfuhren, lachten sie insgeheim und schickten dann einen Boten ab, um Wushu von Jin davon in Kenntnis zu setzen. Wushu sprang vor Wut auf und begab sich auf der Stelle in das Lager der Oberbefehlshaber des dritten Trupps, wo er von Duo'rkan und seinem Bruder vor dem Lager begrüßt wurde. Wushu lobte ihre Ehrlichkeit und schlug anschließend sein Lager unter den Mauern von Luoyang auf. Jener Palasttorwächter meldete erneut dem Palast, dass wiederum Jin-Truppen vor der Stadt erschienen seien, und wieder entsandte der Hof Bevollmächtigte zu Friedensverhandlungen. Auch Wushu forderte Gold, Silber, schöne Mädchen und Wertsachen und zudem, dass der Kaiser der Song persönlich ins Lager der Jin komme. Da blieb dem Songhof nichts anderes übrig, als zuerst Gold, Silber, Wertsachen und schöne Mädchen zusammenzusuchen und all dieses zu übergeben, und als daraufhin Wushu nicht bereit war, Friedensverhandlungen zu führen, musste sich Qinzong selbst ins Lager der Jin begeben und nach ihm kam auch der zu Gunsten seines Sohnes abgedankte Kaiser Huizong dorthin. Nachdem sie beide von Wushu in Haft genommen worden waren, ließ er die Soldaten die Stadt plündern.

(13) Der vierte Kronprinz des Landes Jin hatte dieses Mal mit einer gewaltigen Armee von Nordchina Besitz ergriffen und Luoyang geplündert. Die dabei erbeuteten schönen Frauen und Reichtümer waren nicht zu zählen. Zudem ließ er die Kaiser der Song-Dynastie nach Huanglongfu[53] bringen und auch die

---

53 Es gibt zwei Huanglong. Eines liegt in der Nähe des heutigen Kaiyuan in der Provinz Liaoning und war unter Kaiser Taizu der Dynastie Liao gegründet worden; im 7. Jahr der Regierungsperiode Baoning [976] wurde es unter Kaiser Jingzong wieder abgeschafft. Das zweite Huanglong entspricht der Kreishauptstadt Nong'an in der Provinz Jilin. Es war im 9. Jahr der Regierungsperiode Kaitai unter Shengzong, Kaiser der Liao, eingerichtet worden [1020; dies ist aber bereits das erste Jahr der Devise Taiping]; vgl. dazu Jing Fangchang: *Dongbei yudi shilüe*, 2. juan, S. 12–14 (eingereiht in Dongbei Congkan 3). Zur Verschleppung der beiden Kaiser [d.h. des regierenden Kaisers, sowie des abgedankten Kaisers Huizong] der Song-Dynastie ist zu bemerken, dass sie von Zhendingfu über Yunzhong nach Yanshanfu und später nach Zhongjing [„Mittlere Hauptstadt"], Shangjing [„Obere Hauptstadt"], Hanzhou und

Beamten der südlichen Dynastie kamen mit, um auf ihre Verurteilung zu warten. Nachdem Wushu alle Angelegenheiten geregelt hatte, befahl er den Abzug der Truppen. Alle Kommandeure waren auf dem Marsch sehr zufrieden und plauderten und lachten fröhlich. In der Zeit des neunten Monats erreichten sie das Gebiet des eigenen Reiches; überall wurden sie von den *Anbang-Zhangjing*[54] und den *Niulu-Zhangjing*[55] vor den Städten begrüßt. Auch Amaqikan kehrte im Gefolge des Wushu zurück und dachte beim Anblick dieser ehrenvollen Empfänge: „Alle großen Männern sollten so sein!" Nach einigen Tagen hatten sie bereits die *Ezhen Huotong*[56] erreicht und als sie am Tor der Hauptstadt ankamen, begab sich der Groß*han*[57] persönlich zum Südtor des Palastes, um den Generälen und Offizieren für ihre Dienste seinen Dank auszusprechen. Nachdem Wushu mit seinem ihm unterstellten Offiziersstab dem Kaiser seine Reverenz erwiesen hatte, übergab er dem Vater die Gefangenen und kehrte in den Westlichen Palast zurück, um sich dort zu erholen.

Am darauffolgenden Tage gab der *Han* der Jin in der Wuying-Halle [Wuyingdian, „Halle kriegerischen Heldenmutes"] ein Bankett und lud dazu den gesamten Offiziersstab ein, der an dem Feldzug teilgenommen hatte. Wushu erstattete dabei seinem Vater, dem *Han*, Bericht von den Verdiensten der jeweiligen *Batulu*[58]. Als der Groß*han* aber erfuhr, dass der Oberbefehlshaber der Vorhut aus dem Reich Hongmao sich von den Song bestechen ließ und sich auf und davon gemacht hatte, fuhr er zornig auf: „Ein winziger Stamm wagt es also, mein Reich zu hintergehen! Ich schwöre hiermit, dass ich Generäle auf eine

---

Wuguo Cheng gebracht wurden. In den offiziellen Geschichtswerken wird Huanglong nicht erwähnt (S. 516, Anm. 2; S. 556, Anm. 1) (OA).

54 Hezhe: *ābā ʧantʃīn*: Groß-Zhangjing. Vgl. dazu die Erklärungen S. 420, Anm. 5 und 426, Anm. 2 im Original.

55 Hezhe: *niulu ʧāŋʃin* (S. 680) [Mandschu: niru janggin, nirui janggin: Bannerhauptmann, Kompanieführer]. Beamtentitel. *Niulu* bezeichnet „ein Qu" (*qu* 区: eigentl. Distrikt, Gebiet) oder „ein Bu" (*bu* 部: Teil, Klasse, Abschnitt). Eine Armee teilt sich in vier *Bu*, die erstes, zweites, drittes und viertes *Qu* bzw. erstes, zweites, drittes und viertes *Bu* genannt wurden. In der Sprache der Hezhe heißen diese *Bu*: *Emu Niulu* (ǝmǝ niulu; ǝmǝ = eins [Mandschu: emu niru]), *Zhu Niulu* (tsu niulu; tsu = zwei [Mandschu: juwe niru]), *Yilan Niulu* (ilā niulu; ilā = drei [Mandschu: ilan niru]) und *Tuyin Niulu* (tuin; tuin = vier [Mandschu: duin niru]). Nach der Militärordnung der frühen Qing-Zeit unterstanden einem *Niulu Zhangjing* jeweils 300 Mann (S. 556, Anm. 3) (OA).

56 *Ezhen*, Hezhe: ʒʧǝn, ɲǝʧǝn, (S. 693) bedeutet „Herrscher", *huotong* (hɔtʻɔ) „Stadt". *Ezhen Huotong* [Mandschu: ejen-i hoton] ist also die „Hauptstadt", „Residenzstadt". In der Jin-Zeit war Shangjing [„Obere Hauptstadt"] die Hauptstadt (S. 557, Anm. 1) (OA).

57 Zu diesem Zeitpunkt nannte sich der Herrscher bereits Kaiser (*di*). Bei dem hier erwähnten Groß*han* dürfte es sich um Taizong Wuqimai [1123–1134] der Jin-Dynastie handeln (OA).

58 Hezhe: *patʻulu* (S. 681) [Mandschu: baturu; „Tapferer", „Held"]: Titel eines Militärbeamten, der insbesondere für Jagd und Sturmangriffe zuständig war (S. 474, Anm. 2; S. 557, Anm. 3) (OA).

Strafexpedition gegen sie aussenden werde!" Dem pflichteten die Heerführer bei.
Am Abend begab sich Wushu in die Privatgemächer des Groß*han*, um sich nach
dessen wertem Befinden zu erkundigen, worauf sie sich betreffs der Straf-
expedition gegen das Reich Hongmao besprachen. Wushu schlug vor: „Diese
Angelegenheit sollte meinem Vater und Herrscher keine großen Sorgen bereiten.
Ich werde diese Schurken vernichten!" Darauf antwortete ihm der Groß*han*:
„Das soll mir recht sein!", und Wushu zog sich zurück.

Am folgenden Tage verteilte Wushu das erbeutete Gold und Silber, sowie die
übrigen Wertsachen unter den verdienten Teilnehmern des Feldzuges und
belohnte zudem die Soldaten. Die Oberbefehlshaber der einzelnen Stämme
erhielten Geschenke, worauf sie Abschied nahmen und in ihre jeweiligen Reiche
heimkehrten. Lediglich Amaqikan erhielt von Wushu nicht die Erlaubnis, in sein
Reich zurückzukehren. Als er sah, dass er nicht heimkehren durfte, sehnte er sich
von Herzen nach seiner Gemahlin und träumte des Nachts beständig, dass er mit
seiner Frau Gemenzhu vereint wäre. Tag und Nacht hatte er Sehnsucht nach ihr
und war betrübt und lustlos. Eines Tages, es wurde gerade Abend, verkündete
ihm ein Palastdiener[59], dass er zur Audienz erscheinen solle. Amaqikan folgte
ihm, und als er eintrat, verkündete ihm Wushu, dass er sich mit ihm beraten wolle.
Am Ende der Unterredung fragte ihn Wushu: „Wie weit ist das Reich Hongmao
von Eurem Reich entfernt?" Amaqikan antwortete: „Es ist nur dreihundert Meilen von unserem Gebiet entfernt." Da sprach Wushu: „Das ist sehr gut! Nachdem Ihr in Euer Reich zurückgekehrt seid, sollt Ihr mit Euren Soldaten
aufbrechen und eine Strafexpedition gegen diese Schurken unternehmen. Brecht
morgen mit Eurem Trupp auf!" Amaqikan nahm den Befehl entgegen, nahm
Abschied und begab sich zu seiner Wohnstatt, wo er seinen älteren Bruder
Duo'rkan informierte und ihm riet: „Ihr solltet morgen auf schnellen Pferden als
Erster heimreiten und sehen, wie es um das Reich steht. Wer weiß, wie lange
[unser] großes Heer braucht, bis es zu Hause ankommt, daher möchte ich dich
bitten, vorauszureiten, damit du dich um die Stammesangelegenheiten kümmern
kannst." Duo'rkan war damit sofort einverstanden.

Am folgenden Tage reiste Duo'rkan mit seinen Offizieren und den Geschenken in östlicher Richtung ab. Unterwegs erreichte er eines Tages die Stadt Wuguo,
den Ort, an dem damals die beiden Kaiser der Song-Dynastie festgehalten
wurden.[60] Der *Anbang-Zhangjing* dieser Stadt hieß Jilenantu, er galt als klug und

---

59 *Neishi* [Mandschu: nei śi, „Hofeunuch"]: vgl. Hucker 1985: 350, Nr. 4237.
60 Nach ihrer Festnahme im 5. Jahr der Regierungsperiode Tianhui (1127), wurden die Kaiser erst
     im 8. Jahr derselben Regierungsperiode (1130) nach Wuguo Cheng verlegt (S. 557, Anm. 4)
     (OA).

tatkräftig. Da er wusste, dass Duo'rkan einer der Heerführer auf dem Feldzug gewesen war, wartete er ihm im Yamen mit einem Gastmahl auf. Gegen Ende des Gelages sprach Duo'rkan zu Jilenantu: „An welchem Ort werden die beiden Kaiser der Südlichen Dynastie gefangen gehalten? Wäre es möglich, dass Ihr sie mir, einem unbedeutenden Heerführer, zeigt?" Jilenantu antwortete: „Da ist nichts dabei; ich erlaube mir zu fragen, wann Ihr sie sehen wollt?" Duo'rkan antwortete: „Falls Ihr nicht durch Amtsgeschäfte abgehalten werdet, so lasst uns doch bitte jetzt gehen!" „Ganz zu Euren Diensten", meinte daraufhin Jilenantu und führte Duo'rkan mit sich fort. Unterwegs sah Duo'rkan *Han* sich um und sah, dass die Stadt Wuguo im Norden nahe am Sungari lag, im Osten an den Fluss Woken (Woken *Bila*) stieß und im Westen an den Mudan *Mamugu*[61] grenzte; die Stadt lag an der Mündung der beiden Flüsse in den Sungari. Nach Süden zu dehnte sich eine Ebene, während östlich des Woken-Flusses und westlich des Mudan-Flusses sich Berge und Hügel erhoben: Die Stadt bildete einen strategisch wichtigen Punkt. Im Zentrum der Stadt ragte ein Hügel auf, auf dem sich mehrere Brunnenschächte öffneten. Jilenantu wies auf diese Brunnen und sagte: „Da sind wir!" Duo'erkan fragte: „Wie kommt's, dass hier keine Häuser zu sehen sind? Wo werden denn die beiden Kaiser gefangen gehalten?" Da antwortete Jilenantu: „Sie stecken in diesen Brunnen!"

(14) Die Jin hatten die beiden Kaiser, Vater und Sohn, sowie eine Reihe von Ministern im Gebiet der Stadt Wuguo interniert. Der *Pingzhang* Wanyan Nachu war ausschließlich dazu abkommandiert worden, die beiden Kaiser, ihre Gemahlinnen und Nebenfrauen sowie eine Anzahl Beamten zu bewachen, und der *Anbang-Zhangjing* der Stadt Wuguo, Jilenantu, war dafür verantwortlich, dass sie mit Sorgfalt bewacht wurden. Jilenantu und der vom Hof [der Jin] entsandte *Pingzhang* Wanyan Nachu hatten sich darüber beraten, dass es in der gesamten Stadt nicht ein einziges Gefängnis gab, weshalb man sie in Amtsgebäuden in Gewahrsam hielt. Als sie aber die Brunnenschächte auf dem Hügel der Stadt entdeckten, kam ihnen der Gedanke, sie in diese hinabzulassen und dort gefangenzusetzen, um sie so an der Flucht zu hindern. Jilenantu und Wanyan Nachu verfassten gemeinsam einen Throneingabe in dieser Sache und nach noch nicht einmal einem halben Monat kam die Genehmigung: „Die Bitte ist genehmigt. Auf keinen Fall darf es zu Nachlässigkeiten kommen! Wir, der Kaiser, erinnern uns der verworrenen Politik des Kaisers der Song und dass er Treue nicht von Verrat unterscheiden konnte, weshalb wir befehlen, ihn in den Brunnen zu stecken. Das wird ihm die Bedeutung [des Satzes] ‚im Brunnen sitzen und den

---

61 Der heutige Mudanjiang [„Mudan-Strom"]. *Mamugu*, Hezhe: *maməku*, bedeutet „Fluß, Strom" (jiang) (S. 558, Anm. 2) (OA).

Himmel betrachten' verdeutlichen, damit er der ehemaligen Verworrenheit und Sinnlosigkeit seiner Handlungsweise entsagt. – Vom Kaiser verordnet!" Als die beiden Beamten diesen Erlass erhielten, befahlen sie den *Tuzhila Fahashi*[62] die Brunnen auszubessern und zu säubern; anschließend ordneten sie an, dass die Kaiser in die Brunnen zu steigen hätten. Die beiden Kaiser waren darüber unsäglich betrübt, dass sie solche Verhältnisse erdulden mussten, und weinten vor Schwermut. Von da an blieben den Wächtern zahlreiche Maßnahmen erspart.

Dies erzählte Jilenantu ausführlich dem Duo'rkan, als beide zu den Brunnen kamen, so dass dieser nun um alle Einzelheiten wusste. Er trat an den Rand der Brunnen und sah hinab: Dort sah er Herrscher und Minister, fünf bis sechs Personen, im Kreise herumsitzen, auch schliefen welche. Neben den Brunnen standen Wachhäuser, in denen etwa zwanzig kräftige Soldaten sich in der Bewachung ablösten. Als der *Pingzhang* Wanyan Nachu sah, dass Jilenantu mit einem Begleiter kam, trat er vor den Eingang und gesellte sich zu ihnen. Nachdem sie sich vorgestellt hatten, lud Wanyan Nachu die beiden in das Wachhaus ein, wo sie sich auf den Plätzen von Gast und Gastgeber niedersetzten. Nachdem sie eine Doppelstunde lang miteinander geplaudert hatten, verabschiedeten sich Duo'rkan und Jilenantu und kehrten zu ihren Wohnungen zurück.

In jenen Tagen standen die Jin auf dem Höhepunkt ihrer Macht. Ihr *Han* hatte angeordnet, dass Soldaten am Sungari, Sahalin [Amur] und Ussuri umwallte Städte errichteten, Straßen anlegten und Kurierstationen einrichteten; für den Fall, dass die militärische Lage solches erforderlich machte, konnten rasch Soldaten rekrutiert und verlegt werden. Da Duo'rkan auf diesen breiten Straßen in sein Reich heimkehrte, brauchte er dazu noch nicht einmal einen halben Monat. Wie nun die *Gashen Da* (Dorfschulze) und *Hala Da*[63] der einzelnen Weiler und Dörfer hörten, dass der Groß*han* zurückkehrte, versammelten sie sich mit ihren Familien und hießen ihn mit Wein willkommen. Nun erst erfuhr Duo'rkan, dass seine Frau verstorben und Gemenzhu, die Gemahlin seines jüngeren Bruders, von dem Reich Hongmao entführt worden war. Bei dieser Nachricht verspürte er im Herzen einen solchen Schmerz, als hätte man es mit Messern zerschnitten und eilte daraufhin mit seinen Mannen nach Hause zurück. Als er am Tor ankam, standen bereits die *Aha* [Sklaven] und *Kekechen*[64] zum Empfang bereit. Die *Aha*

---

62 Hezhe: *t'uẖila faẖali* (S. 679) [Mandschu: niśui faksi]: Maurer (S. 558, Anm. 3) (OA). - *t'uẖila* bedeutet „Erde", „Lehm", „Ton", in der Wörterliste in Ling 1934, Bd. I, 273a ist dafür auch das Wort *t'uk'a* (= chin.: 土塊, tukuai, „Erdklumpen") verzeichnet. Das niśui im Mandschu ist eine Übernahme des chinesischen Äquivalents *nishui* (泥水).

63 Hezhe: *halata* (S. 688) [Mandschu: hala-i da]: Familien-, Sippenoberhaupt. Hala bedeutet „Familie", „Clan", „Sippe", Da „Oberhaupt" (S. 559, Anm. 2) (OA).

64 Hezhe: *k'ək'əẖ'ən* (S. 681): Magd (S. 365, Anm. 1; S. 559, Anm. 4) (OA).

knieten vor dem Herrn nieder und erzählten unter Tränen, was geschehen war. Duo'rkan sprach: „Hört auf zu flennen, es ist nun mal so!" Dann begab er sich ins Haus, um sich auszuruhen. Nun war's aber so, dass er, als er all die Dinge sah und an seine Frau sowie die Entführung der Gemahlin seines jüngeren Bruders dachte, tiefe Trauer empfand und sich keinen Rat wusste. Wütend sprach er: „Ich will nicht eher ruhen, bis ich nicht eine Strafexpedition unternommen und dieses Reich vernichtet habe!" Er erzählte allen Verwandten und Bekannten, wie der Oberbefehlshaber des Reiches Hongmao von dem Kaiser des Reiches Jin zum Oberbefehlshaber der Vorhut auf dem Südfeldzug ernannt worden war, wie er, als sie südlich des Huanghe standen, heimlich Beziehungen mit der südlichen Dynastie aufgenommen und für sich alleine gewaltige Summen bei den Friedensverhandlungen eingefordert hatte, um dann vollbeladen auf Schleichwegen nach Hause zurückzukehren. Der Wushu sei von unstillbarem Hass auf ihn erfüllt und wolle nun eine Strafexpedition gegen diese Kreatur unternehmen; Tag und Nacht müsse man darauf sinnen, diesen viehischen Kerl zu vernichten[65]. Als er seine Erzählung beendet hatte, kannten sein Hass und seine Wut keine Grenzen, weshalb die zum Schutz zurückgebliebenen höheren Beamte, wie *Zhangjing, Anbang, Hafan*[66], *Tushan* und *Batulu* herzukamen, um ihn zu beruhigen. Duo'rkan kehrte in seinen Palast zurück, aber dieser war verwaist und öde, wie hätte man ihn mit früher vergleichen können! Voll Hass sprach Duo'rkan: „Werden Frau und Kind entführt, will man doch nicht [mit dem Entführer] unter der gleichen Sonne und dem gleichen Mond leben[67]!" Es war bereits Abend geworden und obwohl das Haus voll war von Dienerinnen, herrschte darin dennoch nicht mehr die Fröhlichkeit wie in jenen Tagen, als seine Frau noch hier war.

(15) Am folgenden Tage befahl Duo'rkan seinem *Aha*, die *Zhangjing* zur Beratung zusammenzurufen. Schon bald kehrte der *Aha* mit dem *Buge Niulu Zhangjing*[68] zurück. Sobald dieser Duo'rkan erblickte, machte er *Bakeqila*[69]. Als Duo'rkan sah, dass der *Buke Niulu Zhangjing* ihm seinen Gruß entbot, machte Duo'rkan *Duola*

---

65 Der Text wird hier in Hezhe-Wörtern in chinesischer Umschrift wiedergegeben und die Wörter in der entsprechenden Anmerkung übersetzt, worauf der Sinn des Satzes in Chinesisch wiedergegeben wird (S. 559, ebda.: Anm. 5).

66 Hezhe: *hafe* (S. 688) [Mandschu: hafan, „Beamter"]. Titel eines Militärbeamten, eines Befehlshabers von 1000 Mann. Zu Beginn der Qing-Dynastie gab es erbliche Titel, z.B. den Tuoshala Hafan (S. 559, Anm. 8) (OA).

67 Die Stelle ist in Hezhe-Worten in chinesischer Umschrift wiedergegeben mit einer Wörtererklärung und der Wiedergabe des Sinns in Chinesisch (S. 560, ebda.: Anm. 1).

68 Hezhe: *pukə niulu* (S. 681): Hauptabteilung (S. 560, Anm. 2) (OA).

69 Hezhe: *pak'əɟ'ila* (S. 681). Gruß den der niedriggestelltere Beamte dem höheren entbietet; bedeutet soviel wie „ehrfurchtsvoll grüßen" (S. 560, Anm. 3) (OA).

Aqibula[70] bevor er sich setzte. Dann fragte er den *Niulu Zhangjing*: „Wieviele junge Männer gibt es noch in unserem Stamm, in deinen vier Einheiten, die nicht einberufen worden sind?"[71] Die *Buke Niulu Zhangjing* erstatteten Bericht: „In den von uns Sklaven[72], den vier *Zhangjing*, verwalteten vier Gebieten gibt es außer den bereits eingezogenen Soldaten noch gut und gerne zwanzigtausend nicht rekrutierte Jünglinge. Zählt man die bereits eingezogenen und die noch nicht eingezogenen jungen Männer zusammen, so beläuft sich ihre Zahl auf dreißigtausend Mann." Duo'rkan sprach: „Mein jüngerer Bruder wird innerhalb weniger Tage zurück sein, dann werden wir erneut Truppen ausheben. Ihr könnt von morgen an in euren jeweiligen Gebieten diese noch nicht rekrutierten wehrfähigen Jünglinge zusammenrufen, damit sie bei der Rückkehr meines Bruders auf ihre Verlegung warten!" Der *Niulu Zhangjing* nahm den Befehl entgegen und entfernte sich.

Amaqikan hatte nach der Abreise des Duo'rkan noch mehrere Tage gewartet. Eines Tages lud Wushu alle hohen Beamten und *Pingzhang* der einzelnen Stämme zu einem Festessen; auch Amaqikan befand sich unter den Geladenen. Als sie ihre Plätze eingenommen hatten und Wein tranken, begann Wushu eine Rede zu halten: „Als ich dieses Mal das Heer nach Süden führte, waren alle Heerführer in der Lage, die Befehle auszuführen, weshalb unsere Kampfkraft in hervorragender Weise gestärkt wurde. General Amaqikan jedoch verfügt zugleich über Weisheit und Tapferkeit, weshalb ich ihm sehr zugetan bin. Und so gedachte ich, ihn hierzubehalten und ihm bei Hofe ein Amt zu übertragen, um ihn beständig als Ratgeber bei mir zu haben. Aber leider ist er schon lange von zu Hause fort: Er sprach wiederholt davon, dass er heimkehren und keinesfalls länger verweilen werde. Er möge daher morgen in sein Reich heimkehren. Ich habe bereits meinen Vater, den Herrscher, darum gebeten, ihm den Titel ‚General, der den Süden befriedete' (*Pingnan Jiangjun*) zu verleihen. Mein Vater belohnt ihn darüberhinaus

---

70 Hezhe: *təla aʃ'ipula* (S. 684). Wenn ein *Han*, ein *Pingzhang* oder *Zhangjing* von Untergebenen kniefällig gegrüßt wird, so erwidern sie den Gruß mit *Duola Aqibula* (S. 560, Anm. 4) (OA).

71 In diesem Satz werden im Original mehrere Hezhe-Wörter in chinesischer Transkription wiedergegeben und in Anmerkungen erklärt; dies wurde in der Übersetzung nicht beibehalten. Es handelt sich um die folgenden Ausdrücke: 1) *sunu*, Hezhe: *sunu* (S. 694): „du" [Mandschu: si] und „ihr" [Mandschu: suwe] (S. 560, Anm. 5) (OA). 2) *duyin Niulu*, Hezhe: *tuin niulu* [Mandschu: duin niru]. *duyin* = vier, *Niulu* = Einheit [Mandschu: Hundertschaft, Bannerkompanie]. Jeder Stamm war für gewöhnlich in vier große Einheiten (*qu* 區) unterteilt, die von einem *Zhangjing* verwaltet wurden (ebda., Anm. 6) (OA). 3) *Shidan*, Hezhe: *ʃitɛ* [Mandschu: sidan; „jugendlich", „jung"]: Junge, wehrfähige Männer, die noch nicht eingezogen worden waren (ebda., Anm. 7) (OA).

72 *Aha munu*: *Aha* [ebenso im Mandschu] = „Knecht", „Sklave", Selbstbezeichnung des Beamten gegenüber dem *Han*; *munu* = „ich" [Mandschu: bi] oder „wir" [Mandschu: be, muse] (S. 560, Anm. 8, 9) (OA).

noch mit zehntausend Ballen Seide, einer Anzahl schöner Mädchen, mehreren zehntausend Batzen in Gold und Silber, sowie mit fünf Scheffeln an Kupfergeld. Er gewährt ihm des Weiteren drei *Fahashi* für *Boli* und *Luqi*[73] und *Zile-hahashi*[74] sowie hundert edle Pferde." Als Amaqikan diese Rede des Wushu vernahm, erhob er sich eilends und dankte Wushu. Wushu antwortete ihm: „Ihr braucht Euch nicht zu bedanken, denn es entspricht Euren außergewöhnlichen Verdiensten. Wenn in Zukunft unser Reich Hilfe benötigt, so werden wir Euch bestimmt um Euren Beistand bitten." Amaqikan war gerührt, er erhob sich und dankte kniefällig. Anschließend kehrte er zu seinem Platz zurück, seine Miene aber zeigte seinen Stolz. Die Anwesenden waren ohne Ausnahme Adelige und Verwandte des Herrschers des Jin-Reiches, sowie Generäle, die am Feldzug teilgenommen hatten, *Beile* und *Beizi* der jeweiligen Stammesgruppen, *Zhangjing* der Städte, zum Hof gehörende *Pingzhang* und *Zhongshuling* der Zentralregierung; sie alle lobten und priesen die loyalen Dienste der Brüder Amaqikan und Duo'rkan. Dann begann ein fröhliches und munteres Zechen, das bis zum Abend andauerte. Die *Beile*[75] und *Beizi*[76] hatten dem Wein fleißig zugesprochen, so dass sie torkelten und wankten und von ihren Wachen in ihre Unterkünfte zurückgebracht werden mussten. Die *Pingzhang*, *Zhangjing*, *Anbang* und all die anderen Beamten hatten hingegen auf Grund des früher erhaltenen Rüffels nicht gewagt, über Gebühr zu trinken. Amaqikan hatte in seiner gehobenen Stimmung und von den Anwesenden aufgefordert eine Reihe von Bechern kaiserlichen Weines getrunken und kehrte nun von seinen Wachen gestützt zu seiner Unterkunft im Westpalast zurück, wo er sich schlafen legte.

Am folgenden Tage luden die *Zhongshuling* Amaqikan zu einem Bankett ein, den darauffolgenden Tag wurde er von dem Militärberater Ha Michi eingeladen, am nächsten Tage von den *Pingzhang* zur Linken und wieder den nächsten Tag

---

73 Hezhe: *pəri ləkʻə* (S. 691, 694): Pfeil und Bogen (*pəri* [Mandschu: beri]), ein anderer Name für *luqi* [Mandschu: luhu?, „stumpfer Pfeil"] ist *Niuli* (Hezhe-Aussprache nicht im Wörterverzeichnis angegeben, [Mandschu: niru]). *fahashi*, Hezhe: *fahaʃi* (S. 685) [Mandschu: faksi], = Handwerker (S. 561, Anm. 1) (OA); d.h. Amaqikan erhält einen Bogenmacher [Mandschu: beri faksi] und einen Pfeilmacher [Mandschu: niru faksi, niru-i faksi].

74 *Zile*, Hezhe: *sələ* (S. 691) [Mandschu: sele] = Eisen; *Zile-fahashi* [Mandschu: sele faksi] = Schmied (S. 561, Anm. 2) (OA).

75 Hezhe: *pɛilə* [Mandschu: beile]. Adelsrang; in der Regel für Söhne und Neffen des *Han* (S. 684) (OA). – Während der Zeit der Qing-Dynastie (1644 – 1911) bezeichnete Beile einen kaiserlichen Prinzen 3. Ranges. Beile ist ein „schon in der Geschichte der Kindynastie [Jin-Dynastie] vorkommendes Wort, das ‚Gebieter' bedeutet. Vgl. türk. *builok* ‚Befehlshaber' und alttürk. *boila*" (Hauer 1952-1955: 84).

76 Hezhe: *pɛiʃi* [Mandschu: beise]. Adelsrang; in der Regel für Söhne und Neffen des *Han* (S. 684) (OA). – Während der Qing-Zeit bezeichnete Beise einen Prinzen 4. Ranges (Hauer 1952-1955: 84).

von den *Pingzhang* zur Rechten; all die Adeligen und Verwandten des Herrschers luden ihn nacheinander zum Festmahl ein. Amaqikan konnte nicht ablehnen, weshalb seine Abreise sich um neuerlich zirka zehn Tage verschob. Es war nun schon Winter geworden. Nachdem Amaqikan alles hinter sich gebracht hatte, begab er sich mit seiner Garde in die Residenzen der Adeligen und hohen Beamten und nahm Abschied. Als er zum Westpalast kam und dem Vierten Kronprinzen Wushu seine Aufwartung machte, kam ihm dieser zur Begrüßung auf der Treppe entgegen und führte ihn in den Palast, wo er sich mit Amaqikan unterhielt und den Wunsch vorbrachte, dass sie einander beistehen sollten. Amaqikan nahm all seine Befehle entgegen. Dann befahl Wushu seiner Hauptfrau, die Drachenrobe, die Uniform, das Gold und Silber, die Seiden, Edelsteine und Perlen, sowie die im Süden [d.h. in China] angefertigten Wertgegenstände hervorzuholen, die sein Vater, der Herrscher, am Vortag dem Amaqikan huldvoll geschenkt hatte, und alles auf dem Westkang aufzuhäufen. Anschließend veranlasste er Amaqikan, diese Geschenke zu überprüfen und beauftragte vier Leibwächter, sie auf große Platten zu häufen und zu der Unterkunft des Amaqikan zu bringen. Als sich nun Amaqikan auch von Wushu verabschiedete, sprach dieser: „Ist es möglich, dass Eure Soldaten hier bleiben und Dienst tun? Mein Reich führt unablässig Krieg gegen den Süden, weshalb ich daran dachte, Eure Soldaten auszuleihen. Wie denkt Ihr darüber?" Amaqikan zögerte etwas und überlegte dabei: „Ich verfüge lediglich über zehntausend Mann, aber sie wollen sie samt und sonders ausleihen. Aber da dies nun mal so ist, kann ich schlecht ablehnen!" Daher antwortete er: „Es ist mir eine Ehre, dass Ihr die Soldaten eines unbedeutenden Reiches ausleiht; wie sollte ich es wagen, Eurem Befehl nicht zu entsprechen! Nicht nur die Soldaten, auch ich werde durchs Feuer gehen und vor keiner Gefahr zurückschrecken, um die Gnade und Güte des Großhans zu vergelten!" Bei diesen Worten zog er aus dem Brustteil seines Gewandes 10 militärische Kennmarken[77] hervor und übergab sie Wushu, der darüber große Freude empfand. Nun erst führte er ihn zu dem Ehrenwerten *Han* (*Lao Han*). Als dieser vernahm, dass Amaqikan Wushu sogar seine Soldaten

---

77 Amaqikans Heer zählte 10 000 Mann. Das Heer war nach den Militärstatuten genau geordnet: Die zehntausend Mann waren in zehn große Einheiten von je tausend Mann eingeteilt. Fünf solcher Tausendschaften bildeten einen *Zongjidui* („zusammengefaßter Trupp"). Ein *Zongjidui* bildete den Voraustrupp, der zweite diente als rückwärtige Verstärkung. Für jede Tausendschaft gab es zwei Kennmarken: Die eine erhielt der *Hafan*, der diese Einheit befehligte, die andere verblieb im Besitz des Amaqikan. Während des Feldzuges wurden mit ihrer Hilfe sämtliche Befehle erteilt. Die Hauptquartiere der *Anbang*-Befehlshaber der jeweiligen *Zongjidui* benutzten je ein amtliches Siegel, um ihre Befehle zu übermitteln. In Amaqikans Heer herrschte gute Disziplin, weshalb es vom General der Jin bewundert wurde (S. 562, Anm. 1) (OA).

unterstellte, empfand er darüber ebenfalls große Freude und schenkte dem Amaqikan Kleider, Schmuck und vieles mehr für seine Frau. Amaqikan hatte sich das alles nicht zu erträumen gewagt, aber mit allen diesen Geschenken konnte er nun mit Ruhm bedeckt heimkehren, und alle würden ihn beneiden. Sobald alle Angelegenheiten erledigt waren, nahm er seinen Abschied und kehrte zu seiner Unterkunft zurück. Er bereitete für den folgenden Tagesanbruch seine Abreise vor und rief seine ihm unterstellten zwei *Zongjidui-Anbang-Batulu*, denen er mitteilte, dass die Truppe hierzubleiben und für die Jin zu kämpfen habe.

Am folgenden Tag erhob er sich frühmorgens, nahm sein Frühstück ein und trat mit seinen zweiundfünfzig Mann Leibwache vor das Tor. Gerade als er sich aufs Pferd schwingen wollte, näherte sich eine große Anzahl Beamte unter Leitung des Militärberaters Ha: Dieser kam mit mehr als zwanzig Kollegen, um Amaqikan mit einem Festessen zu verabschieden. Denn der Ehrwürdige *Han* hatte den Militärberater und die *Pingzhang* eigens dazu entsandt, ihn zu verabschieden; in ihrem Gefolge kamen Leibwachen, die Weinkrüge, Obst und anderes mehr in Händen trugen. Bei Amaqikan angekommen, wies der Militärberater seine Untergebenen an, das Gelage und das Obst vorzubereiten und forderte Amaqikan auf, den Ehrenplatz einzunehmen und Wein zu trinken. Es prostete ihm dieser, es prostete ihm jener zu, so dass Amaqikan dreißig oder vierzig Becher geleert und zu sieben oder acht Teilen berauscht war. Nun erhob sich Amaqikan und sagte den Anwesenden Dank für ihre ehrliche Anteilnahme, die sie mit dieser Verabschiedung zum Ausdruck gebracht hatten, worauf er ihnen allen zum Abschied die Hand drückte, mit seinen Leibwachen aufsaß und sich auf den Weg machte.

Auf einem edlen Pferd[78] ritt Amaqikan nach Nordosten. Er ritt mit seinen Mannen drei oder vier Tage von morgens bis abends ohne auf eine befestigte Ansiedlung oder einen Weiler zu stoßen. Anschließend folgten sie der Staatsstraße (*da dao*) fünfzehn bis sechzehn Tage, bevor sie das Territorium ihres eigenen Reiches erreichten. Die *Zhangjing* der jeweiligen Städte entlang des Weges empfingen und geleiteten ihn, so dass er in Ruhm und Ehren heimkehrte. Als er den heimatlichen *Han*-Palast erreichte, sah er seinen älteren Bruder mit den Knechten und Mägden zum Empfang heraustreten, aber er konnte nirgends seine Frau und die seines Bruders entdecken, was ihn sehr befremdete. Er beeilte sich ins Innere des Anwesens zu kommen, als sie ihm aber auch dort nicht entgegentraten, fragte er nach dem Grund dafür. Nun erst erfuhr er, dass seine

---

78 *Gao tou da ma* 高頭大馬: Die Zeichen für *tou* und *da* sind in den Text handschriftlich eingefügt. Eine exakte Übersetzung des Begriffes oder Namens konnte nicht ermittelt werden, weshalb er hier sinngemäß mit „edles Pferd" wiedergegeben wird.

Schwägerin bereits vor drei oder vier Jahren an einer Krankheit verstorben sei, worauf ihm unwillkürlich die Tränen wie Quellwasser aus den Augen sprudelten. Als er weiter nachfragte, warum auch seine Frau nirgends zu sehen sei und erfuhr, dass sie von dem Reich Hongmao entführt worden sei, packte ihn unbändige Wut.

(16) Nachdem Amaqikan die Residenz des *Han* betreten hatte und ihm sein älterer Bruder von der Entführung seiner Frau durch den Oberbefehlshaber des Reiches Hongmao erzählt und er alles erfahren hatte, schäumte er vor Wut, sprang auf und erklärte: „So also mangelt es dem Reich an jeglichem Anstand; die Schmach, die es uns angetan hat, ist ohne Beispiel! Wie könnten wir weiterhin nebeneinander existieren! Da nunmehr unsere Truppen von dem Reich Jin ausgeliehen wurden, ist an eine Strafexpedition nicht zu denken! Das ist doch wirklich zum Verrücktwerden!" Sein älterer Bruder versuchte ihn zu beruhigen: „Schon vor einigen Monaten habe ich Befehl gegeben, dass die *Zhangjing*, *Anbang* und *Hafan* der einzelnen Städte Soldaten ausbilden; vermutlich sind diese nun schon einsatzfähig." Amaqikan meinte dazu: „Wenn es so ist, dann ist das sehr gut!" Duo'rkan befahl den Hausdienern ein Festessen vorzubereiten und gab für Amaqikan ein Begrüßungsfest. Die beiden Brüder tranken und berieten dabei, wie sie das Reich Hongmao vernichten konnten.

Nachdem der Oberbefehlshaber des Reiches Hongmao Gemenzhu mit ihrem Sohn und den Mägden entführt und in sein Reich verschleppt hatte, wagte er nicht, sie in seiner eigenen Residenz zu behalten, sondern brachte Gemenzhu zusammen mit ihrem Sohn unverzüglich in den Palast des *Han*. Jueketu, der *Han* von Hongmao, sah, dass diese Gemenzhu so schön wie ein himmlisches Wesen war und ein hübsches und rundes Gesicht hatte. Die Hauptgemahlin des *Khan*[79], Frau Aqige, sowie deren Hofdamen umringten Gemenzhu und gafften sie an, während Jueketu *Han* klar wurde, dass seine Hauptfrau Aqige zwar ebenfalls eine große Schönheit war, mit Gemenzhu verglichen aber einer Krähe glich, die von einem Phönix verdrängt wurde. Der *Khan* freute er sich von Herzen und ordnete an, dass die Mägde ein besonders gutes Gebäude für Gemenzhu, ihren Sohn und ihre Dienerinnen zurecht machten. Zudem befahl er dem *Zhangjing*, der als Verwalter tätig war (*Zongguan Zhangjing*), die besten Lebensmittel und Speisen aufzutragen und schöne Kleider bereitzulegen. Ein Wink des *Khan* genügte und schon gehorchten alle!

---

79 Ab hier wird der Herrscher von Hongmao nicht mehr *Han* sondern *Kehan*, „Khan", genannt, außer wenn *Han* mit seinem Namen verbunden wird.

Gemenzhu hatte eine Dienerin namens Rongyin *Motu*[80], die mit ihr zusammen verschleppt worden war. Obwohl diese sich nicht mit Gemenzhu messen konnte, so war sie doch ebenfalls sehr schön und zudem ordentlich und verlässlich. Gemenzhu behandelte diese Rongyin besonders bevorzugt und fühlte sich zu ihr hingezogen; immer wenn sie vor einer schwierigen Entscheidung stand, wollte sie sich unbedingt mit ihr beraten. Nachdem Gemenzhu nunmehr in den Palast des *Khan*s des Reiches Hongmao verschleppt worden war und sie nichts dagegen machen konnte, bewirkte sie mittels ihrer Magie und Zauberkunst, dass die Dienerin Rongyin ihre eigene Stelle einnahm. Als der *Khan* in den Gemenzhu zugewiesenen Palast kam, murmelte sie Zaubersprüche, worauf sich das Aussehen der Dienerin Rongyin veränderte, so dass sie der Gemenzhu aufs Haar glich. Wie nun der *Han* die Dienerin Rongyin erblickte, hielt er sie für Gemenzhu und zog sie außer sich vor Entzücken an seine Brust. So machte es Gemenzhu nun immer und der *Khan*, der selbstverständlich nicht die geringste Ahnung von all dem hatte, hielt Rongyin für Gemenzhu. Denn Amaqikan hatte im zweiten Jahr ihrer Ehe heimlich den Talisman, der Gemenzhu es ermöglichte, sich unsichtbar zu machen (*zheshen hutifu*), entwendet und ihn an einem ihr unbekannten Ort versteckt. Nachdem Gemenzhu diesen den Körper unsichtbar machenden Talisman verloren hatte, war sie nicht mehr in der Lage, sich zu verbergen, so dass sie nun nur mehr ihre Verwandlungskunst (*bianhuan de fa*) einsetzen konnte, um zu vermeiden, dass ihr Schmach zugefügt wurde. Und es verging eine lange Zeit, ohne dass etwas ans Tageslicht kam.

Gemenzhu wohnte in etwa fünf Jahre [im Reich Hongmao], ohne dass sie entlarvt worden wäre. Dann gab am *Fo'e Shikesi*[81] der *Khan* ein Fest im Palast, um das neue Jahr zu feiern. Gemenzhu war niedergeschlagen und hatte ordentlich Wein getrunken, so dass sie ziemlich betrunken war. Sie legte sich deshalb auf den *Kang* und schlief ein, und vergaß, sich zu verwandeln. Nun kam aber ausgerechnet in der Nacht der *Khan* in ihre Gemächer, und als er sie in tiefem Schlaf auf dem *Kang* liegen sah, kam es ihm vor, als sei Chang'e in die Welt der Sterblichen herabgestiegen. Er konnte seine Gier nicht mehr zügeln und warf sich auf Gemenzhu. Diese öffnete ihre Augen und bemerkte, dass der *Khan* des Reiches Hongmao schon bäuchlings auf ihr lag. Sie konnte nun nicht mehr tricksen und murmelte deshalb einige Zauberworte. Gleich darauf plärrte der

---

80 Rongyin ist der Personenname, *Motu*, Hezhe: *mut'u, mɔt'u* (S. 690), bezeichnet ein noch unverheiratetes Mädchen (OA).

81 *Fo'e*, Hezhe: *fuɲə* (S. 685) [Mandschu: forgon?, „Zeit", „Zeitablauf"], bedeutet letzter Tag des Jahres, *Shikesi*, Hezhe: ʃiksə (S. 680), heißt „Abend" [Mandschu: sikseri, „gegen Abend"?]. *Fo'e Shikesi* = Silvesterabend (S. 564, Anm. 1) (OA).

Khan „bana"[82]. Warum schrie er? Nun, es war so, dass der *Khan* auf Gemenzhu lag und ans Werk gehen wollte, diese aber war entsetzt und bewirkte durch Zauberei, dass aus ihrer Vagina eine lange Schlange hervorkam, die den *Khan* in den Penis biss.[83] Der *Khan* stürzte vor Schmerz auf den *Kang* und wälzte sich wild hin und her. Die Hauptfrau des *Khan*, Frau Aqige, sowie die *Fuluru*-Frau[84] hörten sein Gebrüll und eilten in die Gemächer der Gemenzhu, um nach dem Rechten zu sehen. Wie sie nun den *Khan* bald „Au" und bald „*bana*" schreien hörten, befahl die Hauptfrau den Dienern, ihn in ihre eigenen Gemächer zu tragen, wo er behandelt werden sollte. Während der Nacht schrie und plärrte er unaufhörlich vor Schmerzen und war drei Tage lang bewusstlos. Am vierten Tage kam er allmählich wieder zu sich, sein Glied aber schmerzte nach wie vor. Er ließ nach seinem zweiten Sohne Jueyingbu rufen, um sich mit ihm zu beraten. Der *Khan* hatte insgesamt dreizehn Söhne, von denen der älteste A'rhada hieß und grob und unwissend war. Der zweitälteste Sohn dagegen war sehr klug und verständig, während der dritte Sohn, Gonggu'r mit Namen, klug, tatkräftig und schnell von Entschluss war. Aus diesem Grunde war er im Jahr zuvor entsandt worden, um die Städte im Osten zu sichern. Diese drei Söhne waren zu *Beile* und *Beizi* ernannt worden Der zweite *Beile* Jueyingbu verfügte über Herzensgüte und Treue, weshalb er noch nicht abkommandiert worden war. Die übrigen Söhne waren allesamt noch jung und ohne Kenntnisse.

Der zweite *Beile* kam auf den Ruf seines Vaters sofort herbei und der *Khan* befahl ihm: „Schicke die Nebenfrau Gemenzhu auf der Stelle in die Verbannung zu den Sahalin[85]; lasse sie auf gar keinen Fall entkommen! Geh und erledige dies sofort!" Der zweite *Beile* gehorchte und entfernte sich. Er begab sich zum Amtssitz des *Pingzhang*, der als Hauptverwalter eingesetzt war (*Zongguan Pingzhang*), und überbrachte diesem den Befehl des *Han*, damit er sogleich entsprechende Maßnahmen traf. Dieser beeilte sich, den Befehl auszuführen und stellte auf der Stelle einen *Hafan* mit acht Soldaten ab, damit sie gemeinsam mit dem zweiten *Beile* Gemenzhu, ihren Sohn und ihre Hauptdienerin in Gewahrsam nahmen und sie zu seinem Amtssitz brachten. Nachdem sie der zweite *Beile* übergeben hatte, kehrte er zum *Khan* zurück. Der *Hafan* aber setzte Gemenzhu mit Sohn und Dienerin auf Pferde, verließ die Stadt und ritt nach Nordwesten. Nachdem sie über einen Monat von frühmorgens bis spätabends unterwegs gewesen waren,

---

82 Hezhe: *pana* (S. 681): „Himmel"; „oh Himmel!" Befindet sich jemand in Gefahr, wird er „bana"
    rufen, was soviel wie „oh Himmel" bedeutet (S. 564, Anm. 2) (OA).
83 Zu dem mit dieser Stelle verwandten Mythologem der Vagina Dentata vgl. Ross 1994.
84 Hezhe: *fuluru* (S. 690): der, die, das Geringste (S. 564, Anm. 3) (OA).
85 Mit Sahalin bezeichnen die Hezhe den Amur (vgl. S. 694). Wie aus dem Folgenden hervorgeht
    handelt es sich an dieser Stelle jedoch um einen Stammesnamen.

erreichten sie das Gebiet der Sahalin. In jenen Tagen war der Stamm der Sahalin ein kleiner Stamm, weshalb deren Häuptling den *Khan* der Hongmao um Schutz gebeten hatte. Als nun der Häuptling sah, dass verbannte Verbrecher zu ihm gebracht wurden, übernahm er sie und steckte sie in ein Gefängnis, worauf der *Hafan* sich nach Erledigung seines Auftrags wieder auf den Heimweg machte. Besagter Häuptling der Sahalin war ein alter Mann mit weißem Haar und als er nun sah, dass die Verbrecher eine schöne Frau mit ihrem Sohne war, empfand er Mitleid mit ihnen. Er wartete ab, bis der *Hafan* aus Hongmao sich entfernt hatte und holte dann die drei Missetäter aus dem Gefängnis. Er brachte sie zu einer Wohnstätte außerhalb [des Dorfes]. Als nun Gemenzhu mit ihrer Dienerin und ihrem Sohn vereint war, fühlte sie sich von allen ihren Sorgen befreit.

Inzwischen hatte der Befehl des Duo'rkan *Han* die *Zhangjing* der ihm untergebenen Städte und Weiler erreicht, die daraufhin ihren *Hafan* befahlen, die *Tushan Bushihu*[86] auszusenden, um die Truppen zu sammeln. Tag für Tag wurden die Soldaten nunmehr gedrillt, im Abstand von jeweils fünf Tagen kam der Stadtherr, der *Zhangjing*, zum Exerzierplatz, um die Truppen zu inspizieren und alle zehn Tage wurde dem Groß*han* sowie seinem Oberbefehlshaber Amaqikan Bericht erstattet. In den neun Städten, die Duo'rhan *Han* unterstanden, war je ein *Zhangjing*, in seinen vierzehn Dörfern, war je ein *Hafan* eingesetzt worden. Amaqikan hatte aus dem Lande der Jin einen Schmied, einen Bogner sowie einen Pfeilmacher mitgebracht. Diesen hatte er befohlen, im Garten hinter seiner Residenz in aller Eile Waffen anzufertigen. Langmesser und Breitäxte, Speere und Schwerter lagen nunmehr bereit, der Bogenbauer und der Pfeilmacher hatten gleichfalls hochwertige Bögen und Pfeile angefertigt. Amaqikan hatte speziell einen mit der Verwaltung beauftragten *Zhangjing* des *Han*-Palastes abgestellt, der die Herstellung der Waffen zu überwachen hatte. Diese neu verfertigten Waffen waren überaus handlich und wurden sofort nach ihrer Fertigstellung an die *Zhangjing* der einzelnen Städte weitergereicht, die sie den Soldaten ausgaben, damit diese mit ihnen üben konnten.

Am fünfzehnten Tag des sechsten Monats erging die Order, dass die *Zhangjing* der Städte und die *Hafan* der Dörfer mit den ihnen unterstehenden Soldaten am zwanzigsten Tag desselben Monats auf dem Exerzierplatz anzutreten und Wettkämpfe abzuhalten hätten, damit der Ausbildungsstand der Mannschaften geprüft werden könne. Der überwiegende Teil des Nachwuchses in den Städten

---

86 Hezhe: *t'uॳa puॳihu* (S. 693) [Mandschu: tuśan-i bośokû?, diensttuender Feldwebel]. Militärischer Rang. Ein *Hafan* führt 1000 Soldaten; unter ihm stehen vier *Tushan Bushihu*, von denen jeder zweihundertfünfzig Soldaten befehligt. Unter den *Tushan Bushihu* stehen vier *A'rshi Bushihu*. *A'rshi*, Hezhe: alॳi [ashan bośokû ?] bedeutet Stellvertreter (*Fu Zuo*). Sie teilen sich in den Befehl über die zweihundertfünfzig Mann (S. 565, Anm. 1) (OA).

sowie die Söhne der *Zhangjing* verehrten Amaqikan und übten sich beständig zu
Hause in den Kampfkünsten. Als sie nun von Amaqikans Befehl hörten, dass
Wettkämpfe auf dem Exerzierfeld abzuhalten seien, rieben sie sich die
Handflächen und machten sich bereit, endlich ihr Können zu zeigen. Als der
zwanzigste Tag anbrach, versammelten sich die Söhne aus gutem Hause schon
in aller Frühe auf dem Exerzierplatz und erwarteten den Wettkampf. Gegen
Mittag erschien zuerst der *Zhangjing* der Stadt der südlichen Mitte mit tausend
Mann auf dem Exerzierfeld und richtete seine Soldaten auf dessen Südseite in
Reihen aus. Bald darauf erschien die *Zhangjing* der Stadt im östlichen Zentrum
mit zweitausend Mann und besetzte den Ostteil des Exerzierplatzes. Dann
kamen der *Zhangjing* der Stadt der westlichen Mitte sowie der *Zhangjing* der Stadt
der nördlichen Mitte mit jeweils tausend Mann und stellten sich ihren Himmelsrichtungen entsprechend auf. Im Anschluss daran erschienen die neun
Zhangjing-Stadtherren der näher liegenden und entfernteren Städte mit ihren
Heerscharen auf dem Exerzierplatz und richteten sich aus. Bei ihrer Ankunft
grüßten die *Zhangjing* ehrerbietig Duo'rkan *Han* und Amaqikan. Amaqikan schritt
zu diesem Zeitpunkt die Stufen zu einer Tribüne hinauf und gab den *Zhangjing*
und den Soldaten bekannt, dass seine Gemahlin entführt worden war, das Reich
Hongmao Schmach und Schande über den Stamm gebracht hatte und er
nunmehr die Absicht habe, sich zu rächen. Er hatte seine Rede noch nicht
beendet, da riefen die *Zhangjing* und die Mannschaften laut: „Lang lebe Duo'rkan
Khan! Lang lebe Amaqikan! Zehntausend mal zehntausend Jahre!" Ihre Rufe
ließen Berge und Täler erzittern. Duo'rkan und sein Bruder freuten sich darüber
sehr.

Nachdem die *Zhangjing* inspiziert worden waren, wurde der Wettkampf
eröffnet: der Sieger sollte zum Oberbefehlshaber der Vorhut ernannt werden.
Kaum war der Befehl zum Wettstreit ausgegeben worden, da sprang aus der
Schar der im Südosten versammelten höheren Söhne ein vierschrötiger Bursche
hervor, pflanzte sich in der Mitte des Platzes auf und prahlte mit seiner Kraft.
Schon sprang auch ein Hüne aus der Schar der einfachen Leute hervor und
begann, sich mit dem Herausforderer zu messen. Der Kampf zwischen den
Beiden tobte hierhin und dorthin über den Platz, die Faust schlug zu, die
Handfläche parierte, der Fuß schlug zu, das Bein wehrte ab. Bei diesem Kräftemessen war der Einsatz von Waffen nicht erlaubt, denn es war zu befürchten,
dass jemand aus Versehen getötet werden könnte, und so wurde nur mit bloßen
Händen gekämpft. Nachdem die beiden Kämpen über fünfzig Runden
miteinander gefochten hatten, wurde der Hüne aus dem einfachen Volk von
seinem Gegenüber aus der Gruppe der höheren Söhne zu Boden geschlagen. Im
nächsten Augenblick sprang ein weiterer Kämpfer aus den Reihen der Einfachen

hervor, der von mittlerer Statur war, aber ein hübsches Gesicht hatte. Er kämpfte mit dem Hünen und nach etwa zehn Runden wurde dieser von dem hübschen Jüngling fünf oder sechs Klafter weit fortgeschleudert. Als er wieder aufstand, war sein Gesicht schamrot, aber es blieb ihm nichts anderes übrig, als in die Schar der Söhne aus besserem Hause zurückzutreten. Nacheinander besiegte der hübsche Jüngling noch weitere acht Streiter aus den Reihen der Söhne aus besserem Hause, aber auch denen, die aus der Gruppe der einfachen Leute gegen ihn antraten, erging es nicht besser.

Schließlich wagte es niemand mehr, sich mit ihm zu messen, und so ließ Amaqikan den hübschen Jüngling durch seine Leibwache auf die Tribüne holen. Dieser folgte der Einladung und kam auf die Tribüne, wo Amaqikan ihn fragte: „Wie heißt du?" Der Jüngling antwortete: „Ich heiße Yunzhongbei'r. Als ich klein war, habe ich meine Eltern verloren und war auf meine ältere Schwester angewiesen, die mich in den Kampfkünsten unterwiesen hat. Sie hat in jungen Jahren die Kampfkünste vom Vater erlernt. Wir beide schlugen uns kümmerlich durch und waren bettelarm. Tag für Tag lebten wir von der Jagd in den Bergen." Amaqikan bewunderte ihn sehr und fragte ihn nach seinem Alter. Yunzhongbei'r sagte, dass er siebzehn Jahre alt sei. Da wandte sich Amaqikan um und befahl dem *Zhangjing*, der als Generalverwalter tätig war, Yunzhongbei'r in seine Residenz zu führen und ihm fünftausend Mann zu übergeben, damit er sie drillte. Der Hauptverwalter-*Zhangjing* führte den Befehl aus und Yunzhongbei'r folgte ihm.

Dann befahl Amaqikan seinen Wachen, die besiegten Söhne aus besseren Familien zu holen, und verkündete: „Ihr habt euch in den Kampfkünsten als hervorragend und tüchtig erwiesen und werdet mich unterstützen." Dann verteilte er diese Recken zum Einsatz auf alle Heeresteile. Im Anschluss daran wurde zum Appell gerufen, bei dem zehntausend Fußsoldaten und fünftausendfünfhundert Berittene gezählt wurden. Außerdem wartete man darauf, dass der Mond im achten Monat zunahm, um den Feldzug zu beginnen: Es ist nämlich Brauch bei den Hezhe, nur bei zunehmendem Mond Truppen in Marsch zu setzen. Bei abnehmendem Mond wird auf gar keinen Fall ein Feldzug begonnen, wie groß auch immer die erlittene Schmach sein mag, und falls er schon begonnen hat, muss man ihn unbedingt abbrechen.[87]

Die *Zhangjing* der einzelnen Städte sowie die hochrangigen Beamten berieten

---

87 In der „Monographie über die Xiongnu" (*Xiongnu liezhuan*) im *Shiji* heißt es: „Wenn sie ein Unternehmen beginnen, so achten sie auf die Sterne und den Mond. Nimmt der Mond zu, so greifen sie an, nimmt er ab, dann ziehen sie sich zurück." So ist es auch Brauch bei den Hezhe (S. 567, Anm. 1) (OA).

in der Residenz des Amaqikan über den Feldzug, wobei *Huo'rbing*, der *Zhangjing* der Stadt im Süden, und Nuoyinsanla, der Stadtkommandant (*Shoujiang*) von Jiejinkou, folgenden Vorschlag machten: „Jetzt im Herbst sind die Soldaten bei Kräften und die Pferde fett. Es ist genau die richtige Zeit für einen Krieg! Es wäre angebracht, den Feldzug in der mittleren Dekade des achten Monats zu starten." Die übrigen *Zhangjing* lobten einmütig diesen Vorschlag, weshalb [beschlossen wurde], dass am Fünfzehnten des achten Monats der Feldzug beginnen solle. Nachdem sie noch einige Zeit über die für den Feldzug benötigten Waffen, Zelte und den Proviant beraten hatten, trennten sie sich. Am folgenden Tag gab Duo'rkan *Khan* ein Fest für die am Feldzug beteiligten *Zhangjing*, das bis Sonnenuntergang dauerte.

In der Folge wurden die Soldaten Tag für Tag gedrillt und im Handumdrehen war auch schon der vierzehnte Tag des achten Monats angebrochen. Bei Tagesanbruch versammelte Amaqikan die *Zhangjing* und Soldaten auf dem Truppenübungsplatz, wo er neun Rinder, neun Hammel, neun Schweine und neun Hühner schlachtete. Die Hälfte davon opferte er dem Himmel und der Erde, die restliche Hälfte den Bannern. Die Waffen [der angetretenen Soldaten] blendeten die Augen, die Flaggen und Banner verhüllten den Himmel. Nachdem die Tiere bei den Fahnenstangen geschlachtet worden waren, vollzog Amaqikan mit den *Zhangjing*, *Tushan* und *Bushihu* zuerst den dreifachen Kotau mit neunfachem Stirnaufschlag vor Himmel und Erde und nach dieser Opferanrufung vollzogen sie unter den Fahnenstangen den dreifachen Kotau mit neunfachem Stirnaufschlag. Dann befahl Amaqikan den *Buda Bushihu*[88] Proviant an die Soldaten auszuteilen und zu verschenken, worauf die fünfzehntausendundfünfhundert Mann Wein und Fleisch bekamen. Die Zelte wurden aufgeschlagen, in denen die *Haqifa*[89] hervorgeholt und das Fleisch gekocht und verzehrt wurde. Die Soldaten aßen und tranken nach Herzenslust, ihre Hochrufe klangen dem Donner gleich. Erst als die Sonne unterging, wurde das Gelage beendet.

Am folgenden Tage verkündete Amaqikan, dass Yunzhongbei'r mit fünftausend Mann als Vorhut vorausmarschieren werde, worauf er ihm einen Befehlspfeil überreichte. Yunzhongbei'r verließ dann mit dem Befehlspfeil und seinen Soldaten in nordwestlicher Richtung die Stadt und überschritt mit seiner mächtigen Schar die Grenze des Reiches Hongmao. Im Anschluss daran verkün-

---

88 Hezhe: *puda puʃihu* (S. 681). *Buda* [Mandschu: buda, „Kornbrei", „Mahlzeit", „Essen"] bedeutet Mahlzeit, *Bushihu* ist ein Beamtentitel. Gemäß der Anzahl der Soldaten werden *Bushihu* ernannt, die für die Verpflegung der Soldaten verantwortlich sind (S. 568, Anm. 1) (OA).

89 Hezhe: *haʃ'ifa* (S. 688) [Mandschu: hacuhan ?]: Kochkessel zum Aufhängen (über der Feuerstelle) (*Diaoguo*). Diese Kessel werden auf Feldzügen und auf der Jagd zum Kochen verwendet. Vgl. S. 568, Anm. 2. (OA).

dete Amaqikan, dass Huo'rbing, der *Zhangjing* der Stadt der südlichen Mitte, einen Befehlspfeil erhalte und ordnete an: „Führe zweitausend Mann hinter der Vorhut her und sei ihr eine Stütze. Hüte dich, Fehler zu begehen!" Huo'rbing machte sich mit diesem Befehl auf den Weg. Amaqikan selbst führte das Gros des Heeres und folgte diesen Vorhuten. In Eilmärschen kam er mit seinen unübersehbaren Scharen in das Reich Hongmao. Der *Khan* Duo'rkan blieb mit seinem Haupt-verwalter-*Zhangjing* zum Schutz der eigenen Stadt zurück.

Nachdem Jueketu, der *Han* von Hongmao, Gemenzhu verbannt hatte, genas er allmählich wieder. Da sein Oberbefehlshaber verstorben war, ernannte er den zweiten *Beile* Jueyingbu zum Oberbefehlshaber der eigenen Truppen. Gongku'r, den dritten *Beizi*, beauftragte er, die Städte im Osten zu beschützen, während der älteste *Beile* A'rhada dreizehn umwallte Städte zu verteidigen hatte. Die restlichen Söhne sollten sich in den Kampfkünsten üben. So stellte er geordnete Verhält-nisse her. Eines Tages kam ein Leibgardist aufgeregt und hastig herein und meldete: „Amaqikan aus Jiejinkou hat von Duo'rkan *Han* den Befehl bekommen, gegen unseren Stamm eine Strafexpedition zu unternehmen. Er ist nicht mehr weit vom Südufer des Flusses entfernt!" Als Jueketu *Khan* vernahm, dass Ama-qikan in eigener Person mit Truppen heranrückte, um eine Strafexpedition zu unternehmen, wich ihm vor Schreck die Farbe aus dem Gesicht. Hastig schickte er Leibwächter zur Stadt im Osten, um den zweiten *Beile* Jueyingbu zur Beratung über die zu treffenden Gegenmaßnahmen in den Palast zurück zu beordern.

Da sie äußerst schnelle Pferde ritten, erreichten die Wachen binnen kurzem die Oststadt und informierten den zweiten *Beile*, dass Amaqikan selbst mit Truppen anrückte, um Rache zu nehmen. Den zweiten *Beile* brachte dies nicht aus der Ruhe, er befahl, dass man ihm sein Pferd bringe, worauf er mit hundert-zehn Leibwachen zur Weststadt zurückkehrte. Dort berieten sein Vater, der *Han*, sowie seine Brüder bereits, wussten aber keinen Rat. Jueyingbu schlug vor: „Da Amaqikan eben erst von weit her hier angelangt ist, sind seine Männer und die Pferde erschöpft, weshalb wir heute Abend aus dem Hinterhalt heraus angreifen und sie restlos aufreiben sollten!" Voll Freude stimmte der *Khan* dem zu: „Dieser Plan ist ausgezeichnet! Genauso werden wir's machen!" Nachdem sich der Vater und die Söhne abgesprochen hatten, erging der Befehl, dass [auch] die Truppen aus weit entfernten Städten zu Hilfe eilen sollten.

Amaqikan hatte mit seinem Heer den Sungari überquert und zog auf dem nördlichen Ufer entlang nach Westen, wobei er im Abstand von nur zirka fünf Meilen seiner Vorhut folgte. Als sie am Buyang *Bila*[90] ankamen, ging die Sonne

---

90 Auf dem Nordufer des Sungari befindet sich nahe der Kreisstadt Mulan in der Provinz Heilongjiang der Fluss Buyang 卜羊 (S. 569, Anm. 1) (OA).

im Westen unter und so ließ Amaqikan biwakieren und abkochen. Ein berittener
Kundschafter kehrte zurück und meldete, dass dieser Platz nicht mehr weit vom
Stamm der Hongmao entfernt liege: Es seien nur noch fünfzig Meilen. Amaqikan
flüsterte dem Yunzhongbei'r etwas ins Ohr, worauf der Oberbefehlshaber der
Vorhut sich aufmachte, den Befehl auszuführen. Dann rief Amaqikan den
Huo'rbing zu sich und flüsterte ihm gleichfalls taktische Anweisungen ins Ohr,
worauf auch dieser sich entfernte.

(17) Als die Sonne soeben unterging, befahl Amaqikan den mitgeführten
Branntwein und das Fleisch unter den Soldaten, Anführern und *Zhangjing* zu
verteilen, damit sie aßen und tranken. Die Soldaten und *Zhangjing* setzten sich auf
den Boden, unterhielten sich fröhlich, zechten lustig und waren dabei so laut,
dass man sie über fünf bis sechs Meilen weit hören konnte. Die Stelle [, an der
sie das Lager aufgeschlagen hatten,] grenzte im Westen an den Buyang *Bila* und
war ansonsten von Wald umgeben. Die Soldaten tranken so sehr, dass sie
schwankten und taumelten und sturzbesoffen zu Boden fielen. Als die Sonne
untergegangen war, gab Amaqikan den Befehl aus, dass sämtliche Lichter in den
einzelnen Lagern zu löschen seien. Der Befehl sei auf das Genaueste zu beachten,
sollte der Feind [auch nur] einen Feuerschein erspähen, werde es strenge Strafen
setzen. Sobald dieser Befehl umgegangen war, war aus den zwölf Lagern
tatsächlich kein einziger Laut mehr zu hören und kein Funken mehr zu sehen.
Als Amaqikan sah, dass kein Licht mehr im Lager brannte, begab er sich in das
Zelt der mittleren Armee (*Zhongjun*), legte seine Kleider ab und legte sich schlafen.

In der mittleren Armee befand sich eine militärische Beraterin (*Xingjun
Canzan*)[91] namens Taqila; sie war die leibliche ältere Schwester des Yunzhongbei'r,
des Oberbefehlshabers der Vorhut. Da sie über große Fähigkeiten verfügte, war
sie von Duo'rkan *Han* zur militärischen Beraterin ernannt worden. Obwohl sie
zum mittleren Heer gehörte, wusste sie doch nichts von dem, was Amaqikan
angeordnet hatte. Als es dunkel wurde, bemerkte sie, dass alle Feuer in den
Lagern gelöscht wurden und es mucksmäuschen still wurde. Da überlegte sie:
,Heute Abend haben die Soldaten gezecht und mehr als die Hälfte von ihnen ist
betrunken. Falls der Feind dieses ausgekundschaftet hat und einen Über-
raschungsangriff führt, wie sollte das gut ausgehen?' Sie hatte solche Angst, dass
sie nicht zu schlafen wagte. Als die zweite Doppelstunde anbrach, vernahm sie
plötzlich Lärm vom Oberlauf des Buyang-Flusses her, der immer näher kam. Da
stürmte sie in das Zelt des Amaqikan und weckte ihn. Dieser aber drehte sich
lediglich um und schlief weiter. Die Geräusche von Mensch und Tier aber kamen
dem Lagereingang immer näher. Das Mordgeschrei erfüllte Himmel und Erde

---

91 Vgl. dazu Hucker 1985: 519, Nr. 6892, 6893.

und obwohl es näher und näher kam, erwachte Amaqikan nicht aus seinem Schlafe und schnarchte weiter. Kurz darauf wurde das Mordgeheul immer leiser und entfernte sich immer mehr, bis bald gar nichts mehr zu hören war.

Gleich darauf sprang Amaqikan auf und lachte schallend: „Ich hab's geahnt und gewusst," rief er, „dass der Feind heut abend kommen wird, unser Lager zu überfallen! Dies verdanke ich meinem Schamanengeist *Eqihe*, der mir insgeheim gezeigt hat, wie ich dem Feind zuvorkommen kann. Deshalb befal ich den Soldaten zu trinken, aber was sie getrunken haben, war lediglich reines Wasser, das sie für Schnaps hielten. Als es Abend geworden war, habe ich angeordnet, dass ausnahmslos alle Feuer zu löschen seien. Dem Oberbefehlshaber der Vorhut, Yunzhongbei'r, habe ich ingeheim den Befehl zum Vorrücken gegen den Feind gegeben, während Huo'rbing und die übrigen Beamten unbemerkt über den Buyang-Fluß setzen und einen Hinterhalt legen sollten, aus dem heraus sie den anrückenden Feind zu überfallen hatten!" Nachdem Amaqikan den Anwesenden erzählt hatte, dass ihm der Geist (*shenren*) bedeutet hatte, dass der Feind das Lager überfallen werde, und wie er den Hinterhalt geplant und gelegt hatte, betrat ein Wachsoldat das Zelt mit der Meldung, dass vor dem Lager der Oberbefehlshaber der Vorhut darauf warte, vorgelassen zu werden. Amaqikan ließ ihn auf der Stelle rufen, worauf Yunzhongbei'r, der Führer der Vorhut, mit fünf bluttriefenden Kopftrophäen eintrat und den Erfolg meldete. Amaqikan erfuhr, wie todesmutig die Vorhut gewesen war, und dass alle unbestreitbar *Batulu*[92] waren; von da an wurde Yunzhongbei'r im Heer *Batulu* genannt. Nicht lange danach trat auch Huo'rbing mit drei Köpfen sowie zwei *Zhangjiang* und drei *Tushan Hafan*, die ihm lebend in die Hände gefallen waren, ins Zelt und meldete seinen Erfolg. Amaqikan befahl der Adjutantin Taqila diese Taten der beiden Heerführer aufzuzeichnen.

Taqila sprach zu ihrem jüngeren Bruder Yunzhongbei'r: „Die Kampfesmoral unseres gesamten Heeres liegt zur Gänze in der Hand der Vorhut und hängt in hohem Maße von Sieg oder Niederlage ab. Wird die Vorhut besiegt, so löst sich das gesamte Heer auf und wird völlig aufgerieben. Falls aber die Vorhut Erfolg hat und den Sieg erringt, wird das gesamte Heer von einer Woge der Siegeszuversicht vorwärtsgetragen werden und es wird möglich sein, einen großen Triumph zu erringen." Da erhob sich Amaqikan und lobte sie: „Ich sehe, dass mein älterer Bruder Duo'rkan die richtigen Personen ernennt!" Und Yunzhongbei'r fügte hinzu: „Die Worte meiner älteren Schwester sind richtig und wahr; ihr

---

92 Hezhe: *pat'ulu* (S. 681) [Mandschu: baturu]. Ursprünglich bezeichnete dieser Ausdruck einen tapferen Krieger, später wurde es als militärischer Titel gebraucht. *Batulu* waren insbesondere zuständig für Jagden und Angriffe im Krieg (S. 474, Anm. 2, S. 570, Anm. 1) (OA).

jüngerer Bruder wird entsprechend handeln!" Da es bereits Mitternacht geworden war, verabschiedeten sich die Überbringer der Erfolgsnachrichten.

Im Morgengrauen des folgenden Tages wurde das Lager abgebrochen und weitermarschiert. Als man die Stelle erreichte, an der in der vorhergehenden Nacht gekämpft worden war, war diese mit Leichen übersät, deren Blut Ströme bildete, die das Wasser des Buyang-Flusses rot färbten. Das Reich von Hongmao hatte mit mehr als zehntausend Mann das Lager überfallen wollen, aber als sie in der Zeit zwischen drei und fünf Uhr morgens (*yinye*) dort ankamen, kannten sie die Wege und Pfade nicht. Und als sie das Gebiet an der Biegung des Flusses erreichten, stürzten sich die auf beiden Seiten im Hinterhalt liegenden Soldaten auf sie und ließen ihnen in dem Gemetzel keine Möglichkeit zur Flucht. Die fünfzig oder sechzig Mann die entkamen, brachten die Nachricht von dem Hinterhalt und der vernichtenden Niederlage in ihre Hauptstadt zurück. Der zweite *Beile* Jueyingbu hatte das Amt des Oberbefehlshabers des Heeres (*Du Yuanshuai*)[93] inne und entschied sämtliche militärischen Angelegenheiten. Als er fortwährend Nachrichten über Niederlagen erhielt, wurde er sehr unruhig. Gleichzeitig kamen die mit Hühnerfedern befiederten Befehlspfeile der *Zhangjing* der Städte südlich der Hauptstadt in Scharen geflogen und forderten Hilfe an. Jueyingbu wusste sich in seiner Aufregung keinen Rat, weshalb ihm nichts anderes übrig blieb, als in den Palast zu gehen und sich mit seinem Vater, dem *Han*, zu beraten. Sein Vater sprach: „Ziehe so schnell es geht die *Zhangjing* aller Städte in der Hauptstadt zusammen, da eine entschlossene Verteidigung der Hauptstadt die Hauptsache ist!"

Amaqikan stürmte mit seinen Fußtruppen und seiner Kavallerie direkt auf die Reichshauptstadt von Hongmao zu. Zudem befahl er Huo'rbing, die Oststadt anzugreifen und einzuschließen, wodurch die beiden befestigten Städte wie von eisernen Ringen umgeben waren. Amaqikan entsandte Boten, die die Herausforderung zum Kampf überbrachten, aber in der Stadt gab es niemanden, der die Herausforderung annahm. Nachdem er drei Tage lang die Stadt belagert hatte, war es klar, dass sich niemand in der Stadt dem Kampf stellte. Als er den Befehl zum Sturm auf die Stadt gab, schossen die Eingeschlossenen Feuerpfeile sowie Kanonen und Donnerhölzer (*gunmu* 滚木) ab, so dass sich eine sehr große Zahl seiner Soldaten blutige Köpfe holten. Amaqikan wurde nun so richtig wütend, aber als er gerade dabei war, das Zelt zu verlassen, um selbst den Angriff zu leiten, vernahm er plötzlich von Südosten her Kampflärm. Da er nicht wusste, woher die Truppen kamen, die sich in die Schlacht geworfen hatten, entsandte er eilends Kundschafter. Als die berittenen Kundschafter zurückkehrten und Meldung

---

93 Vgl. Hucker 1985: 546, Nr. 7337.

machten, erfuhr er, dass A'rhada, der älteste *Beile* des *Khan* Jueketu, dabei war, den mehrfachen Belagerungsring zu durchbrechen in der Absicht, in die Stadt zu gelangen. Sofort befahl Amaqikan den zur Verfügung stehenden Generälen einzugreifen und den Belagerungsring wieder Schicht um Schicht zu schließen. Aber auch der älteste *Beile* A'rhada zeigte nicht die geringste Furcht. Von Mittag[94] bis Abend[95] fielen alle zweihundert, ihm zur Verfügung stehenden Soldaten und nur seine Leibwache schützte ihn noch und kämpfte mit Todesverachtung. Plötzlich kamen nacheinander zischend drei Pfeile geflogen: Der erste Pfeil bohrte sich zwischen den Schulterblättern in den Rücken des A'rhada und auch die beiden anderen trafen die gleiche Stelle. A'rhada war drauf und dran vom Pferd zu stürzen, aber glücklicherweise stützte ihn einer der Wachen und schlug sich mit ihm bis zum Osttor durch. Im Schein der Fackeln war dort die Nacht zum Tage geworden und der zweite *Beile* Jueyingbu, der sich auf der Stadtmauer befand, hörte an deren Südwestecke ein Himmel und Erde erschütterndes Kampfgeschrei und eilte dorthin, um nachzusehen. Da erblickte er seinen schwer verwundeten Bruder A'rhada sich zum Osttor durchschlagen und ließ unverzüglich das Tor öffnen ließ, um ihn einzulassen. Wer aber hatte die Pfeile abgeschossen? Niemand anderer war's als Taqila, die sah, dass die Generäle nicht in der Lage waren, den Sieg zu erringen und daher eilends nach dem Bogen griff und den A'rhada in den Rücken schoss.

A'rhada war eine grobschlächtige Person, die wegen dreier Pfeile in seinem Körper nicht den geringsten Schmerz verspürte und sich nicht aus der Fassung bringen ließ. Er begab sich zu seinem Vater, dem *Han*, der zu ihm sprach: „Diese Stadt steht am Rande des Verderbens. Was sollen wir tun?" Der zweite und der dritte *Beile* antworteten gleichzeitig: „Das Beste wäre, einstweilen zu kapitulieren und so das Leben der Bewohner der Stadt zu schonen." Zornig fuhr Jueketu *Han* auf: „Wir alle sind heldenhafte Herrscher; wie könnten wir uns anderen unterwerfen?!" Ohne lange zu fackeln warf er seine beiden Söhne hinaus und stieg mit seinem Gefolge auf die Stadtmauer, um eine Inspektion vorzunehmen. Auf dem östlichen Torturm angekommen, sah er, als er nach Westen blickte, dass nahe dem Westtor bereits Feuer ausgebrochen war. Eilends sprang er aufs Pferd und preschte los, aber als er auf halbem Wege nach Westen blickte, sah er, dass bereits alle vier Tore lichterloh brannten. Da wusste er, dass alles verloren war. Er riss das Pferd herum und eilte zu seinem Palast. Dort sah er, wie seine beiden Söhne mit Lanze und Schwert in Händen zum Palasttor herausgeritten kamen, um sich in die Schlacht zu werfen. Der *Khan* sprach zu ihnen: „Der Feind hat wahrschein-

---

94 *wushi*: Zeit von 11 bis 13 Uhr.
95 *xushi*: Zeit von 19 bis 21 Uhr.

lich bereits die Tore gestürmt!" Auch sah er den ältesten *Beile* A'rhada, der hinter-drein kam und in beiden Händen einen Streitkolben schwang. Sie schwankten gerade zwischen Bestürzung und Niedergeschlagenheit, als vom Südtor her ein Trupp Soldaten sich in ihrer Richtung durchschlug: Es war niemand anderer als Amaqikan. Er hielt ein ihm vom erhabenen Kaiser des Jin-Reiches verliehenes Generalsbanner in der Hand und sah eindrucksvoll und furchteinflößend aus. Zudem erblickte der *Khan* einen weiblichen General, der mit seinen Soldaten auf ihn zukam und heftig den Säbel (*dandao*) schwang. Als der *Khan* seinen Kopf wandte und sich umsah, sah er ausschließlich feindliche *Zhangjing* mit Kurz-schwertern und langen Lanzen herzukommen. Seine drei Söhne leisteten den Gegnern nach drei Seiten hin Widerstand und kämpften verzweifelt, ihre Sol-daten waren jedoch weitgehend geflohen. Der *Khan* Jueketu trat Amaqikan entgegen und kämpfte mit ihm auf Leben und Tod. Auch nach mehr als vierzig Runden war noch nichts entschieden. Auf dem Kriegszug gegen das Song-Reich galt Amaqikan als einer der besten Generäle, als unvergleichlich tapfer und stets siegreich. Jueketu *Khan* war kein Gegner für ihn, wie also hätte er ihm standhalten können! Amaqikan zog aus dem Brustteil seines Gewandes eine Pferdeschlinge, die er mit aller Kraft gegen die Beine des gegnerischen Pferdes schleuderte, wor-auf es über diese fiel. Der Schlinge zog sich fest und unentrinnbar zusammen, so dass das Pferd sein gefesseltes Hinterbein kaum mehr bewegen konnte. Amaqi-kan riss mit all seiner Kraft die Pferdeschlinge nach hinten, das Hinterbein des Pferdes von Jueketu wurde hochgezogen und Amaqikan stach mit seiner Lanze zu. Jueketu stürzte vom Pferd, dessen Hufe gegen sein Bein schlugen. Nun stürzten sich die Wachen des Amaqikan auf ihn, banden den feindlichen *Khan* und schleppten ihn in die Reihen ihres Heeres. Der älteste Sohn des *Khan*, A'rhada, wurde von Taqila enthauptet und stürzte vom Pferd. Der zweite und der dritte *Beile* wurden von den *Zhangjing* unentrinnbar eingekreist: Wenn sie in westlicher Richtung vorstürmten, so traten ihnen die *Zhangjing* der westlichen Seite entgegen und schlugen sie zurück, stürmten sie nach Osten, so war es dort nicht anders. Amaqikan kam herzu und griff in den Kampf ein. Er fing mit der Pferdeschlinge den dritten *Beile* und erstach ihn mit seiner Lanze, während der zweite Beile von Taqila gefangen genommen wurde. Als nun zur gleichen Zeit auch noch der oberkommandierende General des Reiches Hongmao gefangen-genommen wurde, wagte niemand mehr, Widerstand zu leisten. Amaqikan trat mit seinen Generälen und Anführern in den Palast des *Han* und durchsuchte ihn nach allen Seiten, aber Gemenzhu war nicht zu finden. Er durchsuchte ihn mehrere Male, konnte aber niemanden finden. Daraufhin ruhte er sich im Palast etwas aus. Der neunte und zehnte Sohn des Jueketu waren spurlos verschwunden, alle übrigen nahm man gefangen. Am folgenden Tag stürmte Huo'rbing auch die

Östliche Stadt. Im Triumph zog er in die Westliche Stadt ein und meldete seinen Sieg, wofür Amaqikan ihm seine Anerkennung aussprach. Anschließend berief er seine Generäle zu sich und beriet sich mit ihnen über folgende Angelegenheiten: Zum ersten über die Eroberung der Städte des Reiches Hongmao, zum zweiten über die Fahndung nach den flüchtigen Söhnen des Jueketu *Han*, zum dritten über die Suche nach seiner Frau, und zum vierten ordnete er an, dass der Jueketu *Han* zeit seines Lebens im Hause eines verdienstvollen Beamten als Sklave tätig sein solle. Nachdem die Beratung beendet war, gingen sie auseinander. Amaqikan stellte Nachforschungen über den Aufenthaltsort von Gemenzhu an, aber er konnte keinen Hinweis erhalten. Als er den *Han* von Hongmao befragte, gab dieser vor, nichts zu wissen, und war nicht bereit, die Wahrheit zu sagen. Als Amaqikan ihn erneut mit strenger Miene fragte, sagte er, dass sie entflohen sei und er nicht wisse, wo sie sich zur Zeit aufhalte. Daher konnte Amaqikan nichts unternehmen. Er befahl, dass alle Einwohner der zu dem Reich Hongmao gehörenden Städte als Kriegsgefangene nach Jiejinkou zu bringen seien und dass weiterhin nach Gemenzhu gefahndet werden solle. Die Zahl der Gefangenen belief sich auf über zweihunderttausend Personen, die [erbeuteten] Rinder und Pferde, Schafe und Schweine waren nicht zu zählen.

(18) Gemenzhu war vom *Han* der Hongmao an den Oberlauf des Sahalin [Amur] verbannt worden. Als der Häuptling des Sahalin-Stammes sah, dass sie eine schöne Frau war und ein Kind mit sich führte, hatte er großes Mitleid mit ihr. Er ließ die Beiden zusammen mit ihrer Dienerin außerhalb des Dorfes wohnen und lieferte ihnen Speis und Trank. Gemenzhu fühlte sich dort sehr wohl: An warmen, sonnigen Tagen ging sie mit ihrem Sohn und der Magd spazieren, wobei sie sich frei und ungezwungen fühlte und froh und glücklich war. Da aber die vom Himmel vorbestimmte Zeit der Ehe mit Amaqikan noch nicht abgelaufen war, konnten die gegenseitigen Bindungen nicht gelöst werden. Sie selbst vervollkommnete sich und stählte ihre wahre Natur, sie traf sich häufig mit ihren Fuchsschwestern, übte sich in der Magie und lebte streng nach den Vorschriften (*xue fa xiu dao*). Erst in mehreren Jahren würde es möglich sein, die vorbestimmte Ehe aufzulösen und doch weiter fortzusetzen.[96] Das Gebiet am Sahalin unterscheidet sich dadurch von den Regionen im Innern von China, dass erst im dritten Monat das Gras sprießt und die Bäume Knospen treiben, während die Blumen erst im vierten Monat aufblühen. Im Muhada-Gebirge[97] ragten rings-

---

96 D.h., es war den Beiden nach einer durch Schicksalsfügung des Himmels festgelegten Frist von Jahren freigestellt, die Ehe aufzulösen oder freiwillig fortzusetzen.

97 Dieses Gebirge liegt auf dem Nordufer des Amur. Er erhebt sich bis zu den Wolken und ist tausend Klafter hoch. Auf dem höchsten Punkt steht ein Stein in Gestalt eines Menschen, dessen Gesicht dem Unterlauf des Amur zugewandt ist. Die linke Hand desselben ist in die

herum die grünenden Berge auf, denn es war gerade die Zeit strahlender Früh-
lingspracht. Die auf den Bergen verweilenden göttlichen Wesen kamen in Scharen herbei, um sich in einer Berghöhle zu versammeln. Da in jenen Tagen
Gemenzhu wusste, dass die Unsterblichen (*xiangu xianzi*) sich in der Höhle
versammelten, und da sie ihrer Natur nach eine Füchsin war und bereits zu dem
Rang einer Unsterblichen aufgestiegen war, wollte auch sie an dem feierlichen
Treffen teilnehmen. Sie verließ deshalb Kind und Dienerin und begab sich zu der
Versammlung. Im Muhada-Gebirge angekommen, sah sie, dass die Blumen voll
erblüht waren und die Landschaft in prächtigsten Farben stand. Je länger sie diese
Berge betrachtete, desto schöner erschienen sie ihr. Sie ergötzte sich eine Weile
daran und begab sich dann zu der Höhle. Nachdem sie drei Tore passiert hatte,
kamen ihr die Feen (*xiangu*) zur Begrüßung entgegen. Als sie eintrat, sah sie auf
dem Ehrenplatz eine Zhuolu *Mama* sitzen. Diese war eine Schamanin, die
einstens die Vollkommenheit (*chengdao*) erlangt hatte, und sich nunmehr bereits
in ein unsterbliches Wesen aus Stein (*shitou de xianti*) verwandelt hatte. Nachdem
Gemenzhu sie höflich gegrüßt hatte, tat sie reihum dasselbe bei jeder einzelnen
Fee und es herrschte große Eintracht. Bald darauf befahl die *Mama* auf ihrem
Ehrenplatz den Feen, sich auf beiden Seiten des Steintisches aufzustellen, um
ihre Ausführungen über die magischen Künste (*daoshu*) anzuhören und sich in
den Techniken des Nicht-Alterns und der Unsterblichkeit (*xianfa*) zu üben.
Sobald sie zu sprechen begann, wurde es mucksmäuschenstill. Die Zhuolu Mama
gab nun eine Doppelstunde lang Erklärungen ab und verstummte dann. Als sie
ihre Ausführungen beendet hatte, verbeugte sich Gemenzhu vor der Mama und
fragte sie, wann ihr Ehemann einen Feldzug unternehmen werde und sie nach
Hause zurückkehren könne. Nachdem die Mama ihre Frage vernommen hatte,
streckte sie die Finger und zählte sie ab, worauf sie zu sprechen begann: „Dein
Gemahl ist nicht einmal mehr hundert Meilen von hier entfernt, aber solange
nicht ein gewisser Tag eines gewissen Monats gekommen ist, werdet ihr euch
nicht sehen können. Ihm steht aber Unheil bevor und falls du ihm nicht beistehst,
wird er schwerlich mit dem Leben davonkommen!" Dann zog sie aus dem
Brustteil ihres Gewandes ein Götteramulett (*shenfu*) hervor und überreichte es
Gemenzhu mit den Worten: „Mit Hilfe dieses Amulettes wirst du in die Lüfte
aufsteigen und auf Wolken reiten können!" Sie ließ Gemenzhu das Amulett
schlucken, worauf diese sich mit einer tiefen Verbeugung von der *Enduli Mama*[98]

Hüfte gestemmt, die rechte liegt auf der Stirne, so dass es aussieht, als halte er Ausschau nach
dem Amur (S. 573, Anm. 1) (OA).

98 Hezhe: *ənduri* (S. 689) [Mandschu: enduri]: Göttliches Wesen (*shenxian*; wörtl.: Heiliger, Genius)
(S. 574, Anm. 1) (OA).

verabschiedete und die Höhle verließ. Die Feen gaben ihr das Geleit, ergriffen ihre Hand und verabschiedeten sich von ihr. Als sie etwa eine Meile weit gegangen war, und sich umsah, sah sie, dass die Feen wieder in die Höhle zurückgekehrt waren. Da ringsherum niemand zu sehen war, murmelte sie einen Zauberspruch (*shenzhou*), worauf sie sich sogleich in die Lüfte erhob und in ihren Ohren der Wind brauste. Schon bald war sie vor der Stadt des Sahalin-Stammes angekommen, wo sie wiederum einen Zauberspruch rezitierte und sich zur Erde herabließ. Da ihre Wohnstätte von diesem Ort nicht weit entfernt lag, ging sie nach Hause zurück. Ihr Sohn hüpfte und sprang vor Freude als er sie kommen sah und warf sich in ihre Arme. Sie drückte ihn an sich, streichelte über seinen Kopf und sagte dabei: „*Bubai! Bubai!*[99] Dein Vater ist nicht weit von hier. Die *Enduli Mama* erzählte, dass er nicht einmal mehr hundert Meilen von hier entfernt ist, dass ihm aber große Gefahr drohe! Was soll ich tun?" Der Sohn war bereits zwölf Jahre alt; er hieß Ke'rbuda und war sehr klug und verständig. Er antwortete seiner Mutter: „Am besten wäre es, wenn meine Mutter mich dorthin bringen würde, wo sich mein Vater aufhält. Es wäre wunderbar, wenn wir alle wieder vereint wären!" Da sagte sie zu ihm: „Morgen werde ich dich zu deinem Vater bringen!" Als der Junge dies vernahm, war er außer sich vor Freude. Nachdem aber das Kind drei Tage lang darauf gewartet hatte und dieses Warten nicht mehr ertragen konnte, drängte es die Mutter, ihn doch so schnell wie möglich zu seinem Vater zu bringen. Gemenzhu streckte fünf Finger aus und zählte sie ab und erfuhr so, dass ihr Gemahl bereits seit acht oder neun Tagen mit seinem Heer im Gebiet des Reiches Hongmao stand. Sie überlegte: „Vielleicht ist meinem Herrn Gemahl beim Kampf mit dem Feind ein Unglück zugestoßen; ich muss unbedingt zu ihm, um nachzusehen!" Hastig trat sie wieder ins Haus und nahm ein Brett und befahl dem Sohn, sich darauf zu setzen, worauf sie sich neben ihn setzte. Zu ihrem Sohn sagte sie: „Was auch immer geschieht, du darfst auf keinen Fall sprechen oder die Augen öffnen! Andernfalls ist es um uns beide geschehen!" Nach diesen Worten verband sie ihrem Sohn mit einem Taschentuch fest die Augen, murmelte einen Zauberspruch und schon begann das Brett zu fliegen, es flog in die Lüfte hinauf und flog mit ihnen direkt in das Reich Hongmao. In der *Wei*-Doppelstunde [zwischen 13 und 15 Uhr] landeten sie bei der Hauptstadt des Reiches Hongmao. Gemenzhu sah, dass sich niemand mehr in der Stadt befand und sie völlig leer war. Da wusste sie, dass die Einwohner von ihrem Mann als Kriegsgefangene verschleppt worden waren; sie ging in der Stadt auf und ab, aber da sie niemanden traf, war es ihr nicht möglich, sich

---

99 Hezhe: *pɔ pɛi* (S. 678) [Mandschu: boobai]: „Schatz", „Liebling". Wenn die Hezhe zu ihren Kindern gut sein wollen, so rufen sie sie in dieser Weise (S. 574, Anm. 2) (OA).

genauer zu erkundigen. Sie ging mit ihrem Sohn zum Südtor und sah dabei auf der Hauptstraße Spuren von Menschen, Pferden und Wagenrädern, was ihr verriet, dass [Amaqikan] bereits zum Sungari zurückkehrte. Mutter und Sohn setzten sich wieder auf das Brett, sie murmelte Zauberformeln und sie flogen nach Südosten.

Nachdem nun Amaqikan den *Khan* des Hongmao-Stammes sowie dessen Untertanen, Rinder und Pferde, Schweine und Schafe mit sich fortgeführt hatte und mit anderem Gut vollbeladen war, kam er wegen der alten Personen und kleinen Kinder nur langsam vorwärts; pro Tag schafften sie nur um die zehn Meilen, was Amaqikan verdross. Erst nach fünfzehn oder sechzehn Tagen erreichten sie das Westufer des Buyang *Bila* und schlugen dort ihr Lager auf. Amaqikan gab den Befehl aus, dass die Soldaten und das Volk im Wald große Bäume fällen und zum Fluss schaffen sollten. Als nach noch nicht einmal zehn Tagen sich die dicken Bäume wie Berge auftürmten, befahl er, dass man diese miteinander verband und *Ada*[100] baute. Insgesamt wurden mehr als zwanzig Flöße gebaut.

(19) Amaqikan verhörte im Hauptquartier der mittleren Armee die Gefangenen des Hongmao-Reiches über den Aufenthaltsort von Gemenzhu. Der *Han* der Hongmao aber hatte seinen Leuten strengstens untersagt, zu verraten, dass Gemenzhu von seinem Oberbefehlshaber entführt und zu dem Sahalin-Stamm verbannt worden war, weshalb die Kriegsgefangenen bei der Vernehmung vorgaben, nichts zu wissen. Amaqikan wusste sich keinen Rat mehr und machte sich große Sorgen. Eines Tages war er gerade dabei, mit Tajila und Huo'rbing im Feldlager den Rückmarsch zu planen, als Yunzhongbei'r eintrat und Meldung machte, dass die Flöße bereitlagen. Amaqikan sagte: „Ihr versteht nicht, was mich im Innersten bewegt! Ich habe diesen Feldzug gegen das Reich Hongmao einzig und allein darum durchgeführt, um meine Frau zu suchen. Dank der Hilfe der Übernatürlichen (*shenren*) habe ich den Stamm des Reiches Hongmao vernichtend geschlagen: Aber ich habe mich so sehr danach gesehnt, wieder mit ihr vereint zu sein, und nun weiß ich wider Erwarten noch immer nicht, wo sie sich aufhält, was mich zutiefst betrübt! Weil ich mich überhaupt nicht wohl fühle, sollen alle Angelegenheiten des Heeres stellvertretend von dem Oberbefehlshaber der Vorhut besorgt werden und alle Beamte, die *Zhangjing*, *Hafan* und *Tushan* haben auf sein Kommando zu hören. Da die Flöße fertig sind, soll man das Volk, die

---

100 Hezhe: *ada* (S. 687) [Mandschu: ada]: Floß. Auf dem Wasser können große Flöße drei- bis vierhundert Personen befördern, kleine ein- bis zweihundert. Diese Flöße werden aus großen Baumstämmen gefertigt. Man treibt mit ihnen mit der Stömung auf Flüssen flussabwärts. Hat man keine Boote zur Verfügung, so verwendet man stattdessen diese Baumflöße (S. 575, Anm. 1) (OA).

Tiere und alles andere Gut nicht länger auf dem Landweg transportieren sondern alles auf die Flöße verfrachten und auf ihnen flussabwärts fahren. Ich werde morgen bei Tagesanbruch aufbrechen und in unser Reich voraus marschieren, ihr aber treibt das Volk bei der Rückkehr ins Reich an." Die versammelten Heeresführer bestätigten den Befehl, dann wurde das amtliche Heeressiegel und alle für das Heer benötigten Dinge Yunzhongbei'r übergeben. Da es bereits dämmerte, trank man noch den Nachtwein und legte sich dann schlafen.

Am folgenden Morgen brach Amaqikan mit seiner über hundert Mann starken Wache auf und marschierte voraus auf dem Weg in sein Reich. Als er die Stadt Elimi auf dem Nordufer des Sungari erreichte, war diese völlig ausgestorben und ihre Wällen und Gräben waren von Unkraut überwuchert. Dort angekommen befiel Amaqikan plötzlich Fieber, er bekam heftige Schweißausbrüche, sein Kopf wurde dumpf und es drehte sich ihm alles vor Augen. Er stürzte vom Pferd, da er aber gerade noch von Gardisten aufgefangen werden konnte, verletzte er sich nicht dabei. Bestürzt setzten sie ihn wieder aufs Pferd. Als sie jene Stelle erreichten, wo sie beim Hinmarsch den Fluss überquert hatten, fanden sie zahlreiche Boote im Fluss mit denen sie auf das südliche Ufer übersetzten. Amaqikans Krankheit aber hatte sich verschlechtert. Erst nach sechs bis sieben Tagen erreichten sie den Palast des Han. Duo'rkan kam ihnen vor der Stadt zur Begrüßung entgegen, als er aber sah, wie krank sein Bruder war und dass er zwischen Leben und Tod schwebte, war er so betrübt, dass ihm die Tränen herabrannen. Hastig befahl er den Sklaven seines Palastes Amaqikan vom Pferd zu heben und in die Ostresidenz zu bringen. Da der Kranke bereits ohne Bewusstsein war, bat Duo'rkan *Han* zwei männliche und drei weibliche *Yichereng*[101] zu kommen und das Orakel zu befragen. Eine *Yichereng* verkündete indem sie das glimmende Räucherwerk untersuchte: „Diese Krankheit ist äußerst gefährlich, es besteht keine Hoffnung." Als Duo'rkan vernahm, wie gefährlich die Krankheit seines Bruders war, war er in großer Sorge und befahl dem *Zhangjing*, der als Generalverwalter tätig war, in den Tempeln (*shenmiao*), in denen in den jeweiligen Gegenden geopfert wurde, Rinder, Schafe und Schweine [als Opfer für die Genesung] zu geloben. Aber obgleich Duo'rkan *Han* alles in seiner Macht stehende versuchte, um Amaqikan zu helfen, verschlechterte sich dessen Zustand von Tag zu Tag.

Gemenzhu aber hatte ihren Sohn bis in die Nähe des Feldlagers am Buyang-Fluß gebracht, aber da der Tag des Wiedersehens noch nicht gekommen war, kehrte sie wieder zum Muhada-Gebirge zurück, um dort ihre Übungen zur

---

101 Hezhe: *iʃʼərən* (S. 576, Anm. 2; S. 684): Jemand, der Wohl oder Wehe beim Betrachten von glimmendem Räucherwerk vorhersagt (S. 576, Anm. 2) (OA).

Erlangung der Unsterblichkeit fortzuführen (*xiulian xianti*). Ihr Sohn spielte eine Weile eifrig im Wald, als er aber seine Mutter nicht mehr sah, suchte er überall nach ihr; da er aber nirgendwo auch nur die geringste Spur von ihr finden konnte, begann er aus Leibeskräften zu plärren und zu heulen. Yunzhongbei'r hörte sein Geheule vom Feldlager aus, und befahl den Wachen, die Person, die so weinte, zu suchen und herzubringen. Die Wachen gingen dem Weinen nach und suchten zwischen den Bäumen des Waldes, wo sie auf ein zwölf- bis dreizehnjähriges Kind stießen. Als dieses sie kommen sah, fragte es die Wachleute: „Woher kommt ihr? Habt ihr vielleicht meine Mutter gesehen? Meine Mutter ist hierher gekommen, dann aber ist sie verschwunden." Die Wachleute sagten: „Wir haben sie nicht gesehen. Unser Oberbefehlshaber hat dich weinen hören und uns befohlen, dich zu ihm zu bringen." Der Junge Ke'rbuda antwortete ihnen: „Ich suche doch meine Mutter, wie sollte ich da Zeit haben, zu eurem Oberbefehlshaber zu gehen!" Da sprachen die Wachleute: „In diesem Wald gibt es viele Tiger und Wölfe, du solltest dich hier nicht länger aufhalten!" Da überlegte der Knabe, dass es wohl nichts schaden werde, wenn er mit zu dem Oberbefehlshaber ginge. Er stand auf und sprach: „Na gut, ich komme mit zum Oberbefehlshaber. Führt ihr mich zu ihm?" Die Wachleute führten den Jungen vor den Oberbefehlshaber. Nachdem der Knabe ihn ehrerbietig gegrüßt hatte und dann aufrecht vor ihm stand, fragte ihn der Oberbefehlshaber: „Wie kommt ein Knirps wie du hierher und plärrt und heult?" Der Knabe antwortete: „Ich kam mit meiner Mutter hierher, um nach meinem Vater zu suchen, aber plötzlich war meine Mutter verschwunden und so habe ich geweint." Der Oberbefehlshaber fragte: „Wie heißt deine Mutter?" „Meine Mutter heißt Gemenzhu", antwortete das Kind. Wie der Oberbefehlshaber Yunzhongbei'r den Jungen „Gemenzhu" sagen hörte, sprang er von seinem Sitz auf und packte die Arme des Jungen mit den Worten: „Dann bist du ja niemand anderer als der Prinz (*gong zi*)! Dein Vater ist schon vor einigen Tagen von hier aufgebrochen!" Er befahl, dass Wein gebracht werde und aß und trank mit dem Prinzen.

Um diese Zeit hatten das Volk und die Truppen sich bereits auf den Flößen eingerichtet und nachdem der Oberbefehlshaber mit dem Prinzen ebenfalls sein Floß bestiegen hatte, legten sie ab und ließen sich flussabwärts treiben, wobei sie am Tage sechzig Meilen zurücklegten; da die Strecke vom Buyang-Fluss bis nach Jiejinkou mehr als dreihundert Meilen betrug, waren sie insgesamt sechs Tage unterwegs. Als sie die Stadt des Duo'rkan *Han* erreichten, kam ihnen der als Hauptverwalter tätige *Zhangjing* mit allen *Tushan* zur Begrüßung entgegen. Der Oberbefehlshaber Yunzhongbei'r wunderte sich aber sehr darüber, dass nicht auch Duo'rkan *Han* und Amaqikan gekommen waren; bestimmt hatte dies seinen Grund.

(20) An dem Tage, an dem das Gros des Heeres die Stadt des *Han* erreichte, verstarb Amaqikan an seiner Krankheit. Dies war der Grund dafür, warum weder Duo'rkan noch Amaqikan zur Begrüßung erschienen, als das Heer und das Volk ans Ufer stiegen. Während der Oberbefehlshaber Yunzhongbei'r noch über den Grund rätselte, kam der als Hauptverwalter tätige *Zhangjing* mit den hohen und niederen Beamten zur Begrüßung vor die Stadt. Als sie dem Oberbefehlshaber der Vorhut gegenübertraten, sprachen sie zu ihm: „Der Oberbefehlshaber ist bereits in den Himmel zurückgekehrt (*gui tian*), der Großhan beweint ihn und ist außer sich vor Schmerz. Daher kommt es, dass wir niedere Beamte zu eurer Begrüßung entsandt wurden." Yunzhongbei'r brachte das gefangengenommene Volk außerhalb der Stadt unter, wo seine persönlichen *Zhangjing* sich um alles kümmerten, und ließ auch einen Teil der Truppen außerhalb der Stadt biwakieren. Er selbst begab sich mit dem Prinzen in die Stadt und machte dem Großhan seine Aufwartung.

Der Prinz begrüßte seinen *Anbang Ama*[102], dann ging er dorthin, wo sein Vater aufgebahrt war, und blieb nachdem er Kotau gemacht hatte, bäuchlings auf dem Boden liegen und weinte herzzerreißend. Alle in der Residenz, die dies sahen, brachen in Tränen aus.

Die Opferzeremonien waren ganz besonders feierlich, man verwendete dafür *Mulin*, *Yihan* und andere Tiere[103]. Duo'rhan *Han* erließ folgenden Befehl: „Nunmehr ist mein jüngerer Bruder verstorben. Er hatte nur eine einzige Gemahlin, die jetzt nicht in der Residenz anwesend ist, so dass es niemanden gibt, der mit ihm begraben werden könnte. Aus diesem Grunde müssen die Opfergaben ganz besonders reich sein." Sobald dieser Befehl ausgegeben war, sah man auch schon den als Hauptverwalter tätigen *Zhangjing* seine Untergebenen aussenden, damit sie neun Schimmel, neun Rinder, neun Schafe, neun Mastschweine, sowie neun Hühner und neun Enten in den Hof brachten, wo ein Tier nach dem anderen geschlachtet wurde. Das Fleisch diente als Opfer, während die Mähnen und Schweife der neun Schimmel als Grabbeigabe dienten.

Zwei weibliche und zwei männliche Schamanen bauten in dem Hofe eine

---

102 Hezhe: *ābā ama* (S. 682) [Mandschu: amba ama ?, „großer Vater" ?]: Onkel; ältester Bruder des Vaters (S. 577; Anm. 1) (OA).

103 Bei den Hezhe ist es Brauch, einer im Alter verstorbenen Person aus reichem oder vornehmem Hause aufwendige Grabbeigaben mitzugeben. Am aufwendigsten sind *Mulin* (Hezhe: *mɔrin* [S. 679] [Mandschu: morin]), „Pferd", *Yihan* (Hezhe: *ihā* [S. 678] [Mandschu: ihan, igan]), „Rind", *Huoni* (Hezhe: *hɔni* [S. 684] [Mandschu: honin]), „Schaf", *Wu'rʒhan* (Hezhe: *urgia, urigia* [S. 679] [Mandschu: ulgiyan]), „Schwein", *Tiku* (Hezhe: *t'iɔk'ɔ* [S. 690] [Mandschu: coko]), „Huhn", und *Nihe* (Hezhe: *nihə, jihə* [S. 682] [Mandschu: niyehe]), „Ente". Dieser Tiere und weitere Gaben werden deshalb mitbestattet, damit sie dem Verstorbenen zur Verfügung stehen (S. 577, Anm. 2) (OA).

hohe Plattform auf, um die herum sie ihre Schamanentänze tanzten und dabei
ihre Schamanenlieder sangen, die bewirkten, dass ein Verstorbener, ohne Unannehmlichkeiten zu erleiden, bei Yi'rmu *Han*[104] ankam. Zudem waren die *Zhangjing*
aller untergebenen Städte, die *Batulu* und *Tushan* aller Militärstationen, die *Bayen*
Mafa der einzelnen Städte sowie alle Verwandten anwesend, die Gaben gebracht
hatten, um zum Opfer beizutragen. Eine unübersehbare Menschenmenge war
zusammengeströmt und stand so dichtgedrängt, dass kein Durchkommen war.
Am Mittagstor des *Han*-Palastes standen zahllose Soldaten Wache; die von
auswärts kommenden Personen bekamen beim Eintritt in die Residenz von den
Zhangjing, die am Tor Wache standen, weiße, beschriftete Zettel, um ihre Zahl zu
begrenzen. Der Oberbefehlshaber Yunzhongbei'r führte in der Stadt des *Han*
persönlich das Kommando, weshalb der Stamm der Hongmao nicht wagte, an
Vergeltung zu denken.

Um die Mittagszeit des dritten Tages nach dem Tode des Amaqikan brachte
der Prinz mit den Sklaven (*Aha*) und Mägden vor dem Toten das Opfer dar. Alle
trugen Trauerkleidung und klagten und weinten ununterbrochen. Da kam
plötzlich eine Frau durch das Südtor herein, die Trauerkleider (*Xinnaxin*)[105] trug,
mit anmutigen Schritten zur Ostresidenz ging und eintrat. Vor der Leiche des
Amaqikan machte sie eine tiefe Verbeugung und brach ohnmächtig zusammen,
nachdem sie unter Tränen „*abaka*"[106] ausgerufen hatte. Die Umstehenden
stützten sie und nachdem sie ihr lange Zeit zugerufen hatten, kam sie allmählich
wieder zu sich, und als man sie näher betrachtete, wurde klar, dass dies
Gemenzhu war! Sobald sie ihre Verwandten begrüßt hatte, trat sie neuerlich zu
ihrem Gatten, betrachtete ihn und fragte dann: „Wann ist mein Mann
verstorben?" Die Umstehenden antworteten gleichzeitig: „Seit seinem Tode sind
erst drei Tage vergangen." Da befahl Gemenzhu den Sklaven, ihr eine Schale
reinen Wassers zu bringen, worauf sie aus dem Brustteil ihres Gewandes ein
Woketu-Säckchen[107] hervorholte, in dem sich sieben rote Lebenselixierpillen
befanden, deren Glanz die Augen blendete; diese legte sie in sieben Weinbecher
und löste sie mit dem klaren Wasser auf. Mit einer Haarnadel drückte sie unter
Aufbietung ihrer Kräfte die fest zusammengepressten Zähne des Amaqikan
auseinander und flößte ihm die Medizin ein. Nachdem sie ihm alle sieben Becher
eingeflößt hatte, klagte Gemenzhu nicht länger um ihren Mann, sondern setzte

---

104   Hezhe: *irməhan* (S. 686) [Mandschu: Ilmun Han]: Der Totengott Yama (S. 578, Anm. 1) (OA).
105   Hezhe: ʃinaʃin (S. 578, Anm. 3) (OA). – Mandschu: sinahi (Hauer 1952-1955: 798), sinagan,
      sinahan, sinahi (Trauer).
106   Hezhe: *apak'a; apk'a* (S. 687) [Mandschu: abka]: „Himmel", „oh Himmel"; wenn eine Frau
      ihren verstorbenen Ehemann beweint, ruft sie *abaka* (S. 578, Anm. 4) (OA).
107   Hezhe: ɔkt'u: Arznei (S. 578, Anm. 5) (OA). – Mandschu: okto.

sich auf dem *Kang* an der Nordseite nieder und wartete die Wirkung ihrer Lebenselixierpillen ab. Die Mägde meldeten dies dem Groß*han* Duo'rhan, und nachdem dieser davon erfahren hatte, war er außer sich vor Freude und eilte in die östliche Residenz. Als er durch die Tür kam und sich umblickte, sah er die Frau seines jüngeren Bruders auf dem *Kang* sitzen, und als Gemenzhu ihn hereinkommen sah, stieg sie eilends vom *Kang* herab und begrüßte ihn. Dann sprach sie zu ihm: „Da ich in großer Hast und Eile war, konnte ich nicht zuvor zu Euch kommen und Euch begrüßen. Bitte nehmt mir dies nicht übel."

(21) Duo'rkan, Gemenzhu, Taqila, Yunzhongbei'r, Huo'rbing, der als Hauptverwalter tätige *Zhangjing* Aiyinbu sowie zirka zwanzig Älteste aus den Adelsfamilien saßen und standen zur Rechten und Linken des Leichnams. Plötzlich vernahmen sie aus dem Körperinneren des Amaqikan Geräusche, worauf die Umstehenden zu Gemenzhu sprachen: „Die eingeflößte Zinnoberarznei (*danyao*) wirkt mit Sicherheit: In seinem Magen gluckst und grummelt es schon!" Noch während sie so redeten, trat die Magd, die den Kranken gepflegt hatte, zu Gemenzhu und flüsterte ihr zu: „Dem Oberbefehlshaber fließt viel weißer Schaum von den Lippen." Gemenzhu nickte dazu und befahl ihr, nicht viel Aufhebens davon zu machen, worauf die Magd an die Seite des Verstorbenen zurückzukehrte, um ihn zu betreuen. Während die Anwesenden sich noch besprachen, ächzte Amaqikan plötzlich, spuckte eine Mundvoll Schleim aus und rief *enna*[108], *haha*[109] und *bana*[110]. Anschließend nahm er mit der rechten Hand das Tuch fort, das sein Gesicht bedeckte, und öffnete die Augen einen kleinen Spalt weit. Da drängten sich Gemenzhu, Duo'rkan, Yunzhongbei'r, Huo'erbing, Taqila, Aiyinbu sowie die kaiserlichen Nebenfrauen und Hofdamen heran, um zuzusehen. Als erstes ergriff Gemenzhu Amaqikans Hände und fragte ihn: „Mein Gatte, kannst du mich verstehen?" Er drückte ihre Hände und antwortete unter Tränen: „Weil ich mich nach dir gesehnt habe, habe ich dabei alles Maß überschritten und bin deshalb verstorben. Da ich dich nun aber im Schattenreich (*Yinjian*) wiedersehe, so sind meine Wünsche erfüllt!" Nach diesen Worten ging sein Atem unregelmäßig, während die Tränen über sein Gesicht strömten. Gemenzhu wusste, dass er wieder in die Welt der Lebenden zurückgekehrt war, daher sagte sie nicht viel, sondern befahl den Mägden, Ginsengsuppe zu bringen, die sie ihm eigenhändig einflößte. Nachdem Amaqikan diese Ginsengsuppe getrunken hatte, nahm seine Lebenskraft wieder so sehr zu, dass er sich auf dem *Deremowugen Nahan*[111]

---

108 Hezhe: *ənə*: Ausruf als Ausdruck der Schmerzen (S. 579, Anm. 1) (OA).

109 Hezhe: *haha*: „aiyo", „auah" (S. 579, Anm. 2) (OA).

110 Hezhe: *pana*: Himmel; oh Himmel (S. 681) (OA).

111 Hezhe: *tərəməugəŋ nahā* (S. 690): Beim Tod eines Hezhe, wird dem Brauch gemäß am Fuß des *Kang* aus Brettern eine Bettstatt angefertigt, auf die man die Leiche bettet. Diese Bettstatt

aufsetzen konnte und als er aufblickte, nahm er seinen älteren Bruder und all die ihn Umstehenden wahr.

Als der Prinz sah, dass sein Vater sich aufsetzte, eilte er zu ihm und entbot ihm seinen Gruß. Amaqikan fragte: „Welcher Familie entstammt dieses Kind?" Gemenzhu zeigte auf den Prinzen und sprach: „Dies ist niemand anderes als unser eigenes Kind. Es kam einige Monate, nachdem du ins Feld gezogen warst, zur Welt; nun ist es bereits zwölf Jahre alt. Sein Name ist Ke'rbuda." Als Amaqikan erfuhr, dass dies sein eigener Sohn war, küsste er ihn mehrere Male; erst dann ließ er ihn wieder los. Er sah Frau und Kind vor sich stehen und sich selber auf der Totenbahre sitzen, worauf ihm bewusst wurde, dass er vom Tod ins Leben zurückgekehrt war. Er bemerkte, dass er schweißgebadet war und seine Kleider vor Nässe trieften, seine Krankheit aber war verschwunden. Sein älterer Bruder Duo'rkan trat mit all seinen Beamten vor ihn hin und erkundigte sich nach seinem Befinden. Er war überglücklich, dankte Himmel und Erde sowie allen Schamanengeistern. Er ordnete an, dass das Heer die Trauerkleider ablege. Seit einer Reihe von Tagen hatte er sich nicht mehr um die Staatsgeschäfte gekümmert und deren Erledigung dem Yunzhongbei'r und dem Aiyinbu überlassen. Als Amaqikan nunmehr sah, dass auch Gemenzhu und ihr Sohn Ke'rbuda zurückgekehrt waren, war er überglücklich. Er war sehr abgemagert und glich einem dürren Baume, weshalb Gemenzhu ihn pflegte und umsorgte, so dass er allmählich wieder zu Kräften kam.

Eines Tages kam Amaqikan in den Palast seines älteren Bruders, wo sie sich wegen der Belohnungen für das Heer berieten. Als die Brüder ihre Beratung beendet hatten, ließen sie den als Hauptverwalter tätigen *Zhangjing* alle *Zhangjing* und *Batulu* in die Stadt holen, damit sie ihre Belohnungen empfingen. Einige Tage später kamen alle *Zhangjing* von außerhalb in die Stadt des *Han*. Im Palast des Han wurde ein großes Fest für alle Beamten gegeben und als dieses seinem Höhepunkt entgegenging, wurde der Sieg gefeiert. Dem *Han* der Hongmao wurde befohlen, den Wein auszuschenken. Als man dabei war, froh und unbeschwert zu zechen, sprach Amaqikan: „Die Gemahlin des *Han* ist bereits vor mehreren Jahren an einer Krankheit verstorben und bis jetzt gibt es keine Gemahlin mehr im Hauptpalast. Taqila sollte erwählt werden, im Palast aufzuwarten." Während er noch sprach, erhob sich Yunzhongbei'r und sprach ihm seinen Dank aus. Am Tage nach diesem Beschluss vermählte sich Duo'rkan *Han* mit Taqila. Nachdem drei oder vier Tage lang gefeiert worden war und die *Zhangjing* und Soldaten reichlich belohnt worden waren, erreichte die allgemeine Freude und Fröhlichkeit

---

wird erst beseitigt, wenn der Tote eingesargt wird. Dieses Bett heißt wie angegeben. *Nahan* (nahã) bedeutet „Bett" (S. 579, Anm. 3) (OA).

ihren Höhepunkt. Die Frau des *Han* der Hongmao wurde dem Yunzhongbei'r als Sklavin übergeben, der zweite *Beile* kam als Sklave in die Residenz des Huo'rbing. Die *Zhangjing* waren allesamt befördert und belohnt worden und kehrten in ihre Städte zurück, um daselbst das Kommando zu übernehmen. Nunmehr herrschte in der Tat Ruhe und Frieden und man lebte glücklich und arbeitete zufrieden.

Im Nu waren mehrere Jahre vergangen. Da verstarb an einem fünften Tag des zweiten Monats Duo'rkan *Han*. Amaqikan trauerte um ihn, als gelte es, die eigenen Eltern zu beweinen. Er dachte an seine Jugendzeit, als ihn einzig und allein sein Bruder erzog und er heranwuchs – eine große Gunst und Gnade, die nicht abgegolten werden konnte. Er jammerte und weinte und erst als Taqila und Gemenzhu ihm auf jede nur mögliche Weise gut zuredeten, hörte er auf zu weinen. Am Tag als der Tote bestattet worden war, kam Yunzhongbei'r mit Huo'rbing, Aiyinbu und all den ihnen unterstellten Beamten zu Amaqikan und sprachen mit einer Stimme zu ihm: „Da der Groß*han* keine Nachkommen hinterlassen hat, denen man die Macht übertragen könnte, ist es angebracht, dass der Oberbefehlshaber die Macht übernimmt." Die hohen Beamten drängten ihn, auf dem Thron Platz zu nehmen, worauf sie niederknieten und einmütig riefen: „Lang lebe der *Han*! Lang möge er leben! Lang möge er leben!" Amaqikan blieb nichts anderes übrig, als die Huldigung durch die hochrangigen Beamten entgegenzunehmen und verhängte eine generelle Amnestie über das Reich mit Ausnahme der Sippe des *Han* von Hongmao, der Räuber und Mörder. Die Zahl der Freigelassenen belief sich auf 500 Personen.

Die Gemahlin des Duo'rkan *Han*, Taqila, war zu jenem Zeitpunkt gerade mal sechsunddreißig oder siebenunddreißig Jahre alt, so dass es ihr recht sauer wurde, lange *Angkeshi*[112] zu bleiben. Als sie eines Tages ihre Eltern besuchte, teilte sie Fucha, der Frau ihres jüngeren Bruders Yunzhongbei'r mit, dass sie keinesfalls Witwe bleiben wollte. Frau Fucha übermittelte dieses ihrem Ehemann Yunzhongbei'r und schilderte ihm deren innerste Gefühle, worauf dieser sich wiederum mit Huo'rbing, Aiyinbu u.a. hochrangigen Beamten wegen eines *Shilami*[113] beriet. Am folgenden Tag kam Yunzhongbei'r mit den hochrangigen Beamten zur Audienz und brachte diese Angelegenheit vor, aber der *Khan* Amaqikan sträubte sich entschieden. Lange Zeit konnten sie keine Einigung erzielen.

---

112 Hezhe: *āk'əʃi* (S. 686): Witwe (S. 581, Anm. 1) (OA). – Mandschu: anggasi.
113 Hezhe: ʃilami (S. 680): Wenn von drei Brüdern der älteste stirbt, so ist es bei den Hezhe Brauch, dass seine Frau einen der jüngeren Brüder heiraten kann. Ebenso kann die Witwe eines jüngeren Bruders sich mit ihrem Schwager vermählen. Der ältere Bruder nimmt die Witwe des jüngeren Bruders zur Frau, der jüngere Bruder die des älteren. Solches nennt man *Shilami* (S. 581, Anm. 2) (OA), d.h. Levirats- oder Schwagerehe.

Als aber Gemenzhu davon erfuhr, trat sie hinter dem Wandschirm hervor und sprach zu ihrem Mann: „Es war dein Wunsch gewesen, dass damals Taqila zur Gemahlin [des Han] ausersehen wurde. Sie ist noch jung und frisch, unmöglich kann sie das leere und vereinsamte Haus hüten. Du darfst sie nicht in solch einer unerträglichen Lage lassen!" Als Amaqikan sie angehört hatte, blieb er stumm und sprach auch nicht ein Wort; erst als die hohen Beamten ihm erneut zuredeten, willigte er schließlich ein. Der fünfzehnte Tag des dritten Monats wurde als Tag der Vermählung ausersehen. Als dieser Tag anbrach, forderten die hohen Beamten Amaqikan auf, die Hochzeitsfeierlichkeiten abzuhalten und dabei erklärte der *Khan* Amaqikan Gemenzhu zur Gattin des Hauptpalastes (*zhenggong fujin*) und Taqila zur Gattin des mittleren Palastes (*zhonggong fujin*). Die Drei lebten miteinander wie Freunde und Gäste, nie kam es zu Streit. Zudem wurde Ke'rbuda als *Beile* der Ostresidenz (*dongfu beile*) eingesetzt, und da er 21 Jahre alt war, nahm er die älteste Tochter des Huo'rbing zur Frau. Er war sehr klug und traf daher in den Beratungen häufig die Entscheidung.

Am fünfundzwanzigsten Tag des ersten Monats des dreiundvierzigsten Regierungsjahres des *Khan* Amaqikan, verstarben er und Gemenzhu während sie sich im Palast gegenübersaßen. Ke'rbuda versuchte ihnen zu helfen, hatte damit jedoch keinen Erfolg; so blieb ihm nichts anderes übrig, als Yunzhongbei'r und die übrigen Beamten in den Palast zu rufen und durch die hohen Beamten einen Tag für das Begräbnis auswählen zu lassen. Zur Zeit der herbstlichen Treibjagd in jenem Jahr führte der *Khan* Ke'rbuda den Huo'rbing und die anderen in die Berge im Südosten auf die Jagd. Als die Jagd gerade im Gange war, erhob sich eines Tages plötzlich ein heftiger Ostwind. Der Wind brauste, die Wolken ballten sich zusammen, der Sand wirbelte auf und die Steine rollten, Himmel und Erde verfinsterten sich, während Schneeflocken umherwirbelten. Ke'rbuda kam zu diesem Zeitpunkt mit einem Leibgardisten in eine Schlucht, und da sie die Richtung verloren hatten, ritten sie einen Tag und eine Nacht lang, ohne ihre Zelte wiederfinden zu können. Sie waren vom Hunger völlig entkräftet und, da sie nicht geschlafen hatten, äußerst müde. Da erblickten sie auf einmal einen Karren, in dem ein Mann und eine Frau saßen. Ke'rbuda befahl dem Leibwächter, die Beiden nach dem Weg zu fragen, und als der Gardist bei dem Karren ankam und sich erkundigte, zeigte der Mann auf den dritten der Berggipfel, die in der Ferne vor ihnen zu sehen waren, und sprach: „Dort ist euer Zeltlager!" Die beiden Gefolgsleute[114] ritten im Galopp zurück, es kam ihnen jedoch so vor, als sehe jener Mann dem früheren *Khan* ähnlich. Als sie zurückkamen, meldeten sie dieses Ke'rbuda *Khan*. Da ritt der *Khan* Ke'rbuda den Beiden nach. Er bemerkte

---

114 Zuvor war nur von einem Gardisten die Rede.

jedoch, dass der Karren außergewöhnlich schnell fuhr und nicht einzuholen war; binnen kurzem hatte er ihn aus den Augen verloren. Da wusste er, dass dies nicht gewöhnliche Sterbliche gewesen waren, und er überlegte, ob seine Eltern nicht vielleicht Unsterbliche (*xian*) geworden waren. Als er nun den von dem Mann gewiesenen Berggipfel hinabstieg, erreichte er nach einem halbtägigen Marsch das Lager und traf dort auf Huo'rbing mit der Schar der Beamten, der seinen Gefolgsleuten befohlen hatte, als Signal Oboen (*jia*) zu blasen, und den *Han* zu suchen. Der *Han* erzählte davon, wie sie nach dem Weg gefragt hatten. Er bedauerte, dass er nicht selber gegangen war und den Mann und die Frau genauer angesehen hatte, weshalb er sich jetzt nicht sicher sein konnte, um wen es sich gehandelt hatte. Huo'rbing schlug vor: „Kehren wir in die Stadt zurück und öffnen wir die Särge, um nachzuprüfen. Dann werden wir Genaueres wissen!" Ke'rbuda ließ daraufhin sofort das Lager abbrechen und eilte den Tag und die Nacht hindurch zurück. Am folgenden Tage begab er sich mit den hochrangigen Beamten zu den Särgen des ehemaligen *Han* Amaqikan und seiner Gemahlin Gemenzhu und ließ sie öffnen um nachzuprüfen. Da sah er, dass die Särge leer waren, verbeugte sich mit der gesamten hohen Beamtenschaft dreimal in südöstlicher Richtung und machte neunfach Kotau, worauf er nach Hause zurückkehrte. In der hohen Beamtenschaft aber befand sich ein alter Mann, der wusste, dass Gemenzhu in Wirklichkeit eine Fee (*xiannü*) war und daher den ehemaligen *Khan* nach und nach zu verwandeln vermochte, so dass er ebenfalls Unsterblicher geworden war.

15. Turugao

(1) Ungefähr zu der Zeit, als in China die Yuan-Zeit zu Ende ging und die Ming-Zeit anbrach, teilten sich drei große Stämme das Gebiet, das östlich des Changbaishan, südlich des Sahalin (Amur) und westlich des großen Meeres sich erstreckt: Ein Stamm befand sich im Gebiet des Ussuri-Flusses und nannte sich Zhuleshi-Stamm[1], der zweite lebte am Sahalin und nannte sich Fu'rshi-Stamm[2] und der dritte, der sich A'rqidu[3]-Stamm nannte, siedelte am Sungari. Der *Han* des im Süden lebenden Stammes [Zhuleshi-Stamm] war damals Fuyanggu: Er hatte sein Amt von den Vorfahren ererbt und widmete sich diesem mit Leib und Seele. Ihm unterstand der *Zhangjing* Huo'rte, der *Pingzhang* Emugetu, der *Anbang* Mange und der *Hafan*[4] Aiye, die ihm beim Regieren halfen. Außerdem standen noch acht *Bushihu*[5] zur Verfügung, die alle Amtsgeschäfte besorgten. In dem Gebiet dieses Süd-Stammes befanden sich neunzehn Städte und sechsunddreißig Dörfer. Jede Stadt verfügte über einen *Zhushen Zhangjing*, die Fuyanggu *Han* ernannt hatte, und über einen *Zhushen Da*, der dem *Zhushen Zhangjing* unmittelbar verantwortlich war. Die Dörfer unterstanden jeweils einem *Gashen Da*, der alle Angelegenheiten des Dorfes regelte: So gewährleistete er z.B. die Versorgung mit Lebensmitteln, schlichtete Streitfälle und leitete die Haushalte. Jede Sippe (*zongzu*) des Dorfes wurde von einem *Mukun Da* geleitet, der sich um die Angelegenheiten seiner Sippe kümmerte und vom *Zhushen Zhangjing* ernannt wurde. Da Fuyanggu, der *Han* des Süd-Stammes klug und tapfer war und für Recht und Ordnung gesorgt hatte, lebte das Volk in Frieden und widmete sich mit Freuden seinem Tagewerk. Eines Tages im Sommer lud der *Han* des Südstammes seinen *Zhangjing* und *Pingzhang*, den *Anbang* und *Hafan*, sowie die Adeligen, die Prinzen, *Beizi* und *Beile*, zusammen an die dreißig Personen, in die Residenz am Ussuri zu einem großen Fest. Im Verlauf des Banketts sprach Fuyanggu *Han*: „In diesem Jahr sind die Truppen besonders stark und ich, euer *Han*, habe nicht vergessen, dass uns

---

1   Hezhe: *tsuləʃi* (S. 683) [Mandschu: julergi]: Süden; also: „Südstamm, Stamm im Süden" (S. 582, Anm. 2) (OA).
2   Hezhe: *fərəʃi* (S. 685): Norden [Mandschu: amargi]; also: „Nordstamm; Stamm im Norden" (S. 582, Anm. 3) (OA).
3   Hezhe: *altʃʼidu* (S. 687): Mitte [Mandschu: dulimba, dulin]; also: „Stamm in der Mitte" (S. 582, Anm. 5) (OA).
4   Militärbeamter: Tausendschaftsführer (S. 559, Anm. 8; S. 582, Anm. 10) (OA). – Im Mandschu ist „hafan" dagegen eine generelle Bezeichnung für „Beamter"; Tausendschaftsführer heißt minggan haha i da.
5   Beamtentitel. Einem *Bushihu* waren 500 Soldaten unterstellt (S. 565, Anm. 1; S. 582, Anm. 11) (OA).

damals in Sanjiangkou Schmach zugefügt wurde[6]. Nun will ich Truppen ausheben und Rache nehmen, ich weiß aber nicht, wie ihr darüber denkt?" Der Oberkommandierende Siyan'rzhen erhob sich und sprach: „In diesem Jahr herrscht Friede im Land und die Truppen sind stark und kräftig. Es ist genau die richtige Zeit, um Rache zu nehmen!" Nachdem sich die versammelten Beamten beraten hatten, stimmten sie dem Vorhaben einmütig zu.

(2) Der *Han* des Stammes der Mitte war Tu'rhaha. Seit er mit Fuyanggu, dem *Han* des Süd-Stammes in Sanjiangkou zu Wasser und zu Lande gekämpft und gesiegt hatte, war er stolz und überheblich geworden und hatte die Ausbildung seiner Truppen vernachlässigt. Beständig trank und feierte er mit seinen Frauen im Palast und kümmerte sich nicht um die Angelegenheiten seines Reiches, weshalb seine Beamten über ihn murrten. Als er den *Anbang* Haile rügte, weil dieser ihn gemahnt hatte, wagte niemand mehr seine Stimme warnend zu erheben, und so ging es mit dem Reich immer mehr bergab. Eines Tages sprach der *Anbang* Haile zu Turugao, dem ältesten Sohn des Tu'rhaha *Han*: „Unser Groß*han* ist meiner Meinung nach überhaupt nicht mehr mit früher zu vergleichen! Die Nächte verbringt er mit Trinken, er gibt sich hemmungslosen Ausschweifungen hin und kümmert sich nicht mehr um die Amtsgeschäfte. Ich fürchte, es steht nicht gut um die Zukunft unseres Stammes! Ich hatte letzte Nacht folgenden Traum: Das Gebiet längs des Sungari wurde durch heftige Regenfälle überschwemmt, die beiden Ufer hatten sich in ein Sumpfgebiet verwandelt. Da sah ich ein Schiff von Norden her kommen, das mich mitnahm, worauf ich vor Schreck aufwachte. Ich glaube, dass dieser Traum eher Unheil kündet als glückbringend ist. Falls der *Beizi* in Zukunft in Not gerät, so kann er mich rufen und sich mit mir beraten!" Nach diesen Worten zog er sich zurück. Dieser *Anbang* Haile war ein weiser und einfallsreicher Mann, dessen taktischen Plänen der frühere Erfolg von Sanjiangkou viel verdankte. Er hatte keinen Sohn sondern nur eine Tochter, die nun vierzehn Jahre alt war und Saha'rjini[7] hieß. Ihre Haut war sehr dunkel und sie war auch nicht schön, verfügte aber über großes Können in den Kampfkünsten, weshalb sie Saha'rjini *Dedou* genannt wurde. Als der *Beizi* Turugao vierzehn Jahre alt war, verstand er überhaupt nichts von den Kampfkünsten, weshalb ihn der *Anbang* Ge'rda[8] in die Lehre nahm und ihm nach und

---

6   Fuyanggu, der *Han* des Südstammes, hatte mit dem Han des Stammes der Mitte, Tu'rhaha, in Sanjiangkou gekämpft und musste sich nach einer entscheidenden Niederlage zurückziehen (S. 583, Anm. 7) (OA).

7   Dieser Name bedeutet eigentlich „schwarz" [S. 694: *saharkʻi*, chinesische Transkription: saha'rji, = schwarz]. Das Mädchen erhielt diesen Namen, weil ihr Gesicht so schwarz war wie der Boden eines Kochtopfes (S. 584, Anm. 1) (OA).

8   Hezhe: *kəlta* (S. 689): Beamter; Exzellenz (S. 584, Anm. 3) (OA).

nach Kampftechnik und Kriegstaktik beibrachte. Der *Anbang* Haile tat dies mit Leib und Seele, so dass Turugao ein ausgezeichneter Kämpfer wurde. Häufig übte er mit Saha'rjini im rückwärtigen Garten des *Anbang*. Die *Dedou* liebte ihn von Herzen und wenn es irgendetwas Neues zu essen gab, so war sie nicht bereit davon zu kosten, bevor sie es nicht zusammen mit Tu'rgao essen konnte. Auch Tu'rgao liebte sie sehr.

In jener Zeit befahl der *Han* des Südstammes, Fuyanggu, seinem *Anbang* Mange die Krieger der neunzehn Städte und sechsunddreißig Dörfer einzuberufen und sie vor dem Südtor der Hauptstadt zu drillen. Mange begab sich mit diesem Bescheid zurück in seine *Huotong Hechen*[9] und befahl den *Zhushen Zhangjing*, den *Zhushen Da*, den *Gashen Da* und den *Mukun Da*, die ihnen unterstehenden ausgebildeten Truppen herbeizuführen und sie vor dem Südtor der Hauptstadt zu versammeln, wo sie gedrillt werden sollten. Schon nach wenigen Tagen waren die zur Verfügung stehenden Truppen vor dem Südtor der Hauptstadt vollzählig versammelt. Im Auftrag des *Han* wies der *Anbang* den oberkommandierenden General an, die Truppen zu inspizieren: Es standen insgesamt sechsunddreißigtausend Mann bereit, die allesamt beritten waren und den Ehrentitel *Zile Chuwaha*[10] führten. Sie waren alle gut im Reiten und Bogenschießen ausgebildet und konnten zudem Kälte ertragen. Bereits nach einem halben Monat waren sie daher bestens gedrillt: Als dies dem *Han* gemeldet wurde, war er sehr froh und legte den Abmarsch auf den zwanzigsten Tag des achten Monats. Als nun ein Dutzend Tage später dieser Termin erreicht war, drängte Aba, der *Hafan*-Hauptaufseher (*Hafan Ducuiguan*), das Heer, in Richtung Norden abzumarschieren, worauf der Leiter der Vorhut, Aiye, mit seinem Truppenteil als Erster aufbrach und auf dem Weg in Richtung Yanwo[11] vorrückte. Fuyanggu *Han* folgte ihm mit der Masse des Heeres, umgeben von seinen *Hafan* und den übrigen Beamten, die seine Garde bildeten; er bot auf diese Weise einen Ehrfurcht gebietenden Anblick. In Eilmärschen näherten sie sich dem Gebiet des mittleren Stammes und waren nach etwa einem Dutzend Tage nur mehr an die dreißig Meilen vom *Huotong* Jilin[12] entfernt. Nun bemerkten die Späher der gegnerischen

---

9   Hezhe: *hɔt'ɔ həʃ'en* [Mandschu: hoton hecen, „Stadtmauer", „ummauerte Stadt"]: Kleine Stadtmauer aus Stampferde (S. 584, Anm. 4) (OA).

10 Hezhe: *sələ ts'uwaha* (S. 691) [Mandschu: sele cooha ?]: *Zile* bedeutet „Eisen", *Chuwaha* „Truppen": Der Ausdruck bedeutet also „Eiserne Truppen" (S. 584, Anm. 5) (OA).

11 Name einer Gegend. Liegt auf dem Gebiet des Kreises Raohe, nordöstlich der Kreisstadt Baoqing 寶清 in Jilin (S. 584, Anm. 6) (OA).

12 Hezhe: *hɔt'ɔ kilin* (S. 693): *Huotong* [Mandschu: hoton] bedeutet „Stadt", *Jilin* [Mandschu: cikin ?] „entlang des Flusses"; die wörtliche Übersetzung ist: „Stadt am Fluss". An der Stelle, an der Tu'rhaha seine Hauptstadt errichtete, steht heute die Kreisstadt Fujin (S. 584, Anm. 7) (OA).

Seite die Streitmacht des *Han* des Südstammes und meldeten es Tu'rhaha *Han*. Der aber schlief noch seinen Rausch aus, und als er später aufwachte, schimpfte er los: „Fuyanggu wurde von mir besiegt, warum sollte ich mich vor ihm fürchten!" So mussten die *Zhangjing, Pingzhang, Anbang* und *Hafan* sich alleine den Kopf darüber zerbrechen, wie man dem Feind am besten entgegentrat. Anschließend schickten sie die *Bushihu*[13] zu den Stadt- und Dorfschulzen, damit diese ihre Truppen zusammenziehen und sich dem Feind entgegenstellen sollten. Kurz nachdem die *Bushihu* in weggetreten waren, meldeten die Kundschafter, dass die Vorhut des Südstammes bereits unter den Mauern der Stadt ihr Lager aufschlage, worauf der *Anbang*-Beamte Haile den Befehl gab, die Stadttore auf das Genaueste zu bewachen. Noch während der Beratung rückte bereits Fuyanggu *Han* mit seiner Streitmacht gegen die Stadt vor und bereitete den Angriff auf sie vor.

(3) Der Han des Südstammes, Fuyanggu, befahl seinem *Anbang* Mange und dem *Hafan* Aiye, mit ihren *Jida*[14] den Kampf aufzunehmen, während der *Zhangjing* Huo'rte sowie die *Pingzhang* unter Leitung von Fuyanggu *Han* als Verstärkung gegen die Stadt vorstoßen sollten. In der Stadt ließ der *Anbang* des mittleren Stammes, Haile, die Tore streng bewachen, dachte aber nicht daran, vor der Stadt den Kampf aufzunehmen, obwohl der *Han* des Südstammes ihn ohne Unterlass zum Kampfe herausforderte. Wie nun Tu'rhaha, der *Han* des mittleren Stammes, in halbbetrunkenem Zustand, vor der Stadt den Klang der Kriegstrommeln vernahm, fragte er, wer denn vor der Stadt den Kampf suche, und die Diener antworteten ihm, dass es der *Han* des Südstammes, Fuyanggu, sei. Da erhob er sich und sprach: „Bringt mir meine Streitaxt!" Er bestand darauf, mit seiner Axt nach draußen zu gehen, obwohl ihm die *Pingzhang* und alle anderen davon abrieten. Diener brachten sein Streitross, er schwang sich hurtig hinauf und galoppierte zum Südtor. Als er dort sah, dass der *Anbang*-Beamte das Tor geschlossen hielt und nicht kämpfte, befahl er ihm, es zu öffnen und ihm in die Entscheidungsschlacht zu folgen! So sehr Haile ihm dies auch ausreden wollte, er hörte nicht auf ihn und beharrte auf der Öffnung des Tores. Da blieb den *Zhangjing, Pingzhang* und *Bushihu* nichts anderes übrig als das Tor zu öffnen und als Schutz des Groß*han*s ihm vor die Stadt zu folgen.

Der *Han* des Südstammes, Fuyanggu, war dabei seine Reihen zu ordnen, als er einen General bemerkte, der mit einer Streitaxt in der Hand und einem Trupp Krieger als Bedeckung auf seinem Ross aus der Stadt sprengte. Er fragte ihn: „Seid Ihr vielleicht Tu'rhaha, der *Han* des Stammes der Mitte?" Der *Han* des Mittelstammes antwortete ihm: „Wenn du schon meinen, des *Han*s, ehrenwerten

---

13 Hezhe: *pušihu*. Militärbeamter.
14 Hezhe: *gita*. Lanze (S. 585, Anm. 1) (OA) – Mandschu: gida.

Namen kennst, warum sitzt du dann nicht ab und lässt dich binden?" Noch
während er so sprach, sprengte auf der Gegenseite Mange, der *Anbang* des
Südstammes, vor die Reihen und begann mit Tu'rhaha *Han* zu kämpfen. Mange
kämpfte mit seinem Kampfspeer gegen den *Han*, aber nach über fünfzig Runden
war der Kampf noch immer nicht entschieden. Die Gongs und Trommeln beider
Seiten dröhnten und je länger Mange kämpfte, desto mehr wuchs sein
Kampfgeist, während Tu'rhaha allmählich die Kräfte verließen. Als von der
Stadtmauer aus der *Anbang* des Mittelstammes bemerkte, dass der Groß*han* des
eigenen Reiches den Kampf verlieren würde, befahl er die Gongs zu schlagen
und die Soldaten zurückzuziehen. Beim Klang der Gongs wendete Tu'rhaha sein
Pferd und zog sich zurück, und auch Mange setzte ihm nicht nach, sondern ritt
zu den Seinen zurück. Als Tu'rhaha durch das Stadttor kam, machte ihm der
Anbang Haile seine Aufwartung, wobei ihn der *Han* warnte: „Dieser feindliche
Heerführer ist sehr gefährlich. Sollte ich von ihm gefangengenommen werden,
so ist für euch die Verteidigung der Stadt das Wichtigste." Mit diesen Worten zog
er sich in seine Residenz zurück. In Ausführung dieses Befehls befahl Haile den
Soldaten und Offizieren, an den Toren aufmerksam Wache zu halten. Zudem
gab er Schießpulver und steinerne Kanonenkugeln[15] als Vorbereitung für den
Verteidigungsfall aus. In der Residenz angekommen, wurde der *Han* des Mittel-
Stammes von seinen *Dedou* und der *Fujin* willkommen geheißen, die beim Koch
ein Festessen mit Wein orderten, um dem Groß*han* damit über seinen Schreck
hinwegzuhelfen. Er entledigte sich seiner Rüstung und verschnaufte ein Weilchen, um dann wie gewohnt mit seinen *Dedou* und seiner *Fujin* zu zechen. Dabei
machte ihm auch der *Beizi* Turugao seine Aufwartung, stellte sich ihm zur Seite
und bediente ihn überaus aufmerksam. Die leibliche Mutter des Turugao war
schon vor vielen Jahren verstorben und er hielt nichts von diesen *Dedou* und der
Fujin, deshalb verabschiedete er sich wieder, nachdem er den Groß*han* ein Weilchen bedient hatte. Nachdem er gegangen war, griff sein Vater zum Weinkrug
und begann nach Herzenslust zu bechern; er hörte auch dann noch nicht damit
auf, als es bereits nach Mitternacht war. Der Feind aber griff im Dunkel der
Nacht die Stadt von allen Seiten her an, deren Verteidiger an den Stadttoren mit
ihren Kanonenkugeln und anderem Gerät Widerstand leisteten. Als der *Anbang*
Haile sah, dass die Verteidigung in Gefahr war zusammenzubrechen, kam er
mehrmals zum Groß*han* und bat ihn um Hilfe, dieser aber winkte ab und trank
weiter. Da blieb Haile nichts anderes übrig als sich an die Spitze der Heerführer

---

15 Der Ausdruck *gunshi* 滚石 , evtl. „Rollstein" oder „Donnerstein", konnte in keinem
   Nachschlagewerk gefunden werden, obige Übersetzung ist lediglich eine Interpretation nach
   dem Sinnzusammenhang.

zu setzen, um mit Umsicht die Verteidigung zu leiten. Aber leider erreicht ein Einzelner nicht viel und die *Zhangjing* und *Pingzhang* dachten nicht daran, sich anzustrengen. Zum Glück war Verlass auf die *Hafan*-Beamten, die mit Umsicht die Stadttore verteidigten und ihre Erstürmung verhinderten, bis schließlich im Morgengrauen das gegnerische Heer sich zurückzog.

(4) Haile war tief beunruhigt darüber, dass die Verteidiger der Stadt während der ganzen Nacht kein Auge zugetan hatten und die am Vortage abgesandten vier *Bushihu* noch immer nicht mit Truppen zurückgekehrt waren, während Tu'rhaha Han schwer betrunken schlief und die *Pingzhang*, *Zhangjing* und *Hafan* mittelmäßig bis unbrauchbar waren. Um die Mittagszeit beobachtete er, wie die Truppen des Fuyanggu *Han* die Hauptstadt erneut von allen Seiten so dicht einschlossen, dass an ein Durchkommen nicht zu denken war, und dann ihren Angriff auf die vier Tore begannen. Der *Anbang*-Beamte Haile tat alles in seinen Kräften stehende, um den Widerstand zu organisieren, und befahl den vier *Hafan*-Beamten die Tore zu halten und nicht zu weichen. Als der Abend dämmerte, gelang es dem Oberbefehlshaber der feindlichen Truppen, Siyan'rzhen, durch das Osttor in die Stadt einzudringen und auch das Südtor fiel in der Folge. Die Verteidiger der Stadt meldeten dies drei- oder viermal in der Residenz des *Han*, aber der Han war wie gewöhnlich betrunken. Als der *Anbang*-Beamte Haile erfuhr, dass das Osttor gefallen war, eilte er in die vorderste Linie, um sich dem Kampf zu stellen, und musste sehen, dass Siyan'rzhen bereits in die Stadt eingedrungen war und ein Blutbad anrichtete. Haile stellte sich ihm entgegen, wurde aber von Siyan'rzhen mit der Lanze aus dem Sattel gestochen, worauf dieser ihm den Kopf abschnitt und damit zur Residenz des Tu'rhaha Han strebte. Zwölf von den *Pingzhang*, *Zhangjing* und *Hafan* waren zu diesem Zeitpunkt bereits im Kampf gefallen, worauf die übriggebliebenen beiden *Hafan* und die *Bushihu* kapitulierten.

Der General Siyan'rzhen und der *Anbang*-Beamte Mange waren nicht mehr weit von der Residenz des *Han* Tu'rhaha entfernt, als sie auf einen kernigen Jüngling von etwa vierzehn bis fünfzehn Jahren trafen, der mit einer silberglänzenden Lanze bewaffnet, auf einem Schimmel ritt und eine silberhelle Rüstung trug. Er war außergewöhnlich tapfer und kämpfte mit Siyan'rzhen fünfzig oder sechzig Runden, ohne dass einer der beiden den Kampf für sich entscheiden konnte. Als der Jüngling einmal zurückblickte, sah er, dass die Residenz brannte und die Flammen die Umgebung taghell erleuchteten. Das Feuer wurde immer heftiger. Dieser Anblick erfüllte den Jüngling mit Trauer und Schmerz. Dieser war der *Beizi* Turugao, der wusste, dass sein Vater schwer betrunken war und den mächtigen Gegner nicht aufhalten konnte, weshalb er sich gezwungen sah, diesem selbst entgegenzutreten. Während er noch hin und her überlegte, eilten auf der gegnerischen Seite auch schon der Groß*han* Fuyanggu, der *Anbang*-Beamte Mange, der *Pingzhang* Emugetu, der *Zhangjing* Huo'rte, der *Hafan* Aiye und der *Bushihu* Butai herbei und umstellten ihn. Mit lauter Stimme befahl Fuyanggu *Han*: „Wem es gelingt, diesen Jüngling gefangenzunehmen, der soll reich belohnt werden!" Sogleich fielen sie mit Schwert und Lanze über ihn her. Der *Beizi* stieß nach links vor und stürmte nach rechts, aber es gelang ihm nicht, den Ring seiner Gegner zu durchbrechen. Als die Gefahr für ihn immer größer wurde, sah er auf der Weststraße einen Reiter näherkommen, und stellte im Schein des Feuers fest, dass es Saha'erjini *Dedou* war. Auch sie erkannte Turugao und rief ihm von ferne zu: „Sei unbesorgt *Beizi*, ich bin da!" Sie trieb das Pferd an und eilte herbei. In der Hand hielt sie einen Speer aus geschwärztem Stahl, sie trug eine azurgrüne (*qing*)[16] Rüstung und ritt auf einem mächtigen Rappen. Sie warf sich mit solcher Wucht in den Kampf, dass die feindlichen Generäle und Soldaten in Scharen zurückwichen. Sie drang in das Zentrum des Ringes vor und rief dem *Beizi* Turugao zu: „Was wollen wir noch hier? Deinen Vater haben sie schon gefangengenommen. Meine Mutter hat gehört, dass mein Vater gefallen ist und hat sich daraufhin erhängt. Ich bin nun eigens gekommen, um dir zu helfen: Es ist das Beste, so schnell wie möglich von hier zu verschwinden, denn es ist sinnlos weiterzukämpfen! Trotz unserer Tapferkeit werden wir kaum gegen die Überzahl des Gegners ankommen. Es wäre also am besten, den Ring der Feinde zu sprengen und an einen anderen Ort zu fliehen!"

Als der *Beizi* Turugao hörte, dass sein Vater in die Hände des Feindes gefallen war, knirschte er mit den Zähnen und schimpfte: „Wenn dies ungerächt bleibt, so bin ich ein Nichtsnutz!" Er schwang seine silberfarbene Lanze, bahnte sich eine blutige Gasse durch die Reihen seiner Gegner und durchbrach mit Saha'rjini den Ring der sie umgab. Fuyanggu, der *Han* des Südstammes, hatte sich auf einem erhöhten Platz aufgestellt und schrie mit lauter Stimme: „Der *Beizi* des Tu'rhaha *Han* darf nicht entkommen!" Wie hätten auf diesen Befehl hin der Oberbefehlshaber Siyan'rzhen und der *Anbang*-Beamte Mange nachlässig sein können! Hartnäckig setzten sie den beiden nach. Der *Beizi* Turugao ließ seine silberfarbene Lanze tanzen und kämpfte sich in östlicher Richtung durch. Als er sich, ohne selbst zu wissen, wie ihm dies gelungen war, durch das Osttor geschlagen hatte und sich umblickte, war von Saha'rjini nichts mehr zu sehen. Tief in der Nacht wandte er sich längs der Stadtmauer nach Nordwesten und nachdem er über fünfzig Meilen hinter sich gebracht hatte, kam er zu einem hohen Hügel, bei dem er absaß und verschnaufte. Und als er nun darüber nachdachte, wie

---

16 *Qing* kann auch „schwarz" bedeuten. Es könnte sich daher auch um eine schwarze Rüstung handeln; da aber ansonsten „schwarz" durch *hei* bezeichnet wird, wurde mit „blaugrün" übersetzt.

gefährlich die gegnerischen Heerführer gewesen waren, denen er beinahe in die Hände gefallen wäre, und er nicht wußte, wie es nun seinem Vater erging, da rannen ihm unwillkürlich einige Heldentränen übers Gesicht. Saha'rjini hatte sich ebenfalls durch das Osttor gekämpft, da sie aber keine Spur von dem *Beizi* Turugao entdecken konnte, kehrte sie um und drang erneut in die gegnerischen Reihen ein. Als sie ihn auch dort nicht finden konnte, kämpfte sie sich wieder durch das Osttor und machte sich nach Westen auf.

Fuyanggu *Han* vom Südstamm begab sich zu der Residenz des *Han* des mittleren Stammes, und befahl, den Brand zu löschen, worauf er sich in den hinteren Gemächern ausruhte. Bald darauf wurde ihm gemeldet, dass der *Zhangjing* Huo'rte den *Han* Tu'rhaha und dessen Frauen sowie achtunddreißig *Zhangjing* gefangen genommen habe. Zu dieser Zeit dämmerte bereits der Morgen. Fuyanggu *Han* befahl den *Zhangjing*, *Pingzhang* und *Anbang*-Beamten den Soldaten bekanntzugeben, dass Plünderungen untersagt waren; wer gegen diese Order verstoße, werde mit dem Tode bestraft! Auf diesen Erlass hin, atmete das Volk auf. Am folgenden Tage entsandte der *Han* den *Hafan* Aiye und andere Beamte in die Städte und Dörfer, über die Tu'rhaha *Han* geherrscht hatte, um die genaue Einwohnerzahl zu ermittelten, und befahl, all diese Einwohner vollzählig in der Hauptstadt zu versammeln. Die dem *Han* des Mittel-Stammes unterstehenden neun Städte und zwölf Dörfer zählten insgesamt fünfhunderttausend Einwohner. Nachdem der *Hafan* Aiye in Ausführung seines Befehles weggetreten war, befahl Fuyanggu *Han*, Tu'rhaha *Han* in die Haupthalle zu führen. Zu dieser Zeit war Tu'rhaha *Han* wieder nüchtern. Er war so fest gefesselt, dass er sich nicht bewegen konnte. Als er die Augen öffnete und über sich Fuyanggu *Han* thronen sah, da schwoll ihm die Zornader und er brüllte los: „Du Sklave! Ich, der hiesige *Han*, wurde von dir gefangen genommen, als ich betrunken war. Das ist wirklich schade! Die Sache ging schief, weil ich vom Wein nicht genug bekommen konnte!" Fuyanggu *Han* befahl, ihn in einen Gefangenenkarren zu stecken und ließ ihn von den *Hafan*-Beamten ins Gebiet des eigenen Stammes eskortieren. Auch hatte sich bereits die gesamte Einwohnerschaft der Städte und Dörfer des mittleren Stammes in der Hauptstadt versammelt, und bereitete sich darauf vor, am ausgewählten Tag in das Gebiet des südlichen Stammes verlegt zu werden.

(5) Fuyanggu, der *Han* des Südstammes, teilte das Volk des mittleren Stammes auf und ließ die jeweiligen Gruppen zu drei verschiedenen Zeiten in sein Reich bringen. Als diese Umsiedlung beendet war, kehrte auch die Masse des Heeres dorthin zurück. Dies geschah im neunten Monat und die Wege, auf denen die mehr als fünfhunderttausend Personen zu marschieren hatten, waren ein bis zu einem Klafter tiefer Morast, während die Pflanzen zu Seiten der Wege meist umgedrückt und zertrampelt waren. Aber schon nach mehreren Dutzend Tagen

waren sie am Ussuri angekommen, wo sie von den aus der Stadt herbeigeeilten *Dedou*, *Fujin* und Nebenfrauen, sowie den Adeligen und Verwandten des *Han* mit ohrenbetäubendem Jubel begrüßt wurden. Am darauffolgenden Tag ehrte Fuyanggu *Han* die verdienstvollen Staatsmänner in seinem Palast am Ussuri mit einem opulenten Festessen. Während des Festes ließ er Tu'rhaha *Han* und seine Lieblingsfrau vorführen und befahl ihnen azurgrüne (*qing*) Kleider anzuziehen und ihnen Wein einzuschenken. Fuyanggu *Han* war darüber sehr zufrieden mit sich und lachte dröhnend und während er sich amüsierte, trank er Wein. Als Bayan'a, ein *Zhangjing* des Mittelstammes, dies alles mitansehen musste, konnte er sich vor Zorn nicht mehr beherrschen: Er griff nach einem Schemel, schleuderte ihn nach dem Kopf des Fuyanggu und traf ihn an der Stirne. Fuyanggu stürzte benommen zu Boden, während das Blut aus einer Kopfwunde strömte. Die *Pingzhang* trugen ihn in den hinteren Teil des Palastes und befahlen dem *Anbang*-Beamten Mange, Tu'rhaha und Bayan'a in den Kerker zu sperren. Das prächtige Fest bereitete nun niemandem mehr Freude und die Gäste zogen sich zurück. Am darauffolgenden Tag ordnete der *Anbang*-Beamte Mange an, dass Bayan'a mit dem *Bulamiwalan*[17] zu bestrafen und diese Strafe noch am selben Tage zu vollziehen sei. Fuyanggu *Han* aber genas erst nach mehr als einem Monat von seiner Verletzung. Da es in dieser Zeit im Reich nichts Besonderes zu tun gab, verteilte man das umgesiedelte Volk auf den Osten und den Westen der Stadt und legte [neue] Stadtbefestigungen an. Außerdem führte man großangelegte Bauvorhaben durch, errichtete Terrassen und Pavillons und legte Gärten und Fischteiche an.

Seit Turugao, der *Beizi* des mittleren Stammes, aus der Stadt geflohen war, gab es für ihn keinen Ort, an dem er Zuflucht fand; er war einsam und allein und wusste nicht, wie es weitergehen sollte. Er folgte dem Sungari nach Westen und nachdem er über fünfzig Meilen zurückgelegt hatte, bemerkte er einen völlig verfallenen Tempel. Er saß ab und ging zu ihm, band sein Pferd an einen Pfosten und trat ein. Da er völlig erschöpft war, schlief er an der Seite der Halle mit hängendem Kopf ein. Schon bald war er im Reich der Träume und nahm plötzlich verschwommen einen General wahr, den er, als er genauer hinsah, als den *Anbang*-Beamten Haile erkannte. Dieser sprach zu ihm: „*Beizi*, du siehst, dass dein Vater sein Reich verloren hat und er selbst gefangengenommen wurde, weil er nicht auf die gut gemeinten Ratschläge hörte. Warte ein Weilchen und es wird ein Gefährte kommen, der mit dir jenseits des Flusses leben wird." Turugao

---

17 Hezhe: *pulamiwal* (S. 681): Die grausamste Strafe der Hezhe: Man gräbt ein Loch, legt den Verbrecher hinein und bedeckt ihn mit Erde: Lebendig begraben (*huo mai*) (S. 396, Anm. 1; S. 588, Anm. 1) (OA).

erwachte und merkte, dass alles nur ein Traum gewesen war, empfand diesen Traum aber als reichlich seltsam. Es war die Zeit der fünften Nachtwache[18] und im Osten begann es zu dämmern. Er ging also nach draußen und sah nach seinem Pferd, worauf er wieder in den Tempel ging, um weiterzuschlafen. Plötzlich aber vernahm er draußen das Wiehern eines Pferdes, und da er befürchtete, dass es sich um Verfolger handeln könnte, griff er nach seiner Lanze und trat vor das Tor des Tempels, um nachzusehen. Der Ankömmling aber war niemand anderer als Saha'rjini *Dedou*, die Tochter des Haile. Da freute er sich von Herzen und fragte: „Wie kam es, dass du bei dem Kampf plötzlich verschwunden warst?" „Nachdem ich mich durch das Osttor gekämpft hatte," antwortete ihm Saha'rjini, „habe ich dich nicht mehr gesehen. Daher bin ich nochmals in die Reihen der Feinde eingedrungen, um nach dir zu suchen; da ich dich aber nicht mehr fand, blieb mir keine andere Wahl, als mich erneut durchs Osttor zu kämpfen. Ich bin dann nach Westen geritten und so hierher gekommen. Ich hätte nie gedacht, dich hier zu treffen!" Turugao antwortete: „Das ist wirklich eine Überraschung!" Saha'rjini zog nun eine Kleinigkeit zu essen hervor, damit Turugao seinen Hunger stillen konnte. Die Sonne war nun bereits aufgegangen. Turugao erzählte ihr, dass ihm der *Anbang*-Beamte im Traum erschienen war. Die Beiden seufzten und berieten dann, wie ihre Flucht weitergehen sollte.

(6) Turugao beriet mit Saha'rjini einen Fluchtplan, wobei Turugao sagte: „Mein Onkel [Mutterbruder] ist der *Han* des Nordstammes und lebt in der Gegend von Wuyun[19]; er gebietet über mehrere zehntausend Soldaten. Wenn wir zu ihm fliehen, wird er uns bestimmt aufnehmen. Anschließend können wir einen Weg finden, wie wir Rache nehmen können! Was hältst du davon?" Saha'rjini antwortete ihm: „Wenn du dort Verwandte hast, so lass uns hingehen!" Die Beiden aßen ihr karges Mahl auf und verließen den Tempel. Sie führten ihre Pferde am Flussufer entlang, um eine Fähre zu suchen. Nach langem Suchen machten sie in westlicher Richtung am Ufer eine Reihe von *Wumi Richen* aus: Unverzüglich schoben sie ein Boot ins Wasser, setzten sich hinein und zogen ihre Pferde am Zügel hinterdrein. So setzten sie über den Fluss und langten nach kurzer Zeit am Nordufer an, wo sie in nordwestlicher Richtung weiterritten. Am Tage ritten sie und in der Nacht lagerten sie und erreichten nach einem Dutzend Tagen einen mächtigen grünen Bergzug, den heutigen großen Bergstock von Taipinggou[20] am Sahalin. In diesen Bergen fanden sie keinen Weg, sie zogen in

---

18 D.h. gegen vier Uhr morgens.

19 Heute der Kreis Wuyun 烏雲 in der Provinz Heilongjiang (S. 589, Anm. 1) (OA).

20 Auf dem rechten Ufer des Amur, siebzig Meilen nördlich der Kreisstadt Luobei 蘿北 (S. 590, Anm. 1) (OA).

nordwestlicher Richtung weiter, aber ihr Marsch durch die Schluchten wurde immer schwieriger. Die Berge ragten hoch empor und die Wälder waren so dicht, dass das Tageslicht kaum durch sie hindurch drang: Wer sie durchqueren musste, tat sich schwer, Nord und Süd zu unterscheiden. Nachdem sie einen Berg überwunden hatten, folgte der nächste, es war kein Ende zu erkennen. Wenn man von einem hohen Gipfel nach einem Weg Ausschau hielt, sah man lediglich, dass die vor einem liegenden Berge noch höher waren und hinter jedem Gipfel noch ein Gipfel lag. Wer weiß, wieviele hohe Gipfel und schroffe Ketten sie überqueren mussten, die wilden Tiere flüchteten aufgescheucht, die Tiger brüllten und die Wölfe heulten: es war einfach grauenerregend. Eigentlich waren die beiden jungen Leute nicht gewohnt, über Berge zu klettern, zum Glück aber verfügten sie über außergewöhnliche Fähigkeiten, so dass es ihnen möglich war, sich Mut zu machen und weiterzumarschieren.

Auf ihrem Marsch trafen sie auf einen Bären, der sich auf sie stürzte. Turugao stach mit seiner Lanze nach dessen Kehle, aber die Spitze rutschte ab und schlug dem Bären keine gefährliche Wunde. Dieser stürzte sich erneut auf sie und biss Turugaos Pferd ins Hinterbein. Saha'rjini nutzte dies, stieß ihm ihre Lanze durch einen weißen Fleck auf seiner Kehle und tötete ihn so. Nachdem sie das Tier zerlegt hatten, zündeten sie Zweige an und wollten das Fleisch braten, um ihren Hunger zu stillen. Aber sie dachten ständig daran, dass sie weiter mussten und da sie nicht besonders hungrig waren, stiegen sie wieder zu Pferde und eilten weiter. Nun aber fanden sie ihren Weg nicht mehr, denn als sie mit dem schwarzen Bären kämpften, hatten sie sich hierhin und dorthin bewegt und die Richtung verloren. So blieb ihnen nichts anderes übrig, als wie zuvor die Berge hinaufzuklettern. Da es bereits Abend wurde, saßen sie am Osthang eines hohen Berges ab, um zu ruhen. Saha'rjini legte ihr Oberkleid ab und breitete es für Turugao aus, damit er darauf schlafe. Sie selber wachte an seiner Seite. Obwohl sie noch ein unberührtes Mädchen war, war sie doch schon im heiratsfähigen Alter und wusste schon um die Dinge des Lebens. Und so rutschte sie immer wieder an Turugao heran, wurde aber jedesmal von ihm mit der Hand weggeschoben. Schließlich aber hatte er keine Wahl mehr und konnte nichts anderes tun, als sie in die Arme zu nehmen und die gute Sache zu vollenden.

Am folgenden Morgen stand Saha'rjini als Erste auf und wollte sich waschen und kämmen, fand aber kein klares Wasser. Schließlich fand sie einen Quell, der hurtig sprudelte und dessen Wasser unvergleichlich rein war. Sie wusch sich damit das Gesicht und nachdem sie es mehrmals abgerieben hatte, trank sie noch zwei oder drei Schluck von dem Wasser, worauf sie zum Lagerplatz zurückkehrte. Dort war auch Turugao bereits aufgestanden und saß am Feuer. Als er Saha'rjini anblickte, war ihr Gesicht, das zuvor dem Boden eines Kochkessels geglichen hatte, zart und rosig und unvergleichlich schön geworden! Er fragte: „Wie kommts, dass dein Gesicht auf einmal so schön geworden ist?" Saha'rjini wunderte sich sehr über seine Frage und antwortete: „Warum machst du dich über mich lustig? Ich habe schon immer ein dunkles Gesicht!" „Hier gibt es keinen Spiegel," meinte der Jüngling, „aber du kannst dich im Wasser spiegeln, dann wirst du sehen, dass ich recht habe!" Die *Dedou* glaubte ihm nicht und ging wieder zu der Quelle, in der sie sich spiegelte: Tatsächlich ihr dunkles Gesicht war hell geworden! Sie war außer sich vor Freude. Sie eilte zurück und erzählte Turugao, dass sie nach Quellwasser gesucht und dort ihr Gesicht gewaschen habe, und meinte dann, dass dieser süße Quell vermutlich übernatürliches Wasser (*xianshui*) enthalte. Turugao folgte ihr zu der Quelle und trank ebenfalls zwei oder drei Schlucke von dem Wasser. Dessen Geschmack war überaus angenehm und süß und die beiden dankten unentwegt den Göttern.

(7) Turugao freute er sich von Herzen, als er sah, dass Saha'rjinis Gesicht durch das Waschen im Wasser der Quelle weiß geworden war. Mit *Sengqile*-Gras als Räucherwerk[21] knieten die beiden nieder und beteten. Turugao betete zu dem Gott der Berge: „Wir sind dem Gott der Berge sehr dankbar dafür, dass er uns das übernatürliche Wasser (*xianshui*) geschenkt hat, dass das Gesicht der *Dedou* schön werden ließ. Wir danken dafür zehntausendfach! Ich, der *Beizi* Turugao vom Mittelstamm und Saha'rjini, die Tochter des *Anbang*-Beamten Haile vom Mittelstamm, werden dem Gott der Berge, an dem Tage, an dem wir wieder in unser Reich zurückkehren werden, drei Rinder, sechs Schweine und neun Schafe opfern." Nach diesem Gebet erhoben sie sich und kehrten dann zu ihrem Lagerplatz zurück, wo sie das Bärenfleisch brieten und ihren Hunger stillten. Als Turugao sah, wie schön Saha'rjini geworden war, verehrte und liebte er sie noch stärker als zuvor. Als Haile noch lebte, hatte er beobachtet, dass Turugao trotz seiner Jugend eine außergewöhnliche Persönlichkeit war, weshalb er fest entschlossen war, seine Tochter mit ihm zu verheiraten. Er erwähnte dies mehrere Male, aber da die Sache aufgeschoben wurde, war nichts daraus geworden. Nachdem Haile gefallen war, redete niemand mehr davon, weshalb bis jetzt nichts geschehen war. Aber als die Stadt fiel und Turugao dabei in Bedrängnis geriet, holte ihn die *Dedou* zum Glück aus dem mehrfachen Umklammerungsring seiner Feinde und rettete ihn vor der Gefangennahme. Dafür war ihr Turugao stets dankbar und da er zudem daran denken musste, dass ihr Vater für das Reich sein Leben hingegeben hatte und bereits früher von einer Verheiratung die Rede gewesen war, stieß er sich nicht an ihrem hässlichen Äußeren, sondern wollte die

---

21 Hezhe: *səŋkʻib* (S. 692). Die Hezhe verwenden bei rituellen Anlässen gewöhnlich das Duftgras *Sengqile* als Räucherwerk (S. 591, Anm. 1) (OA).

Dedou heiraten. Und da nun die *Dedou* so schön geworden war, liebte er sie natürlich wie ein kostbares Juwel. Die beiden machten vor Himmel und Erde Kotau und wurden Mann und Frau. Saha'rjini änderte daraufhin ihren Namen in Haileni. Erst als die Sonne im Osten aufging, waren sie in der Lage, die Richtung zu bestimmen, worauf sie sich auf die Pferde schwangen und nach Nordwesten ritten.

In jenen Tagen führte der *Han* des Nordstammes, Gani, das Amt seines verstorbenen Vaters weiter: Er war klug und tapfer und regierte gewissenhaft. Nach innen verbesserte er die Gesetze und nach außen hin besänftigte er die anderen Länder, weshalb von allen Himmelrichtungen her die Stämme ihm Tribut brachten. In seinem Reich gründete er einen *Jiejixin*[22] zur Leitung der Haushalte, dem der *Zhangjing* Ashan vorstand und in dem alle, die Reichsbevölkerung betreffenden Angelegenheiten behandelt wurden. Des weiteren richtete er einen *Jiejixin* für Rechtsprechung ein, für den der *Pingzhang* Yuegu zuständig war, einen von dem *Pingzhang* Mengguta geleiteten *Jiejixin* für Verproviantierung, der das Einsammeln und Ausgeben von Nahrungsmitteln besorgte, sowie einen von dem *Anbang* Sulishi'r geleiteten *Jiejixin* für Heereswesen, der die Truppen des Landes befehligte, und den von dem *Zhangjing* Tuketu geleitete *Jiejixin* für öffentliche Arbeiten, der für die Anfertigung von Kriegsgerät und Kriegsschiffen, sowie für die Errichtung von Stadtmauern und -gräben, Yamen, Palästen und anderes mehr zuständig war. Diese fünf Ämter befanden sich in der Residenzstadt des Groß*han*s. Außerdem waren vier *Hafan* für die Armee zuständig, die jeweils tausend Soldaten, sowie acht *Bushihu*, die jeweils fünfhundert Soldaten befehligten. Die übrigen Städte wurden jeweils von einem *Zhushen Zhangjing* geleitet, die Dörfer von je einem *Gashen Da* und die Sippen von je einem *Mukun Da*. Ist der Fürst tugendhaft, so sind seine Minister loyal: Sie regierten einmütig das Land, weshalb Land und Volk in Ruhe und Frieden lebten und von den angrenzenden Nachbarn bewundert wurden. Die leibliche ältere Schwester des Gani *Han* war Turugaos Mutter und Frau des Tu'rhaha Han gewesen, weshalb der *Beizi* Turugao mit Haileni zu dem Nordstamm und seinem Onkel wollte, um von ihm Krieger auszuleihen und mit ihnen das Reich zurückzugewinnen.

(8) Eines Tages war Gani *Han* mit seiner ältesten Tochter Rongyanni *Dedou* sowie mit mehr als zwanzig seiner *Pingzhang*, *Zhangjing*, *Hafan* und *Bushihu* in den Südbergen auf der Jagd. Um die Mittagszeit spürte er einen wilden Tiger auf und traf diesen mit seinem Pfeil ins Hinterbein. Als der Tiger die vielen Menschen sah, flüchtete er tiefer in die Berge. Gani *Han* setzte ihm mit den Seinen nach,

---

22 Hezhe: *ʃɛʃʒʃin* (S. 688): Yamen (S. 591, Anm. 2) (OA).

aber nach mehr als dreißig Meilen rannte der Tiger noch immer weiter. Nach weiteren zehn Meilen hatten sie den Tiger bis auf etwa eine Meile Entfernung eingeholt, als sie sahen, dass ein junges Paar auf sie zukam. Sobald der Jüngling den Tiger erblickte, griff er zu Pfeil und Bogen und schoss ihm einen Pfeil mitten ins Herz, worauf der Tiger noch beim Brummen der Sehne zusammenbrach. Der *Han* und seine Leute kamen herbeigeeilt und sahen, dass jener Jüngling sechzehn bis siebzehn Jahre alt war und gerade den Tiger an sich nehmen wollte. Der *Pingzhang* des Nordstammes beabsichtigte, dasselbe zu tun, und so begannen die Beiden miteinander zu streiten. Der *Han* des Nordstammes fragte: „Woher kommst du Jüngling?" Dieser antwortete ihm: „Ich komme vom *Mamugu* des Yue'r-Reiches[23]." Gani *Han* fragte weiter: „Wenn ich dich nach jemandem frage, wirst du ihn dann kennen?" „Um wen handelt es sich?" fragte der Jüngling zurück. „Diese Person ist sehr bekannt," meinte der *Han*, „es ist Tu'rhaha, der *Han* des Mittelstammes." Der Jüngling antwortete: „Dieser *Han* ist mein Vater!" Sofort sagte Gani *Han*: „Wann bist du denn hierher gekommen? Dann bin ich ja dein Onkel!" Als Turugao dies hörte, trat er auf ihn zu und verneigte sich vor ihm; er führte dann seine Frau Haileni zu ihm, damit sie ihn grüßte, und stellte sie seinem Onkel vor: „Dies ist Haileni *Dedou*, die Frau deines Neffen!" Sein Onkel Gani *Han* führte nun gleichfalls seine Tochter Rongyanni zu Turugao und Haileni, damit sie diese mit einer Verbeugung begrüße und ließ auch die *Pingzhang* und *Hafan* die Beiden begrüßen.

Sie geleiteten Turugao und seine Frau zurück in die Stadt, wobei diese Seite an Seite mit dem *Han* und seiner Tochter ritten. Als der *Han* des Nordstammes hörte, dass der *Han* des Mittelstammes von Fuyanggu *Han* gefangengenommen worden war, waren er und seine Tochter darüber sehr betrübt. Nach langem Ritt erreichten sie endlich die Hauptstadt, wo sie sich im Sahalin-Palast ausruhten. Die *Han*in des Nordstammes gesellte sich ebenfalls zu ihnen und Turugao und Haileni verbeugten sich nacheinander vor ihrer Tante. Als die Bewohner des Palastes die schlechte Nachricht[24] betreffs des *Han* des mittleren Stammes hörten, waren sie alle sehr betrübt und schimpften und knirschten mit den Zähnen. Nachdem man sich ein Weilchen unterhalten hatte, ließ der *Han* des Nord-Stammes ein Festessen mit Wein zu Ehren von Turugao und Haileni auftragen und behandelte sie mit ausgesuchter Gastfreundschaft. Er ließ sie auf der für die

---

23 Verweist, dass vom Sungari die Rede ist und zeigt an, dass er dem Fluss abwärts gefolgt ist (S. 592, Anm. 1) (OA). *Mamugu*, Hezhe: *maməku* (S. 689), bedeutet „Fluss".

24 *Xiong zhe*: *zhe*, auch *li* ausgesprochen, ist im chinesischen Text ein Druckfehler: *xiong* 凶 bedeutet „Unglück", „Unheil" „unglücklich", „traurig"; *zhe*/*li* ((耗), „Millimeter", muss jedoch zu *hao* (耗), „(schlechte) Nachricht", „Gerücht" verbesser werden.)

Gäste bestimmten Seite Platz nehmen und nahm selbst den Platz des Gastgebers ein und zudem leisteten ihnen die *Han*in Genjini, die ältere Tochter Rongyanni und die jüngere Tochter Rongzhenni Gesellschaft. Und während sie Wein tranken, wurden Turugao und Haileni unentwegt gelobt und gepriesen.

(9) Während des Festes sprach Turugao: „Ich bin hierher gekommen, um Truppen zu leihen, da ich die Schmach, die uns angetan wurde, rächen will. Ich weiß jedoch nicht, was mein Onkel davon hält?" Gani *Han* antwortete: „Seit ich davon weiß, dass dein Vater gefangengenommen wurde, beabsichtige ich, gegen den Feind zu ziehen. Aber noch ist die Zeit nicht reif dafür und man darf nicht überhastet losmarschieren, sondern muss sich etwas Zeit lassen! Erst nachdem das Heer auf das Beste gedrillt und vorbereitet ist, kann man den Rachefeldzug im Detail ausarbeiten!" Am Schluss des Banketts ging man fröhlich auseinander. Gani *Han* befahl den Dienern und Mägden den Ostflügel des Sahalin-Palastes herzurichten und lud Turugao und seine Frau ein, dort zu wohnen. Sie wohnten dort mehrere Dutzend Tage und obwohl bereits das Wetter des zehnten Monats herrschte, übten Turugao und seine Frau sich täglich im hinteren Hof im Kampf mit der Lanze und maßen ihre Kräfte in den Kampfkünsten.

Seit die Prinzessin des Nordstammes, Rongyanni *Dedou*, ihren jüngeren Vetter zum ersten Mal gesehen hatte, dachte sie nur mehr an ihn, war schwermütig und freudlos und wurde darüber schließlich krank. Als der *Beizi* vernahm, dass die Prinzessin Rongyanni erkrankt sei, besuchte er sie zusammen mit seiner Frau Haileni in ihrem Gemach. Als sie vor der Türe ankamen, wurden sie von einer Dienerin gemeldet. Niedergeschlagen verweilte die Prinzessin in ihrem Zimmer, aber als sie hörte, dass Turugao und seine Frau sie besuchen kamen, ließ sie diese hereinbitten. Turugao sah, wie mager die Prinzessin geworden war, und fragte: „Wie hat die *Gege* eine derartige Krankheit bekommen? Nimmst du Ginsengbrühe?" Rongyanni antwortete: „Ich habe sie zweimal genommen, aber es wurde nicht besser. Sei's wie's sei, da ich krank geworden bin, weil ich traurig bin, werden mich Arzneien nicht heilen." Insgeheim warf der *Beizi* einen Blick auf Rongyanni und wurde von Traurigkeit übermannt. Seine Augen füllten sich mit Tränen, aber da er fürchtete, dass Haileni diese bemerken könnte, wischte er sie eilends ab. Er hatte die Ursache der Krankheit schon längst erkannt und ermahnte Rongyanni nachdrücklich, gut auf sich achtzugeben. Da es bereits Winter geworden war, hatte Rongyanni Bettzeug aus Marderfell, damit sie sich nicht erkältete. Nachdem sie eine Weile geplaudert hatten, verabschiedeten sich Turugao und seine Frau und kehrten zurück in den Sahalin-Palast. Nach dem Besuch des Turugao besserte sich der Zustand der Prinzessin zunehmend und sie nahm wieder zu. Turugao ging nun häufig die Prinzessin besuchen und ihre gegenseitige Liebe wuchs mit jedem Tag. Schon bald war Rongyanni wieder völlig genesen, worüber Gani *Han* und seine Frau außer sich vor Freude waren.

Wie im Fluge war das Jahresende gekommen und Gani *Han* lud folgende zehn Personen zu einem Festessen in den Sahalin-Palast: Turugao, den *Zhangjing* Ashan, den *Pingzhang* zur Linken Mengguta, den *Pingzhang* zur Rechten Neren, den Generalmajor Sulishi'r, den Beamten des Amtes für öffentliche Arbeiten und *Zhangjing* Tuketu, den Weisen Prinzen zur Linken (*Zuo Xianwang*) Tuburu, den Weisen Prinzen zur Rechten Suke, den *Beizi* Teyin sowie den *Beile* Bi'a. Als der Wein schon anfing zu wirken, verkündete Gani *Han*: „Ich, der *Han*, stütze mich auf den Bericht der *Jiejixin*, der besagt, dass wir in diesem Jahr eine besonders große Menge an Nahrungsmitteln eingebracht haben; auch stütze ich mich auf den Bericht des Generalmajors Sulishi'r, demzufolge die Truppen nun in ausgezeichneter Form sind! Ich, der *Han*, beabsichtige, jetzt zu einer Strafexpedition gegen den Stamm im Süden aufzubrechen! Was haltet ihr davon?"

(10) Gani *Han* hatte während des Gastmahls seine hohen Würdenträger gefragt, wie sie eine Strafexpedition gegen den Südstamm einschätzten. Der Generalmajor Sulishi'r antwortete: „Fuyanggu, den *Han* des Stammes im Süden, muss man hassen! Er hat den mittleren Stamm unterjocht und das Volk in die Gefangenschaft geführt. Zudem hat er Tu'rhaha *Han* auf jede nur erdenkliche Art erniedrigt und gedemütigt. Nun sind wir ein dem Mittelstamm benachbartes und verwandtes Reich und eng mit ihm verbunden, weshalb wir verpflichtet sind, gegen den Südstamm zu ziehen und für den *Han* des Mittelstammes die erlittene Schmach zu rächen!" Alle Würdenträger stimmten dem zu und beschlossen, im Frühjahr des neuen Jahres den Straffeldzug zu beginnen. Die Vorbereitungen betreffs des Materials und des Nachschubs wurden dem Generalmajor Sulishi'r übertragen. Gani *Han* verließ nun seinen Platz und besprach sich leise mit dem *Zhangjing* Ashan, so dass niemand wusste, worum es ging. Dann kehrten sie wieder auf ihre Plätze zurück und tranken weiter. Bald begann der *Zhangjing* Ashan ein Gespräch mit Turugao und erzählte ihm, dass sein Onkel Gani *Han* vorhabe, die Prinzessin Rongyanni dem *Beizi* zur Frau zu geben und daher gerne erfahren möchte, wie der *Beizi* darüber denke? Der *Beizi* Turugao senkte den Kopf und schwieg einige Zeit, bevor er antwortete: „Auch ich wünsche mir dies, aber ich habe bereits eine erste Gemahlin und weiß daher nicht, ob die Prinzessin mich überhaupt will?" Der *Zhangjing* Ashan sprach: „Diese Angelegenheit wurde in der Residenz bereits besprochen, bitte macht Euch daher keine Sorgen. Infolge dieses Beschlusses hat man sich an Euch gewandt." Und so konnte Turugao nur noch „ja" sagen, worauf noch während des Gastmahls der übernächste Tag zum Hochzeitstag bestimmt wurde.

Gani *Han* kehrte in die inneren Gemächer des Palastes zurück und berichtete Genjini und seiner Tochter, dass Turugao zugestimmt habe, worüber sich alle in der Residenz freuten und sich eifrig bemühten, das große Ereignis vorzubereiten. Als Turugao in sein Schlafgemach trat, war seine Frau Haileni nicht da und er saß fast eine Doppelstunde dort, bis seine Frau kam. Sie strahlte vor Freude übers ganze Gesicht und rief: „Herzlichen Glückwunsch! Wenn beide Seiten Heiratsverbindungen eingehen, werden zu unserer Familie mehr Personen gehören, wir bekommen eine Gemahlin und werden Truppen ausleihen können, um Rache zu nehmen. All das ist sehr vorteilhaft für uns." Es beruhigte Turugao sehr, dass seine Frau Haileni nichts gegen diese Hochzeit hatte. Gani *Han* wiederum willigte ein, im kommenden Frühjahr mit seinen Truppen Rache zu nehmen, unter der Bedingung, dass sie in einem Monat mit Vollmond und nicht mit Neumond aufbrachen. Nachdem die zwei Tage vergangen waren, wurde Hochzeit gehalten. Zur Zeit des ersten Hahnenrufs ließ Gani Turugao und seine Frau Haileni holen, um die Zeremonie durchzuführen. Sie folgten dem Boten in die Audienzhalle, wo bereits Gani *Han* und seine Frau, die erste Prinzessin Rongyanni, die zweite Prinzessin Rongzhenni sowie alle hohen Würdenträger versammelt waren und die Halle füllten. Nun wurden die Hochzeitszeremonien abgehalten, die damit begannen, dass Gani *Han* die von den Vorfahren überkommenen Lehren verlas. Nachdem er zu Ende gelesen hatte, stellten sich der *Beizi* Turugao und die Prinzessin Rongyanni zu beiden Seiten auf und verbeugten sich vor Himmel und Erde. Da die Sonne zu dieser Zeit schon hoch am Himmel stand, nahmen die Gäste zuerst eine Kleinigkeit zu sich, bevor im Anschluss daran ein gewaltiges Festmahl aufgetragen wurde.

(11) Gani *Han* veranstaltete ein Festessen, zu dem er alle hohen Würdenträger lud. Hoch ging es dabei her, die Trommelmusik dröhnte und man becherte und zechte bis in den Abend hinein, erst dann ging man auseinander. Am Abend begaben sich Rongyanni, Turugao und Haileni gemeinsam in die Brautkammer, wo sie Essereien auftischten und Wein tranken. Die Prinzessin war überglücklich, da alles nach Wunsch gelaufen war, und so trank sie Wein, bis sie halb berauscht war, und langte erst dann bei den Gerichten zu. Haileni brachte den Raum in Ordnung und ließ dann das junge Paar gemeinsam in die Brautkammer gehen. Nachdem das neu vermählte Paar am folgenden Morgen aufgestanden war, begab es sich zuerst in die Gemächern des *Han*, um den Schwiegereltern ihren Gruß zu entbieten, und als diese sahen, welch schmuckes Paar die Beiden waren, waren sie von Herzen froh. Die *Han*in bewirtete sie mit einem Festessen und bat auch Haileni hinzu, damit sie mit ihnen feiere. Sie befanden sich schon in der dritten Dekade des zwölften Monats: in sechs bis sieben Tagen stand der Neujahrstag bevor. Der *Han* des Nordstammes befahl den Dienern und Knechten erlesene Speisen und ausgesuchtes Fleisch vorzubereiten, um auf den Neujahrs-

tag vorbereitet zu sein[25]. Am siebenundzwanzigsten Tag des zwölften Monats begaben sich die Männer und Frauen aller Familien inner- und außerhalb der Hauptstadt zu den im Südwesten der jeweiligen Stadt gelegenen Gräbern ihrer Vorfahren, wo sie Opfergeld aus Papier verbrannten und Gaben wie z.B. *Xiboli*[26], *Eyimo*[27], *Sanjiha*[28] und *Wubaqiku*[29] niederlegten. Dieses Totengedenken wurde in der *Wei*-Doppelstunde [zwischen ein und drei Uhr nachmittags] veranstaltet. An diesem Tage gingen auch Turugao, Haileni und Rongyanni mit Opfergeld vor das Osttor der Stadt und verehrten an einer nach Südwesten führenden Vereinigung dreier Wege die verstorbene Mutter [des Turugao], indem sie Totengeld verbrannten und Wein, Fleisch und aus Mehl verfertigte Opfergaben darbrachten. Anschließend gingen die Drei zum Palast zurück. Gani *Han* aber hatte inzwischen erfahren, dass sein Schwiegersohn und seine Tochter vor die Stadt gegangen waren, um dort zu opfern und Geld zu verbrennen, und da er befürchtete, dass sie ermüden könnten, sandte er ihnen einen Knecht mit einem Karren entgegen, mit dem die Drei in die Stadt zurückfuhren.

Zwei bis drei Tage später, am dreißigsten Tag des zwölften Monats, zündeten in der Abenddämmerung alle Familien der Stadt vor ihrer Türe Fackeln an, so dass die Straßen taghell erleuchtet waren. Gani *Han* lud die hohen Würdenträger mit ihren Gemahlinnen zu einem Festbankett, auf dem die Frauen und Männer an getrennten Tischen speisten und tranken und zum Schluss froh gestimmt auseinandergingen. Am darauffolgenden Tag war Neujahr und Verwandte und Bekannte beglückwünschten einander vom ersten Tag an bis zum vierten Tag. Turugao begab sich mit seinen Frauen am ersten Tag nach dem Frühstück in den Palast des *Han*, wo er seinen Schwiegereltern und allen Nebenfrauen Glück wünschte, worauf er dasselbe in den Residenzen des *Xianwang* („Befähigter

---

25 Bei den Hezhe ist es Brauch, dass alle Familien dafür ab dem zwanzigsten Tag des zwölften Monats Speisen, wie zum Beispiel gefüllte Teigtaschen (*jiaozi*), Dampfbrötchen (*mantou*), klebrige Kuchen und vieles mehr vorbereiten (S. 595, Anm. 1) (OA).

26 Hezhe: ʃipəri (S. 690): Opferspeise, aus Hirse- und Weizenmehl zubereitet. Dabei formt man zuerst aus dem Mehl zirka einen Fuß lange und sieben bis acht *Fen* dicke Fadennudeln. Diese werden im Wasser gekocht, worauf man sie in kurze Stücke schneidet und in Öl brät (S. 595, Anm. 2) (OA). – Ein *Fen* 分 beträgt etwa 0,33 Zentimeter.

27 Hezhe: ʒimə (S. 680): Aus Weizenteig zubereitet. Weizenmehl und Wasser werden zu einem weichen Teig verarbeitet, den man in einen Schnaps-/Weintrichter füllt und wenn dieser herausläuft, tropft er in den Kochtopf und wird gebraten (S. 595, Anm. 3) (OA).

28 Hezhe: sårʃiha (S. 691): Aus Hirsemehl zubereitet. Der Hirseteig wird spiralig aufgerollt, mehrere Lagen solcher Spiralformen werden aufeinandergestapelt und in Öl ausgebacken (S. 595, Anm. 4) (OA).

29 Hezhe: upaʃʼikə (S. 680): Das Wort bedeutet „Schuhsohle": Aus Weizenteig werden schuhsohlenähnliche Gebilde mit einer kleinen Öffnung in der Mitte geformt, die man in Öl ausbackt (S. 595, Anm. 5) (OA).

Prinz") zur Linken und des *Xianwang* zur Rechten machte. In beiden Residenzen kamen ihnen Frauen und *Dedou* zur Begrüßung entgegen und sie verbeugten sich voreinander. Der *Xianwang* zur Linken lud Turugao und seine Frauen ein, mit ihm im Palast Wein zu trinken, und als der Wein Wirkung zeigte, trat ein Jüngling ein mit dunklem Gesicht und viereckigem Mund, großen, runden Augen und offenem Haar, das bis auf den Rücken herabhing. Wie nun der *Xianwang* zur Linken sah, dass sein Sohn zurückgekehrt war, befahl er ihm, sich vor Turugao, Rongyanni und Haileni verbeugen. Turugao erhob sich, trat zu dem *Beizi* und fragte ihn: „Bruder, wie lautet dein *Gelibi*[30]?" Der *Beizi* des Xianwang zur Linken antwortete: „Ich heiße E'rdeng." Anschließend setzten sich die Beiden und unterhielten sich.

(12) Als Turugao vernahm, dass der *Beizi* des *Xianwang* zur Linken E'rdeng hieß, meinte er: „Dieser Name ist sehr gut! Hast du Kampfkünste erlernt?" Dieser antwortete, dass er eine oder zwei Arten erlernt habe. Als der *Xianwang* zur Linken sah, dass sie so vertraut miteinander sprachen, forderte er seinen Sohn auf, sich zu setzen, mitzutrinken und sich mit ihnen zu unterhalten. Je länger die beiden *Beizi* miteinander redeten, desto mehr fanden sie Gefallen aneinander und fassten Zuneigung füreinander. Als Turugao E'rdeng nach dem Alter fragte, teilte ihm dieser mit, dass er sechzehn Jahre alt sei. Der *Xianwang* zur Linken fügte hinzu: „Er ist ein sehr begabtes Kind und hat die Gesinnung eines Recken!" Auch Turugao lobte ihn sehr und meinte, er habe den Rücken eines Tigers und die Hüften eines Bären und verfüge bestimmt über große Fähigkeiten. Während sie sich unterhielten, trat auch der *Xianwang* zur Rechten ein, weshalb sich die Anwesenden erhoben und ihn einluden, sich zu ihnen zu setzen. Nachdem er dies einmal abgelehnt hatte, nahm er Platz und trank mit ihnen. Bald darauf kam erneut ein Jüngling herein, der nicht älter als siebzehn Jahre war; er hatte ein gelbliches Gesicht und war mager. Der Prinz zur Rechten sprach zu ihm: „Warum bist du hergekommen?" Der Jüngling antwortete: „Ich möchte dem Schwager (Mann der älteren Schwester) *Beizi* Turugao Mo'rgen meine Aufwartung machen." Der *Xianwang* zur Rechten zeigte auf Turugao: „Das ist dein Schwager *Beizi* Turugao Mo'rgen!" Turugao und der Jüngling verbeugten sich daraufhin voreinander. Dieser Jüngling war der Sohn des *Xianwang* zur Rechten mit Namen Tulahatu. Der *Xianwang* zur Rechten forderte ihn auf, sich ebenfalls zu ihnen zu setzen und mitzutrinken. Obwohl Tulahatu von schwächlicher Statur war, verfügte er über großes Können in den Kampfkünsten, und als Turugao dies erfuhr, unterhielt er sich mit ihm und sie fanden gleichfalls Gefallen aneinander. Nachdem das Gelage beendet war, verabschiedete sich Turugao mit Rongyanni

---

30 Hezhe: *kəlipi* (S. 689): Name (S. 596, Anm. 1) (OA). – Mandschu: gebu.

und Haileni von den Gastgebern, und sie wurden von den beiden *Beizi* der *Xianwang* zur Tür geleitet.

Anschließend begaben sich die Drei zur Residenz des *Zhangjing*-Beamten Ashan und als sie zum Tor kamen, hatten die Wachen sie bereits angemeldet. Ashan eilte auf die Nachricht hin, dass der Schwiegersohn des *Han* und die Prinzessinnen kamen, um ihm zu Neujahr zu gratulieren, mit seiner Frau zur Begrüßung vor das Eingangstor und lud sie zum Tee ein. Turugao sah hinter Ashan und seiner Frau zwei siebzehn- bis achtzehnjährige Jünglinge und zwei Fräulein stehen und bemerkte dabei, dass diese Mädchen außergewöhnlich schön waren und darin nicht hinter seinen Gemahlinnen zurückstanden! Die beiden Jünglinge waren von hohem und kräftigem Wuchs und von Heldenmut erfüllt, weshalb er ihnen sofort von Herzen zugetan war. Der *Zhangjing* Ashan stellte sie der Reihe nach vor und Turugao erfuhr auf diese Weise, dass sie seine Söhne und Töchter waren. Der älteste Sohn hieß A'rsun, der jüngere A'rmu; die ältere Tochter hieß Aqini und die jüngere A'rni. Sie alle waren hervorragende Krieger und das Gespräch mit ihnen empfand Turugao als sehr angenehm. Rongyanni und Haileni unterhielten sich ihnen gegenüber mit Aqini und ihrer Schwester. Und während sie alle beim Tee zusammensaßen, sprach der *Zhangjing* Ashan: „Wie wäre es, wenn der *Beizi* mit meiner bescheidenen Hütte vorlieb nehmen und bei uns übernachten würde?" Nachdem Turugao dreimal höflich abgelehnt hatte, ließ er sich zuletzt zum Bleiben überreden.

Am folgenden Tag bat Turugao den A'rsun und dessen Bruder, Tulahatu, den Sohn des *Xianwang* zur Rechten, und E'rdeng, den Sohn des *Xianwang* zur Linken einzuladen, auf dass die fünf jungen Recken sich im hinteren Park der Ashan-Residenz in den Kampfkünsten maßen. Die Prinzen folgten dieser Einladung und als sie gerade voll Eifer miteinander wetteiferten, erschallte plötzlich Beifall. Die Prinzen sahen sich um und erblickten Suyan, den ältesten Sohn des Sulishi'r, des Generalmajors der Streitkräfte. Dieser war achtzehn Jahre alt und hatte Schultern wie ein Tiger und Hüften wie ein Bär. Es traf sich, dass er an diesem Tage nach dem Frühstück in der Residenz nichts zu tun hatte und daher A'rsun und seinen Bruder besuchen ging. Er fand die Beiden in deren Residenz nicht vor, erfuhr aber von einem Sklaven, dass sie sich mit anderen im hinteren Park in der Kampfkunst übten. Er begab sich folglich ebenfalls dorthin und als er die Prinzen beim Wettkampf antraf, spendete er Beifall. A'rsun rief ihm zu: „Spute dich Bruder Su! Ich will dir einen guten Freund vorstellen!" Als Suyan vernahm, dass ein Gast zugegen war, trat er eilends zu den Anwesenden und grüßte sie, worauf er ebenfalls am Wettstreit teilnahm. Während sie voll Elan kämpften, kam ein Sklave herbei und meldete, dass der *Zhangjing* die Prinzen zum Essen bitte, worauf sie sich an den Händen haltend zu dem Festmahl begaben.

(13) A'rsun forderte Turugao, E'rdeng, Tulahatu und Suyan auf, mit in die
Residenz zu kommen, wo sie der *Zhangjing* Ashan einlud, sich zu setzen und zu
trinken. Und da dies eine wahrhaft einzigartige Gelegenheit war, unterhielten sich
die sechs jungen Recken freundschaftlich und einträchtig miteinander. Erst als es
Mittag wurde, trennten sie sich frohgemut, und der *Zhangjing* ließ Turugao und
seine beiden Gemahlinnen im Wagen zur Residenz des *Han* bringen. Schnell
verging die Zeit und ehe man sich's versah, war der fünfzehnte Tag des ersten
Monats angebrochen, weshalb sich Turugao in die Residenz des *Han* begab, wo
er seinen Schwiegervater grüßte und die Angelegenheit des Südfeldzuges zur
Sprache brachte. Der Groß*han* meinte dazu: „Bevor eine Entsendung von Truppen beschlossen wird, muss erst darüber beraten werden!" Turugao verabschiedete sich und kehrte recht betrübt in sein Schlafgemach zurück. Als
Rongyanni ihn so sah, fragte sie: „Was bedrückt dich?" „Mich beunruhigt nur,
dass noch immer nicht entschieden ist, ob ich Truppen bekomme!", antwortete
Turugao. Rongyanni drang nicht weiter mit Fragen in ihn, sondern begab sich
sogleich in die Residenz des *Han*, um mit dem Vater zu sprechen. „Eine derart
wichtige Angelegenheit darf man nicht auf die leichte Schulter nehmen!", antwortete ihr der Großhan. „Wir müssen morgen darüber beraten, um Entscheidungen zu treffen! Falls dieses Jahr aber der Mond abnimmt, können wir nicht
aufbrechen." Nachdem Rongyanni vernommen hatte, dass am folgenden Tag
beraten werden sollte, verabschiedete sie sich und teilte es ihrem Mann mit, dem
nichts anderes übrigblieb, als die Versammlung am folgenden Tag abzuwarten.
Am Nachmittag kam der Generalinspekteur (*Zongguan*) des Palastes mit der
Mitteilung, dass für den folgenden Tag eine Versammlung angesetzt sei.

Am Morgen strömten die hohen Beamten in Scharen herbei und schon bald
hatten sich alle im Sahalin-Palast versammelt. Auch Turugao befand sich unter
ihnen. Gani *Han* fragte: „Beginnt dieses Jahr mit einem abnehmenden oder
einem zunehmenden Mond?" Die Beamten erklärten, dass der Mond nicht ab-
sondern zunehme. Daraufhin brachte Gani *Han* das Vorhaben eines Feldzuges
gegen den Süden zur Sprache und forderte seine Beamten auf, darüber zu beraten
und ihm ihre Meinung mitzuteilen. Schließlich wurde der Feldzug beschlossen
und auf den vierten Monat festgelegt. Gani *Han* befahl dem Generalmajor
Sulishi'r, die Truppen sorgfältig für eine Truppenschau, die der *Han* persönlich
abhalten werde, zu trainieren. Außerdem ordnete er an, dass der für den Proviant
zuständige Beamte Mengguta in den ihm unterstehenden und dafür zuständigen
Gebieten den Armeeproviant und das Futter für die Tiere einfordere und
herbeischaffe, damit beides kontrolliert werden konnte. Der Aufsichtsbeamte für
die öffentlichen Arbeiten Tuketu wurde angewiesen, den Bau von Kriegsschiffen,
Pfeilen und Bögen sowie Schwertern und Lanzen voranzutreiben. Im Übrigen

sollten wie gewöhnlich der Generalinspekteur der Haushalte, Ashan, und der *Zhangjing* Yuegu vom Justizyamen für die inneren Angelegenheiten des Reiches zuständig sein. Nach langer Beratung trennte man sich.

Die fünf Prinzen E'rdeng, Tulahatu, A'rsun, A'rmu und Suyan trafen sich täglich mit dem *Beizi* Turugao, um sich mit ihm die Zeit zu vertreiben, „den Strohball spießen" (*cha caoqiu*)[31] zu spielen und sich im Reiten und Bogenschießen sowie im Umgang mit Schwert und Lanze zu üben, wodurch man sich auf die kommenden Kämpfe vorzubereitete. Die Zeit verging wie im Flug und schon war die letzte Dekade des dritten Monats herangerückt. Gani *Han* begab sich persönlich zum Appell in die Halle des Übens der Kriegskünste (*Yanwuting*). Er rief zuerst alle dem *Anbang* unterstehenden *Hafan* und *Bushihu* auf, die alle Militärbeamte waren, und dann die Soldaten; dieser Appell nahm einen ganzen Tag in Anspruch. Am nächstfolgenden Tag inspizierte er die Kriegsschiffe und überprüfte das Kriegsgerät und am dritten Tage kontrollierte er Proviant und Futter. Insgesamt verfügte er über achtundfünfzigtausend Soldaten, deren Kommandeure dem *Beizi* Turugao unterstanden.

(14) Turugao führte die Truppen des Nordstammes auf die Kriegsschiffe und ernannte als Erstes Suyan zum Leiter des Vorauskommandos und E'rdeng zu dessen Stellvertreter; sie sollten mit zehntausend Mann vom Sahalin zum Ussuri vorrücken und angreifen. A'rsun und A'rmu kommandierte er mit der zweiten Mannschaft zu deren Unterstützung ab, während er selbst mit seinen beiden Frauen, dem Generalmajor Sulishi'r und der Hauptmasse des Heeres folgen wollte. Nachdem sie den Fluss über zwanzig Tage hinab gefahren waren und nur noch an die fünfzig Meilen von der Hauptstadt der Südstämme entfernt waren, meldete ein Späher, dass General Suyan bereits mit dem Feind kämpfte, aber noch nichts entschieden war. Weiters meldete er, dass der General des Südstammes, Siyan'rzhen, bereits im zweiten Monat an einer ansteckenden Krankheit verstorben war und daher in der Stadt die Vorbereitungen noch nicht vollständig abgeschlossen waren, weshalb nunmehr Fuyanggu, der *Han* des Südstammes, persönlich in die Schlacht geritten war. Auf diese Meldung hin befahl

---

31 Als erstes wird mit einem Strick Schafsgras [羊草 yangcao ?] zu einer Walze [*qiu*; eigentlich: Ball, Kugel] zusammengebunden, die zirka zwei Faustlängen (*wo* 握 [1 „Faust": zirka 4 Zoll; 12–13 Zentimeter]) dick und zwei Fuß lang ist. Jeder Teilnehmer hält eine hölzerne Gabel in Händen, die etwa einen Klafter und zwei bis drei Fuß lang war. Man bildet zwei Mannschaften, die sich zu Seiten eines Weges aufstellen und sich den Grasball (*caoqiu*) gegenseitig zuwerfen. Wem es gelingt, den heranfliegenden Ball mit der Gabel aufzuspießen, dessen Mannschaft darf zwanzig Schritte vorrücken. Gelingt dies nicht, muss die Mannschaft sich zwanzig Schritt zurückziehen. Dieses Vor- und Zurückweichen wird „den Strohball spießen" genannt und ist eine Technik, um den Umgang mit der Lanze zu üben und ein Zeitvertreib, der auf die Jagd auf Wildschweine und Bären vorbereitet (S. 599, Anm. 1) (OA).

Turugao, dass die Kriegsschiffe so schnell wie möglich den Ort des Geschehens zu erreichen hätten. Als der Abend dämmerte, kamen sie unter den Mauern der Stadt an, wo er den Truppen befal, an Land zu gehen. General Suyan kam und begrüßte ihn, worauf sie sich auf den Plätzen von Gast und Gastgeber niederließen und General Suyan meldete: „In der Stadt war man überhaupt nicht vorbereitet; wir haben uns bereits einmal mit dem Feind geschlagen." Nach dieser Meldung kehrte er ins Lager zurück. Turugao aber legte sein Gewand ab und ging schlafen.

Am folgenden Morgen befal er seinen Leuten den Sturm auf die Stadt, ließ die Stadt von allen Seiten einschließen und griff die vier Tore an. In der Stadt aber befanden sich nur wenige Truppen und diese waren durch die anhaltenden Kämpfe matt und müde. An diesem Tage bestieg Turugao mit seinen beiden Gemahlinnen und dem Generalmajor Sulishi'r eine Anhöhe, um das Gelände zu erkunden. Dabei bemerkten sie, dass südlich der Stadt ein Fluss vorbeifloss, worauf er zu dem Generalmajor Su sprach: „Die Stadt wird binnen kurzem fallen!" Dann teilte er Generalmajor Su seinen Plan mit, das Wasser des Flusses für die Erstürmung der Stadt zu nützen. Dieser traf sofort Vorbereitungen und begann in der Dämmerung des Abends mit der Arbeit. Nach dem Abendessen wählte er über tausend Mann aus, von denen jeder eine Ledertasche erhielt. Er führte sie um die Stadt herum zu deren Westseite, wo sie an einer Biegung des Flusses die Ledertaschen mit Sand füllten und in dem Fluss stapelten, so dass dieser aufgestaut wurde. Binnen kurzem war das Wasser so sehr gestiegen, dass Generalmajor Sulishi'r es gegen das Westtor der Stadt leiten konnte. Die Kraft des Wassers war ungeheuer; im Nu stand das Wasser vier bis fünf Fuß hoch und verwandelte das Land vor der Stadt in einen Sumpf.

(15) Turugao und der Generalmajor Sulishi'r setzten ihren Plan einer Überschwemmung in die Tat um und leiteten das Wasser des Flusses gegen die Mauern der Stadt, um diese wegzuspülen. Es war mitten in der Nacht, als die Wachleute in der Stadt bemerkten, dass das Wasser des Flusses vor der Stadt anschwoll und sich bis vor die Mauern der Stadt ergoss, was sie unverzüglich Fuyanggu, dem *Han* des Südstammes, meldeten. Fuyanggu begab sich mit seinen Würdenträgern auf den Torturm und sah, dass das Wasser aus Westen auf die Stadt zufloss, wo es bereits die Mauern am Südende des Westtores zum Einsturz gebracht hatte und binnen kurzem in die Stadt strömen würde. Die Mauern waren nämlich aus Lehm errichtet und nicht besonders stabil, so dass sie in kurzer Zeit schon auf die Breite von mehr als zehn Klaftern eingestürzt waren. Die Masse der Beamten eilten auf einen hohen Hügel und befahl den Soldaten mit Pfeil und Bogen die Bresche in der Mauer zu verteidigen. Zu diesem Zeitpunkt kam von Westen her ein Jüngling von ehrfurchtgebietendem Aussehen,

der mit seinen Mannen durch die Bresche stürmte, worauf ein heftiger Kampf entbrannte. Dieser Jüngling war niemand anderer als Turugao! Er feuerte seine Streitmacht an, ihm zu folgen und rief mit lauter Stimme: „Wer den Fuyanggu, den *Han* des Südstammes, gefangennimmt, soll reich belohnt werden!" Als sie diese Aufforderung vernahmen, drängten die Kommandeure, die *Hafan* und *Bushihu* kühn und mutig vor und kämpften sich in die Stadt, während der *Han* des Südstammes immer weiter zurückweichen musste. Die Generäle der zweiten Abteilung, A'rsun und A'rmu drangen durch das Osttor in die Stadt ein, wo sie an einer Wegkreuzung auf Fuyanggu *Han* trafen und einen langwierigen Straßenkampf fochten. Nun drangen auch Rongyanni und Haileni durch das Südtor in die Stadt ein, und schlossen Fuyanggu *Han* und seinen Minister Mange so dicht ein, dass kein Durchkommen mehr war. Als zur gleichen Zeit im Palast des *Han* Feuer ausbrach und er lichterloh in Flammen stand, erkannte Fuyanggu, dass die Sache verloren war und wollte nicht mehr weiterkämpfen. Als er deshalb die Umzingelung durchbrechen wollte [um zu fliehen], bemerkte Turugao sein Vorhaben, nahm den Bogen zur Hand und traf ihn mit seinem Pfeil in den linken Arm. Fuyanggu stürzte vom Pferd und wurde von dem heraneilenden Offizier der Vorhut Suyan gefangengenommen, der ihn seinen Leuten übergab, damit sie ihm Fesseln anlegten. Wie nun Mange und andere Gefolgsleute des Fuyanggu sahen, dass ihr oberster Feldherr in Gefangenschaft geraten war, schnitten sie sich mit dem Schwert die Kehle durch. Von den ihnen untergeordneten Kommandeuren und Soldaten kamen an die fünfundzwanzigtausend Mann auf dem Bauch gekrochen und ergaben sich, als sie erfuhren, dass man den Groß*han* gefangen genommen hatte. Sofort befahl Turugao dem Generalmajor Sulishi'r, dass die Feuersbrunst gelöscht werde und seine Leute die Sandsäcke aus dem Fluss entfernen sollten. Innerhalb kurzer Zeit war das Feuer gelöscht und auch das Wasser verlief sich. Turugao begab sich mit seinen beiden Gemahlinnen in den Palast des *Han*, um sich dort auszuruhen. Ein Generalinspekteur kam herein und meldete: „Ich komme dem Groß*han* zu melden, dass der im vergangenen Jahr von Fuyanggu *Han* gefangengenommene *Han* des Mittelstammes, Tu'rhaha, in einem anderen Palast eingesperrt ist. Er durfte weder leben noch sterben, und ich, der Sklave, habe ihm oft heimlich Nahrung und Kleidung zugesteckt. So ist es ihm bis jetzt gelungen zu überleben. Kennt der Groß*han* diesen Mann?" Turugao und Haileni sagten: „Das ist niemand anderer als unser Vater und wir sind Euch zu großem Dank verpflichtet, dass Ihr euch um ihn gekümmert habt!"

(16) Als Turugao den Generalinspekteur sagen hörte, dass sein Vater in einem anderen Palast eingekerkert war, eilte er nachzusehen. Dort fand er drei Personen: Seinen Vater und dessen zwei *Fujin*; sie hatten wirre Haare, fahle, gelbliche Haut und waren abgemagert und kaum mehr wiederzuerkennen. Als sie sich wiedersahen, begannen sie lauthals zu weinen; Turugao befahl dem Generalinspekteur, die Tür zu öffnen und grüßte ehrerbietig den Vater und dessen *Fujin*. Dann ließ er seinen Vater vom Generalinspekteur in die vordere Palasthalle bringen, wo er sich erholen sollte. Turugao begleitete ihn und befahl seinen Frauen, gleichfalls seinen Vater zu begrüßen. Bald danach kamen auch die Heereskommandeure in Scharen herbei und entboten ihren Gruß. Der *Beizi* Turugao befahl Sulishi'r, in den Listen der verdienstvollen Leistungen zu verzeichnen, wieviele feindliche Köpfe die jeweiligen Generäle, *Hafan* und *Bushihu* erbeutet hatten. Bis zum Abend trank er mit seinem Vater Wein und beide waren in bester Laune. Am folgenden Tag erging der Befehl, dass Sulishi'r mit den Seinen die gesamte Einwohnerschaft der Städte und Dörfer im Reichsgebiet des *Han* des Südstammes in die Stadt Jilin am Sungari umsiedeln solle. Schon ein Dutzend Tage später war die Einwohnerschaft der neunzehn Städte und sechsunddreißig Dörfer versammelt, worauf Turugao mit all seinen Truppen und allem Volk in seine Heimat zurückkehrte. Den berittenen Soldaten befahl er, sich auf dem Landweg dorthin zu begeben, während die Fußtruppen und das Volk des Südstammes auf den Schiffen fuhren. Die Fahrt auf dem Fluss ging sehr langsam voran, weshalb sie erst nach über einem Monat Turugaos Heimatstadt am Süd-ufer des Sungari erreichten. Das Volk wurde innerhalb der Stadtmauern angesie-delt. Turugao ließ von den Truppen des Nordstammes zuerst dreißigtausend Mann in ihre Heimat zurückkehren, behielt aber zwanzigtausend zurück, die er bei dem Stamm der Mitte stationierte, um sich vor Unvorhergesehenem zu schützen. Die frühere Residenz war nach wie vor in gutem Zustand und musste nicht neu aufgebaut werden. Während des großen Festes für die Heerführer wurde beschlossen, dass Suyan Generalmajor der Heerscharen des Stammes der Mitte werden solle, während E'rdeng, Tulahatu, A'rsun und A'rmu Adelstitel erhielten. Der Generalmajor Sulishi'r kehrte zum Nordstamm zurück und über-gab die Befehlsgewalt [an Suyan]. In der Folgezeit wurde das Volk der zirka dreißig Städte und fünfundvierzig Dörfer, die Turugao unterstanden, sehr zahlreich, so dass mit einem Mal ein starker und mächtiger Stamm heranwuchs. Den *Han* des Südstammes, Fuyanggu, ließ Turugao einkerkern, später holte er ihn und befahl Suyan, ihn zur Strafe lebendig zu begraben, worüber sich alle freuten, da nun endlich den langedauernden Rachegefühlen Genüge getan war.

16. Dananbu

(1) In jenen Tagen, als der Aufstieg des Reiches der Jin begann, gab es am Oberlauf des Ussuri den Dulu-Fluss (Dulu *Bila*). Er entsprang am Aketeli-Berg[1], floss nach Osten und mündete in den Ussuri. Auf seinem Nordufer stand das Dorf Dulu, in dem mehr als fünfzig Familien wohnten. Darunter befand sich eine Familie, die aus einem Mann und einer Frau und ihrem einzigen Sohn bestand, der Dananbu hieß; er war trotz seiner fünfzehn Jahre eine außergewöhnliche Erscheinung und von ungewöhnlichem Aussehen. Seine Eltern liebten ihn gleich einem kostbaren Juwel und sein Vater hatte ihn bereits mit neun Jahren häufig mit auf die Jagd am Oberlauf des Dulu-Flusses genommen. Dort schlugen Vater und Sohn am Ufer ihr Zelt auf, und während der Vater tagsüber in den Bergen jagte und erst abends wieder zurückkam, musste Dananbu, der noch zu jung war, um mit auf die Jagd zu gehen, beim Zelt auf die erbeuteten Felle aufpassen.

Eines Tages war sein Vater wieder in den Bergen auf der Jagd, als der im Zelt allein zurückgebliebene Dananbu plötzlich vom Fluss her die Stimmen eines Knaben und eines Mädchens vernahm. Er stand auf und ging zum Flussufer, wo er einen Jungen und ein Mädchen erblickte, die nackt auf dem Fluss hin und her schwammen und herumtollten. Der Knabe war an die sechs oder sieben Jahre, das Mädchen um die zehn Jahre alt. Dananbu wunderte sich sehr darüber, aber der Junge winkte ihn zu sich und rief: „Älterer Bruder, komm mit uns schwimmen!" Da zog sich Dananbu aus und sprang in den Fluss. Aber als das Mädchen sah, dass er auch ein Bad nahm, eilte es sogleich zum Ufer und verschwand im Wald. Der Junge aber schwamm mit Dananbu im Fluss und erst als es Abend wurde, kehrten sie zum Ufer zurück und trennten sich. Als am darauffolgenden Tag der Vater wieder auf der Jagd war, kamen die beiden Kinder wieder zu Dananbu und spielten mit ihm bis zum Abend bei seinem Zelt und gingen dann erst fort.

So ging es mehrere Tage lang, bis Dananbus Vater die gesamte Beute verpackte und die Heimreise vorbereitete. Da dachte Dananbu plötzlich daran, dass die Kinder, mit denen er Tag für Tag gespielt hatte, noch immer nicht gekommen waren, obwohl es bereits nach Mittag war, und befragte deshalb seinen Vater, dem er nun von ihnen erzählte. Seinem Vater aber war klar, dass es sich um Geister handelte und sie aufbrechen mussten, damit nicht noch etwas Unvorher-

---

1   Das heutige Paoshouying („Lager der Kanoniere") in der Nähe der Quelle des Damuke-Flusses 大木克 im Kreis Hulin 虎林 in der Provinz Jilin (S. 602, Anm. 2).

gesehenes geschah. Eilends stiegen sie auf ihre Pferde und eilten auf geradem Wege nach Hause zurück und weil dieser Ort hundert Meilen von ihrem Dorf entfernt lag, mussten sie bis zum nächsten Morgen reiten, um nach Hause zu kommen. Da Dananbus Vater fürchtete, dass die Geister ihnen folgen könnten, bat er einen Schamanen, diesen mit seiner Schamanenkunst den Weg zu versperren.

Als nun Dananbu fünfzehn Jahre alt geworden war, heiratete in dem Weiler Waqiche, der fünfzehn Meilen von dem Dorf Dulu entfernt lag, ein Verwandter, und sein Vater schickte ihn zwei Tage vor dem Fest dorthin, damit er bei den Vorbereitungen half. Dananbu schwang sich aufs Pferd, ritt zu den Verwandten, bei denen er sich drei Tage lang nützlich machte, und kehrte nach Abschluss der Feier am vierten Tag wieder zurück. Nach fünf oder sechs Meilen erblickte er am Wegrand einen unbeweglich auf dem Rücken liegenden weißen Fuchs, dem weißer Geifer aus dem Maul troff. Dananbu sprang vom Pferd und als er sich dem Fuchs näherte, roch er den Weingeruch eines Betrunkenen und erkannte, dass dies ein Fuchs war, der sich mit Wein betrunken hatte. Er fesselte ihn sorgfältig mit einem Strick, steckte ihn in den Brustteil seines Gewandes und ritt schnell nach Hause zurück. Dort legte er den Fuchs auf den Boden und schaffte ihn dann in sein Zimmer, wo er alles vorbereitete, um den Fuchs in einem Holzkäfig durchzufüttern und ihn im Spätherbst zu töten, wenn er ein prächtiges Fell haben würde.

Am Abend hatte der Fuchs seinen Rausch ausgeschlafen, aber als er die Augen aufschlug und sich umblickte, sah er Dananbu neben sich sitzen. Da begann er zu weinen. Dananbu bemerkte es und bekam Mitleid mit dem Fuchs. Da sprach der Fuchs mit menschlicher Sprache zu ihm: „Ich bin zwar ein Fuchs, aber trotzdem kann ich mich in einen Menschen verwandeln! Wenn du's nicht glaubst, so binde mich bitte los, damit ich mich verwandeln kann. Wir Zwei sind doch noch immer gute Freunde!" Als Dananbu den Fuchs sprechen hörte, war er erschrocken und verblüfft zugleich, und schnitt daher mit einem Messer seine Fesseln durch. Der Fuchs drehte sich und wurde zu einem außergewöhnlich schönen Menschen, der Dananbu kniefällig dafür dankte, dass er ihn am Leben gelassen hatte. Dananbu half ihm auf und betrachtete ihn aufmerksam, aber obgleich ihm das Gesicht sehr bekannt vorkam, erriet er nicht, um wen es sich handelte. „Hast du mich vergessen, obwohl es noch nicht einmal sechs Jahre her ist, dass wir uns getroffen haben?" fragte sein Gegenüber. Als Dananbu ihn nun nochmals aufmerksam musterte, erkannte er tatsächlich in ihm jenes Kind, das damals, als er den Vater auf die Jagd begleitet hatte, im Fluss geschwommen war und tagtäglich mit ihm beim Zelt gespielt hatte. „Ist es denn möglich, dass du ein Fuchs bist?" fragte er. Lachend antwortete ihm der Jüngling: „Ich weiß nicht, wie ich dir dafür danken soll, dass du mich am Leben gelassen hast. Falls du aber keine Abneigung davor hast, dass ich von anderer Art bin, würde ich gerne mit dir Brüderschaft schließen. Wie ist deine werte Meinung dazu?" Dananbu sah seine feinen und angenehmen Gesichtszüge und sein ungewöhnliches Aussehen und antwortete: „Das wäre an sich sehr schön, aber da ich Eltern habe, muss ich diese fragen und mich nach ihnen richten." Dananbu erzählte seinen Eltern die ganze Geschichte von Anfang bis Ende, worauf ihm sein Vater befahl, ihn herzubringen. Als die betagten Eltern sahen, wie hübsch das Kind war, freuten sie sich von Herzen. Nachdem sie der Fuchs feierlich begrüßt hatte, fragte ihn der Vater: „Wo wohnt deine Familie? Warum bist du hierher gekommen? Wo hast du dich betrunken?" „Ich heiße Yalaga", antwortete der Fuchs, „und meine Familie wohnt am Oberlauf des Dulu-Flusses. Sie besteht aus dreizehn alten und jungen Mitgliedern. Gestern kam ich an dem Dorf Waqiche vorüber und weil dort eine Hochzeit gefeiert wurde, lief ich hin und trank Wein, und da ich zuviel davon trank, brach ich unterwegs betrunken zusammen. Glücklicherweise hat mich mein älterer Bruder gerettet und hierher gebracht. Wir beide möchten Schwurbrüderschaft schließen und bitten ergebenst um die Zustimmung der Zhulu Sagadi[2]!" Sogleich ordnete Dananbus Vater an, dass im Hof ein Räuchertischchen aufgestellt wurde, worauf die Beiden mit Dananbu als älterem Bruder Räucherwerk entzündeten und sich zuerst vor Himmel und Erde und anschliessend vor den Eltern verneigten. Am Abend schliefen sie gemeinsam auf dem *Kang*. Der Fuchs blieb einen Monat bei Dananbu; in dieser Zeit ritten die beiden Brüder täglich aus oder gingen spazieren und erkundeten auf diese Weise die nähere und weitere Umgebung. Eines Tages sprach der Fuchs zu Dananbu: „Ich bin nun schon über einen Monat von zu Hause fort, und befürchte, dass sich meine Eltern Sorgen machen. Ich muss heimkehren. Wenn du dich nach mir sehnst, so komm mich am Oberlauf des Dulu-Flusses besuchen. Dort steht eine mächtige Kiefer, die selbst den höchsten Berg überragt. Wenn du vor dieser Kiefer drei Mal meinen Namen rufst, so werde ich herauskommen und dich willkommen heißen." Dann trat Yalajia[3] ins Haus und informierte die Eltern des Dananbu von seiner Heimkehr. Er verabschiedete sich und machte sich auf den Weg, auf dem ihn Dananbu noch drei oder vier Meilen weit begleitete.

(2) Eines Tages dachte Dananbu überraschend an seinen jüngeren Schwurbruder Yalajia und wünschte sich nichts sehnlicher, als ihn zu besuchen. Er teilte dies

---

2 Hezhe: *tsuru sagdi* (S. 683): *Zhulu* bedeutet „zwei" [Mandschu: juru, „Paar", „doppelt", „beide"], *sagdi* „alt", „ehrwürdig" [Mandschu: sakda]. Der Ausdruck heißt soviel wie „die beiden ehrenwerten Eltern" (S. 604, Anm. 1) (OA).

3 Vgl. oben, Abschnitt 1: Der Fuchs gibt seinen Namen mit „Yalaga" an.

seinen Eltern mit und ritt mit dem Diener Nidegu sowie einem weiteren Diener auf direktem Weg zum Oberlauf des Dulu-Flusses. Als es dunkel wurde, suchten sie am Ufer eine Stelle mit ebenem Boden, auf der sie das Zelt errichteten, machten Feuer, bereiteten das Essen zu und legten sich nach dem Mahle schlafen. Am folgenden Morgen ging es weiter in Richtung Oberlauf und sie erreichten nach zehn Meilen jene Stelle, an der Dananbu vor sechs Jahren mit seinem Vater auf der Jagd gewesen war. Nach zwanzig Meilen entdeckten sie tatsächlich am Ufer eine ungewöhnlich hohe und mächtige Kiefer. Bei ihr angekommen, saß Dananbu ab und rief mit lauter Stimme in Richtung der Wurzeln der Kiefer: „Bruder Yalajia komm schnell!" Nachdem er das dritte Mal gerufen hatte, kam Yalajia lachend hinter der Kiefer hervor. Er trat zu Dananbu und begrüßte ihn außerordentlich herzlich, worauf er sich nach dem Befinden seiner Pflegeeltern erkundigte. Er bemerkte nun die beiden Diener, die im Hintergrund warteten, und sprach zu Dananbu: „Meine Familie wohnt noch hundert Meilen von hier entfernt und der Weg dorthin ist uneben und beschwerlich, mit Pferden kommt man nicht weiter. Lass die beiden Diener nach Hause zurückkehren und wir beide wollen langsam zu Fuß weitergehen!" Dananbu drehte sich um und befahl den Dienern heimzukehren, worauf sich die beiden von ihrem Herrn verabschiedeten und sich auf den Weg machten.

Nachdem die Diener fort waren, sprach Yalajia zu Dananbu: „Komm bitte in den Hof, älterer Bruder, ruh dich im Haus aus und trink Tee." Dananbu sah sich um und erblickte zu seiner maßlosen Überraschung ein Anwesen mit vier Flügeln und hoher Hofmauer. Er folgte Yalajia durchs Tor zum Westflügel, wo sie sich in dem nach Süden gelegenen Raum niedersetzten. Ein Diener brachte ihnen Tee und bald danach wurde ein Imbiss mit Wein aufgetragen. Nachdem sie gegessen und getrunken hatten, plauderten sie einige Zeit und als die Sonne unterging, meinte Yalajia: „Meine Eltern hatten in den Bergen zu tun und sind gerade wieder nach Hause zurückgekehrt. Ich könnte dich ihnen vorstellen!" Sie gingen ins Westzimmer, wo Dananbu ein altes Paar mit schlohweißem Haar auf dem Süd-*kang* sitzen sah, vor dem er sofort Kotau machte. Yalajia rief alle seine Angehörigen zusammen, damit sie Dananbu begrüßten. Dananbu erwiderte nacheinander ihre Grüße und plauderte noch ein Weilchen mit den Eltern, worauf er sich in den Westflügel zurückbegab und schlafen legte.

Am folgenden Tage führte Yalajia den Dananbu in die Bergwälder und zeigte ihm die Landschaft und da der Frühling gerade in den Sommer überging, prangten die Berge in der Pracht der Blüten, an der sich die beiden Brüder von Herzen erfreuten und so kehrten sie erst gegen Abend nach Hause zurück. Von da an unternahmen sie täglich vergnügliche Wanderungen. Nach sechs oder sieben Tagen sagte Yalajia: „Heute wird ein Bote aus deiner Heimat kommen und dich abholen. Wir sollten daher zu Hause bleiben und ihn erwarten!" Mit diesen Worten ging er zur Türe hinaus und begab sich zur Wohnung seiner Eltern. Bald danach trat er über ganze Gesicht lächelnd mit einer Kappe und einem Paar Stiefel wieder ein und reichte sie Dananbu: „Du hast mir das Leben gerettet, was ich dir in diesem Leben wohl kaum vergelten kann. Ich schenke dir daher nun diese *Mahala*[4] und die *Gulaha*[5] als Andenken. Wenn du diese Mütze trägst, wirst du für andere unsichtbar sein, wenn du diese Stiefel anziehst, so wirst du an einem halben Tag hundert Meilen zurücklegen und Flüsse und Meere wie trockenes Land überqueren. Du musst gut auf sie achtgeben!" Dananbu sprang von seinem Sitz auf und nahm sie entgegen, worauf er sie sich genau besah: Tatsächlich waren das keine alltäglichen Stiefel und keine gewöhnliche Mütze. Er dankte Yalajia dafür und dieser sprach zu ihm: „Der Bote aus deiner Heimat ist nicht mehr weit, weshalb ich dich bitten muss, dich für die Reise fertigzumachen." Dananbu nahm die Kappe und die Stiefel mit, verließ den Westtrakt und begab sich zum Haupthaus des Anwesens, wo er sich von den Eltern des Yalajia verabschiedete und diesem dann vors Hoftor folgte.

Yalajia ging voraus und zeigte mit der Hand nach Osten: „Bruder, ist das dort nicht dein Diener?" Und wie Dananbu in die angegebene Richtung blickte, sah er tatsächlich Nigude[6] und einen weiteren Diener herbeireiten. Beim Anblick seines Herrn sprangen die Diener vom Pferd und Nigude kam herbei, ihn zu begrüßen. Und wie Dananbu sich wieder umsieht, da ist nichts mehr von Yalajia und seinem Heim zu sehen! Nur die mächtige Kiefer erhob sich dort wie am Tage seiner Ankunft. Da blieb Dananbu nichts weiter übrig, als sich aufs Pferd zu schwingen und mit seinen beiden Dienern heimzukehren. Nachdem er bei seiner Ankunft vor seinen Eltern Kotau gemacht und sich nach ihrem Befinden erkundigt hatte, zeigte er ihnen die Mütze und die Stiefel, die er geschenkt bekommen hatte und verwahrte sie dann in einer Truhe.

(3) In jener Zeit gab es am Unterlauf des Huntong-Flusses eine große Stadt namens Duowenduo *Huotong*. Ihr Umfang betrug sieben bis acht Meilen und in ihr lebten tausendvierhundert bis tausendfünfhundert Familien. Der Stadtherr hieß Foteke *Han* und war ebenso wie seine Frau bereits über sechzig Jahre alt. Sie hatten nur eine Tochter namens Heileni *Dedou*, die erst sechzehn Jahre alt, aber schön wie eine Himmelsfee (*tianxian*) war und von den Eltern geliebt wurde wie eine Perle in der Hand. In jenem Jahr berieten Foteke *Han* und seine Frau

---

4   Hezhe: *mahala*: „Mütze"; „Kappe" (S. 605, Anm. 1; S. 689) (OA). – Mandschu: mahala, „Beamtenhut", „Mütze".

5   Hezhe: *kulaha* (S. 681) [Mandschu: gûlha]: Stiefel (S. 605, Anm. 2) (OA). – In der Wörterliste steht bei der chinesischen Transkription ein Druckfehler: Statt Gulaha steht Gulazi (S. 681).

6   Vgl. oben: Nidegu!

darüber, dass es an der Zeit wäre, die Tochter zu verheiraten, und wollten für sie einen Mann auswählen. Da sie aber befürchteten, nicht den Absichten der Tochter gerecht zu werden, ließen sie außerhalb der Stadt eine hohe turmartige Plattform errichten und schickten sich an, am fünfzehnten Tag des achten Monats desselben Jahres die Recken aus allen Himmelsrichtungen zusammen-zurufen. Ihre Tochter Heileni würde vom Turm aus einen Bronzespiegel werfen, damit er ihr einen Gemahl erwählte.[7] Als diese Botschaft verbreitet wurde, war jeder junge Bursch aus den Gebieten am Sungari, Sahalin (Amur) und Ussuri bestrebt, als Erster dort anzukommen. Auch Dananbu hörte davon und beriet sich mit seinen Eltern, denn er wollte gleichfalls sein Glück versuchen. Die Eltern bestärkten ihn in seinem Vorhaben und fragten ihn, ob er sich mit einem Segelschiff oder zu Pferde dorthin begeben wolle? Dananbu antwortete: „Mein jüngerer Bruder Yalajia hat mir zwei kostbare Dinge geschenkt, die ich noch nie erprobt habe. Nun ist die Gelegenheit dazu da!" Dananbu legte die Waffen zurecht, die er mitnehmen wollte, zog Kappe und Stiefel an und trat dann wieder in das Zimmer der Eltern. Als diese ihn nun sprechen hörten, ihn aber nicht sehen konnten, fragten sie: „Dananbu, von wo aus sprichst du?" Da wusste Dananbu, dass ihn tatsächlich niemand sehen konnte, wenn er die Kappe trug. Er nahm sie ab und verabschiedete sich von den Eltern, die ihn ermahnten, auf sich aufzupassen.

Dananbu eilte nun auf der Hauptstraße zum Oberlauf des Ussuri. Der Wind pfiff in seinen Ohren und es war ihm als reite er auf Wolken: Bereits nach einem halben Tag erreichte er Duowenduo *Huotong*. Zahlreiche Schiffe lagen im Fluss, die Zelte am Ufer glichen einem Wald; Dananbu aber wanderte am Ufer auf und ab und betrat die Schiffe und Zelte wie es ihm behagte. Nach einer Weile verspürte er Hunger und als er auf ein großes Schiff kam, erblickte er dort sieben oder acht Personen, die aßen und dazu Wein tranken. Dananbu setzte sich zu ihnen und begann gleichfalls zu essen und zu trinken und als er satt war, stand er auf und ging; niemand aber hatte ihm Fragen gestellt. Anschließend wandte er sich nach Osten und ging in ein Zelt, in dem fünf oder sechs junge Frauen saßen und sich unterhielten. Unter ihnen befand sich ein außergewöhnlich hübsches Mädchen von fünfzehn oder sechzehn Jahren, das ein wunderschönes Kleid trug.

---

7   S. 606: „... ... 抛銅鏡子逃選夫婿." Die Übersetzung „[Ihre Tochter Heileni würde vom Turm aus] einen Bronzespiegel werfen und so ihren Gemahl erwählen" ist ebenfalls möglich; angesichts des in Abschnitt 7 beschriebenen Fluges des Spiegels ist es aber unwahrscheinlich, dass hier ein ganz gewöhnlicher Wurf mit Zufallstreffer gemeint ist. Es ist eher von einem magischen Gegenstand auszugehen, der als Werkzeug des Schicksals nicht der Schwerkraft unterliegt und damit nicht zufällig bei einem der Freier landet, sondern seinen Flug zu lenken und gezielt den vorherbestimmten Partner aus der Menge herauszusuchen vermag.

Vorsichtig schlich sich Dananbu ins Innere und ließ das Mädchen nicht mehr aus den Augen. Keine der Frauen und Mädchen konnte ihn sehen, dieses Mädchen hingegen hatte ihn bemerkt. Dananbu war zu jener Zeit ein kerniger, gutaussehender junger Bursch und er gefiel dem Mädchen auf den ersten Blick. Die Beiden warfen einander verliebte Blicke zu, worauf das Mädchen aufstand, sich von den anderen Frauen und Mädchen verabschiedete und in östlicher Richtung fortging. Dananbu folgte ihm. Unterwegs sah es sich nach ihm um und lächelte ihm zu, setzte aber seinen Weg fort bis zu einem Schiff und trat in dessen rückwärtige Kabine.

Dananbu blieb am Ufer stehen und wagte nicht, dem Mädchen zu folgen. Da vernahm er von der Kabine her den Klang einer *Kongkangji*[8], dem er aufmerksam lauschte. Die Mundorgel wurde gekonnt gespielt, die Melodie ertönte laut und klar und je länger er zuhörte, desto faszinierter war er. Und so sprang er auf die Planken des Laufstegs und bestieg das Schiff. Er lugte in das Innere der Kabine und sah, dass sich dort nur das Mädchen befand, das auf der Mundorgel spielte. Lange verharrte Dananbu vor der Kajüte und lauschte dem Spiel. Das Mädchen legte die Mundorgel beiseite und rief ihn mit verhaltener Stimme an: „Wer bist du? Warum kommst du auf mein Schiff?" Diese beiden Fragen verwirrten Dananbu so sehr, dass er stumm blieb. Er überlegte: „Ich trage diese Kappe, damit mich niemand sieht. Wenn aber dieses Mädchen mich sehen kann, so macht mich diese Kappe vielleicht doch nicht unsichtbar?" Während er verwirrt und bestürzt dastand und weder aus noch ein wusste, lächelte das Mädchen und sprach: „Warum sollte ich den *Aojin Akani*[9] nicht bitten einzutreten und mit mir zu plaudern, wenn er mir nun schon bis aufs Schiff gefolgt ist. Warum bleibst du so lange da draußen stehen?" Wie Dananbu nunmehr das Mädchen in dieser Weise sprechen hörte, wurde ihm klar, dass es die Schamanenkünste erlernt hatte und über ungewöhnliche Fähigkeiten verfügte. Wie hätte es sonst von seiner Liebe wissen können? Es blieb ihm nun nichts anderes übrig, als einzutreten, wobei das Mädchen sich rasch erhob und ihn aufforderte, sich zu setzen. Es stopfte ihm eine Pfeife und schenkte ihm Tee ein, setzte sich ihm gegenüber und plauderte mit ihm.

---

8 Hezhe: *k'ŏk'ägi* (S. 685): Mundorgel. In früheren Zeiten von den jungen Leuten als Musikinstrument verwendet, um einander ihre Liebe zu verdeutlichen [wörtl.: die Liebe des anderen zu angeln] (S. 607, Anm. 1) (OA).

9 Hezhe: *aukin ak'ǝni* (S. 689): Höfliche Anrede der Mädchen gegenüber jungen Burschen, vergleichbar dem chinesischen *Xianggong* (S. 607, Anm. 2) (OA).

Das Mädchen hieß Feileni und wohnte auf dem Westufer des Yunman *Bila*[10].
Ihr Vater Ketekelimu *Han* hatte dort die Siedlung Mugede *Gashen* gegründet. Er
hatte einen Sohn namens Fendewu, der zwanzig Jahre alt und mit Chahuoni
verheiratet war, sowie diese Tochter, die gerade sechzehn Jahre alt und ungewöhnlich hübsch war. Im Alter von acht Jahren war sie von der Ahnfrau einer
Schamanenlinie (*saman laozushi*), die in einer alten Höhle auf einem hohen Berg
am Ufer des Ostmeeres lebte, mit Hilfe eines übernatürlichen Windes (*shenfeng*)
entführt worden. Diese Schamanin hieß Zhu'rhang'a[11]. In ihrer Kindheit war sie
beständig krank und spindeldürr gewesen, aber nachdem ihre Eltern sie den
Schamanengeistern versprochen hatten,[12] war sie tatsächlich gesund geworden.
Als sie herangewachsen war, erlernte sie die Schamanenkünste (*saman shenyi*) und
die Geheimnisse der Magie (*fashu aomiao*); sie heiratete nicht, sondern vervollkommnete sich (*xiu dao*) in den Bergen, worauf sie in jener Berghöhle die Vollendung erlangte und eine Unsterbliche wurde (*de dao cheng xian*). Bevor Zhu'r-
hang'a sich auf den Weg in die Berge machte, um dort zu üben, hatte sie ihren
sterblichen Körper abgestreift und auf dem Gipfel eines Berges zurückgelassen,
wo er sich in Stein verwandelte. Wenn nun später jemand in besagtem Dorf krank
wurde, so stieg er auf den Gipfel, machte Kotau vor diesem menschengestaltigen
Stein und flehte ihn um Schutz an, was sich als äußerst wirksam erwies. Nachdem
sie mittels eines Zauberwindes (*shenfeng*) Feileni in jene alte Höhle entführt hatte,
unterrichtete sie diese Tag für Tag gewissenhaft in den Schamanenkünsten, so
dass das Mädchen nach sieben oder acht Jahren sie vollkommen beherrschte. Als
Feileni fünfzehn Jahre alt war, befahl ihr ihre Meisterin, nach Hause zurückzukehren und sprach beim Abschied zu ihr: „Als du drei oder vier Jahre alt warst,
haben deine Eltern einen Irrtum begangen und dich mit deinem zweiten Vetter
Jia'rguli *Mo'rgen* verlobt. Ihr zwei aber seid nicht füreinander geschaffen. Du
solltest den Dananbu aus Dulu *Gashen* heiraten; er ist genauso alt wie du. Ihr
werdet euch im achten Monat des nächsten Jahres sehen und wenn ihr euch trefft,
musst du die Gelegenheit nutzen!"

Nach ihrer Heimkehr war die Freude ihrer Familie sowie der Familie ihres
Verlobten groß. Und das Jahr, in dem Feileni sechzehn Jahre alt wurde, war auch
das Jahr, in dem Heileni sich einen Mann durch Werfen eines Spiegels aussuchen
wollte. Auch ihr älterer Bruder fuhr mit Dienern in einem Segelboot zu ihr, um

---

10 Yunman *Bila*: Der Yunman-Fluss befindet sich auf der Nordseite von Baili (Boli) 伯力 im
    heutigen Russland. Auf beiden Seiten des Flusses leben bis zum heutigen Tag Hezhe [Golden]
    (S. 608, Anm. 1) (OA).
11 Hezhe: *tsulhãa* (S. 683): Bedeutet „gefrorener Reif" (S. 608, Anm. 2) (OA).
12 Wörtlich: *xugei samanshen*, „den Schamanengeistern zur Frau versprochen", „mit den
    Schamanengeistern verlobt" (S. 608).

sein Glück zu versuchen. Feileni begleitete ihn zusammen mit ihrer Schwägerin, um dem Spektakel beizuwohnen. Feileni hatte sich insgeheim überlegt: „Es ist nun tatsächlich der achte Monat angebrochen, genau wie meine Meisterin gesagt hat! Sicher wird Dananbu kommen, um sich den Spiegel zu sichern!" Aber nach ihrer Ankunft in Duowenduo *Huotong* begab sich ihr Bruder entweder alleine oder zusammen mit seiner Frau tagtäglich auf die Schiffe von Bekannten und trank und plauderte mit ihnen. Auch an jenem Tag war er mit seiner Frau zu einem Bekannten gegangen, während Feileni trübsinnig in der Kajüte zurückbleiben musste. Sie stieg daher ans Ufer und ging zu den umliegenden Zelten, um sich ein bisschen zu unterhalten, und traf dabei auf Dananbu. Mit Hilfe ihrer magischen Künste prüfte sie nach und stellte fest, dass er der ihr von ihrer Lehrmeisterin angekündigte Dananbu war, weshalb sie ihn zu ihrer Kajüte führte, dort zwei Schalen mit Essen zubereitete, einen Krug Wein wärmte und auftischte und dann mit Dananbu trank und plauderte.

(4) Feileni bewirtete Dananbu in der rückwärtigen Kabine des Schiffes. Sie waren gerade in bester Stimmung, als sie plötzlich auf dem Laufsteg Schritte hörten. Feileni sprach zu Dananbu: „Sicher kehren mein Bruder und meine Schwägerin zurück, wir müssen leise sein!" Sie beendeten ihr Mahl und Feileni versteckte Dananbu in ihrer Kajüte, worauf sie sich zur Kajüte ihres Bruders begab und sich dort lange mit ihrer Schwester unterhielt. Sie aß mit ihrem Bruder und seiner Frau zu Abend und als die Laternen angezündet wurden, verabschiedete sie sich und kehrte in ihre Kajüte zurück, wobei sie insgeheim die Absicht hatte, in dieser Nacht Dananbu bei sich zu behalten. Voll Vorfreude trat sie ein, aber von Dananbu war nichts zu sehen! Als sie sehen musste, dass ihr Geliebter nicht mehr bei ihr war, schnitt ihr dies wie ein Messer ins Herz und Gewissensbisse quälten sie in fast unerträglicher Weise.

Dananbu hatte lange auf Feileni gewartet, aber da diese nicht zurückkam, war er unsicher geworden und fürchtete, dass etwas Unvorhergesehenes geschehen war; er schlich sich daher aus der Kajüte fort und ging zur Stadt. Vor dem Südtor kam er an dem neuerrichteten Turm vorüber und sah, dass an ihm noch gearbeitet wurde. Er ging durch das Südtor als die Stadtbewohner soeben die Laternen anzündeten, und sah vor sich ein Anwesen, das auf allen Seiten von einer hohen Mauer und großen Gebäuden umgeben war und dessen Tor halboffen stand und bewacht wurde. Da wusste Dananbu, dass dies die Residenz des Stadtherren Foteke *Han* war und trat in den Hof. An der nordwestlichen Ecke sah er ein mehrstöckiges Gebäude, aus dessen Fenster heller Lampenschein drang. Sofort erkannte Dananbu, dass dies das Schlafgemach der Heileni war, worauf er die Treppe hinaufschlich. Oben ging er an der Mauer entlang bis zum Südfenster, wo er mit der Zungenspitze ein Loch in das Papier des Fensters bohrte und dann ins Zimmer spähte. Dort sah er auf dem *Kang* ein Mädchen sitzen, das fünfzehn bis sechzehn Jahre alt sein mochte und schön wie eine Fee (*xiannü*) war. Es saß unter einer Laterne und nähte und wurde dabei von zwei jungen Mägden bedient. Je länger Dananbu das Mädchen betrachtete, desto stärker verliebte er sich. Plötzlich aber dachte das Mädchen für lange Zeit konzentriert nach, legte ihre Arbeit weg und wandte sich den Mägden zu: „Geht und ruht euch etwas aus! Ich benötige euch hier nicht mehr!" Die Dienerinnen gingen nach unten und es blieb nur noch das Mädchen zurück, das der Lampe gegenüber saß.

Nach einer Weile sprach es ernst in Richtung des Fensters: „Da der *Aojin Akani* wegen mir gekommen ist, kann ich ihn doch hereinbitten, statt ihn heimlich durch das Fenster spähen zu lassen!" Da blieb Dananbu nichts anderes übrig, als ins Zimmer zu treten, wobei das Mädchen sich eilends zum Empfang erhob. Sie setzten sich einander gegenüber, tranken Wein und plauderten dabei. Tief in der Nacht holte Heileni das Bettzeug heraus, breitete es auf dem Ofenbett aus und ließ Dananbu dort schlafen. Dananbu streifte seine Kleidung ab und legte sich hin, worauf sie das Licht löschte, aber schweigend sitzen blieb. Dananbu wusste, dass sie sich genierte, und so zog er sie neben sich und drückte sie fest an seine Brust. Als sie am folgenden Morgen aufstanden, sprach Heileni zu ihm: „Der Himmel hat uns füreinander bestimmt. Obgleich in zehn Tagen das Spiegelwerfen stattfindet, wird natürlich der Bronzespiegel in deine Hände gelangen. Bleib solange hier und warte ab!"

Nachdem Mitternacht vorbei war, erkundete Feileni mit Hilfe ihrer magischen Künste den Aufenthaltsort des Dananbu und erfuhr dadurch, dass er mit Heileni in deren Gemach munter plauderte, weshalb sie ihm über alle Maßen ob seiner Herzlosigkeit zürnte und mit ihrem Schicksal haderte, so dass sie die ganze Nacht kein Auge zutat. Nachdem sie deshalb zwei oder drei Tage nichts gegessen hatte und wie abwesend im Bett liegen blieb, brannten ihr Bruder und seine Frau Räucherwerk ab und baten die Schamanengeister (*saman shenling*), um Schutz und baldige Genesung. Als der fünfzehnte Tag des achten Monats anbrach, von dem Feileni wusste, dass es der Tag war, an dem Heileni sich durch das Werfen eines Spiegels ihren Gatten erkor, rief sie heimlich den *Bukechun* genannten Schamanengeist in ihre Kabine. Feileni sprach zu ihm: „Heute zur Mittagszeit wird sich Heileni durch das Werfen eines Bronzespiegels ihren Gatten auswählen, sie hat aber bereits mit Dananbu vereinbart, dass er den Spiegel erhalten wird. Ich habe dich gerufen, damit du dich zu dem Turm begibst und dort wartest, bis sie den Spiegel hinabwirft. Fange ihn in der Luft auf und bringe ihn dann sofort zu mir!" Nachdem sie der *Bukechun*-Geist angehört hatte, flog er auf der Stelle mit dem Wind davon.

(5) Am fünfzehnten Tag des achten Monats befahl Foteke *Han* nach dem Frühstück den Knechten, einen kleinen Wagen anzuspannen, in dem seine Frau und seine Tochter mit jungen Dienerinnen fahren konnten. Er selbst bestieg sein Pferd und brach in Begleitung von berittenen Dienern auf. Als sie die Stadt durch das Südtor verließen, sahen sie, dass sich die aus allen Himmelsrichtungen gekommenen Jünglinge bereits am Fuß der Turmes versammelt hatten. Außerhalb der Absperrung standen in dichten Scharen die Zuschauer – Jung und Alt, Männlein wie Weiblein –, die sich das Spektakel nicht entgehen lassen wollten. Die Diener bahnten der Herrschaft den Weg. Als der kleine Wagen den Turm erreicht hatte, stiegen Mutter und Tochter aus und wurden von ihrer jeweiligen Dienerin auf den Turm geleitet. Nachdem ihnen Foteke *Han* gefolgt war, setzten sie sich und tranken Tee. Dabei betrachtete Heileni verstohlen die unten versammelten Jünglinge. Unter ihnen befand sich eine Reihe schmucker Burschen, aber keiner kam ihrem geliebten Dananbu gleich! Sie hatte bereits gesehen, dass auch er dort in der Menge auf ihren Spiegelwurf wartete. Als es Mittag wurde, stellte eine Dienerin einen Räucheraltar auf dem Turm auf, worauf Heileni eigenhändig *Sengqile* entzündete, den Bronzespiegel hervorholte und auf den Altar legte. Sie kniete vor dem Altar nieder und betete zu Himmel und Erde, worauf sie sich erhob und mit beiden Händen den Spiegel aufnahm. Sie trat zur Frontseite des Turmes, verharrte dort, hob den Spiegel mit beiden Händen empor und warf ihn den Jünglingen zu.

Die Versammelten sahen, dass an dem Spiegel bunte und prächtige Seidenbänder befestigt waren, und reckten die Hälse und verdrehten die Köpfe, um zu beobachten, wie sie im Wind flatternd sich vom Turm herab auf sie niedersenkten oder aber in der Luft kreisten und wirbelten. Während die Jünglinge sich herzudrängten und darum kämpften, den Spiegel zu fangen, stieg der Spiegel plötzlich hoch in die Lüfte empor und verschwand schnell wie ein Pfeil in östlicher Richtung. Alle Anwesenden sahen sich in ihren Hoffnungen und Erwartungen bitter enttäuscht und diskutierten lebhaft das Ereignis. Heileni aber sah klar und deutlich, dass der Spiegel im Südosten in der rückwärtigen Kabine eines Segelschiffes verschwand und begriff, dass sich auf diesem Schiff jemand befand, der über besondere Fähigkeiten verfügte und gegen sie arbeitete. Sie sprach daher zu ihren Eltern: „Bestimmt wurde dieser Vorfall von einem mächtigen Schamanen bewirkt, der mir feindlich gesinnt ist! Wartet bis ich in der Nacht die Geister befragt habe, dann werden wir erfahren, was geschehen ist! Ich hoffe, dass meine Eltern bereit sind, einen neuen Termin in meiner Sache festzulegen." Foteke *Han* erhob sich, trat an die Vorderseite des Turmes und verkündete mit lauter Stimme: „Hört ihr Jünglinge, die ihr aus allen Teilen des Landes hierher gekommen seid: Es war heute nicht möglich, den Ehemann meiner Tochter zu bestimmen. Daher wird sie am zwanzigsten Tag dieses Monats nochmals einen Spiegel werfen, um einen Ehemann zu bestimmen." Nach dieser Erklärung verließ er mit Frau und Tochter den Turm und kehrte in die Stadt zurück. Die Versammelten gingen auseinander und kehrten auf ihre Schiffe zurück, um den zwanzigsten Tag des Monats abzuwarten.

Der von Feileni entsandte *Bukechun*-Geist hatte es sich zunutze gemacht, dass Heileni nicht vorbereitet war, und den Spiegel entführt, den er zu Feileni brachte. Und da Dananbu den Spiegel nicht bekommen hatte, blieb auch ihm nichts weiter übrig, als in die Stadt zurückzukehren, wo er sich in der Residenz des Foteke *Han* sogleich in das Gemach der Heileni begab. Diese sprach zu ihm: „Was den heutigen Vorfall betrifft, so arbeitet ganz gewiß jemand, der über große Macht verfügt, gegen uns, ich weiß jedoch nicht, wer dies sein könnte und aus welchem Grund dies geschieht." Dananbu fragte: „Woran erkennst du, dass uns jemand gegen uns ist?" Heileni antwortete: „Ich habe vom Turm aus beobachtet, dass der von mir geworfene Spiegel nach Südosten in Richtung zum Fluss flog und dort in der Heckkabine eines großen Segelschiffes verschwand. Dies zeigt mir, dass auf diesem Schiff jemand sein muss, der über große Macht verfügt und gegen mich eingestellt ist. In Kürze will ich die Geister herbeirufen und sie befragen, dann werden wir ja wissen, was los ist!" Als Dananbu diese Worte hörte, fiel ihm mit einem Male wieder Feileni ein und er überlegte: „Wenn das so ist, dann muss diese Feileni dahinterstecken, die wütend darüber ist, dass ich ohne Abschied fortgegangen bin. Wer weiß, ob sie nicht deshalb die Veranstaltung gestört hat!" Er ärgerte sich über sich selbst, dass er ausschließlich bei Heileni geblieben war und Feileni in ihrer Liebe enttäuscht hatte.

Heileni fiel auf, dass er über etwas nachgrübelte und setzte ihm mit Fragen so lange zu, bis Dananbu ihr alles erzählte. Da ließ Heileni den Kopf hängen und seufzte lange Zeit, schließlich aber setzte sie ein Lächeln auf und sprach: „Nun weiß ich, dass der heutige Vorfall von Feileni verursacht wurde. Ihr aber kann ich wirklich keinen Vorwurf machen, sondern dich muss man tadeln, weil du so gefühllos bist! Du wirst heute Nacht zu ihr gehen und mit ihr sprechen, denn sonst wird am Zwanzigsten des Monats genau dasselbe geschehen!" Dies entsprach Dananbus Absichten und so nickte er und stimmte zu. Nach dem Abendessen brach er auf. Hand in Hand begleitete ihn Heileni bis vor die Türe ihres Gemaches und mahnte ihn eindringlich: „Wenn du mich liebst, so wirst du sehr früh am Morgen zurückkommen. Ich hoffe, dass du nicht über die Neue die Alte vergisst!" Bei diesen Worten drückte sie fest seine Hand und ihre Miene verriet, wie sehr sie ihn liebte. Dananbu versprach ihr dies immer wieder, drückte ebenfalls ihre Hand und nahm Abschied.

Er setzte seine Tarnkappe auf, eilte durch das Südtor zum Flussufer und als auf dem Schiff der Feileni alles still blieb, schlich er sich hinauf. Er kam zu der Heckkabine und stellte fest, dass deren Türe noch nicht verschlossen war. Feileni lag noch immer auf dem Bett, während ihr eine Dienerin gerade zu trinken gab. Dananbu wartete lange, aber als es Zeit wurde, die Laternen anzuzünden, hörte er, wie in der Kabine das Mädchen sagte: „Es ist schon längst dunkel, geh und leg dich schlafen!" Er hörte auch, wie die Magd zustimmte und die Kabine verließ. Nachdem er die Dienerin hatte fortgehen sehen, drückte er die Türe auf und trat zu dem Bett der Feileni. Diese öffnete die Augen und als sie genauer hinsah, da stand der Geliebte ihres Herzens vor ihr! Die Beiden sahen einander lange Zeit nur an, kein Laut kam über ihre Lippen. Feileni war wütend und glücklich zugleich und wie er da so stand und kein Wort sagte, bedeckte sie mit der Decke ihr Gesicht und beachtete ihn nicht. Und da auch sie kein Wort sprach, setzte sich Dananbu auf den Rand des Bettes; er wollte zu ihr sprechen und doch sagte er nichts. Stumm saß er einige Zeit da, während sein Herz wild pochte.

Feileni begriff, dass er wohl kaum anfangen werde zu sprechen und obwohl sie wütend auf ihn war, fürchtete sie doch, dass er zornig werden und gehen könnte. Und so zog sie die Bettdecke vom Gesicht und sprach zu ihm: „Dir steht jetzt ein Schlafgemach offen und du hast ein schönes Mädchen an deiner Seite; welch ein Vergnügen! Warum also kommst du heute abend zu mir? In meiner Kabine gibt es kein schönes Mädchen, das dich heiraten könnte! Geh schnell zurück zu deinem Gemach und leiste jener Schönen Gesellschaft!" Wieder verhüllte sie mit der Decke ihren Kopf und begann bitterlich zu weinen. Dananbu drehte sich zu ihr herum, lehnte sich eng an sie und nahm sie in seinen Arm. Mit der linken Hand zog er ihr die Bettdecke vom Gesicht und sagte sanft zu ihr: „Ich habe eine große Dummheit gemacht; es ist meine Schuld! Aber weisst du auch, warum ich letztes Mal ohne Abschied weggegangen bin?" Feileni hörte auf zu schluchzen und antwortete: „Woher sollte ich wissen, was du vorhast! Aber wenn du einmal gründlich nachdenkst, so habe ich dich zwar nicht besonders gut bewirtet, aber doch alles getan, damit du dich wohlfühlen konntest. Dass du dann trotzdem ohne Abschied fortgeschlichen bist zeigt, wie gefühllos du bist! Ich fühle mich nicht wohl und habe wirklich keine Lust, mit dir zu reden! Zudem ist dein Liebchen, das sich Heileni oder so ähnlich nennt, eine mächtige Schamanin und wenn sie erfährt, dass du bei mir auf dem Schiff bist, wird sie dir bestimmt die Schuld geben! Beeile dich doch bitte zurückzukehren, damit deine Geliebte sich in ihrem Gemach nicht zu sehr nach dir sehnt und krank wird, sonst hast du niemanden mehr, der dir Gesellschaft leistet!" Dananbu merkte an ihren Worten, dass sie ihm zürnte, weil er letztens ohne Abschied fortgegangen war, und dass sie eifersüchtig war, weil er sich zuerst mit Heileni verbunden hatte. Da jedes ihrer Worte voll Zorn war, blieb ihm nichts anderes übrig, als ihr gut zuzureden und sie zu beschwichtigen. Seine weiche Stimme und die süßen Worte rührten Feileni und nachdem sie sich noch etwas geziert hatte, wendete sich alles zum Guten. Die Beiden vergnügten sich in der Kabine des Schiffes und ohne dass sie es bemerkten, waren schon zwei Nächte vergangen.

In der dritten Nacht gedachte Dananbu wieder der Ermahnungen, die Heileni ihm mit auf den Weg gegeben hatte und sprach zu Feileni: „Ich muß dich etwas fragen: Heileni hat mir erzählt, dass du den Bronzespiegel, den sie am fünfzehnten Tag des achten Monats geworfen hat, an dich genommen hast – stimmt das?" Lachend sagte Feileni: „Ich habe ihn tatsächlich!" „Wenn du schon den Spiegel besitzt," antwortete Dananbu und lachte ebenfalls, „warum gehst du dann nicht zu ihr und heiratest sie?" Feileni wurde etwas verlegen und gab Dananbu einen leichten Klaps. Während sie so schäkerten, hörten sie draußen plötzlich Schritte von jemandem, der auf das Schiff kam.

(6) Während Dananbu sich mit Feileni in deren Kajüte unterhielt, hörten sie plötzlich auf dem Laufsteg Schritte. Feileni, die dachte, dass ihr älterer Bruder ihr unsittliches Treiben entdeckt habe, wurde vor Schreck ganz blass und dachte: ‚Wenn mein Bruder in die Kajüte kommt, um nachzusehen, wird er zwar Dananbu nicht sehen können, aber bestimmt hat er uns von draußen sprechen und lachen hören! Was soll ich bloß antworten, wenn er mich danach fragt?' Und während sie nicht wusste, wie sie sich verhalten sollte, trat ein ihr unbekannter, gutaussehender Jüngling ein, der auf Dananbu zuging, ihn grüßte und sich nach seinem Befinden erkundigte. Als Dananbu ihn aufmerksam musterte, erkannte er in ihm seinen Schwurbruder Yalajia! Er sprang auf, ergriff Yalajias Hand und fragte: „Wo kommst du denn her, Bruder? Wieso kommst du am Abend hierher? Ist etwas geschehen?" Unter Tränen erzählte Yalajia: „Woher sollte mein älterer Bruder wissen, dass mein Vater im vergangenen Jahr nach A'rdaoqi *Huotong* im Jin-Reich gewandert ist, dessen Stadtherr Heituwumu *Han* heißt. Dieser Heituwumu *Han* ist der Schwiegervater des Herrschers des Jin-Reiches, weshalb er in A'rdaoqi als *Han* eingesetzt wurde. Mein Vater begab sich in diese Stadt und als er in der Residenz des *Han* ankam, fand er dort keine Schätze. Die beiden Kostbarkeiten, die dort aufbewahrt wurden, waren die Stiefel und die Kappe, die ich dir geschenkt habe. Diese beiden Kostbarkeiten waren vom Herrscher des Hongmao-Reiches („Reich der Rothaarigen") dem Jin-Reich als Tribut gesandt worden. Der Weg der Tributgesandtschaft führte durch A'rdaoqi, da es ihnen erst mit dem Einverständnis von Heituwumu *Han* möglich war, die Hauptstadt des Jin-Reiches zu betreten. Und so schaffte Heituwumu *Han* diese beiden Kostbarkeiten heimlich beiseite und verwahrte sie in seiner Residenz, damit er sich in Zukunft ihrer bedienen konnte. Noch nicht einmal ein halbes Jahr später entwendete ihm mein Vater des Nachts diese Kostbarkeiten und brachte sie mit nach Hause und da ich bei deinem Besuch im vergangenen Monat kein passendes Geschenk hatte, gab ich sie dir, um dir dafür zu danken, dass du mich am Leben gelassen hast. Nun hat aber der Herrscher von Jin entdeckt, dass Heituwumu *Han* diese vom Hongmao-Reich überbrachten Kostbarkeiten für sich zurückbehalten hat, weshalb er in seiner Wut diesen gefangennehmen ließ und ihn enthaupten lassen wollte. Da aber die Beamtenschaft für ihn bürgte, gewährte ihm der Herrscher eine Frist von einem Monat, um die beiden Kostbarkeiten herbeizuschaffen, andernfalls werde er mit dem Tode bestraft. Heituwumu *Han* ließ daraufhin aus dem Hongmao-Reich einen Chinesen namens Pu Huidao kommen, der über große magische Fähigkeiten verfügt und durch Aufzeichnen von Zauberformeln Geister und Dämonen fängt. Nun hat er mit Hilfe dieser Bannsprüche unsere gesamte Familie nach A'rdaoqi *Huotong* geholt und in einen leeren Raum gesperrt. Mein Vater hat ausgesagt, dass die Kostbarkeiten in einer alten Höhle aufbewahrt würden, weshalb man mich freiließ, damit ich in die Berge zurückkehrte. Falls ich nicht innerhalb von drei Tagen mit allen Kostbarkeiten zurückkehre, wird meine Familie in die Hauptstadt des Jin-Reiches geschafft und dort enthauptet!"

Dananbu war tief betroffen, als er dies alles hörte, und sagte zu Yalajia: „Hier, lieber Bruder, nimm die beiden Kostbarkeiten und bring sie sofort zurück und rette das Leben deiner Familie!" Yalajia aber antwortete: „Da gibt es noch etwas, was mein älterer Bruder nicht weiß: Es ist nicht schwer, diese Dinge zurückzubringen, aber es ist zu befürchten, dass Heituwumu *Han*, sobald er wieder in ihrem Besitz ist, uns weiterhin zürnen und nicht freilassen wird, sondern uns in die Hauptstadt schaffen läßt, damit wir enthauptet werden!" Die beiden Brüder waren völlig ratlos, als Feileni, die bis dahin still zugehört hatte, fragte: „Ich habe gehört, was ihr beide gesprochen habt! Darf ich fragen, wer dieser *Mo'rgen* ist und woher er kommt?" Nun erst beeilte sich Dananbu sie einander vorzustellen und erzählte ihr ausführlich, wie sie Schwurbrüder geworden waren. „Wenn das so ist," sagte Feileni, „so müsst ihr schnellstens etwas unternehmen, um die anderen zu retten!" Sie suchte einen *Guoqikuo*[13] hervor und übergab ihn Dananbu mit den Worten: „Dieser Pfeil wurde mir von meiner Lehrmeisterin beim Abschied als kostbarer Gegenstand überreicht." Sie schnitt aus Papier ein Paar Stiefel und eine Kappe aus und blies darauf, worauf sie sich sogleich in genau die gleichen Stiefel und die gleiche Kappe verwandelten, wie sie Dananbu trug. Sie gab diese Stiefel und die Kappe Yalajia, streifte dann ihr eng sitzendes Oberhemd ab, ließ es Dananbu anziehen und sprach dann zu ihnen: „Macht euch sofort auf den Weg zur Residenz des Heituwumu *Han*, wo Yalajia *Mo'rgen* diese Stiefel und die Kappe

---

13 Pfeil. - Keine Eintragung im Wörterverzeichnis.

dem Pu Huidao übergeben muss, damit dieser sie prüft. Währenddessen musst du dich am Nordfenster aufstellen und den Pfeil von hinten her auf das Herz von Pu Huidao abschießen, wenn er eine Erklärung abgibt! Wenn ihr dann alle Bannsprüche von Türen und Fenstern reißt, kann die Familie von Yalajia freikommen und fliehen und zudem entgeht sie zukünftigem Unheil. Ihr solltet dann auf schnellstem Wege zurückkehren, da ihr sonst vielleicht von einem Befähigten (*Nengjen*), entdeckt und vernichtet werden könntet! Dieses Hemd wird dich gleichfalls unsichtbar machen und dich zudem unverwundbar gegen Pfeil und Schwert machen. Sobald ihr eure Aufgabe erledigt habt, musst du so schnell wie möglich zurückkehren, damit du dir übermorgen den Bronzespiegel sicherst!"

Dananbu und Yalajia verabschiedeten sich von Feileni und machten sich noch in der Nacht auf den Weg. Da Dananbu seine Stiefel und Yalajia seine übernatürlichen Fähigkeiten zu Hilfe nehmen konnte, erreichten sie noch in derselben Nacht die von Heituwumu *Han* beherrschte Stadt A'rdaoqi. Yalajia führte Dananbu zum rückwärtigen Hof der Residenz des *Han*. Er zeigte auf das nach Norden gelegene Zimmer im Ostflügel des Anwesens und sagte leise: „Älterer Bruder, besagter Pu Huidao hält sich in dem leeren Zimmer im Nordteil des Ostflügels auf, wo er persönlich meine Familie bewacht. Leise antwortete Dananbu: „Wenn das so ist, dann trennen wir uns hier! Du gehst durch das Haupttor, ich aber warte vor dem Nordfenster, bis du in das Zimmer trittst und die Kostbarkeiten übergibst und schieße ihn dann in den Rücken." Yalajia war einverstanden und nickte, worauf sie auseinandergingen. Dananbu eilte zur Rückseite des Flügels und als er dort ein kleines Fenster entdeckte, ging er hin und bohrte mit der Zunge ein Loch in das Fensterpapier. Als er hindurchspähte, sah er auf dem Ostteil des *Kang*s ein Tischchen mit einer Teekanne und einer Teetasse, auf dem Pinsel, Reibstein und Tusche sowie Bücher lagen. Neben dem Tischchen saß ein über sechzig Jahre alter Mann mit grauen Schläfen und feistem Wanst, der gerade ein Buch in Händen hielt und darin las. Außerdem befanden sich etwa ein Dutzend große und kleine Füchse in dem Raum, die dort in einer Reihe auf dem Boden hockten. Bald darauf trat Yalajia durch die Türe und grüßte Pu Huidao. Dieser fragte ihn: „Nun, hast du die beiden Kostbarkeiten mitgebracht?" Eilends zog Yalajia die beiden gefälschten Kostbarkeiten hervor und überreichte sie mit beiden Händen. Und während Pu Huidao sie noch prüfend betrachtete, legte Dananbu, der sah, wie Yalajia zur Seite wich, auf ihn an und schoss den Pfeil in Richtung auf Pu Huidaos Rücken ab.

(7) Dananbu zielte von hinten her durch das Fenster auf das Herz von Pu Huidao und schoss den Wunderpfeil (*Baojian*) auf Pu Huidao ab. Dieser durchbohrte den Körper, worauf Pu Huidao mit einem Seufzer vom *Kang* stürzte. Yalajia stellte fest, dass Pu Huidao tot war, suchte der Reihe nach alle Bannsprüche, die jener aufgeklebt hatte, und riss sie von den Wänden. Erst jetzt konnte sich seine Familie wieder bewegen. Nun kam auch Dananbu ins Zimmer und die gesamte Familie des Yalajia dankte ihm herzlichst. Yalajia mahnte: „Wir müssen so schnell wie möglich von hier fort!" Dann sprach er zu Dananbu: „Älterer Bruder, führe du uns auf dem Weg zurück, den wir gekommen sind!" Sogleich führte dieser das Dutzend Personen hinaus und verließ die Stadt durch das Osttor. Nach vier oder fünf Meilen kamen sie zu einem Wäldchen, wo sie sich setzten und ausruhten. Die Eltern des Yalajia sagten: „Die Zauberkünste dieses Pu Huidao waren wirklich gefährlich! Falls nicht unser Adoptivsohn gekommen wäre und uns gerettet hätte, wären wir bestimmt enthauptet worden! Es gibt nichts, womit wir eine solche Wohltat vergelten können!" Sie zeigten auf ein Mädchen und fuhren fort: „Dieses Mädchen ist unsere dritte Tochter; sie heißt Yilanyaoyueni und ist achtzehn Jahre alt. Sie soll deine Frau werden!" Dananbu war dieses Mädchen schon wegen seiner Schönheit aufgefallen und als die Eltern des Yalajia ihm nun diesen Vorschlag machten, willigte er natürlich gerne ein. Er beeilte sich, ihnen dafür zu danken und stimmte sogleich zu, dass nach Abschluß der vor ihm liegenden Aufgaben, die Hochzeit stattfinden sollte. Dann trennten sie sich und die Eltern des Yalajia kehrten mit ihrer Familie in ihre alte Höhle am Oberlauf des Dulu *Bila* zurück.

Yalajia und Dananbu wandten sich nach Duowenduo *Huotong* und erreichten nach einem Tag diese Stadt. Als sie zu dem Schiff der Feileni kamen, sahen sie, dass in der Kajüte noch Licht brannte, weshalb sie eintraten und sich setzten. Während Feileni die Pfeife stopfte und Tee einschenkte, erzählte Dananbu ausführlich, wie sie Pu Huidao getötet hatten. Nachdem sie sich noch eine Weile unterhalten hatten, sprach Yalajia zu seinem Schwurbruder: „Ich habe heute noch etwas in der Stadt zu erledigen. Wir sehen uns später!" Dananbu geleitete ihn hinaus, kam dann zurück in die Kabine und schlief bei Feileni. Sie standen erst auf, als die Sonne bereits aufgegangen war. Feileni holte den Bronzespiegel hervor, den sie am fünfzehnten Tag des achten Monats entführt hatte, und überreichte ihn Dananbu mit den Worten: „Bring diesen Spiegel zu Heileni, damit ihr beide morgen Mann und Frau werden könnt! Aber wenn ihr geheiratet habt, so schickt einen Boten zu mir, der mich zu euch bringt, denn ich muss mit Heileni eine wichtige Sache unter vier Augen besprechen. Vergiss das nicht!" Dananbu nahm den Spiegel entgegen, nickte und versprach, dies zu tun, worauf sie aneinandergelehnt und Hand in Hand die Kajüte verließen und sich erst nachdem sie noch lange miteinander gesprochen hatten trennten.

Nun eilte Dananbu in die Stadt zu der Residenz des *Han*. Schon bald war er am Tor derselben angekommen, eilte hindurch und lief zu dem Gemach der Heileni. Oben angekommen, öffnete er die Tür und trat ein. Heileni hatte ihn voll

Sehnsucht erwartet und als nun plötzlich die Türe aufging und Dananbu eintrat, sprang sie vom *Kang* herab und forderte ihn auf, sich zu setzen, stopfte ihm die Pfeife und schenkte Tee ein. Anschließend fragte sie lächelnd: „Warum kommst du erst jetzt zurück?" Dananbu erzählte ihr nun ausführlich, wie die Familie des Yalajia in Not geraten war und er den Pu Huidao mit dem Pfeil erschossen hatte, er teilte ihr auch mit, was ihm Feileni gesagt hatte, als sie ihm den vielfarbenen Spiegel gab. Heileni meinte dazu: „Ich kenne Feileni doch überhaupt nicht! Warum soll ich einen Boten zu ihr schicken und sie empfangen? Warum gibt sie sich so vornehm?" Bei diesen Worten senkte Dananbu schweigend den Kopf, worauf Heileni, die seine Verstimmung bemerkte, lachend sagte: „Sei nicht so bekümmert, ich kenne zwar diese Feileni nicht, aber wenn ich in Betracht ziehe, dass du teilweise dorthin gehst, bleibt mir wohl nichts anderes übrig, als sie herzubitten!"

Am folgenden Morgen forderte Heileni Dananbu auf, zu dem Turm vor dem Südtor zu gehen und dort zu warten, bis sie den Spiegel werfen werde, worauf Dananbu sich auf den Weg machte. Heileni wartete in ihrem Gemach darauf, dass ihre Eltern sie riefen, und plötzlich trat eine Dienerin ein, die sie abholte. Heileni steckte den bunt geschmückten Spiegel in den Brustteil ihres Gewandes, stieg von ihrem Gemach in den Hof hinab und begab sich durch das Südtor zu dem Turm, bei dem sich wiederum eine unübersehbare Menge Leute versammelt hatte. Als es Mittag wurde, erhob sich Heileni, worauf wieder ein Räucheraltar aufgestellt wurde, vor dem sie Kotau vor Himmel und Erde machte und erneut betete. Anschließend begab sie sich mit dem farbig geschmückten Spiegel in den erhobenen Händen zur Frontseite des Turmes und schleuderte den Spiegel in die unten stehende Menge. Dananbu hatte in der Menge gewartet und sah, wie der vielfarbene Spiegel der Heileni herabschwebte, wie er über den Köpfen der Versammelten unentwegt kreiste, sich hob und senkte und gleich einem Schmetterling tanzte. Hierhin kreisend, dorthin kreisend senkte er sich auf Dananbu hernieder, der ihn flugs ergriff und damit zum Fuß des Turmes lief. Dort legte er seine Kappe ab und zog die Stiefel aus und zeigte sich in seiner wahren Gestalt.

Als der vielfarbene Spiegel auf die Menge herabschwebte, wetteiferten alle darum, ihn zu erhaschen, mussten aber plötzlich mitansehen, wie der Spiegel sich pfeilschnell in Richtung des Turmes bewegte. Im nächsten Moment erschien dort ein schmucker Bursche, der den Spiegel in Händen hielt. Die Leute blickten einander an und wussten nicht recht, was sie davon halten sollten. Foteke *Han* befahl seinen Dienern, diesen Jüngling, der den Spiegel bekommen hatte, einzuladen, auf den Turm zu kommen, damit er sich mit ihm unterhalten könne. Dananbu stieg hinauf und reichte ihm mit beiden Händen den vielfarbenen

Spiegel zur Prüfung. Als nun der Han und seine Frau sahen, dass Dananbu ein ungewöhnlich gutaussehender Bursche war, waren sie von Herzen froh und befahlen den Dienern und Mägden einen weiteren Räucheraltar zu bringen, damit Dananbu und ihre Tochter Heileni sich vor den Ahnen verneigten und so zu Mann und Frau wurden. Anschließend stiegen alle vom Turm und ließen die Diener ein Pferd vorführen, das Dananbu zur Verfügung gestellt wurde. Nachdem auch Heileni und ihre Mutter ihren Wagen bestiegen hatten, eilten sie alle in die Stadt. In der Residenz des *Han* begab man sich in die Ehrenhalle, wo sich das junge Paar vor dem Sitz der Ahnengeister und anschließend vor Foteke *Han* und seiner Frau verneigte. Nachdem sie ihre Kotaus gemacht hatten, ging Heileni in ihre Gemächer zurück. Der *Han* ließ Schweine und Schafe schlachten und lud alle Verwandte und Bekannte inner- und außerhalb der Stadt zu einem Fest ein, das drei Tage dauerte.

Am Tag nach seiner Hochzeit dachte Dananbu an Feileni und besprach sich deshalb mit Heileni. Diese ließ einen kleinen Wagen anspannen und fuhr persönlich zu Feileni, um sie einzuladen. Auf dem Schiff angekommen, unterhielten sich die Beiden und fanden, dass sie sich so gut verstanden, als wären sie schon seit eh und je befreundet gewesen. Heileni forderte Feileni auf, mit ihr zu fahren und als sie in der Residenz ankamen, führte sie diese in ihr Gemach und Dananbu war hoch erfreut, als er seine Geliebte wiedersah. Nachdem die Diener Wein aufgetragen hatten, musste sich Feileni auf den Ehrenplatz setzen und nun begannen sie zu trinken und zu plaudern. Als der Wein zu wirken begann, schenkte Feileni einen Becher Wein ein und bot ihn mit beiden Händen Heileni an. Nachdem sie ihr dreimal hintereinander in dieser respektvollen Weise Wein angeboten hatte, sprach sie: „*Gege*, die jüngere Schwester ist heute in einer ihr weiteres Leben bestimmenden Angelegenheit zu dir gekommen. Als meine Lehrmeisterin mir befahl, die Berge zu verlassen und nach Hause zurückzukehren, teilte sie mir mit, dass zwischen mir und Dananbu eine vom Schicksal vorherbestimmte Verbindung besteht und wir uns im achten Monat dieses Jahres treffen werden und genauso ist es geschehen. Nun haben aber meine Eltern mich bereits als Kind mit meinem zweiten Vetter Jia'rguli verlobt, weshalb ich heute einzig und allein aus dem Grund hierher gekommen bin, um mich deswegen mit euch zu beraten und die *Gege* zu bitten, für die jüngere Schwester einen trefflichen Plan zu ersinnen, wie diese Vereinbarung gelöst werden kann. Ich will auch mit einer untergeordneten Stellung zufrieden sein, wenn nur wir drei bis ins hohe Alter zusammenbleiben könnten." Heileni antwortete darauf: „Wenn es so ist, so bitte ich meine Schwester die Nacht hier bei mir zu verbringen, damit ich mir in aller Ruhe etwas Brauchbares einfallen lassen kann."

Am folgenden Tag holte Heileni nach dem Frühstück ihre *Siwentekubu*[14] von der Wand und zog einen *Eqihe*[15] heraus, dem sie befahl, sich in ein Mädchen zu verwandeln. Als der dabeistehende Dananbu dieses Mädchen genauer betrachtete, sah er, dass es Feileni aufs Haar glich! Heileni rief dieses verwandelte Mädchen zu sich und flüsterte ihm etwas ins Ohr, wobei das Mädchen beständig zustimmend nickte. Dann ließ sie die Diener den kleinen Wagen anspannen und schickte die falsche Feileni auf das Schiff des Fendewu, während die richtige Feileni in ihrem Gemach zurückblieb. Erst nachdem alle Schiffe fort waren, verriet Heileni dies ihren Eltern und Dananbu und Feileni wurden heimlich vermählt. Anschließend tranken sie in dem Gemach nach Herzenslust Wein. Als der Wein zu wirken begann, schenkte Heileni Dananbu eigenhändig drei Becher Wein ein und sprach mit ernster Miene zu ihm: „Obwohl wir beide jetzt bereits verheiratet sind und bis ins hohe Alter hinein harmonisch zusammenleben werden, ist noch unbestimmt, wer von uns zwei Schwestern die höhere und wer die niedrigere sein soll. Unser Gatte möge dies nun entscheiden!"

(8) Als Dananbu vernahm, wie seine Frau Heileni forderte, dass er die Ränge seiner Gemahlinnen festlegen solle, war er recht verlegen und schwieg mit gesenktem Kopf. Als Feileni ihn so sah, wusste sie, dass diese Entscheidung ihrem Gatten schwerfiel, weshalb sie ohne zu zögern sagte: „*Gege*, es ist nicht nötig, ihn deswegen zu befragen. Als ich, die jüngere Schwester, vorgestern hierher kam, habe ich bereits gesagt, dass ich den zweiten Rang einzunehmen möchte!" Heileni wies dies bescheiden zurück, weshalb Dananbu sagte: „Sprecht jetzt nicht mehr davon!" Dann wandte er sich an Feileni: „Wenn du den geringeren Rang einnehmen möchtest, dann solltest du ihr drei Becher Wein einschenken, um so die Ränge festzulegen!" Feileni schenkte dreimal den Becher voll und Heileni beeilte sich, ihn jedesmal mit beiden Händen entgegenzunehmen und leerzutrinken.[16] Auch sie goss für Feileni dreimal den Becher voll und bot ihn dieser an. Von da an wohnten die drei Eheleute in diesem Gemach.

Der leibliche Bruder der Feileni, Fendewu, war ebenfalls in der Absicht nach Duowenduo gekommen, sich den bunten Spiegel zu sichern und nachdem ihm dies bei beiden Malen nicht gelungen war, kehrte er mit der falschen Feileni, die

---

14 Hezhe: ʃiwənt'ək'upu (S. 691): Lederbeutel. Der Schamane bewahrt darin alle Bilder jener Geister auf, die ihm dienstbar sind. Wenn er zu einem Patienten geht, trägt er den Beutel auf dem Körper und holt ihn bei Bedarf hervor. Der Beutel wird aus Rehleder angefertigt und ähnelt den Schulmappen unserer heutigen Grundschüler (S. 619, Anm. 1) (OA).

15 Vgl. Richtsfeld 1996, 58–59.

16 Ein alter Brauch der Hezhe: Bei allen Anlässen wird zuerst Wein angeboten, bevor man eine Angelegenheit bespricht. Ist man mit dem Ergebnis einverstanden, so trinkt man weiter, andernfalls nimmt man keinen Wein mehr von der Gegenseite an (S. 619, Anm. 3) (OA).

er für seine jüngere Schwester hielt, nach Hause zurück. Einen Monat später wurde jene Feileni plötzlich sehr schwer krank. Die Eltern ließen Fendewu mehrere Schamanen holen, die sie heilen sollten, was jedoch keinen Erfolg hatte, und da jene Schamanen nicht so mächtig waren wie Heileni, bemerkten sie auch nicht, dass es sich hier um einem Trick handelte. Am dritten Tage verschlimmerte sich die Krankheit, worauf diese falsche Feileni in der Nacht verstarb. Die Eltern nahmen den Leichnam in die Arme und weinten herzzerreißend, auch ihr Bruder und seine Frau trauerten sehr um sie. Es blieb ihnen nichts anderes übrig, als die Familie des zukünftigen Gatten zu benachrichtigen, die sogleich Angehörige schickte. Am nächsten Tag wurde der Leichnam von den Eltern und den Mitgliedern der Familie ihres vorgesehenen Gatten bestattet. Nicht im Traum wäre ihnen eingefallen, dass die Verstorbene nicht die echte Feileni war!

Dananbu lebte mit seinen beiden Frauen vergnügt in dem Gemach in Duowenduo *Huotong*. Eines Tages sagte Heileni zu Feileni: „Die Rolle deiner Doppelgängerin hat sich erledigt und mein *Eqihe* ist nun zurückgekehrt." Feileni dankte ihr für ihre Hilfe. Nun sagte auch Dananbu zu seinen Frauen: „Ich bin nun bereits zwei Monate von zu Hause fort und meine Eltern wissen nicht, wie es um mich steht. Sie werden wohl Tag und Nacht auf meine Rückkehr warten. Wir täten gut daran, wenn wir so bald wie möglich heimkehren würden!" „Du hast recht", antwortete Heileni, „aber warte noch, bis wir morgen mit meinen Eltern darüber gesprochen haben." Am nächsten Tag gingen sie ins Haupthaus und nachdem sie ehrerbietig gegrüßt hatten, teilte Dananbu den Schwiegereltern mit, dass er heimkehren wolle. Foteke *Han* war sogleich damit einverstanden, rief den Hauptverwalter aus dem Hof zu sich herein und befahl ihm, für den nächsten Tag einen Hundeschlitten bereitzustellen, zwölf gute Hunde auszuwählen und vier Diener zu bestimmen, die mit den Hundeschlitten umzugehen verstanden, denn sie sollten den Schwiegersohn nach Hause bringen. Mit diesen Befehlen zog sich der Verwalter zurück und in der Frühe des nächsten Tages stand alles bereit. Dananbu und seine Frauen zogen Winterjacken aus Fuchs- und Marderpelzen an und Heileni packte noch sorgfältig Wertgegenstände ein, die sie auf dem Schlitten verstauen ließ, worauf die Drei sich gemeinsam ins Haupthaus begaben, um sich von den Eltern zu verabschieden. Dann begleiteten sie alle Mitglieder des Haushalts vor das Haupttor [des Anwesens], wo Heileni und ihre Eltern noch einige Tränen vergossen und ihr Vater ihr noch zwei junge Dienerinnen mitgab, damit sie ihr in der Schwiegerfamilie aufwarteten. Dann setzten sich die Drei mit den beiden Dienerinnen vor dem Haupttor auf den Schlitten. Dieser wurde vorne von Dienern gelenkt, während hinten andere Wache hielten. So fuhren sie entlang des großen Flusses nach Westen.

Nach einem halben Tag erreichten sie die Mündung des Ussuri, worauf sie diesen Fluss aufwärts eilten, und als es dunkel wurde, erreichten sie Dulu *Gashen*. Als Dananbu sah, dass sie bei seinem Anwesen angekommen waren, führte er den Hundeschlitten in den Hof. Seine Eltern waren glücklich, als sie ihren Sohn wiedersahen und stellten fest, dass er mit zwei schönen Frauen zurückkam. Nach Dananbus Rückkehr kamen die Verwandten und Bekannten von nah und fern, um ihn zu beglückwünschen.

Nach Ablauf eines Monats hörte Dananbu eines Abends, als die Lampen angezündet wurden und er gerade im Hause saß, dass ein Pferdekarren in den Hof fuhr. Er sah nach und da stand im Hof ein kleiner Wagen, der von seinem Schwurbruder Yalajia gelenkt wurde. Dananbu fragte ihn: „Lieber Bruder, wo kommst du her?" „Meine Eltern haben mir befohlen, dass ich meine ältere Schwester Yilanyaoyueni zu dir bringen soll, damit sie dich heiratet!" Da erinnerte sich Dananbu wieder an das, was geschehen war, worauf er ins Haus zurückging und seinen Frauen die Sache erklärte. Beide eilten hinaus, traten an den Wagen heran und luden Yilanyaoyueni ein, vom Wagen zu steigen und ins Haus zu kommen. Beim Schein der Lampen sahen sie, dass sie wirklich eine Unsterbliche war und eine außergewöhnliche Schönheit war. Yalajia sagte zu ihnen: „Meine Eltern haben angeordnet, dass ihr noch heute Abend den Kotau vor den Ahnen machen und heiraten sollt, damit dieser Glückstag nicht ungenutzt verstreicht!" Und so wurde im Hof ein Räuchertischchen aufgestellt, worauf sich die Beiden sich vor den Ahnen verbeugten und sich vermählten. Anschließend begaben sie sich ins Brautgemach. Am folgenden Tag fuhr Yalajia wieder nach Hause zurück.

Damit hatte nun Dananbu drei Frauen. Heileni war die Hauptfrau, Feileni die Gattin Nummer Zwei und Yilanyaoyueni Gattin Nummer Drei. Die beiden ersten Gattinnen waren vorzüglich in der Schamanenkunst bewandert und hatten die Fähigkeit, Tote wieder zum Leben zu erwecken, während die Fee (*xiannü*) Yilanyaoyueni eine Unsterbliche war, die es hervorragend verstand, Krankheiten zu heilen. Damals sprach es sich am Sungari, Sahalin [Amur] und Ussuri herum, dass die drei Frauen wie lebende Gottheiten (*huo shenxian*) Krankheiten heilen konnten, weshalb Patienten selbst aus einer Entfernung von tausend Meilen zu ihnen kamen. Dananbu wurde ein mächtiger und reicher Mann und errichtete eine Stadt aus Stein, in der sie von da an wohnten. Heileni gebar ihm einen Sohn und eine Tochter und Feileni fünf Söhne, die nachmals allesamt sehr berühmt wurden. Die Fee (*xiannü*) gebar ihm keine Kinder und kehrte nach Dananbus Tod in die Höhle in den Bergen zurück. Aber am Todestag des Dananbu kam sie stets zu seinem Grab und beweinte ihn und erst als die Hauptfrau ebenfalls verstorben war, verschwand sie spurlos und ward in Dulu *Gashen* nie mehr gesehen.

17. Chazhan *Hate'r* (Fräulein Weiß)[1]

(1) Im Nordwesten des Makuli-Bergstockes (Makuli Shan)[2] am Unterlauf des Sungari lag Wanli *Huotong*[3]. Unweit der Stadt floss im Norden der Sungari vorüber, nach Süden grenzte sie an den Makuli-Bergstock, während westlich der Stadt der Wanyin *Bila* in den Sungari mündete. Die Gegend war von hervorragender Schönheit und die Stadt, in der sich Haus an Haus reihte, war dichtbevölkert. Der Stadtherr hieß Adeli *Han*. Die Bevölkerung lebte von Viehzucht, Fischfang und Ackerbau. Die *Fujin* [Frau] des Adeli *Han* hieß Luochun *Motu* und hatte einen leiblichen Bruder mit Namen Gelun. Ihre Familie war sehr reich und besaß eine zahlreiche Dienerschaft, große Rinder- und Pferdeherden und zahllose Schweine und Schafe. Ihr Vater Moketele war vernarrt in Pferde und wenn es nichts zu tun gab, so suchte er sich täglich ein gutes Tier in der Herde und ritt umher. Einmal hatte Moketele in der ersten Dekade des dritten Monats, gerade als das Gras zu sprießen begann, nichts zu Hause zu tun und ging auf die Weide, um sich umzusehen. In der Rinderherde prüfte er jedes einzelne Tier und begab sich dann zur Pferdeherde, wo er ein *Keyele Mulin*[4] entdeckte, das zwar von mächtiger Statur, aber sehr mager und schwach war. Seine Hufe waren groß wie Schüsseln und es konnte nur unbeholfen damit gehen. Moketele war hocherfreut, denn es war ihm klar, dass dieses Pferd etwas ganz besonderes sein musste, dass es in Wirklichkeit ein edles Roß war! Also befahl er dem Hüterbuben aus seinem Anwesen, in der Stadt einen eisernen Spaten zu holen und sich zu sputen. Schon bald kam der Knabe mit dem Spaten zurück und gab ihn seinem Herrn. Dieser grub dort, wo der Rappe stand, vier Gruben, deren Größe dem Umfang der Hufe des Pferdes entsprach und die etwa einen Fuß und fünf Zoll tief waren. Dann ließ er das Pferd in diese Gruben treten und häufte die Erde des Aushubs auf die Hufe, so dass das Pferd sich kaum mehr rühren konnte. Moketele setzte sich nun auf den Rappen und schlug ihn dreimal mit der Peitsche, worauf das Ross einen Sprung machte und wie der Wind auf und davon galoppierte. Die ungeschlachten

---

1. *Chazhan* (Hezhe: tʃatʃɛ [S. 687] [Mandschu: śanggiyan, śanyan]) bedeutet „weiß", *Hate'r* (Hezhe: hatʿər) wie im Chinesischen *guniang* die Bezeichnung für Mädchen (S. 621, Anm. 1) (OA).

2. Im heutigen Kreis Huachuan, Provinz Jilin. Chen Zhongwu 陳仲武 nennt ihn in dem von ihm kompilierten Werk *Jilin sheng quantu* 吉林省全圖 Mahuli-Berg (S. 621, Anm. 3) (OA).

3. Im Gebiet des Kreises Huachuan, Provinz Jilin. Das *Huachuan xianzhi* 樺川縣志 nennt den Ort Wali *Huotun* 瓦里霍吞 und Chen Zhongwu schreibt in dem von ihm herausgegebenen Werk *Jilin sheng chuantu* von Wali *Hutun* 瓦里互吞 (S. 621, Anm. 4) OA.

4. Hezhe: kʿɔjɛh mɔrin (S. 684): *Keyele* bedeutet „schwarz", *Mulin* heißt „Pferd". Das Wort bedeutet somit Rappe (S. 622, Anm. 4) (OA). – Mandschu: kara morin.

Hufe aber hatten sich in der Erde abgelöst und sobald das Tier seine Überhufe abgestreift hatte, wurde es ein edler Renner, auf dem Moketele pfeilschnell ritt, so dass ihm der Wind in den Ohren pfiff, und es schien, als eile er durch Wolken und Nebel. Erst als sie bei dem Bergstock im Süden ankamen, blieb das Pferd stehen. Nun erst zügelte er das Pferd und jagte zurück, führte es in die Stadt und band es im Hof an. Mit der Zeit wurde das Tier kräftig und wohlgenährt und Moketele ritt mit ihm häufig auf die Jagd. Eines Tages erspähte er zirka fünfzig Meilen westlich der Stadt am Flussufer drei Hirsche, die in den Fluss sprangen, als sie bemerkten, dass er sich näherte; in der Strömung treibend versuchten sie, über die Mitte des Flusses hinauszukommen. Als der Rappe sie in den Fluss springen sah, sprang er gleichfalls auf den Fluss und lief auf dem Wasser. Schon bald hatte er einen der Hirsche eingeholt, die beiden anderen aber entkamen. Nun erst wusste Moketele, dass das Pferd auf dem Wasser laufen konnte und so zog er den Hirsch auf den Rücken des Pferdes und kehrte auf dem Fluss nach Hause zurück. Für Moketele war dieses edle Pferd das höchste Gut, das er hatte erringen können. Drei oder vier Jahre später fand er in der Herde auch noch einen Schimmel, der noch schneller laufen konnte als der Rappe und über die Flüsse setzte, als liefe er auf ebener Erde. Als der Stadtherr Adeli *Han* erfuhr, dass die Familie seiner Frau zwei solch edle Pferde besaß, wollte er sie gegen Schätze und Kostbarkeiten eintauschen, aber Moketele lehnte stets ab.

(2) Gelun war zu einem schmucken Burschen herangewachsen und da er einer wohlhabenden Familie entstammte und mit siebzehn Jahren noch immer nicht verheiratet war, waren alle Mädchen der Stadt bereit, sich mit ihm verheiraten, als er begann, sich eine Frau zu suchen. Aber die Töchter der einzelnen Familien entsprachen nicht seinen Vorstellungen und so blieb Moketele nichts anderes übrig, als die Sache vorerst auf sich beruhen zu lassen. Es ist bei den Hezhe Brauch, dass sich die jungen Burschen und Mädchen am ersten Tag des ersten Monats in einem geräumigen Anwesen treffen und miteinander tanzen. Dabei werden auch alle möglichen Arten von Spielen veranstaltet, wie das *Baliqi*[5], das

5 Hezhe: *palitʃʻi* (S. 681): Ähnelt dem Blindekuh-Spiel. Unter den Teilnehmern wird eine Person ausgewählt, deren Augen mit einem Tuch oder einem Lederstreifen verbunden werden. Die übrigen Mitspieler wählen eine weitere Person aus, worauf erstere versuchen muss, diese zu fangen. Gelingt ihr dies, so tritt die eingefangene Person an die Stelle des Fängers (S. 623, Anm. 1) (OA).

A'rchukuoqi[6] oder das *Hakangbuli*[7]. Am Neujahrstag ging auch Gelun tanzen. Nach dem Abendessen teilte er seinen Eltern mit, dass er zum Tanzen gehen wolle, und da seine Eltern ihn sehr gern hatten, befahlen sie dem Sklaven Ahabu ihn zu begleiten. Der Tanzplatz befand sich im Zentrum von Wanli *Huotong*, im Hof des Yi'rdan. Yi'rdan zählte ebenfalls zu den Reichen der Stadt: Er besaß viele *Fuzile*[8] in der Stadt und sein Reichtum konnte sich mit dem des ganzen Reiches messen; er war noch reicher als die Familie des Gelun. Er hatte nur eine siebzehnjährige Tochter namens Yi'rge[9], die noch nicht verlobt war. An jenem Neujahrstag überlegten Yi'rdan und seine Frau beim Frühstückswein, wie man für die Tochter einen Mann finden könnte. Yi'rdans Frau sprach: „Das beste wäre, heute Abend zum Tanz zu laden, so dass die jungen Burschen und Mädchen der Stadt zu uns kommen, dann werden wir unter ihnen einen passenden Schwiegersohn auswählen: ganz gleich ob reich oder arm, aber etwas Besonderes muss er sein!" Yi'rdan schenkte einen Becher Wein ein und trank ihn in einem Zug leer, worauf er zu seiner Frau sprach: „Ich denke genauso; so werden wir's machen!" Sofort befahl er den Dienerinnen, in der Stadt zu verkünden, dass im Hof des Yi'rdan für die Jugend eine Tanzveranstaltung gegeben werde. Die Nachricht verbreitete sich wie ein Lauffeuer in der Stadt und bald wussten alle jungen Leute davon. Und noch vor Sonnenuntergang hatten sich bereits über fünfzig Burschen und Mädchen versammelt, darunter auch Gelun.

Als Gelun im Anwesen des Yi'rdan ankam, bemerkte er, dass der Hof peinlich sauber und noch großzügiger und prächtiger war, als die eigene. Die anwesenden Mädchen hatten sich prächtig herausgeputzt, aber alle trafen sie nicht seinen Geschmack. Nach einiger Zeit kamen drei Mädchen in den Hof, die höchstens siebzehn Jahre alt waren; das mittlere Mädchen war so ungewöhnlich schön und

---

6   Hezhe: *arts'uk'əʃ'i* (S. 687): Der Schienbeinknochen des Rehs wird *Gashiha* [kein Eintrag in der Wörterliste] oder *A'rchukuo* [arts'uk'ə] genannt. Für das Spiel benötigt man zirka zweihundert solcher Knochen und schnitzt daraus Spielwürfel, mit denen die Burschen und Mädchen auf dem *Kang* spielen Dies nennt man *a'rchukuoqi* (S. 623, Anm. 2) (OA).

7   Hezhe: *hak'apuli* (S. 688): Das Tanzvergnügen am Neujahrsabend, bei dem die Burschen und Mädchen einander im Arm halten und tanzen, nennt man *Hakangbuli*. Wenn Jungen und Mädchen sich einig sind, können sie zusammen tanzen, wer nicht tanzt, sitzt an den Seiten des Raumes und sieht zu (S. 623, Anm. 3) (OA). – Evtl. von Russen übernommener Tanz oder eine Art Rundtanz bei dem man sich gegenseitig den Arm auf die Schultern legt, da beim Tanzen einander „umarmen", „im Arm halten" (*bao* 抱) ungewöhnlich für traditionelle asiatische Verhältnisse ist. Ling gibt nicht an, welche Art Musik dazu gespielt wird, da die Maultrommel das einzige Instrument der Hezhe ist; evtl. wird dazu gesungen.

8   Hezhe: *fuʃih* (S. 684): Handelsfirma, die kauft und verkauft. Sie trägt von überall her Waren zusammen und bietet sie den Bewohnern der eigenen Stadt an (S. 623, Anm. 4) (OA).

9   Hezhe: *irkə* (S. 686) [Mandschu: ilga, ilha]: Der Name bedeutet „Blume, die soeben voll erblüht ist" (S. 623, Anm. 5) (OA).

benahm sich so beeindruckend, dass es alle unumwunden bewunderten. Gelun konnte seine Augen nicht von ihm lassen und auch das Mädchen hatte ein Auge auf ihn geworfen. Gelun erkundigte sich nach ihr und erfuhr, dass dies die Tochter des Yi'rdan war. Er sah auch, dass auf roten, wattierten Unterlagen ein *Mafa* und eine *Mama* auf dem West*kang* einander gegenübersaßen und den Vergnügungen zusahen: dies waren Yi'rdan und seine Frau. Yi'rdan war über fünfzig Jahre alt und alterssichtig, weshalb er nicht mehr frei in die Runde blicken konnte, sondern nach und nach alle Teilnehmer einzeln musterte. Als sein Blick auf Gelun fiel, gefiel er ihm ausnehmend gut und auch seine Frau war von ihm sehr angetan. Leise berieten die Beiden: „Der wäre geeignet, aber wer weiß, ob er nicht schon verheiratet ist?" Im Verlauf der Veranstaltung verliebten sich Gelun und Yi'rge ineinander und wünschten nichts sehnlicher, als miteinander zu tanzen; daher betraten sie die Tanzfläche und tanzten[10]. Als sie ihren Tanz beendet hatten, begaben sich Yi'rdan und seine Frau in die inneren Gemächer und ließen Gelun holen, um sich mit ihm zu unterhalten, wobei sie sich nach seinen Familienverhältnissen erkundigten. Gelun antwortete darauf: „Ich habe noch Vater und Mutter, bin jetzt siebzehn Jahre alt und noch nicht verheiratet." Nachdem sie noch ein Weilchen geplaudert hatten, verabschiedete sich Gelun, aber als er wieder zum Tanzplatz zurückkam, waren bereits alle Festteilnehmer gegangen und so kehrte auch er mit dem Sklaven Ahabu nach Hause zurück.

Wieder zuhause musste Gelun beständig daran denken, wie schön die Yi'rge *Dedou* doch gewesen war; die ganze Nacht wälzte er sich hin und her und konnte nicht einschlafen. Am folgenden Tag bemerkte er nach dem Frühstück, wie ein Mann und eine Frau, die wohl über vierzig Jahre alt waren, zu seinen Eltern in die Residenz kamen, sich nach der Begrüßung setzten und angaben, dass Yi'rdan sie als Heiratsvermittler für seine Tochter schicke. Moketele senkte den Kopf und dachte einige Zeit nach, bevor er er einen Becher Wein trank und sprach: „Die Sache könnte Erfolg haben; wir werden morgen zu dem *Bayan Mafa* gehen und mit ihm darüber reden!" Anschließend ließ er Wein bringen und veranstaltete eine Feier, zu der er die Heiratsvermittler einlud. Yi'rdan und seine Frau warteten auf eine Antwort, aber erst als die Sonne schon untergegangen war, kamen die beiden Heiratsvermittler zurück. Sie waren stockbesoffen und konnten nur noch lallen, und nach dem Ausgang ihrer Verhandlungen befragt, waren sie nicht mehr in der Lage Bericht zu erstatten. Da konnte Yi'rdan vor Zorn nicht mehr an sich

---

10 Es ist bei den Hezhe üblich, dass ein Mann und eine Frau, auch wenn sie nicht miteinander bekannt sind, sich bei der Hand nehmen und tanzen, wenn sie dies wollen. Falls sich jemand darüber lustig macht, wird er von den Tänzern gemeldet und bestraft (S. 624, Anm. 3) (OA).

halten und warf sie zur Tür hinaus. Bei Tagesanbruch kamen die beiden Vermittler kichernd zurück und meldeten: „Als wir bei Moketele ankamen, meinten er und seine Frau, dass sich die Hochzeit wohl arrangieren lasse, und bewirteten uns mit Wein. Da sie es sehr gut mit uns meinten, wurden wir betrunken! Bitte nehmt es uns nicht übel!" Yi'rdan fragte: „Haben sie etwas davon gesagt, ob sie herkommen werden?" Das Vermittlerpärchen antwortete: „Sie sagten, dass sie heute kommen und mit Euch darüber sprechen werden!"

Während sie noch sprachen, bemerkten sie, dass Moketele mit seiner Frau und weiteren fünf oder sechs Personen nahte. Die Diener trugen zwei Krüge Wein, an denen bereits rote Tuchstreifen befestigt waren, was bedeutete, dass sie in der Angelegenheit einer Hochzeit kamen. Sogleich lud man sie ein einzutreten und setzte sich auf die Plätze von Gast und Gastgeber: Moketele setzte sich auf den Westkang, und Yi'rdan auf den Süd*kang*,[11] worauf sie eine Weile plauderten. Yi'rdan bewirtete Moketele und seine Frau mit Wein und nachdem man einige Runden getrunken hatte, schenkte Yi'rdan einen Becher voll und reichte ihn Moketele, um nun über die Heiratsangelegenheit zu sprechen.

(3) Noch bevor Yi'rdan Moketele vorschlug, ihre beiden Kinder zu verheiraten, hatte die Frau des Moketele schon in Erfahrung gebracht, dass Yi'rdans Tochter Yi'rge eine Schönheit war und riet heimlich ihrem Gatten, die Zustimmung zu geben. Als Yi'rdan darauf zu sprechen kam, zögerte Moketele mit einer Entscheidung noch so lange, bis er diese Auskunft seiner Frau bekommen hatte, und stimmte dann freudig zu. Auch befahl er den Dienern heimzukehren und Gelun zu holen. Dieser traf bald darauf ein und stellte sich mit ehrerbietig herabhängenden Armen neben seinen Vater, der zu ihm sprach: „Begrüße mit Kniefall deinen *Amaha*[12] und deine *Emahe*[13]!" Gelun gehorchte, worauf die beiden frisch verschwägerten Familien fröhlich zu zechen begannen. Als es dunkel wurde, befahl Yi'rdan den Knechten, da es Winter war, ein *Tuo'rji* anzuspannen und Moketele und seine Frau nach Hause zu bringen; den *Huo'adiwu*[14] Gelun aber behielt er über Nacht in seiner Residenz, um damit seine Wertschätzung und Zuneigung zum Ausdruck zu bringen. Am nächsten Morgen verabschiedete sich Gelun nach dem Frühstück und kehrte nach Hause zurück. Einen Monat später bestimmten beide Familien den fünfzehnten Tag des zweiten Monats zum Hochzeitstag von Gelun und Yi'rge. Moketele, der wohlsituiert und

---

11 Bei den Hezhe ist es schicklich, dass der Gast auf dem Westkang, der Hausherr auf dem Südkang, die Knechte oder Sklaven auf dem Nordkang und die Mädchen und Frauen auf der inneren Seite (zum Hausinneren gerichteten Seite) des Kangs sitzen (S. 625, Anm. 1).

12 Hezhe: *amaha* (S. 687) [Mandschu: amha, amhan]: Schwiegervater (S. 625, Anm. 2) (OA).

13 Hezhe: ʒmaha (S. 693) [Mandschu: emeke, emhe]: Schwiegermutter (S. 625, Anm. 3) (OA).

14 Hezhe: hʒdiu (S. 693): Schwiegersohn (S. 625, Anm. 5) (OA). – Mandschu: hojigon, hojihon.

einflussreich war, bereitete zuvor alles für ein Festessen erster Wahl zur Bewirtung seines Schwiegersohnes Adeli *Han* vor. Am Tag vor der Hochzeit kam Adeli *Han*, der Herr von Wanli *Huotong*, mit seiner Gemahlin Luochun, seinem Sohn und seiner Tochter zu der Residenz des Moketele, wobei ihm der Gastgeber zur Begrüßung weit entgegenkam und ihn zu sich geleitete, wo er sie ins Hauptgebäude führte, damit sie sich dort ausruhen konnten. Verwandte und Bekannte aus der Nachbarschaft kamen, um zu helfen. Der Groß*han* blieb mit seinem Anhang über Nacht in der Residenz, alle anderen kehrten zum Schlafen in ihre Häuser zurück.

Bei Tagesanbruch ritt Gelun auf dem Tausend-Meilen-Pferd, begleitet vom Sohn des Groß*han* und acht Dienern auf edlen Pferden zu der Residenz des Yi'rdan, um die *Jiamuta*[15] abzuholen. Als sie zurückkehrten, ging gerade die Sonne auf. Gelun und Yi'rge vollzogen die Hochzeitszeremonie, indem sie sich zuerst vor Himmel und Erde und anschließend vor den Ahnen kniefällig verbeugten. Nach Abschluß der Zeremonien nahmen sie gemeinsam mit den Gästen die Plätze ein und feierten, während die Trommeln und Gongs dröhnten. Die Gäste, die im Haupthaus feierten, waren Adeli *Han*, Yi'rdan und andere vornehme Personen und Moketele leistete ihnen Gesellschaft. Es war wahrlich ein rauschendes Fest, das erst bei Sonnenuntergang endete. Adeli *Han* kehrte mit den Seinen noch am gleichen Tag in seinen Palast zurück und auch die übrigen Gäste verabschiedeten sich. Es war bereits spät nachts, als Gelun in die Brautkammer kam, wo er mit Yi'rge fröhlich weitertrank. Als er bemerkte, dass sie zuviel getrunken hatte und ihr Gesicht bald rot und bald weiß wurde, wurde ihm ihre Schönheit noch mehr bewusst und er war sehr zufrieden. Nachdem er am folgenden Morgen aufgestanden war und sich gewaschen und gekämmt hatte, ging er zuerst die Eltern begrüßen, bevor er ins Schlafgemach zurückkehrte und aß. Nun war seine Familie reich, so dass Gelun jeden Tag ausritt und sich um nichts kümmern musste. Alles wurde von seinem Diener Ahabu erledigt und Gelun konnte sorglos in den Tag hineinleben. Aber nach fünf oder sechs Jahren wandelte sich Gelun plötzlich: Er vernachlässigte seine Frau und war oft drei oder vier Tage lang fort, ohne heimzukehren. Kehrte er dann nach Hause zurück, so ging er nicht in die Gemächer seiner Frau, sondern schlief in den Zimmern seiner Mutter. Wenn diese ihn ermahnte, bei seiner Frau zu schlafen, so schwieg er einfach. Auch seine Frau konnte sich nicht erklären, warum er sich von ihr fernhielt. Sie war schwanger und als zehn Monate vorbei waren, gebar sie einen Jungen. Nun achtete auch sie nicht mehr länger auf ihren Mann, sondern hatte

---

15 Hezhe: *ʃiamət'a* (S. 686): Braut (S. 626, Anm. 1) (OA). – In der Wörterliste wird das Zeichen *jia* 佳 irrtümlich durch *zhui* 隹 ersetzt.

ihre Freude an dem Kind, das sie ihre Langeweile vergessen ließ.

(4) In der Nähe des Ussuri floß der Duman *Bila*, der in den Hamatong-Bergen (Hamatong Shan[16]) entsprang, sich nach Südosten wandte und in den Ussuri mündete. Dieser Fluss wurde auch Shenshui [Ginsengfluß] genannt, da sein Quellgebiet große Mengen an Ginseng hervorbrachte. An seinem Nordufer lag das Dorf Duman *Gashen*, dessen *Gashenda* Nadanchuo[17] hieß und der eine Tochter namens Chazhan *Hate'r* hatte. Diese war von Kindesbeinen an aufgeweckt, liebenswert und anmutig, und da ihr Gesicht blütenweiß war, hatte man sie Chazhan genannt. Mit fünfzehn Jahren glänzte ihr Haar, das einer schwarzen Wolke glich, so wunderbar, dass sie deshalb überall am Fluss entlang bekannt wurde und jeder danach strebte, sie einmal sehen zu können. Als Kind war sie ungewöhnlich zurückhaltend gewesen und hatte niemals Unbekannte angesehen oder mit ihnen gesprochen. Falls sie zufällig draußen spielte, so liefen alle im Dorf zusammen, begafften sie und bewunderten ihre Schönheit. Das Mädchen aber war fest entschlossen, nur einen gutaussehenden Burschen zu heiraten. Es war nun schon siebzehn Jahre alt und da Nadanchuo seine Tochter liebte und nicht gegen ihren Willen eigenmächtig entscheiden wollte, wurden alle Ehevermittler, die von reichen Familien geschickt wurden, höflich abgewiesen, weil [die Freier] dem Mädchen nicht gefielen. Andere Freier kamen selbst und so stand im Winter ein Hundeschlitten nach dem anderen vor der Tür, während im Sommer die Schiffsmasten am Ufer gleich einem Wald aufragten. Wie auf einem Markt herrschte beständiges Kommen und Gehen und doch entsprach keiner der jungen Männer den Wünschen des Mädchens.

Gelun war Tag für Tag zum Vergnügen vor die Stadt geritten und als er einmal bei der Heimkehr ans Stadttor kam, hörte er sechs oder sieben Personen davon sprechen, dass in Duman *Gashen* am Ussuri ein schönes Mädchen lebe, das einen Ehepartner suche. Gelun vernahm ihre Worte und fragte sie, ob dieses Mädchen etwa Chazhan heiße, was die Versammelten einstimmig bestätigten: Es war tatsächlich Chazhan, die unvergleichlich schön war und sich jetzt verheiraten wollte. Diese Worte ließen Gelun verstummen, die Sache ging ihm nicht mehr aus dem Sinn. Von da an kehrte er nicht mehr nach Hause zurück, sondern er wollte unbedingt zum Ussuri, um zu sehen, ob ihm Chazhan gefallen würde? Er flunkerte seinen Eltern vor, dass er auf die Jagd gehe. Da Moketele nur diesen einen

---

16 Östlich der Kreisstadt Baoqing gibt es einen Fluss Hamahe 蛤蟆河 mit gleichnamiger Gegend und auch im Süden des Unterlaufes der Raoli-Flusses (Raolihe 饒力河) gibt eine Gegend und einen Fluss namens Hamahe. Gemäß den Angaben vor Ort müssen die Hamatong-Berge das Quellgebiet des Hama-Flusses sein (S. 626, Anm. 2) – Hamatong kann auch Gematong gelesen werden.

17 Die Transkription Nadanchao ist gleichfalls möglich.

Sohn hatte, gewährte er ihm jeden Wunsch; er ermahnte ihn nur, gut auf sich achtzugeben und bald wieder zurückzukehren! Gelun befahl dem Diener Ahabu Pfeil und Bogen, den Langspeer sowie alle anderen benötigten Ausrüstungs-gegenstände aus dem Gemach seiner Frau Yi'rge zu holen. Ahabu bestieg den Rappen, Gelun den Schimmel und so ritten sie ohne jegliches weitere Gefolge zum Ussuri. Diese beiden Tausend-Meilen-Pferde überquerten die Flüsse als würden sie über flaches Land galoppieren; sie waren so schnell, dass sie an einem Tag tausend Meilen zurücklegten. Die Beiden brachen früh auf und legten sich spät schlafen, und da sie auf ihrem Weg kein Rasthaus fanden, stellten sie in den Bergwäldern ihr Zelt auf und übernachteten darin. Schon nach wenigen Tagen erreichten sie das Ufer des Ussuri.

Gelun kam zum ersten Mal in diese Gegend: Er sah, dass der Ussuri nicht so breit war wie der Sungari, aber eine viel stärkere Strömung hatte und sein Wasser unvergleichlich klar war. Er verweilte ein Weilchen und trieb dann das Pferd wie-der an. Am Abend schlugen sie ihr Zelt am Flussufer auf, zündeten mittels Feuer-stein und Feuerstahl ein Lagerfeuer an und nährten es mit Ästen und Zweigen. Sie schnitten sich Stücke vom Fleisch eines Rehes ab, das sie erlegt hatten, brieten es und stillten damit ihren Hunger. Sie ließen die Pferde am Flußufer grasen und legten sich im Zelt schlafen. Am folgenden Tag folgten sie weiter dem Ufer bis sie auf ein Dorf trafen, das etwa sechs bis sieben Meilen lang war und in dessen Straßen sich die Passanten drängten. Auf der Nordseite der Dorfstraße stand ein großes Gebäude von fünf Joch, zu dem sie ritten und in dessen Hof sie die Pferde anbanden. Inzwischen waren bereits fünf oder sechs alte und junge Leute aus dem Haus getreten und sprachen: "*Mo'rgen Dou*, woher kommt Ihr? Bitte verzeiht, dass wir Euch nicht zur Begrüßung entgegengekommen sind!" Gelun antwortete: „Macht bitte keine Umstände!" Der Hausherr führte Gelun und seinen Diener ins Haus, wo sie sich setzten und sich unterhielten. Dann wurden sie mit Wein bewirtet und als sie mehrere Runden getrunken hatten, fragte Gelun seinen Gastgeber: „Ist dies Duman *Gashen*?" Dieser klärte ihn darüber auf, dass Duman *Gashen* nicht mehr fern sei: es seien nur noch zirka dreißig Meilen bis dorthin. Am folgenden Tag ließ Gelun seinen Diener Ahabu die Pferde satteln und brach nach Duman *Gashen* auf, wobei ihm sein Gastgeber noch bis vors Tor das Geleit gab und sich mit Handschlag von ihm verabschiedete.[18]

Gelun trieb das Pferd an, so dass sie im Nu das Dorf erreichten. Er fragte

---

18 Wenn bei den Hezhe am Sungari oder Ussuri ein Reisender um Herberge bittet, so darf er nicht abgewiesen werden, sondern muss nach den für hohe Gäste geltenden Anstandsregeln bewirtet werden. Kommt ein Chinese, so wird er ebenfalls in gleicher Weise gastfreundlich aufgenommen (S. 628, Anm. 2) (OA).

einen Passanten nach dem Anwesen des Nadanchuo und dieser zeigte es ihm mit folgenden Worten: „Das dreizimmerige Haupthaus mit den beiden Seitenflügeln im Osten und Westen gehört ihm!" Am Tor angekommen saß Gelun ab, wobei ihm sein Diener Ahabu behilflich war. Inzwischen war ein weißhaariger alter Mann aus dem Haus gekommen, der um die sechzig Jahre alt sein mochte, sehr gesetzt und würdevoll aussah und dabei geistig rüstig war. Gelun wusste sofort, dass dies Nadanchuo war und begrüßte ihn mit Kniefall. Der alte Mann half ihm auf und bat Gelun, einzutreten und sich auszuruhen. Gerade als Gelun in das Haupthaus treten wollte, kam auch Chazhan zur Türe heraus. Die Beiden blickten einander lange an: Chazhan fand, dass sie noch nie jemanden gesehen hatte, der so gut aussah wie Gelun und verliebte sich bis über beide Ohren in ihn. Nicht anders erging es Gelun, als er dieser unvergleichlichen Schönheit an der Türe gegenüberstand. Als Chazhan sah, dass Gelun ins Haus trat, zog sie sich ins Ostzimmer zurück.

(5) Der *Gashenda* Nadanchuo führte Gelun ins Haus, wo sie sich setzten und sich unterhielten. Er erkundigte sich eingehend nach Geluns Familie und ließ die Diener ein Festessen zur Bewirtung auftragen. Da Nadanchuo sah, dass Gelun außergewöhnlich gut aussah, stand ihm der Sinn danach, ihn seiner Tochter als Bräutigam vorzuschlagen. Er begab sich in die Privatgemächer und beriet sich mit seiner Frau, die zu ihm sprach: „Da ich ihn noch nicht gesehen habe, will ich ihn mir erst einmal ansehen, bevor ich dazu etwas sage!" Nadanchuo hielt seine Frau dazu an, worauf diese zurückkam und zu ihm sagte: „Der Gast ist ein ungewöhnlich hübscher Bursche; er würde gut zu unserer Tochter passen!" Chazhan stand mit gesenktem Kopf dabei und sprach kein einziges Wort. Früher hatte sie jedesmal wenn ein Freier kam, ihm ins Gesicht gesagt, dass sie mit ihm nicht einverstanden sei, da sie nun schwieg, hieß dies, dass sie einverstanden war! Nadanchuo begab sich wieder zu Gelun und trank weiter mit ihm Wein; dabei sprach er zu ihm: „Ich bin nun schon an die sechzig Jahre alt und habe nur eine Tochter, die schon neunzehn Jahre alt ist und noch immer nicht verheiratet ist, aber da sie noch nicht häßlich geworden ist, könnte sie die Frau des *Mo'rgen* werden." Gelun stand auf und dankte ihm mit den Worten: „Der Schwiegersohn dankt Euch mit Kotau dafür, dass Ihr bereit seid, mir Eure Tochter zur Frau zu geben." Nadanchuo ließ seine Frau holen, damit sie Gelun begrüße, worauf dieser sich vor der Schwiegermutter verbeugte. Der fünfzehnte Tag des dritten Monats wurde als Hochzeitstag bestimmt und den Verwandten und Bekannten mitgeteilt, dass sie unter allen Umständen bis zu diesem Termin kommen sollten. Drei Tage vor der Hochzeit ließ Nadanchuo für die Bewirtung der Gäste Schafe und Schweine schlachten. Als in der Morgendämmerung des fünfzehnten Tages Gelun und Chazhan die Hochzeitszeremonie abhielten, erhob sich plötzlich ein

gewaltiger Sturmwind, der Himmel und Erde verfinsterte, Sonne und Mond ver-
dunkelte und Sand und Steine aufwirbelte. Alle Freunde und Verwandten bewunderten und lobten Geluns Schönheit. Als es Nacht wurde zogen sich Braut und
Bräutigam in das Brautgemach zurück.

Nach der Hochzeit lebte Gelun über einen Monat im Haus seiner Schwiegereltern. Eines Tages sprach er zu seinem Schwiegervater: „Ich bin nun schon
mehr als einen Monat von zu Hause fort und befürchte aufrichtig, dass meine
Eltern sich große Sorgen machen. Ich möchte in zwei oder drei Tagen mit Deinem befehlenden Liebling heimkehren und Vater und Mutter besuchen; sobald
sich dann eine Gelegenheit bietet, werden wir wieder euch besuchen." Nadanchuo antwortete: „So ist es nur recht und billig, warum also solltest du nicht
heimkehren? Besucht uns oft, damit wir nicht Zeitlang nach euch haben!" Bei
diesen Worten rannen ihm einige Tränen übers Gesicht. Zwei oder drei Tage
später brach Gelun mit seiner Frau und dem Diener Ahabu zum Sungari auf,
wobei sich Chazhan unter Tränen von ihren Eltern verabschiedete. Sie nahmen
den Weg über Lahasusu[19], um an den Sungari zu kommen. Nach fünf oder sechs
Tagen erreichten sie Wanli *Huotong*. Gelun ließ den Diener Ahabu vorausreiten,
damit er sie bei seinen Eltern ankündigte, wodurch die Familie erst jetzt erfuhr,
dass der junge Herr erneut geheiratet hatte. Die Familie stellte sich am Tor auf,
um ihn und seine Frau willkommen zu heißen. Als seine erste Frau Yi'rge von
der Sache erfuhr, ließ sie den Kopf hängen und seufzte und war nicht bereit, vors
Tor zu kommen, um die Beiden zu begrüßen. Alle sahen, dass die neue Ehefrau
ihren Ruf nicht zu Unrecht besaß, sondern wirklich eine hervorragende Schönheit war! Gelun entbot gemeinsam mit Chazhan als Erstes den Ahnen und im
Anschluss daran den Eltern seinen Gruß. Sein Vater sagte zu ihm: „Du hast
nochmals geheiratet, nun wird's noch lebhafter im Haus werden!" Und er ordnete
an, dass Ahabu den Ostflügel des Anwesens instand setze, damit Chazhan dort
ihre Wohnung beziehe.

(6) Nachdem Chazhan im Elternhaus von Gelun angekommen war, wurde sie
außerordentlich rücksichtslos und bösartig und war nie bereit nachzugeben. In
der gesamten Familie zählte nur sie allein! Sie war oberflächlich und flatterhaft,
liebte zu tratschen und zu lachen und sobald sie einen hübschen Jüngling sah,
musste sie ihn unbedingt bezirzen und bequatschen. Wenn ihre Schwiegereltern
sie wegen ihrer Oberflächlichkeit rügten, antwortete sie ihnen wütend mit bösen
Worten, weshalb die Schwiegereltern schließlich dazu schwiegen. Zudem behandelte sie die Hauptfrau des Gelun wie eine Magd und ihre grausamen und
despotischen Handlungen waren zu zahlreich, als dass sie einzeln aufgezählt wer-

---

19 Lahasusu ist die heutige Kreisstadt Tongjiang 同江 (S. 629, Anm. 1) (OA).

den könnten. Das Hauswesen unterstand nun Gelun, der aber seine neue Frau liebte und ungewöhnlich bevorzugte, weshalb sie jeder in der Familie hasste, aber nicht über sie zu sprechen wagte, da alle sie wie einen Tiger fürchteten! Einmal hatte Gelun etwas zu erledigen und musste zwei bis drei Tage fortbleiben. Chazhan und Yi'rge konnten einander nicht ausstehen und als nun ihr Gatte außer Haus war, begannen böse Worte zu fallen und schließlich wäre es beinahe zu einem regelrechten Kampf gekommen. Die Beiden keiften einander unaufhörlich an und so alt ihre Schwiegereltern auch waren, sie hatten noch nie einen derartigen Streit erlebt! Sie riefen die beiden Schwiegertöchter zu sich und ermahnten sie eindringlich. Aber Chazhan kümmerte sich keinen Deut um ihre Worte, sondern beschimpfte sie sogar noch in der übelsten Weise. Moketele geriet darüber, dass ihn seine Schwiegertochter beschimpfte, so sehr in Rage, dass er kein Wort mehr herausbrachte. Er wurde deshalb sehr schwer krank, bekam die Schwindsucht und wurde bettlägrig. Am Abend des selbigen Tages kam Gelun nach Hause zurückgeritten. Er war eigentlich ein sehr pietätvoller und gehorsamer Sohn, der, wenn Vater oder Mutter krank waren, unruhig war und nicht mehr schlafen konnte. Als er nun zurückkehrte und zu Vater und Mutter ging und seinen Vater schwerkrank auf dem *Kang* liegen und vor Schmerzen stöhnen sah, fragte er ihn: „*Ama*, warum bist du krank geworden?" Sein Vater vermochte ihm nicht zu antworten, worauf ihm seine *Ema*[20] erzählte, was geschehen und weshalb der Vater krank geworden war. Gelun schwieg dazu und nachdem er ein Weilchen bedrückt herumgesessen war, zog er sich zurück. Als er in das Gemach seiner *Aqige*[21] kam, empfing ihn Chazhan lächelnd und umsorgte ihn liebevoll, aber nachdem sie sich gesetzt hatten, beklagte sie sich darüber, dass die *Ashi*[22] sie in schamloser Weise beschimpft und geschmäht hatte. Als Gelun nun ihre schönen Worte hörte, sagte er: „Dann kann man halt nichts machen, wenn der *Ama* aus Wut krank geworden ist!" Und er ließ die Sache auf sich beruhen.

Ahabu, der Diener des Gelun, hatte einen leiblichen Bruder namens Alingbu, der nun einundzwanzig Jahre alt und damit zwei Jahre jünger als Gelun war. Dieser Alingbu war ein feiner und schmucker Mann und kräftiger als Gelun. Er führte mit seinen Eltern ein Dutzend Schritte östlich vom Anwesen des Gelun ein kümmerliches Leben. Als Ahabu sechs Jahre alt war, war die Familie so arm gewesen, dass sie kaum zu essen hatte; zuletzt hatte sie zwei oder drei Tage gehungert und da auch keine Möglichkeit bestand, ein Darlehen aufzunehmen,

---

20 Hezhe: ɜ*ma* (S. 693) [Mandschu: eme]: Mutter (S. 630, Anm. 2); Kinder rufen die Mutter *Aniang* (Hezhe: ɜ*niä*) [Mandschu: eniye ?] (S. 687) (OA).

21 Hezhe: *aʃ'ikə* (S. 687): Nebenfrau (OA).

22 Hezhe: *aʃi; aʃä*: Gemahlin; auch *həhə* (S. 683) (S. 630, Anm. 4) (OA). – Mandschu „aja" bedeutet „Mutter", „hehe" „Frau".

wusste sie sich keinen anderen Ausweg mehr, als Ahabu als Sklaven an Moketele zu verkaufen. Sie bekam für ihn aber nur Reis, Kleidung und Häute und musste dies annehmen, weil sie unter Hunger und Kälte litt. Inzwischen war der jüngere Bruder des Ahabu herangewachsen. Wenn in der Familie das Essen knapp wurde, bat sie Ahabu um Unterstützung. Dieser flehte seinen Herrn um Hilfe an und da dieser in Ahabu einen treu ergebenen Diener hatte, gewährte er diese in der Regel. Alingbu hielt sich oft im Haus des Gelun auf und da er wie ein Angehöriger des Haushaltes behandelt wurde, zogen sich auch die Frauen bei seinem Erscheinen nicht zurück. Dabei bemerkte Chazhan, dass er freundlich war und gut aussah, sie verliebte sich heftig in ihn und sprach ihn wiederholt an. Und da Alingbu jung war, blieb er von ihrer Schönheit nicht unbeeindruckt und begann ebenfalls mit ihr zu schäkern. Von da an flirteten sie miteinander und hegten tiefe Zuneigung füreinander. Alingbu hielt sich nun beständig im Haus des Gelun auf und ging seinem Bruder Ahabu zur Hand, so dass die Knechte und Mägde des Gelun überhaupt nicht mehr auf ihn achteten.

Moketele war sehr schwer krank und viele der *Yichereng*, die Gelun rief, um aus dem Räucherwerk zu weissagen, meinten, dass er wohl kaum mehr genesen werde, weshalb Gelun keine Ruhe mehr fand. Eilends stellte er Wein bereit und holte Schamanen, damit sie den Kranken behandelten. Aber auch dies zeigte keine Wirkung und es dauerte nicht lange, bis sein Vater verstarb! Gelun weinte und trauerte sehr um ihn und wachte bei dem Leichnam, ohne sich in seinen Privatgemächern auszuruhen. Wer hätte gedacht, dass Chazhan dies ausnutzte, um sich mit Alingbu zu treffen und ein Verhältnis zu beginnen. Und da sie von dieser liederlichen Beziehung nicht genug bekommen konnte, rief sie jedesmal, wenn ihr Mann nicht da war, Alingbu zu sich. Eines Tages kam Gelun zurück und traf die beiden vertraulich miteinander tuschelnd an. Alingbu zog sich bei seinem Anblick mit hochrotem Kopf zurück, während Chazhan ihren Mann beruhigte: „Ich hatte auf einmal Lust auf *Chulite*[23] und rief Alingbu, um ihm zu sagen, dass er mir welche pflücken solle. Daher war er hier." Gelun schenkte nach dieser Ausrede dem Ganzen keine weitere Aufmerksamkeit. Ein anderes Mal kam Gelun um Mitternacht zurück und bemerkte, dass eine männliche Person aus der Kammer rannte. Es gelang ihm nicht, diese festzuhalten, weshalb ihm nun doch Zweifel kamen. Scheinheilig umgarnte ihn Chazhan und täuschte ihn erneut. Bis zu seinem Tod wurde ihm nicht bewußt, dass er sich von ihrer schönen Larve täuschen ließ!

---

23 Hezhe: *ts'uləkt'ə* (S. 686): Säuerlich schmeckende Birnen; im Gebiet des Sungari häufig anzutreffende, wildwachsende Birne (*shanli* 山梨, Pyrus Calleryana, Decne?). Sie wird im Herbst, im siebten bis achten Monat reif und schmeckt sehr säuerlich (S. 631, Anm. 3) (OA).

(7) Nachdem Gelun den Leichnam seines Vaters bestattet hatte, war er häufig von zuhause abwesend und so konnte Chazhan oft mit Alingbu zusammen sein, von dem sie nicht mehr getrennt sein wollte. Die Beiden planten deshalb, Gelun aus dem Weg zu räumen. Alingbu sprach: „Der Plan, deinen Mann zu töten, wird nur dann Erfolg haben, wenn niemand Verdacht schöpft, dass wir dahinterstecken!" Da neigte sich Chazhan zu ihm und flüsterte ihm ins Ohr, wie sie sich die Sache vorstellte. Nachdem Alingbu sich alles angehört hatte, nahm er voll Freude ein Kästchen entgegen und ging damit fort. Er begab sich in die Makuli-Berge (Makuli Shan) und suchte dort nach einer *Moyihe*[24], die er in das Kästchen steckte und heimlich Chazhan überbrachte, damit diese den Plan in die Tat umsetzte, während ihr Gatte schlief. Als Chazhan tief in der Nacht hörte, dass Gelun tief schlief, ließ sie sogleich die Schlange in seinen Mund kriechen, die unverzüglich bis in Geluns Magen vordrang. Er wälzte sich noch ein oder zweimal hin und her und verstarb dann. Erst nachdem Gelun schon einige Zeit tot war, benachrichtigte Chazhan den Rest der Familie. Seine Mutter, seine erste Frau und deren Sohn kamen, betasteten den Leichnam und weinten herzzerreißend und untröstlich. Auch Chazhan klagte und weinte zum Schein mit ihnen. Der Bauch der Leiche war inzwischen angeschwollen wie der Boden eines Kochkessels. Auf die schlechte Nachricht hin, eilten Adeli *Han*, der Stadtherr von Wanli *Huotong*, und seine Gemahlin noch in derselben Nacht herbei, wobei der Groß*han* den Leichnam vor dem Einsargen und der Bestattung genau zu untersuchen wünschte, und auch sonst regten sich Zweifel, ob alles mit rechten Dingen zugegangen war.

Da bekam es Chazhan mit der Angst zu tun! Während sie immer unruhiger wurde, trat Alingbu ein, um zu helfen, aber Chazhan forderte ihn auf, in ihr Gemach zu kommen und sprach zu ihm: „Ich habe schreckliche Angst und bin wie gelähmt! Sattle du die beiden schnellen Pferde und warte außerhalb des rückwärtigen Hofes auf mich. Unter gar keinen Umständen darf jemand bemerken, dass wir mit den Pferden fliehen! Beeile dich, wir haben keine Zeit zu verlieren! Ich fürchte, dass bis morgen alles aufgedeckt sein wird! Geh schon! Geh!" Alingbu nickte zustimmend und ging. Zu Beginn der dritten Nachtstunde [um Mitternacht] als alle fest schliefen, packte Chazhan ihre Sachen zusammen, zog sich an und verließ das Anwesen. Damals gab es keine Räuber und Diebe, so dass man nachts keine Tür versperrte, auf den Wegen keine von anderen verlorenen Gegenstände mitnahm und überall auf den Weiden keine Tiere aus den Rinder- und

---

24 Hezhe: *məhə* (S. 690). Sehr giftige Schlange, von denen viele zwischen den Steinen des Makuli-Gebirges leben (蛇, 馬庫力山五石之內多產蛇,性甚毒. Unklar ist, was 五石, „fünf Steine", bedeutet.) (S. 631, Anm. 3) (OA).

Schafherden verloren gingen. Daher konnte Alingbu ohne Schwierigkeiten sein Vorhaben ausführen. Er nahm die beiden Renner des Gelun mit, um mit ihnen auf Chazhan zu warten und schon bald sah er seine Geliebte kommen, worauf sie keine Zeit mehr verloren, sondern aufsaßen und auf das Nordufer des Sungari flohen.

Im Morgengrauen des neuen Tages stand die Familie des Gelun auf und versammelte sich im Haupthaus, aber Chazhan fehlte und auch Alingbu war verschwunden. Yi'rge sah in Chazhans Haus nach und als sie dort niemanden fand, eilte sie zum Haupthaus zurück und informierte die Wartenden. Nun kam auch Ahabu mit der Meldung, dass die beiden Pferde fehlten und man nicht habe herausfinden können, wer sie fortgeführt habe. Adeli *Han* sprach daraufhin: „Es bedarf keiner langen Debatte! Ohne Zweifel ist Chazhan mit den Pferden geflohen!" Die Umstehenden verlangten, dass man sie verfolge, aber Adeli *Han* gab zu bedenken: „Diese beiden Pferde legen pro Tag tausend Meilen zurück, wie sollte man sie mit gewöhnlichen Pferden einholen können? Wir können jetzt nur versuchen, mit der Zeit herauszufinden, wo sie sich aufhalten!" Nach dieser Rede des Groß*han* nahm man davon Abstand, sie zu verfolgen. Gegen Mittag platzte die Bauchdecke der Leiche des Gelun auf und der Kopf einer langen Schlange kam zum Vorschein. Als die Verwandten des Toten dies sahen, knirschten sie mit den Zähnen und fluchten über Chazhans Bosheit und Grausamkeit.

Gelunbeiye, der Sohn des Gelun, übte sich seit dem Tod seines Vaters im Umgang mit Pfeil und Bogen sowie dem Langspeer: Jeden Tag trainierte er zweimal im rückwärtigen Hof des Anwesens und nach einigen Jahren war er in der Lage, ohne jeglichen Fehlschuss das *Jiha Fulutuku*[25] zu treffen oder Vögel vom Himmel zu schießen. Jedermann lobte ihn ob seines Könnens.

(8) Chazhan und Alingbu hatten den Sungari überquert und waren in nordöstlicher Richtung weitergeritten. Nach zwei Tagen erreichten sie die Stadt Elimi[26], wo sie eine kleine Familie fanden, bei der sie verschnaufen konnten. Diese Familie bestand lediglich aus einem *Mafa* und einer *Mama* und nachdem sie sich miteinander bekannt gemacht hatten, sprach der *Mafa* zu Chazhan: „Dein Vater und ich sind Schwurbrüder; ich heiße E'rding. Als ich zum Ussuri kam, hast du noch in der *Emuku*[27] geschlafen, daher kennst du mich nicht." Als Chazhan dies hörte, begrüßte sie den *Mafa* und die *Mama* mit Kotau und wies Alingbu an, es

---

25 Hezhe: *gaha fulut'ukt'u* (S. 683) [Mandschu: jiha funtuhu ?]: Loch einer Bronzemünze. *Jiha* bedeutet „Bronzemünze", *fulutuku* heißt „Loch, Öffnung" (S. 633, Anm. 1) (OA).

26 Name einer Gegend am Nordufer des Sungari gegenüber der Kreisstadt Fujin in der Provinz Jilin (S. 434, Anm. 3; S. 633, Anm. 2) (OA).

27 Hezhe: *ʒmək'u* (S. 694): Wiege (S. 633, Anm. 3) (OA). – Mandschu: duri.

ihr gleichzutun. Dann sagte sie: „Das ist mein Mann!" Der Mafa bewirtete sie mit
Wein und die beiden blieben hier für fünf oder sechs Jahre. Der Ort war über
zweihundert Meilen von Wanli *Huotong* entfernt, und da niemand ihr Vorleben
kannte, gab es keine Schwierigkeiten. Anfänglich war Chazhan sehr in Alingbu
verliebt, nach und nach aber nahm ihre Zuneigung ab. Manchmal stritten sie so
sehr, dass Alingbu nicht mehr wusste, was er tun sollte und zwei oder drei Tage
lang nicht mehr zu ihr zurückkehrte. Wenn er fort war, traf Chazhan sich mit
jungen Burschen aus der Stadt; es herrschte ein munteres Treiben und fast keine
Nacht blieb ungenutzt! Alingbu musste dem Treiben hilflos zusehen, denn er
wagte nicht, seinem Zorn Ausdruck zu verleihen. Eines Tages kam ein Jüngling
zu Chazhan und erzählte, dass man fünf oder sechs Meilen nördlich der Stadt die
Leiche eines Mannes gefunden habe, der wahrscheinlich durch einen Pfeilschuss
getötet worden war. Chazhan bat daraufhin den *Mafa* nachzusehen und erfuhr
bei seiner Rückkehr, dass es sich bei dem Toten um Alingbu handelte, man aber
nicht wisse, wer ihn erschossen habe! Als Chazhan dies hörte, versank sie in tiefes
Nachdenken, aber sie war ganz bleich geworden und Angst erfüllte ihr Herz. Als
nachts ihr Geliebter kam – sein Name war Deren'a –, schlug sie ihm vor,
gemeinsam zu fliehen und bereits um Mitternacht ritten sie auf den beiden
schnellen Pferden zum Ussuri.

Niemand anderer als Gelunbeiye war es gewesen, der Alingbu erschossen
hatte. Er war zu dieser Zeit bereits neunzehn Jahre alt und dachte beständig daran,
wie tragisch sein Vater ums Leben gekommen war: Die Mörder durften nicht
ungeschoren davonkommen! Alle, die er traf, fragte er nach den Beiden, aber wo
immer er auch nachforschte, er konnte ihren Aufenthaltsort nicht herausfinden.
Schließlich aber erfuhr er ihren Aufenthaltsort von Reisenden aus Elimi. Er
begab sich zur Residenz des *Han* und da die Wachen ihn als den Neffen der
Gemahlin des *Han* erkannten, wagten sie nicht, ihn aufzuhalten, sondern ließen
ihn passieren. Gelunbeiye machte dem Groß*han* und dessen Frau seine
Aufwartung und erzählte ihnen, dass die Nebenfrau seines Vaters sich mit
Alingbu in Elimi aufhielt und er nun die Beiden aufspüren wolle, um Rache zu
nehmen. Adeli *Han* sprach: „Das geht nicht, du bist noch zu jung! Falls dir etwas
zustößt, so werden dein Großvater ohne *Womuli*[28] und dein Vater ohne *Zhuzi*[29]
bleiben!" Auch seine Tante redete in dieser Weise auf ihn ein und war nicht bereit,
ihn ziehen zu lassen. Gelunbeiye blieb daher nichts anderes übrig, als sich zu
verabschieden und nach Hause zurückzukehren. In der zweiten Nachtstunde
aber suchte er sich in der Herde das beste Pferd aus, schwang sich mit Pfeil und

---

28 Hezhe: *ɔməli* (S. 692) [Mandschu: omolo]: Enkel (S. 634, Anm. 1) (OA).
29 Hezhe: *tsutʃi* (S. 684) [Mandschu: jui]: Sohn (S. 634, Anm. 2) (OA).

Bogen und seinem Langspeer auf dessen Rücken und ritt am Fluss entlang in östlicher Richtung davon.

Es war dies das erste Mal, dass er in die Ferne zog, aber der Herbst war lind und angenehm und die Nacht mondhell. Er trieb sein Pferd an und galoppierte die ganze Nacht hindurch, bis er am folgenden Morgen das Uferstück erreichte, das Elimi gegenüberlag. Wie aber sollte er den breiten Fluß überqueren? Plötzlich drang der Gesang eines Fischers an sein Ohr, der von weither erschallte: „*Heri – heri – nani – gereye – nani – geyegeni – geyige – nani – gereye – bideyala – yimahawo – nani – wakeqimi – deriwuhen – jiyi – nani – guoshi'ani – dahayikuo – nani – gereye – gerengziwang – bo'erqimi – haletekuowo – handebaigede – nani – gereye – azhanmala – nani – suyaligede – yiwukunaru – nani – gereye – nani – hari – hari – nani – gereye – tawoni – shilami – nani – jiaqishile – bu'erzhulu – nani – yiworu – nani – gereye.*"[30] Der Sänger kam mit seinem Boot, einem *Weiyihu*[31] immer näher. Gelunbeiye rief ihm übers Wasser hinweg zu: „*Hama gulun ni,*[32] *zhu zhu zhu zhu!*[33]" Der Fischer schwenkte in Richtung Ufer ein und nachdem er beigedreht hatte, fragte ihn Gelunbeiye, ob er ihn übersetzen könnte. Der Fischer ließ Gelunbeiye einsteigen und wies ihn an, dass er sein Pferd am Zügel hinter dem Boot herziehen solle. Dann stieß er ab und sie überquerten den Fluss, worauf ihn der Fischer nach Hause einlud. Am darauffolgenden Tag erkannte Gelunbeiye vor der Stadt Alingbu, der alleine in nördlicher Richtung fortging, worauf er an einem abgelegenen Ort mit Pfeil und Bogen im Anschlag auf ihn wartete und als Alingbu auf seinem Rückweg dort vorüberkam, schoss Gelunbeiye ihm einen Pfeil durch die Kehle. Er lief zu dem am Boden Liegenden, schnitt ihm mit einem scharfen Messer den Bauch auf und riss Herz und Leber heraus und bot sie mit einer tiefen Verneigung nach Südwesten als Opfer dar: „Mein Vater, du bist als Geist (*ling*) im Totenreich, aber bitte freue dich an Herz und Leber des Feindes!" Anschließend eilte er zur Stadt zurück, um den Aufenthaltsort von Chazhan ausfindig zu machen.

(9) Nachdem Gelunbeiye zwei Tage lang Erkundigungen eingezogen hatte, wusste er noch immer nicht, wo Chazhan sich aufhielt, da sie in der Nacht nach dem Tod des Alingbu mit Deren'a geflohen war. Da blieb Gelunbeiye nichts

---

30 Sinngemäß kann man das Lied wie folgt wiedergeben: „Ich fische hier nun schon seit mehr als dreißig Jahren. Ich bitte die Götter, die wir verehren, mir zu helfen, dass die Karpfen sich im Wasser zeigen. Wenn gelbe Kaluga-Hausen (*huangyu*) auftauchen, werden unmittelbar danach Silberfische (*baiyi*?) mit ihrem ganzen Körper aus dem Wasser kommen." (S. 634, Anm. 3.) （OA）

31 Hezhe: *uɛihu* (S. 681): Ein kleines Boot für eine oder zwei Personen aus drei Kieferholzplanken (*songmupian* 松木片) (S. 634, Anm. 4) (OA).

32 *Hama*, Hezhe: *hama* (S. 688) [Mandschu: aba, aiba], bedeutet „welcher Ort" und *gulun*, Hezhe: *kurun* (S. 681), „Mensch", während *ni* eine Partikel darstellt (S. 634, Anm. 5) (OA).

33 Hezhe: *tsutsu* (S. 683): „Komm schnell! Komm schnell" (S. 634, Anm. 6).

anderes übrig, als nach Wanli *Huotong* zurückzukehren. Als seine Großmutter und seine Mutter ihn heimkommen sahen, wussten sie nicht, ob sie weinen oder sich freuen sollten, aber als sie erfuhren, dass Alingbu schon gerichtet war, freuten sie sich sehr. In den folgenden drei Jahren wohnte Gelunbeiye zuhause bei seiner Familie, aber da er stets auf Rache für den Tod seines Vaters sann, ritt er schließlich mit seinem Freund Hada[34] zum Ussuri, um dort Erkundigungen einzuziehen. Obwohl sie früh aufbrachen und spät abends lagerten erreichten sie erst nach mehr als einem halben Monat den Fluss. Noch am selben Tag bemerkten sie vom Ufer aus ein Boot, das in der Strömung trieb und mit zwei Männern und zwei Frauen besetzt war. Eine der Frauen sang ein Fischerlied, dem Gelunbeiye und Hada schweigend lauschten: „*Wonana – wonana – wonana – henana – henana – henana – miaowule – agela – miaowule – agela – duo'rdeyeru – guoniuhan'age – guoniuhan'age – yimahawo – wahashi – degedeyi – woni – wahashi – kuruboni – wahashi – suluowoni – wahashi – wonana – wonana – henana – henana – henana.*"[35] Nach diesem Lied brachen sie in lautes Gelächter aus. Am gleichen Tag noch kamen die Beiden in die Gegend von Duman *Gashen*, wo sie sich nach dem Anwesen des Nadanchuo erkundigten. Sie erfuhren, dass dieser schon seit einigen Jahren tot war und nur noch Nadanchuo *Mama* mit ihrer Tochter und ihrem Schwiegersohn dort lebe.

Als Gelunbeiye dies hörte, ließ er Hada vor dem Anwesen Wache stehen, während er ins Haus ging. Dort unterhielt sich Chazhan gerade mit Deren'a, und als sie Gelunbeiye bemerkte, fragte sie: „Ich glaube, ich habe den *Mo'rgen* schon einmal gesehen, aber ich erinnere mich nicht mehr, wo das war. Woher kommst du?" Gelunbeiye antwortete: „Ich komme aus Qinka[36] und suche meinen älteren Bruder. Wir haben uns noch nie gesehen!" Gleich darauf verabschiedete er sich und bemerkte beim Weggehen im Pferdestall die beiden edlen Pferde, die sich nicht verändert hatten. Er beriet sich nun mit Hada, wie sie weiter vorgehen sollten. Als Chazhan aus Wanli *Huotong* floh, war Gelunbeiye erst zwölf Jahre alt. Seither waren zehn Jahre vergangen und er war jetzt zweiundzwanzig Jahre alt, wie hätte Chazhan ihn da noch erkennen sollen? Sie dachte nicht im Geringsten daran, dass Gelunbeiye gekommen war, um Rache zu nehmen. Gelunbeiye

---

34 Hezhe: *Hada* (S. 688): Bedeutet „Pfosten", „Pfahl" oder „Säule". Er hatte diesen Namen infolge seiner außergewöhnlichen Körperkräfte erhalten (S. 635, Anm. 1) (OA). – Mandschu: hada bedeutet „Fels".

35 Der Sinn des Liedes ist wie folgt: „Geliebter älterer Bruder, geliebter älterer Bruder, höre genau zu! Älterer Bruder, nach dem ich mich sehne, fang Fische! Fang jene Fische, die an der Wasseroberfläche schwimmen! Fang jene Fische, deren Männchen und Weibchen einander suchen, fang jene Fische, die gegen den Strom schwimmen!" (S. 635, Anm. 2) (OA)

36 Nahe dem Xingkai-See 興凱 (S. 636, Anm. 2) (OA).

wartete die erste Nachtstunde ab und schlich sich dann mit Hada zur Kammer der Chazhan, wo er durch das Fenster ins Zimmer spähte. Dort saßen sich die Ehebrecherin und ihr Buhle lachend gegenüber und schäkerten miteinander, worauf Chazhan sagte: „Es ist spät, lass uns schlafen!" Als sie sich ausziehen wollte, spannte Gelunbeiye seinen Bogen und schoss ihr den Pfeil ins Herz. Noch während die Sehne brummte, brach sie zusammen. Gelunbeiye wollte nun auch auf ihren Kumpanen anlegen, dieser aber floh bereits durch die Tür ins Freie, wurde aber im Hof von Hada mit dem Langspeer erstochen. Gelunbeiye aber stieg ins Zimmer und schnitt Chazhans Herz und Leber aus ihrem Körper. Ihre Mutter hatte den Lärm im Zimmer gehört und kam herbei: Sie erschrak fürchterlich und schlotterte vor Angst. Sie fiel auf die Knie und flehte um ihr Leben, wobei sie beständig Kotau machte. Gelunbeiye beruhigte sie: „*Mama*, ich bin der Sohn von Gelun, dem ersten Mann deiner Tochter. Vor zehn Jahren wurde mein Vater von deiner Tochter mit einer Schlange getötet, die sie in seinen Mund kriechen ließ. Ich habe ihn heute gerächt. Damit ist getan, was ich tun wollte, dir aber will ich nichts Böses!"

Gelunbeiye trat mit Herz und Leber der Chazhan in Händen blutbeschmiert hinaus in den Hof, wo Hada schon mit den beiden edlen Pferden wartete. Sie saßen auf und führten ihre Pferde, mit denen sie gekommen waren, am Zügel mit; so kehrten sie auf dem Weg, den sie gekommen waren, in drei bis vier Tagen nach Hause zurück. Als Erstes begab sich Gelunbeiye zum Grab des Vaters, opferte dort Herz und Leber der Chazhan und meldete ihm unter Tränen den Vollzug der Rache. Dann kehrte er nach Hause zurück, wo er Mutter und Großmutter begrüßte und ihnen erzählte, wie er den Vater gerächt hatte. Die Mutter war von Freude und Schmerz zugleich erfüllt, befahl den Dienern Speisen und Wein zu bringen und lud Hada zu einem Festmahl ein. Gelunbeiye und Hada setzten sich und begannen fröhlich zu essen und zu zechen. Sobald die Freunde und Verwandten hörten, dass Gelunbeiye heimgekehrt sei, kamen sie ihn besuchen und auch Adeli *Han* erkundigte sich durch einen Boten nach seinem Befinden. Als die Freunde und Verwandten erfuhren, dass er Chazhan getötet habe, bewunderten sie ihn und nannten ihn nun Gelunbeiye *Mo'rgen*. Hada stammte gleichfalls aus einer einflussreichen Familie; als er heimkehrte und von dem Wagemut des Gelunbeiye berichtete, erfuhren seine Eltern, welch ein Recke Gelunbeiye war und boten ihm an, die jüngere Schwester des Hada, Ha'rzhen *Dedou*, zu heiraten. Gelunbeiye war dem nicht abgeneigt und stimmte erfreut zu, worauf sie Mann und Frau wurden.

18. Die Yixin-Schamanin

Übersetzt von Richtsfeld 1989.

19. Der Schamane Naweng Ba'rjun[1]

(1) Am Nordufer des Flusses Huntong stand einst das Dorf Gemen (Gemen *Gashen*), in dem zirka zweitausend Menschen wohnten. In diesem Dorf lebte auch ein Schamane mit Namen Kemutuhan. Im Alter von zwölf Jahren war er so krank geworden, dass er dem Tod nahe war. Seine Mutter war Witwe. Eines Nachts sah sie einen *Mafa*[2] mit weißem Haar, der zu ihr sprach: „Frau Gu'rjia[3], du hast nur einen Sohn, der nun schwerkrank ist. Du kannst die *Yamoshi*[4] des Schamanen bitten, seine Krankheit zu heilen." Die Mutter des Kemutuhan wollte den *Mafa* etwas fragen, aber dieser war bereits verschwunden. Sie eilte vor die Türe, sah zu den Sternen auf und wusste nun, dass es genau Mitternacht war. Bei Tagesanbruch stand sie auf und nachdem sie ihr Frühstück gegessen hatte, bat sie eine *Mama*[5] in der Nachbarschaft in ihr Haus zu kommen und für sie auf ihren Sohn aufzupassen. Sie selber kleidete sich sorgfältig an und ging nach Osten, um einen Schamanen herbeizubitten. Der Name dieses Schamanen war Ekaha[6]. Als die Mutter des Kemutuhan an sein Tor kam, befahl der Schamane Ekaha jemandem, sie zu empfangen und hereinzuführen. Er forderte sie auf, auf dem warmen *Kang* Platz zu nehmen und sich mit ihm zu unterhalten. Bescheiden lehnte sie einmal ab und setzte sich dann erst auf den *Kang*. Nachdem sie Höflichkeiten ausgetauscht hatten, zog die Mutter aus dem Brustteil ihres Gewandes eine Weinflasche hervor, die mit Branntwein gefüllt war. Sie bat die Frau des Schamanen um einen Weinkrug und wärmte den Wein. Daraufhin machte sie zuerst vor dem Schamanen Kotau, schenkte Wein ein und bot ihn dem Schamanen an[7]. Erst dann erzählte sie ihm von der schweren Krankheit ihres Sohnes und sagte ihm, dass sie gekommen sei, um ihn zu bitten, ihren Sohn zu heilen. Bei diesen Worten rannen ihr die Tränen über das Gesicht. Der Schamane nahm den Branntwein

---

1   *Nawang*: Hezhe *naô* (S. 685), „jung". *Ba'rjun*: Hezhe: *parʃun* (S. 680), „Übernatürliches Wesen, Unsterblicher", „Heiliger, Weiser, Genius" oder „Hellseher, Wahrsager, Prophet" (Chin.: *shenxian* 神仙) (S. 658, Anm. 1) (OA).

2   Höfliche Anrede für einen älteren Mann (S. 301, Anm. 4; S. 659, Anm. 2) (OA).

3   Gu'rjia ist der Familienname der Mutter des Kemutuhan (S. 659, Anm. 3) (OA). – Gu'rjia ist nicht in der Wörterliste verzeichnet.

4   Hezhe: *jaməʃi*. Eine Gruppe [wörtl.: Sorte, Art] von Schamanengeistern. Diese Geister kennen im Voraus Glück und Unglück (S. 659, Anm. 4) (OA).

5   Anrede für eine ältere Frau (S. 303, Anm. 4; S. 659, Anm. 5) (OA).

6   Alternative Lesung der chinesischen Zeichen: E'jiaha.

7   Ein Brauch der Hezhe: Jedesmal wenn man jemanden bittet, etwas zu tun, oder wenn man mit jemandem sich über eine Angelegenheit berät, muss man Branntwein und anschließend Tabak reichen (S. 659, Anm. 6) (OA).

an und leerte [den Becher] in einem Zuge. Nachdem sie ihm drei Becher eingeschenkt und er diese leergetrunken hatte, sprach er zu der Mutter des Kemutuhan: „Wenn die *Anbangshi*[8] extra gekommen ist, um mich, den jüngeren Bruder, zu rufen, so wage ich nicht abzulehnen, sondern werde mich unverzüglich auf den Weg machen, um nach dem Kranken zu sehen!" Er befahl den Dienern, seine Schamanentrommel, seine Geisterpeitsche,[9] seinen Schellengurt und seine Schamanenkappe mit dem eisernen Geweih zurechtzulegen. Dann machte er sich zusammen mit der Mutter des Kemutuhan auf den Weg.

Im Haus des Kemutuhan angekommen, setzte er sich, um auszuruhen, und rauchte Tabak. Dann sah er nach dem Kranken und musste unwillkürlich tief seufzen, als er feststellte, dass Kemutuhans Zustand tatsächlich sehr ernst war. Da es in dem Haus des Kemutuhan keine Diener gab und niemanden, der Dienste tat, wurde der Bruder der Mutter gebeten, zu kommen, um zu helfen und für den Schamanen Räucherwerk und Sengjile abzubrennen. Zudem wurde auf dem Westteil des *Kang* ein *Kang*tischchen aufgestellt, auf das zwei Schalen mit Hirsespeisen als Opfer für die Schamanengeister gestellt wurden. Der Schamane Ekaha nahm seine Schamanentrommel in die Hand, setzte seine Schamanenkappe auf, zog seine Schamanentracht an und band seinen Schellengürtel um; dann tanzte er, um seine Geister zu empfangen (*tiaowu choushen* 跳舞酬神). Als der Schamane Ekaha den Schamanentanz tanzte, um den Kranken zu heilen, stürmte er bald vor, bald zog er sich wieder zurück; die Geister waren schon zu ihm herabgestiegen.[10] Sein Diener hatte sich bereits zuvor hinter ihm aufgestellt, und sorgte dafür, dass er nicht zu Boden stürzte. Nachdem die Mutter des Kemutuhan sich mit ihrem Bruder abgesprochen hatte, stellten sie sich rechts und links

---

8 Hezhe: *ābǎi*. Höfliche Anrede für eine gleichaltrige bzw. verheiratete Frau (S. 659, Anm. 7; S. 682) (OA).

9 Geisterpeitsche (*shenbian* 神鞭) ist der Name des Trommelstocks.

10 Der chinesische Ausdruck *futi* 附體 wird in der Regel mit „von jemandem Besitz ergreifen", „von etwas besessen sein" übersetzt, d.h. ein Geist ergreift von jemandem Besitz. Da der sibirische Schamane aber als Herr seiner Geister beschrieben wird, der sich ihrer bei seinen Heilungen und Jenseitsreisen bedient und über das Erlebte nach Beendigung seiner spirituellen Unternehmungen berichten kann, ist es sehr umstritten, inwieweit die Enstase ein primäres Merkmal des Schamanismus ist. Denn der Besessene, das Medium, leiht dem Geist seinen Körper, der sich im Verlauf der Seance verändert, damit dieser durch ihn spricht. Nachdem der Geist oder Gott den Körper wieder verlassen hat und der eigentliche Besitzer dieses Körpers wieder zu Bewusstsein kommt, hat er nicht die geringste Erinnerung daran, was vorgefallen ist bzw. was durch seinen Mund verkündet wurde. Das Medium dient im Unterschied zum Schamanen als „Gefäß" ohne eigenen Willen. Zusätzlich ist es bei der Enstase stets ein Gott oder Geist, der von dem Körper des Besessenen Besitz ergreift, während der Schamane eine Reihe von Hilfsgeistern inkorporiert, die von seinem „Geist" beherrscht, ihn auf seinen Jenseitsreisen als Helfer begleiten, vgl. z.B. die Geschichte der Niśan-Schamanin.

vom Schamanen auf und beteten in dessen Ohren: „Ehrenwerter Herr Schamane höre die Wahrheit: Beeile dich, die Krankheit meines Söhnchens zu heilen! Am Tage seiner Genesung werden wir je zwei Rinder, Schafe, Schweine und Hühner zum Dank für die gewährte Gnade seiner Heilung opfern." Erst nachdem die Beiden mehrere Male so gebetet hatten, sprang der Schamane auf und verkündete den Versammelten, nachdem er erneut mehrfach getanzt hatte: „Die Krankheit dieses *Chuchu Age*[11] ist keine wirkliche Krankheit, sondern sie ist durch die Schamanengeister[12] seines Großvaters und seines Urgroßvaters verursacht. Weil meine *Aimi* sie dreimal inständig angefleht haben, stimmen sie nun [der Heilung] zu. Aber ihr müsst unbedingt zustimmen, dass dieser *Chuchu* das Erbe antritt und die Schamanengeister führt, kein anderes Heilverfahren wird ihm helfen." Nach diesen Worten begann er wiederum zu tanzen, er tanzte und sang dabei und sein Gesang lautete folgendermaßen: „*Yegeyage - yege - yage - huogu -yage - yege - yege - yageyege - ye!*"[13] Alle zu der Zeit im Haus Anwesenden sangen mit; nachdem der Gesang beendet war, tanzte [er] aufs Neue. Als die Sonne unterging, sprach der Schamane die Zauberformel des Verabschiedens der Geister aus, worauf die Schamanengeister den Körper des Schamanen Ekaha verließen und zu ihrer Berghöhle im Changbaishan zurückkehrten. Nachdem Ekaha seine Schamanentracht abgelegt hatte, trug die Mutter des Kemutuhan auch schon Wein mit Zuspeisen auf und forderte ihn auf zuzugreifen, und auch ihr Bruder setzte sich zu ihm und forderte ihn auf zu trinken. Der Krankheitszustand des Kemutuhan aber besserte sich schlagartig, und er verlangte nach einer Reissuppe, worüber seine Mutter überaus erleichtert war. Nachdem Ekaha das Abendessen eingenommen hatte, verabschiedete er sich und kehrte heim, um sich auszuruhen. Die Mutter des Kemutuhan aber bat dreimal den Schamanen, am folgenden Tage erneut zu kommen und den Kranken zu heilen. Der Schamane stimmte zu, verabschiedete sich und ging. Der Onkel des Kemutuhan geleitete den Schamanen Ekaha nach Hause zurück, worauf er selbst heimkehrte.

(2) Am Morgen des folgenden Tages ging die Mutter des Kemutuhan neuerlich mit [einer Flasche] Wein zu dem Schamanen Ekaha, um ihn zu sich zu bitten. Wieder schenkte sie ihm den Anstandsregeln gemäß Wein ein, worauf Ekaha zu ihr sprach: „Du musst mir nicht ständig Wein anbieten, das macht mich zutiefst verlegen! Lass es!" Die Mutter des Kemutuhan aber antwortete: „Dieser Wein ist

---

11 *Chuchu*, Hezhe: *ts'uts'u*: Junge; *Age*, Hezhe: *akʒ*: älterer Bruder. Dies ist in etwa so, wie wenn man in China vom Sohn eines Freundes als *shixiong* 世兄 spricht (S. 660, Anm. 1) (OA).

12 Zu den Aimi s. Richtsfeld 1996, 56–58

13 *Huogu*, Hezhe: *hɔku* (S. 679): Name eines Geistes; „yageye ..." (Hezhe: *jakɔjɛ* [S. 679]) bedeutet, dass der Geist gebeten wird, eilends herabzusteigen (S. 660, Anm. 4) (OA).

dazu da, damit ich ihn dem Schamanen überreiche. Warum sollte ich davon lassen?" Diesmal ging der Schamane Ekaha allein mit der Mutter. Nachdem sie im Haus des Kemutuhan angekommen waren und ein Weilchen geplaudert hatten, befahl er diesem, sich aufrecht auf den *Kang* zu setzen, und wies dessen Onkel an, den Körper des Kemutuhan von hinten zu stützen. Er selbst zog mit Bedacht seine Schamanentracht an, stieg vom *Kang* und begann zu tanzen. Wieder tanzte er einige Male hin und her, bevor er seine Gesänge anstimmte. Bald darauf begann der Schamane Ekaha am ganzen Körper zu zittern, und wusste, dass die Geister gekommen und in seinen Körper eingegangen waren. Da nahmen die wartenden Familienangehörigen [des Kemutuhan] eilends zwei aus Holz geschnitzte Bilder der *Aimi*-Geister sowie einen *Bu'rka'en*-Zweig[14] und spießten sie genau in die Mitte des Zimmerbodens. Inzwischen tanzte der Schamane Ekaha immer heftiger. Ständig leitete er Kemutuhan an, zu den beiden *Aimi*-Bildern zu gehen und sie in die Hände zu nehmen. So ging es zweimal, beim dritten Mal schnellte Kemutuhan hoch, ergriff die beiden *Aimi*-Bilder und hielt sie in seinen Händen. Der Schamane Ekaha wusste nun, dass Kemutuhan bereits die Schamanengeister empfangen hatte, weshalb er ihm befahl, sich wieder auf den *Kang* zu setzen und selbst zu beten. Dann schärfte er den Familienangehörigen ein, innerhalb einer Frist von fünf Tagen eine vollständige Schamanenausrüstung anzuschaffen. Von da an war die Krankheit des Kemutuhan wie weggeblasen. Bereits am folgenden Tage konnte er aus eigenen Kräften vom *Kang* steigen und umhergehen. Seine Mutter und sein Onkel waren außer sich vor Freude und beschafften am nächstfolgenden Tage die Schamanenkappe, das Schamanengewand, die Hüftglocken, die Schamanentrommel, den Trommelstock und anderes mehr. Am fünften Tage wurde der Schamane Ekaha erneut eingeladen, um Kemutuhan den Schamanentanz zu lehren. Bald tanzten sie und bald sangen sie. Anschließend tanzte Kemutuhan allein. Da er noch recht jung war, tanzte er sehr energisch. Gerade als er in Laune war, fiel er mit einem Male nach hinten um. Er wurde von jemandem, der bereits bereitgestanden hatte, gestützt, aber er konnte seine Gliedmaßen nicht mehr bewegen. Der Schamane Ekaha forderte die Mutter auf, zu dessen Schamanengeistern zu beten und ein Gelübde abzulegen, und nachdem sie ein Schwein und ein Schaf versprochen hatte, sprach er in Kemutuhans Ohr ein Gebet. Erst dann kam Kemutuhan wieder zu sich. Er sprang hoch und als er einen großen Tanz aufgeführt hatte, schickte er unter Anleitung des Gesangs des Schamanen Ekaha seine Schamanengeister in die Berghöhle zurück. Nach kurzer Erholungspause bat die Mutter

---

14 Hezhe: *purk'an*: Ein Pappelzweig als Repräsentant eines übernatürlichen Wesens [*shenxian*] (OA).

des Kemutuhan neuerlich ihren Bruder, den Schamanen Ekaha nach Hause zu geleiten.

Von jener Zeit an war Kemutuhan stark und kräftig und seine Geister erwiesen sich als sehr wirkungsvoll. Falls in einem Dorf jemand erkrankte, holte man Kemutuhan, um den Kranken zu heilen, und wirklich hatte er jedesmal Erfolg. Er war weit und breit berühmt geworden und man wetteiferte darum, ihn holen zu lassen. Wenn er Jemanden aus einer reichen Familie behandelte, musste man ihm nach dessen Genesung ein Rind, ein Pferd, ein Schaf und ein Schwein sowie ein Paar Hühner übergeben. Rind, Schaf, Schwein und die Hühner opferte er seinen Geistern, nur das Pferd schlachtete er nicht, sondern behielt sie für sich selbst. Auch die Rinder schlachtete er nicht immer, so dass er zu Rinder- und Pferdeherden kam und es der Familie immer besser ging.

Vierzig Meilen westlich von dem Dorf Gemen befand sich das Dorf Lanyin (Lanyin *Gashen*). Der Dorfschulze hieß Lanyin'a und war fünfzig Jahre alt. Er hatte keinen Sohn, sondern nur eine Tochter mit Namen Luoyan, die außergewöhnlich schön war. Trotz ihrer neunzehn Jahre war sie noch nicht verheiratet und wartete noch auf eine Partie. Eben zu dieser Zeit wurde im Dorf jemand durch die Umtriebe böser Geister krank. Kemutuhan war damals ebenfalls neunzehn Jahre alt. Zufällig kam er in jenes Dorf und spazierte müßig herum. Jemand aus dem Dorf erkannte Kemutuhan; er wusste, dass er der berühmteste Schamane war und meldete dies den Angehörigen des Kranken. Als diese erfuhren, dass der Schamane Kemutuhan ins Dorf gekommen war, boten sie ihm Wein an und baten ihn, zu ihnen zu kommen und den Kranken zu heilen. Er wollte unter gar keinen Umständen zustimmen, aber die Angehörigen des Kranken baten ihn auf Knien. Als nun auch noch Lanyin'a herbeikam und ihn darum bat, erklärte er sich schließlich einverstanden, den Kranken zu behandeln. Da sich aber seine Schamanenutensilien zu Hause befanden, sang er leise Schamanengesänge und schon bald war plötzlich in den Lüften ein Brausen zu vernehmen: Vor aller Augen fielen aus der Luft die Schamanenutensilien in den Hof herab. Kemutuhan kleidete sich sorgfältig an und stellte die Formen seiner Schlachtreihen (*Zhenshi*) auf, um mit den bösen Geistern zu kämpfen. Er hatte eine Messerberg-Schlachtreihe (*Daoshanzhen*) und eine Feuerberg-Schlachtreihe (*Huoshanzhen*) vorbereitet. In jener Nacht stieg der Kranke auf den Messerberg und wurde davon aufgehalten, als er auf die Feuerberg-Schlachtreihe steigen wollte, hatte ihn Kemutuhan auch schon mit dem *Bulafu*[15] in zwei Teile zerhauen. Da umringten die wartenden Angehörigen und Freunde des Kranken Kemu-

---

15 Hezhe: *pulafu* (S. 681): Vom Schamanen während der Jenseitsreise benutzter Holzstock (S. 392, Anm 1; S. 662, Anm. 1) (OA).

tuhan und wollten ihn nicht loslassen indem sie riefen: „Schamane, warum hast du den Kranken zerteilt und getötet? Wir werden dir das auf gar keinen Fall durchgehen lassen!" Sie wollten Hand an ihn legen und ihn verprügeln. Kemutuhan aber lachte höhnisch und antwortete: „Geht nur schnell nach Norden zu einem drei Meilen von hier entfernten Ort. Sputet euch, sonst wird der Kranke erfrieren!" Nun erst traten die Umstehenden an [den vermeintlichen Leichnam] des Kranken heran und sahen, dass es ein schwarzer Bär war. Es war nun so gewesen, dass dieser Schwarzbärgeist (*Heixiongjing*) die Gestalt des Kranken angenommen hatte, um mit Kemutuhan zu kämpfen. Kemutuhan hatte gewusst, dass es sich um einen Schwarzbärgeist handelte, weshalb er ihn zerhauen und getötet hatte. Die Angehörigen und Freunde fanden den Kranken in der Einöde und trugen ihn nach Hause zurück, worauf der Kranke allmählich gesund wurde.

Durch diese Tat verbreitete sich Kemutuhans Ruf bis in weit entfernte Gegenden. Lanyin'a und seine Tochter Luoyan waren anwesend gewesen; sie hatten alles beobachtet und waren nun sehr erstaunt und verwundert. Luoyan verspürte große Zuneigung zu Kemutuhan, worauf Lanyin'a einen Heiratsvermittler beauftragte, mit Kemutuhan zu sprechen. Kemutuhan aber antwortete: „Ich habe eine alte Mutter, mit der ich zuerst darüber spechen muss. Erst dann kann ich mich entscheiden." Sogleich befahl Lanyin'a dem *Mukun Da*[16] Lafu, sich zu dem Dorf Gemen zu begeben und mit der Mutter des Kemutuhan zu beraten. Diese spannte auf der Stelle einen Wagen an und kam nach dem Dorf Lanyin, um zuerst das Mädchen kennenzulernen und dann eine Entscheidung zu treffen. Als sie bei dem Anwesen des Lanyin'a ankam, wurde sie bereits von der Frau des Lanyin'a erwartet und eingeladen, ins Haus zu treten und sich zu setzen; die beiden Frauen setzten sich daraufhin auf den *Kang*. Als die Mutter des Kemutuhan sah, dass Luoyan sehr hübsch war, stimmte sie der Hochzeit zu. Die Eltern des Mädchens waren darüber hoch erfreut und bewirteten die Mutter des Kemutuhan mit einem Festmahl. Diese legte ihre Zobelfelljacke ab und gab sie ihrer zukünftigen Schwiegertochter als Hochzeitsgeschenk, die bis über beide Ohren errötete und sie annahm. Als Kemutuhan von der Ankunft seiner Mutter erfuhr, kam er, sie zu begrüßen. Er erzählte ihr von seinem Kampf gegen das Gespenst (*Yaoguai*) und nahm an dem Gelage teil, auf dem er trank, bis er genug hatte. Es wurde vereinbart, dass die Hochzeit am *Yiche Bi'a*[17] stattfinden solle. Kemutuhan

---

16 Hezhe: mɔk'un ta (S. 679) [Mandschu: mukûn]: *Mukun* (mɔk'un) bedeutet „Großfamilie", „Sippe", *Da* [ebenso im Mandschu] „Oberhaupt", „Häuptling"; *Mukun Da* [Mandschu: mukûn-i da] bezeichnet das Oberhaupt einer Sippe (S. 321, Anm. 3; S. 662, Anm. 2) (OA).

17 Hezhe: itʃ'ə pia: *Yiche* (itʃ'ə) (S. 678) [Mandschu: ice] „anfangen", „neu", „der Erste des Monats", *bi'a* (pia) (S. 680) [Mandschu: biya] bedeutet „Monat". Yiche Bi'a ist der erste Monat

und seine Mutter übernachteten im Hause des Lanyin'a und verabschiedeten sich am folgenden Tage nach dem Frühstück, um nach Hause zurückzukehren.

Als Kemutuhans Hochzeitstag nahte, lud er alle Verwandten und Bekannten ein, schlachtete Schweine und Schafe, und hatte mehrere Tage lang zu tun, bis alles vorbereitet war. Bereits drei Tage vor dem Hochzeitstermin brachte Lanyin'a seine Tochter zu Kemutuhan. Am Tag der Hochzeit kamen alle, die von diesem Ereignis gehört hatten, herbei, um Glück zu wünschen. Kemutuhan gab ein Festessen, und erst nach drei oder vier Tagen geschäftigen Treibens gingen die Gäste wieder fort. Kemutuhan und Luoyan liebten einander sehr, zudem waren sie gegenüber der Mutter gehorsam und pietätvoll, so dass sie von allen gelobt wurden. Luoyan gebar ihm neun Söhne und eine Tochter. Die Tochter hieß Bayan *Motu*[18], der älteste Sohn Kelunde, der zweitälteste Yisheng, der drittälteste Fulin, der viertälteste Lan'ge, der fünfte hieß Wulabu, der sechste Kashan, der siebente Dalian, der achte Kakatu und der jüngste Naweng Ba'rjun. Damals war Kemutuhan schon über sechzig Jahre alt, er besaß Rinder- und Pferdeherden und eine große Zahl Schweine und Schafe. Seine Söhne hüteten Tag für Tag in den Bergen die Rinder, Schafe und Pferde. Am liebsten hatte er Naweng Ba'rjun, dem er das beste Essen und die schönsten Kleider zukommen ließ. Dies aber nahmen ihm Kelunde und die anderen sieben Söhne übel, die sagten, dass ihr Vater voreingenommen sei. Während sie die Tiere hüteten, sprachen sie oft darüber. Aber Yisheng, der zweite Sohn, fiel ihnen ins Wort und sagte: „Ihr dürft nicht sagen, dass Vater voreingenommen ist! Da Naweng Ba'rjun der Jüngste ist, ist es doch verständlich, dass er ihn liebt. Hört doch bitte auf, solche Worte zu sprechen!" Daraufhin sprachen die Brüder nicht mehr davon.

(3) Dem Dorf Gemen gegenüber, auf der anderen Seite des Flusses, stand das Dorf Qimi'en; dessen Vorsteher hieß Xiqi'an und stammte aus einem großen Clan. Er hatte zwei Söhne und eine Tochter. Der ältere Sohn hieß Xiqingbu, der jüngere Xijunbu, die Tochter hieß Ximeng'en. Die Familie umfaßte fünf oder sechs Personen, der gesamte Clan aber hatte viele Angehörige und seine Macht war sehr groß. Der ältere Sohn war bereits mit einer gewissen Arong *Motu* aus dem gleichen Dorf verheiratet, der jüngere Sohn, Xijunbu, aber war auf Brautschau und hatte seine Wahl noch nicht getroffen. Eines Sommers fuhr er in einer

---

des Jahres (OA). – Mandschu: ice biya bezeichnet den Neumond, der erste Monat des Jahres heißt aniya biya oder tob biya.

18 Hezhe: *mut'u, mɔt'u* 莫土 (S. 690). Motu bedeutet eigentlich „unverheiratetes Mädchen" und entspricht dem chinesischen *guniang* 姑娘; in neuerer Zeit wird Motu aber auch als Name verwendet (S. 486, Anm. 2; S. 663, Anm. 2) (OA).

Angelegenheit mit dem Boot über den Fluss und kam in das Dorf Gemen, wo er zufällig am Anwesen des Kemutuhan vorüberging. Als er sah, dass die Gebäude hoch und groß waren, blieb er stehen, um sie sich anzusehen. In diesem Augenblick trat Bayan *Motu* aus dem Haus und lief einer *Kulimari Keshike*[19] nach, die auf das Haupttor zurannte. Bayan *Motu* war kaum unter dem Tor hindurch, als sie mit Xijunbu zusammenstieß und ihn dabei fast umgestoßen hätte. Sie wäre am liebsten vor Scham im Boden versunken, aber da sie sich nirgendwo verstecken konnte, schlüpfte sie unverzüglich durch das Tor wieder ins Anwesen zurück. Dabei wurde sie aber von ihrem ältesten Bruder Kelunde gesehen, der sie tadelte, worauf Bayan *Motu* wutentbrannt wegging. Nachdem Xijunbu aber gesehen hatte, wie schön Bayan *Motu* war, dachte er beständig an sie und nahm kaum noch Tee oder Speisen zu sich. Nachdem er mit dem Boot den Fluss wieder in südlicher Richtung überquert hatte und nach Hause zurückgekehrt war, lag er krank darnieder und stand nicht mehr auf. Als sein Vater Xiqi'an sah, dass Xijunbu krank war, war er recht besorgt und bedrängte ihn mehrere Male mit Fragen, aber Xijunbu war nicht gewillt, den Grund seiner Krankheit zu verraten. Da sprach Xiqi'an zu seiner Frau: „Du, die Xiqingbu seine Mutter nennt[20], solltest zu Xijunbu gehen und ihn nach dem Grund für seine Erkrankung fragen!" Sogleich eilte die Frau zu ihrem Sohn und befragte ihn; aber auch nachdem sie ihn zweimal gefragt hatte, antwortete er nicht. Als sie ihm gut zuredete, antwortete er schließlich: „Ich habe drüben auf der anderen Seite des Flusses ein Mädchen gesehen, das außergewöhnlich schön ist. Sie ist der Liebling des Schamanen Kemutuhan und ist gerade im heiratsfähigen Alter. Ich wünsche mir von ganzem Herzen, einen Heiratsvermittler zu beauftragen, um einen Antrag zu machen. Ich hoffe, dass meine Mutter Mittel und Wege findet." Die Mutter kehrte in das Schlafzimmer zurück und beriet sich mit ihrem Mann, worauf sie vereinbarten, am folgenden Tage mit Wein zu Kemutuhan zu gehen und einen Antrag zu machen. Zudem befahlen sie Xiqingbu mit Branntwein und anderen Sachen mehrere Honoratioren herzubitten, damit sie am folgenden Tage über

---

19 Hezhe: *kʼulimarə kʼəʃikʼə* (S. 688): Kulimari (*kʼulimarə*) bedeutet „Streifenmuster", Keshike (*kʼəʃikʼə*) (S. 684) [Mandschu: kesike] heißt „Katze". Kulimari Keshenke bedeutet „gestreifte bzw. gemusterte Bengalkatze" (hua limao 花狸猫) (S. 664, Anm. 3) (OA). – Es handelt sich dabei um die u.a. in der Mandschurei und der Amurregion lebende Unterart der Bengalkatze (*Felis bengalensis euptilura* bzw. *Prionailurus bengalensis euptilurus*).

20 *Xiqingbu wo niang ni...*: Xiqingbu ist der ältere Sohn des Xiqi'an; mit „meine Mutter" (*wo niang* 我娘) reden die kleinen Kinder die Mutter an, und *ni* steht für *de* [Genitiv-, Adjektiv-, Adverbial- und Partizipsuffix]. Bei den Hezhe ist es Brauch, dass der Ehemann seine Frau häufig als Mutter eines Sohnes oder einer Tochter anspricht. Auch bei den Chinesen ist diese Gewohnheit recht häufig (S. 664, Anm. 4) (OA).

den Fluss setzten und das Anliegen vortrugen

Am folgenden Tage begab sich Xiqi'an mit Xijunbu, den *Mokun Da* sowie
fünf oder sechs Notabeln ans Ufer des Flusses, von wo aus sie im Boot den Fluss
überquerten und sich zum Anwesen des Schamanen Kemutuhan begaben. Als
sie am Haupttor ankamen, kam ihnen der Schamane Kemutuhan zur Begrüßung
entgegen und führte sie ins Haus, wo sie sich nach Gästen und Gastgeber getrennt niedersetzten und plauderten. Kemutuhan und Xiqi'an kannten sich von
Kindesbeinen an, und nun, da es zu diesem Treffen kam, schätzten und ehrten
sie einander noch mehr. Kemutuhan befahl den Seinen ein Festessen vorzubereiten. Binnen kurzem wurden Wein und Speisen aufgetragen, und Kemutuhan
bewirtete seine Gäste mit ausgesuchter Höflichkeit. Xijunbu aber nutzte die
Gelegenheit, dass sein Vater mit Kemutuhan und den anderen zechte, und trat,
als er sah, dass Bayan *Motu* alleine in einem Zimmer saß, eilenden Schrittes ein,
schlang seine Arme um sie und begehrte ihre Zuneigung. Bestürzt schrie Bayan
auf, worauf sofort zwei Mägde zu ihr kamen, Xijunbu aber ließ von ihr ab und
rannte aus dem Zimmer. Bayan erzählte alles ihrer Mutter, die darüber äußerst
empört war und ihren ältesten Sohn Kelunde von diesem Vorfall in Kenntnis
setzte, der gleichfalls vor Wut schäumte. Xiqi'an aber sprach zu Kemutuhan:
„Mein Sohn Xijunbu liebt Eure Tochter, ich bitte darum, dass du sie meinem
Sohn zur Frau gibst. Auch ich habe eine Tochter mit Namen Ximeng'en, die die
Frau eines deiner Söhne werden könnte. Dann wären unsere Familien
miteinander verschwägert. Wenn ihr daran Anstoß nehmt, dass wir jenseits des
Flusses leben, so könnten wir nach Abschluss dieser Angelegenheit allesamt
hierher ziehen und mit euch zusammenwohnen. Dann könnten wir einander
auch im Handel unterstützen. Welche Verlobungsgeschenke ihr auch immer
fordern mögt, wir werden jedem Wunsche nachkommen!"

(4) Infolge des Angebotes des Xiqi'an steckte der Schamane Kemutuhan in der
Klemme: Im Grunde genommen hatte er nichts dagegen, seine Tochter zu
verloben, aber als er die Tücke und Hinterlist bemerkte, die dem Xijunbu im
Gesicht stand, blieb er stumm und sagte nichts. Aber sein ältester Sohn hatte sich
bereits einen Plan zurechtgelegt und antwortete daher auf der Stelle: „Wenn nun
unsere beiden Familien verschwägert werden sollen, so sei es denn!" In dieser
Nacht blieben Xiqi'an und seine Begleiter in dem Hause des Kemutuhan.
Kelunde aber dachte daran, dass seiner jüngeren Schwester von ihnen beinahe
Schmach zugefügt worden wäre und dafür auf jeden Fall Rache genommen
werden musste! Er ging zum Ufer des Flusses und bohrte mit einem kleinen,
spitzen Messer einige kleine Löcher in den Boden des Bootes von Xiqi'an und
den Seinen, die er mit Bienenwachs verstopfte. Dann sprang er ans Ufer und
kehrte heim. Nachdem die Heirat beschlossene Sache war, nahm Xiqi'an am

folgenden Tage Abschied und befahl, am Ufer angelangt, abzulegen und über den Fluss zu fahren. Sie befanden sich hier aber im Mündungsgebiet des Huntong-Flusses, daher war der Fluss über zwanzig Meilen breit und man konnte das gegenüberliegende Ufer nicht sehen. Als Xiqi'an mit den Seinen die Flussmitte erreicht hatte, drang sehr viel Wasser durch die kleinen Löcher im Boden ihres Bootes, das immer höher stieg und das Boot füllte. Es gelang nicht, das Boot zu reparieren. Xiqi'an und seine Begleiter waren so erschrocken und bestürzt, dass sie sich nicht zu helfen wussten und innerhalb kurzer Zeit war das Boot vollständig im Wasser versunken. Sie konnten zwar schwimmen, aber da sie sich mitten im Fluß befanden, bestand keine Hoffnung: Xiqi'an und sieben oder acht seiner Begleiter ertranken im Fluss. Lediglich einer der Honoratoren klammerte sich an eine Planke des Bootes und wurde von den Wellen fluss-abwärts getragen. Er ertrank nicht und kehrte nach Hause zurück, wo er berich-tete, was geschehen war. Nachdem die Frau und der ältere Sohn des Xiqi'an die Todesnachricht erfahren hatten, weinten sie bitterlich, Kemutuhan aber, der ebenfalls vom Tode des Xiqi'an erfahren hatte, seufzte lediglich.

Seine Söhne weideten nach wie auf den Bergen verteilt die Rinder und Schafe. Da aber in der Nähe [des Dorfes] schließlich alles frische Gras abgeweidet war, blieb ihnen nichts anderes übrig, als weiter entfernte Plätze aufzusuchen. Kelunde führte seine Brüder mit den Rinder-, Pferde- und Schafherden zu fernen Plätzen, wo er dann geeignete Weiden auswählte. Nur der jüngste Sohn Naweng Ba'rjun durfte sich nicht weiter entfernen, da ihn seine Eltern abgöttisch liebten. Als er vierzehn Jahre alt war, zog er manchmal auch mit hinaus und hütete gemeinsam mit seinen Brüdern das Vieh. Aber jedesmal wenn er sah, dass die Brüder etwas falsch machten, kehrte er eilends nach Hause zurück und erzählte es den Eltern. Da er noch jung und unerfahren war, plapperte er häufig einfach drauflos, was die Abneigung seiner Brüder erregte. Als diese sahen, dass Kemutuhan aus Liebe zu Naweng Ba'rjun ihm ein buntes Gewand anfertigte, wurde ihr Groll noch stärker. Eines Tages sagte Naweng Ba'rjun beim Frühstück zu seinen Brüdern: „Letzte Nacht hatte ich einen seltsamen Traum. Wir schnitten in der Steppe frisches Gras für die Rinder und Pferde. Das Grasbündel, das ich zusammengebunden hatte, erhob sich und stand aufrecht, während eure Bündel es umringten und sich vor ihm tief verbeugten!" Da fragten die Brüder ihn einstimmig: „Willst du etwa unser *Ezhen Han*[21] werden? Willst du über uns herrschen?" Da hassten sie ihn wegen seines Traumes und seiner Worte nur noch mehr. Als ein andernmal sein Vater und seine Brüder wieder beim Frühstück

---

21 Hezhe: ʒtʃən han (S. 693): *Ezhen* (ʒtʃən) mit *Han* verbunden, ist Ausdruck des Respekts und der Achtung. Ehrenvolle Anrede des *Han* (S. 388, Anm. 1; S. 666, Anm. 1) (OA).

saßen, sprach er: „Ich habe letzte Nacht geträumt, dass die acht Pferde[22], die meine Brüder reiten, sowie das Pferd, auf dem mein Vater reitet, vor meinem Pferd die Vorderbeine einknickten und sich verbeugten."[23] Bei diesen Worten tadelte ihn sein Vater: „Was hast du denn da geträumt! Glaubst du vielleicht, dass ich mich mit deinen Brüdern vor dir auf den Boden werfe!" Seine Brüder aber waren noch eifersüchtiger auf ihn. Eines Tages führte Kelunde seine Brüder zu einer Weide, die zwanzig Meilen nördlich des Dorfes Lanyin gelegen war. Einen Monat nachdem sie fortgezogen waren, gedachte Kemutuhan seiner Söhne und der Tiere, weshalb er seinen geliebten Sohn Naweng Ba'rjun aussandte, um nach den Brüdern und den Rinder-, Pferde- und Schafherden Ausschau zu halten. Nachdem Naweng Ba'rjun sich von den Eltern verabschiedet hatte, ging er durchs Hoftor hinaus und schlug die Richtung nach dem Dorf Lanyin ein. Als er an den Rand der Berge kam, sah er, dass seine Brüder die Tiere auf den südlichen Hängen hüteten.

(5) Als Kelunde und seine Brüder schon von weitem ihren jüngsten Bruder Naweng Ba'rjun auf seinem Pferd herbeireiten sahen, beschlossen sie, ihn zu töten. Sie sagten zueinander: „Der Träumer kommt. Es wäre doch das Beste, wenn wir ihn umbringen und in einen Brunnen werfen. Anschließend sagen wir, dass er von wilden Tieren gefressen wurde. Dann werden wir ja sehen, was seine Träume wert sind!" Der zweitälteste Bruder, Yisheng, war von Natur aus loyal und treu. Als er nun vernahm, wie seine Brüder den Tod des Naweng Ba'rjun beschlossen, wollte er ihn retten und sprach daher zu ihnen: „Wir dürfen ihn nicht umbringen, ebensowenig dürfen wir sein Blut vergießen. Es genügt, wenn wir ihn in diesen Brunnen werfen." Inzwischen war Naweng Ba'rjun bei seinen Brüdern angekommen. Sie aber rissen ihm die Kleider vom Leib und warfen ihn dann in den Brunnen, der, da er versiegt war, kein Wasser führte. Dann setzten sich seine Brüder auf den Boden und aßen von den Speisen, die er von zu Hause mitgebracht hatte. Sie aßen gerade, als von ferne her auf dem Weg vom Dorfe Lanyin ein Trupp Leute kam, und als sie nahe herangekommen waren, erkannten die Brüder, dass sie aus Aihun stammten. Ihre Pferde waren schwer mit Waren bepackt und sie zogen nach Norden, um dort Handel zu treiben. Da sprach

---

22   Reiche Haushalte der Hezhe verfügen über Pferdeherden. Mittlere Haushalte haben ebenfalls zwanzig bis dreißig Pferde und zwanzig bis dreißig Rinder und sogar kleine Haushalte halten etwa zehn Pferde und Rinder. Wenn die Kinder etwa zehn Jahre alt sind, können sie reiten und wählen sich selber aus der Herde ein gutes Pferd aus. Sie brauchen dazu nicht viel Zeit und müssen dazu nicht lange herumreiten und suchen (S. 666, Anm. 2) (OA).

23   In der Geschichte „Josef und seine Brüder" des Alten Testaments (37, 1 – 36) sind es Sonne, Mond und elf Sterne, die sich im Traum vor Josef verneigen. Der Vater deutet diese als Vater und Mutter sowie die elf Brüder des Josef.

Wulabu zu seinen Brüdern: „Naweng Ba'rjun ist unser leiblicher Bruder, es geht nicht an, dass wir ihn ermorden, da wir dann gegen das Gesetz des Himmels verstoßen! Es wäre besser, ihn an diese Leute aus Aihun zu verkaufen."[24] Den Brüdern war's recht, und so verkauften sie ihren jüngsten Bruder als Sklaven an die Leute aus Aihun. Man einigte sich auf einen Preis von sieben Silberbatzen (*Mengweng*).[25] Die Händler aus Aihun nahmen Naweng Ba'rjun mit und brachten ihn in ihre Heimat. Kelunde und seine Brüder aber schlachteten einen Hammel und färbten die Kleider des Naweng Ba'rjun mit dem Hammelblut. Dann schickten sie jemanden mit diesen Kleidern zu ihrem Vater und ließen ihm ausrichten, sie hätten diese Kleider gefunden und würden den Vater bitten, zu prüfen, ob sie vielleicht dem Naweng Ba'rjun gehörten. Ihr Vater sah, dass dies die Kleider seines geliebten Sohnes waren und sprach: „Sie gehörten meinem Sohn, er ist bestimmt von wilden Tieren aufgefressen worden!" Da der Schamane Kemutuhan schon altersschwach war, waren auch die von ihm geführten Geister bisweilen wirkungslos, weshalb er nichts von all dem vorhergesehen hatte. Er trauerte und weinte viele Tage lang und klagte, dass er mit Sicherheit so lange trauern werde, bis er in das *Buniu*[26] eingehen und seinen Sohn wiedersehen werde. Jeden Tag klagte und weinte er ohne Ende.

Die Kaufleute aus Aihun hatten Naweng Ba'rjun in ihre eigene Heimat gebracht und ihn dort an Duhati, Adjutant der Palastwache des *Han* des Kuye-Stammes, weiterverkauft. Das Gebiet des Kuye-Reiches war groß, es war nicht mit den kleinen Reichen zu vergleichen und es war reich an Waren und Gütern. Sein Herrscher hieß Mei'rshan *Han*. Er hatte viele Hofbeamte und Berater und war wahrhaftig ein weiser Herrscher, der sich mit fähigen Köpfen umgab. Die Zahl der Minister und Heerführer anderer Stämme, die zu ihm überliefen, nahm täglich zu, wobei jedoch der Groß*han* zuerst deren Beweggründe prüfte, bevor er erlaubte, dass sie aufgenommen wurden. Handelte es sich um einen nichts-nutzigen Kerl, der wegen einer ruchlosen Tat geflohen war, um Schwierigkeiten zu vermeiden, so wurde er bestimmt nicht aufgenommen. Aus diesem Grunde gab es keine Verstimmungen zwischen den einzelnen Stämmen und dem Kuye-Reich. Der Adjutant der Palastwache Duhati war ein reicher Mann, der mehr als fünfzig Diener und Mägde hatte. Seine Frau hieß Rongtang'aiye und war sehr

---

24 Im Alten Testament, Abschnitt „Josef und seine Brüder" sind es Ruben, der Erstgeborene Jakobs (Sohn der Lea) und Juda, der Viertgeborene (Sohn der Lea), die Josef retten: Ruben schlägt vor, ihn nicht zu töten sondern in eine Zisterne zu stecken, aus der er ihn später retten will, während Juda in Abwesenheit des Ruben vorschlägt, ihn an die Ismaeliten zu verkaufen (AT 37, 21; 37, 26–27).

25 Hezhe: *məʒ, məu* (S. 686): Silber. – Mandschu: menggun, „Silber", „Geld".

26 Hezhe: *puniu*: Die jenseitige Welt (S. 667, Anm. 2) (OA).

hübsch. Zu jener Zeit war sie siebenundzwanzig oder achtundzwanzig Jahre alt. Nachdem der Adjutant Duhati den Händlern aus Aihui Naweng Ba'rjun abgekauft hatte, diente dieser in der Residenz seines Herrn. Er war dabei sehr freundlich und aufmerksam. Da er auch nicht ein bisschen faul war, wenn es etwas zu tun gab, stand er in der Gunst seines Herrn. Dieser beauftragte ihn mit der Leitung des Haushalts und übertrug ihm die Aufsicht über den gesamten Besitz. Seit der Ankunft des Naweng Ba'rjun lief in dem Haus alles nach Wunsch und auf den Feldern stand üppig das Getreide. Duhati überlegte, dass dies wohl so war, weil Naweng Ba'rjun sicherlich über etwas Glück verfügte, denn warum sollte sonst alles so vorzüglich laufen? Er lobte daher häufig die Tüchtigkeit des Naweng Ba'rjun und schätzte ihn noch mehr. Naweng Ba'rjun war ein schmucker Bursche, weshalb die Frauen ihn gerne mochten. Er aber scheute sich, sich einer Frau zu nähern, da er noch jung und schüchtern war. Aber als seine Herrin Rongtang'aiye gesehen hatte, dass Naweng Ba'rjun jung und gutaussehend war, verliebte sie sich sogleich in ihn. Eines Tages sagte sie zu ihm: „Heute ist unser Adjutant der Leibwache zu einer Beratung in den Palast des *Han* gegangen. Schon seit langem habe ich die Absicht dich zu lieben: Willst du mit mir schlafen? Wir beide könnten heimlich für immer und ewig ein Paar sein. Möchtest du das gerne?" Bei diesen Worten wurde Naweng Ba'rjun höchst verlegen und gab keinen Mucks von sich.

(6) Rongtang'aiye begehrte Naweng Ba'rjun, ihre Lüsternheit regte sich und sie gierte danach, mit ihm zu schlafen. Naweng Ba'rjun aber blieb standhaft und sprach zu ihr: „Mein Herr hat mir den gesamten Haushalt zur Aufsicht übergeben. Ihr seid die Frau meines Herrn. Wie könnte ich es da wagen, derart undankbar und pflichtvergessen zu sein?" Mit diesen Worten zog er sich zurück. Seine Herrin aber dachte beständig an ihn, sprach ihn häufig an, schickte ihm die besten Lebensmittel und frisches Obst und anderes mehr. Aber Naweng Ba'rjun schenkte ihr keine Beachtung. Eines Tages trat Naweng Ba'rjun wieder ins Haus, um etwas zu erledigen. Kein Familienmitglied war in dem Gebäude. Da packte ihn seine Herrin von hinten am Gewand und befahl: „Du machst es jetzt mit mir!" Naweng Ba'rjun saß in der Klemme: Es blieb ihm nichts anderes übrig, als sein Gewand in den Händen seiner Herrin zurückzulassen und hinauszulaufen. Als nun die Frau des Adjutanten sah, dass Naweng Ba'rjun sein Gewand in ihren Händen zurückgelassen hatte und ins Freie gerannt war, rief sie auf der Stelle nach den Dienern und sprach zu diesen: „Ihr seid Zeuge dafür, dass der von unserem Herrn, dem Adjutanten, ins Haus gebrachte Jüngling hierher zu mir gekommen ist, um mir nachzustellen. Er ist gekommen und begehrte mit mir zu schlafen, aber ich habe laut geschrien. Als er hörte, dass ich schrie, ist er weggelaufen, wobei er sein Gewand in meinen Händen zurückließ. Dieses Ge-

wand beweist alles." Als die Diener dies sahen, sagten sie alle, dass Naweng Ba'rjun doch ein Sklave sei und keinen derartigen Betrug an seinem Herrn machen dürfe. Nachdem sie noch ein Weilchen darüber geredet hatten, gingen sie auseinander.

Als an jenem Abend der Adjutant aus dem Palast des *Han* nach Hause zurückkehrte, bemerkte er, dass das Gesicht seiner Frau wutverzerrt war. Als sie ihn eintreten sah, weinte sie heftig. Da der Adjutant Duhati sich dieses Verhalten nicht erklären konnte, fragte er seine Frau nach dem Grund dafür. Diese gab ihm zur Antwort: „Der Sklave[27] Naweng Ba'rjun, den Ihr ins Haus gebracht habt, ist zu mir gekommen, um mir nachzustellen. Nur weil ich laut schrie, wurde mir keine Schmach angetan. Er hat aber sein Gewand hier zurückgelassen, als er fortrannte." Als der Adjutant von seiner Frau hörte, dass Naweng Ba'rjun sie belästigt hatte und sein Gewand dies bezeugte, wurde er zornig und schimpfte: „Ich habe ihn immer großmütig behandelt, und nun wagt er es, Schimpf und Schande über seine Herrin zu bringen. Dafür verdient er eigentlich den Tod!" Und ohne Naweng Ba'rjun anzuhören, schickte er fünf oder sechs Diener aus, die Naweng Ba'rjun in eine Dunkelzelle des *Wuyelechu*[28] zu bringen hatten, wo er eingesperrt wurde. Der *Tushan*[29] dieses Gefängnisses hieß Ayabatu; er war überaus rechtschaffen und einsichtig und behandelte die Gefangenen recht zuvorkommend. Unter den Inhaftierten gab es auch solche, die zu Unrecht verurteilt waren: Diesen versuchte er mit allen Mitteln zu helfen. Und so wurde er von allen als ein guter *Tushan* gelobt. Ayabatu sah nun, dass Naweng Ba'rjun jung und begabt war, er schien kein Tunichtgut und Übeltäter zu sein und zudem stammte er nicht aus dem Reich der Kuye. Er ließ Naweng Ba'rjun in sein *A'rbanzhuo*[30] kommen, um ihn zu befragen. Als Naweng Ba'rjun vor Ayabatu trat, wollte er sich vor ihm niederwerfen, der Gefängnisbeamte aber sagte: „Du sollst nicht Kotau machen! Ich will von dir wissen, warum Duhati dich hat einsperren lassen? Du kannst mir die Wahrheit sagen, ich werde dir bestimmt dazu verhelfen,

---

27 Hochrangige Beamte bei Hofe und reiche Haushalte hatten Sklaven [*nucai* 奴才]. Auf einer Rinderhaut verzeichnete man den Namen des Sklaven, sein Alter und seinen Geburtsort, seine Abstammung bis zur dritten Generation und den Namen des für ihn nun zuständigen Sippenchefs. Eine derartige Haut wurde „Rindshaut-Akte" (*niupi dangzi* 牛皮檔子) genannt und konnte für immer und ewig aufbewahrt werden. Falls der Herr gütig und wohltätig war, konnte er dem Sklaven eine Frau geben, damit dieser eine Familie gründen konnte. Die Nachkommen von Sklaven waren gleichfalls Sklaven (S. 668, Anm. 1) (OA).

28 Hezhe: *uʃɘtʃʻu* (S. 680): Residenz eines Justizbeamten. Wenn ein Beamter des *Han* sich etwas zuschulden kommen lässt, wird dies im *Wuyelechu* untersucht (S. 669, Anm. 1) (OA).

29 Hezhe: *tʻuʃɜ*: Titel eines Militärbeamten (S. 669, Anm. 3) (OA). – Evtl. sprachlich mit Mandschu: tuśan, „Beauftragung", „Amt" verwandt.

30 Hezhe: *arpetʃɔ*: Wohnung eines Beamten oder Gerichtssaal (S. 669, Anm. 4) (OA).

dass es dir besser geht!" Da konnte Naweng Ba'rjun die Tränen nicht zurückhalten und erzählte seine Geschichte von Anfang bis zum Ende dem Gefängnisbeamten. Da dieser nun wusste, dass dem Naweng Ba'rjun Unrecht zugefügt
worden war, brachte er ihn in einem sauberen Zimmer unter, und als er sah, dass
er aufgeweckt und geschickt war, übertrug er ihm die Aufsicht über die Häftlinge
im Gefängnis. Dieses Gefängnis war das größte Gefängnis im Reich, die Gefangenen waren allesamt hohe Beamte: Wenn etwa ein Großkanzler (*Pingzhang*)[31],
ein Adjutant (*zhangjing*)[32] oder ein *Hafan*[33] gegen die Landesgesetze verstoßen
hatte, kam er zur Strafe in dieses Gefängnis.

(7) Eines Tages begann Naweng Ba'rjun sich ganz plötzlich wie ein Tobsüchtiger
zu benehmen, sein Gesicht wurde erdfarben, er führte sich wie ein Wilder auf
und machte Radau, wobei die Ketten klirrend von ihm abfielen. Er erhob sich
und ging zum Gefängnistor und als er davorstand, zeigte er mit der Hand auf
dieses und schon fielen die Eisenschlösser von selbst von dem Tore ab, das sich
weit öffnete. Wild und wirr sprach Naweng Ba'rjun zu dem Gefängnisbeamten:
„Ihr seid ja wirklich gut, unseren Sohn hier einzusperren, wo er Leid und Not
erduldet!" Dann ging er durch das Tor ins Freie, hob einen gewaltigen Stein hoch
und war drauf und dran, damit das Tor des Gefängnisses zu zertrümmern. Der
Gefängnisbeamte und die Wärter waren vor Schreck totenbleich. Einer der
Aufseher riet dem Beamten: „Bestimmt ist über ihn ein Geist (*shen*) gekommen.
Fleht ihn an und bittet ihn, bestimmt wird das seine Wirkung nicht verfeh-
len!" Da bat der Gefängnisbeamte den Naweng Ba'rjun: „Besänftigt Euren Zorn,
Naweng Ba'rjun ist an sich unschuldig, aber wir waren gezwungen worden, ihn
hier vorübergehend einzusperren. Ich werde bestimmt eine Möglichkeit finden,
damit er freikommt!" Bei diesen Worten des Gefängnisbeamten warf Naweng
Ba'rjun den Stein beiseite, brach zusammen und war unfähig, sich zu bewegen.
Erst nachdem einige Zeit vergangen war, öffnete er wieder die Augen. Der
Gefängnisbeamte fragte ihn: „Weißt du, was du getan hast?" Naweng Ba'rjun
wollte aufstehen, aber seine Arme und Beine waren völlig taub. Er antwortete:
„Ich weiß überhaupt nichts!" Da befahl der Gefängnisbeamte den Aufsehern,
ihn zu stützen und in sein Zimmer zu bringen, damit er sich ausruhe.

Der Anfall des Naweng Ba'rjun aber kam nicht von ungefähr: Die
Schamanengeister seines Vaters, Kemutuhan, hatten erkannt, dass dieser nun
schon über sechzig Jahre alt war und seine Lebenskraft nachließ, so dass es nicht

---

31 Hezhe: *p'inɟá* (S. 547, Anm. 2; S. 669, Anm. 5; S. 681) (OA).
32 Hezhe: *ɟanʧin* (S. 689).
33 Hezhe: *hafe*: Militärbeamter (Tausendschaftsführer) (S. 559, Anm. 8; S. 669, Anm. 6; S. 688)
    (OA). – Mandschu: hafan: Beamter (allgemein).

mehr angemessen war, ihn zu unterstützen. Und da sie auch keine Frühjahr- und Herbstopfer mehr erhielten, zogen sie sich von ihm zurück. Aber von all seinen Söhnen hatte keiner die Statur[34] dazu, die Geister zu führen, außer seinem Jüngsten, der sich weit im Norden aufhielt. Deshalb waren zwei *Aimi*-Geister losgeschickt worden, ihn ausfindig zu machen. Die Geister[35] suchten hier und suchten dort, bis sie in die Residenzstadt des *Han* von Kuye kamen, wo sie von Naweng Ba'rjuns Körper Besitz ergriffen und herumtollten. Erst durch die Bitten des Gefängnisbeamten Ayabatu beruhigten sie sich. Da nun alle Schamanengeister seines Vaters von Naweng Ba'rjun Besitz ergriffen, war er von da an in der Lage, alles im Voraus zu wissen, ganz gleich, um was es sich handelte. Falls er in Schwierigkeiten kam, sang er den Gesang für die Geister (*shenge*), worauf die Geister in der Lage waren, für ihn die Sache beizulegen. Dieser Gesang war ihm von den Schamanengeistern im Traum übermittelt worden: Eines Nachts hatte nämlich Naweng Ba'rjun im Traum einen *Mafa* erblickt hatte, der durch das Gefängnistor hereinschwebte und direkt zu seiner Schlafstelle kam, wo er rief: „Naweng Ba'rjun! Du weißt nicht, dass ich der Geist bin, dem einst dein Urgroßvater geopfert hat. Mir muss im Frühjahr und im Herbst geopfert werden. Nun kannst du damit fortfahren, die Geister zu führen! Obwohl du keine Schamanentracht und -geräte hast, bist du doch dazu in der Lage. Dadurch werden mit dir Zeiten des Friedens und der Ordnung herrschen, du wirst das Volk aus Not und Elend retten. Immer wenn Schwierigkeiten auftreten, brauchst du lediglich den Gesang für die Geister singen; dieser lautet: ,*Huogu - yage - ye - huogu - yage - ye.*' Anschließend mache dreimal Kotau, dann werden die Geister zu dir herabsteigen. Obwohl du dich in einem anderen Land befindest, so ist es doch ohne weiteres möglich, dass du von den Geistern unterrichtet wirst. Behalte alles gut im Gedächtnis, behalte alles gut im Gedächtnis!" Nach diesen Worten verschwand der *Mafa*. Seit Naweng Ba'rjun den Gesang für die Geister empfangen hatte, war in der Lage die Zukunft vorherzusehen, ohne dass er dafür Orakel befragen musste. Die Häftlinge im Gefängnis befragten ihn über ihr weiteres Schicksal und wie ihnen Naweng Ba'rjun vorhersagte, so geschah es auch ganz genau: Sagte er einem Häftling voraus, dass er lebendig begraben werde, so geschah ihm, wie Naweng Ba'rjun prophezeit hatte; sagte er aber einem Gefangenen, dass er an dem und dem Tag in dem und dem Monat auf freien Fuß gesetzt werde, so wurde dieser am vorhergesagten Tag tatsächlich freigelassen.

Nun befand sich in dem Gefängnis der Großkanzler zur Linken (*Zuo Pingzhang*) namens Yilibu, der ein weithin bekannter und guter Beamter war. Da er

---

34 骨格 *guge*, wörtl.: „Gerippe", „Knochenbau", „Knochengerüst", „Skelett", „Körpermaß".
35 *shenren*, eigentlich: „Heiliger", „außergewöhnlicher Mensch", „Prophet".

[den Han] aufrichtig ermahnt hatte, war er für schuldig erklärt und ins Gefängnis geworfen worden. Da der Gefängnisbeamte erkannte, dass er ein guter Beamter war, der eines Tages aus dem Gefängnis entlassen und wieder in sein Amt eingesetzt werden würde, fasste er einen Plan, wie er Naweng Ba'rjun retten könne: Er befahl dem Naweng Ba'rjun dem Großkanzler zur Linken aufzuwarten und schärfte ihm ein: „Wenn du den Großkanzler zur Linken aufmerksam und freundlich dienst, so ist es möglich, dass du mit ihm das Gefängnis verlassen wirst, wenn er entlassen und wieder in sein Amt eingesetzt werden wird!" Als nun der Großkanzler zur Linken bemerkte, wie aufmerksam und höflich Naweng Ba'rjun war, fragte er ihn nach dem Grund seines Arrestes, worauf Naweng Ba'rjun ihm haarklein erzählte, wie ihm seine Herrin zugesetzt und ihn falsch beschuldigt hatte. Da sprach der Großkanzler zur Linken zu ihm: „Wenn ich aus dem Gefängnis entlassen werde, werde ich bestimmt einen Weg finden, um dich zu befreien!" Als Naweng Ba'rjun solches vernahm, war er von Herzen froh. Im Handumdrehen waren über zwei Monate verstrichen. Eines Nachts träumte der Großkanzler zur Linken, dass in seinem Raum Feuer ausbreche, das hell aufloderte und er nirgendwohin ausweichen konnte. Als er bereits in großer Sorge war, sah er einen Jungen von draußen hereinfliegen, der sich auf die Mauer stellte und ihm eine Seilschlinge überwarf, mit der er ihn über die Mauer zog und ihm zur Flucht verhalf. Als Yilibu, der Großkanzler zur Linken, erwachte und merkte, dass er nur geträumt hatte, dachte er, dass der Traum wohl eher Schlechtes als Gutes verhieß und war sehr niedergeschlagen. Er bat daher Naweng Ba'rjun um eine Deutung des Traumes. Naweng Ba'rjun sprach zu dem Großkanzler zur Linken: „Dieser Traum ist leicht zu deuten: Das Feuer in dem Zimmer ist ein glückverheißendes Omen, der Sprung über die Mauer deutet auf die Entlassung aus dem Gefängnis hin." Als der Großkanzler Yilibu dies vernahm, war er sehr frohgestimmt und sprach zu Naweng Ba'rjun: „Wenn ich freigelassen werde, werde ich dir bestimmt helfen, aber ich weiß nicht, wann ich entlassen werde!" Naweng Ba'rjun dankte ihm und sang dann still für sich seinen Schamanengesang. Kurz darauf kam der [gerufene] Geist über ihn und sprach: „Du hast gefragt, wann dieser Großkanzler freikommen wird: Es dauert nicht mehr lange; zu Ende des Monats ist es soweit!" Der Großkanzler und alle Anwesenden vernahmen diese Worte, Naweng Ba'rjun dagegen wusste nicht, was er in der Zeit gesagt hatte, in welcher der Geist von ihm Besitz ergriffen hatte. Erst als die Umstehenden ihm davon erzählten, wusste er, dass der Schamanengeist über ihn gekommen war. Einige Tage später konnten sich die hohen Beamten am Hof des *Han* von Kuye über eine Frage lange Zeit nicht einigen, worüber der Groß*han* sich im Innern recht ärgerte und zu den versammelten

Großkanzlern, Adjutanten, *Luoyan*[36] und *Tushan* sagte: „Bei wichtigen Staatsgeschäften kommt ihr lange zu keiner Entscheidung. Das ist nicht wie es bei dem Großkanzler zur Linken, Yilibu, und seinen freundschaftlichen Entscheidungen gewesen war!" Er ordnete daher an, dass der Großkanzler zur Linken aus dem Gefängnis zu entlassen und wieder in sein früheres Amt einzusetzen sei, damit er die Staatsgeschäfte bei Hofe wieder leite. Nachdem der Großkanzler so überraschend aus dem Gefängnis freigelassen worden war, dachte er wider Erwarten überhaupt nicht mehr an Naweng Ba'rjun. Dieser aber saß im Gefängnis wie ein Vogel im Käfig und wartete Tag für Tag darauf, dass Yilibu, der Großkanzler zur Linken, ihn aus dem Gefängnis hole.

Eines Nachts schlief Mei'rshan, der *Han* von Kuye, in der Kammer seiner zweiten *Fujin*[37] und befand sich mit einem Male im Reich der Träume: Im Traum betrat er einen Garten und ergötzte sich an dem Anblick all der Blumen und Pflanzen. Durch Zufall kam er zu Birnbäumen, wo ihm drei Birnbäume auffielen, die mit weißen Blüten übersät waren. Gerade als er sich an deren Anblick freute und vergnügt war, begann plötzlich aus südwestlicher Richtung ein starker Wind zu wehen, worauf die Blüten an den Birnbäumen sogleich welk wurden und haufenweise abfielen. Nachdem sich der Wind gelegt hatte, begannen die Bäume nach und nach wieder zu blühen, aber diese Blüten konnten sich keineswegs mehr mit den vorigen vergleichen worüber der Han sehr betrübt war. Gerade zu diesem Zeitpunkt wurde er von seiner *Fujin* geweckt. Wie sehr er auch über den Traum nachdachte, er konnte sich keinen Reim darauf machen. Am folgenden Morgen begab er sich in den Vorderen Empfangssaal und berief seine Großkanzler, Adjutanten, *Luoyan*, *Tushan* und *Hafan*, alles in allem über fünfzig hohe und niedere Beamte ein, um mit ihnen über die Staatsgeschäfte zu beraten. Nach den Beratungen erzählte er, was er im Traum gesehen hatte, damit die Beamten ihn deuteten. Wider Erwarten aber war dazu niemand in der Lage, weshalb Mei'rshan *Han* betrübt, aber auch verärgert war. Nun erst erinnerte sich Yilibu, der Großkanzler zur Linken, wieder daran, wie Naweng Ba'rjun seinen Traum gedeutet hatte und sprach daher zu Mei'rshan *Han*: „Im Gefängnis gibt es einen Häftling, der Naweng Ba'rjun heißt. Er versteht es vorzüglich, gute und schlechte Omen in den Träumen zu beurteilen, zudem verfügt er über Geister, die ihm helfen. Seine Voraussagungen erfüllen sich unfehlbar. Man könnte ihn holen lassen, damit er den Traum des *Groß*han auslegt." Als Mei'rshan Yilibu so sprechen hörte, befahl er dem Adjutanten Yueming'e mit neuen Kleidern, Stiefeln

36 Hezhe: *hje*: Beamtentitel (S. 671, Anm. 1; S. 694) (OA). – Evtl. Mandschu: looye, Chin.: laoye,
   Anrede für Beamte: „Euer Gnaden", „Herr".
37 Hezhe: *fujin* (S. 692): Kaiserliche Nebenfrau (S. 317, Anm. 3; S. 671, Anm. 2) (OA).

und einer Mütze zum Gefängnis zu gehen und den Naweng Ba'rjun zu holen.

Als er vor das Gefängnistor kam, kam ihm der Gefängnisbeamte Ayabatu zur Begrüßung entgegen und bat den Adjutanten einzutreten. Er tauschte mit ihm Höflichkeiten aus und bewirtete ihn mit einer Pfeife und Tee. Dann fragte der Adjutant den Ayabatu: „Gibt es hier im Gefängnis vielleicht jemanden aus dem Dorf Gemen, der auf den Namen Naweng Ba'rjun hört?" Ayabatu bejahte dies, worauf der Adjutant ihn davon in Kenntnis setzte, dass der Groß*han* diesen zu sehen wünsche. Da ging Ayabatu in die Gefängnisräume und nahm Naweng Ba'rjun die eisernen Fesseln ab. Er ließ ihn sich waschen und kämmen und gab ihm die vom *Han* geschenkten Kleider zum Anziehen. Anschließend sagte er zu Naweng Ba'rjun: „Da der Groß*han* dich vorläd, musst du sehr achtsam sein! Du darfst dir keine Nachlässigkeit erlauben! Denk daran, dass dies wichtig ist!" Nachdem er ihm dies eingeschärft hatte, befahl er Naweng Ba'rjun mit dem Adjutanten zum Groß*han* zu gehen. Als sie am Palasttor ankamen, ging der Adjutant als Erster hinein, um dem Groß*han* Bericht zu erstatten. Sogleich begab sich der Groß*han* in die Audienzhalle und ließ Naweng Ba'rjun holen. Als dieser nun durch das Palasttor trat, sah er zu beiden Seiten [des Weges] eine große Zahl Soldaten mit langen Lanzen in Händen stehen. Im Inneren waren „Goldkür-bisse" und „Mondäxte"[38] zur Schau gestellt. Alles das wirkte recht imposant und ehrfurchtgebietend. Naweng Ba'rjun bekam es etwas mit der Angst zu tun, aber es blieb ihm nichts anderes übrig, als dem Adjutanten zu folgen und mit ihm zusammen einzutreten. Als er eintrat, erblickte er auf einem erhöhten Sitz einen vierzig- bis fünfzigjährigen Mann, von dem er annahm, dass es sich um Mei'rshan *Han* handelte. Zu seiner Linken und Rechten standen fünf oder sechs Personen, die ihm aufwarteten. Vor dem Thron standen zirka zwanzig Personen, die er für die Großkanzler, Adjutanten, *Luoyan*, *Tushan* und *Hafan* hielt. Als Vorderster der Beamten auf der linken Seite stand der Großkanzler zur Linken, Yilibu, der im Gefängnis eingesperrt gewesen war. Naweng Ba'rjun musste vorwärtskriechen und auf dem Bauch liegend rufen, dass dem *Ezhen-Han* zehntausend Jahre beschieden sein mögen.

Als Mei'rshan *Han* sah, dass Naweng Ba'rjun anmutig und vornehm aussah, zudem einen ehrlichen und aufrichtigen Eindruck hinterließ, fasste er große Zuneigung für ihn und fragte: „Wie heißt du? Wie alt bist du? Steh auf und sprich!" Nun erst blickte Naweng Ba'rjun auf, trat ein oder zwei Schritte vor und sprach zu dem Groß*han*: „Der Sklave heißt Naweng Ba'rjun und ist nunmehr sechsundzwanzig Jahre alt. Ich stamme aus dem Dorf Gemen." Nachdem er so

---

38 Prunkwaffen, die als Machtsymbole in Gestellen an den Eingängen der Amtsgebäude aufgestellt waren.

geantwortet hatte, erzählte ihm Mei'rshan *Han* seinen Traum. Naweng Ba'rjun dachte eine Weile darüber nach, und nachdem er seine Überlegungen angestellt hatte, erstattete er dem *Han* Bericht: „Der Traum, den der *Ezhen-Han* gehabt hat, ist leicht zu deuten: Die drei Birnbäume des Traumes bedeuten drei Jahre. Ihre Blütenpracht weist darauf hin, dass diese Gegend hier drei Jahre lang reiche Ernte einbringen wird. Der Sturmwind, der die Blüten von den Bäumen blies, zeigt an, dass dieser Gegend eine dreijährige Dürrezeit bevorsteht. Ich ersuche den Groß*han*, kluge und erfahrene Beamte zu entsenden, damit sie in den Städten und Dörfern das Sammeln und Aufspeichern des Getreides beaufsichtigen. Erst dann braucht ihr Euch keine Sorgen machen!" Als Mei'rshan *Han* Naweng Ba'rjun so sprechen hörte, war er sehr erfreut, wandte sich dem Großkanzler zur Linken, Yilibu, zu und verkündete: „Ich ordne an, dass Naweng Ba'rjun im Amt des Großkanzlers Dienst tun solle!" Der Großkanzler zur Linken nahm den Befehl entgegen. Nachdem erneut über einige Staatsangelegenheiten beraten worden war, wurde das *Bodele*[39] verkündet, und alle Zivil- und Militärbeamten verließen den Hof und kehrten zu ihren Amtssitzen zurück. Der Großkanzler zur Linken befahl dem Naweng Ba'rjun, in seinem Amtsgebäude Dienst zu tun und an den Staatsgeschäften teilzunehmen. Nun hatte Naweng Ba'rjun einen Posten im Großkanzleramt und eigene Diener, die ihm aufwarteten; sein Leben verlief nun glücklich und ruhig. Aber wenn er in seinen freien Stunden seiner Eltern gedachte, war er traurig und musste weinen.

Im Nu war die Zeit der drei Jahre herangekommen: Überall im Land brachte man in diesen drei Jahren reiche Ernten ein und Mei'rshan *Han* entsandte Naweng Ba'rjun in alle Städte und Dörfer, um dort Getreidevorräte anlegen zu lassen[40]. Die Bauern mussten ohne Unterschied vier Zehntel der Ernte den jeweiligen Stadtvorstehern aushändigen, die sie in Speichern einlagerten. So ging es drei Jahre lang. Naweng Ba'rjun tat alles, was in seiner Macht stand, um seine Aufgabe zu erfüllen, das Volk aber murrte und verargte es dem Herrscher, dass er derart hohe Getreideabgaben forderte. Auch die Fischer- und Jägerhaushalte mussten vier Zehntel ihres gedörrten Fisches und Fleisches den Behörden abliefern, die es aufspeicherten. Als die drei Jahre vorüber waren und das vierte Jahr anbrach, herrschte vom Frühjahr an bis zum Herbst beständige Trockenheit, weit und breit war der Boden ausgedörrt, es fiel auch nicht ein Regentropfen; obwohl der Boden bestellt worden war, gab es nichts zu ernten und auch

---

39 Hezhe: *potələ* (S. 691). Ende der Audienz (S. 673, Anm. 2) (OA).

40 Früher wurde in den Gebieten entlang des Sungari, Amur und Ussuri Gerste, Buchweizen und Weizen angebaut. Auf den Anbau anderer Sorten verstand man sich nicht, zudem fehlte Saatgut. Mehr Anbaupflanzen gibt es nicht (S. 673, Anm. 3) (OA).

Fischfang und Jagd brachten nichts ein. Im Verein damit verbreiteten sich
Seuchen. Aber die *Aha Mafa*[41] unter den Schamanengeistern des Naweng Ba'rjun
konnten diese Seuchen heilen, weshalb Naweng Ba'rjun für die Kranken im
Palast des *Han* von morgens bis abends kniefällig um Errettung vor dem Tod
flehte. Auch wenn in den Familien der Großkanzler, der Adjutanten und anderer
Beamten jemand erkrankte, bat man ihn, seine Geister kniefällig zu bitten, und
selbst wenn jemand aus dem Volk ihn um Heilung bat, so ging er zu ihm. Von
da an verließ sich Mei'rshan *Han* immer mehr auf ihn. Eines Tages beorderte der
Groß*han* alle seine Beamten in den Palast und verkündete: „Naweng Ba'rjun ist
von den Schamanengeistern in unser Reich gesandt worden, damit er das Volk
meines Reiches rettet. Ich beauftrage ihn daher damit, mir, dem *Han*, bei der
Regierung des Reiches zu helfen. Ihr alle habt auf seine Befehle zu hören!" Nach
diesen Worten zog er seine Jacke aus gelbem Wollstoff aus und legte sie Naweng
Ba'rjun über.

(8) Als der Mei'rshan *Han* sah, wie umsichtig Naweng Ba'rjun die Amtsgeschäfte
führte, und er darüberhinaus noch mit den Geistern Verbindung aufnehmen
konnte, war er ihm sehr zugetan. Feigetu, der ältere Bruder einer Nebenfrau des
Groß*han*, hatte eine Tochter namens Dejunbeiye, die im heiratsfähigen Alter war
und die vornehmste Familienangehörige im Palast des *Han* war. Der *Han* schlug
dem Naweng Ba'rjun vor, sie zu heiraten und wählte für die Hochzeit einen
passenden Tag. Am Hochzeitstag waren die Klänge der Musik mehrere Meilen
weit zu vernehmen. All die Großkanzler, Adjutanten und die *Anbang*[42] der Städte
kamen, um Glück zu wünschen. Die *Anbang* waren mit Naweng Ba'rjun bekannt
geworden, als er die Einlagerung des Getreides geleitet hatte, und so erschienen
sie an seinem Hochzeitstag, um Glück zu wünschen. Naweng Ba'rjun bewirtete
sie alle mit einem Festessen, und all die Gäste waren beim Abschied äußerst
glücklich und zufrieden.

Als das zweite Jahr kam, war alles genau so, wie im ersten Jahr, aber die

---

41 Nach der schamanischen Geisterlehre [*shenjiao*] Geister, die [vom Schamanen] geführt werden;
    Selbstbezeichnung gegenüber den Seuchen- und Pockengeistern [*niangniang*: weibliche Geister]
    (S. 674, Anm. 1) (OA). – Eine etwas andere Erklärung von *Aha Mafa* als Bezeichnung für einen,
    speziell für die genannten Geister und Krankheiten zuständigen Heiler findet sich im Band I
    des Hezhe-Werkes von Ling s. Richtsfeld 1996, 32–33.

42 *Anbang*: Hezhe: *ābā*, „groß". *Anbang*-Beamte oder *Anbang-Ge'rda*, Hezhe: *ābā kəlta* [S. 682].
    Die *Anbang* genannten Beamten leiten die allgemeinen politischen Angelegenheiten eines Stammes.
    In der Beschreibung der Beamtenstellen der offiziellen Geschichte der Jin-Zeit (*Jin shi baiguan
    zhi* 金史百官志) heißt es: „Die Beamten heißen allesamt *Bojilie*… Taizong setzte die *Anban
    Bojilie* in den Bezirken [?] ein. *Anban* ist ein Ehrentitel. Zu Beginn der Qing-Zeit wurde das
    Amt des *Anban Zhangjing*, d.h. eines Regionalkommandeurs (*Zongbingguan* 總兵官) eingerichtet.
    Anbang entspricht lautlich *Anban* (S. 420, Anm. 5; S. 674, Anm. 2) (OA).

Hungersnot wurde größer. Das Volk verlangte nach Nahrung. Die *Anbang* der einzelnen Städte sprachen vor und berichteten über die Not in den jeweiligen Regionen; zudem baten sie, mit dem Verkauf des Getreides beginnen zu dürfen. Naweng Ba'rjun beriet sich mit den Großkanzlern und Adjutanten und entsandte dann einen Großkanzler, einen Adjutanten und einen *Luoyan* in drei Provinzen, damit sie dort Getreide ausgaben. Die Städte verkauften nacheinander Getreide. Die Angehörigen des *Kuye*-Stammes entgingen so der Hungersnot, während Bewohner anderer Reiche zu dem *Kuye*-Stamm kamen, um Getreide zu kaufen.

Eines Tages verkaufte Naweng Ba'rjun in einem Speicher Getreide, als plötzlich von Osten her sieben Reiter kamen, die Getreide kaufen wollten. Als Naweng Ba'rjun sie genauer musterte, da waren diese Sieben seine leiblichen Brüder mit Kelunde an der Spitze; nur sein zweitältester Bruder Yisheng fehlte. Sie waren gekommen, um hier Getreide zu kaufen. Naweng Ba'rjun befahl einem Haussklaven, sie zu rufen, da er sie etwas fragen wolle. Kelunde und seine Brüder traten vor Naweng Ba'rjun, warfen sich vor ihm nieder. Naweng Ba'rjun tat so, als kenne er sie nicht, und fragte sie in strengem Ton, woher sie kämen? Seine Brüder antworteten, sie kämen aus dem Dorfe Gemen, um hier Getreide einzukaufen. Da sprach Naweng Ba'rjun zu seinen Brüdern: „Ihr seid Spione! Ihr seid gekommen, um auszukundschaften, wie es um unser Reich steht!" Die Brüder antworteten: „*Ezhen*, wir Sklaven sind hierhergekommen, um Getreide zu kaufen. Wir Sieben sind Brüder vom gleichen Vater und ehrliche Leute und keineswegs Spione!" Aber Naweng Ba'rjun sagte erneut: „Unsinn! Bestimmt seid ihr hierhergekommen, um auszuspionieren, wie's um diese Gegend hier bestellt ist!" Und wieder antworteten ihm die Brüder: „Wir, die Sklaven, sind eigentlich neun Brüder: Der zweitälteste Bruder ist zu Hause geblieben, um für Vater und Mutter zu sorgen. Der jüngste Bruder ist nicht mehr bei uns." Aber Naweng Ba'rjun sagte: „Ich irre mich bestimmt nicht, wenn ich behaupte, dass ihr Spione seid. Erst wenn ihr mir euren zweitältesten Bruder herschafft, beweist das, dass ihr die Wahrheit erzählt habt. Verhält es sich aber anders, so schwöre ich bei meinen Geistern, dass ich euch auf gar keinen Fall mehr von hier fortlassen werde!" Naweng Ba'rjun verdächtigte nämlich seine Brüder, dass sie vielleicht auch seinem zweitältesten Bruder Schaden zugefügt hatten, und so verlangte er, diesen herzubringen, damit er ihn sehen und beruhigt sein konnte. Seine Brüder aber ließ er ins Gefängnis werfen.

Eines Abends begab er sich in das Gefängnis und hörte, wie die Brüder heimlich miteinander redeten: „Wir hätten damals nicht unseren jüngsten Bruder ins Verderben stürzen sollen! Deshalb lassen die Geister uns nun diese Not leiden!" Als sie so sprachen, wurden sie von Naweng Ba'rjun belauscht, der nun eilends das Gefängnis verließ, sich an einen verlassenen Ort begab und bitterlich

weinte. Dann trocknete er seine Tränen, trat wieder in das Gefängnis und sprach:
„Ihr sieben Brüder lasst einen von euch hier im Gefängnis zurück! Er soll hier
warten, bis ihr euren zweitältesten Bruder als Beweis hierhergebracht habt!
Handelt also auf diese Weise! Ich hätte da noch eine Frage an euch: Leben eure
Eltern noch?" Wie aus einem Munde antworteten die Brüder: „Unsere Eltern
sind zu Hause; unser zweitältester Bruder sorgt nun für sie und kam aus diesem
Grunde nicht mit uns." Die Brüder beratschlagten, wer als Geisel zurückbleiben
sollte. Da sprach der in der Reihe der Geschwister fünftältste Bruder namens
Wulabu zu seinen Geschwistern: „Nun denn, kehrt ihr nach Hause zurück; ich
werde hier alleine zurückbleiben und auf euch warten!" Als Naweng Ba'rjun sah,
dass es gerade der Bruder war, der ihn gerettet hatte, war er sehr zufrieden und
sprach: „Dies ist es, was ich wollte! Lasst ihn also als Geisel hier!" Die Brüder
ließen Wulabu im Gefängnis zurück und baten Naweng Ba'rjun inständig, ihnen
Getreide zu verkaufen, wofür sie ihm all ihr mitgebrachtes Silbergeld aushän-
digten. Nachdem dieser das Geld abgezählt hatte, befahl er einem Haussklaven:
„Du kannst ihnen Getreide verkaufen. Fülle es in Beutel. Stecke auch dieses
Silbergeld in die Beutel und gib es ihnen wieder mit. Es darf dir kein Irrtum
unterlaufen!" Auf halbem Wege rasteten Kelunde und seine Brüder. Als jeder
von ihnen seinen Beutel öffnete und sie darin vollzählig ihr Geld wiederfanden,
kehrten sie verblüfft nach Hause zurück, wo sie alles ihrem Vater erzählten, der
dazu aber schwieg. Das eingekaufte Getreide reichte nicht einmal einen halben
Monat, weshalb der Vater ihnen neuerlich befahl, bei dem *Kuye*-Stamm Getreide
einzukaufen und darüberhinaus ihren fünften Bruder nach Hause zurückzuholen.
Die Brüder aber wollten nicht gehen, da sie fürchteten, eingesperrt zu werden.
Schließlich aber hatten sie keine andere Wahl und sie mussten mit Yisheng zum
Stamm der *Kuye* reiten.

Gegen Abend desselben Tages befahl Naweng Ba'rjun den Sklaven ein Bankett vorzubereiten und lud zu diesem Festessen seinen fünften Bruder Wulabu
aus dem Gefängnis ein. Als Wulabu aus dem Gefängnis geholt wurde, hatte er
fürchterliche Angst. Der Haussklave aber sagte zu ihm: „Unser *Ezhen* läd Euch
zu einem Festessen ein, das er eigens für Euch gibt!" Als Wulabu dieses vernahm,
war er erleichtert, ging mit zu Naweng Ba'rjun und setzte sich nieder. Wulabu
erkannte auch jetzt nicht, dass Naweng Ba'rjun sein Bruder war, weshalb dieser
mit Absicht fragte: „Wie geht es denn eigentlich unseren Eltern?" Über diese
Frage war Wulabu derart verblüfft, dass er nicht wusste, wie er antworten sollte.
Da befahl Naweng Ba'rjun den Dienern, dass sie sich allesamt zurückziehen
sollten, und gab sich dann zu erkennen. Nun erst fiel es Wulabu wie Schuppen
von den Augen und die beiden Brüder fielen sich weinend um den Hals. Naweng
Ba'rjun sprach: „Sobald die Brüder wieder hier sind, sollen sie nach Gemen zu-

rückkehren und Vater und Mutter sowie die Familienangehörigen hierher holen, damit wir wieder als Familie vereint sind."

Als Kelunde sich mit seinen Brüdern wieder nach *Kuye* begab und dorthin kam, wo das Getreide verkauft wurde, waren bereits von weitem Naweng Ba'rjun und Wulabu zu sehen, die dort die Käufer beobachteten. Als sie zu Naweng Ba'rjun kamen, warfen sie sich nieder und meldeten: „Wir haben unseren zweitältesten Bruder Yisheng mitgebracht." Da fragte Naweng Ba'rjun: „Wo ist er?" Sein ältester Bruder stellte ihn daraufhin vor. Naweng Ba'rjun aber sagte: „Ich zweifle, dass er das ist!" Da antwortete der älteste Bruder: „Wenn wir, die Sklaven, unseren Herrn betrügen wollten, so hätten wir euch gegenüber ein Verbrechen begangen!" Naweng Ba'rjun hatte seinen Bruder Yisheng wiedererkannt, sie aber mit Absicht etwas zappeln lassen. Er befahl den Haussklaven, sie ins Haus zu führen, damit sie sich ausruhen konnten, sowie Vieh zu schlachten und ein Bankett vorzubereiten. Daraufhin führten die Haussklaven sie ins Haus, damit sie sich erholen konnten.

Inzwischen zeigte Naweng Ba'rjun seinem fünftältesten Bruder Wulabu all die Paläste. Um die Mittagszeit brachte er seinen Bruder zurück zu seinem Haus. Sie sahen, dass sich ihre Brüder noch immer in einem Zimmer ausruhten. Sobald Naweng Ba'rjun eintrat, stellten sie sich in einer Reihe auf. Naweng Ba'rjun befahl den Haussklaven, ein Festessen aufzutischen und seine Brüder zu bedienen. Nach einigen Runden Wein fragte Naweng Ba'rjun seinen ältesten Bruder Kelunde: „*Anbang Age*[43], erkennst du deinen kleinen Bruder wieder?" Da ging dem Kelunde ein Licht auf und er konnte nicht antworten. Naweng Ba'rjun sprach: „Erinnerst du dich an Naweng Ba'rjun, den ihr vor mehr als zehn Jahren an die Händler aus Aihui verkauft habt? Ich bin Naweng Ba'rjun, bin euer kleiner Bruder! Die Geister des Vaters haben mich hierhergeschickt, damit ich den Menschen hier helfe und das Leben eurer Familien rette!" Nach diesen Worten konnte er seinen Kummer nicht mehr zurückhalten, der älteste Bruder Kelunde dagegen brachte vor Angst und Scham kein Wort heraus. Naweng Ba'rjun sprach weiter zu den Brüdern: „Ihr sollt jetzt keine Gewissensbisse haben. Es waren die Schamanengeister des Vaters, die mich hierher geschickt haben, damit ich der höchste *Luoyan* des *Kuye*-Stammes werde, dessen Staatsangelegenheiten leite und mich um alle seine Familien kümmere. Brüder, ihr braucht euch nicht zu fürchten! Für morgen muss ich euch damit lästig fallen, dass ihr nach Gemen zurückkehrt und die Eltern darum bittet, dass sie hieher zu mir kommen und bei mir leben sollen. Auch ihr könnt mit all euren Familienangehörigen, eurem Hab und Gut

---

43 Hezhe: *ābā akε* (S. 682, S. 687): Anrede des jüngeren an den älteren Bruder; bedeutet „großer, älterer Bruder" (S. 677, Anm. 1) (OA).

und euren Schaf-, Rinder- und Pferdeherden hierher übersiedeln und hier
wohnen. Wir könnten dann eine große Familie bilden." Nachdem die Brüder
Naweng Ba'rjun für seine Güte gedankt hatten, tranken sie, ließen sich's
schmecken und gingen erst auseinander, als sie völlig betrunken waren. Naweng
Ba'rjun befahl seinen Hausklaven, Gewänder von bester Qualität und leckere
Speisen bereitzulegen, die er den Eltern senden wollte. Am folgenden Tage
behielt Naweng Ba'rjun seinen zweitältesten Bruder, Yisheng, und den fünftältesten Bruder, Wulabu, bei sich zurück und ließ sie in seinem Hause wohnen;
die anderen schickte er zurück ins Dorf Gemen, um die Eltern zu holen. Dann
stellte Naweng Ba'rjun seine beiden älteren Brüder Mei'rshan *Han* vor. Der
Groß*han* hatte davon gehört, was Naweng Ba'rjun früher erlitten hatte, aber er
bestrafte sie nicht, sondern behandelte sie sehr höflich. Zudem fragte er Yisheng
und Wulabu: „Womit verdient ihr in eurer Heimat euren Lebensunterhalt?" Yisheng antwortete: „Wir leben zu Hause von der Jagd und vom Fischfang." Mei'r-
shan *Han* sprach: „Zieht mit euren Familienangehörigen hierher. Ich werde euch
die schönen Dinge des Gebietes von *Kuye* schenken und euch glücklich machen!" Dann wandte er sich an Naweng Ba'rjun: „Bringe sie in der besten Gegend
unter. Man soll sie höflich behandeln!" Naweng Ba'rjun zog sich mit diesem
Befehl zurück und suchte das beste Haus der Stadt für sie aus, das er den
Besitzern abkaufte und für seine Brüder herrichtete.

Nach einem Monat war Kelunde zu Hause angekommen und berichtete, dass
der jüngste Bruder Naweng Ba'rjun ihn und die Brüder schicke, um die Eltern
und alle Familienangehörigen zu holen. Als sein Vater Kemutuhan diese Worte
seines Sohnes vernahm, sprach er unter Tränen: „Ich habe nicht daran geglaubt,
dass Naweng Ba'rjun noch auf Erden weilt; vielmehr glaubte ich, dass wir uns
erst im Jenseits wiedersehen werden." Er packte all seine Habseligkeiten
zusammen und führte seine Rinder, Pferde, Schafe und Schweine nach Norden.
Einige seiner Söhne trieben die Tiere, andere lenkten die Wagen, und nach etwa
einem Monat kamen sie in der Hauptstadt von *Kuye* an. Schon vor der Stadt kam
ihnen Naweng Ba'rjun mit seiner Gemahlin zur Begrüßung entgegen. Als er seine
Eltern erblickte, warf er sich vor ihnen zu Boden und weinte unentwegt. Kemutuhan schlang seine Arme um den Hals des Sohnes und weinte gleichfalls herzzerreißend, worauf er sprach: „Weine nicht länger, mein geliebter Sohn, denn
heute ist der glückverheißende Tag, an dem wir uns wiedergefunden haben. Wir
sollten uns darüber freuen!" Nun erst hielt Naweng Ba'rjun seine Tränen zurück
und weinte nicht mehr, er brachte seine Eltern zu sich nach Hause und ließ Frau
und Kind seine Eltern begrüßen. Alle knieten sie nieder und machten Kotau.
Anschließend feierten sie ein Fest. Als Mei'rshan *Han* erfuhr, dass die Eltern des
Naweng Ba'rjun angekommen waren, schickte er einen Adjutanten zu ihnen, um

sich nach ihrem Befinden zu erkundigen. Naweng Ba'rjun brachte nun seine Brüder in der Stadtwohnung unter. In der Folgezeit heiratete Naweng Ba'rjun noch einmal, worauf ihm diese Frau vier Söhne gebar. Auch seine Brüder wurden Väter vieler Söhne und sie wurden in *Kuye* die bedeutendste Großfamilie. Als später ihr Vater Kemutuhan verstarb, wurden Begräbnisfeiern für ihn abgehalten, die nicht hinter den Trauerriten für einen Groß*han* zurückstanden. Das Volk aber pries Naweng Ba'rjun, dass er mit Hilfe seiner Geister *Kuye* regierte, dass er voll Zuneigung für seine Brüdern sein konnte und wahrhaftig ein loyaler Beamter und pietätvoller Sohn war.

Maßangaben

Batzen: Siehe Tael

Faustlänge: *wo* 握 = 4 Zoll (*cun*)

Fen 分: ein drittel Zentimeter

Fuß: *chi* 尺 = zirka 33 cm

Kätti: *Jin* 斤 = chinesisches Pfund, 16 Unzen: 605 g; heute mit zirka 500 g verzeichnet

Klafter: *zhang* 丈 = zirka 3,33 m

Meile: *li* 里 = je nach Gebiet und Region oft unterschiedlicher Länge

Scheffel: *tou* 斗 = Hohlmaß von zirka 10 Litern

Tael: *liang* 兩 = Frühere chinesische Währungseinheit: Chinesische Unze, Silberbarren (zirka 37 Gramm)

Zoll: *cun* 寸 = zirka 3,3 cm

Literaturverzeichnis

Avrorin, Valentin Aleksandrovič 1959–61: *Grammatika nanajskogo jazyka*. 1–2. Moskva, Leningrad: Akademija Nauk.

Bell, Christine; H. Walravens: 2013: An imperial treasure: The Zhigongtu as a source of 18th century social history. *Historical and philological studies of China's Western Regions* 西域歷史語言研究集刊 6. Beijing: Science Press, 65–78

Bredon, Juliet; Igor Mitrophanow 1953: *Das Mondjahr. Chinesische Sitten, Bräuche und Feste. Darstellung und Kulturbericht*. (2. Aufl.) Wien: Zsolnay. 528 S.

Bulgakova, Tat'jana 2013: *Sibirien Nanai Schamanismus Soziokultureller Wandel Geschichte 1980–2012*. [Fürstenberg:] Verl. der Kulturstiftung Sibirien, SEC Publ. 261 S.

Burkhardt, Valentine Rodolphe 1978: *Chinese creeds and customs*. Three volumes combined. Taipei: Caves. 180, V; 200, IX; 164, VII S.

Derevjanko, E. I. 2005: *Nanajcy: katalog kollekcii Muzeja istorii i kul'tury narodov Sibiri i Dal'nego Vostoka Instituta archeologii i ètnografii SO RAN*; otvetstvennyj redaktor: E. I. Derejanko. Novosibirsk: SO RAN. 165 S.

Du Halde, Jean-Baptiste 1736: *Description geographique, historique, chronologique, politique et physique de l'Empire de la Chine*. Vol. IV. La Haye: Scheurleer, 5 ff.
[Beschreibung der Mandschurei, darin Erwähnung der Yu-pi Ta-tse]

Eberhard, Wolfram 1987: *Über das Denken und Fühlen der Chinesen*. München: Siemens Stiftung. 47 S. (Carl Friedrich von Siemens Stiftung, Themen XXXIX.)

Fraser, E. H. 1894: The fishskin Tartars. In: *Journal of the North China Branch of the Royal Asiatic Society N. S.*, S. 1–43

Gabelentz, Hans Conon von der 1864: *Mandschu-deutsches Wörterbuch*. Leipzig: Brockhaus in Komm. VIII, 231 S. (Abhandlungen für die Kunde des Morgenlandes 3,2.)

Grube, Wilhelm 1900: *Goldisch-deutsches Wörterverzeichniss*. St. Petersburg: Kais. Akademie der Wissenschaften. X, 149 S. 4° (Leopold v. Schrenck: Reisen und Forschungen im Amur-Lande in den Jahren 1861–1856. Anhang zum 3. Bande. Linguistische Ergebnisse. 2.)

Hanyu da zidian 漢語大辭典 1988. [Umfassendes Zeichenlexikon der chinesischen Sprache]. Hrsg. von Hanyu da zidian bianji weiyuanhui (Redaktionskollegium des Umfassenden Zeichenlexikons der chinesischen Sprache). Chengdu. 8 Bände.

Hauer, Erich 1952–1955: *Handwörterbuch der Mandschusprache*. Wiesbaden: Harrassowitz; Tokyo: OAG. 1032 S.

Hefter, John 1939: Moculin – Ein Heldenpos der Golden. In: *Sinica* 14, S. 108–150.

Heissig, Walther 1991: *Heldenmärchen versus Heldenepos? Strukturelle Fragen zur Entwicklung altaischer Heldenmärchen*. Opladen: Westdeutscher Verlag. 125 S. (Abhandlungen der Rheinisch-Westfälischen Akademie der Wissenschaften 85.)

Hucker, Charles O. 1985: *A dictionary of official titles in Imperial China*. Stanford, Cal.: Stanford University Press. VIII, 676 S.

Jernakov [Žernakov], V. N. 1972: Goldi in Northeast China. In: *Zeitschrift der Deutschen Morgenländischen Gesellschaft* 122, S. 173–179

Jettmar, H. M. 1936/37: Der Stamm der oberen Golden (die Sungari-Ussuri Gruppe). In: *Mitteilungen der Anthropologischen Gesellschaft Wien* 67, S. 245–276 und 3 Tafeln

Kotwicz, Władysław 1981: Materialien zur Erforschung der tungusischen Mundarten. Übers. v. H. Walravens. In: *Anthropos* 76, 826–837
[Übersetzung von Materialy dlja izučenija tungusskich narečii. In: *Živaja starina* 18. 1909, 206–218]

Lattimore, Owen: 1933: The Gold tribe, "Fishskin Tatars" of the Lower Sungari. = *Memoirs of the American Anthropological Association* 40.1933. 77 S.

Li Yiyuan 李亦園 1970: Ling Chuncheng xiansheng dui Zhongguo minzuxue zhi gongxian 凌純聲先生對中國民族學之貢獻. In: *Zhongyang yanjiuyuan minzuxue yanyiusuo jikan* 中央研究院民族學研究所集刊 29, S. 1–10

Ling, Chunsheng 凌純聲 1934: *Songhua jiang xiayoude Hezhen zu* 松花江下游旳赫哲族 1–2. Nanjing: Academia Sinica. 694 S., 333 Abb.

Liu Zhongbo 劉忠波 1981: *Hezheren* 赫哲人. Beijing. 68 S. (Minzu zhishi congshu.)

Lopatin, Ivan Alekseevič 1916: Gol'dskija skazki. In: *Živaja starina* Petrograd. Priloženie N° 6, S. 89–102

Lopatin, Ivan Alekseevič 1919: Gol'dskija skazki. Sonderabdruck aus der Zeitung *Amurskij Liman*. Nikolaevsk na Amurě. 12 S.

Lopatin, Ivan Alekseevič 1922: *Gol'dy amurskie, ussurijskie i sungarijskie: Opyt ětnografičeskago izslědovanija*. Vladivostok: Upravl. Vnutr. Del. V, 370 S. (Zapiski Obščestva izučenija Amurskago Kraja 17.)

Lopatin, Ivan Alekseevič 1933: Tales from the Amur valley. In: *Journal of American folklore* 46, S. 201–256

Lopatin, Ivan Alekseevič 1968: Tungusische Volksdichtung. In: *Handbuch der Orientalistik*. I,5,3. Leiden, Köln: Brill 1968, 8–20

Lowe, H. Y. 1983 (Repr.): *The adventures of Wu. The life cycle of a Peking man*. Volumes I and II. Princeton, N.J.: Princeton University Press.

Matsui, Kan'ya 増井寛也 2017: 謝遂 職貢圖 滿文解說譯注－アムール流域とサハリンの諸民族を中心に－ Xie Sui *Zhigongtu* [Sha Sui *Shokkōzu*] Manbun kaisetsu yakuchū –Amūru ryūiki to Saharin no sho minzoku o chūshin ni –. In: *Hokkaidō ritsu hoppō minzoku hakubutsukan kenkyū kiyō* 北海道立北方民族博物館研究紀要 Bulletin of the Hokkaido Museum of Northern Peoples 26, S. 129–141

Menges, Karl H. 1968: Die Sprache der Nānaj (Goldi). In *Handbuch der Orientalistik*. I,5,3. Leiden, Köln: Brill, S. 171–246

Nentwig, Ingo 1993: Imakan und Morsukun. Heldenepen der Hezhen und Oroqen Chinas. In: Barbara Kellner-Heinkele (ed.): *Altaica Berolinensia. The concept of sovereignty in the Altaic world*. Wiesbaden (Asiatische Forschungen Bd. 126), 157–176

Nowak, Margaret; Stephen Durrant 1977: *The tale of the Nishan shamaness. A Manchu folk epic*. Seattle, London: University of Washington Pr. X, 182 S. (Publications on Asia of the Institute for Comparative and Foreign Area Studies, No. 31.)

Onenko, S. N. 1980: *Nanajsko-russkij slovar'*. 12800 slov. Pod red. V. A. Avrorina. Moskva: Izd. Russkij Jazyk 1980. 551 S.

Onenko, S. N.; N. G. Beldy; G. N. Onenko 1989: *Nanaj chěsěni*. 2. Tret'e izdanie. Leningrad: Prosveščenie. 223 S. [Lesebuch für die 2. Klasse]

Protodiakonov, Prokopij 1884: *Gol'dskaja azbuka, dlja obučenija gol'dskich i giljakskich dětej, po sluchomu sposobu*. Kazań: Pravoslavnoe missionerskoe obščestvo. 77 S.

Protodiakonov, Prokopij 1896: Pesni, byliny i skazki ussurijskich gol'dov. In: *Zapiski obščestva izučenija Amurskogo kraja* 5. Vladivostok, 1–10

Qi, Qingfu 祁慶富 2004: Ling Chunsheng he tade „Songhuajiang xiayou de Hezhezu" 凌純聲和他的松花江下游的赫哲族. In: *Zhongnan minzu daxue xuebao* 中南民族大學學報 24:6, S. 33–37

Richtsfeld, Bruno J. 1989: Die Mandschu-Erzählung ‚Nišan saman-i bithe' bei den Hezhe. In: *Münchner Beiträge zur Völkerkunde* 2, S. 117–155

Richtsfeld, Bruno J. 1996: *Der Schamanismus der Tungusen und Daghuren in China unter Ausschluß der Mandschu.* Bonn: Holos. XVI, 373 S. (Völkerkundliche Arbeiten 5.)

Richtsfeld, Bruno J. 2004: Rezente ostmongolische Schöpfungs-, Ursprungs- und Weltkatastrophenerzählungen und ihre innerasiatischen Motiv- und Sujetparallelen. In: *Münchner Beiträge zur Völkerkunde* 9, S. 225–274

Ross, Sonja 1994: *Die VAGINA DENTATA in Mythos und Erzählung. Transkulturalität, Bedeutungsvielfalt und kontextuelle Einbindung eines Mythenmotivs.* Bonn: Holos. 294 S. (Völkerkundliche Arbeiten 4.)

Schmidt, Wilhelm 1952: *Der Ursprung der Gottesidee.* Band X: *Die asiatischen Hirtenvölker. Die sekundären Hirtenvölker der Mongolen, Burjaten, der Yuguren sowie der Tungusen und Yukagiren.* Münster i. W.: Aschendorffsche Verlagsbuchhandlung. XXXII, 864 S. (Der Urprung der Gottesidee. Eine historisch-kritische und positive Studie. Band X, 3. Abteilung: Die Religionen der Hirtenvölker IV.)

Schwarz, Henry G. 1984: *The minorities of Northeastern China. A survey.* Bellingham, WA: Western Washington University, S. 189–197

Sem, Jurij Aleksandrovič 2018: *Istoričeskaja etnografija nanajcev: rodovaja organizacija i ee transformacija (po materialam XIX-načala XX v.).* Sankt-Peterburg: Kontrast. 306 S.

Šimkevič, P. P. 1896: Materialy dlja izučenija šamanstva u gol'dov. In: *Zapiski Priamurskogo otdela Russkogo Geografičeskogo Obščestva* 1:2, S. 1–133

Titoreva, G. T. [u.a.] 2019: *Nanajcy.* Katalog kollekcii iz sobranija Chabarovskogo kraevogo muzeja imeni N. I. Grodekova. Chabarovsk: Muzej 2019. 555 S.

Vajda, László 1964: Zur phaseologischen Stellung des Schamanismus. In: C. A. Schmitz (Hg.): *Religions-Ethnologie.* Frankfurt/M. 1964 (Akademische Reihe): 265–295, 436–443. – Neudruck in: László Vajda: *Ethnologica. Ausgewählte Aufsätze.* Herausgegeben von Xaver Götzfried, Thomas O. Höllmann und Claudius Müller. Wiesbaden 1999, S. 145–171.

Walravens, Hartmut; Martin Gimm (Hg.) 1978: *Deutsch-mandjurisches Wörterverzeichnis (nach H. C. von der Gabelentz' Mandschu-Deutschem Wörterbuch)*. Wiesbaden: Steiner. X, 612 S. (Sinologica Coloniensia Band 4.)

Walravens, Hartmut (Hg.) 1992: *Die frühesten goldischen Texte*. Faksimile-Nachdruck einiger Übersetzungen von Prokopij Protodiakonov. Mit einem Essay von Władysław Kotwicz über die Erforschung der goldischen (Nanai-) Sprache. Berlin: C. Bell. 12, 453 S. 4° (Ch'ing-wen tsung-hui 5.)

Walravens, Hartmut 2019: Moculin 木竹林 – an epic of the Golds (Hezhe). In: *Orientierungen* 31, S. 179–186

Glossar von Namen und Termini

a'rbanzhuo 阿爾板卓 – *arpeʧɔ* (Gerichtssaal) XIX

a'rchukuoqi 阿爾初闊其 – *artsʻukɔʃʻi* (ein Spiel mit etwa 200 Spielwürfeln) XVII

A'rdaoqi 阿爾道奇 (Name einer Stadt) XVI

A'rhada 阿爾哈達 (ältester Sohn des Jueketu) XIV

A'rkani *Dedou* 阿爾卡尼 德斗 (Tochter des Wuruguli, fällt im Kampf) VI

A'rkani *Dedou* 阿爾卡尼德斗 V

A'rkuwu *Mo'rgen* 阿爾庫五莫爾根 (von Mandou getötet) XII

A'rmu 阿爾木 (Sohn des Turugao) XV

A'rni 阿爾尼 (Tochter des Turugao) XV

A'rqi 啊爾齊 (Name eines Reiches) XIV

A'rqidu 阿爾奇都 (Mitte, hier Name eines Stammes) XV

A'rqiwu 阿爾奇五 (nachgeborener Sohn des Tuqiu Mo'rgen) III

A'rsun 阿爾蓀 (Sohn des Turugao) XV

Aba 阿巴 (Hafan Hauptaufseher) XV

abaka 阿巴卡 – *apakʻa, apkʻa* (Himmel!) XIII

ada 阿達 (Floß) XIV

Adeli *Han* 阿得力汗 (Stadtherr von Wanli) XVII

age 阿哥 – *akɜ* (älterer Bruder verehrter Freund) III

Agedewu (Agediwu) *Mo'rgen* 阿格的五莫爾根 VIII

Agedewu 阿格的五 (Von Yakawu und Jiegederu getötet) IX

Ahabu 阿哈布 (Name eines Sklaven) XVII

ahong dou 阿洪斗 – *ahôdəu* (Brüder) V

Aidewu 愛得五 (Sohn des Tuqiu) III

Aidewu 愛德五 (Brautbewerber) X

Aifen 艾芬 (Sohn des Wuxikata) XIII

Ailuni 愛祿 (Tochter des Tuqiu) III

Aimi 愛米 – *ɜmi* (Name übernatürlicher Wesen) IV

Aixin Bi'alun 愛新比阿輪 – *aiʃin piarun* (Geistervogel) IX

aixin ha'rka 愛新哈爾喀 – *aiʃin harkʻɔ* (goldenes Hämmerchen) VIII

Aiye 愛耶 (Beamter des Zhuleshi-Stammes) XV

Aiyinbu 愛音布 (Zhangjing) XIV

Ajin 阿金 (Zhushen Zhangjing von Sali) VII

akama 阿卡馬 – *akʻama* (Frauenmantel aus Fischhaut) II

Aketeli 阿克特里山 (Name eines Berges) XVI

Alani *Dedou* 阿拉尼德斗 (Tochter des Wuruguli, fällt im Kampf) VI

Alingbu 阿凌布 (Bruder des Ahabu) XVII

amaha 阿馬哈 (Schwiegervater) XVII

Amaqikan 阿麻奇坎 XIV

amukang 阿木康 – *aməkʻɔ* (Stelle mit ausgedehnter Wasserfläche) X

anbang ama 安邦阿馬 („großer Vater") XIV

anbang ge'rda 安邦格爾大 („Beamter, Exzellenz") XV

anbangshi 安邦什 – *ābaʃi* (höfliche Anrede für eine verheiratete Frau) XIX

Angjini *Dedou* 昂吉尼德斗 (Tochter des Angjitu Han, wird im Kampf getötet) VII

Angjitu *Han* 昂吉土汗 (feindlicher Befehlshaber, wird von Sali Biwu getötet) VII

Angjitu 昂吉土 (Name einer Stadt) VII

angkeshi 昂克什 (Witwe) XIV

anian 阿娘 – *aɲià* (Anrede der Kinder für die Mutter) XI

aojin akani 敖金阿喀尼 (höfliche Anrede der Mädchen für junge Burschen) XVI

aqige 啊其格 – *aʃʼikə* (ältere Schwester) XIII

Aqinbuluo 阿芹布羅 (Han von Beichuan) VII

Aqini *Dedou* 阿其尼德斗 (Frau des Lekewu Han) V

Aqini *Dedou* 阿奇尼德斗 (von Yaregou gerettetes Mädchen) IX

Aqini 阿其尼 (Tochter des Turugao) XV

Aqini 阿奇尼 (Tochter des Agedewu) VIII

Aqiriwu 阿其日五 (Von Yakawu und Jiegederu getötet) IX

Arong *Motu* 阿容莫土 (Frau des Kelunde) XIX

Ashan 阿山 (Zhangjing) XV

Ayabatu 阿亞巴圖 (Name eines Militärbeamten) XIX

Azhan *Moʼrgen* 阿占 (heiratet Muketeni) V

Baʼrbujun 巴爾不君 (Bruder des Baʼrbuken) VI

Baʼrbuken 巴爾不肯 (Schwurbruder des Xiangcao) VI

Baʼrdou *Mafa* 巴爾斗 (Name eines Verstorbenen) IX

Baʼrkesu 巴爾柯蘇 (Name einer Stadt) III

Baʼrtani *Dedou* 巴爾塔尼德斗 (Schwester des Baʼrbuken) VI

Baʼrtani 巴爾他尼 (Schwester des Bayan Bei) V

Baʼrtani 巴爾他尼 (Tochter des Baʼrdou Mafa, Frau Yaregous, von Deyileini getötet) IX

Baʼrzhenni *Dedou* 巴爾珍尼德斗 (Tochter des Baketewu Han) III

bakeqila 巴克其拉 (ehrfuchtsvoll grüßen) XIV

Baketewu *Han* 巴克特五汗 (Dorfschulze) III

Bakuli 巴庫利 (Name einer Stadt) III

baliqi 巴力其 – *paliʃʼi* (eine Art Blindekuh-Spiel) XVII

bana huolun 巴拿火崙 – *pana hərən* (Wohnturm des Himmels) XI

Barugusu 巴如古蘇 (Name einer Stadt) XIV

Bayan Bei 巴彦北 – *bajã pɛi* (Stadtherr) V

bayan buyihong 巴彦布一洪 – *bajã puihõ* (reiche Familie) V

bayan mafa 巴彦馬法 – *bajã mafa* (alter, reicher Mann) IV

Bayan *Motu* 巴彦莫土 (Tochter des Kemutuhan) XIX

Bayanʼa 巴彦阿 (Zhangjing des Mittelstammes) XV

Beizi 貝子 (Fürst, Prinz) VII

Biʼa 畢阿 (Beile) XV

biepeng mafa 別蓬馬法 – *bibə mafa* (Seelentafeln der Vorfahren) XIII

Boʼrbuken *Aimi* 博爾布肯愛米 – *pɔrpukʼəŋ ɛmi* (Name von Geistern) X

Boʼrbuken 博爾布肯 (abgewiesener Freier, von Wubuqiwu besiegt) XIII *bodele* 博得勒 – *pɔtɔlə* (Ende der Audienz) XIX

Bu'engu Aimi 布恩古愛米 – *punku ɛmi* (Name von Geistern) X

bu'rka'en 布爾卡恩 – *purk'an* (Pappelzweig als Repräsentant eines übernatürlichen Wesens) XIX

bubai 卜白 (Schatz) XIV

buda bushihu 布大布什戶 (Titel der für die Verpflegung zuständigen Beamten) XIV

buge Niulu Zhangjing 布葛牛祿 (Hauptabteilung) XIV

Bukechun 布克春 – *buktʃʼõ* (Name übernatürlicher Wesen) IV

Bukong 卜孔 (Stadtherren von Taqire) II

bulafu 布拉符 – *pulafu* (Holzstock, den der Schamane bei der Reise ins Totenreich gebraucht) V

bulamiwalan 布拉米瓦蘭 – *pulamiwal* (lebendig begraben) V

buleken 布勒肯 – *pulək'əŋ* (Mandschurische Esche) XI

buniu 布牛 – *puniu* (die jenseitige Welt) XIX

Buyang *Bila* 卜羊畢拉 (Name eines Flusses) XIV

Cengbenni *Dedou* 曾本尼德斗 (außergewöhnliche Schamanin, rettet Mudulis Leben und heiratet ihn) V

Cenggeni *Dedou* 曾格尼德斗 (Frau des Baketewu Han) III

Cha'rbani *Dedou* 查爾巴尼德斗 (Frau des Muhada Han) V

Chahuoni 查霍尼 (Frau des Fendewu) XVI

chakemiqin 查克米芹 – *tʃakmitʃʼin* (ein Hartholzbaum) XI

Chaketeni *Dedou* 察克特尼德斗 (Frau des Kandeng Ezhen) X

Changyanjun 常延君 (Dorfvorsteher) XIV

Chazhan *Hate'r* 查占哈特兒– *ʃatʃɛ* (Fräulein Weiß) XVII

Chebukela 車布克拉 (Oberbefehlshaber der Hongmao) XIV

Chengge'rku Taketa 程格爾庫塔克塔 – *tʃʼəŋkʼərkʼu tʼaktʼa* (Schwebender Turm) V

Chengzi 城子 (Name einer Gegend) XI

chenmina 陳米納 – *tʃʼənminə* (Ruf des Chennaqi) V

chennaqi 陳納其 – *tʃʼənətʃʼi* (vierbeiniges Kriechtier) V

chuchu age 初初阿哥 – *tsʼutsʼu akɜ* (Anrede für den Sohn eines alten Freundes) XIX

chuchuku 初初庫 – *tsʼutsʼukʼu* (Horn) V

Chukuoku 初闊庫 – (Mörser) (Hezhe-Original nicht angegeben) VII

chulite 初力特 – *tsʼuləktʼə* (wilde Birne) XVII

chulu'a'enkuo 初蘆阿恩闊 – *tsʼuluankʼɔ* (auf der Jagd verwendetes Zelt) X

chuwaha 初瓦哈 – *tsʼuwaha* (Truppenverbände) XIV

Cibugou 刺不勾 (Bruder des Tayilaru, fällt im Kampf) VI

Cikeni *Dedou* 奇克尼 (Schwester des Cikexiu; heiratet später Shi'daru) II

Cikeniu 刺克牛 (feindlicher Han) II

Cikeniu 刺克牛 (Stadtherr) V

Cikeqiu 刺克秋 (Stadtherr) V

Cikexiu 刺克秀 (feindlicher Han) II

Cikexiu 刺克秀 (Stadtherr) V

dakeqi 打克齊 (Begrüßung der Männer durch Kniebeuge) XIV

Dalangzhu 大狼主 (vermutlich ein Titel) XIV

Dalian 大連 (Sohn des Kemutuhan) XIX

Dananbu 達南布 XVI

dedou 德斗 – *tətu* (Fräulein, Frau) II

Degedeni 德格德尼 (Frau des Keshanlian) X

Dejunbeiye 德均貝葉 (Tochter des Feigetu) XIX

Dekeshini *Dedou* 德克什尼德斗 (Frau des Agedewu) VIII

Dekexiu *Mo'rgen* 德克秀莫爾根 (Bruder der Jimi'ani Dedou) III

Demi'r 德迷爾 (Oberbefehlshaber von A'rqi) XIV

Dengjiwu *Han* 登吉五汗 (Stadtherr) IX

Dengziwu 登子五汗 (Bruder des Dengjiwu, Stadtherr) IX

Deremingni *Dedou* 德熱明尼德斗 (Schwester Dengjiwu Hans, erhängte sich) IX

deremowugen nahan 得熱莫五根那罕 (Lager für eine Leiche) XIV

Deren'a 得仁阿 (Geliebter der Chazhan Hate'r) XVII

Derenchu 德任初 (von Yaregou getötet) IX

Deyi 德義 (Name einer Stadt) VIII

Deyiheng 德伊恆 (Name einer Gegend) VII

Deyileini *Dedou* 德已雷尼德斗 (Frau des Derenchu, von den Frauen des Yaregou
	getötet) IX

Dubuxiu *Mo'rgen* 杜步秀莫爾根 IV

duha 都哈 – *tɔha* (Verwandte) V

Duhati 杜哈提 (Adjutant der Palastwache des Kuye-Stammes) XIX

Duimian 對面 (Namen von Städten) XII

Duledeni *Dedou* 杜勒德尼德斗 (Nichte des Baketewu Han) III

Dulu bila 杜祿畢拉 (Name eines Flusses) XVI

Dulu 杜祿嘎深 (Name eines Dorfes) XVI

Duman *Bila* 都滿畢拉 (Name eines Flusses) XVII

Duo'rkan 多爾坎 (Vetter Amaqikans) XIV

duola Aqibula 多啦阿其布拉 (Gruß des Höhergestellten) XIV

Duoru Mafa 多如馬法 (Schamane im Ostmeer) IX

Duowenduo 多文多 (Name einer Stadt) XVI

Duruduni 杜如都尼 (Schwester des Muduri) X

Duruhuni (Schwägerin der Ba'rtani) VI

Duruhuni *Dedou* 杜如虎尼德斗 (Schwester des Dubuxiu Mo'rgen) IV

duyin qire wu'rsi 杜音齊熱五爾四 – *tuin tʃ'irə ursə* (viereckige Fleischstücke) V

E'rdeng 額爾登 (Beise des Weisen Prinzen zur Linken) XV

E'rding 額兒定 (Schwurbruder des Nadanchuo) XVII

eche 額車 – *ɜtʃ'ə* (jüngerer Bruder des Vaters) VIII

Egedeqi 俄格旳奇 (Schamanenhelfer) VI

Ekaha 額卡哈 (Name eines Schamanen) XIX

Elimi 鄂里米 (Name einer Stadt) VIII

emahe 額馬哈 (Schwiegermutter) XVII

Emugetu 額木格土 (Pingzhang des Zhuleshi-Stammes) XV

Emuku 額木庫 – ӡɘk'u (Wiege) XVII

Endou Ezhen 恩斗額真 (Bruder des Hanziwu Han, Stadtgründer, fällt im Kampf) VI

Enduli Mama 恩獨力媽媽 (Göttliches Wesen) XIV

ene zhuzi 俄納竹子 – ӡɾ tsuʃi (Kinder anderer Leute) X

Enengge 俄能格 (Frau des Long'rbu) X

enna 恩納 – ənə (Au!) XIII

Eqihe mafa 額其和馬法 – ӡʃ'ihӡ mafa (Geist) VI

eqihe 額其河 – ӡʃ'ihӡ (ein Geist dem die Hezhe opfern) III

eyigen haha 額依根哈哈 – ӡikən haha (Anrede der Frau für ihren Mann) XIV

eyimo 厄依莫 – ӡimə (Gebäck aus Weizenteig) XV

ezhen 額真 – ɛtʃən, ŋətʃən (Herr, Gebieter) II

Faqiu *Han* 法秋 (Stadtherr von Ba'rkesu) III

fatou 法頭 – fat'əu (Baumwurzel mit verdorrter Spitze) IV

Fatou Mo'rgen 法頭莫爾根 (wird von Dubuxiu erschlagen) IV

fayanggu 法揚古 – fajàku (Teil der menschlichen Seele) V

Feigetu 非格圖 (Name des älteren Bruders einer Nebenfrau des Großhans) XIX

Feileni 費勒尼 (Tochter des Ketekelimu Han) XVI

Fendewu 芬德五 (Sohn des Ketekelimu Han) XVI

Fo'aqiwu *Han* 佛阿奇五汗 (Bruder von Forijiwu Han) VI

Fo'aqiwu 佛阿奇五 (Bruder des Forijiwu, Stadtherr) VIII

Fo'rjiwu 佛爾吉五 (Sohn des Jiahaomu Han) III

Folani Dedou 佛拉尼德斗 (Tochter des Jiahaomu Han) III

Foluoru Mayinchu 佛羅如馬飲初 (einer Stadtherren von Toushen) II

Foqiwu *Han* 佛其五汗 (Stadtherr, wird von Yaregou getötet) IX

Foqiwu 佛奇五 (Sohn des Jiahaomu Han) III

Forijiwu *Han* 佛日吉五汗 (wird von Xiangcao erschlagen) VI

Forijiwu *Han* 佛熱吉五汗 (Neffe/Enkel des Foqiwu Han, wird von Yaregou getötet) IX

Forijiwu 佛日吉五 (Stadtherr) VIII

forilang 佛日郎 – fərilà (Person, die Gebete verrichtet) VI

Foriwu 佛日五 (Sohn des Jiahaomu Han) III

Foteke *Han* 佛特克 (Stadtherr von Duowenduo) XVI

Fu'rjiani 福爾佳尼 V

Fu'rjin Zhuolu 富爾金卓祿 – fuligie tʃɔb ("Rotstein", Gebirge) VI

Fu'rshi 佛爾什 – fərəʃi (Norden, hier Name eines Stammes) XV

Fucha 富查 (Frau des Yunzhongbei'r) XIV

fujin 福晉 – fuʃin (Frau eines Prinzen) II

Fulin 福林 (Sohn des Kemutuhan) XIX

furileketu dedou 福日勒克土德斗 – furibkt'u tətu (heiratsfähiges Mädchen) V

Fushanni 福山尼 (Witwe des Muduli, heiratet Bo'rbuken) XIII

Futing 富廷 (Name einer Stadt) III

Futing 富廷 (Name einer Stadt) X

Fuyanggu 福羊古 (Einer der Mayinchu-Brüder) IV

Fuyanggu 福羊古 (Han des Zhuleshi-Stammes) XV

Fuzile 甫子勒 – *fuʃilə* (Handelsgeschäfte) XVII

Gaijin 蓋金嘎深 (Name eines Dorfes) XIV

Gani 嘎尼 (Han des Nordstammes) XV

gashen 嘎深 – *gaʃɛ* (Dorf) III

gashen da 嘎深達 – *gaʃɛ ta* (Dorfvorsteher) II

Ge'aigela 葛愛葛拉 – *kəɛkəla* (Familienname) XIV

gege 格格 – *kəkə* (unverheiratete Mädchen) II

gelibi 格里比 – *kəlipi* (Name) XV

Gelin *Gashen* 葛林嘎深 (Name eines Dorfes) XI

Gelinni *Dedou* 格林尼德斗 (heiratet Wubuqiwu) XIII

Gelun 葛倫 (Bruder der Luochun Motu) XVII

Gelunbeiye 葛倫貝葉 (Sohn des Gelun) XVII

Gemen 葛門嘎深 (Name eines Dorfes) XIX

Gemenzhu *gege* 葛門主格格 XIV

Gengesu *Han* 根格蘇汗 (Han von Nanchuan, ergibt sich Sali Biwu) VII

Genjini 根吉尼 (Frau des Hans des Nordstammes) XV

Genjini 根吉尼 V

gonggele 工歌樂 – *kôkɔjɔ* (Flöte) V

Gonggu'r 公古爾 (3. Sohn des Jueketu) XIV

Gu'rjia 古爾佳 (Mutter des Kemutuhan) XIX

gulaha 古拉哈 – *kulaha* (Stiefel) XVI

gulun 古倫 – *kurun* (Volk) X

gumu 姑母 (Schwester des Vaters) VIII

guoqikuo 郭奇擴 (Pfeil) XVI

guqike 姑其克 – *kuʃʻikʻɔ* (Vetter) V

Gure 古熱 – *kurə* (Übernatürliche Wesen, die der Schamane befragt) IV

Ha Michi 哈迷蚩 (Militärberater von Jin) XIV

Ha'rbiru 哈爾必如 (Bruder des Hailaru, Stadtherr) XII

Ha'rzhen *Dedou* 哈兒真德斗 (Schwester des Hada, des Freundes des Gelunbeiye) XVII

Hailanni *Dedou* 海蘭尼德斗 (Schwester des Hailaru) XII

Hailanta 海蘭塔 (Schamanenhelfer) VI

Hailaru 海拉如 (Stadtherr) XII

Haile 海勒 (Anbang des Mittelstammes) XV

Haileni 海勒尼 (neuer Name der Saha'rjini) XV

hakangbuli 哈康布力 – *hakʻapuli* (Tanzvergnügen) XVII

hala mukun 哈拉木昆 – *hala mɔkʻun* (Familienangehörige) V

Hamate 哈馬特 (Oberbefehlshaber von Shali) XIV

Hamatong 蛤螞通 (Name von Bergen) XVII

Hami'rzhen 哈米爾真 (Bruder des Hemi'rzhen, Stadtherr) IX

Han 汗 – Han (Stadtherr, Herrscher) II

Han'rjiwu *Han* (Bruder des Hanziwu, Stadtherr) IX

handabula Buda 汗大布拉布達 – *hɛdapula* (Speise aus leicht klebendem Reis) XIII

Handenihatala 韓的尼哈他拉 (Schwester des Hanziwu) X

Hanzini *Dedou* 韓子尼德斗 (Schwester des Hanziwu Han) VI

Hanzini 韓子尼 (Schwester des Hanziwu Han, heiratet Yaregou) IX

Hanziwu Han 韓子五 (Stadtgründer, fällt im Kampf) VI

Hanziwu *Han* 韓子五汗 (Stadtherr) IX

Hanziwu *Mo'rgen* 韓子五莫爾根 (Dorfschulze) X

Haohanni *Dedou* 好汗尼 (Frau des Tayilaru, wird von Shi'rdaru getötet) II

Haohanni Dedou 好漢尼德斗 (Schwester des Xicaowu, wird von Zhaorenni getötet) XII

Haohanni 好漢尼 V

haqifa 哈其法 (Kochkessel)

hechen 合陳 – *hətʃʼən* (befestigte Stadt) XIV

Heileni *Dedou* 黑勒尼德斗 (Tochter des Foteke Han) XVI

Heituwumu *Han* 黑圖五木 (Stadtherr von Heituwumu Han) XVI

helimo ha'rqi 合力莫哈爾齊 – *həlimɔ harkʼi* (gemeinsam russischen Schnaps trinken) XIII

Hemi'rzhen *Huotong* 合米爾真 (Name einer Stadt) IX

Hemi'rzhen 合米爾真 (Stadtherr) IX

hetu 合土 – *hətʼu* (Speicher) XIV

Hongguni *Dedou* 洪古尼德斗 (kahlköpfige Stadtherrin) XII

Hongjiang 洪江 (Name einer Stadt) V

Hongjini = Hongguni XII

Hongjiwu = Yuejiwu XII

Hongmao buluo 紅毛部落 (Stammesname) XIV

Hua'rjini *Dedou* 華爾吉尼德斗 (Tochter des Hua'rjiwu, heiratet Yaregou) IX

Hua'rjiwu 花爾吉五 (Schamane, Dämon) IX

Huanglong 黃龍 (Name einer Stadt) XIII

Huanglong 黃龍府 (Name einer Präfekturstadt) XIV

Huanta 寰塔 (Name einer Stadt) XIV

Huizong 徽宗 (abgedankter Kaiser der Dynastie Song) XIV

hulikete 呼力克特 – *hulikʼətʼɔ* (Trockenfleisch) XIII

Huntong 混同 (Name eines Flusses) XVI

huo'adiwu 霍阿旳五 (Schwiegersohn) XVII

Huo'rbing 伙爾炳 (Zhangjing) XIV

Huo'rjitu *Han* 火爾吉土汗 – Stadtherr, Herrscher von Huo'rjitu II

Huo'rte 火爾特 (Zhangjing des Zhuleshi-Stammes) XV

Huo'rzhenni 霍爾珍尼 („neugeboren"= Huotu)(heiratet Wubuqiwu) XIII

huotong 霍通 – *hətʼɔ̂* (Stadt) II

Huotu 霍土 (Tochter des Taibu) XIII

Huzhuruku 乎主如庫 („Mühlstein", Name einer Stadt) XI

Jia'ahuowu 佳阿火五 (Vom Sohn des Yaregou erschlagen) IX

Jia'rguli *Mo'rgen* 佳爾古力莫爾根 (Vetter der Feileni) XVI

Jiabukaowu 佳不攷五 (Name einer Stadt) IX

Jiabukaowu 佳不攻五汗 (Stadtherr von Jiabukaowu; Bruder des Jiakedewu; von Yaregou getötet) IX

Jiahao 甲好 (Name einer Stadt) III

Jiahaomu Han 甲好木汗 (Stadtherr von Jiahaomu) III

Jiakedewu 佳克德五汗 (Stadtherr von Jiabukaowu, getötet von Yaregou) IX

Jiakun 加昆 (Name einer Stadt) II

Jiakunkongkuo 加琨孔闊 (Name einer Gegend) VIII

jiamuta 佳木他 – *ɟiamət'a* (Braut) XVII

jida 激達 – *gita* (Lanze) XV

Jie'rkeni *Dedou* 皆爾克尼德斗 (Schwester des Hemi'rzhen) IX

Jiegederu 傑格德如 (wird von Shi'rdaru getötet) II

Jiegederu 皆格德如 (Bruder des Tailaru; getötet) IX

Jiegederu 皆格德如 (wird von Xiangcao getötet) VI

Jiegedewu 皆格德五 (Sohn des Jiegederu) IX

Jiegeduxi *Mo'rgen* 皆格杜息莫爾根 (heiratet Saqini) VII

Jiejinkou 街津口 (Name eines Ortes) XIII, XIV

Jieredeni 皆熱德尼 (Frau des Muduli) X

Jierezini *Dedou* 傑熱子尼 (Frau des Jiegederu, wird von Shi'rdaru getötet) II

Jiewu'rdang 街五爾當 (Mitstreiter des Yakawu) IX

Jiha fulutuku 吉哈弗祿土庫 – *gaha fulut'ukt'u* (Loch in einer Bronzemünze) XVII

jila 吉拉 – *gila* (vierbeiniges, schnelles Wassertier) V

Jilenantu 吉勒南圖 (Befehlshaber der Stadt Wuguo) XIV

Jilin 吉林 (Stadt am Sungari und Name einer heutigen Provinz) XV

Jimi'ani Dedou 吉米阿尼 (Frau des Tuqiu) III

Jinghai 靖海 (Name eines Dorfvorstehers) XIV

Jinqing'an *Dedou* 金卿安德斗 (Frau des Endou Ezhen) VI

Jiutou shan 九頭山 (Gebirge der neun Spitzen) IV

Jueketu 厥克吐 (Han von Hongmao) XIV

Jueyingbu 厥英卜 (Sohn des Jueketu) XIV

Ka'rdewu *Han* 卡爾德五汗 (Stadtherr) VII

Ka'rkuma *Gashen* 卡爾庫馬嘎深 (Name eines Dorfes) X

ka'rqi 卡爾奇 – *k'arʃ'i* (Kleidung aus Rehleder) XI

Ka'rshou *Han* 卡爾壽汗 (Stadtherr, wird von Shariqiwu getötet) VIII

Ka'rshou 卡爾壽 (Name einer Stadt) VIII

Kabaka 卡巴卡 (Bruder des Lekewu Han) V

Kacan 卡參 (Bruder des Lekewu Han) V

Kailaru 開拉如 IX

Kakatu 卡卡土 (Sohn des Kemutuhan) XIX

Kandeng *Ezhen* 坎登額真 (Bruder des Kendeng Han, später von Xiregou getötet) X

Kaqini *Dedou* 卡其尼德斗 (Tochter des Ka'rdewu Han) VII

Kaqini 卡其尼 (Frau des Meirente) X

Kashan 卡山 (Sohn des Kemutuhan) XIX

Katiwu 卡蹄五 (Name einer Stadt) IX

Kazishiwu *Mohan* 卡子什五莫汗 (Sohn des Ka'rdewu Han) VII

Ke'rbuda 科爾布大 (Sohn des Amaqikan) XIV

kekechen 可可陳 – *kɔkɔʂɔn* (Dienerin) III

keku 克庫 – *kɔkʾu* (Kuckuck) V

Kekuni *Dedou* 克庫尼德斗 (Tochter des Dekexiu Mo'rgen) III

Kelunde 克倫德 (Sohn des Kemutuhan) XIX

Kemu 克木 (Name einer Gegend) VII

Kemutuhan 克木土罕

Kendeng *Han* 肯登 (Stadtherrn von Kendeng, später von Xiregou getötet) X

Kendengni *Dedou* 肯登尼德斗 (Schwester des Kendeng Han, heiratet später Xireqiao)
X

Keshanlian 克山連 (Batulu) X

Kete Han 克特汗 (Neffe des Cikexiu; wird von Muduli erschlagen) V

Ketekelimu *Han* 克特克力木汗 XVI

Keyele mulin 克也勒木林 – *kʾɔjɛɭɔ mɔrin* (Rappe) XVII

Keyinna 克音那 (Oberbefehlshaber von Wulabu) XIV

kongkangji 空康吉 – *kʾɔkʾági* (Mundorgel) XVI

Ku'rru Mi'ata 庫爾如米阿塔 (Schwurbruder Shi'rdarus) – *miatʾa* (Schädeldachknochen)
II

Kulanda 庫蘭達 (Oberbefehlshaber) XIV

kulimari keshike 苦力馬日克什克 – *kʾulimarɔ kʾɔʂikʾɔ* (gestreifter Sumpfluchs) XIX

kuoli 闊里 – *kʾɔri* (Geisteradler) II

Kuoliangru *Han* 闊倆如汗 (Stadtherr) IV

Kuoluoguru *Han* 闊羅古如汗 (Stadtherr) IV

Kuonuoru *Han* 闊諾如汗 (Stadtherr) IV

Kusong 庫松 (Schamane) XIV

Kutini 庫替尼 (Schwester des Kutiwu Han; heiratet Rongta'entu) VII

Kutiwu *Han* 庫替五汗 (wird von Sali Biwu getötet) VII

La'rhong'a 拉爾紅阿 (Sklave des Tuqiu) III

Lafu 拉夫 (Name eines Sippenoberhaupts) XIX

Lahasusu 拉哈蘇蘇 (Name einer Stadt, heute Tongjiang) XVII

Lamutao *Mo'rgen* 拉木桃莫爾根 VIII

Lamutaoni *Dedou* 拉木桃尼 (Schwester des Lamutao Mo'rgen, heiratet Shariqiwu) VIII

Lamutuni *Dedou* 拉木土尼德斗 X

Lan'ge 蘭格 (Kemutuhan) XIX

Lanyin 蘭尹嘎深 (Name eines Dorfes) XIX

Lanyin'a 蘭尹阿 (Name eines Dorfschulzen) XIX

Le'rjiwu 勒爾吉五 (Bruder des Lekewu Han) V

Leguni *Dedou* 勒古尼德斗 (Schwester des Lekewu Han) V

Leketu'r 勒克土爾 (Dorfvorsteher) XIV

Lekewu 勒克五 (Name einer Stadt) V

Lekewu 樂克五 (Stadtherr von Katiwu) IX

Lengbileng 冷必冷 (In zwei Teile gehauener Recke) IX

Leqiwu 樂其五 (Bruder des Maqiwu Han, Stadtherr) IX

Long'rbu 龍爾布 (Anbang) X

Lumo'eni 魯莫額尼 (Tochter des Luqiwu Han; Dubuxiu heiratet sie) IV

Luochun *Motu* 羅春 (Frau des Adcli Han) XVII

Luohongchu 落洪初 (Bruder des Derenchu, von Yaregou getötet) IX

Luoyan 落雁 (Tochter des Lanyin'a) XIX

Luoyang 洛陽 (Name einer Stadt) XIV

Luqiwu Han 魯其五 (Stadtherr, wird von Dubuxiu gefressen) IV

Luyeni *Dedou* 魯耶尼德斗 (Frau des Yingde'rzhen Mo'rgen) III

Ma'atiwu *Mo'rgen* 馬阿蹄武 XII

Ma'rtani *Dedou* 馬爾他尼德斗 (Tochter des Ma'rtao Mafa) X

Ma'rtani 馬爾塔尼 (Schwester der Nadan Mayinchu / Sieben Mayinchu, heiratet Mandou) XII

Ma'rtao Mafa 馬爾桃馬法 X

Ma'rtawu 麻爾他五 (Sohn des Jiahaomu Han) III

machisawugu 馬簪薩五古 – *maʃisauku* (Seil aus Lederstreifen) X

mahala 馬哈拉 (Mütze) XVI

majiazi 馬架子 – *maʃiatʃi* (kleines Haus) XII

Makuli Shan 馬庫力山 (Name eines Berges) XVII

mama 媽媽 – mama (betagt, verheiratete Frau, Großmutter) IV

mamugu 馬木古 („Fluß") XV

Mandou 滿斗 (Bruder des Ma'atiwu Mo'rgen) XII

Mange 滿格 (Anbang des Zhuleshi-Stammes) XV

mangemu Mayin 滿格木馬飲 – *mãgəmɔ majin* (aus Eichenholz geschnitzte Bildnisse der Mayin-Geister) XI

mangemu Mayin 滿格木馬飲 – *mãgəmɔ majin* (aus Eichenholz geschnitzte Mayin-Bildnisse) III

Maqiu *Han* 麻秋 (Stadtherr von Ba'rkesu) III

Maqiwu *Han* 馬其五 (Stadtherr) IX

Mayin (7 Stadtherren von Toushen) V

Mayin 馬飲 – majin (Name übernatürlicher Wesen) IV

Mayin 馬飲 – majin (von den Hezhe verehrte Geister) III

Mayinchu 馬飲初 (40 M. sind die Stadtherren von Toushen; Shi'rdaru schließt mit ihnen Schwurbrüderschaft) II

Mayinchu 馬飲初 (Stadtherren-Familie von 16 Brüdern) IV

Mei'rshan *Han* 美爾山汗 (Herrscher des Kuye-Reiches) XIX

Meirente 美仁特 (Zhusheng zhangjing des Kendeng Han) X

Mengguta 蒙古他 (Pingzhang zur Linken) XV

mentehun 門特混 – *məntəhun* (dumm, einfältig) XIV

Mianmi'rjin *Mama* 面米爾金媽媽 („heilige Mutter"; daoistische Unsterbliche) III

miaowulikan tuoli 苗五里坎托里 – *miaulik'ɛ t'ɔri* (Herzspiegel) V

Misuni 米蘇尼 V

mo'rgen akani 莫爾根阿卡尼 – *mɔrgəŋ ak'eni* (Anrede: junger Mann) V *mo'rgen dou* 莫爾根 – *mərgəŋ dəu* (jüngerer Bruder) V

mo'rgen 莫爾根 II

mohan 莫汗 – *mɔhan* (Herrscher, König) II

Mohongkuo 莫紅闊 (Name einer Gegend) XIII

Moketele 莫克特勒 (Vater der Luochun Motu) XVII

Mosunte 磨孫特 (Stadtherr, von Tu'rgao getötet) XI

Motu *Gege* 莫土格格 XI

moyiha 莫伊哈 – *məhə* (Name einer giftigen Schlange) XVII

Mu'rkeni Dedou 木爾克尼德斗 (Frau des Jiahaomu Han) III

Muchekong *Mohan* 木車孔莫汗 (Neffe des Sakaxiu) II

Muchekong *Mohan* 木車孔莫汗 (tötet Agedewu und heiratet Dekeshini Dedou) VIII

Mudalin 木達林 (Neffe des Muduli) XIII

Mudan Mamugu 牡丹馬木古 (Name eines Flusses, der heutige Mudanjiang) XIV

Muduli (abgewiesener Freier, wird von Wubuqiwu getötet) XIII

Muduli *Mo'rgen* 木杜里莫爾根 X

Muduli 木杜里 – *mɔduri* („Drache"; Sohn des Muhada Han) V

Mugede *Gashen* 穆格德嘎深 (Name eines Dorfes) XVI

mugede 慕格得 – *mugtə* (Kopfkissen und Decken im Totenritus) V

Mugedeng 慕格登 (Mukden) XIV

Muhada Han 木哈達汗 (Stadtherr von Hongjiang) V

Muhada 木哈達 (Name eines Gebirges) XIV

Muhalin 木哈林 (Neffe des Muduli) XIII

Muketeni *Dedou* 木克特尼德斗 (Tochter des Muhada Han) V

mukun da 木昆達 – *mɔk'un ta* (Sippenvorsteher) IV

mulin 木林 – *mɔrin* (Pferd) XIV

Mulou *Han* 木樓 II

Na'rhuoni *Dedou* 那爾火尼德斗 (Frau des Kendeng Han) X

Nadanchuo 那旦卓 (Name des Dorfschulzen) XVII

Nalihuoni Dedou 那里火尼德斗 (Schwester der Mayin-Stadtherren) V

Nalin 那林 (Mann der Kaqini Dedou) VII

Narenni *Dedou* 那人尼德斗 (Frau des Taizite, heiratet später Tuqiwu) XI

Naridani 那日大尼 [Fehler für Narihuoni?] IV

Narihuoni *Dedou* 那日火尼 (Schwester der Bukong, Shi'rdaru heiratet sie) II

Narihuoni *Dedou* 那日火尼德斗 (Frau des Wuxikata) XIII

Narihuoni Dedou 那日火尼德斗 (Schwester der Mayinchu) IV

Naweng Ba'rjun 那翁巴兒君 – *naô parłun* (Unsterblicher, Weiser; der jüngste Sohn des Kemutuhan) XIX

Nayin 那音 (Frau des Duo'rkan) XIV

Neren 訥仁 (Pingzhang zur Rechten) XV

Newu Ahongdou 訥五阿洪斗 – *nəu ahɔdəu* (kleiner Bruder) X

Nidegu 尼德古 (Name eines Dieners) XVI

Ningguta 寧古塔 (Name einer Stadt) VI

Ningtewu *Mo'rgen* 寧特五莫爾根 (Stadtherr von Zhuolu) III

Nuoyinsanla 諾因散拉 (Stadtkommandant von Jiejinkou) XIV

pingzhang 平章 – *p'intʃa* (Ministerposten der Jin) XIV

Pu Huidao 普惠道 (Zauberer) XVI

Qi'aketeni *Dedou* 奇阿克特尼 (Frau des Cikexiu, heiratet später Zenggou) II

Qimi'en 其米恩 (Name eines Dorfes) XIX

Qinka 勤卡 (Name eines Ortes) XVII

Qinzong 欽宗 (Kaiser der Song-Dynastie) XIV

Qiqiha 齊齊哈 (Name einer Stadt) XIII

Qituni *Dedou* 奇土尼德斗 (Schwester des Qituwu Han) VI

Qituwu *Han* 奇土五汗 (Dorfherr, wird von Xiangcao getötet) VI

Rongfangni *Dedou* 榮芳尼德斗 (Schwester des Rongta'entu) VII

Rongta'entu 榮他恩土德斗 VII

Rongtang'aiye 蓉棠愛葉 (Frau des Duhati) XIX

Rongyanni *Dedou* 榮顏尼 (Tochter des Gani) XV

Rongyin *Motu* 容因 (Name einer Dienerin) XIV

Rongzhenni *Dedou* 榮珍尼 (Tochter des Gani) XV

sabagan 薩巴杆 – *sapakɛ* (Baum mit vielen Ästen) XI

Sabugou Han 薩步勾 (Stadtherr) VI

Saha'rjini 薩哈爾吉尼 (Tochter des Haile) XV

Sahali 薩哈里 (Name eines Reiches) XIV

Sahalin 薩哈林 (Amur) VIII

Sahalin 薩哈林 (Amur) III

Sahani 薩哈尼 V

Sakaxinni 薩卡新尼 (Frau Yaregous, von Deyileini getötet) IX

Sakaxiu [Saqiaxiu] 薩卡秀 (Schamane und Dorfvorstand, von Shi'rdaru besiegt und getötet) II

Sakexiu 薩克秀 (Schamane) VI

Salaka 薩拉卡 – *sarək'a*, auch Zile Salaka (Name übernatürlicher Wesen) IV

Sali Biwu *Mo'rgen* 薩里比五 (Sohn des Stadtherrn) VII

Sali 薩力 (Name einer Stadt) VI

sanjiha 散吉哈 – *sǎʃiha* (Gebäck aus Hirseteig) XV

Saqini *Dedou* 薩其尼德斗 (Frau des Sakexiu) VI

Saqini *Dedou* 薩其尼德斗 (Schwester des Sali Biwu) VII

Sayin bila 薩音畢拉 – *sajin pila* (Fluß, der dies- und jenseitige Welt trennt) V

Sha'r'eni *Dedou* 沙爾額尼德斗 (Frau des Dekexiu Mo'rgen) III

Shalihuoni *Dedou* 沙力火尼德斗 II

Shanji *mafa & mama* (Unsterbliche) IX

Shanji *Mafa* 山吉馬法 VI

Shanjing Gugeda Alin 山景古格達阿林 – *ʃegiŋ kɔgəda alin* (weißer Berggipfel) V

Shanjini *Dedou* 山吉尼德斗 (Tochter des Shanji mafa) IX

Shanjini 山吉尼 (Frau des Shanji Mafa) VI

Shariqini 沙日奇尼 (Schwester des Shariqiwu) VIII

Shariqiwu *Mo'rgen* 沙日奇五莫爾根 (Bruder des Agedewu) VIII

Shariqiwu 沙日奇五 (Sohn des Sabugou Han) VI

Shenshui 参水 (Ginsengfluß, Beiname des Duman Bila) XVII

Shilami 什拉米 – ʃilami (Leviratsehe) XIV

Shi'rdaru 什爾大如 (Sohn des Xikou Mohan) II

Shikeni *Dedou* 什克尼德斗 (Tochter des Shikou Mohan) II

Shirigao 什日高 (Sohn der Suwanni) II

Shulubukun 暑綠不昆 (Name einer Stadt) II

Shumulu – ʃumulu (Clanname der Hezhe) XIV

shuo'rku 說爾苦 – ʃuərk'u (Mais) XIII

shuokeshuoli 說克說里 – ʃuəkʃuəli (Schneeschuh) IV, IX

shuolun 說倫 – ʃuərun (Fleischspieße) XI

Shuomutuni 說木土尼 VI (heiratet Shariqiwu)

Silangzhu 四狼主 (Titel) XIV

Siwentekubu 斯溫特庫布 – ʃiwənt'ək'upu (Lederbeutel) XVI

Siyan'rzhen 四眼兒真 (Oberkommandierender) XV

Su'enfani *Dedou* 蘇恩法尼 (Tochter der Suwanni) II

Suke 蘇克 (Weiser Prinz zur Rechten) XV

Sulanta 蘇蘭塔 (Schamanenhelfer) VI

suleqi 蘇勒其 – sulak'i (Füchsin) XIV

Sulishi'r 蘇力什爾 (Anbang) XV

Sungari 松阿里 II

suruku 蘇如庫 – suruk'u (Zofe) V

Suwanni *Dedou* 蘇完尼德斗 (Schwurschwester der Shalihuoni Dedou) II

Suyan mutuli 蘇彥木杜里 (Name einer Stadt) XIV

Suyan 蘇顏 (Sohn des Sulishi'r) XV

ta kuoli miqini 他闊里米七尼 – t'ak'əli miʃini (Bevollmächtigter des Herrschers) VII

Taibu 太布 (Zhangjing) XIII

Taibuwu *Han* 太不武 II

Tailaru 太拉如 (Ortsherr, in zwei Stücke gehauen, wird von Yaregou gerettet) IX

Taipinggou 太平溝 (hier Name eines Bergstockes) XV

Taiyilaru 太乙拉如 (wird von Shi'rdaru getötet) II

Taiyilaru 太乙拉如 (Bruder des Jiegederu, wird von Xiangcao getötet) VI

Taizite 台子特 (Stadtherr, von Yeying getötet) XI

taketa 塔克塔 – tak't'a (Turm) V

Takexiu 他克秀 (Schamane, Vater der Tangjini) IV

Taliqiwu 他里七五 (Brautbewerber) X

Tangjini Dedou 唐吉尼德斗 (Tochter des Takexiu, heiratet Dubuxiu) IV

Tangjini 唐吉尼 (Schwester des Taibuwu, Schwurschwester der Narihuoni; Shi'rdaru heiratet sie) II

Taqila 他其拉 (Militärberaterin, Schwester des Yunzhongbei'r) XIV

Taqire 他奇熱 (Name einer Stadt) II

Tariqiwu *Han* 他日奇五汗 (im Gefolge Derenchus, dann Anhänger Yargeous) IX

Taziha 他子哈 (*Beize* des Sali Biwu) VII

Tazihani 塔子哈尼 (Schwester des Tazihao) IV

Tazihao *Han* 塔子好汗 (Stadtherr) IV

temoteken 特莫特肯 – *tʼəmtkʼiŋ, tʼəmtʃʼən* (kleine Boote aus 3 Planken) X

Teyin 特銀 (Beise) XV

Tongjiang 同江 – Lahasusu 拉哈蘇蘇 (Name einer Stadt) VI

Toushen 頭沈 (Name einer Stadt) V

Toushen 頭申 (Name einer Stadt) II

Tu'rgao 土爾高 (Bruder des Tuqiwu) XI

Tu'rhaha 土爾哈哈 (Han des Mittelstammes) XV

Tubu'r 土布爾 (Schamane) V

Tuburu 圖不如 (Weiser Prinz zur Linken) XV

Tuketu 土克土 (Zhangjing) XV

Tulahatu 土拉哈土 (Sohn des Weisen Prinzen zur Rechten) XV

Tulahuotuo Wengku Bushiku 土拉火託翁苦布什庫 – *tʼulah tʼu unkʼu puʃukʼu* (Beiname des Leketu'r) XIV

Tuma'enni 土馬恩尼 (Tochter des Tubu'r Mafa, heiratet Muduli) V

tuo'rji 托爾基 – *tɔrkʼi* (Schlitten) V, XIII

Tuobuhong Wuluo'ete Wudeni 託布紅五洛厄特五得呢 – *tʼəphɔ uluɜtʼə utə* (Gegend der fünfzehn Flußbiegungen) VII

tuobuhong 託布洪 – *tʼəphɔ* (Fünzehn) XI

Tuobutuni *Dedou* 託布土尼德斗 (Schwester der Motu *Gege*) XI

Tuobutuni *Dedou* 駝不土尼 (Tochter des Tuoqiwu, heiratet später Shi'rdaru) II

Tuobutuni *Dedou* 駝不土尼德斗 (Frau des Qituwu Han, wird von Ba'rtani getötet) VI

tuobutuo 托布托 –*tʼɔputʼɔ* (Name eines Vogels) V

tuoluo 托洛 – *tʼɔrɔ* (Schamanenstangen) V

Tuoqiwu 駝奇五 (Schamane) VI

Tuoqiwu 駝奇五 (Schamane, Stadtherr von Jiakun, wird von Shi'rdaru getötet) II

Tuqiu Mo'rgen 土秋莫爾根 (Stadtherr von Futing) III

Tuqiwu 土齊五

Turegou 土熱勾

Turugao 土如高 (Sohn des Tu'rhaha Han) XV

tushan 圖山 – *tʼuʃa* (Militärbeamter) XIV

tushan bushihu 圖山布什戶 (diensttuender Feldwebel) XIV

tuzhila fahashi 土旨拉法哈師 (Maurer) XIV

Wailani *Dedou* 外拉尼 (Frau des Ku'rru Schädelknochen) II

Wangjunni *Dedou* 王君尼德斗 (Frau den Hanziwu Han) VI S. 78

Wanli 萬里 (Name einer Stadt) XVII

Wanyan Muke 完顏木克汗 (Angehöriger der Herrscherfamilie der Jin?) XIV

Wanyan Nachu 完顏那楚 (pingzhang des Jin-Hofes) XIV

Wanyin *Bila* 萬因畢拉 (Name eines Flusses) XVII

Waqiche 瓦奇車 (Name eines Dorfes) XVI

Weiyihu 未一戶 – *nɛihu* (kleines Boot) XVII

Wenbuni *Dedou* 文不尼德斗 (Tochter des Schamanen Wuruguli) VI

Wenjin *Dedou* 文金德斗 II

Wobijiwu Mama 窩比吉五媽媽 (daoist. Unsterbliche) XIII

Woken Bila 倭肯河 (Name eines Flusses) XIV

Wolage 我拉哥 – ɜlakɜ (zweitältester Bruder) VI

Wolibu (Oberbefehlshaber der Jin) XIV

womuli 窩木力 – ɔməli (Enkel) XVII

woruhuoda shiluo 窩如火大 什洛 – ɔrəhɔda ʃilə (Ginsengabsud) V

wubaqiku 五巴其庫 – upaʃʼikə (flaches Gebäck aus Weizenteig) XV

Wubuqiwu 武步奇五 (offizieller Name des Aifen) XIII

Wubuwu 武布五 (Sohn des Wubuqiwu) XIII

wuchekede 五車克得 – uʃʼək'ɔtə (Getrocknetes Hirschfleisch) XIII

Wudingke – *wutink'ə* (Clanname der Hezhe) XIV

Wuguo Cheng 五國城 (Hauptstadt der Fünf Reiche) XI

Wuguo 五國 (Name einer Stadt) XIV

wuhexin 五合新 – uhəʃin (Soldaten) X

wula 烏拉 – ula (Lederschuhe) III

Wulabu 烏拉布 (Name eines Reiches) XIV

Wulabu 烏拉布 (Sohn des Kemutuhan) XIX

Wuleni 五勒尼 (Frau des Kazishiwu Mohan) VII

wumi richen 五米日陳 – umi əʃʼən (Boot aus Birkenrinde) II

Wumuxi *Mama* 吳木喜媽媽 – *wuməʃi mama* (für Heiraten zuständige Göttin) III

Wuruguli *Mafa* 五如古力 (Neunköpfiges Ungeheuer) III

Wuruguli 五如古力 (Stadtherr von Wuyunkunku) VI

Wushu Eqihe Mafa 兀朮額其和馬法 – ɜʃu ɜtʃʼihɜ *mafa* (Name eines Geistes, der als Kundschafter dient) XI

Wushu 兀朮 (Oberbefehlshaber der Jin) XIV

Wuxikata 武西卡他 (Batulu) XIII

wuyelechu 五也勒處 – ujɛləʃʼu (Residenz eines Justizbeamten) XIX

Wuyun *Bila* 烏雲畢拉 (Name eines Flusses) VI

Wuyun 烏雲 (Name eines heutigen Kreises in der Provinz Heilongjiang) XV

Wuyunkunku 五雲琨苦 (Name eines Gebietes) VI

Xiangcao 香草 (Sohn des Sabugou Han) VI

Xiangzini *Dedou* 香紫尼德斗 (Schwester des Xiangcao) VI

Xiarihuoni *Dedou* 夏日火尼德斗 (Schwurschwester der Shuomutuni, fällt im Kampf) VI

xiboli 細博里 – ʃipəri (Opferspeise) XV

Xicaowu 西草五 (wird von Mandou getötet) XII

Xijunbu 西俊布 (Sohn des Xiqi'an) XIX

Xikewu 西克五 (Bruder des Xicaowu; wird von Mandou getötet) XII

Xikou *Mohan* 西口莫汗 (Stadtherr) II

Xiladaru 西拉大如 IX

Xima'anni *Dedou* 西馬安尼德斗 (Schwester des Xiladaru) IX

Ximeng'en 西孟恩 (Tochter des Xiqi'an) XIX

Xinfuni *Dedou* 新福尼德斗 (Frau des Lamutao) VIII

Xinfuni Dedou 新福尼德斗 (Frau des Sabugou Han) VI

Xingtani Dedou 興他尼德斗 (Frau Yaregous) IX

Xingtani 興他尼 identisch mit Xingtaoni IX

Xingtao (von Yaregou geretter Knabe) IX

Xingtaoni *Dedou* 興桃尼德斗 (Schwester des Xingtao) IX

Xiongmulu 熊木祿 – *ſiõmulu* (Einhorndrache) III

Xiqi'an 西奇安 (Dorfvorsteher von Qimi'en) XIX

Xiqingbu 西青布 (Sohn des Xiqi'an) XIX

Xiregou 西熱勾 (Sohn des Xiremulu Han) X

Xireka 西熱卡 (Name einer Stadt) XII

Xireka 西熱卡 (Name einer Stadt) X

Xiremulu Han 西熱木祿汗 (Stadtherr) X

Xireqiao 西熱喬 (Sohn des Xiremulu Han) X

Xireqiu 西熱秋 (Sohn des Xiremulu Han) X

Xiuleni *Dedou* 秀勒尼德斗 Tochter des Yingde'rzhen Mo'rgen) III

Xue'rlun *Han* 薛爾崙汗 (von Kazishiwu erschlagen) VII

Xue'rqing *Mohan* 薛爾清莫汗 (Bruder des Xue'rlun Han, von Kazishiwu erschlagen) VII

Xuefen 薛芬 (Sohn des Xue'rlun Han) VII

Xuete 薛特 (Sohn des Xue'rlun Han) VII

Yade *Mohan* 牙德莫汗 (von Kazishiwu gefangengenommen) VII

Yafu *Mohan* 牙福莫汗 (von Kazishiwu gefangengenommen) VII

Yakani *Dedou* 亞卡尼德斗 (Schwester des Yaregou Mo'rgen) IX

Yakaqini 亞卡其尼 (Tochter des Yaregou) IX

Yakawu 亞卡五 (Sohn des Yaregou) IX

Yakexinni *Dedou* 亞克新尼 (Schwester des Yuejiwu, heiratet Mandou) XII

Yala *Han* 牙拉汗 (von Kazishiwu gefangengenommen) VII

Yalaga 亞拉嘎 (auch: Yalaga 憂)(Name eines Fuchses) XVI

Yamoshi 牙莫使 – *jamǝʃi* (eine Art von Schamanengeistern) XIX

Yamu *Mohan* 牙木莫汗 (von Kazishiwu gefangengenommen) VII

Yandu 燕都 (Name einer Stadt, das heutige Beijing) XIV

Yanfugong 延福宮 („Palast des anhaltenden Glücks") XIV

Yanwo 燕窩 (Name einer Gegend) XV

yaojing 妖精 – *ãba, jautʃin* (Gespenst) IX

Yaregou Mo'rgen 亞熱勾莫爾根 IX

yatelekuo 牙特勒闊 – *jat'ǝlǝkɔ* (Feuerzeug) VII-6

yeren yeheri 也人也合日 – *jɛrǝn jɛhɜri (eine Art Felsenhöhle)*

Yeying 葉英 (Name eines auf Abwege geratenen Schamanen) XI

Yi'rdan 依爾旦 (Name eines reichen Bürgers) XVII

yi'rdehe gurechaka 依爾得合古熱查卡 – *irtǝhǝ kǝrǝtʃak'a* (Seil aus Baumrinde) X

Yi'rge 依兒格 – *irkǝ* (Tochter des Yi'rdan) XVII

Yi'rmu Han 依爾木汗 (Der Totengott Yama) XIV

yiche 一車 – *itʃə* (neu, Neujahr) XI

yichereng 伊車仍 (Wahrsager aus Räucherwerk) XIV

Yihan 依漢 – *jihã* (Bezeichnung für Chinesen) XIV

yila 依拉 – *ilã* (Rispenhirse) XIII

Yilagani *Dedou* 依拉嘎尼德斗 (Frau des Taibu) XIII

Yilan Mamugu Jiawure'ani 依蘭馬木古 加五熱啊尼 – *ilã maməku ʃiaurəani* VI

Yilanyaoyueni 依蘭瑤悅尼 (Schwester des Yalaga) XVI

Yilibu 伊力布 (Großkanzler zur Linken) XIX

Yinan 依南 – *inɛ* (leiblicher jüngerer Bruder des Ehemanns) X

Yinaqin 伊那勤 – *inak'in* (Hund) VII

Yingde'rzhen *Mo'rgen* 英德爾真莫爾根 (Dorfvorsteher) III

Yisheng 宜生 (Sohn des Kemutuhan) XIX

yishi Mayin 伊什馬飲 – *iʃi majin* (aus Lärchenholz geschnitzte Mayin Idole) III

Yishikuli 依什庫力 – *iʃik'uli* (Knäblein) X

Yongjiangni 用將尼 V

Yongqin (Name eines Dorfvorstehers) 永勤 XIV

Youkela – *juk'əla* (Clanname der Hezhe) XIV

Yuegu 月古 (Pingzhang) XV

Yuejiwu *Mo'rgen* 岳吉五莫爾根 (Verlobter der Hongguni) XII

Yueming'e 燿明額 (Name eines Adjutanten) XIX

Yunman *Bila* 雲滿畢拉 (Name eines Flusses) XVI

Yunzhongbei'r 雲中貝爾 (junger Recke, Gefolgsmann des Amaqikan) XIV

Zenggeni *Dedou* 曾格尼德斗 (Tochter der Zenggou mama, heiratet Shi'rdayu) II

Zenggou *mama* 曾勾媽媽 (Mutter des Zenggou) II

Zenggou 曾勾 (Schwurbruder des Shi'rdaru) II

Zhahan guo 扎罕 (Name eines Reiches) XIV

Zhang Bangchang 張邦昌 (Kanzler des Reiches Song) XIV

Zhang Shuye 張叔夜 (General des Reiches Song) XIV

Zhanzhaohe (Oberbefehlshaber der Jin) XIV

Zhaorenni *Dedou* 昭仁尼德斗 (heiratet Mandou) XII

Zhaozhen 昭珍 (heiratet Shariqiwu) VIII

zhekete 哲克特 – *dʒəkt'ə* (Hirse) XIII

Zhu'rhang'a 竹爾杭阿 (Shamanin) XVI

zhubukong 竹不孔 – *tsupuk'ə* (Mantel) VIII

Zhuhan 朱汗 (Sohn des Zhuliu mafa) V

Zhuleshi 竹勒什 – *tsuləʃi* (Süden - hier Name eines Stammes) XV

Zhulin Eqihe Mafa 竹林額其和馬法 – *tsulin ʒiʃihʒ mafa* (eine Art von dienstbaren Geistern) XI

Zhuliu 朱六 (Name einer Stadt) V

Zhulu Sagadi 竹祿薩嘎昐 – *tsuru sagdi* („die beiden ehrenwerten Eltern") XVI

Zhuma'anni *Dedou* 竹馬安尼德斗 (Tochter des Zhuolu Mafa) XII

Zhuo'axiu 卓阿秀 (feindlicher Han) II

Zhuo'rkani 卓爾卡尼 (Tochter des Zhuolu Mafa) VI

Zhuo'rtani *Dedou* 卓爾塔尼德斗 (Schwester der Zhuoma'anni) VI

Zhuobugao *Mo'rgen* 卓步高莫爾根 (Vetter des Forijiwu und Fo'aqiwu) VIII

Zhuobugou 卓不勾 (Bruder des Tayilaru, wird von Ba'rbujun getötet) VI

Zhuobugou 卓不勾 (feindlicher Han) II

Zhuolu Hada 卓祿哈達 (Name eines Berges) VI

Zhuolu *Mafa* 卓祿馬法 – ʃɔb *mafa* („Steinkopf-Alter") VI

Zhuolu *Mafa* 卓祿馬法 (Schamane) VII

Zhuolu Mafa 卓祿馬法 (Schamane) IX

Zhuolu Mafa 卓祿馬法 XII

Zhuolu Mama 卓祿媽媽 (Schamanin) VII, IX

zhuolu xingeli 卓祿新格力 – ʃɔb ʃegali (Felshöhle) VI

Zhuolu 卓祿 III

Zhuoluo *Han* 卓羅汗 (wird von Lamutao und Sharijiwu getötet) VIII

Zhuoluowu 卓羅五 (Vom Sohn des Yaregou erschlagen) IX

Zhuoma'anni Dedou 卓馬安尼德斗 (wird von Shariqu getötet) VIII

Zhuoma'anni 卓馬安尼 (Frau des Jiegederu; heiratet nach dem Tode ihres Mannes Ba'rbuken) VI

Zhuoqiao *Han* 卓橋汗 (wird von Shrijiwu getötet) VIII

Zhuoxiu *Han* 卓秀 (wird von Lamutao und Sharijiwu getötet) VIII

Zhuruhuni 竹如胡尼 (Frau des Ma'atiwu Mo'rgen) XII

zhushen da 竹深達 – tsuʃɛ *da* (Stadtkommandant) III

zhushen zhangjing 竹深章京 – tsuʃɛ tʃentʃin (Stadkommandant) V

zhuting 竹亭 – tsut'in (die zweite) XI

zhuzi 竹子 – tsutʃi (Sohn) XVII

Zikeni Dedou 子克尼 (Schwester des Zikexiu, heiratet Dubuxiu) IV

Zikexiu 子克秀 (Freier) IV

zile chuvaha 紫勒初瓦哈 („eiserne Truppen") XV

Zile Gemikani 紫勒各米卡尼 (Geistername) XIV

zile Mayin 紫勒馬飲 – səla *majin* (aus Eisen gegossene Mayin-Bildnisse) III

zile salaka 紫勒薩拉卡 – səla sarek'a (eine von den Hezhe verehrte Geisterart) III

Ziregeni *Mama* 紫熱格尼媽媽 (daoistische Unsterbliche) IV

Zirijimi *Bila* 紫日吉米畢拉– *pila* (Fluß) II

zongjidui-anbang-batulu 總集隊安邦巴圖魯 (Befehlshaber einer großen Heeresabteilung) XIV

zuokechun 作克春 – tsuk'əʃɔ (Gefäß aus Birkenrinde) III

Glossar der zitierten Hezhe-Wörtern

ʃilami (Leviratsehe) XIV – *shilami* 什拉米

ʃipəri (Opferspeise) XV – *xiboli* 細博里

ʃiwənt'ək'upu (Lederbeutel) XVI – *Siwentekubu* 斯溫特庫布

ʃuəkʃuəli (Schneeschuh) IV, IX – *shuokeshuoli* 說克說里

ʃuərk'u (Mais) XIII – *shuo'rku* 說爾苦

ābaʃi (höfliche Anrede für eine verheiratete Frau) XIX – *anbangshi* 安邦什

ahōdəu (Brüder) V – *ahong dou* 阿洪斗

aiʃin hark'ə (goldenes Hämmerchen) VIII – *aixin ha'rka* 愛新哈爾喀

aiʃin piarun (Geistervogel) IX – *Aixin Bi'alun* 愛新比阿輪

ak'ama (Frauenmantel aus Fischhaut) II – *akama* 阿卡馬

akɜ (älterer Bruder verehrter Freund) III – *age* 阿哥

amək'ō (Stelle mit ausgedehnter Wasserfläche) X – *amukang* 阿木康

aɲiã (Anrede der Kinder für die Mutter) XI – *anian* 阿娘

apak'a, apk'a (Himmel!) XIII – *abaka* 阿巴卡

arpɛʃɔ (Gerichtssaal) XIX – *a'rbanzhuo* 阿爾板卓

arts'uk'əʃ'i (ein Spiel mit etwa 200 Spielwürfeln) XVII – *a'rchukuoqi* 阿爾初闊其

aʃ'ikə (ältere Schwester) XIII – *aqige* 啊其格

bajã mafa (alter, reicher Mann) IV – *bayan mafa* 巴彥馬法

bajã pɛi (Stadtherr) V – *bana huolun* 巴拿火崙

bajã puihō (reiche Familie) V – *bayan buyihong* 巴彥布一洪

bana huolun 巴拿火崙 – *baliqi* 巴力其

bibɔ mafa (Seelentafeln der Vorfahren) XIII – *biepeng mafa* 別蓬馬法

buktʃ'ō (Name übernatürlicher Wesen) IV – *Bukechun* 布克春

dʒəkt'ə (Hirse) XIII – *zhekete* 哲克特

ənə (Au!) XIII – *enna* 恩納

ɛʃən, ɲəʃən (Herr, Gebieter) II – *ezhen* 額真

ɜikəŋ haha (Anrede der Frau für ihren Mann) XIV – *eyigen haha* 額依根哈哈

ɜimə (Gebäck aus Weizenteig) XV – *eyimo* 厄依莫

ɜlakɜ (zweitältester Bruder) VI – *Wolage* 我拉哥

ɜmək'u (Wiege) XVII – *Emuku* 額木庫

ɜmi (Name übernatürlicher Wesen) IV – *Aimi* 愛米

ɜrə tsuʃi (Kinder anderer Leute) X – *Ene Zhuzi* 俄納竹子

ɜʃu ɜtʃ'ihɜ mafa (Name eines Geistes, der als Kundschafter dient) XI – Wushu Eqihe
     Mafa 兀术額其和馬法

ɜʃ'ihɜ mafa (Geist) VI – *Eqihe mafa* 額其和馬法

ɜʃ'ihɜ (ein Geist dem die Hezhe opfern) III – *eqihe* 額其河

ɜtʃ'ə (jüngerer Bruder des Vaters) VIII – *eche* 額車

fajãku (Teil der menschlichen Seele) V – *fayanggu* 法揚古

fat'əu (Baumwurzel mit verdorrter Spitze) IV – *fatou*

fərəʃi, Norden, hier Name eines Stammes) XV – *Fu'rshi* 佛爾什

fərilã (Person, die Gebete verrichtet) VI – *forilang* 佛日郎

fuligie ʃɔb („Rotstein", Gebirge) VI – *Fu'rjin Zhuolu* 富爾金卓祿

furiləkt'u tətu (heiratsfähiges Mädchen) V – *furileketu dedou* 福日勒克土德斗

fuʃilə (Handelsgeschäfte) XVII – *Fuzile* 甫子勒

gaʃɛ (Dorf) III – *gashen* 嘎深

gaʃɛ ta (Dorfvorsteher) II – *gashen da* 嘎深達

gaha fulut'ukt'u (Loch in einer Bronzemünze) XVII – *Jiha fulutuku* 吉哈弗祿土庫

gila (vierbeiniges, schnelles Wassertier) V – *jila* 吉拉

gita (Lanze) XV – *jida* 激達

hak'apuli (Tanzvergnügen) XVII – *hakangbuli* 哈康布力

hala mɔk'un (Familienangehörige) V – *hala mukun* 哈拉木昆

həlimɔ hark'i (gemeinsam russischen Schnaps trinken) XIII – *helimo ha'rqi* 合力莫哈爾齊

hətʃ'ən (befestigte Stadt) XIV – *hechen* 合陳

hɛdapula (Speise aus leicht klebendem Reis) XIII – *handabula Buda* 汗大布拉布達

hɔt'ɔ (Stadt) II – *huotong* 霍通

hulik'ət'ɔ (Trockenfleisch) XIII – *hulikete* 呼力克特

iʃi majin (aus Lärchenholz geschnitzte Mayin Idole) III – *yishi Mayin* 伊什馬飲

ilã (Rispenhirse) XIII – *yila* 依拉

ilã maməku ʃiaurəani VI – *Yilan Mamugu Jiawure'ani* 依蘭馬木古 加五熱啊尼

inak'in (Hund) VII – *Yinaqin* 伊那勤

irkə (Tochter des Yi'rdan) XVII – *Yi'rge* 依兒格

irtəhə kərətʃak'a (Seil aus Baumrinde) X – *yi'rdehe gurechaka* 依爾得合古熱查卡

iʃik'uli (Knäblein) X – *Yishikuli* 依什庫力

itʃə (neu, Neujahr) XI – *yiche* 一車

jaməʃi (eine Art von Schamanengeistern) XIX – *Yamoshi* 牙莫使

jat'ələk'ɔ (Feuerzeug) VII – *yatelekuo* 牙特勒闊

jihã (Bezeichnung für Chinesen) XIV – *Yihan* 依漢

juk'əla (Clanname der Hezhe) XIV – Youkela

k'arʃ'i (Kleidung aus Rehleder) XI – *ka'rqi* 卡爾奇

k'ɔjɛlə mɔrin (Rappe) XVII – *Keyele mulin* 克也勒木林

k'ək'əʃ'ən (Dienerin) III – *kekechen* 可可陳

k'ək'u (Kuckuck) V – *keku* 克庫

k'õk'ãgi (Mundorgel) XVI – *kongkangji* 空康吉

k'ɔri (Geisteradler) II – *kuoli* 闊里

k'ulimarə k'ɔʃik'ə (gestreifte Bengalkatze) XIX – *kulimari keshike* 苦力馬日克什克

kəɛkəla (Familienname) XIV – Ge'aigela 葛愛葛拉

kəkə (unverheiratete Mädchen) II – *gege* 格格

kəlipi (Name) XV – gelibi 格里比

kõkɔjɔ (Flöte) V – *gonggele* 工歌樂

kulaha (Stiefel) XVI – *gulaha* 古拉哈

kurə (übernatürliche Wesen, die der Schamane befragt) IV – *Gure* 古熱

kurun (Volk) – *gulun* 古倫

kuʃ'ik'ɔ (Vetter) V – *guqike* 姑其克

mãgəmɔ majin (aus Eichenholz geschnitzte Bildnisse der Mayin-Geister) XI – *mangemu Mayin* 滿格木馬飲

mama (betagte, verheiratete Frau, Großmutter) IV – *mama* 媽媽

matʃ'isauku (Seil aus Lederstreifen) X – *machisawugu* 馬嘗薩五古

matʃiatʃi (kleines Haus) XII – *majiazi* 馬架子

məhə (Name einer giftigen Schlange) XVII – *moyiha* 莫伊哈

məntəhun (dumm, einfältig) XIV – *mentehun* 門特混

miat'a (Schädeldachknochen) II – Mi'ata 米阿塔

miaulik'ɛ t'ɔri (Herzspiegel) V – *miaowulikan tuoli* 苗五里坎托里

məduri („Drache"; Sohn des Muhada Han) V – Muduli 木杜里

mɔhan (Herrscher, König) II – *mohan* 莫汗

mɔk'un ta (Sippenvorsteher) IV – *mukun da* 木昆達

mɔrgəŋ ak'eni (Anrede: junger Mann) V – *mo'rgen dou* 莫爾根

mɔrin (Pferd) XIV – *mulin* 木林

mugtə (Kopfkissen und Decken im Totenritus) V – *mugede* 慕格得

naõ parʃun (Unsterblicher, Weiser; der jüngste Sohn des Kemutuhan) XIX – Naweng Ba'rjun 那翁巴兒君

nəu ahɔdəu (kleiner Bruder) X – Newu Ahongdou 訥五阿洪斗

ɔməli (Enkel) XVII – *womuli* 窩木力

ɔrəhɔda ʃiə (Ginsengabsud) V – *woruhuoda shiluo* 窩如火大 什洛

p'intʃã (Ministerposten der Jin) XIV – *pingzhang* 平章

pana hərən (Wohnturm des Himmels) XI – *bana huolun* 巴拿火崙

pila (Fluß) II – *bila* 畢拉

pɔrpuk'əŋ ɛmi (Name von Geistern) X – Bo'rbuken Aimi 博爾布肯愛米

pɔtələ (Ende der Audienz) XIX – *bodele* 博得勒

pulafu (Holzstock, den der Schamane bei der Reise ins Totenreich gebraucht) V – *bulafu* 布拉符

pulamiwal (lebendig begraben) V – *bulamiwalan* 布拉米瓦蘭

pulək'əŋ (Mandschurische Esche) XI – *buleken* 布勒肯

puniu (die jenseitige Welt) XIX – *buniu* 布牛

punku ɛmi (Name von Geistern) X – Bu'engu Aimi 布恩古愛米

purk'an (Pappelzweig als Repräsentant eines übernatürlichen Wesens) XIX – *bu'rka'en* 布爾卡恩

sajin pila (Fluß, der dies- und jenseitige Welt trennt) V – Sayin bila 薩音畢拉

sapakɛ (Baum mit vielen Ästen) XI – *sabagan* 薩巴杆

sarək'a, auch Zile Salaka (Name übernatürlicher Wesen) IV – *Salaka* 薩拉卡

săʃiha (Gebäck aus Hirseteig) XV – *sanjiha* 散吉哈

sələ majin (aus Eisen gegossene Mayin-Bildnisse) III – *zile Mayin* 紫勒馬飲

sələ sarek'a (eine von den Hezhe verehrte Geisterart) III – *zile salaka* 紫勒薩拉卡

sulak'i (Füchsin, Fähe) XIV – *suleqi* 蘇勒其

suruk'u (Zofe) V – *suruku* 蘇如庫

ʃegiŋ kɔgəda alin (weißer Berggipfel) V – Shanjing Gugeda Alin 山景古格達阿林

ʃiõmulu (Einhorndrache) III – *Xiongmulu* 熊木祿

ʃuərun (Fleischspieße) XI – *shuolun* 說倫

t'ak'ɔli miʃini (Bevollmächtigter des Herrschers) VII – *ta kuoli miqini* 他闊里米七尼

t'əmtk'iŋ, t'əmtʃ'ən (kleine Boote aus 3 Planken) X – *temoteken* 特莫特肯

t'əphɔ (Fünzehn) XI – *tuobuhong* 託布洪

t'əphɔ uluʒt'ə utə (Gegend der fünfzehn Flußbiegungen) VII – Tuobuhong Wuluo'ete Wudeni 託布紅五洛厄特五得呢

t'ɔput'ɔ (Name eines Vogels) V – *tuobutuo* 托布托

t'ɔrk'i (Schlitten) V, XIII – *tuo'rji* 托爾基

t'ɔcɔ (Schamanenstangen) V – *tuoluo* 托洛

t'ulah t'u unk'u puʃuk'u (Beiname des Leketu'r) XIV – Tulahuotuo Wengku Bushiku 土拉火託翁苦布什庫

ɖaʃɛ (weiß) XVII – chazhan 查占

ɖiamət'a (Braut) XVII – *jiamuta* 佳木他

ɖɔlɔ mafa („Steinkopf-Alter") VI – Zhuolu *Mafa* 卓祿馬法

ɖɔlɔ ʃegali (Felshöhle) VI – *zhuolu xingeli* 卓祿新格力

tak'i't'a (Turm) V – *taketa* 塔克塔

tɔha (Verwandte) V – *duha* 都哈

ts' uləkt'ə (wilde Birne) XVII – *chulite* 初力特

ts'uluank'ɔ (auf der Jagd verwendetes Zelt) X – *chulu'a'enkuo* 初蘆阿恩闊

ts'uts'u akɜ (Anrede für den Sohn eines alten Freundes) XIX – *chuchu age* 初初阿哥

ts'uwaha (Truppenverbände) XIV – *chuwaha* 初瓦哈

ts'uts'uk'u (Horn) V – *chuchuku* 初初庫

tsuʃɛ da (Stadtkommandant) III – *zhushen da* 竹深達

tsuk'əʃ'ɔ (Gefäß aus Birkenrinde) III – *zuokechun* 作克春

tsuləʃi (Süden - hier Name eines Stammes) XV – Zhuleshi 竹勒什

tsulin ɜɲihɜ mafa (eine Art von dienstbaren Geistern) XI – *Zhulin Eqihe Mafa* 竹林額其和馬法

tsupuk'ɔ (Mantel) VIII – *zhubukong* 竹不孔

tsuru sagdi („die beiden ehrenwerten Eltern") XVI – Zhulu Sagadi 竹祿薩嘎旳

tsuʃɛ tʃentʃin (Stadkommandant) V – *zhushen zhangjing* 竹深章京

tsut'in (die zweite) XI – *zhuting* 竹亭

tsutʃi (Sohn) XVII – *zhuzi* 竹子

tʃ'ənətʃ'i (vierbeiniges Kriechtier) V – *chennaqi* 陳納其

tʃ'ənminə (Ruf des Chennaqi) V – *chenmina* 陳米納

tʃakmitʃ'in (ein Hartholzbaum) XI – *chakemiqin* 查克米芹

tuin ʃ'irə ursə (viereckige Fleischstücke) V – *duyin qire wu'rsi* 杜音齊熱五爾四

uhəʃin (Soldaten) X – *wuhexin* 五合新

ujeləʃ'u (Residenz eines Justizbeamten) XIX – *wuyelechu* 五也勒處

ula (Lederschuhe) III – *wula* 烏拉

umi əʃ'ən (Boot aus Birkenrinde) II – *wumi richen* 五米日陳

upatʃ'ikə (flaches Gebäck aus Weizenteig) XV – *wubaqiku* 五巴其庫

uʃ'əkətə (Getrocknetes Hirschfleisch) XIII – *wuchekede* 五車克得

wɛihu (kleines Boot) XVII – *Weiyihu* 未一戶

wuməʃi mama (für Heiraten zuständige Göttin) III – Wumuxi *Mama* 吳木喜媽媽

Glossar der zitierten Mandschu-Wörter

aba, aiba – hama – welcher Ort

abka – apaka, apk'a – Himmel

ada – ada – Floß

age – akɜ – älterer Bruder, verehrter Freund

aha – aha – Sklave

ahûn deo – ahõdəu; ahõdu – älterer Bruder

aisin – aiʃin – Gold

aja – aʃi; aʃã – „Mutter" (= Gemahlin)

alin – alin – Berg

ama ama – ãbã ama – Onkel, ältester Bruder des Vaters

amargi – fərəʃi – Norden

amba – ãbã – groß

amba jiyanggiyûn – regionaler Befehlshaber

amha(n) – amaha – Schwiegervater

anggasi – ãk'əʃi – Witwe

baturu – pat'ulu – Held

bayan boigon – bajã puihõ – reiche Familie

bayan mafa – bajã mafa – alter, reicher Mann

beile – pɛilə – Gebieter, Prinz 3. Ranges

beise – pɛitʃi – kaiserlicher Prinz 4. Ranges

beri – pəri – Bogen

bi, be – munu – ich, wir

bira – pila – Fluss

boobai – pɔ pɛi – Schatz

buda – puda – Kornbrei, Mahlzeit

busuku – puʃuk'u – kleine Kinder und Haustiere verschlingendes Gespenst

coko – t'iək'ə – Huhn

duin durbejen sori [?]– tuin tʃ'irə ursə – viereckige Fleischstücke

dulimba, dulin – altʃ'idu – Mitte

duri – ɜmək'u – Wiege

ecike – ɜtʃ'ə – Onkel

eigen haha – ɜikəŋ haha – Anrede der Frau für ihren Mann

ejen – ɛtʃən, ŋətʃən – Herr, Gebieter

eme – ɜma – Mutter

emeke, emhe – ɜmɜhə – Schwiegermutter

emu – ɜmə – eins

enduri – t'uʃã puʃihu – göttliches Wesen

eniye – ɜɲiã – Mutter

fayangga – fajãku – Teil der menschlichen Seele

forgon – fuŋə – Zeit, Zeitablauf

fujin – futʃin – Frau eines Prinzen

fulgiyan – fuligiɛ – rot
gaśan – gaʃɛ – Dorf, Weiler
gaśan-i da – gaʃɛ ta – Dorfschulze
gebu – kəlipi – Name
gege – kəkə – ältere Schwester
gida – gita – Lanze
gûlha – kulaha – Stiefel
gurun – kurun – Land, Staat
gûsa janggin – Bannergeneral
hada – hada – Pfosten, Fels
hafan – hafɛ – Beamter
hala-i da – halata – Familienoberhaupt
hecen – hətʃʻən – befestigte Stadt
hehe – həhə – Frau
hojigon – hədiu – Schwiegersohn
honin – həni – Schaf
hoton hecen – hətʻõ hətʃʻen – Stadtmauer, ummauerte Stadt
hujureku – Mühlstein
ice – itʃʻə – neu
ice biya – itʃʻə pia – Neumond
ihan – ihã – Rind
ilan – ilã – drei
ilga, ilha – irkə – Blume, die soeben voll erblüht ist
Ilmun Han – irməhan – der Totengott Yama
indahûn – inakʻin, inda – Hund
ira – ilã – Rispenhirse
isi – iʃi – Lärche
jiha funtuhu – gaha fulutʻuktʻu – Loch einer Bronzemünze
jui – tsutʃi – Sohn
julergi – tsuləʃi – Süden
juru – tsuru – Paar, beide
kara morin – kʻəjɛlə mɔrin – Rappe
karun – kʻãrõ – Soldat
kesike – kʻəʃikʻə – Katze
looye – lɔjɛ – Anrede für Beamte
luhu – stumpfer Pfeil
mahala – mahala – Mütze, Beamtenhut
mama – mama - Großmutter, alte Frau
meiren-i janggin – Bannergeneralleutnant
mentuhun – məntʻəhun – dumm, einfältig
mergen deo – mərgəŋ dəu – jüngerer Bruder
morin – mɔrin – Pferd
muduri – mɔduri – Drache

mukûn-i da – mɔkʻun ta – Vorsteher einer Sippe
nadan – nada – sieben
nei śi – Hofeunuch
niru janggin – niulu tʃãtʃin – Bannerhauptmann
niuśi faksi – tʻutʃila fahaʃi – Maurer
niyehe – nihə, jihə – Ente
okto – ɔktʻu – Arznei
omolo – ɔməli – Enkel
omosi mama – wuməʃi mama – Göttin für Heiraten
orho-i da – ɔrəhɔda – Ginseng
sakda – sagdi – alt, ehrwürdig
śanggiyan – tʃatʃɛ – weiß
śanyan – ʃɛgiŋ – weiß
śaśigan – ʃilə – Suppe, Brühe
sele – sələ – Eisen
sele cooha – sələ tsʻuwaha – eiserne Truppen
si – sunu – du
sidan – ʃitɛ – jugendlich
sikseri – ʃiksə – gegen Abend
sinahi – ʃinaʃin – Trauerkleider
suwe – sunu – ihr
tofohon – tʻəphɔ – fünfzehn
toli – tʻɔri – Spiegel
tuśan – tʻuʃã – Titel eines Militärbeamten
tuśan-i bośokû – tʻuʃã puʃihu – diensttuender Feldwebel
uksin – uhəʃin – Soldat
ulgiyan – urgia – Schwein
yatarakû – jatʻələkʻɔ – Feuerzeug zum Feuerschlagen

Asien- und Afrikastudien der Humboldt-Universität zu Berlin

Herausgegeben von Christian Bauer und Florian C. Reiter

53: Marek Buchmann

Inscriptions from Northern Thailand in Dhamma Script

2019. Vol. 1: XVI, 296 pages, 232 ill., 1 table, pb
Vol. 2: XII, 238 pages, 8 tables, pb
170x240 mm
ISBN 978-3-447-11329-8
⊙E-Book: ISBN 978-3-447-19955-1   each € 98,– (D)

The region of northern Thailand has had an eventful and interesting past. To understand the history and culture of present-day Thailand and the neighbouring regions of northern Thailand, an accurate knowledge of the history of northern Thailand is essential. Northern Thailand has a very comprehensive, very well preserved and documented written culture. Stone inscriptions and inscriptions on mostly religious objects, in addition to manuscripts on palm leaf and on local paper *(Samut Khoy)* are the most important surviving written sources. Inscriptions from northern Thailand in Thai-Yuan are written either in *Fak Kham* script or in *Dhamma-Lanna* script.

This two-volume publication presents the results of the author's project, funded by the Deutsche Forschungsgemeinschaft (DFG). The aim of this project was to examine a corpus of more than 300 Thai-Yuan inscriptions written in *Dhamma Lanna* script philologically and to give a scientific access to the texts of the inscriptions. The first volume offers for the first time a transliterated collection of all covered inscription texts and its translation into English. The second volume contains a glossary created from the inscription corpus and additional indices such as an index of spelling variants, lists of all persons and places mentioned in inscription texts as well as important tables of astrological terms.

54: Viktoria Apel

Information structure in Fula-Serer

A detailed study of Pular
in comparison with its relatives

2020. XIV, 412 pages, 16 ill.,
7 maps, 61 tables, pb
170x240 mm
ISBN 978-3-447-11530-8
⊙E-Book: ISBN 978-3-447-39056-9   each € 84,– (D)

How information is structured, and the formal means by which such information is encoded, differs considerably across the languages of the world. Word order, verb morphology, special particles, and prosody, these are but a few of the devices that can help the hearer to dissect information of varying degrees of importance in specific discourse contexts. The field of linguistics dedicated to the study of such devices and their pragmatic effect in discourse is called Information Structure, which in this monograph is applied to the Fula-Serer group with a particular focus on Pular, the Guinean dialect of the Fula macrolanguage. Fula is the most geographically widespread language in Africa, spoken in 18 countries, making it ideally suited for comparative studies.

Operating within the functional framework, this study by Viktoria Apel provides a systematic description of different construction types in Pular with an analysis of the information-structural encoding of each. From this a number of key questions arise: how frequent are these construction types in natural discourse? Do dialectal differences exist? How comparable are the results of these analyses to what we find in Serer, Fula's genealogically closest sister language? *Information structure in Fula-Serer* serves to answer these and other enquiries and is supplemented by an expansive and fully linguistically annotated corpus of Pular natural discourse.

VERLAG PUBLISHERS

HARRASSOWITZ

Asien- und Afrikastudien
der Humboldt-Universität zu Berlin

Herausgegeben von Christian Bauer und Florian C. Reiter

55: Florian C. Reiter

The Prison of Fire for Demons

A Study of Taoist Exorcist Devices

2020. VIII, 124 pages, pb
170x240 mm
ISBN 978-3-447-11550-6
⊙*E-Book: 978-3-447-39080-4*   each € 39,– (D)

56: Laura Pflug

Chroniken des Blütenberges

Ordnung, Moral und Staatskunst
in qingzeitlichen Beschreibungen des Huashan

2022. X, 276 Seiten, 15 Abb., br
170x240 mm
ISBN 978-3-447-11768-5
⊙*E-Book: ISBN 978-3-447-39229-7*   je € 58,– (D)

The Prison of Fire for Demons by Florian C. Reiter presents a study of Taoist exorcist devices that in Heavenly Masters Taoism in the past and even today are dispensable for exorcist rituals. It focusses on exorcism that mainly was performed for the individual client. Sometimes large-scale liturgies were required, but often less-demanding ritual efforts sufficed.

The study relies on the collections *A Corpus of Taoist Rituals and Pearls Inherited from the Sea of Rituals* in the Ming *Taoist Canon*. Reiter presents an exorcist tradition of Thunder Magic Rituals from Hunan-province and another one from Sichuan province. The leading Thunder divinity in the latter tradition is Marshal T´ien-p´eng who is associated with the God-Emperor of the North and has a background in Shang-ch´ing Taoism. Reiter selects exorcist devices such as the Prison of Fire for Demons and various other types of demon-prisons. He also discusses the abundant amulets and seals for exorcist rituals, and presents the Divine Stick of T´ien-p´eng which is a small wooden ritual tool that today is still in use. The practice of submitting formal applications to the spirit Thunder administration to get the divine approval and backing for any specific exorcism is introduced as well. Reiter displays the historic frame for applying the exorcist devices and defines these practices as constituent elements of Heavenly Masters Taoism. All those methods and devices serve the salvation of individual clients and support society as a whole.

Laura Pflug legt die erste Monografie in einer westlichen Sprache vor, die sich ausschließlich dem Huashan („Blütenberg") widmet. Die besondere kulturhistorische Bedeutung des Huashan speist sich einerseits aus seinem Status als einer der sogenannten fünf heiligen Berge (*wuyue*), die über lange Zeit hinweg im Rahmen des Staatskultes und der Herrschaftslegitimierung eine wichtige Rolle spielten, und andererseits aus seiner Lage zwischen den Städten Xi an und Luoyang, die ihn im Orbit des politischen Zentrums zahlreicher Dynastien der chinesischen Geschichte positionierte.

Basierend auf lokalhistorischen Quellen, vornehmlich sogenannten Bergbeschreibungen (*shanzhi*) aus der Qing-Zeit (1644–1911), untersucht die Monografie diesen Berg als Aktions- und Imaginationsraum konfuzianisch gebildeter Akteure des chinesischen Kaiserreichs und als Projektionsfläche historischer, kultureller und politischer Vorstellungen der späten Kaiserzeit. Dabei wird auch weiblichen Figuren unterschiedlicher sozialer Schichten und Jahrhunderte, die Spuren am Huashan und in der Geschichte des Berges hinterließen, ein gebührender Platz eingeräumt. Im Mittelpunkt steht die Frage nach Prozessen symbolischer Besitz- und Einflussnahme, die, wie ein auf Feldforschungen der Autorin am Berg basierender Epilog vor Augen führt, auch jenseits der Kaiserzeit nicht an Relevanz eingebüßt haben.

VERLAG   PUBLISHERS

HARRASSOWITZ